U0000830

百衲本二十四史

元史

上海涵芬樓景印
北平圖書館及自
藏明洪武刻本原
書版匡高二十六
公分寬十七公分

翰林學士承旨……知制誥兼修
國史臣宋濂翰林待制承……制誥兼……國子……院……官……纂

敬儒

洪福源　俊奇　君祥　萬

洪福源其先中國人唐遼才子八人姓教高麗其
一也子孫世貫於三韓名所居曰唐城父大宣以都
領鎮麟州福源爲神騎都領因家焉歲丙子金源契
丹九萬餘衆寇入高麗丁丑九月奪江東城池攘之
戊寅冬十二月太祖命命哈赤吉扎刺將兵追討大宣
迎降與哈赤吉等共擊之降其元帥趙忠壬午冬十

三六七

◀元史列傳卷四二▶ 一 章

月文遣著古與等十二人窺覘納款虜賣還過害辛
卯秋九月太宗命將撒里答討之福源率先附州縣
之民與撒禮塔併力攻未附者又與阿兒禿等進至
王京高麗王暾乃遣其弟懷安公請降遂置王京及
州縣達魯花赤七十二人以鎮之師還壬辰夏六月
高麗後叛殺所置達魯花赤盡驅國人入壖江華島
福源招集北界四十餘城遺民以待秋八月太宗復
遣撒禮塔將兵來討福源盡率所部合攻之至王京
遼仁城撒禮塔中流矢卒其副帖哥引兵還唯福源
留屯癸巳冬十月高麗悉衆來攻西京屠其民剋大

宣以東福源遂盡以所招集北界之衆來歸處於遼
陽瀋陽之間帝嘉其忠甲午夏五月特賜金符爲管
領歸附高麗軍民長官仍令招討本國未附人民又
降旨諭高麗之民有執王暾及元構難之人來朝者
與洪福源同於東京居之優加恩禮權用若大兵既
古拔都兒與福源進討攻拔龍崗咸從二縣鳳海洞
三州山城及慈州又拔金山歸信昌朔州已亥春二
月入朝賜賚以鎧甲弓矢及金織文段金銀器金鞍勒
等乙巳定宗命阿母罕將兵與福源共拔威州平廬

三六九

◀元史列傳卷四十一▶ 二 章　王昌拏

城辛亥憲宗即位改授虎符仍爲前後歸附高麗軍
民長官癸丑從諸王耶虎攻禾山東州春州三角山
楊根天龍等城拔之甲寅與扎刺台合兵攻光州安
城忠州玄鳳原甲向玉果等城又拔之戊午福源
遣其子茶丘從扎刺台軍會高麗族子王綧入質陰
欲併統本國歸順人民諸福源于帝遂見殺年五十
三後贈嘉議大夫瀋陽侯諡忠憲子七人俊奇君祥
最知名

俊奇小字茶丘福源第二子也幼從軍以驍勇受知
世祖簪以小字呼之中統二年秋茶丘雪父寃世祖

憫之部輔之曰汝父方加罷用誤維刑章故於巳廢
之中庸沛維新之潭可就帶元降虎符襲父職管領
歸附高麗軍民總管至元六年高麗權臣林衍叛冬
十一月詔以其軍三千從國王頭輦哥討平之遷江
華島所有臣民復歸王京十二月帝命荼丘率兵往
升三別抄軍擾珍島以叛五月荼丘奉旨偕經略使
欣都進兵討之破其軍殺承化侯其黨金通精率餘
衆走就羅帝遺侍衛親軍千戶王巫與荼丘讓征取

之黨荼丘表陳通精之黨多在王京可使招之招而
不從擊之未晚從之俄奉旨徃羅州道監造戰船且
招降既羅荼丘得通精之妓金永等七人俾招之通
精不從留金永餘盡殺之十年詔荼丘與欣都率兵
渡海擊破既羅獲通精殺之悉免其脅從者高麗始
平十一年又命監造戰船經營日本國事三月授昭
勇大將軍安撫高麗軍民總管如故巳卯命荼丘
提照高麗農事八月授東征右副都元帥與都元帥
忽敦等領舟師二萬渡海征日本抜對馬一岐宜蠻
等島十四年正月授鎮國上將軍東征都元帥鎮高

麗二月率蒙古高麗女直漢軍從丞相伯顏北征叛
臣只魯瓦歹等四月至脫剌河狥與賊遇荼丘突陣
無前伯顏以其勇開賜白金五十兩金鞍勒弓矢十
七年授龍虎衛上將軍征東行省右丞十八年與右
丞欣都將舟師四萬由高麗金州合浦以進時右丞
范文虎等將兵十萬由慶元定海等處渡海期至日
本一岐平壺等島合兵登岸未交秋八月風壞舟
七百艘以圖後摯庆二十一年十一月復授征東行省
而還十九年十月命荼丘於平灤黑堝兒監造戰船
右丞二十三年命徃江浙等處遣漢人復業二十四
年乃顏叛車駕親征賜以翎根甲寶刀命率高麗女
直漢軍尾從狩遇乃顏騎兵萬餘時荼丘兵不滿三
千衆有懼色荼丘夜令軍中多裂裳帛為旗幟斷馬
尾為旄掩暎林木張設疑兵乃顏兵大驚以為官兵
大至遂降帝聞之厚加旌賞凱還授遼陽等處行尚
書省右丞二十七年以疾辭叛王哈丹等竄入高麗
侵撓其國西京距遼陽二千里皆騷動中書省特起
荼丘鎮遼左帝道闇里台亭羅兒賜以金字圓符命
荼丘以便宜行事二十八年以疾卒年四十八子四
人長曰萬

君祥小字雙叔福源第五子也年十四隨兄茶丘見
世祖于上京帝悅命劉秉忠相之秉忠曰是兒目視
不凡後必以功名顯但當致力于學耳令選師儒誨
之至元三年籍高麗民三百人為兵令君祥統之從
禿花禿烈築軍萬壽山後從開通州運河帝
親諭之曰爾宗忠勤朕所知也帝嘗坐丞相伯顏樞
南海東興地圖欲召知者詢其險易令君祥應旨奏對詳明
密謂伯顏曰是兒遠大器也六年林衍叛從帝征
顧謂伯顏合達以巨舡
征之八年戊河南九年掠淮西破其大凹城十年從

元帥字魯罕襲淮東之陽湖俘其男女牛馬十一年
入朝帝命伯顏伐宋朝議以宋之兵力多聚兩淮聞
我欲渡江彼必移師淮安以牽制之君祥以蒙古漢軍都
率輕銳二萬攻顏既渡江帝命禿滿歹還軍蕭縣時
君祥奉使伯顏遣三十騎牲招之因令君祥入宴帝曰
鎮撫從行後伯顏軍中宋黃州制置使陳奕降其子知
連水軍伯顏遣三十騎招府降即偕來也及與俱入朝宴勞甚
君祥奉使伯顏攻清河援之海州安撫丁順約降
厚從元帥字魯罕攻清河援之海州安撫丁順約降
鄉可急還陳知府降也
孝魯罕令君祥以聞時伯顏方朝上京見君祥甚喜

遂從南伐伯顏克淮安至揚州分兵攻淮西宋制置
夏貴遣牛都統以書抵伯顏曰諜云殺人一萬自損
三千願勿廢國力攻奪邊城若行在歸附邊城焉徙
伯顏遣君祥以牛都統入見留三日還軍中仍傳旨
論伯顏曰事難圖也宜臨機審圖之伯顏師次鎮江
謀報有宋洪都統者為都督府將可往招致之洪
之師進次臨安五十里洪都統來見君祥曰宋
同姓可往招致也洪都統即欣然來見君祥因厚遇
丞相陳宜中殿帥張世傑皆已逃去惟三宮未行宜
早定計以活生民伯顏遂令洪都統護宋三宮令君

祥隨之宋降陞武略將軍中衛親軍千戶十五年命
僉江南民兵還陞明威將軍中衛親軍副都指揮使
十七年進昭勇大將軍十九年授樞密院判官二十
三年轉昭武大將軍同僉樞密院事二十四年乃顏
叛從世祖親征每駐蹕君祥輒以兵車外環為營衛
布置嚴密帝嘉之凱還加輔國上將軍類次車駕起
居為東舊職儀加集賢大學士依舊同僉樞密院
留後居東南海口辛橋開河合潔河運糧至上都
議者欲自東南加集賢大學士依舊同僉樞密院事
奉旨與中書右丞阿里相其利害還極言不便罷之

四八

復奉使高麗還政僉書樞密院事成宗即位詔裁減
久往官知樞密院暗伯等奏君祥在樞密十六年最
為父者帝曰勉君祥始終一心可勿還也大德二年詔
使高麗臺臣劾君祥以他事中道追回已而事罷三
年奉使江浙問民間疾苦使還道居昌平之皇華山
絕口不論時事者五年大德九年權司農俄拜中書
右丞十年春改江浙行省右丞秋改遼陽右丞請於
朝宜新省治增巡兵設儒學提舉官都鎮撫等員以
興文化修武備事未成會武宗即位徵為同知樞密
院事進榮祿大夫平章政事商議遼〔陽〕等處行中書

《元史列傳卷四十》

七

尨友仁

省事改遼陽行省平章政事俄改商議行省事至大
二年卒子邁奉訓大夫同知開元總管府事
萬小字重喜至元十三年入宿衛十八年襲職為懷
遠大將軍安撫使高麗軍民總管仍佩父茶丘所佩
虎符二十四年乃顏叛率兵征之六月至撒里秃魯
之地同都萬戶闍里鐵木兒與乃顏將黃海戰大敗
之又從世祖出戰又敗之是月至乃顏之地
奉旨留蒙古女直漢軍鎮哈剌河復選精騎扈駕至
失剌幹耳朵從御史大夫玉連帖木兒討乃顏七月
至扎剌麻禿與金家奴戰敗之追至蒙可山那兀江

等處遼平金家奴塔不合等九月師還哈丹八剌哈
赤再叛十月重喜從諸王愛牙哈赤平章塔出都萬
戶闍里鐵木兒征之十二月次木骨不剌時諸王脫
歡監司脫台以兵四千餘人與其黨戰稍郤重喜率
騎兵援之冒鋒陷陣大破其衆又從諸王乃蠻愛牙
哈赤平章薛闍干戰于兀术站又戰于黑
龍江又戰于貼列可與哈丹秃魯干戰
王速帖木兒出師五月至貼列河重喜率兵
獲功至木骨兒抄剌又戰八月至貴列河重喜又從
先洩與戰勝之十月又從玉速帖木兒往征木八蘭

《元史列傳卷四十》

八

尨友仁

十二月與古土秃魯干戰克之二十七年六月賜白
金五十兩甲一襲九月至禪春與哈丹秃魯干戰二
十八年二月從平章薛闍干至高麗青州五月與哈
丹戰八日又戰大敗之六月班師授昭勇大將軍佩
三珠虎符帝嘉之賜玉帶一白金五十兩授龍虎衛上將
軍遼陽等處行中書省右丞二十九年仍佩元降虎
符總管高麗女直漢軍萬戶兼安撫使高麗軍民總
管六月改資德大夫遼陽等處行中書省右丞大德
十年以其叔父君祥代之十一年武宗即位重喜朝

于上都七月復授遼陽行省右丞至大二年謫漳州
行至杭遇赦而止明年辛子滋襲爵

鄭鼎

鄭鼎澤州陽城人幼孤能自立讀書曉大義不妄言
哭既長勇力過人尤善騎射初爲澤潞遼沁千戶歲
甲午從塔海紺不征蜀攻二里散關屬立戰功還屯
秦中未幾宋將余侍郎燒絕棧道以兵圍與元之圍乙巳還陽城縣軍民
報修復之破宋兵解憲宗征大理國自六盤山經臨洮下西
長官庚戌從憲宗征大理國自六盤山
蕃諸城抵雪山山徑盤屈舍騎徒步脊背負裹憲宗以

三百古

行敵擾扼險要鼎奮身力戰敵敗北帝壯之賜馬三
匹至金沙河波濤洶湧帝臨水傍危石立馬觀之鼎
諫曰此非聖躬所宜親扶下馬帝還命鼎居後道經
夜急攻城陷禽其主大理平師還命鼎居後道經
蕃納之賜名曰也可按都已未賜白金千兩從世祖
南伐攻大勝關破之繼破臺山寨禽其者胡知縣
乘勝獨進前陷泥淖遇伏兵突出葭葦間鼎奮擊連
殺三人餘衆遁去帝急召鼎還使者以聞帝曰爲將
當慎重不可恃勇輕進遂分界衞士三百人以備不

虞且戒之曰自今非奉朕命毋得輕與敵接秋九月
帝駐蹕江滸命諸將南渡先達彼岸者舉烽火爲應
鼎首奪南岸戮軍畢渡進圍鄂州戰益力破之擒其將桑太尉責以懦怯
軍遇宋兵五千力戰破之擒其將桑太尉責以懦怯
不忠所事斬之中統元年以功遷平陽太原宣
戶阿藍苔兒渾都海之亂鼎分率本道兵討之二年
詔鼎統征西等軍戊戌河東南北兩路宣
撫使鼎下車而兩平陽太原宣
路總管是歲大旱民田千餘頃開潞河鵬黃嶺道以
食鼎乃導汾水漑民田千餘頃開潞河鵬黃嶺道以

四〇八

來天黨之粟修學校厲風俗建橫澗故橋以便行旅
民德之七年改僉書西蜀四川行尚書省事將兵巡
東川過嘉定遇蜀兵與戰江中擒其將李越悉獲戰
船八年五月改軍前行尚書省事十一年從伐宋十
二年鎮黃州夏四月改授淮西宣慰使十三年加昭
毅大將軍賜白金五百兩十四年改湖北道宣慰使
移鎮鄂州夏五月蘄黃二州叛鼎將兵討之戰于樊
可按都覆溺死其叛人家屬物產宜悉與其子納懷帝
口舟覆溺死年六十有三十七年董文忠等奏鄭也
從之贈中書右丞謚忠毅後加贈宣忠保節功臣平

章政事柱國追封潞國公諡忠肅子制宜

制宜小字納懷性聰敏莊重有器局通習國語至元

十四年襲父職太原平陽萬戶仍戍鄂州時鄂州

俾攝府事十九年朝廷將征日本造樓船郇家德之

地狹衆欲徙旁居民制宜不從改授寬地居民

城中屢災或言于制宜曰吾恐姦人乘間為變宜捕其

疑似者痛治之制宜曰嚴守備而已柰何濫及

無辜不管一人災亦遂息有盜伏近郊晨暮剽叔流

言將入城俄有數男子災出城外至顧眄異常制宜命

吏縛入獄問之無驗行省疑其非將釋之不從明日

再出城東遇一人乘白馬貌服殊異制宜叱下訊之

乃與前數男子同為盜者遂正其罪一郡帖然二十

四年扈駕東征乃顏請赴敵自效帝顧左右曰而父

歿王事惟有一子母使在行陣制宜請愈力乃命從

月兒吕那顏別為一軍以戰功授懷遠大將軍樞密

院判官明年車駕幸上都舊制樞府官從行歲留一

貟司本院事漢人不得與至是以屬制宜制宜遜辭

帝曰汝豈漢人比耶竟留之二十八年遷湖廣行省

參知政事陞辭帝曰汝父死王事實未汝及近者要

東木伏誅巳籍没其財產人畜汝可擇其佳者取之

制宜對曰彼以贓敗臣復取之寧無污乎帝嘉其所

守賜白金五千兩未幾徵侍御史安西舊有

牧地圍人恃勢冒奪民田十萬餘頃訟于有司積年

不能理制宜奉詔而徙按圖籍以正之之訟由是息三

丁年除湖廣行樞密副使湖南地闊事劇俍師徇二

州道經廬陵永新獲首賊為姦既捕獲其家納賂以緩

獄事制宜悉以勞軍斬計龍于市自是湖以南無復

龍州聚惡少年匯兵器為姦其黨皆殺之茶鄉譚計

盜賊元貞元年有制行樞密院添置副使一貟與制

宜連署制宜以貟非常設先任者當罷俄入朝特授

大都留守領少府監兼武衛親軍都指揮使知屯田

事大德八年晉地大震平陽尤甚壓死者衆制宜承

命存恤懼緩不及事晝夜倍道兼行至則親入里巷

撫瘡殘給粟帛存者頼之成宗素知其名眷遇殊厚

每侍宴輒持以奉母帝聞之特封其母蘇氏為潞國太夫

人十年制宜以疾終年四十有七贈推忠贊治功臣

銀青榮祿大夫平章政事追封澤國公諡忠宣子阿

兒思蘭嗣

李進保定曲陽人幼隸軍籍初從萬戶張柔屯杞之
三叉口時荊山之西九十里曰龍岡者宋境也歲庚
戌春張柔引兵築堡岡上會淮水泛漲宋以舟師卒
至主帥察罕率軍逆戰進直前數
十餘里奪一巨艦遂以功陞百戶戊午憲宗西征丞
相史天澤時為河南經略大使選諸道兵之驍勇者
從遂命進為總把是年秋九月道由陳倉入興元度
米倉關其地荒塞不通進伐木開道七百餘里冬十
一月至定遠七十關上下皆築連堡宋以五百

人守之巴渠江水環堡東流天澤命進往關下說降
之不從進潛視間道歸白天澤曰彼可取也是夜二
鼓天澤遣進率勇士七十人掩其不備被傷不以為
而入者二十人守門者覺援刀拒之進被傷殺傷三
十人後兵走上堡進乃毀懸門納諸軍追至上堡殺
病懸門俄開諸軍不得入進與二十人力戰殺傷
傷盡衆宋兵不能敵藥走夜將旦進遂得其堡守之
關路始通諸軍盡度進以功受上賞已未春二月天
澤兵至行在所圍合州釣魚山寨夏五月戰山之東
江以舟師來援始大戰三槽山西六月戰山之東有

功秋七月宋兵戰艦三百餘泊黑石峽東以輕舟五
十為前鋒北軍之船七十餘泊峽西相距一里許帝
立馬東山擁兵二萬夾江而陣天澤乃號令於衆曰
聽吾鼓視吾旗無少怠頃之聞鼓聲視其旗東指
諸軍遂鼓譟而入兵一交宋前鋒潰走戰艦繼亂順
流縱擊死者不可勝計帝指顧諸將曰白旗下服
紅半臂突而前者誰也天澤以進對賞上賞世祖即
位入為侍衛親軍中統二年宣授總把賜銀符三年
月又戰浮圖關前後九戰皆以功受賜衣錦馬八
從征李璮有功至元八年領兵赴襄陽十二年從略

地湖北湖南宋平以兵馬使分兵屯鄂州十三年領
軍二千屯田河西中興府十四年加武略將軍陞千
戶十五年移屯六盤山加武毅將軍賜金符十七年
陞明威將軍管軍總管十九年賜虎符復進懷遠大
將軍命屯田西域別十里二十三年秋海都及篤
娃等領軍至洪水山進與力戰衆寡不敵軍潰被
擒從至撦八里遁還至和州收潰兵三百餘人且戰
且行還至京師賞金織紋衣二襲鈔一千五百貫二
十五年授蒙古侍衛親軍都指揮使司僉事明年改
授左翼屯田萬戶元貞元年春卒子夔襲授武德將

軍左翼屯田萬戶佩虎符皇慶二年加宣武將軍延
祐六年仁宗念其父進聲北征被掠特賜雯中統鈔
五百錠以恤之卒定元年春以疾辭子朵耳只襲

　　石抹按只

石抹按只樊丹人世居太原父大家奴率漢軍五百
人歸太祖太宗戊午按只代領其軍從都元帥細璘攻
成都時宋兵聚於虛泉按只以所部兵與戰大敗之
殺其將韓都統又從都元帥按敦攻瀘州按只以戰
艦七十餘艘至馬湖宋軍先以五百艘控扼江渡按
只擊敗之時宋兵於沿江撤橋擾守按只相地形造
浮橋師至無留行宋欲撓其役兵出輕敗自馬湖以
達合江涪江清江九立浮橋二十餘所及四川平浮
橋之功居多已未宋以巨艦載甲士數萬屯清河浮
橋相距七十日水暴漲西岸軍多漂溺按只
軍東岸急撤浮橋聚舟岸下士卒得不死又援出別
部軍五百餘人先鋒奔察火魯赤以聞憲宗遣使慰
諭賞賜甚厚敘州守將橫截江津軍未得渡按只聚
軍中牛皮作渾脫及皮船乘之與戰破其軍奪其渡
口為浮橋以濟師中統三年投河中府船橋水手
總管佩金符以立浮橋功也至元四年從行省也速

帶兒攻瀘州按只以水軍與宋將陳都統張總制戰
于馬湖江按只被二創戰愈力敗之六年正月也
速帶兒領兵趨瀘州遣按只以舟運軍糧於眉中
水道進宋兵復扼馬湖江按只擊敗之生獲四十人
奪其船五艘復以水軍一千運糧於眉簡二州軍中
頼之九年從征建都蠻歲餘承制以其子不老代領
其軍不老從攻嘉定以巨艦七十艘載勇士數千人
擾其上流於府江紅崖灘造浮橋以渡十二年嘉定
降宋將鮮于都統率眾遁不老追至大佛灘盡斃之
行院汪田哥攻取紫雲瀘敘等城不老功最多及諸
軍圍重慶不老先以戰艦三百艘列陣於觀灘絕其
走路十三年領隨襄軍五百人會招討藥剌海堅柵
於白水江岸以為備不老乘夜襲宋軍直抵重慶城
下攻千斯門宋軍驚潰溺死者眾生擒三十餘人獲
其旗幟甲仗以獻宋涪州守將率舟師來援不老擊
敗之於廣陽壩生獲六十餘人奪其船十四年
從攻瀘州不老勒所部兵攻神臂門蟻附以登斷首
五十級明日復戰破之十五年復攻重慶太平門不
老先登殺其守押卒數十人宋都統趙安以城降總

管黃亮乘舟遁不及追擒之及其兵士五十人奪戰
艦五十艘十六年命襲父職為懷遠大將軍船橋軍
馬總管更賜金虎符兼夔路守鎮副萬戶十八年大
小盤諸峒蠻叛命領諸翼蒙古漢軍三千餘人戍施
州既而蠻酋向貴擅用等降其餘峒蠻之未服者悉
平遂以為保寧等處萬戶

謁只里

謁只里女直人也大父昔寶昧也不干登金進士第
金亡歸太宗謁只里幼穎悟能記誦及長以孝友聞

三百十二

事世祖潛邸得備宿衞中統初命叅議陝西行樞密
院事以商挺佐之比行入奏曰關陝要地軍務非輕
阿脫仰刺國之元臣陛下方委任之伏應臨時議論
不協必誤大計儻有異同臣請得以上聞帝可其奏
賜宴而遣之未幾改行省斷事官復入宿衞李璮平
朝議選宿衞之士監漢軍謁只里佩虎符監軍於毗
陽至元七年命為監戰以所領諸軍圍襄陽築一字
堡以張軍勢一時名將唆都劉國傑李庭等皆隷麾
下攻樊城率其軍先登破之所受賞賜悉分將士十
一年從丞相伯顏次郢州將數騎而出與宋兵遇有
部卒墮馬為其所得謁只里單騎橫戈直入其軍奪

之以還因殺獲四人時糧儲不繼諸將以為憂謁只
里乃西攻江陵龍灣堡取其粟萬石衆賴以濟元兵
東下宋將夏貴迎戰於陽邏狀元未至衆欲少俟
之謁只里曰兵貴神速機不可失宜及其未定而擊
之遂直前衝貴軍獲戰船百餘貴敗走伯顏上其功
加定遠大將軍十二年攻常州謁只里造雲梯繩橋
以登遂克之奉省檄徇安吉諸州皆下十三年宋降
伯顏命謁只里監守其宮號令嚴肅毫無犯入朝
錄功遷昭勇大將軍未幾拜鎮國上將軍浙東宣慰
使鎮守紹興十九年卒年四十二子亦老溫襲為萬

三百十

戶累遷江東廉訪使脫脫淮東宣慰使

鄭溫

鄭溫真定靈壽人初從中書粘合南合南征有功為
合必赤千戶從丞相史天澤天澤為新軍萬戶鎮撫憇宗
征西川溫四月不解甲天澤以溫見具言其功帝曰
朕所親見也賜名也可拔都賞以鞍勒還至闕州奉
旨分軍守邏青居釣魚等山天澤命溫統四千人警
邏釣魚山中統元年佩金虎符為總管三年李璮叛
詔溫以軍還討至濟南大軍圍其城賊將楊援都等
乘夜斫營溫力戰至黎明賊退諸王哈必赤丞相史

天澤厚賞之七月城破命溫率兵三千徃定益都以
功後受上賞命為侍衛親軍總管至元六年進懷遠
大將軍右衛副都指揮使九年詔溫統蒙古漢人女
真高麗諸部軍萬人渡海征䑻羅平之十二年陞右
衛親軍都指揮使率三衛軍萬人從攻岳州江州沙
市潭州皆有功平章阿里海涯賞銀十鋌十四年入
朝遷昭勇大將軍樞密院判官十八年改輔國上將
軍江淮行省參知政事杭民飢出米二十萬石糶之
俄賜以常州官田三十頃二十二年召還二十三年
陞江浙左丞命以新附漢軍萬五千於淮安雲山泉

塘立屯田二十八年卒年八十一子欽利用監丞釭
榷茶都運使銓右衛親軍千戶鑄袁州路判官

列傳卷第四十一

勅修
翰林學士承旨知制誥兼修國史臣吳燉　翰林承旨知制誥兼知制誥國史院編修官臣吳㻞等奉

汪世顯　德臣　良臣　惟正

汪世顯字仲明鞏昌鹽川人系出旺古族仕金屢立戰
功官至鎮遠軍節度使鞏昌便宜總帥金平郡縣望風
欸附世顯獨城守及皇子闊端駐兵城下始率狼降皇
子曰吾征四方所至皆下汝獨固守何也對曰臣不敢
背主失節目又問曰金亡已久汝不降果為耶對曰
大軍迭至莫知適從惟殿下仁武不殺竊意必能保全

《元史列傳卷四十二》　一　起宗

闔城軍民是以降也皇子大悅承制錫世顯章服官
從其舊即從南征斷嘉陵搆大安田楊諸蠻結陣迎
敵世顯以輕騎撓之宋曹將軍潛兵相為犄角世
顯單騎突之殺數十人黎明大軍四合殺其主將以數
武信遂進遍資隆萌宋將依山為栅世顯時方
騎往奪之乘勝定資州略嘉定峨眉進次開州水
涇潦由間道犖緣以達宋軍大擾
北造船以疑之夜從上游鼓革舟師遇
追奔至夔峽過巫山與宋援軍遇斬首三千餘級明
年師還攻重慶會大暑乃嚴歸覲太宗錫金符易其

名曰中山且歷數其功世顯拜謝曰此皆聖明福德
所致臣何預焉辛丑蜀帥陳隆之貼書請戰聲言有
象百萬皇子集諸將議之咸謂隆之可生擒也世顯
曰顧臨敵何如無庸諍辟焉軍薄成都之覺世顯曰事
堅壁不出其部曲田顯約夜降隆之世顯曰
急矣丞相復簡精銳五百人出獲隆之
斬之世顯梯城入牧顯得與從者七十餘人出戰
城陰盡渡三日大軍薄其城又三日克之癸卯春皇
子第功承制拜便宜總帥秦鞏等二十餘州事皆聽
裁決賜虎符錦衣玉帶世顯先已遘疾至是加劇皇

《元史列傳卷四十二》　二　憲宗

子遣醫絡繹往療竟不起年四十九中統三年論功
追封隴西公諡義武延祐七年加封隴右王子七人
忠臣鞏昌便宜副總帥次德臣次直臣鞏昌中路都
總領殁於王事次良臣次翰臣奧魯兵馬都元帥佐
臣鞏昌左翼都總領殁於王事清臣四川行樞密院
副使

德臣賜名田哥字舜輔年十四侍太子游獵矢無虛
發嚴爵鞏昌萬二十四路便宜都總帥從征蜀將前軍
出忠涪所向克獲進攻運山率麾下先所乘馬中飛
石死决戰援外城宋將余玠攻漢中德臣馳赴之玠

聞遁去憲宗素聞其名及入覲忻陳悲嘉納賜印符
命城汭州汭揀嘉陵要路德臣繕治室廬部署官屬
數日而集進攻嘉定敵潛軍夜出德臣迎戰殺百人
還至左綿次隆慶獲宋軍仍夜出與力戰盡殺之及馬漕溝
人進伏兵與戰獲其統制羅廷鸞又詔德臣入見乞免千人生擒百
益昌賦稅及徭役漕司千汭通販蠻給餽餉奏乞以兄
戍皆聽節制世祖以皇弟有事西南德臣入見乞命
置行部于鞏立漕司千汭通販蜀益昌為蜀喉襟蜀人
忠臣攝府事使已得專事益昌益昌為蜀喉襟蜀人

《元史列傳卷四十二》 三 〈起宗〉

悍其威名諸郡環視莫敢出鬭甲寅春旱嘉陵涸舟
水澀議者欲乘去德臣曰國家以蜀事託我有死而
已奈何棄之盡殺所乘馬饗士嚴嘉川得粮五千
石雲頂吕遠將兵五千邀戰即陣擒之復得粮五千
石既而魚關金牛水陸運偕至屯田麥亦登食用遂
給夏獲宋提轄崔忠鄭再立縱令持檄諭苦守將
南清以城降所俘城中民悉歸之東南戍卒數百有
去志德臣揣知之給券縱去皆泣謝未幾山寨相繼
輸欵宋將余晦遣都統甘閏以兵數萬城紫金山德
臣即選精卒銜枚夜進大破之閏催以身免南清北

觀其下殺清妻子以叛蜀將焦達領兵餉之德臣擊
敗達盡獲所餉資粮冬蜀兵二萬復至又敗之獲粮
百餘艘魚關至汭水迁回為渡百有八至是悉為橋
成都益昌駐北山謂德臣曰來者言汝如約以城與之帝
奏領此城圍遂解詔侯江南事定如約立利州之功令
幸益昌為宋人所圍德臣遣將赴之約曰先破敵者帝
見汝身甚小而膽甚大不知敵曾薄汝城否德臣對
曰頼陛下洪福未嘗一來帝曰彼悍卿威名耳賜金
帶且俾立石紀功嘉陵白水交會勢洶急帝問何幾

《元史列傳卷四十二》 四 〈起宗〉

何可濟德臣曰大軍百萬非可淹延當別為方略即命
擊舟為梁一夕而成如履坦途帝顧謂諸王曰汪德
臣言不虛發賜白金三十斤仍命刻石紀功既逆
臣知先登陷陣而已建橋非所知也既而橋果無功
乃率將士魚貫而進帝望見歎曰人言其膽勇豈虛
譽邪宋將趙仲武納欵而楊禮猶拒戰奮擊盡殺之
德臣微疾帝勞之曰汝疾皆為我家飲以葡萄酒解
命至是攻之巖壁峭絕或請建天橋帝以問德臣曰
王帶賜之曰飲我酒服我帶疾其有瘳乎德臣泣謝
宋龍州守將王德新遣所親顧劭順以郡民為祈奏

元史刻傳卷四十二 五

如其請進攻長寧拔之斬守將王佐帝下德臣為
先鋒抵大獲山奪水門宋將揚大淵遣子乞活數萬
人命引至帝前為請旦日大淵率衆降巳而運山青
居大梁騎皆降攻釣魚山守臣王堅負險五月不下德
臣單騎至城下大呼曰王堅我來活汝一城軍民宜
待罪行伍死其分也又遣丞相兀真賜湯劑卒不起
早降語未既幾爲飛石所中遂感疾帝遣使問勞俾
還益昌秦曰陛下尊爲天子猶冒寒暑服勞于外臣
年三十有六中統三年追封隴西公謚忠烈子六人
長惟正次惟賢大司徒惟和昭文館大學士惟明以質

子為元帥惟能征西都元帥惟純權便宜都総帥
良臣年十六七即從兄德臣出征每戰輒當前鋒以
功擢禆帥燕便宜都府參議癸丑歲以德臣薦為葦
昌帥領所部兵屯田白水蜀遠寨不敢復出鈔略憲
宗親征軍至六盤良臣還葦昌供億所須事集而民
不擾詔權便宜総帥府事良臣奏願與兄德臣効力
定四川帝曰行軍道路營舟車水陸無壅儲
功良臣既奉命治橋梁平道路所係不輕汝任其責自可立
積充朝有旨賜黃金弓矢旌其能世祖即位阿藍台
兒渾都海逆命刼六盤府庫西垂駭動詔良臣討之

元史刻傳卷四十二 六

兵至山丹置營按兵不戰者凡二月俄大舉至耀碑
谷兩軍相當良臣慷慨誓諸將曰今日之事係國安
危勝則富貴可保敗則身戮家亡苟骽用命縱死行
間不失忠孝之名衆聞踴躍而前會大風揚沙晝晦
良臣手刃數十人賊勢阻衆軍乘勝搏之入觀賜燕
阿藍台兒渾都海殺之西鄙輯寧捷聞賜賞金虎符便
宜都総帥中統二年火里叛復討平之入觀賜燕
祖嘉其能讓復賜金鞍甲胄弓矢轉同簽葦昌路便
屢摧其功良臣拜謝曰臣奉諸王成筭何功之有世
宜都総帥宋將皆萬壽帥戰船二百泝江而上欲掩

青居良臣伏甲數十數其後身先逆戰萬壽敗走伏
發幾獲之三年授閬蓬廣安順慶等路征南都元帥
良臣以釣魚山險絕不可攻奏請就近地築城曰武
勝以扼其往來四年春良臣攻重慶命元帥康士秃
先驅與宋將朱禩孫兵交良臣塞其歸路引兵橫擊
之斷敵兵為二敗走趨城不得入盡殺之至元六
年授東川副統軍八年兄子惟正請於朝謂良臣久
勞戎行乞身代之九年復授良臣昭勇大將軍與魯総管
葦二十四處便宜都総帥燕本路諸軍與魯総管葦明
年名入帝曰成都被兵久須卿安集之授鎮國上將

軍樞密副使西川行樞密院事蜀人安之十一年進攻
嘉定督萬壽堅守不出良臣度有伏兵大搜山谷果
得而報之進壘薄城萬壽悉軍出戰大破之伏尸蔽
江萬壽乞降良臣奏免其死居民按堵良臣統兵順
流而下紫雲瀘敘相繼欵附還圍重慶十三年宋潛
州安撫再圍重慶者再良臣皆敗走之宋安
撫張珏遣將乘虛襲據瀘州良臣奮擊大破之復攻重
慶十五年春張珏悉衆廬戰
四矢明日督戰益急珏所部趙安開門納降珏遁
良臣禁俘掠發粟賑饑民大悅四川悉平捷聞世祖
喜甚名良臣入覲授資善大夫中書左丞行四川中書
省事賜白貂裘良臣陳治蜀十五事世祖喜納良臣
至成都以蜀瘡痍之餘極意循撫行省罷改授安西
王相不赴十八年夏疾卒年五十一贈儀同三司謚忠
惠加贈推誠保德宣力功臣追封梁國公子七人惟雲
中書省平章政事柱國儀同三司陝西等處行
南諸路行省平章政事惟簡保寧萬戶惟某同知屯
田総管府事惟永征西都元帥惟恭階州同知惟仁
人匠総管達魯花赤惟新漢軍千戶
惟正字公理紉顏悟藏書二萬卷喜從文士論議古

四六

今治亂尤喜談兵時出游獵則勒從騎為攻守狀父
卒于軍皇姪壽王伴權靚父爵守青居山世祖即位
遂真捷為初懇宗遣渾都海以騎兵二萬守六盤又
遣乞不花守青居至是渾都海叛乞不花殺之世
為應惟正即命力士縛乞不花殺其功
三年詔還蔡昌部長火都叛民大擾惟正臨狂
詔東川軍事悉聽奧分中統二年入朝賜甲胄寶鞍
都今君衛犬方辟狂醫茍一戰不利則城邑為墟當
勝以不戰乃發兵踵之賊欲戰不得休則挑之若是
者兩月知其糧盡勢壓曰可矣與戰屢捷火都遣三
十人來約降即遣其十人還伴火都自來因潛兵躡
其後出其不意擒殺之至元七年宋人修合州詔立
武勝軍以拒之惟正臨嘉陵江你柵阨其水道夜懸
燈柵間編竹為籠中置火炬順地勢轉走照百炭外
以防不虞宋人知有備不敢近九年帥兵掠忠涪獲
今簿會丞相伯顏克襄陽議取宋惟正奏曰蜀未下
者數城耳宜併力攻餘寨杭本根既拔此將為往顧以
五百會丞相伯顏會錢塘帝優詔卷曰四
本兵由嘉陵下夔峽與伯顏會兵下邪未幾兩
川事重舍卿誰託興日蜀平功豈伯顏下

四六

川樞密院合兵圍慶命益兵助之惟正奪其洪崖門
獲宋將何統制皇子安西王出鎮秦蜀召惟正還十四
年冬皇子北伐而藩王土魯叛於六盤王相府命別速
帶領兵進討惟正為副帶不習兵師行無紀惟正
為正部曲肅行陳斥侯凡軍政一倚重馬進次平涼簡
聲兵號者八十人與俱至六盤土魯先擾西山惟正分
安西兵為左右翼輩兵獨居中去土魯一里許皆下馬
手弓土魯遣百騎突陳惟正令引滿毋發將及又命曰
視必中而發於是矢下如兩突騎中者三之一餘盡馳
還土魯軍遂走惟正麾兵逐之三跆山至蕭河擒叛將

燕只哥復進兵土魯亦就擒安西王至惟正迎謁王
歷稱其功明日大燕賞以金尊貂裘王妃賜其母
珠絡帽衣且曰吾皇家兒婦也汝母製衣汝母真
福人也詔惟正入朝世祖推玉食食之賜白金五千
兩錦衣一襲授金吾衛上將軍中書開城路宣慰使十七
年遷龍虎衛上將軍中書左丞行秦蜀中書省事賜
王帶以省治在長安去蜀遠乃命惟正分省于蜀蜀土
荐羅兵革民無完居一聞馬嘶輒奔竄避匿惟正招
意撫循人便安之二十年進階資德大夫二十二
政授陝西行中書省左丞入覲上都得腹疾還至華

州卒年四十四謚貞肅二子嗣昌武略將軍成都管
軍副萬戶壽昌資德大夫江南行御史臺中丞

史天澤

史天澤字潤甫秉直季子也身長八尺音如洪鍾善
騎射勇力絕人從其兄天倪詗真定乙酉天倪遣護送
其母歸北京既而天倪為武仙所害府僚王緝王守
道追及天澤於變起倉猝部曲散走多在近郊
公能廻轡南行不自至矣天澤艴然曰兄弟之讎
義所當復雖死不避況未必死邪即傾貲裝易甲伏
南還行次滿城得士馬甚眾天澤攝行軍事遣監軍

李伯祐詣國王守魯言狀且乞濟師天澤時為帳前
軍總領字魯承制命紹兄職為都元帥俾笑乃解將
蒙古軍三千人援之合勢進攻廬奴仙驍將葛鐵槍
者擁眾萬人來拒戰天澤迎擊之身先士卒勇氣百
倍賊退阻泒河乘夜而遁天澤追及之生擒葛鐵槍
餘眾悉潰獲其兵甲輜重軍威大振遂下中山略無
極拔趙州進軍野頭會天澤兄天安亦提兵來赴擊
仙敗之仙奔雙門遂復真定未幾宋大名總管彭義
斌陰與仙合欲取真定天澤同笑乃解拒諸贊皇仙
不得進義斌勢盛焚山自守天澤道銃卒伍十權鋒

而入自以鐵騎繼其後縛義斌斬之未幾仙復令謀
者結死士於城中大曆寺為內應夜斬關而入擄其
城天澤引戈卒數十踰城東出至葉城求援於董俊
俊授以銳卒數百夜赴真定而笑乃饌兵亦至捕叛
者三百餘人仙從數騎走保西山抱犢砦突乃饌恕
念民之從賊驅萬餘人將殺之天澤曰彼皆吾民但
為賊所脅耳殺之何罪力爭得釋乃繕城壁立樓櫓
為不可犯之計㧞集流散存恤困窮以抱犢諸砦仙
之巢穴不即剪覆終遺後患急攻下之仙乃遁去議
又取蟻尖馬武等砦而相衛亦降巳丑太宗即位繼
立三萬戶分統漢兵天澤適入覲命為真定河間大
名東平濟南五路萬戶庚寅冬武仙復屯兵於衛天
澤合諸軍圍之金將完顏合達以兵由孟津會河南
利諸將皆北天澤獨以千人統出其後敗一都尉軍
與大軍合攻之仙逸去遂復衛州壬辰春太宗由白
波渡河詔天澤以兵略地京東抵降太康柘縣尾
岡雎州㧞兵追斬金將完顏慶山奴於陽邑夏帝比破
曆宗㧞兵圍汴㧞巳春金主自囚令完顏白撒
自黃龍岡來襲新衛天澤率輕騎馳赴之比至圍巳

合天澤奮戈突至城下呼守者曰汝等勉力援兵且
至復躍出其衆皆披靡遂與大軍夾擊之白撒等敗
走蒲城天澤尾其後白撒等兵尚八萬俘斬殆盡金
主以單舸東走歸德天澤追至歸德與諸軍會新衛
達魯花赤撒吉思不花鐵薄城背水而營天澤曰此
豈駐兵之地乎彼若來犯則進退失據矣不會天
澤以事之汴比遠撒渡金主自經死天澤
汝水血戰連日甲午春正月蔡破金主自經累倍
帝命元帥僑盡率大軍圍之天澤當其北面結栰潛渡
還真定時政煩賦重貸錢於西比賈人以代輸累倍
其息謂之羊羔利民不胎給天澤奏請官為償一本
息而止繼以歲飢假貸充貢賦積銀至一萬三千鋌
天澤傾家貲率族屬官吏代償之又請以中戶為軍
上下戶為民著為定籍境內以寧金亡後軍士直前
未從皇子曲出攻棗陽天澤先登拔之及攻襄陽宗
兵以舟數千陳於峭石灘天澤挾二舟載死士宋乙
擣之覆溺者萬計丁酉從宗王口溫不花圍光州以舟
澤先破其外城攻子城又破之師次復州宋兵以舟
三千鎮湖面為柵天澤曰柵破則復自潰親執桴鼓
督男士四十人攻其柵不踰時柵破復人懼請降進

攺壽春天澤獨當一面宗兵夜出斫營天澤手擊殺
數人麾下兵繼至悉驅其兵入淮水死乘勝而南所
向輒克壬子入覲憲宗賜衛州五城爲分邑世祖時
在藩邸極知漢地不治阿藍荅兒請以天澤爲經略
使至則與利除害政無不舉誅諸郡邑長貳之尤貪橫
者二人境内大治阿藍荅兒鈎較諸路財賦銀鐵羅
織無所不至天澤以勳舊獨見優容天澤曰我爲經
略使令不我責而罪餘人我何安乎由是得釋者甚
衆戊午秋從憲宗伐宋由西蜀以入巳未夏駐合州
之釣魚山軍中大疫方議班師宋將呂文德以艦艟

元史列傳卷四十二 十三

千餘泝嘉陵江而上北軍迎戰不利帝命天澤禦之
乃分軍爲兩翼跨江注射親率舟師順流縱擊三戰
三捷奪其戰艦百餘艘追至重慶而還中統元年世
祖即位首名天澤問以治國安民之道即具疏以對
大略謂朝廷當先立省部以正紀綱設監司以督諸
路　廉禁賄賂以防奸庶能須奉秩以養
廉禁賄賂以防奸庶能須奉秩以養內外休息帝嘉納俄
之繼命往郛渚撤江上軍遷授河南等路宣撫使
燕江淮諸翼軍馬經略使二年夏五月拜中書右丞
相天澤既秉政凡前所言治國安民之術無不次第

舉行又定諸色戶規十條以正庶務憲宗初年括戶餘百
萬至是諸色占役者太半天澤悉奏罷之秋九月庵
從世祖親征阿里不哥次昔木土之地詔丞相線真
將右軍天澤將左軍合勢之阿里不哥敗走三年
春李璮叛遂據濟南詔天澤往與璮間璮入濟
赤揔兵討之凶勢甚盛都命天澤往與璮間璮入濟
南笑曰璮入吾囊中矣無能爲也乃至則進說於哈必赤曰
璮多譎而兵精不宜力角當以歲月斃之深溝高
壘絕其奔軼凡四月城中食盡縱出降生擒璮斬
于軍門誅同惡者數十人餘悉縱歸明日引軍東行

元史列傳卷四十二 十四

未至益都城中人已開門迎降初天澤將行帝臨軒
授詔責以專征俾諸將皆聽節度天澤未嘗以詔示
人及還帝慰勞之悉歸功於諸將其愼密謙退如此
天澤在憲宗時嘗奏臣始攝先兄天倪軍民之職天
倪有二子一子管民政一子掌兵權臣復入可切寄
一門之内懼三要職分所當避臣可退休矣帝曰卿
一門之内貴三要職分所當避臣可退休矣帝曰卿何慊何嫌竟不許至
奕世忠勤有勞於國一門三職何慊竟不許至
是言者或謂李璮之變由諸侯權太重天澤遂奏兵
民之權不可併於一門行之請自臣家始於是史氏
子姪即日解兵符者十七人至元元年加光祿大夫

右丞相如故三年皇太子燕王領中書省
院事以天澤爲輔國上將軍樞密副使四年復授光
祿大夫改中書左丞相六年帝以宋末附議攻襄陽
詔天澤與尉馬忽剌出往經畫之賜白金百錠楮幣
萬緡至則相要害立城堡以絕其聲援爲必取之計
七年以疾還燕八年詔天澤與丞相阿
事仍教右丞相安童諭旨曰兩省院臺或一月一旬
遇大事卿可商量小事不煩卿也十年春與平章阿
術等進攻樊城拔之襄陽水陸並進天澤至郢州遇疾還
伯顏總大軍自襄陽降十一年

〔四七〕

襄陽帝遣侍臣賜以葡萄酒且諭之曰卿自朕祖宗
以來躬擐甲冑跋履山川宣力多矣又卿首事南伐
異日功成皆卿力也勿以小疾阻行爲憂可且比歸
善自調護還至真定帝又遣其子杠與尚醫馳視賜
以藥餌天澤因附奏曰臣大限有終死不足惜但願
天兵渡江慎勿殺掠語不及它以十二年二月七日
薨年七十四訃聞帝震悼遺近臣賻以白金二千五
百兩贈太尉諡忠武後累贈太師進封鎮陽王立廟
天澤平居未嘗自矜其能及臨大節論大事毅然以
天下之重自任年四十始折節讀書尤熟於資治通

鑑立論多出人意表拜相之日門庭肅然或勸以權
自張天澤舉唐韋澳告周墀之語曰願相公無權爵
祿刑賞天子之柄何以權爲哉因以謝之言者慙服當
金末名士流寓失所悉延致之至真定官其生理而賓禮之後多
致顯達破家歸德棄李子陵治之輩人多不平而莫能間其
衛爲食邑命王昌齡治之輩人多不平而莫能間其
知人之明用人之專如此是以出入將相五十年上
不疑而下無怨人以比於郭子儀曹彬云子杠湖廣
行省平章政事樟真定順天新軍萬戶揀衛輝路轉
運使杠湖廣行省右丞把淮東道廉訪使樟同知禮

〔四〇〕

州楷同知南陽府彬中書左丞
格字晉明歲壬子憲宗賜天澤以衛城授格節度使
憲宗崩格比圉謙州五年而歸爲郢州德軍萬戶旣
又代張弘範爲亳州萬戶而以故所將鄧州德軍授
弘範從攻襄陽下賜白金衣弓矢鞍馬衆軍擇一
渡江平章阿術衕二十三萬戶居前每五萬戶授
人爲帥統之格居其一格軍先渡爲宋將程鵬飛所
卻格被三創裹其師二百尋復大戰中流矢鵬飛身
亦被七創乃敗走其後樞密院奏格輕進請罪之帝
念其功而薄其罪俾從平章阿里海牙攻潭州砲激

棚木傷肩矢貫其手裹創先登拔之遂以軍民安撫
留戍入覲加定遠大將軍賜以天澤所服玉帶從攻
靜江衆以頓輜自蔽攀堞蟻附而上扳之當砲礮蔽地車不可
至乃伺隙率衆攀堞蟻附而上扳之徇廣西十三州
廣東三州皆下靜江受兵之初谿洞諸夷皆降格節
宋亡陳宜中張世傑挾益王昰廣王昺擾福州立益
王傳檄嶺海欲復其地訢言夏貴已復澧江州諸
戍將以江路既絕不可比歸皆託計事還靜江格曰
君等亦為虛聲所懾邪待貴諭嶺審不可比歸吾與
諸君跋涉雲南而歸未為不可敢軰章戍我行省議
棄廣東之肇慶德慶封州併兵戍梧州格曰棄地撤
備示敵以怯不可宜增兵之劇賊蘇仲集潰辛擾
鎮龍山稱王劫掠於外耕植於內至秋畢穫聞大兵
至則偽出降官軍罷暑不敢深入橫象賓貴四州皆
被其害格築堡於其界守以土兵令官軍火其廬棚
民踐其禾稼仲窮感遂降益王餘衆破潯州斬李辰
棄福靜江北抵泉求皆城守羅飛圍永凡七月不下
判官潘澤民間道來告急格分兵赴之殄其衆益王

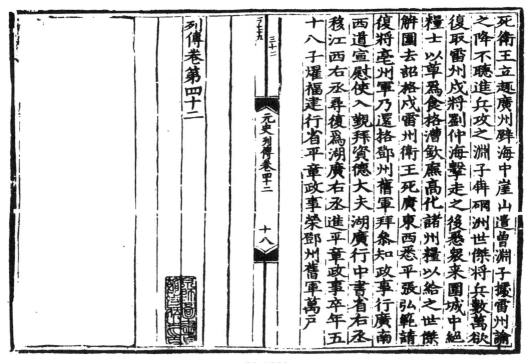

死衛王立趨廣州群海中崖山遣曾淵子據雷州諭
之降不聽進兵攻之淵子奔碙洲世傑將兵數萬欲
復取雷州戍將劉仲海擊走之後悉衆來圍城中絕
糧士以草為食格欽廉高化諸州糧以給之世傑
觧圍去詔格戍雷州衛王死廣東西悉平張弘範請
復將亳州軍乃遷格鄧州舊軍拜佥知政事行廣南
西道宣慰使入覲拜資德大夫湖廣行中書省右丞
移江西右丞尋復為湖廣右丞進平章政事卒年五
十八子燿福建行省平章政事榮鄧州舊軍萬戶

列傳卷第四十二

翰林學士承旨知制誥兼修國史臣宋濂　翰林侍講學士通奉大夫知制誥同修國史臣王禕　國史院編修官臣趙壎等奉敕修

豫

董文炳

《元史列傳卷四十三》一　署明道

董文炳，字彥明，俊之長子也。父没時，年始十六，率諸幼弟事母李夫人。夫人有賢行，治家嚴，篤於教子。文炳師侍其先生，警敏善記誦，自幼儼如成人。歲乙未，以父任為藁城令。同列皆父時人，輕文炳年少，吏亦不之懌。文炳明於聽斷，以恩濟威，未幾同列束手。之吏抱案求署字，不敢仰視，里人亦大化服。

縣貧，重以旱蝗而徵斂日暴，民不聊生。文炳以私穀數千石與縣，得以寬民。前令因軍興乏用，稱貸於人，而貸家取息歲倍，償以民蠹。償之，文炳曰：「民困矣，吾為令義不忍視也，吾當為代償。」乃以田廬若干畝計直，與貸家，復籍閒田與貧民為業使耕之。於是流離漸還，數年間民食以足。朝廷初料民，令敢隱實者誅，籍其家。文炳使民聚口而居，少為戶數，眾以為不可。文炳曰：「後當德我。」由是賦欲大減，民皆富完。旁縣有訟不得直者，皆詣文炳求決。文炳嘗上謁大府，旁縣人

三七二

《元史列傳卷四十三》二

聚觀之曰：「吾丞聞董令，董令顧亦人耳，何其明若神也！」時府索無厭，文炳抑不予，或譖知府，府欲中害之。文炳曰：「吾終不能剝民求利也。」即棄官去。府亦不能害。

癸丑秋，受命憲宗征南詔。文炳率義士四十六騎從行。人馬道死殆盡，至吐蕃止兩人，能從兩人者挾文炳徒行，蹚躙道路，取馬肉續食，日行不能三二十里。然志益厲，期必至。軍會，使者過遇文炳還言其狀。時文炳弟文忠先從世祖，即命文忠解尚廄五馬，載糧迎文炳。既至，世祖壯其忠，且閔其勞，賜賚甚厚，有任使皆稱旨，由是日親貴用事。己未

四百六

秋，世祖伐宋，至淮西臺山寨，命文炳往取之。文炳馳至寨下，諭以禍福，不應。文炳脫胄呼曰：「吾所以不極兵威者，欲活汝眾也，不速下，令屠寨矣！」衆懼，遂降。九月，師次陽羅堡。宋兵築堡于岸，陳船江中，軍容甚盛。文炳請於世祖曰：「長江天險，宋所恃以為國，勢必死守。文炳不奪其氣不可，臣請嘗之。」即與敢死士數十百人當其前，率弟文用、文忠載艨艟，鼓櫂疾趨，叫呼奮

卷三十四

奮。鋒既交，文炳麾眾趨岸搏之，宋師大敗。命文用輕舟報捷。世祖方駐香爐峰，因策馬下山問戰勝狀，則扶鞍起立，豎鞭仰指曰：「天也！」且命他師毋解甲，明日

屠明道

將圍城既渡江會憲宗崩閏十一月班師庚申世祖即位于上都是爲中統元年命文炳宣慰燕南諸道遂奏曰人久弛縱一旦遽束以法不可危疑者尚多宜赦天下與之更始世祖從之反側者遂安二年擢山東東路宣撫使方就道會立侍衛親軍帝曰親軍非文炳難任即遣授侍衛親軍都指揮使佩金虎符

帥者曰反者璮耳餘來即吾人毋自取死也田繼城降南璮劇賊善用兵文炳會諸軍圍之璮不得遁久之賊勢日蹙文炳或向天子仁聖之意或妄殺人雖大將亦二萬餘人勇而善戰主將怒其與賊配諸軍使陰殺之文炳當殺二千人言于主將曰彼爲璮所脅耳殺之恐非天子仁聖之意向天子伐南詔或妄殺人雖大將亦罪之是不宜殺也主將從之然他殺之者已衆皆大悔璮伏誅山東猶未靖乃以文炳爲山東東路經署使率親軍以行出金銀符五十有功者聽與之閏九月文炳至益都留兵于外從數騎衣冠而入居府不設警衛召璮故將吏立之庭曰璮狂賊誑誤汝等璮已誅汝皆爲王民天子至仁聖遺縱署使撫汝等相安母懼經署使得便宜除擬將吏汝等勉取金銀符經署使不敢格

上命不予有功者所部大悅山東以安至元三年帝懲李璮之亂欲潛銷方鎮之橫以文炳代史氏兩萬戶爲鄧州光化行軍萬戶河南等路統軍副使到官造戰艦五百艘爲習水戰預謀取宋方署尼院計帝皆列柵築堡爲偹禦計帝嘗召文炳密謀欲大發河北民丁文炳曰河南密邇宋境人習江淮地利宜使河北耕以供軍河南戰以關地俟宋平則河北長隸兵籍河南實籍爲民如是爲將校素無傳給連年用兵至有身爲大校出無馬乘者臣即所部千戶私役兵士四人百戶二人聽其催侵食其力帝皆

從之始須將校俸錢以秩爲差七年改山東路統軍副使治沂州沂與宋接境鎮兵仰內郡餉運有詔和糴本部文炳命收州縣所移文煩諫以遺詔文炳曰但止之乃遣使入奏署曰敵人接壤知吾虛實一不可邊民供頓甚勞重苦此役二不可困吾民以懼來者三不可帝大悟罷之九年遷樞密院判官行院事於淮西築正陽兩城夾淮相望以綴襄陽又搗宋腹心十年拜參知政事夏霖雨水漲宋淮西制置使夏師舟師十萬來攻矢石兩下文炳登城禦之一夕貴去復來飛矢貫文炳左臂著脅文炳筴矢搜

左右發四十餘箙中矢盡顧左右索矢又十餘發
矢不繼力亦困不能張滿遂悶絕幾殆明日水入外
郭文炳庵避貴乘之壓軍而陳文炳病創甚
子士選請代戰文炳壯而遣之復自襄
戰陽羅堡文炳以九月發正陽十一年正月會伯
復來是歲大舉兵伐宋丞相伯顏自襄之以獻貴遂去不敢
人戰陽羅堡吾兵當虎城降文炳請于伯顏
顏于安慶安慶守將范吾兵當前行伯顏許之宋都
曰大軍既疲於陽羅堡似道棄師走次當塗文
督貴似道來禦師陳於燕湖似道

《元史列傳四十三》　五

炳復言于伯顏曰采石當江之南和州對峙不取必
有後顧遂進攻之降知州事王喜三月有詔以時向
暑熱命伯顏軍駐建康文炳軍駐鎮江時楊州真州
堅守不下常州蘇州既降復叛張世傑孫虎臣
萬艘碇焦山下江中勁卒居前文炳身犯之一子脫
楊兵普死戰真楊兵戰每敢不敢出世傑等陳士選
別船第之子士秀猶是殺敵吾不忍汝往也
吾與士選不返士元士表請從文炳乘輪船建大將旗鼓
士表固請乃許文炳諸將繼進飛矢蔽日戰酣短兵相
船翼之大呼突陳諸將繼進飛矢蔽日戰酣短兵相

接宋兵亦殊死戰聲震天地橫屍委伏江水爲之不
流自寅至午宋師大敗世傑走于夾灘世
傑收潰卒復戰又破之遂東走於海文炳追之不可
入海夜乃還俘甲士萬餘人悉縱戰船七百左
艘宋力自此遂窮十月諸軍分三道而進文炳居左
由江並海趨臨安先是江陰軍僉判李世傑欲降不
果文炳不知兵凡獲生口悉縱遣之無敢匿者威信前
過民望旗而服張世瑄有衆數千召海爲橫文炳命招
布皆望旗而服張世瑄及士選往降之士選單舸至
討使王世強及士選往降之瑄所諭以

《元史列傳四十三》　六

威德瑄降得海船五百十三年春正月次鹽官鹽官
臨安劇縣俟救至招之再迓不下將佐請屠之文炳
曰縣殺一人則害大計況暑一縣耶於是遣人入城
諭之海宋主繞出臨安城南成浙江亭世傑欲以其主
逃之海宋主弟吉王昺廣王昺南走而宋主昺遂降伯
乃竊宋主弟吉王昺廣王昺計不行
顏命文炳入城罷宋官府散其諸軍封庫藏收禮樂
器及諸圖籍文炳取宋主諸璽符上於伯顏伯顏以
宋主入覲有詔留事一委文炳禁戰豪猾撫慰士女

右半葉（上）

宋民不知易主時翰林學士李槃奉詔招宋士至臨
安文炳謂之曰國可滅史不可沒宋十六主有天下
三百餘年其太史所記具在史館宜悉收以備典禮
乃得宋史及諸注記五千餘冊歸之國史院宋宗室
福王與芮赴京師編氓以重賞致諸貴人文炳無所
受及官錄與芮家具籍致諸貴人文炳無名伯顏入
朝奏曰文炳吾舊臣忠勤朕所素知乃拜
資德大夫中書左丞
董文炳居多帝曰文炳左丞時張世傑奉吉王昰攄台州而
閩中亦為宋守勅文炳進兵所過禁士馬無敢隕蹊

《元史列傳三》 七

左半葉（上）

田麥曰在倉者吾既食之在野者汝又踐之新邑之
民何以續命是以南人感之不忍以兵相向次台州
世傑遁諸將先俘州民文炳下令曰台人首效於
我我不暇有故世傑有眾曰諸其民何罪敢有不縱所俘
者以軍法論得免者數萬口至溫州溫州未下令曰
毋取子女毋掠民有擾其民之罪斬以徇逾嶺閩
亦命滅火追擒其將數將殘民之罪斬以徇逾嶺閩
人扶老來迎漳泉建寧諸郡皆送款來附得人若
州若干縣若干戶口若干閩人感文炳德最深廟而
祀之十四縣帝在上都適此邊有警欲親將比伐正

右半葉（下）

月急呂文炳四月文炳至自臨安比至帝日間來期
及至即召入文炳拜稽首曰今臣無所效
力請事北邊帝曰朕召卿意不在是也豎子盜兵朕
自撫定山以南國之根本也盡以託卿卿卒而行已
時阿里伯奉詔檢括宋諸藏貨寶追索匿人
宜慶置以聞中書省樞密院事無大小咨卿而行
即詔罷之又曰泉州蒲壽庚以城降壽庚素主
是苦之宋人未洽吾德遷苦之以財忍非安懷之道
市舶謂宜重其事權使為我扞海冠誘諸蠻臣服因

《元史列傳卷三》 八

左半葉（下）

解所佩金虎符佩壽庚曰惟陛下恕其專擅之罪帝
大嘉之更賜金虎符佩燕勞畢即聽陛辭文炳求見皇
太子帝許之復敕太子曰董文炳所任甚重見畢即
遺行既見慰諭懇至大都更日至中書案
平章政事阿合馬方恃寵用事生殺任情惟畏文炳
奸狀為之少欲嘗執筆請曰相公為左丞當署省
棄請至再四不肯署皇太子聞之謂宮臣竹忽忽納曰
董文炳深慮非爾曹所知後或私問其故文炳曰主
上所付託者在根本之重非文移之細且吾少徇則

濟姦不拘則致謗讟行則身危而深失付託本意吾
是以預其大政而署其細務也十五年夏文炳有疾
奏請解機務詔曰大都暑熾非病者宜卿可來此吾
當愈文炳至上都奏曰臣病不足領樞務西北高寒
筋骸舒暢當復自愈請盡力比邊帝曰卿固忠孝是
不足行也樞密事重以卿僉書樞密院事中書左丞
如故文炳辭不許遂拜八月天壽節禮成賜宴命
坐文炳上坐論宗室大臣曰董文炳功臣也理當坐
是每尚食上食輒賜文炳疾復作勅賜
御醫日來診視九月十三日疾篤洗沐而坐召文忠

李明遠

等曰吾以先人死王事恨不爲國死邊今至此命也
顧董氏世有男能騎馬者勉力報國則吾死瞑目矣
言畢就枕卒帝聞悼痛良久命文忠護喪葬真城令
所過有司以禮吊祭贈金紫光祿大夫平章政事謚
忠獻子士元士選

士元一名不花字長卿文炳長子也自襁褓喪母祖
母李氏愛之謂文炳曰俟兒能言即令讀書數歲從
名儒受學及長善騎射憲宗征蜀士元年二十三從
叔父文蔚率鄧州一軍西行師次釣魚山宋人堅壁
巨守士元請代文蔚攻之以所部鏦卒先登力戰良

父以亡軍不繼而還憲宗壯之賜以金帛中統初文
蔚入典禁兵士元以世家子選供奉內班從車駕巡
狩北方嘗預武定山之役帝知其忠勤可任以事會
文蔚病卒無子命士元襲爲千夫長出師南征襄漢
分禁兵戍淮上士元在軍中修勅備武然丞
相伯顏克江南宋兵保兩淮未下士元數與戰拔淮
安堡以功遷武節將軍從太師博魯歡攻楊州駐師
灣頭堡時方大暑博魯歡病還京師以行省阿里代
領諸軍楊州守將姜才乘陳來攻阿里素不習兵卒
輕騎數百出堡士元士選與別將哈剌禿以百騎從之

李明遠

已暮宋兵至者萬餘士元謂左右曰大丈夫報國政
在今日勿懼也方整陣欲戰阿里趣令左旋巳乃遁
去士元與哈剌禿以部兵赴敵死戰皷譟震地泥淖
馬不能馳乃棄馬步戰至四更敵衆始退及旦阿里
來視戰地見士元卧泥中身被十七槍甲裳盡赤肩
異至營而絕年四十二哈剌禿亦戰死江淮既平伯
顏入朝言於帝曰淮海之役所損者二將而巳帝問
其人以士元與哈剌禿對帝曰不花健捷過人畫戰
必能制敵夜戰而死甚可惜也至大元年贈鎮國上
將軍僉書樞密院事謚節愍後加贈推誠効節功臣

資德大夫中書左丞護軍追封趙
郡公政謚忠愍

士選字舜卿文炳次子也幼從文
炳居兵閒畫治武
事夜讀書不輟文炳總師與宋兵
戰金山士選戰甚
力大敗其驍勇追至海而還及降張
瑄等丞相顏佩金
觀之壯其驍勇遣使問之始知為
文炳子奏功佩金
符為管軍總管戰數有功宋降從
文炳入宋宮取宋
主降表及收其文書圖籍靜重親
大體秋毫無所取
軍中稱之宋平班師詔置侍衛親
軍諸衛以士選為
前衛指揮使號令明正得士大夫
心未幾以其職讓
其弟士秀帝嘉其意命士秀前衛
而以士選同僉

行樞密院事於湖廣父之召還宗
王乃顏叛帝親征
召士選至行在所與李勞山同將
漢人諸軍以禦之
乃顏軍飛矢及乘輿前士選等出
步卒橫擊之其衆
敗走緩急進退有禮帝甚善之桑
哥事敗帝求直士
用之以易其弊於是召士選論議
政事以中書左丞
與平章政事徹理往鎮浙西聽辟
舉僚屬至部察病
民事悉以帝意徹除之民大悅有
欲斂之臣為奸利事
發得罪且死詐言所遣舶商海外
未至請留以待之
士選曰海商至則捕錄之不至則無以
人之存亡也苟此人幸存則無以
讙天下遂竟其罪

浙多湖泊廣蓄洩以藝水旱卒為豪民占以種藝水
無所居故數有水旱士選與徹理力開復之成宗
即位僉行樞密院於建康未幾拜江西行省左丞贛
州益劉六十偽立名號聚衆至萬餘朝廷遣兵討之
主將觀望退縮不肯戰守吏又因以擾良民賊勢益
盛士選請自往衆欣然託之即日就道不求益兵但
率橡史李霆鎮元明善二人持文書以去衆莫測其
所為至贛境捕官吏害民者治之民相告語曰董公
有官法如此進至興國縣去賊巢不百里命擇將校
分兵守地待命察知激亂之人悉寘于法復誅奸民
之為囊橐者於是民爭出請自效不數日遂擒賊魁
散餘衆歸農軍中獲賊所為文書旁近郡縣富人姓
名具在霆鎮明善請焚之以安遣使以事平報
于朝中書平章政事不忽木召其使謂之曰董公上
功簿邪使者曰其且行左丞授之言曰朝廷若以軍
功為問但言鎮撫無狀得免罪辜甚何功之可言因
出其書但請黜贓吏數人而已不言破賊事延議深
歎其知體而蕭凜然有大臣風入為御史臺中丞
不嚴而肅拜江南行御史臺中丞廉威素著
中丞前中丞崔彧父任風紀善幹旋以就事功既卒

不慭本以平章軍國重事繼之方正持大體天下望
之而已多病遂以屬之士選風采明俊中外竦然時
丞相完澤用劉深言出師征八百媳婦國遠冒煙瘴
及至未戰士卒死者十已七八驅民轉粟飼軍谿谷
之間不容舟車必負擔以達一夫致粟八斗率數人
佐之凡數十日乃至由是民死者亦數十萬中外騷
然而完澤譖帝言之奏事殿中輒同列皆起士
選乃獨言今劉深出師以有用之民而取無用之地

敢諫者士選率同列言之帝殊不興此
就令當取亦必遣使諭之諭之不從然後聚糧選兵
視時而動豈得輕用一人妄言而致百萬生靈於死
地帝色變士選猶明辨不止侍從皆為之戰慄帝曰
以不言罪臣臣死何益帝庵之起左右擁之以出未
事已成卿勿復言曰以言受罪臣之所當他日
數月帝聞師敗績慨然曰罷兵誅劉深等世祖嘗呼
因賜上尊以旌直言
文炳曰董大哥故帝以二哥呼士選又遷
行省右丞選汴梁行省平章政事又遷陝西士選平
生以忠義自許尤號廉介自門生部曲無敢持一毫

獻者治家甚嚴而孝弟尤篤時言世家有禮法者必
歸之董氏其禮敬賢士尤至在江西以屬掾元明善
為賓友既又得吳澄而師之延虞汲以教其
子諸老儒及西蜀遺士皆以書院之禄起之使以所
學教授還南行臺又招汲子集與俱後又得范梈等
數人皆以文學大顯於時故世稱廬陵為行臺
董氏為首晚年好讀易云子守忠雲南行省參知政事守
先業田廬為行貲故老而益貧子孫不異一之官必賣
仕者往往稱廬陵云
慈侍正府判官守思知威州

張弘範

張弘範字仲疇柔第九子也善馬槊頗能為歌詩年
二十時兄順天路總管弘畧上計壽陽行都留弘範
攝府事更民服其明決蒙古軍所過肆暴弘範杖遣
之入其境無敢犯者中統初授御用局總管三年改
行軍總管從親王合必赤討李璮於濟南柔戒之曰
汝圍城勿避險苟有來犯必赴救可因以立功勉之
弘範曰我營險地壇
瓊出軍突諸將營獨不向弘範弘範曰我管險地壇
乃示弱於我必以奇兵來襲謂我弗悟也遂築長壘

內伏甲士而外為壞開東門以待之夜令士卒浚壞
益深廣壇不知也明日果擁飛橋來攻未及岸軍陷
壞中得跨壞而上者突入疊門遇伏皆死降兩賊將
柔聞之曰真吾子也壇既誅朝廷懲壇盡兵民之
權故能為亂議罷大藩子弟之在官者弘範例罷至
元元年弘範有濟南之功授順天路管民總管
佩金虎符二年後守大名歲大水漂沒廬舍租稅無
從出弘範輒免之朝廷罪其專擅弘範請入見帝曰
臣以為朝廷儲小倉不若儲之大倉帝曰何說也對

元史列傳卷四十三　十五　三十四　綿士原

曰今歲水潦不收而必責民輸倉庫雖實而民死亡
始盡明年租將安出昌若活其民使不致逃亡則歲
有恒收非陛下大倉庫乎帝曰知體其勿問六年括
諸道兵圍宋襄陽授益都淄萊等路行軍萬戶復佩
金虎符朝廷以益都兵乃李壇所教練之卒勇悍難
制故命領之戍鹿門堡以斷宋餉道且絕郢之救兵
弘範建言曰國家取襄陽為延久之計者所以重人
命而欲其自斃也暴者夏貴乘江漲送衣粮入城我
師坐視無禦之者而其境南接江陵歸峽商販行旅
廿卒絡繹不絕窟有自斃之時乎宜城萬山以斷其

西柵灌子灘以絕其東則庶速斃之道也帥府秦
用其言移弘範兵千人戍萬山既城與將士較射出
東門宋師奄至將佐皆謂眾寡不敵宜入城自守弘
範曰吾與諸君在此何事敵至將不戰乎敢言退者
死即擐甲上馬立遣偏將李庭當其前他將攻其後
親率二百騎為長陣令曰聞鼓則進進而卻鼓勿動宋
軍步騎相間突陣弘範軍不動再進再卻弘範曰彼
氣衰矣鼓之前後奮擊宋師奔潰八年築一字城逼
襄陽破樊城外郛九年攻樊城流矢中其肘裹瘡見
主帥曰襄樊相為唇齒故不可破若截江道斷其援

元史列傳卷四十三　十六　三十四　綿士原

兵水陸夾攻樊必破矢樊破則襄陽何所恃從之明
日復出銳卒先登拔之襄陽既下偕宋將呂文煥
入覲賜錦衣白金寶鞍將校行賞有差十一年丞相
伯顏伐宋弘範率左部諸軍循漢江東略郢西南攻
武磯堡取之北兵渡江弘範為前鋒宋相賈似道督
兵阻蕪湖殿帥孫虎臣擐丁家洲弘範轉戰而前諸
軍繼之宋師潰弘範長驅至建康十二年五月帝遣
使諭丞相毋輕敵貪急之宜非可遽度令敵已奪
聖恩待士卒誠厚然緩急之宜少駐以待弘範進曰
氣正當乘破竹之勢取之無遺策矣臣宜迁緩使敵

得為計耶丞相然之馳驛至關面論形勢得旨進師
十二年次瓜洲分兵立栅擾其要害揚州都統姜才
所統兵勁悍善戰至是以二萬人出揚子橋弘範佐
都元帥阿术禦之與宋兵夾水陣弘範以十三騎徑
度衝之陣堅不動弘範引却一騎躍馬下揮刀直趣弘
範弘範旋轡反迎刺之應手頓斃馬下其衆潰亂追
至城門斬首萬餘級自相蹂藉溺死者過半宋將張
世傑孫虎臣等率水軍於焦山決戰弘範以一軍從
旁橫衝之宋師遂敗追至圌山之東奪戰艦八十艘
俘馘千數上其功改亳州後賜名拔都從中書

四六
《元史列傳卷四三》 十七

左丞董文炳由海道會丞相伯顏進次近郊宋主上
降表以伯姪為稱往返未決弘範將命入城數其大
臣之罪皆屈服竟取稱臣降表來上十三年台州叛
討平之誅其為首者而已十四年師還授鎮國上將
軍江東道宣慰使十五年宋張世傑立廣王昺于海
上閩廣響應伴弘範往平之授蒙古漢軍都元帥陛
辭奏曰漢人無統蒙古軍者乞以蒙古信臣為首帥
帝曰汝知而父與察罕之事乎其破安豐也汝父欲
留兵守之察罕不從師既南安豐復為宋有進幾
失擾汝父深悔恨良由委任不專故也豈可使汝復

有汝父之悔乎今付汝大事能以汝父之心為心則
于汝嘉面賜錦衣玉帶弘範不受以劍甲為請帝出
武庫劍甲聽其自擇且諭之曰劍汝之副也不用令
者以此處之將行薦李恒為已貳從之至揚州選將
校水陸二萬分道南征以弟弘正為先鋒戒之曰弘
正所向克捷進攻三江寨寨攝監乘高不可近因逹
汝驍勇非私汝也軍法重我不敢以私撓公勉之弘
兵向之寨中持滿以待弘正令下馬治朝食若將
父者持滿者疑不敢動而他寨不虞也忽麾軍連
授數寨迴搏三江盡授之至漳州軍其東門命別將

《元史列傳甲三》 十八

攻南門西門乃乘虛破其北門拔之攻鮑浦寨又攻
之由是瀕海郡邑皆望風降附獲宋丞相文天祥于
五坡嶺使之拜不屈弘範義之待以賓禮送至京師
獲宋禮部侍郎鄧光薦命子珪師事之十六年正月
庚戌由潮陽港發舟入海至甲子門獲宋軍斥候將劉
青顧凱乃知廣王所在辛酉次崖山宋軍千餘艘碇
海中建樓橹其上隱然堅壁也弘範引舟師赴之崖
山東西對峙其北水淺舟膠非潮來不可進乃由山
之東轉南入大洋始得逼其舟又出奇兵斷其汲路
燒其宮室世傑有甥在弘範軍中三使招之世傑不

障弓弩火石交作頃刻并破七舟宋師大潰宋臣抱
妄動者死前衆繼之豫搆戰樓於舟尾以布慎
障之命將士負盾而伏繼之曰聞金聲起戰先以布撒
弘範舟師犯其前衆繼之曰聞金聲起戰先以布慎
戰不克下令李恒等順潮而退樂作宋將以為且宴少懈
去聞吾樂作乃戰違令者斬先麾北面一軍乘潮而
相去里餘下令曰宋舟潮至必乘遁急攻之勿令得
也明日四分其軍軍其東南北三面弘範自將一軍
癸未將戰或請先用砲弘範曰火起則舟散不如戰
從甲戌李恒自廣州至授以戰艦二使守比面二月

其主昺赴水死獲其符璽印章世傑先遁李恒追至
大洋不及世傑走交趾風壞舟死海陵港其餘將吏
皆降嶺海悉平磨崖山之陽勒石紀功而還十月入
朝賜宴內殿慰勞甚厚未幾遘疾作帝命尚醫診
視遣近臣臨議用藥敕衛士監門止雜人毋擾其病
病甚沐浴易衣冠扶掖至中庭面闕再拜退坐命酒
作樂與親故言別出所賜劍甲命付嗣子珪曰汝父
以是立功汝佩服勿忘也語竟端坐而卒年四十三
贈銀青榮祿大夫平章政事諡武署至大四年加贈
推忠効節翊運功臣太師開府儀同三司上柱國齊

國公改諡忠武延祐六年加保大功臣加封淮陽王
諡獻武子珪自有傳

列傳卷第四十三

四十四

四十三

翰林學士承旨榮祿大夫知制誥兼脩國史總裁官臣宋濂奉敕脩
翰林院編脩官臣王禕等

元史一百五十七

劉秉忠

劉秉忠字仲晦初名侃因從釋氏又名子聰拜官後始更今名其先瑞州人也世仕遼為官族曾大父仕金為邢州節度副使因家焉故自大父澤而下遂為邢人庚辰歲木華黎取邢州立都元帥府以其父潤為都統事定改署州錄事歷鉅鹿內丘兩縣提領所至皆有惠愛秉忠生而風骨秀異志氣英爽不羈八歲入學日誦數百言年十三為質子於帥府十七為邢臺節度使府令史以養其親居常鬱鬱不樂一日投筆嘆曰吾家累世衣冠乃汩沒為刀筆吏乎丈夫不遇於世當隱居以求志耳即棄去隱武安山中久之天寧虛照禪師遣徒招致為僧以其能文詞使掌書記後遊雲中留居南堂寺世祖在潛邸海雲禪師被召過雲中聞其博學多材藝邀與俱行既入見應對稱旨屢承顧問秉忠於書無所不讀尤邃於易及邵氏經世書至於天文地理律曆三式六壬遁甲之屬無不精通論天下事如指諸掌世祖大愛之海雲

南還秉忠遂留藩邸後數歲奔父喪賜金百兩為葬具仍遣使送至邢州服除復被召奉旨還和林上書數千百言其略曰典章禮樂法度三綱五常之教備於堯舜三王因之五霸敗之漢興以來至于五代一千三百餘年由此道者漢文景光武唐太宗玄宗五君而玄宗不無疵也然治亂之道係乎天而由乎人天生成吉思皇帝起一旅降諸國不數年而取天下勤勞憂苦遺大寶於子孫庶傳萬祀永無疆之福愚聞之曰以馬上取天下不可以馬上治昔武王兄也周公弟也周公思天下善事夜以繼日每得一事坐以待旦以匡周室以保周天下八百餘年周公之力也君上兄也大王弟也思周公之故事而行之在乎今日千載一時不可失也君之所任在內莫大乎相相以領百官化萬民在外莫大乎將將以統三軍安四域內外相濟國之急務必先之也然天下不可非一人之可及萬事之細非一心之可察當擇開國功臣之子孫分為京府州郡監守督責舊官以遵王法仍差按察官守治者升否者黜天下不勞力而定也天下戶過百萬自忽都那演斷事之後差徭甚大加以軍馬調發使臣煩擾官吏乞取民不能當是以

逃寬宜比舊減半或三分去一就見在之民以定差
稅招逃者復業再行定奪官無定次清潔者無以還
汙濫者無以降可比附古例定百官爵祿儀伏使家
臣之職令百官自行威福進退生殺惟意之從宜從
因大朝舊例增益民間所宜設者十數條足矣然
既施罪不至死者皆自少也教令既設則不宜繁
後聽斷不致刑及無辜天子以天下為家兆民為子

國不足取於民民不足取於國相須如魚水有國家
者置府庫設倉廩亦為助民民有身者營產業關田
野亦為資國用也今宜打算官民所欠債負若實為
應當差發所借宜依合罕皇帝聖旨一本一利官司
歸還凡陪償無名虛契所負及還過元本者並行赦
免納糧就遠倉有一廢十者宜從近倉以輸為便當
驛路州城飲食祗待偏重宜計所費以準差發關市
津梁正稅十五分取一宜從舊制禁橫取減稅法以
利百姓撮尺寸皆平以存信去詐珍貝金銀之所出淘
銖圭撮尺寸皆平以存信去詐珍貝金銀之所出淘

沙練石實不易為一旦以纏絲繢飾皮革塗木石粧
器伏取一時之華麗廢為塵而無濟甚可惜也宜從
禁治除帝胄功臣大官以下章服有制外無職之人
不得僭越今地廣民微賦斂繁重民不聊生何力耕
營產業實國之大益古者庠序學校未嘗廢今郡縣
雖有學並非官置宜從舊制修建三學設教授開選
擇才以經義為上詞賦論策次之蔑科舉之設已奉
合罕皇帝聖旨因而言之易行也開設學校宜擇開
國功臣子孫受教選達才任用之天下莫大於朝省

親民莫近於縣宰雖朝省有法縣宰宜擇縣宰正民
自安矣關西河南地廣土沃以軍馬之所出入治而
未豐宜設官招撫不數年民歸土闢以資軍馬之用
寶國之大事移剌中丞拘權鹽鐵諸產商賈酒醋貨
殖諸事以定宣課雖使從實恢辦不足亦取於民拖
死不辦已不為輕奧嘗合蠻奏請於舊額加倍權之
往往科取民間科權並行民無所措手足宜從舊例
辦權更或減輕罷繁碎止科徵無從獻利之徒削民
害國鰥寡孤獨廢疾者宜設孤老院給衣糧以為養
使臣到州郡宜設館不得於官衙民家安下孔子為

百王師立萬世法今廟堂雖廢存者尚多宜令州郡
祭祀釋奠莫如舊儀近代禮樂器具靡散宜令刷會徵
太常舊人教引後學使器備人存漸以修之實太平
之基王道之本今天下廣遠雖成吉思皇帝威福之
致亦天地神明陰所祐也宜訪名儒循舊禮尊祭上
下神祇和天地之氣順時序之行使神享民依德極
於幽明天下賴一人之慶見行遠曆日月交食頗差
聞司天臺改成新曆未見施行宜因新君即位須曆
改元令京府州郡置更漏使民知時序國減史存古之
常道宜選修金史令一代君臣事業不墜於後世甚

▲元史列傳卷四十四　五　朝楼　三六

有勵也國家廣大如天萬中取一以養天下名士宿
儒之無營運產業者使不致困窮或有營運產業者
會前聖旨種養應輸差稅其餘大小雜泛並行蠲免
使自給養實國家養才勵人之大也明君用人如大
匠用材隨其巨細長短以施規矩繩墨孔子曰君子
不可小知而可大受小人不可大受而可小知蓋君
子所存者大不能盡小人之事或有一短盡其才而用
者狹不能同君子之量或有一長盡其大而用之
功之道也君子不以言廢人不以人廢言廣開言路
所以成天下安兆民也天地之大日月之明而或有

所蔽且蔽天之明者雲霧也蔽人之明者私欲侫說
也常人有之蔽一心也君有之蔽天下也常選左
右諫臣使諷諭於未形忏晝於至害也君子明
於理義懷於忠良小人之心一於利欲懷於讒侫君
子得位有容於小人小人得勢必排於君子明君在
上不可不辨也孔子曰遠侫人又曰惡利口之覆邦
家者此之謂也今言利者並非圖以利國害民實欲
殘民而自利也宜將國中人民必用場治付各路課
稅所以定權辦其餘言利者古者明王不
寶遠物所寶惟賢如使賢者在位能者在職此皆一

▲元史列傳卷四十四　六　胡祥之　三六

人之睿知賢王之輔成也古者治世均民產業自厲
井田為阡陌後世因之不能復今窮乏者益損富盛
者增加宜禁行利之人勿恃官勢居官在位者勿侵
民利商賈與民和好交易不生擅奪欺固之害真國
家之利也古酌今均為一法使無敢
過越禁私筭之制宜會
愛生之德立朝省以統百官分有司以御眾事以至
京府州郡親民之職無不備紀綱正於上法度行於
下是故天下不勞而治也今新君即位之後可立朝
省以為政本其餘百官不在員多惟在得人焉耳世

祖嘉納焉又言邢州舊萬餘戶兵興以來不滿數百
調壞日甚得良牧守如真定張耕洺水劉肅者治之
猶可完復朝廷即以耕為邢州安撫使肅為副使由
是流民復業升邢為順德府癸丑從世祖征大理明
年征雲南每贊以天地之好生王者之神武不殺故
克城之日不妄殺一人已未從伐宋復以雲南所言
力贊於上所至全活不可勝計中統元年世祖即位
問以治天下之大經養民之良法秉忠采祖宗舊典
參以古制之宜於今者條列以聞於是下詔建元紀
歲立中書省宣撫司朝廷舊臣山林遺逸之士咸見

録用文物粲然一新秉忠雖居左右而猶不改舊服
時人稱之為聰書記至元元年翰林學士承旨王鶚
奏言秉忠久侍藩即積有歲年參帷幄之密謀定社
稷之大計忠勤勞績宜被褒崇聖明御極萬物惟新
而秉忠猶仍其野服散號深所未安宜正其衣冠崇
以顯秩帝覽奏即日拜光祿大夫位太保參預中書
省事詔以翰林侍讀學士竇默之女妻之賜第奉先
坊且以少府宮籍監戶給之秉忠既受命以天下為
己任事無巨細凡有關於國家大體者知無不言言
無不聽帝寵任愈隆燕閒顧問輒推薦人物可備器

使者凡所甄拔後悉為名臣初帝命秉忠相地於桓
州東灤水北建城郭于龍岡三年而甲開平繼
升為上都而以燕為中都四年又命秉忠築中都城
始建宗廟宮室八年奏建國號曰大元而以中都為
大都他如頒章服舉朝儀給俸祿定官制皆自秉忠
發之為一代成憲十一年扈從至上都其地有南屏
山嘗築精舍居之秋八月秉忠無疾端坐而卒年五
十九帝聞驚悼謂群臣曰秉忠事朕三十餘年小心
慎密不避艱險言無隱情其陰陽術數之精占事知
來若合符契惟朕知之他人莫得聞也出內府錢具

棺歛遣禮部侍郎趙秉溫護其喪還葬菲大都十二年
贈太傅封趙國公謚文貞成宗時贈太師謚文正仁
宗時又進封常山王秉忠自幼好學至老不衰雖位
極人臣而齋居蔬食終日澹然不異平昔自號藏春
散人每以吟詠自適其詩蕭散閒淡類其為人有文
集十卷無子以弟秉恕子蘭璋後
秉恕字長卿好讀書年弱冠受易於劉肅遂明理學
兄秉忠事世祖以薦士自任嫌於私親獨不及秉恕
左右以聞召見遂同侍潛邸世祖嘗賜秉忠白金千
兩辭曰臣山野鄙人僥倖遭際服器悉出尚方金無

所用世祖曰卿獨無親故遺之邪辭不允乃受而散
之以二百兩與秉忠秉忠曰兄勤勞有年宜蒙茲賞
秉忠無功可冒恩乎終不受中統元年擢禮部侍郎
邢州安撫副使二年賜金符遷吏部侍郎至元三年升邢
為順德賜金符遷順德安撫使至元元年轉官
總管淄萊府有死囚六人獄已具其秉忠疑之詳讞得
法行政嘉議大夫歷彰德懷孟淄萊順天太原五路
其實六人賴以不死他所至皆有惠政召除禮部尚
書出為淮西宣慰使會省宣慰司歷湖州平陽兩路
總管平陽歲荒民艱食報開倉以賑之全活者歲年

六十卒于官

張文謙

張文謙字仲謙邢州沙河人幼聰敏善記誦與太保
劉秉忠同學世祖居潛邸受邢州分地秉忠薦文謙
可用歲丁未召見應對稱旨命掌王府書記日見信
任邢州當要衝初分二千戶為勳臣食邑歲遣人監
領皆不知撫泊徵求百出民弗堪命或訴於王府文
謙與秉忠言于世祖曰今民生困弊莫邢為甚盍擇
人往治之責其成效使四方取法則天下均受賜矣
於是刀選近侍脫兀脫尚書劉肅侍郎李簡往三人

至邢協心為治洗滌蠹敝革去貪暴流亡復歸不期
月戶增十倍由是世祖益重儒士任之以政皆自文
謙發之歲辛亥憲宗即位文謙與秉忠以時務所
當先者言於世祖悉施行之世祖征大理國主高祥
拒命殺使遁去世祖怒將屠其城文謙與秉忠姚
樞諫曰殺使拒命者高祥爾非民之罪請宥之由是
大理之民賴以全活已未世祖師伐宋文謙與秉忠
忠言王者之師有征無戰當一視同仁不可嗜殺世
祖曰期與卿等守此言既入宋境分命諸將毋妄殺
母焚人室廬所獲生口悉縱之中統元年世祖即位
立中書省首命王文統為平章政事文謙為左丞建
立綱紀講明利病以安國便民為務詔令一出天下
有太平之望而文統素忌克謀之際屢相可否積
不能平文謙曰立法以便民因民所利而利之非為
事臨發語文統曰本官行大名等路宣撫司
何以慰來蘇之望文謙曰百姓足君孰與不
稅賦苟復減損何以供給文謙曰國家經費止仰
足侯時和歲豐取之未晚也於是蠲常賦什之四商
酒稅什之二二年春來朝復留居政府始立左右部
講行庶務鉅細畢舉文謙之力為多三年阿合馬領

左右部總司財用欲專奏請不關白中書詔廷臣議
之文謙曰分制財用古有是理中書不預無是理也
元中書弗問天子將親蒞之乎帝曰仲謙言是也至
若元年詔文謙以中書左丞行省西夏中興等路差
俗素鄙野事無統紀文謙得蜀士陷於俘虜者五六
人蒙其利三年選朝諸勢家言有戶數千當役屬為
人理而出之使習吏事旬月間簿書有品式子弟亦
知讀書議父之勢家可也其餘良民無為奴之理議
私奴者議父不決文謙謂以乙未歲戶帳為斷奴為
未占籍者歸之勢家可也其餘良民無為奴之

四七 〈元史列傳卷四十四〉 十二 三十六 第文

遂定守以為法五年淄州妖人胡王惑眾事覺逮捕
百餘人丞相安童以文謙言奏曰愚民無知為所誑
誘誅其首惡足矣詔即命文謙往決其獄惟三人坐
棄市餘皆釋之七年拜大司農卿奏立諸道勸農司
巡行勸課請開籍田行祭先農等禮復與實黜
請立國子學詔以許衡為國子祭酒選貴冑子弟教
育之時阿合馬議拘民間鐵官鑄農器高其價以配
民創立行戶部於東平大名以造鈔及諸路轉運司
干政害民文謙悉於帝前極論罷之十三年遷御史
中丞阿合馬應憲臺發其姦乃奏罷諸道按察司以

臧之文謙奏復其舊然自知為姦臣所忌力求去會
世祖以大明曆歲久寖差命造新曆乃授文
謙昭文館大學士領太史院以總其事十九年拜樞
密副使歲餘以疾薨于位年六十八文謙蚤從劉秉
忠洞究術數晚交許衡尤粹於義理之學為人剛明
簡重凡所陳於上前莫非堯舜仁義之道數忤權倖
而是非所養一不以經意家藏書數萬卷尤以引
薦人材為己任時論益以是多之累贈推誠同德佐
運功臣太師開府儀同三司上柱國追封魏國公諡
忠宣長子晏仕至御史中丞贈陝西行省平章政事

三二七八 〈元史列傳卷四十四〉 十二 三九 第文

封魏國公諡文靖

郝經

郝經字伯常其先潞州人徙澤州之陵川家世業儒
祖天挺元裕嘗從之學金末父思溫辟地河南之魯
山河南亂居民匿窖中亂兵以火熏灼之民多死經
母許氏亦死經以蜜和寒菹汁決母齒飲之即蘇時經
九歲人皆異之暮則讀書居五年為守帥張柔賈輔所知延為上客
二家藏書皆萬卷經博覽無不通徙來燕趙間元裕
每語之曰子貌類汝祖才器非常勉之憲宗二年世

祖以皇弟開邸金蓮川召經諗以經國安民之道條
上數十事大悅遂留王府是時連兵於宋憲宗入蜀
命世祖總統東師經從至濮會有得宋國奏議以獻
其言謹邊防守衝要凡七道遂下諸將議經曰古之
一天下者以德不以力彼今未有敗亡之釁我乃空
國而出諸侯窺伺於內小民凋弊於外經見其危未
見其利也王不如修德布惠敦族簡賢綏懷遠人控
制諸道結盟飭備以待西師上應天心下繫人望順
時而動宋不足圖也世祖以經儒生愕然曰汝與張
授都議邪經對曰經少館張柔家嘗聞其論議此則

經聽說耳柔不知也進七道議七千餘言乃以楊惟
中為江淮荊湖南北等路宣撫使經為副將歸德軍
先鋒洪上宣布恩信納降附惟中欲私還汴經曰我
與公同受命南征不聞受命還汴也惟中怒弗聽經
率庵下揚旌而南惟中懼謝乃與經俱行經聞憲宗
在蜀師父無功進東師議其署曰經聞圖天下之事
於未然者使徒者不失而來者於已然則難已然之
有未然者使徒者不失而來者於已然則難已然之中復
以一旅之眾奮起朔漠幹斗極以圖天下馬首所向
無不摧破滅金源并西夏蹂荊襄克成都平大理蹻

蹻諸夷奄征四海有天下十八盡元魏金源故地而
加多廓然莫與侔大也惟宋不下未能混一連兵構
禍踰二十年何襄時掇取之易而今日圖併之難也
夫取天下有可以力并有可以術圖并不可急則倰
可久則頓弊而不振圖之以術則不可急急則倰
倖而難成故自漢唐以來樹立攻取或五六年未有
踰十年者是以其力不弊而卒能保大定功晋之取
吳隋之取陳皆經營比伙十有餘年是以其術得成
而卒能混一或父或近要之成功各當其可不妄為
而已國家建極開統垂五十年而一之以兵遺熱殘

姓游氣驚魂慶劉罷盪殞殘盡自右用兵未有如
是之久且多其力安得不弊平且括兵率賦朝下
今而夕出師躬擐甲冑跋履山川闔國大舉以之伐
宋而圖混一以志則銳以力則強以土則大而其術
則未盡也苟於諸國既平之後息師撫民致治成化
創法立制敷條網上下井井不撓不紊任老成化
輔相起英特為將帥選賢能為任使鳩智計為機偶
平賦以足食內治既舉外禦亦備如其
不服姑以文誥拒而不從而後伺隙觀釁以正天伐
自束海至于襄鄧重兵數道聯懺接武以為正兵自

漢中至于大理輕兵捷出批亢抵脈以為奇兵帥臣
得人師出以律高拱九重之内而海外有截矣是而
不爲乃於間歲邊爲大舉上下霆動兵連禍結底安
于危是已然而莫可止者也東師未出大王仁明則
猶有未然者可不議乎國家用兵一以國俗爲制而
不師古不計師之眾寡地之險易敵之強弱必合圍
之詭道而長於用奇自滄河之戰乘勝下燕雲遂遺
電捷如鷹鶻鞭弭所屬指期約日萬里不戒得兵家
把稍獵取之若禽獸然聚如丘山散如風雨迅如雷

陝以敗金師然後知所以深取之是長於用奇也既
而爲幹腹之舉由金房繞出潼關之背以攻汴爲摧
虛之計自西和徑入石泉威茂以取蜀爲示遠之謀
自臨洮吐番穿徹西南以平大理皆用奇也夫攻其
無備出其不意而後可以用奇豈有連百萬之眾示
尾萬餘里六飛雷動乘輿親出竭天下倒四海騰擲
宇宙軒豁天地大極於踉徼之土細窮於委巷之民
撞其鐘而掩其耳嚣其目如是用奇乎是
執千金之璧而投瓦石也其初以奇勝也關隴江淮
之比平原曠野之多而吾長於騎故所向不能禦兵

鋒新銳民物稠夥擁而擠之之郡邑自潰而吾長於攻
故所擊無不破是以用其奇而驟勝今限以大山深
谷阻陀以重險荐迂以危途練徑我之勢乘險以用奇
則難彼之因易則易況於客主勢懸蘊蓄情
露無虜掠以爲資無俘獲以備役以有限之險雖有
奇謀秘畧無所用之力無所行與無力同泰山壓卵
與不勇同計不能行與無計同河海
灌蟻之舉摧過頓滯盤桓而不得進所謂強弩之末
不能射魯縞者也爲今之計則宜救巳
然之變而巳西師既構狩不可解如兩虎相鬭狩入

于巖阻見之者辟易不暇又焉能以理相喻使之逡
巡自退見其危竭國以并命我必其取無由以自
悔兵連禍結何時而巳殿下宜遣人稟命於行在所
大軍壓境遣使喻宋示以大信令降名進幣割地納
質彼必受命姑爲之和偃兵息民以全吾力而圖後進
舉天地人神之福也不爲躁輕忽忽爲前定之謀而後進
吾師重慎詳審不一之
以正大假西師以爲奇而用吾正此師南轅先示恩
信申其文移喻以禍福使知殿下仁而不殺非好攻
戰關土地不得巳而用兵之意誠意昭著恩信流行

然後閱實精勇別為一軍為帳下之卒舉老成知兵
者俾為將帥更直宿衛以備不虞其餘師報各界候
伯使吾府大官元臣分師總統為戰攻之卒其實役徒使沿邊進築
部曲普不知兵蜂名為兵犬牙相制為屯戍之卒推擇單弱窊竄逃
匿編葺部伍使開望重臣為之撫育總押近襄故屯
為鎮守之卒使撃時之計不行妄意之徒屏息內外
備禦無有缺綻則制節即入其境敦陳固列緩
為之行彼善於守而吾不攻彼恃城壁以不戰老吾
吾合長圍以不攻困彼吾用之所長彼不能用其

長選出入便利之地為父駐之基示必取之勢毋焚
廬舍毋傷人民開其生路以攜其心亟肆以疲多方
以誤以弊其力兵勢既振蓄既見則以輕兵掠兩
淮杜其樵採而逼其糧路使血脈斷絕以守孤城示
不足取即進大兵直抵于江沿江上下列屯萬竈號
令明蕭部曲嚴整首尾締構各具舟楫聲徑渡彼
必震疊自起變故蓋彼之精銳盡在兩淮江面闊越
恃其嚴阻兵皆柔脆用兵以來未嘗一戰焉能當我
百戰之銳一麾崩壞則望風皆潰肱髀不續外內限
絕勇者不能用而怯者不能敵背者不能返而面者

不能禦水陸相摶必為我乘是兵家所謂避堅攻瑕
避實擊虛者也如欲存養兵力漸次以進以圖萬全
則先荊後淮先淮後江彼江南先是我嘗有荊襄則可以
保淮甸有淮甸則可以保江南當從彼所保以為吾攻命
淮甸有上流皆自失之今當從先是我嘗有荊襄則可以
隙不然則重兵臨襄陽輕兵捷出衝徹均房遠邱歸
一軍出襄鄧直渡漢水造舟為梁水陸濟師以輕兵
峽以應西師如交廣施黔選鋒透出夔門不守大勢
順流即并兵大出摧拉荊郢橫潰湘潭以成掎角一

軍出壽春乘其銳氣并取荊山駕淮為梁以通南北
輕兵抄壽春而重兵支布於鍾離合肥之間撥拾湖
濼奪取開隄擾濡須塞皖口南入舒和西及於蘄黃
徜徉恣肆以觇江口烏江采石廣布戍邏偵江渡之
險易測備禦堅厚若遽攻之則必老師費財當以重兵
淮之腹心抉我強對通泰海門揚子江面連楚蟠亙
蹂跨長淮鄰我強對通泰海門揚子江面連楚蟠亙
必皆備禦堅厚為長圍示以必取而以輕兵出通泰直塞
臨維揚合金山柴墟河口游騎上下吞江吸海並著
海門瓜步金山柴墟河口游騎上下吞江吸海並著

威信遲以月時以觀其變是所謂圖緩持久之勢也
三道並出東西連衡殿下或處一軍爲之節制使我
兵力常有餘裕如是則未來之變或可弭巳然之失
一日或可救也議者必曰三道並進則兵分勢弱不
若併力一向則莫我當也
之術異體也諸道並進取國之術與爭地
昔之混一者皆若是矣晉取吳則六道進隋取陳
則九道進宋之於南唐則三面皆進未聞以一旅之
衆而能克國者或者有之僥幸之舉乎況
國師徒百萬而爲僥幸之舉乎況彼渡江立國百有

餘年紀綱俗明風俗完厚君臣輯睦內無禍釁東西
南北輪廣萬里亦未可小自敗盟以來無日不計軍
實而申警之彷徨百折當我強對未嘗大敗不可謂
弱豈可蔑視謂秦無人直欲一軍倖而取勝乎秦王
閬王翦以伐荆翦曰非六十萬不可秦王曰將軍老
矣命李信將二十萬往不克卒畀翦以兵六十萬而
後舉楚蓋衆有所必用事勢有不可懸料而倖取者
故王者之舉必萬全其倖舉者崛起無賴之人也嗚
呼西師之出巳及瓜戍而猶未即功國家全盛之力
在於東左若亦直前振迅銳而圖功一舉而下金陵

舉臨安則可也如兵力耗弊役成遷延進退不可反
爲敵人所乘悔可及乎固宜重慎詳審圖之以術若
前所陳以全吾力是所謂坐勝也雖然猶有可憂者
國家撥取諸國飄忽凌厲本以力勝今乃無故而爲
大舉若又措置失宜無以挫英雄之氣服天下之心
意宗崩名諸將屬議經復進議曰易言知進退存亡
於巳然而在於未然者此也迭會兵渡江圍鄂州聞
則稔惡懷姦之流得以窺其隙而投其間致論謂不
而不失其正者其惟聖人乎殿下聰明屢知足以有

臨發強剛毅足以有斷進退存亡之正知之久矣習
在沙陀命經曰時未可也又曰時之一字最當整理
又曰可行之時爾自知之大哉王言時乘六龍之道
知之久矣自出師以來進而不退經有所未解者故
言于真定于曹濮于唐鄧孟言不巳未賜開允乃令
當安靜以圖寧謐忽無故大舉進而不退畀界王東師
養時晦老師費財卒無成功三十年矣蒙哥罕立政
事急故復進狂言國家自平金以求惟務進取不遵
則不當亦進也而邊進以爲有命不敢自逸至于汝
南既聞凶訃即當遣使徧告諸帥各以次退修好于

宋歸定大事不當復進也而遷進以有師期會于江
濱遣使喻宋息兵安民振旅而歸不當復進也而又
進既不宜渡淮又豈宜渡江既不宜妄進又豈宜攻
城若以殺不可失敵不可縱亦既渡江不宜疾雷不
當乘虛取鄂分兵四出直造臨安疾雷不及掩耳則
宋亦可圖如其不可知難而退不失為金兀术也師
不當進而進江不當渡城不當速退而渡城不當速退
且諸軍疾疫已十四五又延引月日冬春之交疫必

《金列傳卷四十四》

大作恐欲還不能彼既上流無虞呂文德已并兵拒
守知我國疲鬪氣自倍兩淮之兵盡集白鷺為江西之
兵盡集隆興嶺廣之兵盡集長沙閩越泝海巨舶大
艦以次而至伺隙而進如遏截於江黃津渡邀遮于
大城關口塞漢東之石門限鄂復之湖濼則我將安
歸無已則突入江浙擣其心腹闖臨安海門已具龍
舟則巴徒徃還抵金山并命求出豈無韓世忠之儔
且鄂與漢陽分據大別中挾巨浸號為活城肉薄骨
歸則彼委破壁孤城而去泝沇而上則精兵健檣突過滸黃未易過
庭保荊襄順流而下則精兵健檣突過滸黃未易過

三十六　網通

也則亦徒費人命我安所得哉區區一城勝之不武
不勝則大損威望復何俟乎雖然以王本心不欲渡
江既渡江不欲攻城既攻城
傷人民不易其衣冠不毀其墳墓三百里外不焚廬舍不
人故不得殺人曰彼守城者秖一士人謂不可用以
人何益而竟不徒諸將歸罪士人稠黟若往雖不殺亦
被踐蹂吾所不忍若天與我不必殺人若天弗與殺
掠或勸徑趨臨安曰其歸罪士人稠黟若往雖不殺
罪乎益禁殺人歸然一仁上通于天矣有歸志不能

《元史列傳卷四十四》

遂行耳然全事急不可不斷也宋人方懼大敵自救
之師雖則畢集未暇謀我第吾國內空虛塔察國王
與李行省肱髀相依在於昔骨西域諸胡窺覦關隴
隔絕旭烈大王病民諸葄各持兩端觀望所立莫不
覬覦舰神器染指垂涎一有炎焉舉事
腹背受敵大事去矣且阿里不哥已行赦令令儌里
赤為斷事官行尚書省擾燕都按圖籍號令諸道行
皇帝事矣雖大王素有人望且握重兵獨不見金世
宗海陵之事乎若彼果決稱受遺詔便正位號下部
中原行赦江上欲歸得乎昨奉命與張仲一觀新月

三十六　網通

城自西南隅萬人敵上可並行大車排槎弗樓締構
重複必不可攻秪有許和而歸耳斷然必定大
計銷禍於未然先命勁兵把截江面與宋議和許割
淮南漢上梓夔兩路定疆界歲幣置輜重以輕騎歸
京京兆成都西涼東平西京北京撫慰安輯召真金
太子鎮燕都示以形勢則大寶有歸而社稷安奕會
烈阿里不哥摩哥及諸王駙馬會菱和林差官於汴
釋厖解遣一軍逆冢哥罕靈輿收皇帝璽遣使召旭
宋守帥賈似道亦遣間使請和迎班師明年世祖即

〈元史列傳卷四十四〉 九三 三六

位以經為翰林侍讀學士佩金虎符充國信使使宋
告即位且定和議仍敕沿邊諸將毋鈔掠經入辭賜
薪芻酒詔曰朕初即位庶事草創卿當遠行尼可輔
朕者函以聞經奏便宜十六事皆立政大要辭多不
載時經有重名平章王文統忌之既行文統陰屬李
璮潛師侵宋欲假手害經至濟南璮以書止經經
以璮書聞于朝而行宋敗璮軍于淮安經至宿州遣
副使劉仁傑奏議高翔請入國日期不報遺書宰相
以淮帥李庭芝復書疑經而賈似道方以却
及淮功恐經至謀泄竟館經真州經乃上表宋主曰
敵為功恐經至謀泄竟館經真州經乃上表宋主曰

顧附魯連之義排難解紛豈
又數上書宋主及宰執極陳戰和利害且請入見及
歸國皆不報驛吏棘垣鎖戶晝夜守邏欲以動經經
不屈經待下素嚴又火圍困下多怨懟者經諭曰動
命不久矣一入宋境死生以待之我觀宋作
終不能屈身厚命汝等不幸宜忍以待之我在彼我作
將不久矣居七年從者怒闘死者數人經獨與六人
處別館又九年丞相伯顏奉詔南伐帝遣禮部尚
中都海牙及經弟行樞密院都事郝庸入宋問執
人之罪宋懼遣總管段佑以禮送經歸賈似道之謀

〈元史列傳卷四十四〉 三四 內佚 三十六

既泄尋亦竟死經歸道病帝勑樞密院及尚醫近侍
迎勞所過父老瞻望涕泗明年夏至闕錫燕大庭冶
以政事賞賚有差秋七月卒年五十三官為護喪還
葬諡文忠明年宋平經為人尚氣節為學務有用及
被留思託言垂後撰續後漢書易春秋外傳太極演
原古錄通鑑書法王衡貞觀等書及文集凡數百卷
其文豐蔚豪宕善議論詩多奇崛拘宋十六年從者
皆通於學青佐苟宗道後官至國子祭酒經還之歲
汴中民射鴈金明池得繫帛書詩云霜落風高恣所
如歸期回首是春初上林天子援弓繳窮海離臣有

帛書後題曰至元五年九月一日放鴈獲者勿殺國
信大使郝經書于真州忠勇軍營新館其忠誠如此
二弟舜庸皆有名舜字仲常隱居以壽終庸字季常
終潁州守子采麟亦賢起家知林州仕至山南江北
道肅政廉訪使

三六

《元史列傳卷甲四》

三五

苐文

翰林學士亞中大夫知制誥兼修國史臣宋濂
翰林待制奉議大夫同知制誥兼國史編修官臣王禕等奉

《元史列傳卷四十五》 乙　屠明道

姚樞

姚樞字公茂柳城人後遷洛陽少力學內翰宋九嘉
識其有王佐畧楊惟中乃與之偕觀太宗歲乙未南
伐詔樞從惟中即軍中求儒道釋醫卜者會破棗陽
主將將盡坑之樞力辨非詔書意他日何以復命乃
感數人逃入篁竹中脫死枝德安得名儒趙復始得
程顥朱熹之書辛丑賜金符為燕京行臺郎中時牙
魯完赤行臺惟事貨略以樞幕長分及之樞一切拒
絕因棄官去携家來輝州作家廟別為室奉孔子及
宋儒周惇頤等象列諸經惠學者讀書鳴琴若將終
身時許衡在魏至輝就錄程朱所註書以歸謂其徒
曰昔所授受皆非今始聞進學之序既而盡室以治
及治道乃為書數千言首陳二帝三王之道以治國
以居世祖在潛即遣趙璧召樞至大喜待以客禮詢
平天下之大經彙為八目曰脩身力學尊賢親親
曰愛民好善遠佞次及救時之弊為條三十目立省
部則廢政出一綱舉紀張令不行於朝而變於夕

三七二
三十五

才行舉逸遺慎銓選汰職負則不專世爵而人才出
班俸祿則賦稅塞而公道開定法律審刑獄則收生
殺之權于朝諸侯不得而專山之罪不致苟免毫
髮之過免罷法而冤抑有伸設監司明黜陟以簡
良蔙寇可得而舉刺閣徵欲則部族不橫於誅求
驛傳則州郡不困於需索儲學校崇經術旌節孝以
為育人才厚風俗美教化之基使士不媿於文華重
農桑寬賦稅省徭役禁游惰則民力紓不趨於浮偽
且免習工技者歲加富溢勤耕織者日就飢寒肅軍
政使田里不知行營　之擾攘周圍之恤鰥寡使
顛連無告者有養布屯田以實邊戍通漕運以廪京
都倚債負則賈胡不得以子為母破稱貸之家廣儲
畜復常平以待凶荒立平準以權物佑鄰利便以塞
倖塗杜大不遺世祖奇其才動必召問且使授世子經憲
該細大不遺世祖奇其才動必召問且使授世子之世
宗即位詔凡軍民在赤老溫山南者聽世祖總之諸
祖既奉詔宴羣下罷酒將出遣人止樞問曰頃者諸
臣皆賀汝獨默然何邪對曰今天下土地之廣人民
之殷財賦之阜有加漢地者乎軍民吾盡有之天子
何為與時廷臣間之必悔而見奪不若惟持兵權供

四六
三十五

元史列傳卷四五 三

德之需取之有司則勢順理安世祖以憲所不及者
乃以聞憲宗從之樞又請置屯田經署司於汴以圖
宋置都運司于衛轉粟于河憲宗大封同姓勒世祖
於南京關中自擇其一樞
淺羈幽生之不若關中壬子夏從世祖征大理至曲先
是世祖夜宴樞陳宋太祖遣曹彬取南唐不殺一人
市不易肆事明日世祖擾鞍呼曰汝昨夕言曹彬不
兒之地夜宴樞陳宋太祖遣曹彬取南唐不殺一人
殺者吾能為之吾能為之吾能為之福也
明如此生民之幸有國之福也明年師及大理城飭

樞裂帛為旗書止殺之令分號街陌由是民得相完
保丙辰樞入見或謁王府得中土心憲宗遣阿藍答
兒大為鉤考置局關中以百四十二條推集經署宣
撫官吏下及征商無遺曰俟終局日入此罪者惟劉
黑馬史天澤以聞餘悉誅之世祖聞之不樂樞曰帝
君也兄也大王為皇第臣也事難與較遠將受禍莫
若盡王邸妃主自歸朝廷竟不令有所白而止因罷鉤考局
祖見憲宗皆泣下竟不令有所白而止因罷鉤考局
世祖即位立十道宣撫使以樞使東平既至郡置勸
農檢察二人以監之推物力以均賦役罷鐵官二年

元史列傳卷四五 四

拜太子太師樞曰皇太子未立安可先有太師以所
受制還中書事見許衡傳改大司農樞奏曰在太宗
世詔孔子五十一代孫元措仍襲封行聖公卒其子
與族人爭求襲爵已之潛藩帝時曰第佳力學侯有
成德飾節其工舞郎與樂色俎豆至日月山帝親
臨觀飭東平守臣貞關充補命洛士楊庸選孔顏
賢之後詩書不通與九廡等既命庸教官以成國家
孟三族諸孫俊秀者教之乞真授庸教官以成國家
育材待聘風動四方之美王鏞錬習故實宜令提舉

禮樂使不致崩壞皆從之詔赴中書議事及講定條
格且勉諭曰姚樞辭避台司朕甚嘉焉省中庶務須
賴一二老成同心圖贊其與丞相史天澤奏凡事必
尚無隱及惰條格成與丞相史天澤奏凡事必
李壇謀叛帝問卿料何如對曰使壇乘吾比征之釁乃
瀕海博燕開關居庸惶駭人心為上策如出兵連和員
固持久數擾邊使吾敝於奔救為中策如宋將安出對曰
待山東諸侯應援此成擒耳帝曰今賊將安出對曰
出下策初帝嘗論天下人材及王文統樞曰此人學
術不純以游說干諸侯他日必反至是文統果因壇

伏誅四年拜中書左丞奏罷世俟置牧守或言中書
政事大壞帝怒大臣罪且不測者樞上言太祖開創
跨越前古施治未遑自後數朝官盛刑濫民困財弊
陛下天資仁聖自昔在潛聽聖典訪老成曰講治道
如邢州河南陝西皆不治之甚者為置安撫經署宣
撫三使司其法選人以居職頒俸以養廉去污濫以
清政勸農桑以富民不及三年號稱大治諸路之民
望陛下之拯己如赤子之求毋先帝陛遐制國難並興
天開聖人贊承大統即用歷代遺制內立省部外設
監司自中統至今五六年間外侮內叛繼繼不絶然

能使官離債負民安職役府庫粗實倉廩粗完鈔法
粗行國用粗足官吏遷轉政事更新皆陛下克保祖
宗之基信用先王之法所致今創始治道正宜上答
天心下結民心睦親族以固本建儲副以重作定大
臣以當國開經筵以格心脩邊備以防虞蓄糧餉以
待歡立學校以育才勸農桑以厚生是可以光先烈
成帝德遺子孫流遠譽以陛下才畧行此有餘通者
伏聞聰聽日煩朝廷政令日昃月異如木始栽而復
移屋既架而復毀遠近臣民不勝戰懼惟恐大本一
虧遠業難成為陛下之後憂國家之重官帝怒為釋

十年拜昭文館大學士詳定禮儀事其年襄陽下遂
議取宋樞奏如求大將非右丞相安童知樞密院伯
顏不可十一年樞言陛下降不殺人之詔人之深仁利
自不踰時西起蜀川東薄海隅降城三十戶踰百萬
兵皆由軍官不思國之大計不體陛下之神捷者今自夏祖秋一城不
降皆由軍官不思國之大計不體陛下之深仁利財不堅
亦多宋之不能為國審矣而臨安未肯輕下好生惡
剝殺所致揚州焦山淮安人殊死戰我雖克勝所傷
死人之常情蓋安未肯輕下好生惡
耳宜申止殺之詔使賞罰必立恩信必行聖應不勞

軍力不費兵又請禁宋鞭背黥面及諸濫刑十三年
拜翰林學士承旨十七年卒年七十八諡曰文獻樞
承旨以文章大家知名辛諡曰文

許衡

其德亦不留怨憂患之來不見言色有來即謀必反
復告之子燁仕為平章政事徙子矮官至翰林學士
天貨含弘而仁恕恭敏而倫勤未嘗疑人欺己有負

許衡字仲平懷之河內人也世為農父通避地河南
以泰和九年九月生衡於新鄭縣幼有異質七歲入
學授章句問其師曰讀書何為師曰取科第耳曰如

斯而已乎師大竒之每授書又能問其旨義久之師
謂其父母曰兒頴悟不凡他日必有大過人者吾非
其師也遂辭去父母强之不能止如是者九更三師
稍長嗜學如飢渴然遭世亂且貧無書嘗徒步至日
見書疏義因請寫宿手抄歸既逃難岨峽山始得
王輔嗣說時兵亂中夜思畫誦身體而力踐之言
動必揆諸義而後發嘗暑中過河陽暍甚道有梨衆
爭取啖之衡獨危坐樹下自若或問之曰非其有而
取之不可也人曰世亂此無主吾心獨無
主乎梨無主吾心獨無主乎人有

魏人見其有德稍稍従之居三年聞亂
且定乃還懷往來河洛間従柳城姚樞得伊洛程氏
及新安朱氏書益大有得居蘇門與樞及竇黙相
講習九經傳子史禮樂名物星歷兵刑食貨水利之
類無所不講而慨然以道爲已任嘗語人曰綱常不
可一日而亡於天下尚在上者無以任之則在下之
任也凡喪祭娶嫁必徵於禮以倡其鄉人學者寖盛
家貧躬耕粟熟則食粟不熟則食糠覈菜如處之泰
然誦詠之聲聞户外如金石有餘即以分諸族人
及諸生之貧者有所遺一毫弗義弗受也樞嘗被
召入京師以其蚤齋居衡命守者館之衡拒不受庭

有果熟爛隨地童子過之亦不眡視而去其家人化
之如此甲寅世祖出王秦中以姚樞爲勸農使教民
畊植又思所以化秦人乃召衡爲京兆提學秦人新
脫於兵欲學無師聞衡來人莫不喜莘來學郡縣
皆建學校民大化之世祖南征乃還懷學者攀留之
不得従送之臨潼而歸中統元年世祖即皇帝位召
至京師時王文統以言進爲平章政事衡辭樞與
言治亂休戚必以義爲本文統患之且竇黙日於帝
前排其學術疑衡與之爲表裏乃奏以樞爲太子太
師黙爲太子太保陽爲尊用之實不

使數侍上也黙以屢攻文統不中欲因東宮以避禍
與樞拜命將入謝衡曰此不安於義也姑勿論禮師
傳與太子位東西鄉師傅坐太子乃坐公等度能復
此乎不能則師道自我廢也樞以爲然乃相與懷制
立殿下五辭乃免命樞大司農黙翰林侍講學士
衡國子祭酒未幾衡亦謝病歸至元二年帝以安童
爲右丞相欲衡輔之復召至京師命議事中書省衡
乃上疏曰臣性識愚陋學術荒疎不意虛名偶塵聖
聽陛下好賢樂善含垢取短雖以臣之不才自甲寅
至今十有三年凡八被詔旨中懷自念何以報塞又

曰者面奉德音叮嚀懇至中書大務客臣盡言臣雖昏愚荷陛下知待如此其厚敢不竭所有裨益萬分孟子以責難於君謂之恭陳善閉邪謂之敬孔子謂以道事君不可則止臣之所守大意盖如此也伏望陛下寬其不安察其至懷則心之愚亦或有小補云其一旦自古立國皆有規模循而行之則治功可期否則心疑目眩變易分更未見其可必昔子產相衰周之列國孔明治西蜀之一隅且有定論終身由之而堂堂天下可無一定之說而妄為之我考之前代比方之有中夏者必行漢法乃可長久故後魏遼金歷年最多他不能者皆亂亡相繼史冊具載昭然可考使國家而居朔漠則無事論此也今日之治非此莫宜夫陸行宜車水行宜舟反之則不能行幽燕食寒蜀漢食熱反之則必有變以是論之國家之當行漢法無疑也然萬世國俗累朝勳舊一旦驅之下徙臣僕之謀改就亡國之俗其勢甚難者切嘗思之寒之與暑固為不同然寒暑之變暑始於微溫溫而熱熱而暑積百有八十二日而寒始盡暑之變寒其勢亦然是亦積之之驗也苟能漸之摩之待以歲月心堅而礭事易而常未有不可愛者此在陛下尊信而堅守之不雜小人不責近效不恤流言則致

治之功庶幾可成矣二曰中書之務不勝其煩然其大要在用人立法二者而巳矣近而譬之髮之在首不以手理而以櫛理食之在器不以手取而以匕取手雖不能而用櫛與匕是即手之為也上之用人何然或巳知其孰為君子孰為小人而復患其失莫敢進退徒曰知人而實不能用人亦何益哉人莫不飲食也獨膳夫為能調五味之和而不能自飽官為能步騭食之數者誠以得其法故也古人有言曰為高必因丘陵為下必因川澤為政必因先王之道今里巷之談動以古為詬戲不知今日口之所食身之所衣皆古人遺法而不可違者豈天下之大國家之重而古之成法反可違邪其亦弗思甚矣夫治人者法也守法者人也人法相維上安下順而宰執優游於廊廟之上不煩不勞此所謂省也夫立法用人今雖未能遽如古昔然已仕者當給俸以養其廉未仕者當寬立條格俾就叙用則失職之怨少可觝矣外設監司以察污濫內專吏部以定資歷則非分之求漸可息矣再任三任抑高舉下則人才爵位略可平矣至於貴家之世襲品官之任子版籍之數續

當議之亦不可緩也其三曰民生有欲無主乃亂上
天眷命作之君師此蓋以至難任之非予之可安之
地而娛之也是以堯舜以來聖帝明王莫不兢兢業
業小心畏慎者誠知天之所畀至難之任初不可以
易心處之也知其為難而以難處則難或可為者矣
君之難尤陛下所當專意也臣請言其切而要者夫
為君難為臣不易為君之道臣已告之矣請言踐言之難則
人君不患出言之難而患踐言之難知踐言之難則
其出言不容不慎矣昔劉安世行一不妄語七年而

後成夫安世一士人也所交者一家之親一鄉之衆
也同列之臣不過數十百人而止耳而言猶若此況
天下之大兆民之衆事有萬變日有萬機人君以一
身一心而酬酢之無失豈易能哉故有昔之
所言而今日忘之者命而後日自違者可否
異同而酬酢之欲言之無失易紀綱不得布法度不
持偹奸人因以為弊天下之人疑惑驚眩且議其無
法無信一至於此也此無他至難之地不以難處而
以易處故也苟從大學之道以脩身為本凡一言一
動必求其然與其所當然不牽於愛不蔽於憎不因

於喜不激於怒虛心端意執憂而審處之雖有不中
者蓋鮮矣奈何為人上者多樂舒肆為人臣者多事
容悅也欲悅心慝則不畏天矣舒肆則不畏人矣為
之心感合無間則其所務者皆快心事耳快心則口
欲言而言身欲動而動又安肯兢兢業業以脩身則
易者易知此特係夫人之情偽有易有險險者難知
又難知易知此人君踐言之難或可為難知則
之分為寡則易知衆則難知故在上者難於知下而
本一言一動執惡而審處之乎此人君踐言之難為

在下者易於知上其勢然也處難知之地御難知之
人欲其不見欺也難矣昔包拯剛嚴峭直號為明察
然一小吏而能欺之然拯一京尹耳其見欺於人不
過誤一事害一人而已人君慶億兆之上操予奪進
退賞罰生殺之權不幸見欺則以非為是以是為非
其喜以市恩鼓其怒以張勢人君惟無喜怒也有喜
憎則假其喜愛以濟私籍其憎以復怨甚至本無喜
之使愛本無可憎也而強短之使憎若是則進者未
誣之使愛本無可憎也而強短之使憎若是則進者未

必為君子退者未必為小人予者未必為有功奪者
未必為有罪以至賞之罰之生之掇之鮮有得其正
者人君不悟其受欺也而反任之以防天下之欺
而至此尚可防耶大抵人君以知人為貴以用人為
急用得其人則無事於防矣既不出此則所近者爭
進之人耳好利之人耳無所恥彼挾其詐術千
蹊萬徑以蠱君心欲防其欺雖堯舜不能也夫賢者
以公為心以愛為心不為利回不為勢屈箕之周行
則庶事得其正天下被其澤其於人國重固如此也
夫賢者遭時不偶務自韜晦世固未易知也雖或知

元史列傳卷四十五　十三　姚燧明

之而無所援引人君無由知之然召之
命之況如斷賢者有不屑也雖或接之以貌待之以
禮然而言不見用賢者不處也或用其言也而復使
小人參之責小利期近效有用賢之名無用賢之實
賢者亦豈肯尸位素餐以取譏於天下哉此特難進
者也而又有難合者焉人君處崇高之地大抵樂聞
人過而不樂於聞已之過務快己之心而不務快民
之心賢者必欲匡而正之如堯舜之正堯
舜之安而後已故其勢恒難合況夫奸邪佞倖醜正
而惡直肆為詆毀多方以陷之將見罪戾之不免又

可望其庶事得其正而天下被其澤邪自古及今聖
人間善即拜益猶戒之以任賢勿貳去邪勿疑後世
人主宜如何也此任賢之難也奸邪之人其為心也
隱其用術也巧惟險之難任賢之難去邪之人其心也
巧也故千蹊萬徑而人莫能禦其狀而
其欺似可信其佞似可近以己之威以立己之
合之竊其勢以立己之威漸其欲以結主之愛愛隆
於上威擅於下大臣不敢議近君似恭其許似直
而上莫之知至是而求去之亦已難矣雖然此特人

元史列傳卷四十五　十四　仲明

主之不悟者也猶有說焉如宇文士及之佞太宗灼
見其情而不能斥李林甫妒賢嫉能明皇洞見其奸
而不能退邪之惑人有如此者可不畏哉夫上以誠
愛下則下以忠報上感應之理然也然考之往昔有
不可以常情論者禹抑洪水以救民啓又能敬承繼
禹之道其澤深矣然一傳而大康失道則萬姓仇怨
而去者何邪漢高帝起布衣天下影從柴陽之難紀
信至捐生以赴急則人心之歸可見矣及天下已定
而沙中有謀反者又何邪竊嘗思之民之戴君本於
天命初無不順之心特由使之失望使之不平然後

怠怒生焉禹啓愛民如赤子而太康逸豫以滅德是
以失望漢高以寬仁得天下及其已定乃以愛憎行
誅賞是以不平古今人君凡有恩澤於民而民怨且
怒者皆類此也夫人君有位之初既出美言而告天
下矣既而實不能副故怠生焉等人臣耳無大相遠
於薄有功而厚有罪人得不怒於心邪必如古者大
人君特以己之私而厚一人則其薄之矣況
學之道以脩身爲本一言一動舉可以爲天下之法
而自得又豈有失望不平之累哉三代而下稱盛治
者無如漢之文景然考之當時天象數變山崩地震
未易遽數是將小則有水旱之災大則有亂亡之應
非徒然而已也而文景克承天心一以養民爲務今
年勸農親明年減田租懇愛如此宜其民心得而和
氣應也臣竊見前年秋冬孛出西方去年冬見
東方復見西方議者謂當除舊布新以應天礬臣以爲昌
若直法文景之恭儉愛民爲理明以義正而可信也天
之樹君本爲下民故孟子謂民爲重君爲輕書亦曰
天視自我民視天聽自我民聽以是論之則天之道
恒在於下恒在於不足也君人者不求之下而求之

高不求之足而求之有餘斯其所以召天礬也其變
已生其象已著乖戾之幾已萌且因仍故習抑其變
下而損其不足此之謂順天不亦難乎此六者皆難之
目也舉其要則脩德用賢愛民三者而已此謂治之
本立則紀綱可布法度可行治功可必萬不能也
攻善惡交病生民不免於水火以是爲治賢相必曰稷
契蓋堯舜知天道而順承之稷契又知堯舜之心
其四曰語古之聖君必曰堯舜語古之賢相必曰稷
而輔贊之此所以爲法於天下可傳於後世也夫天
道好生而不私此所以爲堯與舜亦好生而不私若克明俊德
至於黎民於變敬授人時至於庶績咸熙此順承天
道之實也稷播百穀以厚民生契敷五教以善民心
往古聖賢之言無不同驗之歷代治亂之迹無不合
此輔贊堯舜之實也臣嘗復熟推衍思之又思參之
盖此道之行民可使富兵可使強人才可使盛國勢
可使重夙夜念之至於熟也今國家徒知欲財之巧而
不知生財之由徒知防人之欺而不知養人之善徒
惠法令之難行而不患法令之無可行之地誠能優重
農民勿擾勿害歐游惰之人而歸之南畝課之種藝
懇喻而督行之十年之後倉府之積當非今日之比

矣自都邑而至於州縣皆設學校使皇子以下至於庶
人之子弟皆入於學以明父子君臣之大倫自洒掃
應對以至平天下之要道十年巳後上知所以御下
下知所以事上上下和睦又非今日之比矣二者之
行孟子曰我非堯舜之道不可陳於王前臣愚區
區竊亦願學也其五日天下所以定者民志定則士
安於士農工商安於農工商則在上之人有
可安之理矣夫民不安於白屋必求祿仕仕不安於
甲位必求尊榮四方萬里輻輳並進各懷無厭無恥

〈元史列傳卷四五〉 十七

之心在上之人可不為寒心弐臣聞取天下者尚勇
敢守天下者尚退讓取也守也各有其宜君人者不
可不審也夫審而後斂斂無不中否則觸事而遷喜
怒之色見於貌言出於口人皆知之徐考其故知其
無可喜者則必悔其喜無可怒者則必悔其怒
之失甚至先喜而後怒先怒而後喜號令數變喜怒
不節之故也是以先王潛心恭默不易喜怒其未發
也雖至近莫能知其發也雖至親莫能務是以號令簡
而無悔則無不中節矣夫數變不可也數失信尤不
可也周幽無道故不恤此今無此何苦使人之不信

也書壽帝嘉納之衡自見帝多奏陳及退皆削其草
故其言多秘世罕得聞所傳者特此耳衡多病帝聽
五日一至省時賜尚方名藥美酒以調養之四年乃
聽其歸懷五年復召還奏對亦秘六年命與太常卿
徐世隆定朝儀儀成帝臨觀甚悅又詔與太保劉秉
忠左丞張文謙定官制衡歷考古今分併統屬之序
去其權攝增置冗長側置者九省部院臺兵縣與夫
后妃儲藩百司所聯屬統制定為圖七年奏上之翌
日使集公卿雜議中書院臺行後之體衡曰中書佐
天子總國政院臺具呈時商挺在樞密高鳴在臺

〈元史列傳卷四五〉 十六

皆不樂欲定為咨稟因大言以動衡曰臺院皆宗親
大臣若一忤禍不可測衡曰吾論國制耳何與於人
遂以其言賛帝前帝曰衡言是也吾意亦若是未幾
阿合馬為中書平章政事領尚書省六部事因擅權勢傾
朝野一時大臣多阿之衡每與之議必正言不少讓
巳而其子又有貪樞密院之命衡獨執議曰國家事
權女民財三者而巳今其父典民與財子又典兵不
可帝曰卿應其反邪衡對曰彼雖不反此反道也阿
合馬由是銜之衡宜在中書欲因以事中之俄
除左丞衡屢入辭免帝命左右扶衡出衡出及閤還

奏曰陛下命臣出豈出省邪帝笑曰出殿門耳從幸
上京乃論列阿合馬專權罔上蠹政害民若干事不
報因謝病請解機務帝惻然召其子師可入諭旨且
命牽自代者衡奏曰用人天子之大柄也臣下況論
其賢否則可若授之以位則當斷自宸衷不可使臣
下有市恩之漸也帝父欲開太學會衡請罷益力乃
從其請八年以為集賢大學士兼國子祭酒親為擇
蒙古弟子俾教之衡聞命喜曰此吾事也國人子大
朴未散視聽專一若置之善類中涵養數年將必為
國用乃請徵其弟子王梓劉季偉韓思永耶律有尚

《元史列傳卷四十五　十九》

呂端善姚燧高凝白棟蘇郁姚燉孫安劉安中十二
人為伴讀詔驛召之來京師分處各齋以為齋長時
所選弟子皆幼稚衡待之如成人愛之如子出入進
退其嚴若君臣其為教因覺以明善因明以開蔽相
其動息以為張弛課誦少暇即習禮或習書算少者
則令習拜跪揖讓進退應對或射或投壺負者罰讀
書若干遍久之諸生人人自得尊師敬業下至童子
亦知三綱五常為生人之道十年權臣屢毀漢法諸
生廩食或不繼衡請還懷以問翰林學士王磐磐
對曰衡教人有法諸生行可從政此國之大體宜勿聽

其去帝命諸老臣議其去留實黙為衡懇請之乃聽
衡還以贊善王恂攝學事劉秉忠等奏乞以衡弟子
耶律有尚蘇郁白棟為助教以守衡規矩從之國家
自得中原用金大明曆自大定是正後六七十年氣
胡加時漸差帝以海宇混一宜協時正日十三年詔
事召至京衡以為曆家知曆數而不知曆理宜得
王恂定新曆恂以集賢大學士兼國子祭酒教領太史院
衡領之乃以集賢大學士兼國子祭酒教領太史院
氣令所用宋舊儀自汴還至者曆之本而求曆本者在驗
父規環不叶乃與太史令郭守敬等新製儀象圭表

《元史列傳卷四十五　二十》

自丙子之冬日測暑景得丁丑戊寅己卯三年冬至
加時減大明曆十九刻二十分又增損古歲餘歲差法
上考春秋以來冬至無不盡合以月食衝及金木二
星距驗冬至日躔校舊曆退七十六分以月轉遲疾
中平行度驗月離宿度加舊曆立損益以定朔以緯代管闚
測赤道宿度以四正定氣加舊曆退七十六以定朔
分二十八限為三百三十六以定月之遲疾以赤道變
九道定月行以遲疾轉定度分定朔而不用平行度
以日月實合時刻定晦而不用盈縮進法以躔離朓朒
定交食其法視古皆審而又悉去諸曆積年月日法

之傳會者一本天道自然之數可以施之求火而無
弊自餘正訛完闕蓋非一事十七年曆成奏上之賜
名曰授時曆頒之天下六月以疾請還懷皇太子爲
請於帝以子師可爲懷孟路總管以養之且使東宮
官來諭衡曰公毋以道不行爲憂也公安則道行有
時矣其善藥家人祠衡既撤家
人餒怡怡如也已而卒年七十三是日大雷電風技
日未死寧不有事於祖考扶而起奠獻如儀衡曰吾一
木懷人無貴賤少長皆哭於門四方學士聞計皆聚
哭有數千里來奔哭墓下者衡善教其言喣喣雖與

童子語如恐傷之故所至無貴賤賢不肖皆樂從之
暗其才奇明大小皆有所得可以爲世用所去人皆
哭泣不忍舍服念其教如金科玉條終身不敢忘或
未嘗及門傳其緒餘而折節力行爲名世者往往有
之聽其言雖武人俗士異端之徒無不感悟者丞相
安童一見衡語同列曰若董自謂不相上下蓋十百
與千萬也翰林承旨王磐氣一世所與可獨見
衡曰先生神明也大德二年贈榮祿大夫司徒諡文
正至大二年加正學垂憲佐運功臣太傅開府儀同
三司封魏國公皇慶二年詔從祀孔子廟廷延祐初

《元史列傳卷四十三》 廿一

張君左

又詔立書院京兆以祀衡給田奉祠事名魯齋書院
魯衡居魏時所署齋名也子師可

寶默 李俊民附

寶默字子聲初名傑字漢卿廣平肥鄉人幼知讀書
毅然有立志族祖旺爲郡功曹今習吏事不肯就會
國兵伐金默爲所俘同時被俘者三十人皆見殺惟
默得脫歸其鄉家破母獨存至遂南走渡河依母黨
母竟亡扶病藥葬而大兵復至又走德安
吳氏醫者王翁妻以女使業醫轉客蔡州遇李醫者
浩授以銅人針法金主遷蔡默恐兵且至又走德安

釋之士默乃比歸隱於大名與姚樞許衡朝暮講習
至忘寢食繼肥鄉以經術教授由是知名世祖在
潛邸遣召之默變姓名以自晦使者俾其友人往見
而微服遁還其後默不得已乃拜命既至問以治道默
首以三綱五常爲對世祖曰人道之端孰大於此失
此則無以立於世矣又言帝王之道在誠意正心
心既正則朝廷遠近莫敢不一於正一日九召與
語奏對皆稱旨自是敬待加禮不令暫去左右世祖

孝感令謝憲子以伊洛性理之書授之默自以爲昔
未嘗學而學自此始適中書楊惟中奉旨招集儒道

《元史列傳卷四十三》 廿二

張君左

問今之明治道者默薦
金従默學賜以玉帶鈎諭之曰此金内府故物汝老
人佩服爲宜且使我子見之如見我也久之請南還
命大名順德各給田宅有司歲具衣物以爲常世祖
即召至上都間曰朕欲求如唐魏微者有其人乎
省平章政事王文統頗見委任默上書曰臣事陛下
十有餘年數承顧問與聞聖訓有以見陛下急於求

默對曰犯顔諫諍剛毅不屈則許衡其人也深識遠
應有宰相才則天澤其人也天澤時宣撫河南帝
即召拜右丞相以默爲翰林侍講學士時初建中書

治未嘗不以利生民安社稷爲心時先帝在上姦臣
擅權總天下財賦操執在手貢進奇貨衒權紛華以
娛悦上心其扇結朋黨離間骨肉者皆此徒也此徒
當路陛下所以不能盡其初心救世一念涵養有年
引領盛治然平治天下必用正人端士唇吻小人一
矣今天順人應誕盤大寶天下生民莫不懽忭踴躍
時功利之説必不能定立國家基本爲子孫久遠之
計其賣利獻勤乞憐取寵者使不得行其志斯可矣
若夫鈎距揣摩以利害驚動人主之意者無他意在
擴斥諸賢獨執政柄耳此蘇張之流也惟陛下察之

伏望別選公明有道之士授以重任則天下幸甚他
曰默與王鶚姚樞俱在帝前復面斥文統曰此人學
術不正久居相位必禍天下然則誰可相者默
曰以臣觀之無如許衡帝不悦而罷文統深忌之乃
請以默爲太子太傅默辭曰太子位號未正臣不敢
先受太傅之名乃復以默爲翰林侍講學士詳見許衡
傳默俄謝病歸未幾文統以誅帝追憶其言謂近臣
曰曩言王文統不可用者惟竇漢卿一人向使更有
一二人言之朕寧不之思耶召還賜第京師命有司
月給廩禄國有大政輒以訪之默與王磐等請分置

翰林院專掌蒙古文字以翰林學士承旨撒的迷底
里主之其翰林兼國史院仍舊纂修國史典制誥備
顧問以翰林學士承旨兼修起居注和禮霍孫主之
帝可其奏默又言三代所以風俗淳厚歷數長久者
皆啟學養士所致今宜建學立師博選貴族子弟教
之以默嘗與劉秉忠姚樞劉
肅商挺侍上前默言君有過舉臣當直言都俞吁咈
古之所尚今則不然君曰可臣亦曰可君曰否臣亦
曰否非善政也明日復侍帝於幄殿獵者失一
鶻帝怒侍臣或從旁大聲謂宜加罪帝惡其迎合命

杖之釋獵者不問飢退秉忠等賀默曰非公誠結主
知安得感悟至此至元十二年默年八十公卿皆往
賀帝聞之拱手曰此輩賢者安得請於上帝減去數
年留朕左右共治天下惜老矣悵然者久之默旣
老不視事帝數遣中使以珍玩及諸器物往問焉
十七年加昭文館大學士卒年八十五計聞帝深爲
嗟悼厚加賙賜皇太子亦賻以鈔二千貫命有司護
送歸葬肥鄉默爲人樂易平居未嘗評品人物與人
居溫然儒者也至論國家大計面折廷諍人謂汲黯
無以過之帝嘗謂侍臣曰朕求賢三十年惟得竇漢
卿及李俊民二人又曰如竇漢卿之心姚公茂之才
合而爲一斯可謂全人矣俊累贈太師封魏國公諡
文正子一穡集賢大學士

李俊民字用章澤州人得河南程氏傳受之學金承
安中擧進士第一應奉翰林文字未幾棄官不仕以
所學教授鄉里徙之者甚盛至有不遠千里而來者
金源南遷隱於嵩山後徙懷州俄復隱於西山旣而
蹙起倉猝人服其先知荆士荆先生
者授以邸雍皇極數時之知數若無出劉秉忠之右
亦自以爲弗及也世祖在潛藩以安車召之延訪無

虛曰遽乞還山世祖重遠其意遣中貴人護送之又
嘗令張仲一問以禎祥及即位其言皆驗而俊民已
死賜謚莊靜先生

翰林學士嘉議大夫知制誥兼脩國史長葛翰林待制承事郎同脩國史臣宋濂等奉　勅撰

宋子貞

宋子貞字周臣潞州長子人也性敏悟好學工詞賦弱冠領薦書試禮部與族兄知柔同補太學生俱有名於時人以大小宋稱之金末潞州亂子貞走趙魏間宋將彭義斌守大名辟爲安撫司計議官子貞說義斌歸東平行臺嚴實實素聞其名招置幕府用爲詳議官兼提舉學校先是實每令人請事于朝托近侍奏央不經中書因與丞相耶律楚材有違言子貞至勸實致禮丞相通懇凡奏請必先咨稟丞相喜自是交懽無間實因此益委信子貞太宗四年實戍黃陵金人悉力來攻與戰不利敵勢頗張曹濮以南皆震有自敵中逃歸者首以令諸城境內乃安汴梁既下饑民比徒餓殍盈道子貞多方賑救全活者萬餘人金士之流寓者悉引見周給且薦用之板名儒張特立劉肅李昶輩於羈旅與之同列四方之士聞風而至故東平一時人材多於他鎮七年太宗命

子貞爲行臺右司郎中中原略定事多草創行臺所統五十餘城州縣之官或擢自將校或起由民伍率私於從政甚者專以掊克聚歛爲能黷貨敗官吏相與爲貪脈以病民子貞請罷歸州縣寶初難之子貞力言乃聽人以爲便實卒子忠濟襲爵尨敬始有紀綱民得蘇息東平將校占民爲部曲戶謂之脚寨擅其賦役繫累四百所子貞請罷歸州縣寶初難之子貞力言乃聽人以爲便實卒子忠濟襲爵尨敬子貞請于朝授參議東平路事兼提舉太常禮樂子貞作新廟學延前進士康曄王磐爲教官招致生徒幾百人出衆贍之俾習經藝每季程試必親臨之齊嘗儒風爲之一變歲己未世祖南伐召子貞至濮問方略對日本朝威武有餘仁德未洽所以拒命者可傳檄而定也世祖善其言中統元年擢益都路宣撫使未樂入覲拜右三部尚書時新立省部典章制度多子貞裁定李璮叛據濟南詔子貞參議軍前行中書省事子貞單騎至濟南觀璮形勢因說丞相史天澤曰璮擁衆東來坐守孤城宜增築外城防其奔突彼糧盡援絕不攻自破矣議與天澤合遂擒璮子

貞還上書陳便宜十事大略謂官爵人主之柄選法
宜盡歸吏部律令國之紀綱宜早刊定監司總一
路用非其材不厭人望乞選公廉有才德者爲之今
州縣官相傳以世非法賦歛民窮無告宜遷轉以華
其獎又請建國學教冑子牧州郡提學課試諸生三
年一貢舉有旨命中書次第施行之至元二年始罷
定職田從之俄拜中書平章政事復陳時務之切要
所部官還授翰林學士參議中書省事奏請班俸祿
州縣官世襲遣子貞與左丞相耶律鑄行山東遷調
卿氣力未衰勉爲朕留措置大事俟百司差有條理
聽卿自便三年十一月懇辭乃得請特敕中書凡有
大事即其家訪問子貞私君每聞朝廷事不便必封
疏上奏愛君憂國不以進退異其心卒年八十一始
病家人進醫藥却之曰死生有命吾年踰八十何以
藥爲病危諸子請遺言子貞曰吾平昔教汝者不少
今尚何言耶子渤字齊彥有才名官至集賢學士

商挺

商挺字孟卿曹州濟陰人其先本姓殼氏避宋諱改
焉父衡僉陝西行省貟外郎以戰死挺年二十四淬

京破比走依冠氏趙天錫與元好問楊與遊東平嚴
實聘爲諸子師實卒子忠濟嗣辟挺爲經歷出爲曹
州判官未幾復爲經歷贊忠濟與學養士笑丑世祖
在潛邸受京兆分地聞挺名遣使徵至鹽州入對稱
旨字而不名間陪宴語因曰挺來時李璮山東
平當饋米萬石東平至胸山率十石致一石且車淖
于雨必後期後期罪死請輸惟中宣撫關中挺爲郎
祖曰愛民如此忍不卿從揚惟中宣撫關中挺爲郎
中尖火之餘八州十二縣戶不滿萬皆驚憂無聊挺
佐惟中進賢黜貪暴明尊甲出淹滯定規程主簿
責印楮幣頒俸祿務農薄稅通其有無期月民乃安
誅一大猾羣吏咸懼且請減關中常賦之半明年惟
中罷廉希憲來代陸挺爲宣撫副使丙辰徵京兆軍
需布萬疋米三千石帛三千段械器稱是輸平涼軍
期迫甚郡人大恐挺曰他易集也運米千里妨我驚
麥鄜長王姓者平涼人也挺召與謀對曰不煩官運
儻家有積粟請以代輸挺大悅載價與之他輸亦如
期復命兼治懷孟境內大治丁巳憲宗命阿藍荅兒
會計河南陝右戊午罷宣撫司挺還東平憲宗親征
蜀世祖將趨鄂漢軍于小濮召問軍事挺對曰蜀道

險遠萬乘豈宜輕動世祖默然久之曰卿言正契吾
心憲宗崩世祖還道遣張文謙與挺計事挺曰軍
中當嚴符信以防姦詐文謙急追及言之世祖大悟
罵曰無一人爲我言此非商孟卿幾敗大計速遣使
至軍立約未幾阿里不哥之使至軍中執而斬之召
挺比上至開平挺與廉希憲密贊大計世祖即位
擬奏曰南師宜還亳乘興西師宜軍便地從之以廉
希憲及挺宣撫陝西中統元年夏五月至京兆哈剌
不花者征蜀時名將也渾都海省爲之副時駐六盤
山以兵應阿里不哥挺謂希憲曰爲六盤有三策悉

銳而東直擣京兆上策也聚兵六盤觀釁而動中策
也重裝北歸以應和林下策也希憲曰彼將何從挺
曰必出下策巳而果然於是與希憲定議令八春汪
渾都海合軍而南時諸王合丹率騎兵與八春汪
良臣發兵禦之事具希憲傳六盤之兵旣北而阿藍
荅兒自和林引兵南來與哈剌不花渾都海遇於甘
州哈剌不花以語不合引其兵北去阿藍荅兒遂與
渾都海合軍乃分爲三道以拒之旣陣大風吹沙良
臣兵合乃分爲三道以拒之旣陣大風吹沙良臣令
軍士下馬以短兵突其左繞出陣後潰其右而出八
春直擣其前合丹勒精騎邀其歸路大戰于甘州東

殺阿藍荅兒渾都海事聞帝大悅曰商孟古之良
將也改宣撫司爲行中書省進希憲爲右丞挺爲僉
行省事二年進參知政事宋將劉整以瀘州降繫前
降者數百人來歸軍吏請誅以戒挺盡奏而釋之
興元判官費寅有罪懼誅以借兵完城事訟挺與希
憲于朝帝召挺便殿問曰卿在關中懷孟兩著治效
比年論王文統者甚衆卿獨無一言挺對曰臣素知
文統之爲人嘗與趙璧論之想陛下猶能記也臣在
秦三年多過其或從權以應變者有之若功成以歸

己事敗分咎於人臣必不敢請就戮挺旣出帝顧駙
馬忽剌出樞副合荅等數挺前後大計凡十有七因
嘆曰挺有功如是猶自言有罪若此誰復爲朕戮力
耶卿挺等識之四年賜金符行四川行樞密院事至元
元年入拜參知政事建議史事附修遼金二史宜令
王鶚李冶徐世隆高鳴朅通周砥等爲之甚合帝
意二年分省河東俄召還三年帝留意經學挺與姚
樞竇默王鶚楊果纂五經要語凡二十八類以進六
年同僉樞密院事七年遷僉書八年陞副使四千人屯田開墾三萬畝
定軍官品級給軍吏俸使四千人屯田開墾三萬畝

收其穀以餉親軍汰不勝軍者戶三萬戶一丁者亦

汰去丁多業寡業多丁寡財力相資合出一軍九年

封皇子忙阿剌為安西王立王相府以挺為王相十

四年詔王比征王命挺曰關中事有不便者可悉更

張之挺曰延安民兵數千宜使李忽蘭吉練習之以

備不虞未幾禿魯叛以延安兵敵果獲其力挺進

十策於王王妃親鄰安人心敬民時俗不虞厚民生

一事權清心源謹自治固本根察下情王為置酒嘉

納王薦王妃使挺請命于朝以子阿難荅嗣帝曰年

少祖宗之訓未習卿姑行王相府事初運使郭琮郎

中郭叔雲與王相趙炳搆陳或告炳不法妃命囚之

六盤獄以死朝廷疑擅殺之執琮叔雲鞫問伏事

具趙炳傳初無一毫及挺惟王府女奚徹徹以預二

郭謀臨刑望以求生始有曖昧語連挺及其子瓛帝

怒召挺拘炳家瓛下獄帝命趙氏子挺曰商孟卿老書

生可與諸儒讒其罪吏部尚書青陽夢炎以議勳奏

曰臣宋儒不知挺向來之功可補今之過否帝不悅

曰是同類相助之辭也帝良久曰

知挺何如人臣以暴時推戴之功語之矣帝曰夢挺

其事果何如對曰臣目未觀耳固聞之殺人之謀挺

不與也帝黙然十六年春有旨挺及瓛二十年復樞密副使俄

之籍其家是冬始釋挺又瓛二十四年以無罪釋

以疾免二十一年趙氏子復訟父寃挺又被繫百餘

日乃釋二十五年帝問中丞董文用曰商孟卿今年

幾何對曰八十帝甚惜其老而嘆曰是歲冬十

有二月卒有詩千餘篇九善隸書延祐初贈推誠惕

謀佐運功臣太師開府儀同三司上柱國魯國公謚

文定子五人琥璘瑭瓛琦琥字台符至元十四年以

姚樞許衡薦拜江南行御史臺監察御史建康成辛

有利湯氏財者授戈于其家誣為及其琥知其寃罪

誣者而釋之華亭蹯龍寺僧思月謀叛被擒其黨縱

火來劫民大擾琥亟誅其甦文法吏責琥檀誅行臺

中丞張雄飛曰江南殘殿之餘盜賊屢起頗尚循常

例安用憲憲為哉吏議遂屈都昌妖賊杜辛一借竊

倡亂行臺檄琥按問械繫脅從者盈獄琥悉以詿誤

縱遣之黨與竄伏者猶衆琥揭牓招徠不三日雲集

二十七年徵拜中臺監察御史屬地震琥上書言昔

漢文帝時政以進又言為國之道在立法任人二

條陳漢文時政以進又言為國之道在立法任人

者而已法不徒立須人而行人不濫用催賢是擇因

舉天下名士十餘人帝從之皆召用待以不次三十
年遷國子司業卒有姜煑文集瑭字禮符仕為右衛
屯田千戶歲餘謝病取七世掛冠親時年纔三十二後還鄉里
築室曰晦道堂蓋取七世祖宗弼宋仁宗時為太子
中含人年五十掛冠所築堂名也琦字德符大德八
年遷祕書卿病歸辛琦善畫山水嘗使蜀持平守法
秋毫無私

趙良弼

趙良弼字輔之女直人也本姓术要甲音訛為趙家
因以趙為氏父懃金威勝軍節度使諡忠閔懃長子
良貴高汝招討使良貴子謹許州兵官懃從子良材
守太原俱死事良弼明敏多智略初舉進士教授趙
州世祖在潛藩召見占對稱旨會立邢州安撫司擢
良弼為幕長邢父不得善吏且當要衝使者旁午民
多逃去良弼區畫有方事或制則請諸藩邸再閲
歲凡六往返所請無不從脫兀脫以斷事官鎮邢其
屬要結罪慶者交搆嫌隙動相沮挽世祖時征雲南

良弼馳驛白其事遂脫兀脫罷其屬邢大治戶口
增倍世祖在潛藩時分地在關陝奏以廉希憲商挺
宣撫陝西以良弼參議司事阿藍荅兒當國懼世祖
英武讒于憲宗遂以阿藍荅兒為陝西省左丞相劉
太平參知政事鈎校京兆錢穀煆羣獄死者二十
餘人狼殷栗良弼力陳大義詞氣懇欵二人卒不
能詘故宣撫司一無所坐己未七月世祖南征召參
議元帥事蕭江淮安撫使親執桴鼓率先士卒五戰
皆捷禁焚廬舍殺降民所至宣布恩德民皆按堵既
渡江攻鄂州聞憲宗崩世祖北還良弼陳時務十二
事言皆有微至衞遣如京兆察訪秦蜀人情事宜不
踰月具得實還報曰宗王穆哥無他心宜以西南六
盤悉委屬之渾都海屯軍六盤士馬精強咸思民心
恐事有不意紐鄰總秦川蒙古諸軍多得泰蜀太平
年少驚勇輕去就當寵以重職疾解其兵柄劉太平
霍魯懷今行尚書省事聲言辦集糧餉陰有攟蜀
志百家奴劉黑馬汪惟正兄弟衆被德惠俱悉心俟
命其言皆見采用庚申良弼凡五上言勸進曰今中
外皆願大王早進正宸以安天下事勢如此豈容中
止社稷安危間不容髮世祖嘉之旣即位立陝西四

川宣撫司復以廉希憲商擬為使副良弼為參議良
弼先行謀斷事官八春曰今渾都海日夜思比歸
紐鄰遷延不即行當先遣使奉上旨促紐鄰果營將入朝劉
太平速還京兆八春從其議至則渾都海果叛比歸
涇劉太平將趨六盤聞命乃止後渾都海言始遣使
良弼與汪惟正劉黑馬二宣撫執渾都海之黨
元帥乞台不花迷立火者誅之希憲
名遣使入奏待罪良弼具狀授決議執渾都海即

出此奏帝竟不問使者以良弼為長
者陞參議陝西省事蜀人費寅以私憾誣廉希憲商
擬在京兆有異志者九事以良弼為徵帝召良弼詰
問良弼泣曰二臣忠良保無是心願剖臣心以明之
帝意不釋會平李璮得王文統交通書益有疑二臣
意切責良弼無所不至欲斷其舌良弼誓死不少
變帝意乃解費寅辛以反誅至元七年以良弼為經
略使領高麗屯田良弼言屯田不便固辭送以良弼為
奉使日本先是至元初數遣使通日本卒不得要領
於是良弼請行帝憫其老不許良弼固請乃授祕書

監以行良弼奏臣父兄四人死事于金乞命翰林臣
文其碑臣雖臣死絕域無憾矣帝從其請給兵三千以
從良弼辭獨與書狀官二十四人俱至金津島其
國人望見使舟欲舉丹來攻良弼捨舟登岸喻旨若
必見汝國王始授之越數日復來求書且曰我國自
天明其國太宰府官陳兵四山問使者來狀良弼數
其不恭罪仍喻以禮意太宰官慚服求國書良弼曰
太宰府以東上古使臣未有至者今大朝遣使至此
而不以國書見授何以示信良弼曰隋文帝遣裴清
津守延入板屋以兵環之戒燭大謀良弼疑然自若

來王郊迎成禮唐太宗高宗時遣使皆得見王王何
獨不見大朝使臣乎復索書不已詰難徃復數四至
以兵脅良弼終不與但頗錄本示之後又聲言
大將軍以兵十萬來求書良弼曰不見汝國王寧持
我首去書不可得也日本知不可屈遣使介十二人
二觀仍遣人送良弼至對馬島十年五月良弼至自
日本入見帝詢知其故曰卿可謂不辱君命矣後帝
將討日本三問良弼言臣居日本歲餘親其民俗狠
勇嗜殺不知有父子之親上下之禮其地多山水無
耕桑之利得其人不可使得其地不加富況舟師渡

海海風無期禍害莫測是謂以有用之民力填無窮
之巨壑也臣謂勿擊便帝從之十一年十二月以良
弼同僉書樞密院事丞相伯顏伐宋良弼言宋重兵
在揚州宜以大軍先搗錢唐詭如其計又言宋亡
江南士人多廢學宜設經史科以育人材定律令以
惟務課賦吟詩將何用焉良弼對曰此非學者之病
在國家所尚何如耳尚詩賦則人必從之尚經學則
人亦從之良弼屢以疾辭十九年得旨居懷孟良弼

工弈技皆勝漢人至於儒人皆通經書學孔孟漢人
別業在溫縣故有地三千畝乃折為二六與懷州四
與孟州皆永隸廟學以贍生徒自以出身儒素示不
忘本也或問為治良弼曰必有忍乃其有濟人性易
發而難制者惟怒為甚必克已然後可以制怒必順
理然後可以忘怒能忍所難忍容所難容事斯濟矣
二十三年卒年七十贈推忠翊運功臣太保儀同三
司追封韓國公謚文正子訓陝西平章政事

趙璧

趙璧字寶仁雲中懷仁人世祖為親王聞其名召見
呼秀才而不名賜三僮給薪水命后親製衣賜之視

其試服不稱輒為損益寵遇無與為比命馳驛四方
聘名士王鶚等又令蒙古生十人從璧受儒書勅璧
習國語譯大學衍義時從馬上聽璧陳說辭旨明贊
世祖嘉之憲宗即位召璧問于帝曰天下何如而治對曰
請先誅近侍之尤不善者憲宗不悅璧退世祖曰秀
才汝渾身是膽耶吾亦為汝握兩手汗也一日斷事
官牙老尾赤持其印請于帝曰此舊印也今宜易新者耶
陛下登極將仍用此舊印抑易以新者時耶時請耶奪
質之曰用汝取自聖裁汝乃敢以印為請耶
其印置帝前帝為默然久之既而曰朕亦不能為此

也自是牙老尾赤不復用壬子為河南經略使河南
劉萬戶貪淫暴戾郡中婦嫁必先賂之得所請而後
行咸呼之為翁其黨董主簿尤恃勢為虐強取民女
有色者三十餘人璧至按其罪立斬之盡還民女劉
大驚時天大雪因詣璧捫勞苦且酌酒賀曰經畧下
車誅鋤強猾故雪為瑞應璧曰如董主簿比者尚有
其人俟盡誅之瑞應將大至矣劉屏氣不復敢出語
歸卧病而卒時人以為懼死已未伐宋為江淮荊湖
經略使兵圍鄂州宋賈似道遣使來願請行人以和
璧請行世祖曰汝登城必謹視吾旗動速歸可也

壁登城宋將宋京曰比兵若旋師割江爲界且歲
奉銀絹正兩各二十萬壁曰大軍至濮州時誠有是
請猶或見從今已渡江是言何益賈制置今焉在耶
壁適見世祖旗動廼曰俟他日復議之遂還憲宗崩
世祖即位中統元年拜燕京宣慰使時供給蜀軍府
庫已竭及用兵比邊壁經畫饋運相繼不絕中書省
立授平章政事議加荅剌罕之號力辭不受二年從
製太廟雅樂工黨仲和郭伯達以知音律在選中
比征命還燕以平章政事燕大都督領諸軍是年始
爲造僞鈔者連坐繫獄壁曰太廟雅樂大饗用之聖
上所以昭孝報本也豈可繫及無辜而廢雅樂之成
哉奏請原之三年李璮反益都從親王合必赤討之
璮已擾濟南諸軍乏食壁從濟河得粟及羊丞以饋
軍軍復大振至元元年官制行加榮祿大夫帝欲作
文檄自宋執筆者數人不稱旨乃召壁爲之文成帝大
喜曰惟秀才曲盡我意改樞密副使六年宋守臣有
遣間使約降者帝命壁詣鹿門山都元帥阿朮營密
議命壁同行漢軍都元帥宋將夏貴率兵五萬
饋糧三千艘自武昌沂流入援襄陽時漢水暴漲壁
擾險設伏待之貴果中夜潛上壁策馬出鹿門行二

十餘里賊伏兵奪其五舟大呵曰南船已敗我水軍
宜速進貴懼不敢動旦阿朮至領諸將渡江西追
貴騎兵壁率水軍萬戶解汝楫等追貴舟師遂合戰
於虎尾洲貴大敗走士卒溺死甚衆奪戰艦五十擒
將士三百餘人高麗王植爲其臣林衍所逐帝召壁
還政中書左丞同王議曰高麗哥行東京等路中書省
畏忌擅逐其主衍甲辭臣貢內恃其險故使權臣無所
島有年矣外雖甲辭臣貢內恃其險若朝廷選居江華
事聚兵平壤時衍已死壁與王議曰高麗
歸使復國于古京可以安兵息民策之上者也因遣
使以聞帝從之時同行者分高麗美人壁得三人皆
還之師還還中書右丞冬祀太廟有司失黃幔索得
於神龕竈下甚汗獎帝聞大怒曰大不敬當斬壁
曰法止杖斷流遠其人得不死十年復拜平章政事
十三年卒年五十七大德三年贈大司徒諡忠亮子
二人仁榮同知德府事
崇郊祀署令弘左藏庫提點

翰學直學士大知制誥修國史　長沙翰將制贈吏部尚書制贈吏部郎官修文林文章

敕懵

王磐

王磐字文炳廣平永年人世業農歲得麥萬石王家父禧金末入財佐軍興補進義副尉國兵破永年將屠其城禧復釐家貲以助軍費衆賴以免金人遷汴乃舉家南渡河居汝之魯山磐年方冠從麻九疇學于郾城客居貧甚日作藥一器畫爲朝暮食年二十六權正大四年經義進士第授歸德府錄事判官不赴自是大肆力於經史百氏文辭宏放浩無涯涘及河南被兵磐避難轉入淮襄間宋荆湖制置司素知其名辟爲議事官丙申襄陽兵變乃北歸至洛西會楊惟中東平總管嚴實興學養士迎磐爲師受業者常數百人後多爲名士中統元年即拜益都等路宣撫副使居頃之以疾免李璮素重磐以禮延致之磐亦樂青州風土乃買田洄河之上題其居曰鹿菴有終焉之意及璮謀不軌磐覺之脫身至濟南得驛馬馳去入京師因侍臣以聞世祖即日召見嘉其誠

三七五

〈元史列傳卷四十七〉　一　　薛仲遲

即撫勞甚厚壇擾濟南大軍討之帝命磐叅議行臺事壇平遂矯制妻子至南八平召拜翰林直學士同修國史出爲真定順德等路宣慰使邢水縣達魯花赤忙兀觲爲貪暴不法縣民苦之有趙花其罪既具伏矣訴諸官權要忙忙不爲理又欲反其具獄磐適劾置監司其妻懼無以城口召家人飲酒至醉以利啗之使夜殺磐乃盡殺其父毋妻子清奏置諸法籍其家貲以半給清郡有西域大賈楅貲取息有不時償者輒置獄于家拘繋榜掠其人且恃勢干官府直來坐廳事指麾自若磐大怒叱左右捽

四九九

〈元史列傳卷四十七〉　二　　薛仲遲

下笪之數十時府治寓城上即梯諸城下斃死郡人稱快未樂蝗起真定朝廷遣使者督捕役夫四萬人以爲不足欲牒鄰道助之磐曰四萬人多矣何煩他郡使者怒責磐狀期三日盡捕蝗不爲動親率役夫走田間設方法督捕之三日而蝗盡滅使者議以爲神復入翰林爲學士入謁宰相首言方今害民之吏轉運司爲甚至稅人白骨宜罷去之以蘇民力由是運司遂罷阿合馬諷大臣請合中書尚書兩省爲一拜右丞相安童爲三公陰欲奪其政柄有詔會議磐言合兩省爲一而以右丞相總之竅便不然則宜

仍舊三公皆不預政事則不宜虛設其議遂沮遷太
常少卿乞致仕不允時官闕未建朝儀未立凡遇稱
賀臣庶雜至帳殿前執法者患其諠擾不能禁磐上
疏曰按舊制天子宮門不應入而入者謂之闌入闌
入之罪由第一門至第三門輕重有差宜令宣徽院
籍兩省而下百官姓名各依班序聽通事舍人傳呼
贊引然後進其越次者殿中司糾察定罰不應入而
入者準闌入罪庶歷代朝廷之禮漸可整肅於是始
定曲阜孔子廟代給民百戶以供洒掃復其家至
是尚書省以括戶之故盡收為民磐言林廟戶百家

元史列傳卷四七 三

歲賦鈔不過六百貫僅比一六品官終年俸耳聖朝
疆宇萬里財賦歲億萬計豈受一六品官俸不以待
孔子耶且於府庫所益無多其損國體甚大時論韙
之帝以天下獄囚滋多敕諸路自死罪以下縱遣歸
家期秋八月悉來京師聽決囚如期至帝惻然憐之
盡原其罪他日命詞臣作詔戒喻天下皆不稱旨意
磐獨以縱囚之意命辭帝喜曰此朕所欲言而不能
者卿乃能為朕言之嘉獎不已取酒賜之再乞致仕
不允國子祭酒許衡將告歸帝遣近臣問磐磐言衡
素廉介意其所以求退者得非生員數少坐縻廩祿

有所不安耶宜增益生負使之施教則庶幾人材有
成衡之受祿亦可少安矣詔從之磐移疾家居帝遣
使存問賜以名藥磐堂於會議事之際數言前代
用人二十從政七十致仕所以資其材力閔其衰老
退彼既不自知耻朝廷亦不為非甚不可也至是
養其廉耻之心也今入仕者不限年而老病者不能
以疾請斷月俸毋給自秋及春堅乞致仕帝遣使慰
諭之曰卿年雖老劇務何以辭乞復起時方伐宋惟
身併還所斷月俸不得已復起時方伐宋凡惟惟
謀議有所未決即遣使問之磐所數陳每稱上意帝

元史列傳卷四七 四

將用兵日本問以便宜磐言今方伐宋當用吾全力
麻可一舉取之若復分力東夷恐曠日持久功卒難
成俟宋滅徐圖之未晚也江南既下磐上疏大略言
禁戢軍士選擇官吏賞功罰罪推廣恩信所以撫安
新附銷弭寇盜其言要切皆見施行朝議汰冗官郡
去京師遙遠貪官汙吏侵害小民無所控告惟賴按
近私以按察司不便欲併省之磐奏疏曰各路州郡
察司為之申理若指為冗官一例罷去則小民冤死
而無所訴矣御史臺糾察朝廷百官京畿諸州縣之事
大不然夫御史臺糾察朝廷百官京畿諸州縣尚有弗

及況能周徧外路千百城之事乎若欲併入運司運
司專以管利增課爲職與管民官常分彼此豈服顧
細民之寃抑哉由是按察司得不罷朝廷錄平宋功
遷至宰相執政者二十餘人因議更定官制磐奏疏
曰歷代制度有官品有爵號有職位官爵所以示榮
寵職位所以委事權臣下有功有勞隨其大小酬以
官爵有才有能稱其所堪此人君御下之
術也臣以爲有功者宜加還散官或賜五等爵號如
漢唐封侯之制可也日本小夷海道險遠勝之則不武
有期磐入諫曰日本小夷海道險遠

勝則損威臣以爲勿伐便帝震怒謂非所宜言且曰
此在吾國法言者不赦汝豈有他心而然耶磐對曰
臣赤心爲國故敢以言苟有他心何爲從叛亂之地
冒萬死而來歸乎今臣年已八十況無子嗣他心欲
何爲耶明日帝遣侍臣以溫言慰撫使無憂懼後閱
內府珍玩有碧玉枕因出賜之磐以年老累乞骸
骨丞相和禮霍孫爲言詔名其去石入官賜食慰問良
仍給半俸終身皇太子聞其請進資德大夫致仕
久行之日公卿百官出送麗澤門外搢紳以爲榮磐無
聖安寺公卿百官設宴以餞明日皇太子賜宴

子命其壻著作郎李釋賓爲東平判官以便養每大
臣燕見帝數問磐起居狀始終着顏不衰磐資性剛
方閒居不妄言笑每奏對必以正不肯阿意承順帝
嘗以古直稱之雖權倖側目弗顧弗與阿合馬方得權
致重幣求文于碑磐拒弗與所薦引衛雷膺魏初徐
琰胡祗適孟祺李謙後皆爲名臣年至九十二卒之
夕有大星隕正寢之東贈端雅亮佐治功臣太傅
開府儀同三司追封洛國公諡文忠

王鶚

王鶚字百一曹州東明人魯祖成祖立父琛鶚始生
有大鳥止於庭鄉先生張猷曰鶚也是兒其有大名
乎因名之幼聰悟日誦千餘言長工詞賦金正大元
年中進士第一甲第一人出身授應奉翰林文字六
年授蔡州汝陽令丁母憂天興二年金主遷蔡詔尚
書省移書恒山公武仙進兵金主覽書問誰爲之右
事行歸德府判官行亳州城父令
丞完顏仲德曰前翰林應奉王鶚也曰朕即位時狀
元耶召見惜權用之晚起復授尚書省右司都事陸
左司郎中三年蔡陷將被殺萬戶張柔聞其名救之
之輦歸舘于保州甲辰冬世祖在藩邸訪求遺逸之

士遣使來聘鶚及至使者數革迎勞召對進講孝經書
易及齊家治國之道古今事物之變每夜分乃罷世
祖曰我雖未能即行汝言安知異日不能行之耶歲
餘乞還賜以馬仍命近侍餞于郊
主自縊其奉御絳山焚葬汝水之傍禮為舊君有服
繼命徒居大都賜宅一所嘗因見請曰天兵克蔡金
顧徃徃葬祭世
酒為位而哭庚申世祖即位建元中統首授翰林學
士承旨制誥典章皆所裁定至元元年加資善大夫

元史列傳卷四七　七　徐官興

上奏自古帝王得失興廢所裁定可考者以有史在也我國
家以神武定四方天戈所臨無不臣服者皆出太祖
皇帝廟謨雄斷所致若不乘時紀錄竊恐久而遺亡
宜置局蕪就實錄附修遼金二史又言唐太宗承太祖開創之
天下置弘文館學士十八人宋太宗承太祖開創之
後設內外學士院史冊爛然號稱文治堂堂國朝逐
無英才如唐宋者乎皆從之始立翰林學士院鶚遂
薦李治李昶王磐徐世隆高鳴為學士復奏立十道
提舉學校官有言事者謂宰執非其人認儒臣廷議
可任宰相者時阿合馬巧佞欲乘隙取相位大臣復
助之衆知其非莫敢言鶚奮然捫筆曰吾以衰老之

翰林侍講學士
高鳴
高鳴字雄飛真定人少以文學知名河東元裕上書

元史列傳卷四七　八　徐官興

薦之不報諸王旭烈兀將征西域聞其賢遣使者三
輩召之鳴乃起為王陳西征二十餘策王數稱善即
薦為彰德路總管世祖即位賜誥命金符已而召為
翰林學士兼太常少卿至元五年立御史臺以鳴為
侍御史風紀條章多其裁定尋立四道按察司選任
名士鳴所薦居多其知人天下物色之
樞密事多壅滯言者請置賢官各二人鳴曰官得
人自無滯政臣職在奉憲顧嘩察之母為貪人
也七年議立三省鳴上封事曰臣聞三省設自近古
其法由中書出政移門下議不合則有駁正或封還

記書議合則還移中書中書移尚書尚書乃下六部
郡國方今天下大於古而事益繁取決一省猶曰有
壅況三省乎且多置官者求免失政也但使賢俊萃
于一堂連署參決自免失政豈必別官異坐而後無
失政乎故曰政貴得人不貴多官不如一省死凶必待
深然之議遂罷川陝盜起省臣患之請專殺其尤者
以止盜朝議將從之鳴諫曰制令速止之鳴每以敢
論報所以重用刑惜民生也今從其請是開天下擅
殺之路害仁政甚大世祖曰善令速止之鳴每以敢
言被上知省入內值大風雪帝謂御史大夫塔察兒

元史列傳卷四十七 九 朱大存

曰高學士年老後有大政就問可也賜太官酒肉慰
勞之其見敬禮如此九年遷吏部尚書十一年病
卒年六十六有文集五十卷

李冶

李冶字仁卿真定欒城人登金進士第調高陵簿未
上辟知鈞州事歲壬辰城潰冶微服北渡流落忻崞
間聚書環堵人所不堪治處之裕如也世祖在潛邸
聞其賢遣使召之且曰素聞仁卿學優才贍德不
耀久欲一見其勿他辭既至問河南居官者孰賢對
曰險夷一節惟完顏仲德又問完顏合答及蒲瓦何

如對曰二人將略少任之不疑此金所以亡也又
問魏徵曹彬何如對曰忠言讜論知無不言以唐
諍臣觀之魏徵之徵為第一彬伐江南未嘗妄殺一人儗之
方叔召虎可也漢之韓彭衛霍在所不論又問今之
臣有如魏徵者乎對曰今令儒生欲求魏徵
賢寔難其人又問今之人材賢否對曰天下未嘗乏
材求則得之舍則失之理勢然耳令
王鶚李獻卿蘭光庭趙復郝經王博文軰皆有用之
材又皆賢王所嘗聘問者舉而用之何所不可但恐
用之不盡耳然四海之廣豈止此數子哉王誠能旁

元史列傳卷四十七 十 朱大存

求於外將見集於明廷矣又問天下當何以治之對
曰夫治天下難則難於登天易則易於反掌蓋有法
度則治控名責實則治進君子退小人則治如是而
治天下豈不易於反掌乎無法度則亂有名無實則
亂進小人退君子則亂如是而治天下豈不難於登
天乎且為治之道不過立法度示懲勸令則大官小吏下
上下相維持法度者賞罰正紀綱而已紀綱者
至編氓皆自縱恣以私害公是無法度也有功者未
必得賞有罪者未必被罰甚則有功者或反受辱有
罪者或反獲寵是無法度也法度廢紀綱壞天下不

喪亂已為韋美又問昨地震何如
足地震或為陰有餘夫地道陰也陰太盛則變常令之
地震或姦邪或女謁盛行或讒慝交至或刑罰
失中或征伐驟舉五者必有一于此矣夫天之愛君
如愛其子故示此以警姦邪去女謁屏
讒慝省刑罰慎征討上當天心下愜人意則可轉咎
為休矣世祖嘉納之治晚家元氏買田封龍山下學徒
益衆及世祖即位復聘之欲處以老病懇
求還山至元二年再以學士召就職暮月復以老病
辭去卒于家年八十八所著有敬齋文集四十卷壁

書篆削十二卷泛說四十卷古今難四十卷測圓
海十二卷益古衍疑三十卷

李昶

李昶字士都東平須城人父世弼從外家受孫明復
春秋得其宗旨金貞祐初三赴廷試不第推恩授彰
城簿志壹齋不樂遂復求試一夕夢在李彥牓下及
第閱計偕之士無之時昶年十六已能為程文乃更
其名曰彥興定二年父子廷試昶果以春秋中第二
甲第二人世弼第三甲第三人父子褒貶各異時人
以此向歎而世弼遂不復仕晚乃授東平教授以卒

昶穎悟過人讀書如夙習無故不出戶外鄰里罕識
其面物從父入科場儕輩少之讒議紛紜監試者遠
其次舍伺察甚嚴昶肆筆數千言比午已脫葉釋褐
授徵事郎孟州溫縣丞正大改元超授儒林郎賜緋
魚袋鄭州河陰簿三年召試尚書省掾再調漕運提
舉國兵下河南奉親還鄉里行甚嚴實辟授都事歲
行軍萬戶府知事實卒子忠濟嗣陛昶為經歷居數
歲忠濟急於政事貪安度庫藏空虛百姓匱乏若
年內外裘馬相尚飲宴無度而進昶言於忠濟曰比
猶循習故常恐或生變惟閻下接納正士黜遠小人

去浮華敦朴素損騎從省宴游雖不能救已然之失
尚可以弭未然之禍時朝廷裁抑諸侯法制寖密忠
濟繼侈自若昶以親老求解不許俄以父憂去官杜
門教授一時名士若李謙馬紹具衍革皆出其門歲
已未世祖伐宋次濮州聞昶名召見問治國用兵之
昶上疏論治國則以用賢立法賞罰君道務本清源
為對論用兵則以伐罪救民不嗜殺為對世祖嘉納
之明年世祖即位召至開平訪以國事昶知無不言
眷遇益隆時徵需煩重行中書省科徵稅賦雖通戶
不貸昶移書時相其略曰百姓困於弊政火矣聖上

太平半年之間人漸失里良以渴仰之心太切與除
之政未孚故也側聞欲擾丁巳戶籍科徵租稅比之
見戶或加多十六七止驗見戶應輸猶恐不逮復令
包補逃故必致艱難苟不以撫字安集為心惟事供
億則諸人皆能之豈聖上權賢更化之意哉於是省
府為鹵通戶之賦中統二年春內難平昶上表賀因
進諷諫曰患難所以存儆戒禍亂不有和輯宗親
撫綏將士增修廢政選用百官俊乂以足用寬以養民

《元史列傳卷四七》　十三　朱大韶

安不忘危治不忘亂恒以比征宵旰之勤永為南面
逸豫之戒世祖稱善乆之世祖嘗燕處望見昶輒歛
容曰李秀才至矣其見敬禮如此會嚴忠濟罷以其
弟忠範代之忠範表請昶師事之特授翰林侍講學
士行東平路總管軍民同議官昶條十二事剗除宿
弊至元元年遷轉之制行減併路府州縣官員於是
謝事家居五年起為吏禮部尚書品格式選舉其
文之事多所裁定凡議大政宰相延置上座傾聽其
說六年姦臣阿合馬議陞制國用使司為尚書省昶
請老以歸七年詔授南京路總管薰府尹不赴八年

授山東東西道提刑按察使務持大體不事奇細未
幾致仕二十二年昶年已八十二復遣使徵之以老
疾辭賜田千畝二十六年卒年八十有七昶嘗集春
秋諸家之說折中之曰春秋左氏遺意二十卷早年
讀語孟見先儒之失考訂成編及得朱氏張氏解往
往牴牾合其書遂不復出獨取孟子舊說矛盾者
參考歸一附以已見為孟子權衡遺說五卷

劉肅

劉肅字才卿威州洺水人金興定二年詞賦進士嘗
為尚書省令史時有盜內藏官羅及珠盜不時得連
繫貨珠牙儈及藏吏誣服者十一人刑部議官置極
刑肅執之曰盜無正贓殺之冤金主怒有近侍夜見
肅具道其旨肅曰辨析冤獄我職也惜一已而成十
一人之命可乎明日詣省辨愈力右司郎中張天綱
曰吾為汝具奏辨析之奏入金主悟囚得不死調新
蔡令先時縣賦民不加賦遂殷富瀬淮民有窰入宋境籍
樹畜繁者不加賦民遂殷富瀬淮民有窰入宋境籍
為兵而優其粮間有歸者頗艱於衣食時出怨言曰
不如渡淮告者以謀叛論肅曰淮限宋境一水耳果
欲叛不難往也口雖言而心無實準律當杖八十奏

《元史列傳卷四七》　古　朱大韶

可繼擢戶部主事金亡

司貞外郎又改行軍萬戶府經歷東平歲賦絲

輸綿十萬兩色絹萬匹民不能堪賛奏罷之其

子世祖潛邸以蕭賛為邢州安撫使蕭賛興鐵冶及行

楮幣公私賴為中統元年擢真定宣撫使時中統新

鈔行罷鈔銀不用真定宣撫交通于外者凡八千

餘貫公私覽然莫知所措蕭建三策一曰仍用舊鈔

曹典憲多所議定未樂蕭商議中書省事三年致仕

二曰新舊兼用三曰官以新如數易舊鈔從

其第三策遂降鈔五十萬貫以左三部尚書官

家易說曰讀易備忘後累贈推忠贊治功臣榮祿大

夫上柱國大司徒邢國公諡文獻子憲禮部侍郎懋

大名路總管孫賡翰林學士承旨

王思廉

王思廉字仲常真定獲鹿人幼師太原元好問既冠

張德耀宣撫河東辟掌書記復謝歸至元十年董文

忠之世祖問文忠曰汝何由知王思廉賢對曰鄉

人之善者稱之也遂召見授符寶局掌書十三年姚

樞舉為昭文館待制遷奉訓大夫符寶局直長十四年

改翰林待制尋進讀通鑑至唐太宗有殺魏徵語及

長孫皇后進諫事帝命內官引至皇后閤講衍其說

后曰是誠有益於宸衷爾宜進講慎勿以瀆

辭煩上聽也每侍讀帝常衣爾宜進講慎勿以瀆

師月赤察兒御史中丞撒里蠻翰林學士承旨撤立

察等咸聽受焉帝延春閣大賚群臣曰思廉儒為

列以進思廉偶在衛士之列帝責董文忠曰思廉儒

臣豈宜列衛士十八年進中順大夫典瑞少監十九

年帝牽白海時千戶王著矯殺奸臣阿合馬於大都

辭連樞密副使張易帝召思廉至行殿屏左右問曰

張易及若知之乎對曰未詳也帝曰及已及何未

詳也思廉徐奏曰僭號改元謂之友亡入他國謂之

叛群聚山林賊害民物謂之亂張易之事臣實不能

詳也帝曰朕自即位以來如李璮之不臣豈以我若

漢高帝趙太祖邊陲帝位者有問於朕曰陛下神聖天

縱前代之君盖心口不相違故不思而得朕今有問汝

其應如響蓋心口不思而得朕今有問汝

能然乎且張易所為張仲謙知之否思廉即對曰仲

謙不知帝曰何以明之對曰二人不相安臣故知其

不知也二十年陞太監思廉以儒素進帝卷注優渥

嘗疾賜御藥顧問安否屨失所乘
足盜竊所賜御帶賜之裕馬給內廄馬五
進曰殿下府中宜建學官俾左右近侍嘗親正學必
能裨輔明德裕宗嘗欲買甲第賜思廉思
廉固辭二十三年改嘉議大夫同知大都留守段貞兼少
府監事藩王乃頗叛帝親征思廉間謂留守段貞曰
藩王友側地大故也漢嚚錯削地之策實為良圖盍
以思廉對帝嘉之二十九年遷正議大夫樞密院判
官大德元年成宗即位還中奉大夫翰林學士仍樞
密院判官以病歸三年起為工部尚書拜征東行省
參知政事七年總管大名路八年召為集賢學士十
一年授正奉大夫太子賓客仁宗即位以翰林學士
承旨資善大夫致仕延祐七年卒年八十三贈翰林
學士承旨資德大夫河南江北等處行中書省右丞
上護軍追封恒山郡公諡文恭

李謙

李謙字受益郢之東阿人祖元以醫著名父唐佐性
恬退不喜仕進謙幼有成人風始就學日記數十言
為賦有聲與徐世隆孟祺閻復齊名而謙為首為東

平府教授生徒四集累官萬戶府經歷復教授東平
先時教授無俸郡歙儒戶銀百兩備束脩謙辭曰
奉非甚貧者豈可斂貲以自殖乎家
謙名聞召為應奉翰林文字一時制誥多出其手至
元十五年陞待制尋偶至上都賜以銀壺藤枕十八
年陞直學士親曰崇儉裕宗崩世祖又命傳成宗
文曰定律曰睦親曰崇儉曰燮諫曰戢兵曰親賢曰尚
於潛邸所至以謙自隨轉待讀學士元貞初
嘗賜坐便殿飲飲群臣酒世祖曰聞卿不飲然能為朕

強飲乎因賜蒲萄酒一鍾曰此極醉人恐汝不勝即
令三近侍扶掖使出二十六年以足疾辭歸三十一
年成宗即位驛召至上都既見勞曰朕知卿有疾然
京師去家不遠且多良醫能愈疾卿當與謀國政餘
不以勞卿也陞學士元貞初引疾還家大德六年召
為翰林承旨仁宗以年七十一乞致仕九年又召至大元
年給半俸仁宗為皇太子微為太子少傅謙皆力辭
仁宗即位召十六人謙居其首乃力疾見帝于行在
疏言九事其署曰正心術以正百官崇孝治以先天
下選賢能以居輔相之位廣視聽以通上下之情恤

資之以重邦家之本課農桑以豐衣食之源興學校
以廣人材之路頒律令使民不犯練士卒居安慮危
至於振肅紀綱紏察內外臺憲之官尤當選素著清
望深明治體不事苛細者爲之帝嘉納焉遷集賢大
學士榮祿大夫致仕加賜銀一百五十兩金織幣及
帛各三匹歸卒于家年七十九謚文章醇厚有古風
不尚浮巧學者宗之號野齋先生子偁官至大名路
總管

徐世隆

徐世隆字威卿陳州西華人弱冠登金正大四年進
士第辟爲縣令其父戒世隆曰汝年少學未至毋急
仕進更當讀書多識往事以益智識侯三十入官未
晚也世隆遂辭官益篤于學歲壬辰父歿癸巳世隆
奉母比渡河巖實招致東平幕府俾掌書記世隆勤
實牧養寒素一時名士多歸之憲宗即位以爲拘權
燕京路課稅官世隆固辭壬子世祖在潛邸召見于
日月山時方圖征雲南以問世隆對曰孟子有言不
嗜殺人者能一之夫君人者不嗜殺人天下可定況
蕞爾之西南夷乎世祖曰誠如卿言吾事濟矣時
得金太常登歌樂世祖遣使取之觀世隆典傾以行

既見世祖欲留之世隆以母老辭寶子忠濟以世隆
爲東平行臺經歷於是益贊忠濟興學養士中統元
年擢燕京等路宣撫使世隆以新民善俗爲務中書
省檄諸路養禁衛之芻馬數以萬計鰍秝與其什器
前期戒備世隆曰國馬牧於北方往年無飼於南者
弗爲備焉果不至清滄鹽課前政虧不及頓世隆綜覈
上新臨天下徵根本地煩擾之事必不爲也馬將
不來吏白此軍需也其責勿輕黜當我坐遂
之得增羨若干賜銀三十鋌二年移治順天歲饑世
隆發廩貸之全活甚衆三年宣撫司罷世隆還東平

請增宮縣大樂文武二舞令舊工教習以備大祀制
可除世隆太常卿以掌之薦提舉本路學校事四年
世祖問堯舜禹湯爲君之道世隆取所載帝王事
以對帝喜曰汝爲朕直解進讀我將聽之書成命
翰林承旨安藏譯寫以進至元元年遷翰林侍講學
士兼太常卿朝廷大政諮訪而後行詔命典冊多出
其手世隆奏陛下中國當行中國事事之大者首
惟祭祀祭必有廟因以圖上乞勅有司以時興建從
之踰年而廟成遂迎祖宗神御奉安太室而大饗禮
成帝悅賞賜優渥俄薰戶部侍郎承詔議立三省遂

定內外官制上之時朝儀未立世隆奏曰今四海一
家舊國會同朝廷之禮不可不肅宜定百官朝會儀
從之七年遷吏部尚書世隆以銓選無可守之法爲
撰選曹八議九年乞補外佩虎符爲東昌路總管至
郡專務以德率下不事鞭箠吏不忍欺民亦化服基
年而政成郡人頌之十四年起爲山東提刑按察使
時有妖言獄所逮捕凡數百人世隆剖析誅誤者
十八九惡從遣之十五年移淮東宋將許瓊家童告
瓊匿官庫財有司繫其妻孥徵之世隆曰瓊所匿者
故宋之物豈得與令盜官財者同論耶同僚不從世

《元史列傳卷四七》　廿一　卌七

隆獨抗章辯明行臺是之釋不問會征日本世隆上
疏諫止語頗剴切當路者不即以聞已而帝意悟其
事亦寢十七年召爲翰林學士又召爲集賢學士皆
以疾辭世隆儀觀甚偉梧桲度宏博慈祥樂易人忤之
無慍色喜賓客樂施與明習前代典故尤精律令著
決疑獄二十二年安童再入相奏便宜九事賜田十頃時
遣使召之仍以老病辭附泰世隆雖老尚可用時
年八十卒所著有瀛洲集百卷文集若干卷

孟祺

孟祺字德卿宿州符離人世以財雄卿里父仁業儒

有節行壬辰北渡寓漳州魚臺州帥石天祿禮之辟
領議府事祺幼敏悟善騎射早知問學侍父從居
東平時嚴實開學校招生徒立考試法祺就試登上
選辟掌書記廉希憲宋子貞皆器遇之以聞于朝擢
國史院編修官遷從仕郎應奉翰林文字薦太常博
士一時典冊多出其手至元七年丞相伯
旨授承事郎山東東西道勸農副使十二年丞相伯
顏將兵代宋詔選宿里博學可替畫大計者與俱行
遂授祺承直郎行省諮議父之遷卽中伯顏雅信任
之時軍書填塞祺酬應剖決略無滯師駐建康伯

《元史列傳卷四七》　廿一

顏以兵事詣闕政無大小祺與執政並裁決之及戰
焦山宋軍下沅祺曰不若乘勢速進以奪彼氣如其
言逆大破之伯顏之喜曰不意書生乃能知兵若
是諸將利虜掠爭趨臨安伯顏問計祺對曰宋人之計
惟有竊闞爾若以兵迫之彼必速逃正合吾意乃草
三百年之積焚蕩無遺矣莫若以計安之令彼不懼
正如取果稍待時日耳顏言正合吾意乃草
書遣人至臨安以安慰之宋乃不復議遷闞先是宋
降表稱姪稱皇帝屢拒不納祺自請爲使徵降表至
則會于三省夜三鼓議未決祺正色曰國勢至

此夫復何待遂定議書成宋謝太后批用寶携之

以出復起謝太后於內殿取國璽十二枚出伯顏將

親封之祺止之曰管鑰自有主者非所宜親一有不

謹奏興祺前後功多且言祺可任重有旨襃陞少中

大夫嘉興路總管佩虎符祺至首以興學為務創立

規制在官未久竟以疾解官歸東平至元十八年擢

太中大夫淛東海右道提刑按察使疾不赴辛年五

十一贈忠宣安遠功臣中奉大夫參知政事護軍會

郡公謚文襄子二人遵遹

閻復

閻復字子靖其先平陽和州人祖衎仕金殁王事父

忠遊兵山東之高唐遂家焉復始生有奇光照室性

簡重美丰儀七歲讀書穎悟絕人弱冠入東平學師

事名儒康曄時嚴實領東平行臺招諸生肄進士業

迎元好問校試其文預選者四人復為首徐琰李謙

孟祺次之歲已未始掌書記於行臺擢御史掾至元

八年用王磐薦為翰林應奉以才選充會同館副使

蕭㮊伴使奄駕上京賦應制詩二篇寫規諷意世祖

顧和禮霍孫曰有才如此何可不用十二年陞翰林

修撰十四年出僉河北河南道提刑按察司事階奉

訓大夫十六年入為翰林直學士以州郡校官多不

職建議定銓選之法十九年陞侍講學士明年改集

賢侍講學士同領會同館事二十三年陞翰林學士

帝屢召至榻前面諭以進帝稱善二十八

年尚書省罷復立中書省帝勵圖治急於擇相一

日召入便殿諭之曰朕欲命卿執政何如復屢謝不

足勝任帝謂侍臣曰書生識義理存謙讓是也勿強

御史臺改提刑按察司為肅政廉訪司首命復為浙

西道肅政廉訪使先是姦臣桑哥當國嘗有旨命翰

林撰桑哥輔政碑桑哥既敗詔有司踣其碑復奏亦

坐是免官三十一年成宗即位以舊臣召入朝賜重

錦玉環白金除集賢學士階正議大夫元貞元年上

疏言京師宜首建宣聖廟學定用釋奠雅樂從之又

孔林灑掃二十八戶昨有司併入民籍復之其後詔賜

言曲阜守塚戶

因星變又上疏言定律今頒封贈增俸給通調內外

官且曰古者刑不上大夫今郡守以徵租受杖非所

以屬廉隅江南公田祖重宜減以貸貧民後多采用

大德元年仍遷翰林學士二年詔賜楮幣萬貫四年

帝召至榻前密諭之曰中書庶務繁重左相難其人
卿為朕舉所知復以哈剌哈孫對帝大喜即遣使召
入相之復亦拜翰林學士承旨階正奉大夫十一年
春武宗踐祚復首陳三事曰惜名器明賞罰擇人材
言皆劉切未幾進階榮祿大夫遷授平章政事餘如
故復力辭不許上疏乞骸骨詔從其請給半俸終養
時仁宗居東宮賜以重錦俾公卿祖道都門外及即
位遣使召復復以病辭皇慶元年三月卒年七十七
諡文康有靖軒集五十卷

列傳卷第四十七

翰林學士承旨知制誥兼脩國史臣宋濂　翰林侍講學士中奉大夫知制誥同知制誥兼國院編脩官臣王禕等奉
敕脩

楊大淵 文安附

楊大淵天水人也與兄大全弟大楫皆仕宋大楫為總軍總管從諸王攻禮義城已未冬拜大淵侍郎都行其兵從招降達廣安諸郡進攻釣魚山擢大楫為管以淵懼遂以城降憲宗命誅之汪田哥諫止乃免命以臣王仲入招大淵殺之憲宗怒督諸軍力攻大兵守閬州歲戊午憲宗兵至閬州之大獲城遣宋降省悉以閫外之寄委之世祖中統元年詔諭大淵曰尚鷹忠貞之節其成康義之功大淵拜命踴躍即遣兵進攻禮義城掠其饋運獲總管黃文才路鈐高坦之以歸二年秋調兵出通川與宋將鮮恭戰獲統制白繼源秦蜀行省以大淵及青居山征南都元帥寨麾下將校六十三人有功言于朝詔給虎符一金符五銀符五十七令論功定官以名聞三年春世祖命出開達與宋兵戰于平田復戰于巴渠擒其姪文范爕統制魏興路分黃迪節幹陳子潤等先是大淵建言謂取吳必先取蜀取蜀必先撫夔乃遣其姪文

安攻宋巴渠至萬安寨守將盧埴降復使文安相夔達要衝宋路蟠龍山山四面巖阻可以進攻退守城未畢宋兵變路提刑鄭子發曰蟠龍變之咽喉使文安悉之則變難守矣此必爭之地也遂率兵來爭文安力備禦大淵聞有宋兵即遣姪安撫使文仲將兵往援宋兵宵遁追敗之秋七月詔以大淵麾下將士有功賜金符十銀符十九別給海青符二俾事丞則馳以聞其後賞合州之功復賜白金五十兩大淵欲於利州大安軍元帥俾與征南都元帥欽察同署事大淵拜東川都元帥俾與征南都元帥欽察同署事大淵還復於渠江濱築虎嘯城以逼宋大良城不踰時而就四年宋賈似道遣楊琳賫空名告身及蠟書金幣誘大淵南歸文安擒之以聞詔誅琳五月世祖以大淵及張大悅復神山功詔獎諭仍賜蒙古漢軍鈔百錠至元元年大淵進花羅紅邊綃各百五十段詔曰所貢幣帛已見忠勤卿守邊陲宜加優恤今後以此自給俟有旨乃進既而大淵擅殺其部將王仲詔戒勑之令免籍入家冬十月大淵遣其郡守向良及官吏間道運糧入得漢城并欲遷其郡守向良及官吏屬於內地乃自率軍掩襲遇之于椒坪連戰三日擒

祁昌向良弼俘輜重以數千計明日宋都統張思
廣引兵來援復大破之擒其將盛總管及祁昌之弟
二年大淵遣文安以向良弼家人徃招得漢城未下
四月大淵以疾卒八年追封大淵閬中郡公謚蕭翼
子文黎襲為閬蓬廣安順慶等府路都元帥兄子

文安

戊午憲宗以兵攻大獲大淵以郡降授侍郎都行省
文安字泰叔父大全仕宋守叙州壬寅國兵入蜀大
全戰死贈武節大夫眉州防禦使謚愍忠官其長子
文仲文安方二歲母劉氏鞠之依叔父大淵于閬州
文仲亦授安撫使中統元年授文安監軍攻禮義城
殺傷甚眾奪其粮船統出通川獲宋將黃文才高垣
之二年復出通川與宋將鮮恭大戰擒統制白繼源
三年出開達戰屢勝擒知軍范瓚統制魏興黃迪陳
子閒等授文安開達忠萬梁山等處招討使軍於巴
渠萬安泰主盧植降遂築蟠龍城以據夔要路宋
兵來爭相持半月文仲以兵來援宋宵遁文安追
擊大敗之四年佩銀符陞千戶監軍如故進築虎嘯
城以困大良至元元年宋都統張喜引兵攻蟠龍大
戰敗之喜潛師宵遁出得漢城文安遣兵追襲又敗

之擒裨將陳亮復築蟠龍聲援令裨將高
先守之宋兵攻潼川行省命文安赴援敗宋師于射
洪之納埧斬獲甚眾都統祁昌以重兵運糧餉得
漢且遷其官屬於內地大淵命文安先邀之昌立柵
椒原以守合兵攻之連戰三日獲祁昌俘得漢守臣
向良家屬以招良以城降以所俘獻閬下二年改
授金符仍前職還攻宋開達等州擒其統制張剛總
管伏林八月宋兵由開州運糧達文安卒奇兵間
道邀擊之獲總管方富等行省上其功命充夔東路
征行元帥令以前後所俘入見詔賜黃金鞍馬有差

還攻奪宋金州斷虎隘殺其將梁富擒路鈐趙貴等
三年春與千戶李吉等略開州之大通與宋將硬弓
張大戰獲統制陳德等冬總帥汪惟正遣其將李木
波等由間道襲開州文安遣千戶王福引兵助之福
先登破其城宋將龐彥海投崖死擒副將劉安留
兵戍其地宋諸路兵來救圍城三匝築壘城外文安
密遣人入城諭以堅守四年春行省命文安往援即
率兵斷其粮道宋兵戰甚力飛矢中文安面拔矢力
戰大破之殺其將張德等二月文安以創甚還蟠龍
宋兵遂復開州文安乃遣總把馬才楊彪掠達州盧

灘峽與宋兵遇擒其將蒲德五年文仲卒詔文安
佩金虎符充闕州愛東路安撫使軍民元帥仍相副
都元帥府事闕州累遭兵燹戶口凋耗文安乃教以
耕桑鰥寡不能自存願相配偶者併為一戶充役民
始復業冬遣千戶馬才張琪略達州擒宋將范伸王
德鮮明等六年遣千戶蔡邦光李吉秫求興略達州
師鄭市擒總管周德新裨將王還略達州擒宋將之朱
達州之泥壩擒總管張威冬遣兵掠大寧之曲水擒
副將王仁七年從嚴僉省攻重慶大戰于龍坎敗宋
兵攻鏵鐵寨擒其將表宜何世賢等捷聞詔賜白金

元史列傳卷四十八　五　李明達

寶鈔幣帛有差秋攻達州之聖耳城擒宋將楊晉時
仲苃其禾而還又遣元帥蔡邦光略開州擒宋將陳
俊冬文縶入見帝諭之曰汝兄弟宣力邊陲朕所知
也進文安階爲明威將軍八年春遣蔡邦光攻達州
戰于聖耳城下擒其將蒲桂又戰開州之沙平擒其
將王順時宋以朱祺孫帥蜀祺孫間人也數遣間諜
動搖人心文安屢獲其謀閬州竟無虞秋八月文安
戰于平嫩曲水擒總管王道等軍還以所
會東川統軍匣剌攻達州三戰三捷尋遣千戶秫求
興攻開州水擒總管王道等軍還以所
俘入見帝深加獎諭權昭勇大將軍東川路征南招

討使賜金銀寶鈔鞍馬弓矢幣帛有差九年秋領軍
出小寧措置屯田遣韓福攻達州九君山擒宋將張
俊遣秫求興略達州兵邀宋師于求睦戰勝之
復遣元帥蔡邦兒會蓬州兵破聖耳外城
覆寨主楊桂縱兵焚掠而還九月築金湯城以積屯
田之糧且以逼宋城應宋兵必來爭遣韓福出
蔡雲龍等出達州道兵于牛門斷宋兵圍耳山敗出
兵宋兵輸糧達州道兵于盧灘峽邀擊之擒統制孫
聰張順等夏遣元帥李吉略開州戰于瀉油坡擒其

元史列傳卷四十八　六　李明達

提舉李賞及石笋寨主雍德宋兵復由羅頂山輸糧
開達道蔡邦光李吉伏兵遮之擒裨將吳金等覆其
糧船閏十月蓬州兵攻龍爪城東川統軍司命文
安薰領之時蓬州兵已去宋都統趙章復來援之旦
出兵迎敵文安與戰破之擒總管王元而還秋宋都
統閫國寶監軍張應庚運糧于達州擒二將宋開州守將鮮汝忠邀遠歸之
路與戰敗之獲其糧弃擒二將宋開州守將鮮汝忠邀遠歸之
油坡奪其糧弃擒二將宋開州守將鮮汝忠邀
文安率軍屯小寧得俘者言鮮汝忠等將取蟠龍之
麥即遣千戶王新德楊彪等散掠宋境文安自成蟠

龍以備之李吉略由山戰于城下擒其將葉勝遺蔡
邦光楊飛掠竹山寨與趙統制戰擒其將鄭桂莊俊
秋與蒙古漢軍萬户守攻宋夔東抜高陽夔
巫等寨擒守將嚴賁實世忠趙興因跨江為橋以斷
州而汝忠家屬尚留開文安曰達未易攻若先抜開
州俘其家屬以招汝忠則達可不煩兵而下矣乃遺
宋兵往來之路宋兵來爭戰却之還攻牛頭山以火
箭焚其官舍民居十一月遺蔡邦光略之還攻九君山擒其
將孫德柳榮趙威時宋以解汝忠趙童開達二
蔡邦光率千户呼延順等往攻開州而盛兵駐蟠龍

以為聲援十二年正月諸軍夜銜枚薄開州城下遺
死士先登斬關以入及城中人知則千户景疇已立
旗幟于城之絶頂矣宋軍潰散擒趙章而守將韓明
父子猶率所部兵巷戰力屈亦就擒文安還遺汝忠
屬于蟠龍遺元帥王師能持檄往達州招之曰降則
家屬得全不降則閩城塗炭汝宜早為計汝忠率所部將
士詣文安軍門降悉還其兵入據其城汝忠率其妻孥財物趙章子桂楫守
趙榮來約降王師獨洋州龍爪城守將謝益固
師姑文遺兵招之亦降制王慶益棄城走於是遺元帥李
守併力攻之擒統制王慶益棄城走

吉崧求興千户王新德等將兵以解汝忠往招由山
等處八城皆望風迎降凱還遺經歷陳德勝以解汝
忠趙桂楫等十餘人獻捷京師帝悅加授文安驃騎
衛上將軍燕宣撫使賜鈔一千錠文蔡加授鎮國上
將軍文安尋遺其兄子應之往招都勝茂竹廣福三
城自將大軍以為聲援世將表世安堅守文安焚
其外城蒲滔川降進攻梁山宋將固力攻之殺守將王
智擒部轄景福圍梁山四十日世安隨方備禦竟不
降文安乃移兵攻萬州之牛頭城殺守將何威還其

民進圍萬州守將上官蘷戰守甚力文安乃遺監軍
楊應之鎮撫彭壽會東川行院兵出小江口以牽
制援兵果與之遇戰敗之擒總管李皐花茂實等萬
州固守不下文安乃解圍去攻石城堡諭降守將譚
汝和攻難冠城諭降守將杜賦又招石馬鐵平張起壤
三聖油木年家下臨等城冬進白帝城蘷師復據開州
堅守不出文安以師老乃還宋都統弋德復擄開州紀
文安乃築城神仙山以逼之令元帥蔡邦光萬户
天英屯守十三年進階金吾衛上將軍賜玉帶一夏
朝廷遺安西王相李德輝經畫東川課程宋梁山守

將衰世安遣使約降文安以白德輝德輝大喜即遣
文安將兵奉王旨往招之世安遂降秋七月進軍攻
萬州遣經歷徐政諭守臣夔降夔不從圍之數
迎蹕破之盡殺其舟師俘其將宋明萬州奪氣文安
復傳王旨諭夔使降夔終不屈文安盡銳攻城潛遣
勇士樵城宵登斬關而入夔巷戰而死萬州既定遂
使招統制薛忠會大雪拱辰降分兵略地何民
州擒統制薛忠會大雪拱辰攻咸淳府時宋以六郡鎮撫

元史列傳卷四十八　九

奪其城十四年夏進兵攻咸淳府時宋以六郡鎮撫
使馬堅為守文安與堅同里開諭之使降堅不從乃
列柵攻城冬十二月潛遣勇士躡雲梯宵登斬關納
外兵堅悉力巷戰達州安撫使鮮汝忠與宋兵力戰
死比曉宋兵大敗堅力屈就擒十五年進兵攻紹慶
守將鮮龍迎敵二月潛遣勇士夜以樵衝攻破其北
門鮮龍大驚收散卒力戰敗就擒蜀境已定獨夔
堅守不下朝廷命舟師與張起巖竟以城降夔乃入
夔州而西川劉僉院挾夔守將親屬往招之文安乃
遣元帥王師能將舟師與俱張起巖竟以城邑
觀文安以所得城邑繪圖以獻帝勞之曰汝攻城略

地之功何若是多也擢四川南道宣慰使解白貂裘
以賜之十七年遣辯士王介諭降散毛諸洞蠻以散
毛兩子入覲因進言曰元帥蔡邦光昔征散毛蠻而
死可念也帝曰散毛既降而殺之其何以懷遠乃擢
蔡邦光之子陞為管軍總管佩虎符賜散毛兩子民
銀符各一并賜勇士金虎符遷授文安參知政
事行四川南道宣慰使十九年春入覲擢龍虎衛上
將軍中書左丞行江西省事到官蹕月以疾卒子民
之襲佩虎符昭勇大將軍管軍萬戶歷湖南宣慰副
使岳州路總管卒

元史列傳卷四十八　十

劉整

劉整字武仲先世京兆樊川人徙鄧州穰城整沉毅
有智謀善騎射金亂入宋隸荊湖制置使孟珙麾下
珙攻金信陽整為前鋒夜縱驍勇十二人渡塹登城
襲擒其守還報珙大驚以為唐李存孝率十八騎拔
洛陽今整所將更寡而取信陽乃書其旗曰賽存孝
果遷潼川十五軍州安撫使知瀘州軍州事整以比
方人扞西邊有功南方諸將皆出其下呂文德忌之
所畫策輒擯沮有功輒掩而不白以俞興與整有隙
使之制置四川以圖整興以軍事召整不行遂誣搆

之整遣使訴臨安又不得達及向士璧曹世雄二將
見殺整益危不自保乃謀款附中統二年夏整籍瀘
州十五郡戶三十萬入附世祖嘉其來授婆府行省
燕安撫使賜金虎符仍賜金銀符分士卒激使之有
功者俞興攻瀘州整出寶器分賜將校之有
益屯兵厚儲積為圖宋計三年入朝授行中書省於
合敗之復遣使以宋所賜金字牙符及佩印入獻請
成都潼川兩路賜銀萬兩分給軍士之失業者仍燕
都元帥立寨諸山以拒宋女同列媢整功謀陷之
整懼請分帥潼川七月改潼川都元帥宣課茶鹽以
餉軍四年五月宋安撫高達溫和進逼成都整馳援
之宋兵聞賽存孝至遁去將擒潼川又與整遇于錦
江而敗至元三年六月遷昭武大將軍南京路宣撫
使四年十一月入朝進言宋主弱臣悖立國一隅今
天啟一之機臣願效犬馬勞先攻襄陽撤其扞蔽
廷議沮之整又曰自古帝王非四海一家不為正統
世祖有天下十七八何置一隅不問而自棄正統邪
聖朝曰朕意決矣五年七月遷鎮國上將軍都元帥
九月偕都元帥阿术督諸軍圍襄陽城鹿門堡及白
河口為攻取計率兵五萬鈔略沿江諸郡皆嬰城避

其銳俘人民八萬六千六月擒都統唐末堅七年三
月築實心臺于漢水中流上置弩砲下為石圍五以
拒敵船且與阿术計曰我精兵突騎所當者破惟水
戰不如宋耳奪彼所長造船五千艘日練水軍雖未
驛以聞制可旣還造船之得練卒七萬八月復築外圍
出亦畫地為船而習之得練卒七萬八月復築外圍
以過敵援八年五月宋帥范文虎遣都統張順張貴
駕輪船饋襄陽衣甲以過敵援八年五月宋帥范
祭知河南行中書省事九月三月加諸翼漢軍都元
帥襄陽帥呂文煥登城觀敵整躍馬前曰君昧於天
命害及生靈豈仁者之事而又齟齬不能戰取羞於
勇者請與君決勝負文煥不荅伏弩中整三月破樊
城外郭斬首二千級擒裨將十六人謀知文煥將遣
張貴出城求援乃分部戰艦縛草如牛狀傍漢水綿
亙於錯衆莫測所用九月貴果夜出乘輪船順流下
走軍士覘知之傍岸藝草牛如晝整與阿术庵戰艦
轉戰五十里擒貴于柜門關餘衆盡殺之十一月詔
統水軍四萬戶宋荊湖制置李庭芝以金印牙符授
整漢軍都元帥盧龍軍節度使封燕郡王為書使求
寧僧持送整所期以間整求寧令得之驛以聞于朝

教張易姚樞間適整至自軍言宋怒臣畫策攻襄
陽故設此以殺臣臣實不知詔令整復書諭整受命
以來惟知督厲戎兵舉亡孤城耳宋若果以生靈
為念當重遣信使請命朝廷釋樊唇齒也宜先攻樊城樊
時圍襄陽巳五年整計樊城破則襄陽破
城人以柵蔽城斬木列置江中貫以鐵索整言於丞
相伯顏令善水者斷木況索督戰艦趨城下以回回
砲擊之而焚其柵十年正月遂破樊城屠之遣唐永
堅入襄陽諭呂文煥乃以城降上功賜整田宅金幣
良馬整入朝奏曰襄陽破則臨安摧矣若將所練水

元史列傳卷四十八

軍乘勝驅長江必皆非宋所有遂改行淮西樞密
院事駐正陽夾淮而城南通江斷其東西衝十一年
陞驃騎衛上將軍行中書左丞宋夏貴悉水軍來攻
破之于大人洲十二年正月詔整別將兵出淮南整
欲渡江首將止之不果行丞相伯顏入鄂捷至整
失聲曰首帥止我顧使我成功後人善作者不必善
成果然其夕憤恍而卒年六十三贈龍虎衛上將軍
中書右丞諡武敏子垣嘗從父戰敗督萬壽于通泉
堠管軍萬戶均權茶提舉坟都元帥孫九人克仁知

房州

列傳卷第四十八

李忽蘭吉

李忽蘭吉一名庭玉隴西人父節仕金歲乙未自軍
昌石門山從汪世顯以城降忽蘭吉隸皇子闊端為
質子從攻西川辛丑以功為管軍總領兼總帥府知
事從征西番南澗有功癸丑世祖在潛邸用汪德臣
言承制命忽蘭吉佩銀符為管軍千戶都總領佐汪
惟正立利州乙卯正月將兵三萬取合江大獲山宋

《元史列傳卷四十九》一　陳

劉都統率眾謀焚利州沙市次青山忽蘭吉以伏兵
取之俘獲甚眾都元帥阿答忽以聞隉本帥府經歷
兼軍民都彈壓丙辰憲宗更賜金符仍命為千戶都
總領戊午忽蘭吉以兵先趣鐵門覘伺宋兵運糧於
長寧追至運曲壩奪之俘有功校五人而還憲宗南征
忽蘭吉掌橋道饋餉之事有功賜璽書從攻苦竹隘
山寨先登斬守將楊立獲都統張寔招降長寧居民
大獲山運山龍州等寨十一月大獲山守臣楊大淵
納欵已而逃歸憲宗怒將屠其城眾不知所為德臣
諭忽蘭吉曰大淵之去事頗難測巫追之迺單騎至

城下門未閉大呼入城曰皇帝使我來撫汝軍民一
卒引入甲士環立忽蘭吉下馬執大淵手謂之曰上方
宣諭賜賞不待而來何也大淵曰誠不知國朝禮體
且久出惡城寨有他變是以丞歸非敢有異謀也遂
與偕來一軍皆喜忽蘭吉入奏憲宗曰汝安撫反乎
對曰無也憲宗曰汝何以知之對曰軍馬整肅防內
亂也城門不閉無他心也一聞臣言即撫綏軍民從
臣以出以是知之憲宗曰汝不懼乎對曰臣恐上勞
聖慮下苦諸軍又為一郡生靈命脈所寄故不知其
懼憲宗悅賜蒲萄酒大淵遂以故官侍郎都元帥聽

《元史列傳卷四十九》二　孟

命而民得生全憲宗命忽蘭吉與怯里馬哥領戰船
二百艘掠釣魚山奪其糧船四百艘憲宗次釣魚山
忽蘭吉作浮梁以通徃來己未與怯里馬哥扎胡打
魯都赤闊闊木領蒙古漢軍二十五百略重慶六月
總帥汪德臣沒于軍命忽蘭吉以其軍殿後宋兵水
陸盡夜接戰皆敗之部軍命忽蘭吉以其軍殿後宋王
蒲察都元帥守青居城壁儲芻糧招納降附宗王
穆哥承制命忽蘭吉佩金符為鞏昌元帥中統元年
德臣子惟正襲總帥至青居五月忽蘭吉等赴上都
時渾都海擾六盤山以叛世祖遣忽蘭吉還與汪

良臣發所統二十四州兵追襲之十月從宗王哈必
赤等次合納忽石溫之地力戰殺渾都海等於陣餘
黨悉平二年六月以功授鞏昌後元帥賜金幣鞍馬
弓矢九月火都叛於西番黑西嶺汪惟正帥師襲之
至怯里馬之地火都以五百人遁入西番詔宗王只
必鐵木兒以苔剌海察吉速木赤將蒙古軍二千
忽蘭吉將總帥軍一千追襲火都于西番十月擒之
四年首將苔剌海言忽蘭吉功高詔賜虎符忽蘭吉
不受聞其故對曰臣聞國制將萬軍者佩虎符若汪
氏將萬軍已佩之臣何可復佩帝是其言命於總帥

《元史列傳卷四十九》 三

汪惟正下充鞏昌路元帥所屬官悉聽節制六月苔
機叛於西番帝命好里燕納與惟正追之松州忽蘭
吉以千騎先牲執苔機至元元年入覲命與同僉總
帥汪良臣還蜀守青居是時國兵猶與宋兵相持于
釣魚山三年宋兵陷大梁平山寨平章賽典赤令忽
蘭吉領兵千餘騎掠其境先以七百人覘之聞寨中
吉以幼西去追擊之斬首三百級得馬二百八十都
擁老幼西去追擊之斬首三百級得馬二百八十都
元帥欽察等家屬百餘口先為宋兵所得亦奪還之
四年以本職充閬蓬廣安順慶夔府等處蒙古漢軍
都元帥參議六年賜虎符授昭勇大將軍夔東路招

討使以軍三千立章廣平山寨置屯田出兵以絕大
梁平山兩道十年正月成都失利帝遣人問所以失
之之故及今措置之方忽蘭吉附奏曰初立成都惟
建子城軍民止於外城別無城壁宋軍乘虛來攻失
於不備軍官皆年少不經事之人以此失利西川地
曠人稀宜修築城寨以備
最為急務今蒙古漢軍多非正身半以驅奴代宜嚴
禁之所謂修築城寨練習軍馬措畫屯田規運糧餉
創造舟楫完繕軍器六者不可缺一又當任賢遠讒
信賞必罰俺內治外戰勝攻取選用良將隨機應變

《元史列傳卷四十九》 四

則邊陲無虞矣六月將兵赴成都與察不花同權省
事十一月復還守章廣平山寨前後七年每戰報勝
十三年引兵暑重慶復取蘭州十四年承制授延安
路管軍招討使十五年禿魯叛于六盤山忽蘭吉以
延安路軍會別速台趙炳及總帥府兵于六盤敗禿
魯于武川俘其弩還臺承制授京兆延安鳳翔三路管
軍都尉兼屯田守衛事十月改同知利州宣撫夔
東招討如故入覲賜虎符授四川北道宣撫使夔
吉請以先受鞏昌元帥之職及虎符與其弟庭望二
十年改四川南道宣慰使二十一年奉旨與恭政曲

里吉思僉省巴八左丞汪惟正分兵進取五溪洞蠻
時思播以南施黔鼎澧辰沅之界蠻獠叛服不常往
往刼掠邊民乃詔四川行省討之曲里吉思惟正一
軍出黔中巴八一軍出思播都元帥脫察一軍出澧
州忽蘭吉一軍自夔門會合十一月諸將鑿山開道
迎敵者皆盡殺之遣諭諸蠻菌長率矢伺間竊發亡
綿亙千里諸蠻設伏險隘木弩竹矢伺間竊發亡命
洞潭順走避嵓谷力屈始降二十三年入覲以老病
乞歸田里帝憫之得還夔昌二十六年行省軍事二十七
蘭吉之功請用范殿帥故事商議本省軍事二十七

年拜資善大夫遷授陝西等處行尚書省左丞商議
軍事食左丞之祿元貞二年入覲授資德大夫陝西
等處行中書省右丞議本省公事卒泰定元年諡襄
敏

李庭

李庭小字勞山本金人蒲察氏金末來中原改稱李
氏家于濟陰後徙壽光至元六年以材武選隸軍籍
權管軍千戶從伐宋圍襄陽宋將夏貴率戰船三千
艘來援泊鹿門山西岸諸翼水軍攻之相持七日庭
時將步騎自請與水軍萬戶解汝楫擊之斬其裨將

王玘元勝河南行省承制授庭益都新軍千戶宋襄
陽守將呂文煥以萬五千人來攻萬山堡萬戶張弘
範方與接戰庭單騎橫槍入陣殺二人槍折倒持回
擊一人墜馬庭亦被二創復奪軍槍裹創力戰敗
之八年真除益都新軍千戶賜號拔都兒庭與宋兵
進攻襄陽東堡砲傷右肩焚其樓破一字城文煥麾
下有胖山王總管者駭將也庭設伏誘擒之以功授
九年春攻樊城外郭砲傷額及左右手奪其王城遂
戰襄陽城下追奔逐北直抵城門流矢中左股而止
金符十年春大軍攻樊城庭運薪芻土牛填城壕立

雲梯城上矢石如雨庭屢中砲墜城下絕而復甦累
創再登如是者數四程復甚多樊城破襄陽降以功
授金虎符為管軍總管十一年九月從伯顏發襄陽
次郢州郢在漢水東宋人復於漢水西築新郢以過
我軍黃家灣有溪通藤湖至漢水鑿里宋兵亦築堡
設守備焉庭與劉國傑先登拔之遂溯舟而進攻沙
洋新城砲傷左脅破其外堡復中砲墜城下矢貫于
胃氣重絕將軍授命剖水牛腹納其中良久乃甦以功
加明威將軍授益都新軍萬戶師次漢口宋將夏貴
鎖戰艦橫截江面軍不得進乃用庭及馬福等計由

沙蕪口入江武磯堡四面皆水庭決其水而攻之大
軍渡江武磯堡亦破遂從阿木轉戰至鄂州順流而
東十二年春與宋將孫虎臣戰丁家洲奪船二十餘
宋軍潰擊以功加宣威將軍宋兵斷真州江路庭焚其
船二百餘戰斬其護岸將軍聞夏貴欲由太湖援臨安
亟出兵逆戰裕溪口敗之諸軍攻常州庭盧等護其
赴燕世祖嘉其勞大宴命坐於左手諸王之下百官
之上賜金百錠金珠衣各一襲仍諭之曰劉整在時

《元史列傳卷四九》　七　三九

不曾令坐於此為汝有功故加以殊禮汝子孫宜謹
志之勿忘繼有旨汝在江南多出死力男兒立功要
在西北上也今有遺我太祖成憲者汝其從征之乃
別降大虎符加鎮國上將軍漢軍都元帥仍命其次
子大椿襲萬戶職庭至哈剌和林晃兀兒之地越嶺
比與撒里蠻諸軍大戰敗之移軍河西擊走兀兒反叛臣霍
虎追至大磧而還諸王昔里吉脫木兒又庭襲擊
生獲之咨皇子只必帖木兒賜之死復引兵會諸王
納里忽渡塔迷兒河擊走其餘黨元斤末台要术忽
兒等河西悉平十四年入朝世祖勞之賜以益都居

第單河官莊萬五千貫及弓矢諸物拜福建行中
書省僉知政事改福建道宣慰使召赴關備宿衛十
七年拜驃騎衛上將軍中書左丞東征日本十八年
軍次竹島遇風船盡壞庭抱壞船板漂流抵岸下收
餘眾由高麗還京師士卒存者十一二繼以父瘦歸
益都召拜中書左丞司農卿不赴二十四年宗王乃
顏叛驛召至上都統諸衛漢軍從帝親征塔不台金
家奴來拒戰毀號十萬帝親麾諸軍圍之庭調阿速
軍繼進流矢中胃貫脅裹創復戰帝遣止之乃已令
軍中儧百弩侯敵列陣百弩齊發乃不復出帝問庭

《元史列傳卷四九》　八　三九

彼今夜當何如庭奏必遁去乃引壯士十八人持火砲
夜入其陣砲錢果自相殺潰散帝問何以知之庭曰
其兵雖多而無紀律見車駕駐此而不戰必疑有大
軍在後是以知其將遁帝大喜賜以金鞍良馬庭奏
若得漢軍二萬從臣便宜用之乃顏可擒也帝難之
命與月兒魯蒙古軍並進遂縛乃顏以獻帝既南還
庭又親獲塔不台金剛奴以功加龍虎衛上將軍遷
授中書省左丞二十五年乃顏餘黨哈丹禿魯干復
叛於遼東詔庭及樞密副使哈荅討之大小數十戰
弗克而還既而庭整軍再戰流矢中左脅及右股追

至一大河選銳卒潛負火砲夜泝上流發之馬皆驚
走大軍潛於下流畢渡天明進戰其衆無馬莫能相
敵俘斬二百餘人哈丹禿魯千走高麗死拜資德大
夫尚書左丞商議樞密院事官其長子大用仍賜鈔
二萬五千貫庭因奏令漢軍之力困於比征若依江
南軍每歲二八放散以次酋上甚便帝可其奏令著
中賴其用拜庭祿大夫平章政事商議樞密院事提
議所以為備庭請下括馬之令凡得馬十一萬匹軍
為令宗王海都將犯邊伯顏以聞帝命月兒魯與庭
調諸衛屯田事三十一年春世祖崩月兒魯與伯顏

等定策立成宗庭翊贊之功居多成宗與太后眷遇
甚至每進食必分賜之大宴仍命存坐於左手諸王
之下百官之上賜以珠帽珠半臂金帶各一銀六鋌
還入見成宗憫其老不許賜鈔五萬貫依前榮祿大
請從行成宗親授以衣慰勞之初武宗出鎮北邊庭
夫平章政事商議樞密院事提調諸衛屯田兼後衛
莊田諸物稱是奉旨整黠江浙軍馬五百三十二所
親軍都指揮使奉旨比征懷都至野馬川而還俄有
中使傳旨拘漢軍之馬以濟比軍且令焚其鞍轡行
根諸物庭因感疾詔內醫二人診視之疾稍間虐從

上都特降旨存護其家大德八年二月卒至大二年
贈推忠翊衛功臣儀同三司太保上柱國追封益國
公謚武毅子大用同知歸德府事以哀毀卒大樁襲
職佩金虎符為宣武將軍益都新軍萬戶戍建康大
誠襲職後衛親軍都指揮使

史弼

史弼字君佐一名塔剌渾蠡州博野人魯祖彬有膽
勇太師國王木華黎兵南下居民被虜蠡守開城自
守彬謂諸子曰吾所特者郡守也今棄民自保吾與
其束手以死昌若中求生乃率鄉人毅百家詣木
華黎請降木華黎書帛為符遣還既而州破獨彬與
同降者得免彬長通國語力絕人能挽強弓里門
鑑石為獅重四百斤彬舉之置數步外潼關守將王
彥弼奇其材妻以女又薦其材勇於左丞相耶律鑄
弼從鑄徃北京近侍火里台見弼所挽弓以名聞世
祖召之試以遠垛連發中的令弼所給事左右賜馬
中統末授金符管軍總管命從劉整伐宋攻襄樊嘗
出挑戰射殺二人因橫刀呼曰我史弼也宋兵却
退至元十年諸將分十二道圍樊城弼攻東北隅九
十四晝夜破之殺其將牛都統襄陽降上其功賜銀

及錦衣金鞍陞懷遠大將軍副萬戶遷從丞相伯顏
南征攻沙洋堡飛矢中臂城援凝血盈袖事聞賜金
虎符軍至陽羅堡伯顏誓衆曰先登南岸者為上功
弼率健卒直前宋兵逆戰奮呼擊走之伯顏登南岸
論弼功第一進定遠大將軍鄂州平進軍而東至大
孤山風大作伯顏禱于大孤山神風立止兵駐
瓜洲阿塔海言揚子橋乃揚州出入之道宜立堡選
驍將守之伯顏授弼三千人立木堡據其地弼遷以
數十騎抵揚州城或止之曰宋將姜才倔強未可易
也弼曰吾柵揚子橋據其所必爭之地才乘未固必
來攻我則我之利也才果以萬衆乘夜來攻人挾東
薪填塹弼戒軍中無譁俟其至下柵木發砲石擊之
殺千餘人才乃退弼出兵繼之會相威阿术兵繼至
大戰才敗走擒其將張都統十三年六月才復以兵
夜至弼三戰三勝天明才見弼兵少進追圍弼弼復
奮擊之騎士二人挾火鎗刺弼弼揮刀禦之左右皆
仆手刃數十百人及出圍追者尚數百騎弼殿後敵
不敢近會援兵至大破之才奔泰州及守將朱煥以
揚州降使麥术受其降於南門外而弼從數騎由保
城入揚州出南門與之會以示不疑制授昭勇大將

軍揚州路總管府達魯花赤兼萬戶冬遷黃州等路
宣慰使十五年八月朝陛中奉大夫江淮行中書省參
知政事行黃州等路宣慰使盜起淮西司空山弼平
之十七年南康都昌盜起弼往討誅其親黨數十人
脅從者宥之江州宣課司稅及民米米商避去民皆
閉門罷市弼立罷之二十九年浙西宣慰使二十一
年黃華及建寧春復霖雨米價湧貴弼即發米十萬
石平價糶之而後聞于省省臣欲增其價弼曰吾俸
不可失信寧輟吾俸以足之省不能奪益出十萬石民
得不飢改淮東宣慰使弼凡三官揚州人喜刻石頌之
號三至碑遷僉書浙江行樞密院事鎮建康二十六
年平台州盜揚鎮龍拜尚書左丞行淮東宣慰使冬
入朝時世祖方欲征爪哇謂弼曰諸臣爲吾腹心者少
欲以爪哇事付汝對曰陛下命臣臣何敢自愛二十
七年遙授尚書省左丞行浙東宣慰使平慶州盜二
十九年拜榮祿大夫福建等處行中書省平章政事
征爪哇以亦黑迷失高興副之付金符百五十幣
帛各二百以待有功十二月弼以五千人合諸軍發
泉州風急濤湧舟掀簸士卒皆數日不能食過七洲
洋萬里石塘應交趾占城界明年正月至東董西董

山牛崎嶼入混沌大洋攬嶼假里馬苔勾闌等山
駐兵伐木造小舟以入時爪哇與隆國葛郎搆怨爪
哇主哈只葛達那巴爲葛當所殺
其婿土罕必闍耶攻哈只葛當不勝退保麻喏八歇
聞彌等至遣使以其國山川戶口及葛當國地圖迎
降求救彌與諸將進擊葛郎兵大破之哈只葛當出降併取
絕事不可測彌遂分兵三道與興及亦黑迷失各將
歸國高興言爪哇雖降倘中變與葛郎合則孤軍懸
一道攻葛郎至荅哈只葛當出降併取
午葛郎兵敗入城自守遂圍之

《元史列傳卷四九》 十三

其妻子官屬以歸土罕必闍耶乞歸易降表及所藏
珍寶入朝彌與亦黑迷失許之遣萬戶担只不丁甘
州不花以兵二百人護之還國土罕必闍耶於道殺
二人以叛乘軍還夾路攘奪彌自斷後且戰且行行
三百里得登舟行六十八日夜達泉州士卒死者三
千餘人有司覈其俘獲金寶香布苔直五十餘萬又
以沒理國所上金字表及金銀犀象等物進事具高
興及爪哇國傳於是朝廷以其亡失多杖十七沒家
貲三之一元貞元年起同知樞密院事月兒魯奏彌
等以五千人渡海二十五萬里入近代未嘗至之國

俘其王及諭隆傍近小國宜加矜憐遂詔以所籍還
之拜榮祿大夫江西等處行中書省右丞三年陞平
章政事加銀青榮祿大夫封鄂國公卒於家年八十

六

高興

十一年冬袷八
跳跟大吼衆皆驚詣黃州謁宋制置陳奕奕使隸庵
少慷慨多大節力挽二石弓嘗步獵南陽山中遇虎
子洵世以農爲業金末兵亂父青又徙蔡而生興興
高興字功起蔡州人也其先自滄徙汴魯祖拱之祖

《元史列傳卷四九》 十四

下且竒興相貌以甥女妻之十二年丞相伯顏伐宋
至黃州興從奕出降制授興千戶從破瑞昌
之烏石堡興家寨進接南陵行省上其功世祖命興
專將一軍常爲先鋒宋張濡殺使者嚴忠範等於獨
松關伯顏使興討之師次溧陽再戰斬其將三人士
卒三人虜四十二人遂破溧陽斬首七千級授金符
爲管軍總管從戰銀壁斬宋將三人士卒二千人授
建平斬其總制二人虜知縣事黃君澤由間道奪獨
松關進至武康擒張濡十三年春宋降伯顏比還留
興以兵取郡縣之未下者降建德守方回婺州守劉

怡衢婺二州巳降復叛章焆自為婺守興以五千人
討之七戰至破溪相持四十餘日興兵少不敵力戰
潰圍出至建德境與援兵合復進戰衢城下斬首三千
級復取婺州擒章焆斬之進戰蘭溪斬首三千
連戰赤山陳家山圍江山縣斬首三千級擒五百人
獻魏福興等七人于行省餘盡戮之衢州平興化降宋
秀王與檡入閩與檡援橋陣水南興率奇兵奪橋進
戰殺其觀察使李世達斬首三千級擒與檡父子
及其小王二禅將二獲即五馬五百疋下興化降宋
参知政事陳文龍制置印德傳等百四十八人軍三千
水手七千獲海舶七千餘艘遷鎮國上將軍管軍萬
户十四年春還鎮婺州佩元降虎符充衢婺招討使
東陽王山群盜張念九強和尚等棍宣慰使陳祐於
新昌興立行都元帥忙古臺平福建漳三州立行省於
破敏陽寨屠福成寨十五年夏詔忙古臺和人黃華
福建興立行都元帥於建寧以招討之以招討使
邰武人高日新高從周聚眾叛皆討降之以自奉對曰臣
行右副都元帥十六年秋召入朝侍燕大明殿悉獻
江南所得珍寶世祖曰卿何不少留以自奉對曰臣
素貧賤今章富貴皆陛下所賜何敢隱俾獲之物帝

悅曰直臣也興因奏所部士卒戰功乞官之帝命自
定其秩頒爵賞有差選興與浙東道宣慰使賜西錦服
金線鞍轡奉省檄討慶州福建及溫台海洋群盜平
之十七年漳州盜數萬擾高安寨右副都元帥興不
能下詔以興為福建等處蠻夷官軍討之二年不
元帥完者都等討之直抵至山半棄薪而退如是六日誘
命人挾束新薪身進至山半薪盡乃燃薪焚其柵逐平之
其矢石殆盡乃燃薪焚其柵遂平之斬賊魁及其黨
首二萬級十八年盜陳吊眼聚眾十萬連五十餘寨
扼險自固興攻破其十五寨吊眼走保千壁嶺興上
至山半誘與語接其手擗下擒斬之漳州境悉平十
九年入朝賜銀五百兩鈔二千五百貫及錦服鞍轡
弓矢改淛西道宣慰使降人黃華復叛有眾十萬興
與戰于鉛山獲八千人華急攻建寧興疾與福建
軍合獲華將二人華走江山洞追至赤巖華敗走赴
火死二十一年改淛東道宣慰使二十三年拜江淮
行中書省参知政事平婺州盜施再十改淛東道宣
慰使二十四年尚書省立拜行尚書省参知政事捕
斬柳分司於婺州丁母憂詔起復討慶州盜詹老鵑
溫州盜林雄興潛由青田摏其巢宄戰葉山擒老鵑

及雄等二百餘人斬于溫州市又奉省檄平徽州盜
汪千十等二十八年罷福建行省以僉知政事行
建宣慰使諭漳州盜歐狗降之召入朝拜江西行省
左丞二十九年復立福建行省拜右丞爪哇黠使者
孟琪詔興為平章政事與史弼亦黑迷失將師征之
賜玉帶錦衣甲冑弓矢大都良田千畝三十年春浮
海抵木哇亦黑迷失將水軍興將步軍會八節澗爪
哇主婿土罕必闍耶降進攻葛郎國降其主哈只葛
當事見弼傳又諭降諸小國哈只葛當子昔剌八的
昔剌丹不合逃入山谷興獨帥千人深入虜昔剌丹

不合還至荅哈城史弼亦黑迷失已遣使護土罕必
闍耶歸國具入貢禮興深言其失計土罕必闍耶果
殺使者以叛合衆來攻興等力戰卻之遂誅哈只葛
當父子以歸詔治縱爪哇者弼與亦黑迷失皆獲罪
興獨以不預議且功多賜金五十兩成宗即位復拜福
建行省平章政事賜玉帶大德三年汀州總管府同知
阿里挾怨告興不法召入對盡得其誣狀阿里伏誅
改江浙行省平章政事賜海東白鶻蒲萄酒良藥八年授樞
宿衛四年遣使賜海東青鶻命其子伯顏入
密副使十年進同知樞密院事皆蕭平章政河南行

省平章政事武宗即位召見拜左丞相商議河南省
事賜以先朝御服仁宗寵眷勳舊賜與七厚皇慶二
年秋九月卒年六十九贈太師開府儀同三司上柱
國追封梁國公諡武宣元統三年加封南陽王子火
住泉州總管長壽同知建寧路總管府事忙古台襲
萬戶伯顏同知寧國路總管府事完者都辰州路總
管寶哥治書侍御史

劉國傑

劉國傑字國寶本女真人也姓烏古倫後入中州改
姓劉氏父德寧為宗王幹臣必闍赤授管領益都軍
民公事國傑貌魁雄善騎射膂力過人少從軍連海
以村武為隊長至元六年選其兵取襄陽以益都新
軍千戶從張弘範戍萬山堡宋兵窺伺衆出取薪大
出兵來攻國傑等以數百人敗之斬首四千餘級
由是有名從略荆南抵歸峽轉戰數千里還破宋兵
襄陽下從攻樊城城破外城火砲傷股裹創復戰平其
外城授武略將軍佩金符從破張貴兵匱門關戰甚
力再攻樊城被傷數處血戰竟破之襄陽降世祖聞
其勇召見遷武德將軍管軍總管賜銀百兩錦衣弓
矢以寵之從伯顏南征十一年次郢州宋兵扼漢水

霸都華言敢勇之士也宋亡入朝加僉書西川行樞
賜號霸都國傑行第二因呼之曰劉二霸都而不名
傑圖山奪黃鵐船數百艘帝壯之詔加懷遠大將軍
必死阿木率諸軍進戰萬戶劉琛由江南繞其後國
傑戚兵出焦山來禦師施鐵繩聯戰船碇江中以示
宋以萬斆夜奪堡擊之擒其都統張林宋將張世
力進萬戶復從阿木取淮南別軍揚子橋扼宋兵道
加武節將軍從破沙洋新城敗孫虎臣丁家洲戰甚
不得下伯顏謀取黃家灣堡以入漢國傑先登拔之

《元史列傳卷四九》 九九

密院事選淮南兵使將之平蜀未行會比邊有警加
鎮國上將軍漢軍都元帥將備兵定比方冬召還帝
親解衣加玉帶賜之十五年復將左右中三衛兵戌
比邊詔有不用命者斬之以聞十六年諸王脫木
反寇和林國傑度其衆悉至管中必虛選輕騎襲之
獲其衆萬計脫木屢戰不利又殘暴失衆心衆殺之
遷帝怒將盡罷大小將校召國傑爲征東行省左丞
來降十八年加輔國上將軍十九年征東兵無功而
還至帝語之故國傑曰罪在元帥耳倘蒙聖慈復諸
將之職彼必人人思奮以雪前耻矣帝從之盡復其

毛貴甫

官以屬國傑征日本會黃華反建寧乃命國傑以征
東兵會江淮參政伯顏等計之國傑破赤巖寨黃華
自殺餘黨皆潰福建行省左丞忽剌出將兵來會梧
桐川欲搜賊潰去者盡殺之國傑曰首亂者皆也餘
皆脅從從賊去者盡殺之未幾羣出降二十二年
罷征東省除僉書沿江行樞密院改僉院二十三年朝
廷以湖廣重地且多盜本省左丞鄧太獠居
南盜李萬二明年廣東盜起寇肇慶國傑
前寨劉太獠居後寨相依以爲固國傑趨搗後寨破
之遂搗前寨擒斬二人捕民結盜者皆杖殺之加資

《元史列傳卷四九》 二十

德大夫二十五年湖南盜詹一仔誘衡求寶慶武岡人
肅聚四望山官軍久不能討國傑破之斬首盜餘衆
悉降將校請曰此董久亂急則降降而有釁復叉矣
不如盡阬之國傑曰多殺不可況殺降耶吾又以處
之乃相要地爲三屯在衡屯五百人以備賊且有
廢田榛棘使賊不得爲巢穴每屯五百人後皆爲
無者使雜耕屯中後守之降者有故田宅盡還之
武岡曰白倉遷其衆皆爲良民有詔討江西諸盜國
傑趨赴之十一月破蕭太獠於陳古水斬數百人進
平懷集諸寨賊二十六年春東入肇慶攻鬥太獠於清

徐孟賢

遠還攻蕭太獠於懷集擒之復攻走嚴太獠四月攻曾太獠於金林又破走之賊深入保險國獠鑿山而入賊衆五千人掩殺略盡七月次賀州兵士冒瘴皆疫國獠親撫視之療以醫藥多得不死乃移軍道州廣東盜陳太獠寇道州國獠討擒之遂攻援赤水賊寨二十七年江西盜起龍泉下令往擊之諸將交諫曰此他省盜也國獠縱寇生患將難圖豈可以彼此言耶乃選輕兵棄旗鼓去纓飾一日夜趍賊境賊衆數千迸戰望見軍宼不整曰此乃丁也易之國獠以十騎陷陣衆從之賊大敗斬首五

百餘級奪所掠男女日暮忽收兵去堡中民望見怪之莫知其誰明日又忽至召堡民歸其男子曰吾劉二霸都也民皆驚以為神因告別盜鍾太獠居南安十八未國獠乘霧突入其巢賊報驚亂自相踐踏官軍搏之自旦至午所擒殺甚衆還兵桂東二月龍泉盜復寇鄰縣國獠遂還鄰賊退保大井山乃分軍三道越之道險棄馬而入時天大雨賊不為備盡掩殺之還鎮道州八月永州盜李末子千七寇全州敗官兵殺郡長官土魯國獠進討擒之梟首而還以前後功加湖廣右丞二十八年置湖廣等處行樞密院遷副

使還軍武昌秋廣東盜再起國獠復出道州時知上思州黃勝許恃其險遠與交趾為表裏寇邊二十九年詔國獠討之賊衆勁悍出入巖洞箐竹中如飛鳥發毒矢中人無愈者國獠身率士奮戰賊不能敵走象山山近交趾且戰且進二年拔其寨勝許挺身走交趾擒其妻子殺之國獠三以書責交趾索勝許交趾竟匿不與夏師還盡取賊巢地為屯田募度遠諸撞人耕之以為兩江蔽障後蠻人謂屯田為省地莫敢犯者詔遣使即軍中以玉帶賜之三十年入朝帝謂朝

臣曰湖廣重地惟劉二霸都足以鎮此他人不能也命無遷他官俄議問罪交趾加湖廣安南行平章事以諸王亦吉列台為監軍征之未行會帝崩乃止成宗即位復置行樞密院於衡州仍除副使初黔中諸蠻酋既內附復叛又巴洞何世雄犯澧州泊崖洞田萬頃楠木洞孟再師犯辰州朝廷當討降之升泊崖為施溶州以萬頃知辰州事三十一年萬頃等亦叛不能下至是帝即位赦天下并赦萬頃等亦不降帝以命國獠馳至辰進攻明溪賊曾萬丑擁報自上流而下千戶崔忠百戶馬孫兒戰死十月進

兵桑木溪萬丑復以千人拒戰擊卻之明日萬丑倍
眾來攻國傑鼓之百戶李旺卒死士陷陣眾軍齊舊
賊敗遂破其巢焚之進攻施溶部將田榮祖請曰施
溶萬頃之腹次三羊峰其左右臂也宜先斷
其臂而後腹心乃可攻國傑曰甚善麾諸軍攻石農
次賊攀崖緣木而進凡千餘里元貞元年即軍中加
榮祿大夫湖廣行省平章政事辰沅地接溪洞宋嘗
置民立屯免其縣後使禦之在澧者曰陷丁在辰者
寨兵宋亡皆廢國傑悉復其制班師繼又經畫茶陵

俶梆道桂陽凡廣東江西盜所出入之地南北三千
里置戍三十有八分屯將士以守之由是東盡交廣
西亙黔中地周湖廣四境皆有屯戍制度周密諸蠻
不能復寇盜賊遂息六月入朝賜玉帶錦衣弓矢臺
臣言國傑在軍中每以家賞將士帝命倍償之部
曲有功者各遷官大德五年羅鬼女子蛇節反烏撒
烏蒙東川諸蠻從之皆叛陷貴州詔國傑將諸
襄兵合四川雲南思播兵以討之賊兵勁利且多健
馬官軍戰失利國傑令人持一盾布釘其上俟陣合
即棄盾偽遁賊果逐之馬舊不能止遇盾皆倒國傑

鼓之賊大敗既而復合眾請戰國傑不應數日度其
氣衰一鼓破走之追戰數千里七年春擒斬蛇節宋
隆濟阿女等西南夷悉平詔領其將士入見張宴享
之賞賜甚厚進光祿大夫償其賞士金一千九百兩
鈔萬五千錠將士還官有差命還益都上冢八年還
鎮國傑久還邊患至是病篤平章小鄰吉台率僚
屬問之國傑交賊不臣若病篤小愈得滅此虜則
死無憾矣問以家事人曰吾為國宣力雖身棄草野不
恨何必馬革裹屍還葬哉且善推誠得士心故能立
猛視死如歸嘗語人曰

功如此計聞帝深悼惜贈推忠效力定遠功臣光祿
大夫司徒柱國封齊國公謚武宣子脫歡湖廣行省
平章政事尚憇宗孫女

翰林學士承旨知制誥兼修國史臣宋濂　翰林待制兼國史院編修官臣……

李德輝

李德輝字仲寶通州潞縣人生五歲父旦卒指德輝
謂其家人曰吾兒為吏治獄不任苛刻人掌吾力者衆
天或報之是兒其大吾門乎及辛德輝號慟如成人
適歲凶家儲粟纔五升其毋春舂秫炊藜莧而食之
德輝天性孝悌操復清慎既就外傳嗜讀書束於貧
無以自資乃輟業年十六監酒豐州祿食充足甘旨

〈三九〉

有餘則市筆札錄書夜誦不休巳乃厭糟麴歎曰志
士顧安此耶事不足以臣君福民隱不足以悅親善
身天地之間人壽幾何惡可無聞同腐草木也乃謝
絶所與游少年求先生長者講學以卒其業時世祖
在潛藩用劉秉忠薦使侍讀讀刀與寶忠薦使侍長者皆
就辟癸丑憲封宗親割京兆隷世祖潛藩擇廷臣
能理財賦者俾調軍食立從宜府以德輝與字得刀
為使時仰哺德輝乃募民入粟綿竹散錢幣給鹽券
萬之師仰哺德輝乃募民入粟綿竹散錢幣給鹽券
為直陸挽輿元水漕嘉陵未期年而軍儲充羨取蜀

〈元史列傳卷至　一　胡挼之〉

之本基於此矣中統元年為燕京宣撫使燕多劇賊
造偽鈔結死黨殺人德輝悉捕誅之令行禁止然事
多不白中書由是忤平章王文統意尤位三年文統
以反誅德輝遂起為山西宣慰使權勢之家籍民為
奴者咸按而免之復業近千人至元元年罷宣慰司
授以太原路總管時潛藩故相無有出為二千石者
帝以太原難治故以德輝為守至郡崇學校表孝節
勸耕桑立社倉一權度幾可以阜民者無不為之嘉
禾瑞麥六出其境五年徵為右三部尚書人有訟射
而失其兄子者德輝曰此叔殺之無疑遂竟其獄權

〈四六　元史列傳卷至　二　胡挼之〉

貴人為請者甚衆德輝不應罪狀既明請者乃慚服
七年帝以蝗旱為憂命德輝錄囚山西河東行至懷
仁民有魏氏發得木偶持告其妻挾左道為厭勝謀
不利於巳移數獄詞皆具召德輝察其冤知其有愛妾
疑妾所為將搆陷其妻也召妾鞠之不移時而服遂
狀其夫而論妾以死皇子安西王鎮關中奏以德輝
為輔遂改安西王相至則視瀍澗牧故地可得數
千頃起廬舍疏溝澮藥萬計十二年詔以王相撫蜀
田其中歲得粟麥芻蕘萬計十二年詔以王相撫蜀
時重慶猶城守不下朝廷各置行樞密院於東西川

合兵萬人圍之德輝至成都兩府爭遣使咨受兵食
方略德輝戒之曰宋已亡矣重慶以彈丸之地不降
何歸政以公輩利其剽殺民不得有子女得罪使懼而不來
耳嚮日兵未嘗戰中使奉璽書來赦公輩杖之偽為
言明告嚴儆止攻以須其至及反購得軍吏既不正
得罪使懼而叛去水陸之師雷鼓繼進是堅其不下
也中使不諭詐計竟以不奉明詔復命如是者非玩
寇而何何況復軍政不一相訾紛紛朝夕敗豈能成
功哉德輝出未至秦瀘州叛而重慶圍果潰再退守
瀘州十四年詔以德輝為西川行樞密院副使仍蕪

王相諸軍既發德輝留成都給軍食是年復瀘州十
五年再圍重慶踰月拔之紹興南平夔施思播諸山
壁水柵皆下而東川樞府猶故將也懲前與西川相
觀望致敗惡相屬顧獨軍圍合州德輝乃出合俘繫
順慶獄者縱之使歸語州將張珏以天子威德遠著
宋室既亡三宮皆比我朝含弘錄功忘過能早自歸
必取將相與夏呂比又為書以禮義禍福反復譬解
之以為臣不親汝之爲臣舉天下而歸我汝猶偃然負
於宋之天下曰吾忠於所事不亦惑哉且昔此州之人
阻窮山而曰吾忠於所事不亦惑哉且昔此州之人

不自為謀者以國有主耻被不義之名故爾得制其
死命主今亡矣猶欲以是行之則藏下盜遇君窺君
首以徼福一旦未及報而德輝還王珏既
而合州遣李興張邈十二人調事成都皆獲之釋不
殺復為書縱歸使諭珏者而辭益幹
楊獅懷蠟書間至成都降德輝從兵纔數百人赴之
而還今立珏牙校也習狙詐不信特以計致公來使
與吾爭垂成之功延命斬刻耳未必誠降德輝曰昔
東府宰其來皆曰公昔為書招珏誠亦極矣竟無功
切立亦計縱歸使即使興等導帥幹

其勢然吾非壞人之功者誠懼公等憤其後服誣以
合以重慶存故力可以同惡今已孤絶窮而來歸亦
此民宣計汝嫌怒為哉即單騎濟江薄城下呼立出
降安集其民而罷置其吏合人自立而下家繪事之
川蜀平復以王相還即十七年置行中書省以德輝
為安西行省即左丞是年西南夷羅施鬼國既降復叛
詔雲南湖廣四川合兵三萬人計之兵且壓境復遣德輝
適被命在播乃遣安珪馳止三道兵勿進復遣張
莘思諭鬼國趣降其酋阿察熟德輝名曰是活合州
嘗抗蹕先朝利其剽奪而快心於屠城也吾為國活

李公耶其言明信可恃即身至播州泣且告曰吾屬
百萬人微公來死且不降今得所歸矣有二矣德輝
以其言上聞乃改鬼國為順元路以其酋為宣撫使
其後有以受鬼國馬千數訴德輝者帝曰是人
朕所素知雖一草不妄受寧有是耶德輝卒年六十
三蠻夷聞訃哭之哀如私親為位而祭者動輒千百
人合州安撫使王立衰絰率吏民拜哭聲震山谷為
簪百人護喪與元播州安撫使何彥清率其民立廟
祀之

張雄飛

張雄飛字鵬舉琅邪臨沂人父琮仕金守盱眙金人
疑之罷其兵柄徙居許州尋復命守河陰仍留家人
於許雄飛幼失母踪妾李氏養之國兵屠許惟工匠
得免有田姓者踪故吏也自稱能為弓且詐以雄飛
及李氏為家人由是獲全遂徙朔方雄飛時方十歲
至霍州李欲逃恐其累巳雄飛既長從師前進士王
李乃變服與俱還潞州雄飛不知父所在往來澤潞求之
賓英於趙城金亡雄飛亡命山僧舍已而入關陝慷慨孟潼華終求之
其父弗得遂入燕居數歲盡通國言及諸部語至元

二年廉希憲薦之于世祖見陳當世之務世祖大
悅授同知平陽路轉運司事搜抉蠹弊悉除之帝問
廉士羅英誰可大用者對曰張雄飛真公輔器帝然
之命驛召雄飛至問以方今所急對曰太子天下本
願早定以繫人心間小人有異圖之儲尚向使先
天下至大社稷至重不早建貳則起覬覦非材者父
帝知此以與江孝卿同召見帝曰今任職者多非材
之他日與江孝卿同見帝曰今日乎帝方臥覺然起稱善者久
事廢弛譬之大厦將傾非良工不能扶卿輩能任此
乎孝卿謝不敢當帝顧雄飛飛對曰古有御史臺

為天子耳目凡政事得失民間疾苦皆得言百官姦
邪貪藏不職者即糾劾之如此則紀綱舉天下治矣
帝曰善乃立御史臺以前丞相塔察兒為御史大夫
雄飛為侍御史且戒之曰卿等既為臺官職在直言
朕意人雖嫉妬汝君苟所行未善亦當極諫況百官乎汝宜知
朕為汝為侍御史
無不言
詔丞相參議樞密院事費正寅素憸狡有告其罪者
顧盡得其罪狀以聞正寅與其黨管如仁等皆伏誅
會議立尚書省雄飛力爭於帝前忤旨左遷同知京

兆總管府事宗室公主有家奴逃渭南民間為贅婿
主適過臨潼議之捕其奴與妻及妻之父母皆械繫
之盡沒其家貲雄飛與主爭辨色俱屬主不得已
以奴妻及妻之父母家貲還之惟抉其罪不可為
兵部尚書平章阿合馬在制國用時與亦麻都丁
有隙至是羅織其罪同僚爭相附會雄飛不可曰所
犯在制國用時平章獨不預耶眾無以荅秦長卿劉
阿合馬使人喑之曰誠能殺此三人當以豺政相屬
仲澤亦忷忷阿合馬持不可
雄飛曰殺無罪以求大官吾不為也阿合馬怒奏出

雄飛為澧州安撫使而三人竟死獄中時澧州初下
民懷反側雄飛至布宣德教以撫綏之民遂安有巨
商二人犯匿稅及歐人事僚佐受賂欲寬其罪雄飛
繩之益急或曰此細事何執之堅雄飛曰吾非治匿
稅歐人者欲政宋弊政懲不畏法者爾細民以乏食
群聚簽富家廩所司欲論以強盜雄飛曰此盜食欲
救死非強也寬其獄全活者百餘人遷澧西南接溪洞
群猺乘間抄掠居民雄飛遣楊應申等徃諭以威德
諸猺悉感服十四年改安撫司為總管府命雄飛為
達魯花赤還荊湖北道宣慰使有告常德冨民十餘

家與德山寺僧將為亂眾議以兵討之雄飛曰告者
必其仇也且新附之民當以靜鎮之兵不可遽用苟
有他吾自任其責遂止徐察之果如所言先是荊湖
行省阿里海牙以降民三千八百戶沒入為家奴自
置吏治之歲責其租賦有司莫敢言雄飛言于阿里
海牙請歸其民於有司不從雄飛入朝泰其事詔雄
飛不遣改陝西漢中道提刑按察使未行阿合馬死
子忽辛為中書右丞行省江淮恐不為所容奏留雄
朝臣皆以罪去拜參知政事阿合馬用事日父賣官

鬻獄紀綱大壞雄飛乃先自降一階於是憸倖起蹠
者皆降之忽辛有罪敕中貴人及中書雜問忽辛歷
指宰執曰汝曾使我家錢物何得問我雄飛曰我曾
受汝家錢物否曰惟公獨否雄飛曰如是則我當問
汝矣忽辛遂伏辜二十一年春冊上尊號大赦天
下雄飛諫曰古人言無赦之國其刑必平故赦者不
平之政也聖明在上豈宜數赦帝嘉納之語雄飛曰
大獵而後見善射集議而後知能言汝所言者是朕
今從汝遂止降輕刑之詔雄飛剛直廉慎始終不易
其節嘗坐省中詔趣召之見於便殿謂雄飛曰若卿

可謂真廉者矣聞卿貧甚今特賜卿銀二千五百兩
鈔二千五百貫雄飛拜謝將出又詔加賜金五十兩
及金酒器雄飛受賜封識藏於家後阿合馬之黨以
雄飛罷政詣省乞追奪賜物裕宗在東宮聞之命參
政溫迪罕諭丞相童曰上所以賜張雄飛者旌其
政之中書左丞耶律老哥勸雄飛詣伯顏自辨雄飛即
廉也汝豈不知耶毋為小人所詐塔即古阿散請檢
核前省錢穀復用阿合馬之黨之塔即追奪之塔即
古阿散等俄以罪誅帝應校核失當命近臣自辨之
上以老臣廉故賜臣然臣未嘗敢輕用而封識以俟

者政虞今日耳又可自辨乎二十一年盧世榮以言
利進用雄飛與諸執政同日皆罷二十三年起為燕
南河北道宣慰使決壅滯熟姦貪政化大行卒于官
子五人師野師諤師白師儆師約師野宿衛東宮時
荊湖行省平章政事阿里海牙入覲言之宰相欲白
皇太子請以師野為荊南總管雄飛固止之歸謂師
野曰今日欲有官汝者汝宿衛日久固應得官然我
方為執政天下必以我私汝我一日不去此位汝勿
勿望有官也其介慎如此

張德輝

張德輝字耀卿冀寧交城人少力學數舉於鄉金貞
祐間兵興家業殆盡試掾御史臺會盜殺卜者有司
蹤跡之獲僧區一婦人搒掠誣服具獄德輝疑其寃
其後果得盜趙秉文楊惲咸器其材金亡北渡史天
澤開府真定辟為經歷官歲乙未從天澤南征籌畫
調發多出德輝天澤將誅止之德輝救止配令宂城
光州革山農民為寨以自固天澤議攻之德輝請招
之降全活甚衆歲丁未世祖在潛邸召見問曰孔子
歿已久今其性安在對曰聖人與天地終始無往不
在殿下能行聖人之道性即在是矣又問或云遼以

釋屢金以儒亡有諸對曰遼事臣未周知金季乃所
親睹宰執中雖用一二儒臣餘皆武弁世爵及論軍
國大事又不使預聞大抵以儒進者三十之一國之
存亡自有任其責者儒何負焉世祖然之因問曰祖
宗法度具在而未盡施行者何如德輝指銀盤喻曰
輝指銀盤喻曰創業之主如製此器精選白金良匠
規而成之寶用否則不惟缺壞亦恐有竊而去之者矣世
求為寶用此正吾心所不忘也又訪中國人材德輝
祖良久曰此正吾心所不忘也又訪中國人材德輝
舉魏璠元裕李冶等二十餘人又問農家作勞何衣

食之不贍德輝對曰農桑天下之本衣食之所從出
者也男耕女織終歲勤苦擇其精者輸之官餘麄惡
者將以仰事俯育之親民之吏復致胙於世祖則民
鮮有不凍餒者矣歲戌申春釋奠致胙於世祖世祖
曰孔子廟食之禮何如對曰孔子為萬代王者師有
國者尊之則嚴其廟貌修其時祀其崇與否於聖人
無所損益但以此見時君崇重典常之意何如耳世
祖曰今而後此禮勿廢世祖又問君臣父子之道何如對
害乎其對曰軍無紀律縱使殘暴橫欲以盡世祖
者頭會箕歛以毒天下使祖宗之民如蹈水火為害

元史列傳卷卅　士

四七
尤甚世祖默然曰然則奈何對曰莫若更遣族人之
賢如口溫不花者使掌兵權熟撫則如忽都虎者使
主民政若此則天下均受賜矣是年夏德輝得告將
還更薦白文舉鄭顥之趙元德李造之高鳴李槃李
濤數人陛辭又陳先務七事敦孝友擇人才察下情
貴兼聽親君子信賞罰節財用世祖以字呼之賜坐
錫賚優渥有頃奉旨教胄子字羅等壬子德輝與元
裕比觀請世祖為儒教大宗師世祖悅而受之因啓
累朝有旨蠲儒戶兵賦乞令有司遵行從之仍命德
輝提調真定學校世祖即位起德輝為河東南北路

宣撫使下車擊豪強黜贓吏均賦役著籍不遠數千
里來見曰六十年不復見此太平官府矣戴之若神
明西川帥紐鄰重取兵千餘人守卒畏其威莫敢中
理隸鳳翔屯田者八百餘人屯兵不罷兵不歸籍會僉
戌兵河中浮梁故有守卒卒不以充數悉條奏帝可
其請兵後俘民多依庇豪右及有以身傭籍衣食歲
久掩為家奴悉遣還之為民二年一日嚴保舉以取人
見帝勞之命疏所急務條四事一曰考績為十路最陞
材二曰給俸祿以養廉能三曰易世官而遷都邑四
曰正刑罰而勿屢赦帝嘉納焉遷東平路宣慰使春

元史列傳卷卅　十二

四十
旱傳泰山而兩東平賦繇獄繁視河東相倍繇九遇
贓奸悉窮之不少貸奏兒速輸豆粟二十萬斛和糴
粟十萬斛寶合丁議賦重絲綿令民稅而後輸德輝曰
是誣上以毒下也且後期之責執任之遂罷其事媚
婦馬氏將鬻其女以代納通賦分已俸代償之仍
其額至元三年秋參議中書省事五年春擢侍御史
辭不拜有言沿邊將校冒代軍士糜廩幣者勅按
之奏曰在昔將校備嘗艱阻與士卒同甘苦今年少
子弟襲爵或以微勞進用豈知軍放之事乎致使
延遣使覆按此省院素失約束耳痛繩之則人不自

23-1871

安第易其部署才選武殺才署者任之庶使軍政自新
又時委司憲者体宽麻革其獎有盲命德輝議御史
臺條例德輝奏曰御史執法官今法令未明何擾而
行此事行之不易陛下宜慎思之有頃復召曰朕應
憂矣卿當力行之對曰必欲行之乞立宗正府以
正皇族外戚得以紏彈女調毋令奏事諸局承應人
皆得寃治帝良久曰其徐行之德輝請老命舉任于朝
憲常平實之井減其秋租有差賦役不均官吏並緣
爲姦賦一征十年不勝其困苦民率流亡德輝閱寶

十三

夏景物

馬亨

户編均其等第出納有法數十年之獎一旦革去德
輝天資剛直博學有經濟器毅然不可犯望之知爲
端人然性不喜嬉笑與元裕李冶游封龍山時人號

爲龍山三老云卒年八十

馬亨字大用邢州南和人世業農以貨雄鄉里亨少
孤事母孝金季習爲吏庚寅太宗始建十路徵收課
税使河北東西路使王晉辟亨為掾以才幹稱甲午
晉薦於中書令耶律楚材授轉運司知事尋陞經歷
擢轉運司副使庚戌太保劉秉忠薦亨於世祖名見

潛邸甚器之旣而籍諸路戶口以亨副八春忙哥撫
諭西京太原平陽及陝西五路俾民弗擾旣還圍山
川形勢以獻餘使者多以賄敗惟亨等各賜衣九襲
癸丑從世祖征雲南留亨爲京兆權課穀所長官京
藩邸分地也亨以寬商治之藩府道出平陽適與之遇
輦歲辦課銀五百鋌亨獲罪焉避而過之阿藍荅兒等
銀弗達王府寧獲罪焉避而過之阿藍荅兒等獻藩府
亨策曰見之則銀必拘留不見則必以罪加我與其
使逮之王府世祖詢亨曰汝往得無撼汝罪耶對曰

古

夏景物

無害顗一行乃慰遣亨旣至拘係之窮治百端竟無
所得惟以支竹課分例錢克公用及傭公廨輦運脚
價爲不應勒償其直而已世祖知其誣更賜銀三十
二鋌已未從世祖攻鄂州洎比還遺亨馳驛往西京
等廠罷所斂軍并撫諭山西河東陝右漢中旣還復
遣轉餉江上軍實中統元年世祖卽位陝西四川立
宣撫司詔亨議陝西宣撫司事尋賜金符還陝西四
川規措軍儲轉運使時阿藍荅兒等叛亨與宣撫使
廉希憲商挺合謀誅劉太平等悉定關輔尋建行省
命亨燕陝西行省左右司郎中時與元畜粮五萬石

欲轉餉大安軍計備直萬緡眾推亨往時丁內艱以
攝省府事強起之至則以兵官丁產均其役不閱月
而事集無勞民傷財之嘆興元判官費正寅狡悍不
法莫有能治之者亨白省府欲以法繩之反誣購行
省前保關中有異謀詔右省丞粘合珪讞之亨力辨之
冤購釋然四年遷陝西五路西蜀四川廉訪都轉運
使未幾朝廷以考課檄諸路轉運司至則併轉運司
入總管府咸奪其制書授亨工部侍郎辭鹽司副使亨
乃上言以考課定賞罰其人甫集而一切罷之則是
非安在宜還其命書俾仕者有所勸勉從之亨復上

便宜六事一曰東宮保傅當用正人以固國本二曰
中書大政擇任儒臣以立朝綱三曰任相惟賢官不
必備今宰相至十七貟宜加裁汰四曰左右郎署毗
贊大政今用豪貴子弟豈能贊襄五曰六曹之職分
理萬機今止設左右二部事何由辦六曰建元以來
便民條畫已多有司惟視為文具宜令憲司料舉
務在必行疏聞帝即召見有旨卿比安在胡不早言
亨對曰新自陝西來觀帝諭曰卿父著忠勤自今不
令卿遽出矣至元三年進嘉議大夫左三部尚書尋
改戶部尚書金穀出納有條不紊時有賈胡恃制國

用使阿合馬欲貿交鈔本平準之利以增歲課為
辭帝以問亨對曰交鈔可以權萬貨者法使然也法
者主上之柄今使一貫之廢法從私將何以令天
下事遂寢亨又建言立常平義倉謂備荒之具宜丞
舉行而時以財用不足止平義倉七年立還京師帝
之事其銓選宜歸中書以示無濫尋為僉省任其
以亨為尚書領左部亨上言尚書省專領金穀百工
軍餉詔以阿里為右丞姚樞為左丞亨為僉省阿合馬
所忌以誣免官會國兵圍襄樊廷議河南行省調發
事水陸供饋未嘗有闕亨之力為多十年還京師

方欲柄用之遷嬰末疾十四年卒年七十一子紹庭
雲南諸路肅政廉訪司副使

程思廉

程思廉字介南其先洛陽人元魏時以豪右徙雲中
遂家東勝州父恒國初佩金符為沿邊監權規運使
解州鹽使思廉用太保劉秉忠薦給事裕宗潛邸以
謹愿聞命為樞密院監印平章政事哈丹行省河南
署為都事丞相史天澤器之時方規取襄樊使任
轉餉築城置倉以受粟轉輸者與民爭門不時至思
廉令行者異路粟至多露積一夕大雨思廉安卧不

起省中召詰之思廉曰此去敵近中夜騎動衆必驚
疑或致他變縱有漂溺不過軍中一日糧耳聞者趣
之至元十二年調同知淇州徙東平路判官入為監
察御史以劾權臣阿合馬繫獄其黨巧為機穽思廉
居之泰然卒不能害累遷河北河南道按察副使道
過乾德聞兩河歲饑而徵租益急欲止之有司謂法
當上請思廉曰民急就食豈得已我
使者集官屬請絕河止之思廉曰若然民已不堪命矣即移文罷徵後
果得請二十年河北復大饑流民渡河求食朝廷遣
天下一家河北河南皆吾民也丞令縱之且曰雖得

元史列傳卷平 七

罪死不恨童上不之罪也衛輝懷孟大水思廉臨視
眼貧全活甚衆水及城不沒者數板即修隄防露宿
督役水不為患衛人德之遷陝西漢中道按察使以
母老不赴俄丁母憂二十六年立雲南行御史臺起
復思廉為御史中丞始至蠻夷酋長來賀詞若遜而
意甚倨思廉奉宣上意綏懷遠人且明示禍福使毋
自外聞者懾服雲南舊有學校而禮教不興思廉力
振起之始有從學問禮者成宗即位除河東山西廉
訪使太原歲飼諸王駞馬一萬四千餘匹思廉為請
止飼千匹平陽諸郡歲輸租稅於北方民甚苦之思

廉為請得輸河東近倉舊法決事咸有議劉權歸曹
吏思廉自判牘尾某當某罪吏皆束手思廉累任風
憲剛正疾惡言事劃切如請早建儲貳訪求賢俊辨
車服議封謚養軍力定律令皆急務也與人交有終
始或有疾病死喪問遺賙郵往逶數百里不憚勞仍
為之經紀家事撫視其子孫其於家族尤盡恩意好
薦達人物或者以為好名思廉曰若避好名之譏人
不復敢為著矣卒年六十二謚敬肅

烏古孫澤

烏古孫澤字潤甫臨潢人其先女真烏古部因以為
氏祖璧仕金為明威將軍資用庫使從金主遷汴汴
城陷轉徙居大名父仲偑儻有奇節遭金季世憤無
所施用高言危行觀交避之遂縱酒陽狂以自晦然
教澤特嚴澤性剛毅讀書舉大畧一切求諸巳不事
童台才幹過人世祖將耶江南澤以選輸鈔至淮南
飼軍丞相阿术見而奇之補淮東大都督府掾至元
十四年元帥宋廣王
師府提控案牘時宋廣王擾福州改元炎興度我軍
且至遂入于海復聚兵甲子門其將張世傑攻泉州
興化守臣陳瓚舉郡應之文天祥置都督府于南劍

元史列傳卷平 六

州守臣張清行都督府事謀復建寧閩中郡縣往往
復從宋江東大擾都時軍浙東建信告急咬都謀
于衆曰我軍當何先澤曰彼懷閩廣而我往浙右非策
之善譬之伐木孫除其根當先向南會行省撤咬都與
左丞出會兵甲子門遂退度十月收福州進攻興化
殺其咬都怒其民反覆下令屠城澤屢諫不聽後前
說曰世傑不虞我師遂至暮且失守比我定興化整兵
新得泉州民志未固兵莫若開其遺民使走泉南扇
而南彼樹植將曰固兵莫若開其遺民使走泉南扇

動之世傑將膽落而走是我不戰而完泉州捷於吾
兵之馳救也咬都喜開南門縱民去因得脫死者甚
衆世傑得逃民知興化已破乃艀泉州圍去咬都至
泉州部署別將裝大艦趣甲子門自將下漳州軍于
海豐引精騎與塔出會十二月入廣州十五年春正
月還擊潮州守將馬發備禦甚固澤曰潮人所以城
守不下者以外多壁壘為之援應也第翦其外應
必覆矣乃分兵攻其一大壘破之餘壘盡散走二旬
而潮拔馬發死焉既而文天祥潰於江西廣王罷
張世傑死于海中咬都還軍福建夏五月詔立行中

書省于福建以咬都行省參知政事澤行省都事從朝
京師命知興化軍賜金織衣賞其善謀也繼政興化
軍為授總管府事民歌舞迎候于道曰是吾
民復生之父母也喜極以泣郡新殘于兵白骨
在野首下令掩埋之又衣食其流離之民有棄子于
道者置慈幼局令曹籍而撫育之郡中惡年少喜為不義
以資求冤名伍異後得計功版授官吏恐激變不
敢詰澤悉追踵所授民多戰死者至是吏援例將籍其
瓚以郡應張世傑誅民陳
産澤語曰國家至仁誅止陳瓚從瓚者猶蒙宥民

奈何連坐函為令曰民不革詿誤從陳瓚誅及鬪死
無後者其田廬貲產並給其族姻有司無所與也不
能逆乃止當江南未定盜賊所在之民自相什伍
保衛鄉里及時平行省議籍為兵上下洶洶澤白行
省曰國兵非少少籍民以示少非所以安反側也且
當籍者衆民或有他心議遂格澤又與學校召長老
及諸生講肄經義行鄉飲酒禮旁郡聞而慕之興化
故號多士咸知嚮慕以澤與常袞方儀並肖像祠
于學官至元二十一年調永州路判官湖廣平章政
事要束木貪縱淫虐誅求無厭或妄言初歸附時州

縣長吏及吏胥寫人比屋欲銀將輸之官銀已具而
事遂中止要束木即下令責民自實使者旁午隨地
置獄株連蔓引備極慘酷民以考掠瘐死者載道所
復不貲要束木盡掩有之有使至永澤戒吏羞供帳
豐酒食務順適其意使者感愧無所發其毒因間以
利害曉之一郡由是獲安是歲盜起寶慶武岡皆永
旁郡也行省遣澤計平之俘獲五百餘人藺出其詿
誤者百有五十人上書言狀誅其首惡者三十一人
餘得減死二十六年丞相桑哥建議考校錢穀天下
騷動澤嘆曰民不堪命矣即自上計行省要束木怒

元史列傳卷平 三十二

曰郡國錢糧無不增羨求州何為獨不然此直孫府
判倚其才辨慢我巫拘繫之非死不釋也明年桑哥
敗要束木伏誅澤始得釋二十九年湖廣平章政事
闍里吉思薦澤才堪將帥以行省員外郎從征海南
黎黎人平軍還上功授廣南西道宣慰司置元帥府
併左右兩道歸廣西宣慰司澤為廣西兩
江道宣慰副使僉都元帥府事兩江荒遠癉癘與百
夷接不知禮法澤作司規三十有二章以漸為教其
民至今遵守之乃省廡置二十二所以紓民力歲饑
上言蠲其田租發象州賀州官粟三千五百石以賑

饑者既發乃上其事時行省平章哈剌哈孫察其心
誠愛民不以專擅罪之邕管徼外蠻獠為寇澤循行
並徼得院趣布畫遠邇募民伉健者四千六百餘
戶置雷留那扶十屯列營堡以守之陂水墾田築八
堰以節瀦洩得稻田若干畝歲收穀若干石為軍儲
邊民賴之海北元帥薛赤干賦縱所掠男女四百八十
治澤馳至雷州盡發其奸贓繼以法得
二口牛數千頭金銀器物稱是海北之民欣忻相慶
御史臺言烏古孫澤奉使知大體如汲長孺為將計
萬全如趙充國可屬大任詔擢為海北海南廉訪使

元史列傳卷平 二十三

孫景頁

故例圭田至秋乃入租後遂計月受之澤視事三月
民輸租計米五百石澤曰夫子有言事君者先其事
後其食吾涖政日淺而受祿四倍非情所安量食而
入餘悉委學官給諸生以勸業常曰士非儉無以養
廉非廉無以養德身一布袍數年妻子朴素無華人
皆言之澤不以為意也雷州地近海潮汐齧其東南
陂塘鹹農病焉而西北廣行平袤宜為陂塘澤行視
城陰曰三溪徒走海而不以灌溉此史起所以薄西
門豹也乃教民浚故湖築大堤堨三溪瀦之為斗門
七堤堨六以制其贏耗釀為渠二十有四以達其注

輸渠皆支別為畎澮守視者時其啓閉計得良田數千頃瀕海廣潟並為膏土民歌之曰歸國兮田兮孫父之教渠之決決兮長我秔稻自今有年兮無旱無澇至大元年改福建廉訪使澤宿有德於閩閩人之有芝五色產於憲司之澄清堂士民以為澤之所致以母年踰八十未歸養長沙歲餘母夜毀卒妻杜以夫死飲食不入口者十有三日不死乃復食澤積官自承直郎至中大夫諡正憲子良禎仕至中書右丞以功名終

元史列傳卷五十

趙炳

趙炳字彥明惠州藁陽人父弘有勇略國初為征行兵馬都元帥積階奉國上將軍炳幼失怙恃鞠於從兄歲饑性平州就食遇盜欲殺之兄解衣就縛炳年十二泣請代兄盜驚異舍之而去甫解衣以勳閥之子侍世祖於潛邸恪勤不怠遂蒙眷遇世祖次桓撫間以炳為撫州長城邑規制為之一新已未王師伐宋未幾北方有警括兵欲燕薊騷動王師北還炳遠近中途具以事聞追所括兵及橫斂財物悉歸於民世祖嘉其忠中統元年命判北京宣撫司事北京控制遼東當夷雜處號稱難治時參知政事楊果為宣撫使聞炳至喜曰吾屬無憂矣三年括北京鷹坊等戶丁為兵繩其賦令炳總之時李璮叛據濟南炳請討之國兵圍城炳將千人獨當北面有所俘獲即縱遣去曰脅從之徒不足治也濟南平入為刑部侍郎未幾中書省斷事官時有媵奴登龍舟者即按之以法峻然非循情者改樞密院斷事官濟南路總管至止罪首惡餘黨解散歲凶發廩賑民而後以聞朝廷君職當為也帝怒命之出旣而謂侍臣曰炳用法太金虎符加昭勇大將軍濟南路總管賜

元史列傳卷五十

遷遼東提刑按察使遼東聞其求豪猾屏跡至元九年帝念關中重地風俗強悍思得剛鯁舊臣以臨之授炳京兆路總管府尹皇子安西王開府於秦詔治宮室悉聽炳裁製王府吏卒橫暴擾民者即建白繩以法王命之曰後有犯者勿復啓請若自處之自是豪猾歛戢泰民以安有盲以辭州鹽賦給王府經費歲父積通二十餘萬緡有司追理僅覆三之一民已不堪炳密啓王曰十年之逋責償一日其孰能堪興其裒歛病民孰若惠澤加於民乎王善其言遽命免徵會王北伐詔以京兆一年之賦充軍資炳復請

回所徵通課足佐軍用可貸歲賦以緩民力令下衆
民大悅十四年加鎮國上將軍安西王相王府冬居
京兆夏徙六盤山歲以為常王既北伐六盤守者擴
亂炳自京率兵徃捕甫及再旬元惡授首十五年
春六盤再亂載襄白若此關中事煩可知已詢及民
加是歲十一月王薨之後秋被吉入見嬖帝勞
之日卿去轂健飲以上尊馬運政中奉大夫安西王相
間利病炳悉陳之因言王薨之後運使郭琮郎中郭
叔雲竊弄威柄恣為不法帝卧聽遷起曰開卿斯言
使老者增健飲以上尊

元史列傳卷五十　益

魚陝西五路西蜀四川課程屯田事餘職如故即令
乘傳偕勅使數人徃按琮等至則琮假嗣王旨入炳
罪叔炳妻孥囚之時嗣王之六盤徙炳子仁榮於平涼
崆峒山囚閉炳且械琮黨偕來琮等留使者醉以酒
馳駟而西脫炳於平涼獄中其夜星隕有聲如雷年五
先遣人毒炳
十九年十七年三月也帝聞之撫髀嘆曰失我良臣
俄械琮等百餘人至帝親鞫問之既得其情各伏辜
命仁榮手刃琮叔雲於東城籍其家以付仁榮仁榮
曰不共戴天之人所蓄之物皆取於民何忍戾之帝

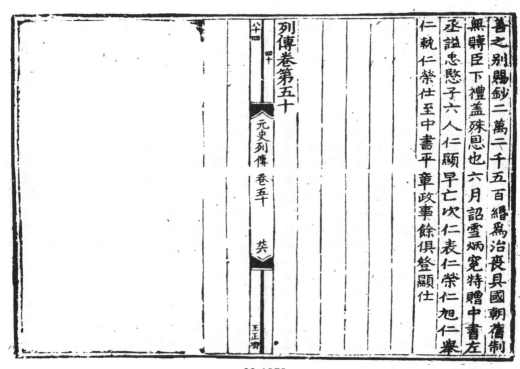

善之別賜鈔二萬二千五百緡為治喪具國朝舊制
無賻臣下禮蓋殊恩也六月詔雪炳冤特贈中書左
丞諡忠愍子六人仁顯早亡次仁表仁榮仁旭仁學
仁軏仁榮仕至中書平章政事餘俱登顯仕

列傳卷第五十

元史列傳卷五十　共

王正卿

翰林學士亞中大夫知制誥兼脩國史臣宋濂　翰林待制承事郎兼脩制誥同知制誥兼脩國史院編脩官臣王褘等奉勅脩

勅脩

楊恭懿

楊恭懿，字元甫，奉元人。力學強記，日數千言，雖從親逃亂，未嘗廢業。年十七，西還。家貧服勞為養，暇則就學，書無不讀，尤深於易、禮、春秋。後得朱熹集註四書，歎曰：人倫日用之常，天道性命之妙，皆萃此矣。父沒，水漿不入口者五日。居喪盡禮。宣撫司、行省凡書、記、碑不就。至元七年，與許衡俱被召，恭懿不至。衡

拜中書左丞，日於右相安童前稱譽恭懿之賢，丞相以聞。十年，詔遣使名召之，以疾不起。十一年，太子下教中書，俾如漢惠聘四皓者以聘恭懿，丞相道國王和童元智為書致命，乃至京師。既入見，世祖遣國王和張勞其遠來，繼又親詢其鄉里族氏師承子姓，無不周至。命篤之。其言秘侍讀學士徒單公履請設取士科。悉十二年正月二日，帝御香殿，以大軍南征使久不至。命塋之。其言明詔有謂士不治經學孔孟，詔與恭懿議之。恭懿言明詔誠萬世治安之本，今欲取士宜勅有司舉有行檢通經史之士，使無投牒自售之道，日為賦詩空文斯言，士宜勅有司舉有行檢通經史

〈元史列傳卷五十一　一〉　王子文

試以經義論策，夫既學則士風還淳，民俗趨厚，國家得才矣。奏入，帝善之。會北征，恭懿遂歸田里。盈十六年，詔安西王相敕遣赴闕入見，詔於太史院改曆。十七年二月進奏曰：臣等偏考自漢以來曆書四十餘家，精思推筭，舊儀難用，而新者未備，今權以新儀木表與舊儀所測相較，得今歲冬至晷景及日躔所在，與列合分度之差，大都北極之高下晝夜刻長短，此參以古制，創立新法，推筭皆有據依。立法全誤，故習顧亦無之。前改曆者附會元曆，更日立法全誤，故習顧亦無愧然。必每歲測驗修改，積三十年，庶盡其法，可使如三代日官，世專其職，測驗良久，無改歲差之事失，又合朔。議曰：日行曆四時一周，謂之一歲；月躔一周復與日合，謂之一月。言一月之始，日月相合，故謂合朔。自秦廢曆紀，漢太初止用平朔法，大小相間，故朔或有二大者，故日食多在晦日或二日，測驗時刻亦鮮中。宋何承天測驗四十餘年，進元嘉曆，始以月行遲速定小餘，以正朔望，使食必在朔，名定朔法。有三大二小時，以興舊法罷之。梁虞劇造大同曆，隋劉焯造皇極曆，皆用定朔，為時所阻。唐傅仁均造戊寅曆，定朔始得

〈元史列傳卷五十一　二〉　王子文

行貞觀十九年四月頻大人皆異之竟改從平朔李
淳風造麟德曆雖不用平朔遇四大則避人言以平
朔間之又希合當世為進朔法使無元日之食至一
行造大衍曆謂天事誠密四大二小何傷誠為確論
然亦循常不改臣等更造新曆一依前賢定論推算
合朔之數也詳見郭二老自勞也授集賢學士
命許衡及恭懿起曰卿二老自勞也授集賢學士
兼太史院事十八年辭歸二十年以太子賓客召二
十二年以昭文館學士領太史院事召二十九年以

《元史列傳卷五十一》　三　〔王恂〕

議中書省事召皆不行三十一年卒年七十

王恂

王恂字敬甫中山唐縣人父良金末為中山府掾時
民遭亂後多以註誤繫獄良前後所活數百人已而
棄去吏業潛心伊洛之學及天文律曆無不精究年
九十二卒母劉氏授以千字文再過目即成誦六歲就
學十三學九數輒造其極歲己酉太保劉秉忠北上
途經中山見而奇之及南還從秉忠學於磁之紫金
山癸丑秉忠薦之世祖召見于六盤山命輔導裕宗

為太子伴讀中統二年擢太子贊善時年二十八三
年裕宗封燕王守中書令兼判樞密院事敕兩府大
臣凡有咨稟必令王恂與聞初中書令恂講解集唐
虞以來嘉言善政為書以進世祖嘗令恂講解之政
太子受業焉又詔恂於太子起居飲食慎為調護非
所宜接之人勿令得侍左右恂言太子天下本付託
至重當延名德與之居處尤不可非其人民至愚而
條所當編覽廢務亦當屢省官吏以罪免者毋使更
進軍官害人改用之際尤不可非其人改詔
變亂之餘吾不之疑則反覆化為忠厚帝深然之恂

《元史列傳卷五十一》　四　〔王恂〕

早以筭術名裕宗嘗問為恂曰筭數六藝之一定國
家安人民乃大事也每侍左右必發明三綱五常之
學之道及歷代治忽興亡之所以然又以遼金之事
近接耳目者區別其善惡論著其得失上之裕宗問
以心之所守恂曰許衡嘗言人心如印板惟板本不
差則雖摹千萬紙皆不差本既差則摹之於紙無不
差者裕宗深然之詔擇勳戚子弟使學於恂師道卓
然及恂從裕宗撫軍稱海乃以諸生屬之許衡及衡
告老而去後命恂領國子祭酒國學之制實始於此
帝以國朝承用金大明曆歲久寖疏欲釐正之知恂

精於算術遂以命之恂薦許衡能明曆之理詔驛召赴闕命領改曆事官屬悉聽恂與衡及楊恭懿郭守敬等編考曆書四十餘家晝夜測驗創立新法恭以古制推算極為精詳在守敬傳十六年授嘉議大夫太史令十七年曆成詔賜名授時曆以其年冬頒行天下十八年居父喪哀毀日飲勺水遂得疾帝命世子侍慰諭之未幾卒年四十七初恂病裕宗屢遣醫診治及葬賻鈔二千貫後帝思定曆之功以鈔五千貫賜其家贈推忠守正功臣光祿大夫司徒上柱國定國公諡文肅賓並從許衡游得星曆之傳於家學裕宗嘗召見語之曰汝父起於書生貧無貲蓄今賜汝鈔五千貫用盡可復以聞恩恤之厚如此寬由保章正歷兵部郎中知蠡州賓由保章副累遷秘書監

郭守敬

郭守敬字若思順德邢臺人生有異操不為嬉戲事大父榮通五經精於算數水利時劉秉忠張文謙張易王恂同學於州西紫金山榮使守敬從秉忠學中統三年文謙薦守敬習水利巧思絕人世祖召見面陳水利六事其一中都舊漕河東至通州引玉泉水

以通舟歲可省僦車錢六萬緡通州以南於藺榆河口徑直開引由蒙村跳梁務至楊村還河以避浮雞淈盤淺風浪遠轉之患其二順德達活泉引入城中分為三渠灌城東地其三順德澧河東至古任城失其故道沒民田千三百餘頃此水開修成河桃杙其田即可耕種自小王村徑滹沱合入御河通行舟楫其四磁州東北澧漳二水合流處引水由澧陽邯鄲洺州永年下經雞澤灌田三千餘頃其五懷孟沁河雖澆灌猶有漏堰餘水東與丹河餘水相合引東流至武陟縣北合入御河可灌田二千餘頃其六黃河自孟州西開引少分一渠經由新舊孟州中間順河古岸下至溫縣南復入大河其間亦可灌田二千餘頃每奏一事世祖嘆曰任事者如此人不為素餐矣授提舉諸路河渠四年加授銀符副河渠使至元元年從張文謙行省西夏先是古渠在中興者一名唐來其長四百里一名漢延長二百五十里它州正渠十皆長二百里支渠大小六十八灌田九萬餘頃兵亂以來廢壞淤淺守敬更立閘堰皆復其舊二年授都水少監守敬言舟自中興沿河四晝夜至東勝可通漕運及見查泊兀郎海古渠甚多宜加修理

又言金時自燕京之西麻峪村分引盧溝一支東流，穿西山而出，是謂金口。其水自金口以東，燕京以北，灌田若干頃，其利不可勝計。兵興以來，典守者懼有所失，因以大石塞之。今若按視故蹟，使水得通流，上可以致西山之利，下可以廣京畿之漕。又言當於通州西預開減水河，西南還大河，令其深廣，以防漲水突入之患。帝善之。十二年，丞相伯顏南征，議立水站，命守敬行視河北山東可通舟者，圖奏之。初秉忠以大明曆自遼金承用二百餘年，浸以後天，議欲修正，而辛年。十三年，江左既平，帝思用其言，遂以守敬與王恂率南北日官，分掌測驗，推步於下，而命文謙與樞宻張易為之主領，裁奏於上，左丞許衡參預其事。敬首言曆之本在於測驗，而測驗之器莫先儀表。今司天渾儀，宋皇祐中汴京所造，不與此處天度相符，比量南北二極，約差四度，表石年深，亦復欹側。守敬乃盡考其失而移置之，既又別圖高表，以候景。重棚創作簡儀、高表，用相比覆。又以為天樞附極而勤，昔人嘗展管望之，未得其的，作候極儀，極辰既位，天體斯正。作渾天象，象雖形似，莫適所用，作玲瓏儀。以表之矩方測天之正圓，莫若以圓求圓，作仰儀。古

有經緯結而不動，守敬易之，作立運儀。日有中道，月有九行，守敬一之，作證理儀。表高景虛，圖象非真，作景符。月雖有明，察景則難，作闕几。曆法之驗，在於交會，作日月食儀。天有赤道，輸以當之，兩極低昂，標以指之，作星晷定時儀。又作丸表、懸正儀、座正儀，為四方行測者所用。又作仰規覆矩圖、異方渾蓋圖、日出入永短圖，與上諸儀互相參攷。十六改局，為太史院，以恂為太史令，守敬同知太史院事，給印章，立官府。及奏進儀表式，守敬當帝前，指陳理致，至於日晏，帝不為倦。守敬因奏唐一行開元間，令南宮說天下測景書，中見者九十三處。今疆宇比唐尤太，若不遂方測驗，日月交食分數時刻不同，畫夜長短不同，日月星辰去天高下不同，即目測驗人少，可先南北立表，取直測景。驗可其奏，遂設監候官一十四負，分道而出，東至高麗，西極滇池，南踰朱崖，北盡鐵勒，四海測驗九二十七所。十七年，新曆告成，守敬與諸臣同上奏曰：臣等竊聞帝王之事，莫重於曆。自黃帝迎日推策，帝堯以閏月定四時成歲，舜在璇璣玉衡以齊七政。爰及三代，曆無定法，周秦之間，閏餘乖次。西漢造三統曆，百二十年而後是非始定。東漢

造四分曆七十餘年而儀式方備又百二十一年劉洪造乾象曆始悟以月行有遲速又百八十年姜岌造三紀甲子曆始悟以月食衝檢日宿度所在又五十七年何承天造元嘉曆始悟以朔望及弦昏定大小餘又六十五年祖沖之造大明曆始悟太陽有歲差之數極星去不動處一度餘又五十二年張子信始悟日月交道有表裏五星有遲疾留逆又三十三年劉焯造皇極曆始悟日行有盈縮又三十五年傅仁均造戊寅元曆頗採舊儀始用定朔又四十六年李淳風造麟德曆以古曆章部元首分度不齊始為總

法用進朔以避晦晨月見又六十三年一行造大衍曆始以朔有四大三小定九服交食之異又九十四年徐昂造宣明曆始悟日食有氣刻時三差又百三十六年徐承嗣造紀元曆始悟食甚泛餘差數以上計千一百八十二年曆經七十改其創法者十有三家自是又百七十四年聖朝專命臣等改治新曆臣等用創造簡儀高表憑其測實數所考正者七事一曰冬至自丙子年立冬後依每日測到晷景逐日取對冬至前後日差同者為準得丁丑年冬至在戊戌日夜半後八刻半又定丁丑夏至在庚子日夜半

後七十刻又定戊寅冬至在癸卯日夜半後三十三刻已卯冬至在戊申日夜半後五十七刻庚辰冬至在癸丑日夜半後八十一刻近相符前後應準二日歲餘自大明曆以來九測景驗氣得冬至時刻真數者有六用以相距各得其時合用歲餘今考驗四年每歲合得三百六十五日二十四刻二十五分為今曆歲餘合用自大明壬寅距今日八百一十年每歲合得三百六十五日二十四刻二十五分其數相符之數三曰日躔用至元丁丑四月癸酉望月食既推

求日躔得冬至日躔赤道箕宿十度黃道箕九度有奇仍憑每日測到太陽躔度或憑星測月或憑星測日或憑星度測到太陽躔度或憑月測月或憑月測卯十二月九三月又得一百三十四事皆躔於箕與日食相符四曰月離自丁丑以來至今憑每日測到逐時太陰行度推算變從黃道求入轉遲疾并平行屢前後九十三轉計五十一事內除去不真的外有三十事得大明曆入轉後天又因考驗交食加大明曆三十刻與天道入交自丁丑五月以來憑每日測到太陰去極度數比擬黃道去極度得月道交於黃道共得八事仍依日食法度推求皆有食

分得入交時刻與大明曆所差不多六日二十八宿
距度自漢太初曆以來距度不同互有損益大明曆
則於度下餘分附以太半少皆私意牽就未嘗實測
其數今新儀皆細刻周天度分每度爲三十六分以
曰日出入晝刻數與大都不同今更以本方北極出地高
距線代管窺宿度餘分依實測不以私意牽就七
下黃道出入內外度立術推求每日日出入晝夜刻
得夏至極長日出寅正二刻日入戌初二刻晝六十
二刻夜三十八刻冬至極短日出辰初二刻日入申

正二刻晝三十八刻夜六十二刻永爲定式所創法
九五事一曰太陽盈縮用四正定氣立爲升降限依
立招差求得每日行分初末極差積度比古爲密二
曰月行遲疾古曆皆用二十八限今以萬分日之八
百二十分爲一限九析爲三百三十六限依垜疊招
差求得轉分進退其遲疾度逐時不同盖前所未
有三曰黃赤道差求方圓斜直所容求到度率積差
算術句股弧矢方圓斜直所容求到度相減相乘今依
與天道實胐合四曰黃赤道內外度攄黑年實測內
外極度二十三度九十分以圓容方直矢接句股爲

法求每日去極與所測相符五日白道交周舊法黃
道變推白道以斜求斜今用立渾比量得月與赤道
正交距春秋二正黃赤道正交一十四度六十六分
擬以爲法推白道交周每交二十八宿度分盡十
九年怕卒時曆雖頒然其推步之式與夫立成之數
尚皆未有定藁守敬於是比次篇類整齊分秒裁爲
推步七曆立成二卷曆議擬藁三卷轉神選擇二卷
上中下三曆注式十二卷二十三年繼爲太史令遂
上表奏進又有時候箋注二卷修改源流一卷其測
驗書有儀象法式二卷晷景考二十卷五星細

行考五十卷古今交食考一卷新測二十八舍雜坐
諸星入宿去極一卷新測無名諸星一卷月離考一
卷並藏之官二十八年有言瀘溝自麻峪可至尋麻
而上可至開平有言灤河自永平挽舟踰山泊自西
遣守敬相視灤河既不可行瀘溝亦不通守敬因
陳水利十有一事其一大都運糧河不用一畝泉舊
原別引北山白浮泉水西折而南經甕山泊自西水
門入城環匯於積水潭復東折而南出南水門合入
舊運糧河每十里置一牐比至通州九爲牐七距牐
里許上重置斗門互爲提閘以過舟止水帝覽奏喜

曰當速行之於是復置都水監俾守敬領之帝命丞
相以下皆親操畚挶倡工待守敬指授而後行事先
是通州至大都陸運官糧歲若干萬石方秋霖雨驢
畜死者不可勝計至是皆罷之三十年帝還自上都
過積水潭見舳艫敝水大悅名曰通惠河賜鈔
萬二千五百貫仍以舊職兼提調通惠河漕運事守
敬又言於澄清閘稍東引水與北壩河接且立牐麗
正門西令舟楫得環城往來志不就而罷三十一年
拜昭文館大學士知太史院事大德二年召守敬至
上都議開鐵幡竿渠守敬奏山水頻年暴下非大為

渠堰廣五七十步不可執政吝於工費以其言為過
縮其廣三之一明年大雨山水注下渠不能容漂沒
人畜廬帳幾犯行殿成宗謂宰臣曰郭太史神人也
惜其言不用耳七年詔內外官年及七十並聽致仕
獨守敬不許其請自是翰林太史司天官不致仕定
著為令延祐三年卒年八十六

楊桓

楊桓字武子兗州人幼警悟讀論語至宰予晝寢章
慨然有立志由是終身非疾病未嘗晝寢冠為郡
諸生一時名公咸稱譽之中統四年補濟州教授後

由濟寧路教授召為太史院校書郎奉敕撰儀表銘
曆日序文辭典雅賜楮幣千五百緡辭不受還祕書
監丞至元三十一年拜監察御史有得至璽於木華
黎曾孫碩德家者桓辨識其文曰受天之命既壽永
昌乃言曰此歷代傳國璽也亡之久矣今皇太
要駕皇太孫龍飛而璽後出于徽仁裕聖皇后成
即為文述璽始末奉上于徽仁裕聖皇后成宗即位
桓疏上時務二十一事一曰郊祀天地二曰親享太
廟四時之祭三曰先定首相四曰朝見羣臣訪問
時政得失五曰詔儒臣以時侍講六曰設太學及府

州儒學教養生徒七曰行誥命以襃善叙勞八曰異
章服以別貴賤九曰正禮儀以肅官庭十曰定官制
以省內外冗負十一曰講宄錢穀以裕國用十二曰
訪求曉習音律者以恊太常雅樂十三曰國子監不
可隸集賢院宜正其名十四曰試補六部寺監及府
州司縣吏十五曰增內外官吏俸祿十六曰禁父子
骨肉奴婢相告許者十七曰定婚姻聘財十八曰罷
行用官錢營什一之利十九曰後贅壻以別輕重之
罪二十曰郡縣吏自中統前仕官者宜加優異二十
一曰為治之道宜各從本俗疏奏帝嘉納之未幾陞

秘書少監預修大一統志秩滿歸兗州以貲業悉讓
弟楷鄉里稱焉大德三年以國子司業召未赴卒年
六十六桓為人寬厚事親篤孝博覽羣籍尤精篆籀
之學著六書統六書泝源書學正韻大抵推明許慎
甲申登進士第會參政李諤行大司農於許果以詩
送之諤大稱賞歸言於朝用為偃師令到官以廉幹
之說而意加深皆行于世

楊果

楊果字正卿祁州蒲陰人幼失怙恃自宋還真復徙
居許昌以章句授徒為業流寓轗軻十餘年金正大
稱改蒲城改陝冑劇縣也果有應變材能治煩劇諸
縣以果治效為最金亡歲己丑楊奐徵河南課稅起
果為經歷未幾史天澤經略河南果為參議時兵革
之餘法度草創果隨宜䂮畫民賴以安世祖中統元
年設十道宣撫使命果為北京宣撫使明年拜參知
政事及例罷猶詔與左丞姚樞等日赴省議事至元
六年出為懷孟路總管大修學廟以前嘗為中書執
政官移文申部特不署名以老致政卒于家年七十
五諡文獻果性聰敏美風安工文章尤長於樂府外
若沈黙内懷智用善諧謔聞者絶倒微時避亂河南

娶鞾旅中女後登科歷顯仕竟與偕老不易其初心
人以是稱之有西巖集行於世

王構

王構字肯堂東平人父公淵遭金末之亂其兄三人
輩家南奔公淵獨撐死守墳墓伏莽中諸兄呼之
不出號慟而去卒得存其家而三兄不知所終構少
穎悟風度凝厚學問該博文章典雅弱冠以詞賦中
選為東平行臺掌書記從政賈貞一見器重俾其
子受學焉至元十一年授翰林國史院編修官時遣
丞相伯顏伐宋先下詔讓之命構草以進世祖大
悅宋亡構與李槃同被旨至杭取三館圖籍太常天
章禮器儀仗歸于京師九所薦援皆時之名士十三
年秋還入覲遷應奉翰林文字陞修撰丞相和禮霍
孫由翰林學士承旨拜司徒辟構為司直時丞相和
孫亦悟其姦復相和禮霍孫更張
合馬為盜擊死世祖亦悟其姦復相和禮霍孫更張
庶務構之謀畫居多歷吏部禮部郎中審四河南多
所平反改太常少卿定親事太廟儀注擇東提刑
按察副使召見便殿親授制書賜上尊酒以遣之尋
以治書侍御史召屬桑哥為相俾與平章卜忽木檢
覈燕南錢穀而督其逋負以十一月晦行期歲終後

命明年春還宿盧溝驛度逾期禍且不測謂卜忽木
曰設有罪構當以身任之不以累公也會桑哥死乃

免有旨出鈴選江西入翰林為侍講學士世祖崩構
撰諡冊成宗立由侍講為學士纂修實錄書成奪議
中書省事時南士有陳利便請搜括田賦者執政欲

勢行州縣民莫敢忤視構聞諸朝徙之北境學田為
行以疾歸東平久之起為濟南路總管諸王從之比
牧地所侵者理而歸之官貸民粟歲飢而責償不已

構請輸以明年武宗即位以纂修國史趣召赴闕拜
翰林學士承旨未幾以疾辛年六十三構歷事三朝
練習臺閣典故凡祖宗諡冊冊文皆所撰定朝廷每

有大議必咨訪焉喜薦引寒士前後省臺翰苑所辟
無慮數十人後居清要皆有名于時子興仕至中
書恭政辛官南臺御史中丞士黜淮西廉訪司僉事

皆能以文學世其家

魏初

魏初字大初弘州順聖人從祖璠金貞祐三年進士
補尚書省令史金宣宗求直言璠首論將相非人及
不當立德陵事疏奏不報後復上言國勢危逼四方

未聞有勤王之舉寵右地險食足其帥完顏胡斜虎
亦可委伏宜遣人往論大計大臣不悅而止閱數月
胡斜虎兵來援已無及金主悔為金將武仙軍次五

梁山不進求使仙者或薦璠即授朝列大夫翰林修
撰給騎四人以從至則仙已遁去部曲亦多散亡璠
奪其軍仙怒命士援刃若欲鏦璠然且引一吏與璠

辨璠不為動大言曰王人雖微序于諸侯之上將軍
餘眾保留山仙所宣論之或讒於仙謂璠欲
印子之以矯制自効金主趣其慶置得宜繼聞仙欲
撫循招集得數千人

知尊天子安知麼下無如將軍者不然吾有死無辱
軍跳山谷而左右無異心者以天子大臣故也苟不
縱不加禮奈何聽讒邪之言欲以小吏置對耶且將

命仙不能屈璠復激使進兵不應乃比還金主已還歸
祖居潛邸聞璠名徵至和林訪以當世之務璠條陳
德復邊蔡州金亡璠無所歸乃此還里庚戌歲世

便宜三十餘事舉名士六十餘人以對世祖嘉納其後
多乘用焉以疾卒于和林年七十賜諡靖肅初其從
孫也璠無子以初為後初好讀書尤長於春秋為文

簡而有法比冠有聲中統元年始立中書省辟為掾

史兼掌書記未幾以祖母老辭歸隱居教授會詔左
丞許衡學士寶默及京師諸儒各陳經史所載前代
帝王嘉言善政選進讀之士有司以初應詔帝雅重
璠名方之古直詢知初爲璠子歡獎父之即授國史
院編修官尋拜監察御史首言法者持天下之具御
史臺則守法之司也方今法有未定百司無所持循
宜叅酌考定頒行天下帝宴群臣於上都行宮有不
能醻大卮者免其冠服初上疏曰臣聞君猶天也臣
猶地也尊甲之禮不可不肅方今內有太常有史官
有起居注以議典禮記動外有高麗安南使者入

《元史列傳卷五十一》十九 繹文

貢以觀中國之儀昨聞錫宴大臣威儀弗謹非所以
尊朝廷正上下也疏入帝欣納之仍論侍臣自大興始
復爲此舉時襄樊未下將拓民爲兵或請自大興母
初言京師天下之本要在殷威建邦之初詎宜撼動
遂免括大興兵初又言舊制常叅官諸州刺史上任
三日舉一人自代況風紀之職與常員異請自今監
察御史按察司官在任一歲各舉一人所舉不
當有罰不惟砥礪風節亦可爲國得人遂舉勸農副
使劉宣出僉陝西四川按察司事歷陝西河東
按察副使入爲治書侍御史又以侍御史行御史臺

事于揚州擢江西按察使尋徵拜侍御史行臺僉遠
康出爲中丞辛年六十一子必復集賢侍講學士

焦養直

焦養直字無欲東昌堂邑人風以才器稱至元十八
年世祖改符寶郎爲典瑞監思得一儒考訂之近臣
有以養直薦者帝命召見敷對稱旨以真定路儒
學教授超拜典瑞少監二十四年從征乃顏二十八
年賜宅一區入侍帷幄陳說古先帝王政治帝聽之
每忘倦嘗語及漢高帝起自側微誦所舊聞養直從
容論辨帝即開納由是不薄高帝大德元年成宗幸

《元史列傳卷五十一》二十 繹文

柳林命養直進講資治通鑑因陳規諫之言詔賜酒
及鈔萬七千五百貫二年賜金帶象笏三年遷集賢
侍講學士賜通犀帶七年詔傅太子於宮中戒沃誠
至帝聞之大悅八年代祀南海九年進集賢學士十
一年陞太子諭德至大元年授集賢大學士謀議大
政悉與焉告老歸而卒贈資德大夫河南等處行中
書省右丞謐文靖子德方以廕爲興國路總管府判
官

孟攀鱗

孟攀鱗字駕之雲內人曾祖彥甫以明法爲西北路

《元史列傳卷五十一》二十一 繹文

招討司知事有疑獄當死者百餘人彥甫執不從後
三日得實皆釋之鶴父澤民皆金進士攀鱗幼日
誦萬言能綴文時號竒童金正大七年擢進士第仕
至朝散大夫招討使歲壬辰汴京下北歸居平陽丙
午為陝西帥府詳議官遂家長安世祖中統三年授
翰林待制同修國史至元初召見條陳七十事大抵
守令以字民儲米粟以贍軍省無名之賦罷不急之
役百司廢府統於六部紀綱制度悉由中書是為長
父之計世祖悉嘉納之咨問諄諄後論王百一許仲

元史列傳卷五十一　廿二　周士

平優劣對曰百一文華之士可置翰苑仲平明經傳
道可為後學孫式帝深然之又嘗召問宗廟郊祀儀
制攀鱗悉據經典以對時帝將親祀詔命攀鱗會太
常議定禮儀攀龍夜畫郊祀及宗廟圖以進帝皆親
覽焉復以病請西歸帝令就議陝西五路四川行中
書省事四年卒年六十四延祐三年贈翰林學士承
旨資德大夫上護軍平原郡公謚文定

尚野

尚野字文蔚其先保定人徙滿城野幼穎異祖母劉
厚資之使就學至元十八年以處士徵為國史院編

修官二十年兼與文署丞出為汝州判官廉介有為
憲司屢薦之二十八年遷南陽縣尹初至官獄訟充
斥野裁決無留滯涉旬遂無事政懷孟河渠副使會
遣使問民疾苦野建言水利有成法宜隸有司不宜
復置河渠官野聞于朝河渠官遂罷大德六年遷國
子助教諸生曰學未有得徒事華藻若持錢買水所耶
謂諸生入宿衛者歲從辛上都丞相哈剌哈孫每
學自野始俄陞國子博士誨人先經學而後文藝每
始命河渠官分學於上都以教諸生之上都分
限能自鑒并及泉而汲之不可勝用矣時學舍未備

元史列傳卷五十一　廿二　張周士

野密請御史臺乞出帑藏所積大建學舍以廣教育
仁宗在東宮野為太子文學多所裨益時從賓客姚
燧諭德蕭㪍入見帝為加禮至大元年除國子司業
近臣奏分國學西序為大都路學四年拜翰林直學
士知制誥同修國史詔野曰今初設此法冀將來者習
國學府學混居不合禮制事遂寢四年拜翰林直學
詩書優假或病其非必責效目前也眾乃服皇慶元年
陞翰林侍講學士延祐元年改集賢侍講學士兼國
子祭酒二年夏移疾歸滿城四方來學者益眾六年

卒于家年七十六贈通奉大夫太常禮儀院使護軍
追封上黨郡公諡文懿野性開敏志趣正大事繼母
以孝聞文辭典雅一本於理子師易靳州路總管府
判官師簡中奉大夫奎章閣侍書學士同知經筵事

李之紹

李之紹字伯宗東平平陰人自幼穎悟聰敏從東平
李謙學家貧教授鄉里學者咸集至元三十一年纂
修世祖實錄徵名儒充史職以馬紹李謙薦授將仕
佐郎翰林國史院編修官直學士姚燧欲試其才凡
翰林應酬之文積十餘事俾以付之之紹援筆立成
併以藁進燧驚喜曰可謂名下無虛士也大德二年
聞祖母疾辭歸復除編修官陞將仕郎六年陞應奉
翰林文字七年遷太常博士九年丁母憂累起復終
不能奪至大三年仍授太常博士階承事郎四年陞
承直郎翰林待制皇慶元年遷國子司業延祐三年
陞奉政大夫同僉太常禮儀院事惟以教育人材爲
心四年十二月陞朝列大夫同僉太常禮儀院事六
年政翰林直學士復以疾還七年召爲翰林直學士
至治二年陞翰林侍講學士知制誥同修國史三年
告老而歸泰定三年八月卒年七十三子勖蔭父職

同知諸暨州事之紹平日自以其性遇事優游少斷
故號果齋以自勵有文集藏于家

列傳卷第五十一

翰林學士承旨制誥兼修國史臣歐陽玄翰林待制兼國史院編修官臣揭傒斯等奉

勅修

張禧

▲ 元史列傳五十二　一 ▼　　趙良弼

張禧東安州人父仁義金末徙家益都及太宗下山
東仁義乃走信安時燕薊已下獨信安猶為金守其
主將知仁義勇而有謀用之左右國兵圍信安仁義
率敢死士三百開門出戰圍解以功署軍馬總管
信安踰十年度不能支乃與主將舉城內附率其部
曲從宗王合丹平定河南授管軍元帥後攻歸德飛
矢入口折其二齒鏃出項後卒賜爵縣侯禧年十六
從大將阿木魯南攻徐州歸德復從元帥察罕攻壽
春安豐廬滁黃泗諸州皆有功禧素峭直為主將所
忌誣以他罪欲害禧禧往依丞相闊闊薦禧與其子弘綱俱入見歲
己未從世祖伐宋濟江與宋兵始接戰即橋其一將
進攻鄂州諸軍宂城以入宋樹柵為夾城於內帝問敢
入戰者報不利乃命以厚賞募敢死士禧與子弘綱俱應
募由城東南入帝憫其父子俱入險地
遣阿里海牙諭禧父子止一人進戰禧所執槍中弩

▲ 元史列傳五十二　二 ▼　　趙良弼

矢而折取弘綱槍以入破城東南角有逗留不進者
十餘人立城下弘綱復奪其槍入轉戰良久禧身中
十八矢一矢鏃貫腹悶絕既甦曰得血竭飲之血出
可生世祖亟命取血竭遣道人往療之瘡既愈復從大
將納忽與宋兵戰于金口李家洲皆捷世祖即位
賜金符授新軍千戶三年從征李璮時宋將遣
夏貴攻龍最靳宿州等城禧移兵攻之貴走盡復諸
城至元元年陞唐鄧等州盧氏保甲丁壯軍總管宋
侵均州總管李王山敗走帝命禧代之三年與宋將
呂文煥戰于高頭赤山乘勝復均州四年改水軍總
管益其軍二千五百令詣水戰五年從攻襄樊六年
七月夏貴率兵援襄陽禧從元帥阿木戰却之八年
江水暴溢宋遣范文虎以戰艦千餘艘來援元帥阿
術命禧率輕舟夜銜枚入其陣中插葦以識水之深
淺及還阿木即命禧率四翼水軍進戰焚其串樓敗宋
淺水奪戰艦七十餘艘九年攻襄城破宋
將張貴于鹿門山十年行省集諸將問破襄陽下則
禧言襄樊夾漢江而城敵人橫鐵鎖置木撅千水中
可圖矣行省用其計乃破樊城而襄陽總降帝遣使
全斷鎖毀撅以絕其援則樊城必下樊城下則襄陽

錄諸將功授宣武將軍水軍萬戸佩金虎符丞相伯顔因命禧爲水軍先鋒十二年敗宋將孫虎臣于丁家洲尋移屯黃池以斷宋救兵九月從阿木與宋都統姜才戰有功加信武將軍十三年從下溫台福建十四年加懷遠大將軍江陰路達魯花赤水軍萬戸十六年入朝進昭勇大將軍招討使十七年加鎮國上將軍都元帥時朝廷議征日本禧請行即日拜行中書省平章政事與右丞

范文虎左丞李庭同率舟師泛海東征至日本禧即捨舟築壘平湖島約束戰艦各相去五十步止泊以避風濤觸擊八月颶風大作文虎庭戰艦卷壞禧所部獨完文虎等議還禧曰士卒溺死者半其脫死者皆壯士也昜若乘其無回顧心因糧於敵以進戰文虎等不從曰還朝問罪我輩當之公不與也禧乃分船與之時平湖島屯兵四千乏舟禧曰我安忍棄之遂悉棄舟中所有馬七十餘以濟其還至京師禧獨免余皆獲罪子弘綱弘綱字憲臣年十八父禧爲主將所誣繫獄將殺之弘綱直入獄中獄卒併繫之弘綱佯狂謔笑守者易之既寢遂與其父逸去後從其父攻城徇地屢有功自昭信校尉管軍總把佩

管廣威將軍招討副使加定遠大將軍招討使襲鎮江陰盜起安吉弘綱率兵往捕未踰旬擒之從征高興破建德溪寨諸賊後賜三珠虎符授昭勇大將軍河南諸翼從右丞劉深征八百媳婦國師次八番與叛蠻宋隆濟等力戰而歿贈宣忠秉義功臣資善大夫宣慰廣等封府郡公謚武宣子漢當襲職讓其弟鼎漢後爲監察御史累官至集賢直學士鼎深征中書省左丞上護軍追封鼎襲江陰水軍萬戸

賈文備字仲武祁州蒲陰人父輔仕金爲祁州刺史

賈文備

武仙悍輔膽署密令所覬圖之輔以衆歸太祖詔隸張柔以兵攻盂州慶都安平東鹿諸縣皆下之柔開帥府於蒲城命輔行元帥府事於祁州從定山東遷左副元帥柔將兵在外輔常居守累功改行軍千戸賜金符尋領順天河南等路軍民萬戸卒文備襲父千戸職張柔率兵鏖戰卻之憲宗賜弓矢銀盂歲乙卯來攻文備率兵廬州以雲梯二十餘復令襲父左副元帥職無領順天路中統三年升開元府路女真水達達等處宣慰使開元東京懿州等處宣慰使四年改授萬戸領張柔

所部軍屯亳州宋兵時鈔掠淮甸文備戰却之至元
二年加昭勇大將軍真定路總管兼府尹六年調衛
輝路總管七年授西蜀成都統軍以疾不赴八年授
宿州萬戶尋改河南等路統軍圍襄樊九年移萊州
兼水陸漕運宋兵時掠糧餉文備領之併奪其船詔
罷統軍文備入覲賜弓矢金鞍錦衣白金十一年復
授萬戶漢軍都元帥領劉整軍駐亳州宋將夏貴知
毫無備引兵來襲文備出奇邀擊大破之帝賜金
鞍金織文段白金丞相伯顏伐宋文備領左翼諸軍
以從抵郢州宋築二城夾江布戰艦數千艘于江中
陳兵兩岸軍不得進文備泛舟由淪河徑出大江攻
武磯堡乃從阿术先渡江大軍繼之遂取鄂漢以功
賜白金加昭毅大將軍守鄂州十二年從平章政事
阿里海牙趣湖南至潭州城下文備胃鋒鏑砲傷右
手流矢中左臂攻戰愈急宋臣李芾死之轉運判官
鍾蜚英等以城降十三年加昭武大將軍守潭州十
四年衡求郴等郡宼殺文備之十五年進鎮
國上將軍湖南道宣慰使徇瓊崖等州及廣東瀕海
諸城追宋王昺十六年召還拜淮東宣慰使加金
吾上將軍鎮慶元十八年復授都元帥二十年改江

東宣慰使討建寧盜黃華二十二年拜荊湖占城行
中書省參知政事二十三年改湖廣行省參知政事
二十四年致仕後十七年以疾卒延祐四年贈江西
等處行中書省左丞追封武威郡公諡莊武

解誠

解誠易州人善水戰從伐宋設方畧奪敵船千
計以功授金符水軍萬戶兼都水監使焦湖之戰獲
戰艦三百艘宋以舟師來援誠撼舟屬聲阿之援兵
不敢動急移舟抵岸乘勢追殺之奪其軍餉三百餘
觥既又從攻安豐壽復泗毫諸州俱有功又從下雲
南大理國以功賜金虎符從攻鄂奪敵艦千餘艘殺
溺敵軍甚眾世祖嘉其功嘗降制獎之至元三十年
卒贈推忠宣力功臣龍虎衛上將軍同知樞密院事
上護軍追封易國公諡武定子汝楫襲討李璮平
宋累獲功賞卒贈推忠效節功臣資德大夫中書右
丞上護軍追封易國公諡忠毅子帖哥襲從征廣西
下靜江府改授水軍招討使尋復為萬戶從征交趾
有功陞廣東道宣慰使卒贈資德大夫河南江北等
處行中書省左丞上護軍追封平陽郡公諡武宣子世英
由監察御史遷山南江北道僉事

管如德

管如德黃州黃陂縣人父景模爲宋將以蘄州降授淮西宣撫使如德爲江州都統制至元十二年亦以城降先是如德嘗被俘虜思其父與同輩七人間道南馳爲邏者所獲械送于郡如德伺邏者怠擊死數十人各破械脫走間關萬里達父景模喜曰此真吾兒也至是入觀世祖笑曰是孝於父者必忠於我矣一日授以強弓二如德以左手兼握右手悉引滿之帝曰得無傷汝後毋復然嘗從獵遇大溝馬不可越如德即解衣浮渡帝壯之由是稱爲

接都嘗貴優渥帝問我何以得天下宋何以亡如德對曰陛下以福德勝之襄樊宋咽喉也咽喉被塞不亡何待帝曰善帝又命習國書曰習成當爲朕言之一日帝語如德曰朕治天下重惜人命尢有罪者必令面對再四果實也而後罪之非如宋權姦擅權書片紙數字即殺人也汝但一心奉職毋懼忌嫉之口授湖北招討使總管本部軍馬佩金虎符是年六月丞相阿术南攻宋如德以軍爲前鋒至楊州楊子橋與宋戰晝夜不息如德先登陷陣擒其帥張都統等宋軍遂潰七月進軍佳山江上復大戰奪宋帥夏都

統牌印衣甲及餉軍海船悉送阿术所事間帝命賞之軍至鎮江如德招安諸郡守將皆望風降附丞相伯顏取臨安復選能招諸郡者眾推如德如德銜命往諭紹興諸郡皆下初世祖以寶刀賜如德及與敵戰刀刃盡缺宋平入觀如德以刀上呈自陛下向所賜刀從軍以來刀五缺一曰立帝嘉其朴十二年遷浙西宣慰使上時政五條一曰立法用人二曰息兵懷遠三曰立法用人四曰省役恤民五曰設官制祿時軍民之官廩祿未有定制故如德言及之權臣抑不得上二

年丞相阿塔海命馳驛奏出征事入見世祖問曰江南之民得無有二心乎如德對曰往歲旱潦相仍民不聊生今累歲豐稔民沐聖恩多矣敢有貳志使果有貳志臣亦故飾辭以欺陛下乎帝善其言且諭之曰阿塔海有未及者卿善輔導之有當奏聞者卿勿憚勞宜馳捷足之馬來告於朕二十四年遷江西行省參知政事如德指揮諸將討平之其時贛汀二州盜起如德破豪猾諸吏居民大悅是時二十六年遷江西行尚書省左丞時鍾明亮以循州叛殺掠州縣千里丘墟帝命如德統四省兵討之諸

將欲直擣其巢穴如德曰今田野之民疲於轉輸
介胄之士病於暴露重困斯民而自爲功吾不爲也
於是遣使諭以禍福賊感如德誠信即擁十餘騎詣
贛州石城縣降平章政事與魯赤恕其跋扈不臣欲
以事殺明亮如德聞之曰皇元仁厚未嘗殺降明亮
叛人何足惜所重者信不可失年年四十有四卒于
軍贈江西行省左丞平昌郡公諡武襄子九淳祖積
官中順大夫龍興路富州尹

趙匣剌

趙匣剌者始以父任爲千戶佩金符中統三年守東
川四年宋夏貴以兵侵虎嘯山寨元帥欽察遣匣剌
率兵往禦之貴敗(走追)至新明縣斬首三十餘級宋
劉雄飛以兵犯青居山舊府匣剌與戰於都尉壩敗
之斬首二十餘級欽察攻釣魚山遣匣剌以兵千五
百人畧地至南壩擊敗宋軍生獲軍士五十七人老
幼三百四十人從攻大良平宋督萬壽運糧至渠江
之鵝灘匣剌邀擊之斬首五十餘級宋兵大敗匣剌
亦被三創矢鏃中左肩不得出欽察惜其驍勇取死
囚二人剖其肩視骨節淺深知可出即爲鑿其創技
鏃出之匣剌神色不爲動至元三年爲東川路先鋒

使四年元帥拜苓攻開州至萬寶山遣匣剌以兵五
百人擊宋軍生獲四十八人五年燕管京兆延安兩路
新軍戍東安虎嘯山兩城宋揚立以兵護糧送大良
平匣剌察知之遂率所部兵與立戰於三重山斬首
百五十級擒獲四十餘人立敗走棄其糧千餘石因
盡奪其甲伏擒旗幟而還六年行院遣匣剌攻釣魚山
之沙市焚其廬舍從左丞曲力吉思等入朝詔賞白
金五十兩細甲一注九年統軍合剌攻釣魚山時匣
剌爲先鋒領兵千人畧地至萬樹坪與宋兵遇生獲
二十餘人斬首四十級十年三月復從行院合苔攻

釣魚山之沙市匣剌乘夜蟻附而登殺其守兵燒其
積聚生獲二十餘人以歸又擊敗宋將張珏兵於武
勝軍行院新授禮義山岊命匣剌守之十二年率舟
師會攻釣魚山戰數有功進圍重慶宋將趙安勒兵
出戰匣剌迎擊之夜二鼓敵衆大潰行院以其功
上聞未報而疾作乃遣往瀘州治疾至之夕瀘州復
叛匣剌與疾出戰遂爲其所獲與從者二十人皆死
之子世顯船橋副萬戶

周全

周全其先洮寧光州人仕宋爲武翼大夫廣南西路

馬步軍副總管至元十二年丞相伯顏
總兵下江南
全率衆來歸遂以行省檄選授衡州知州是年秋七
月入覲賜金符授衡州知州燕管軍
千戶冬十月從元帥宋都解下江西諸城邑明年進
兵福建宋制置使黃萬石降冬十月從大軍征廣東
十一月至韶州城下殿攻具率勇士先登與宋兵合
戰斬馘甚衆殺其安撫使熊飛十二月少遊騎巡廣
中遇靈星海石門敵勢甚張全奮戈殺敵乘勝奪其
旗鼓火其船及諸軍下廣州全功居多十四年從攻
廣西靜江府宋安撫李慶牽衆來降其有負固不
下者悉戰敗之奪敵艦以千計殺敵溺死者無筭兩
廣以平第功賜虎符授管軍總管十五年盜撫贛州
崖石山寨全率兵討平之焚其寨十七年進廣威將
軍管軍副萬戶鎮守龍興二十年以疾去官大德九
年卒贈懷遠大將軍南安寨兵萬戶府萬戶輕車都
尉追封汝南郡侯子祖瑞襲職

孔元

孔元字彥亨真定人驍男有智署惠丁酉棄家從軍
隸丞相史天澤麾下戊戌從取焦湖圍壽春先登拔
其西堡已亥從征安豐力戰却敵已酉從圍泗州援

之辛亥從攻五堂山寨俘其衆以歸戊午從攻樊城
親王塔察兒命取樊西堡元率死士挺身大呼擊殺
數百人斬首十九級以獻中統元年扈駕北征二年
叛王失里木等從行院別乞里迷失追其報至兀速
洋而還分軍之半扼其要害地餘衆遂潰獲輜重牛
馬帝大悅賞賚甚厚加宣武將軍右衞親軍千戶十
九年以疾卒子鷹揚襲授昭信校尉右衞親軍鴛軍
捷十四年進武畧將軍管軍千戶右衞親軍總管十
宣授管軍總管把至元十一年從伐宋明年為前鋒所向克
武義將軍侍衞親軍千戶賜佩金符明年還軍北征進
千戶仍佩金符至大元年以疾卒子成祖襲延祐二
年卒子那海襲

朱國寶

朱國寶其先徐州人後徙寶坻父存器歷官至修內
司使嘗中分存夜行廬溝橋獲金一囊坐而待其主以付之
其人請中分存器笑而遣之憲宗將攻宋募兵習水
戰國寶以職官子從軍隸水軍萬戶率銳卒於中流與宋師
世祖以兵攻鄂國寶攝千戶解誠麾下已未
鏖戰九十七戰諸軍畢濟中統二年授千戶佩銀符
三年圍李璮於濟南佩金符鎮戍海東從征襄陽攝

四翼鎮撫督造戰艦築萬山堡至元十一年援沙洋

隳新城皆與有力焉初師次江上國寶請於丞相伯

顏願當前鋒既而奪船二十艘以獻伯顏壯之宋據

上流方舟數百結為堡柵顏指示曰復能奮取是

信校尉管軍總管軍既降湖右加宣武將軍統蒙古諸

岳州與宋兵戰於岳之桃花灘獲其將高世傑進昭

平國寶即奮往破柵既渡江下鄂漢十二年進兵諸

軍鎮常德府知安撫司事時宋諸郡邑多堅守不下

國寶傳檄招諭踰月恫平惟辰沅靖鎮遠未下宋將

李信李發結武岡洞蠻分擾扼寨國寶擊敗之其衆

退保飛山新城思播等蠻來援國寶復與戰破之擒張

星沈舉等三百餘人進攻新城獲信愨等獻俘江陵

行省奏功賜金虎符十四年會諸道兵攻廣西靜江

接之進秩管軍萬戶鎮守梧州領安撫司事十五年

加懷遠大將軍初宋臨安之破也張世傑舉兵興復

閩蹄海衆復蔓時南恩新州何華張翼畢兵興復

軍勢甚盛國寶選精銳擊殺華翼擒其黨二人斬首

萬餘級俘五百餘人船七百艘奪其器無算降其

將十餘軍士二百民三萬餘戶十六年遷定遠大將

軍海北海南道宣慰使蜑賊連結礬林廉州諸洞悉

行剽掠國寶悉平之礦尸高化以懲反側任龍光等

率所部五千戶降移瓊州立官程更弊政訓兵息民

其有條制南寧謝有奎感悟以其屬來歸於是黎民降者三千戶蜑洞降

著三十所十八年破臨高蠻寇五百人招降居亥番

亳銅鼓博吐洞油等十九洞遣部將韓旺率兵署大

黎密塘橫山誅首惡李實火其巢生致大鍾小鍾諸

部長十有八人加鎮國上將軍海北海南道宣慰使

都元帥供給占城軍餉事集而民不擾二十三年遷

廣南西道宣慰使二十四年入覲帝慰勞之二十五

戶佩金虎符鎮福州次鼎次鉉

張立

張立泰安長清人初隸嚴實麾下署江淮有功署為

百戶歲戊午憲宗征蜀徵諸道兵立從行次大獲山

宋人阻山為城帶江為池恃以自固立統銳卒攻陷

外堡奪戰船百餘艘復從攻釣魚山有功賜金帛中

統初從世祖北征還授管軍總把賜銀符進侍衛軍

鎮無換金符改侍衛親軍副都指
揮使賜金虎符十四年春率步卒千人轉粟赴和林
道出應昌會酉帥畔換謀不軌以射士三千踵以備
之賊衆巳合矢如雨下初立之發上都也每車載二
板以備不虞至是建板于車矢不能入騎卒前即
以戈撞之強弩繼發賊不得近相持連日乃解去是
歲增置前後衛兵進明威將軍後衛親軍都指揮使
賜鑌珠虎符加昭勇大將軍以老乞退子珪襲珪卒
子伯潛襲

齊秉節

齊秉節字子度濱州蒲臺人父珪從嚴實攻歸德廬
州有功授無棣縣尹攝征行千戶後兼緫管鎮棗陽
中統三年李璮叛徵諸道兵進討襄陽精銳
盡行僅留羸卒千餘珪時攝萬戶府軍與宋襄鄖對
壘敵來覘虛實珪城守周密以東門外壘狹小可越
東門以板渡壘壩廣板率兵萬餘抵城
命浚之為備宋將聶都統陳緫管果率兵力戰敵退走
城賴以完事聞賜金符軍魁偉沈毅涉獵書史稍知
兵法襲父

爵仍鎮棗陽五年從伐宋築新城白河口堡鹿門山
畧地鄖州大洪山黃仙洞數著戰功七年陸上千戶
權萬戶十一年從丞相伯顏至鄖瀘舟由陸入江攻
武磯堡擒宋將間都統十二年國兵敗宋將與宋戰
虎臣舟師于丁家洲命秉節屯建康與宋將趙淮戰
于西離山追至溧陽自辰及午宋軍乃退八月遷武
義將軍十二月從定太平安慶諸郡與宋將張瓊議
戰于崑山殺之十四年授宣武將軍軍緫管時黃
州復叛令秉節往計斬余緫轄于陣十七年授明威
將軍二十三年移鎮饒州安仁劇賊蔡福一叛秉節
與有司會兵討之擒福一餘黨悉平二十五年陞廣
威將軍棗陽萬戶府副萬戶二十八年卒年六十二

子英襲

張英襲

張萬家奴

張萬家奴父札古帶事厲宗於潛邸從破金有功賜
虎符授河東南北路船橋隨路兵馬都緫管萬戶從
西征下興元圍嘉定發千軍萬家奴數從都元帥大
苔火魯征討有功中統二年從都元帥紐璘入朝授
以父官宋征入成都從行院阿朮擊破之至元四年
帥師會立眉簡二州從也速苔兒攻瀘州大敗宋軍

（《元史列傳卷五十二》 十六）

殺傷過半俘四十餘人以歸七年率諸軍城張廷平

與宋人戰斬首三百餘級獲都統一人從攻重慶破

朝陽寨圍嘉定柵平康太和懷遠諸寨分兵以守之

且日出師水陸接戰功居多而諸將攻瀘州往往失

馬湖江分兵水陸往來為游徼加昭毅大將軍以所

關而入遂援之加昭勇大將軍會圍重慶將其衆斷

約日進攻先擾神臂門為梯衝登城殺二百餘人斬

十艘自桃竹灘至折魚灘之效風火嚴號令

利乃詣闕請自任以攻取之效許之遂率舟師百五

部轉餉成都及下流諸屯尋遷招討使與都帥藥

剌海討亦奚不薛蠻平之進副都元帥詔其子孝忠

為船橋萬戶以萬家奴將四川湖南兵征哈剌章時

雲南惡昌多興羅羅諸蠻皆叛殺掠使者刼奪人民

州郡莫能制遂以其兵討之勤其衆民為之立祠二

十年從征緬戰死之雲南王命其子保童為將軍從

征入太公城有功襲副都元帥又從征至甘州山丹

亦戰死也速荅兒討亦奚不薛蠻遇其衆于會靈關追

元帥也速荅兒討亦奚不薛蠻遇其衆于會靈關追

至沙谿敗之進攻龍家寨阿那關克之遂攻亦奚不

薛營大破之又以八百人敗阿永蠻於鹿札河乘勝

至打鼓寨連破之諸蠻平以功賜金帛弓矢鞍轡還

軍成都二十二年從討烏蒙蠻復擊降大堡都掌蠻

子諸蠻加明威將軍二十七年詔從西征至沙瓜諸

州還賜虎符僉書四川等處行樞密院事院罷以本

軍萬戶鎮成都卒

郭昂

郭昂宇彥高彰德林州人習刀槊能挽強稍通經史

尤工於詩至元二年上書言事平章廉希憲材之授

山東統軍司知事尋攺經歷遷襄陽總軍司轉沅州

安撫司同知佩金符招降溪洞八十餘柵撫州張華

聚衆容山昂率兵屠之山徑木猫土獠諸洞盡降十

六年以諸洞酋入朝帝賜金綺衣鞍轡進安遠大將

軍徇沅州西南界復新化安仁二縣擒劇賊張虎縱

之曰汝非吾敵願降即來不然吾復擒汝不難也明

日虎降併其衆三千餘人悉使歸民籍軍還衆斂曰

金以獻一無所受行至江陵衆復從致金而去昂悉

上之行省宰臣令藏於庫以示諸將二十六年江西

盗起昂討之進逼南安明揚上龍巖湖綠村石門鴈

湖赤水黑風峒諸蠻立太平寨而還會大飢以賊首

家貲分賑之授萬戶賜金虎符鎮撫州未幾省檄昂

赴廣東監造戰船行至廣東界遇盜後檄諭以禍福
廣東素服其威信及見其檄即俱降授廣東宣慰使
卒年六十一子震杭州路鎮守萬戶惠僉江西廉訪
司事豫知寧都州

綦公直

綦公直益都樂安人世業農至元五年為益都勸農
官九年為沂莒膠密寧海五州都千戶十年知
賜金符命造征日本戰船于高麗時宋未下世祖知
其勇遣使召見俾與乎不烈拔都等領兵同行荆南
等處招討司事抵峽州青草灘霖雨不進屯玉泉

山率兵三千攻安進下寨破之殺宋軍百餘人獲牛
馬七百還至襄陽樞密院命督造戰艦運舟襄陽既
下奉旨領鄧州光化唐州漢軍及邳復熟券軍九千
二百人從諸軍南伐二十年冬至隆興宋軍突出城
門逆戰公直敗之追踰壕拔木焚其樓櫓
斬首萬餘級生擒七百人隆興降由是南安吉贛皆
望風歡附平堡柵六百餘所公直又令第三子忙古
台攻梅關破淮德山寨入廣東至南海皆下之詔授
公直武略將軍軍上千戶召入加昭勇大將軍管
軍萬戶佩金虎符領侍衛親軍蚺伯延伯荅罕禿忽

魯叛于西夏命公直率軍討平之十八年五月陞輔
國上將軍都元帥宣慰使鎮別十八里初帝詔以長
子泰襲萬戶公直自陳父老乞以泰為樂安縣尹
就養其父制可仍終身勿從他職至是刀以忙古
釀萬戶佩金虎符從之鎮公直陞辭曰臣父喪五年
願弃以行帝許之至家葬事畢遂計樂安稅課及貧
民逋負悉以賜金代輸之刀行二十三年諸王海都
叛侵別十八里公直從丞相伯顏進戰於洪水山敗
之追擊浸遠援兵不至第五子瑗力戰而死公直與
妻及忙古台俱陷焉二十四年忙古台奔還授定遠

大將軍中侍衛親軍副都指揮使改湖州砲手軍匠
萬戶討衛州山賊有功加昭勇大將軍泰後終於知
寧海州

楊賽因不花

楊賽因不花初名漢英字熙載賽因不花賜名也其
先太原人唐季南詔陷播州有楊端者以應募起兵
復播州遂使領之五代以來世襲其職五傳至昭無
子以族子貴遷嗣又八傳至粲粲生价价生文文生
邦憲皆仕宋為播州安撫使至元十三年宋亡世祖
詔諭之邦憲奉版籍內附授龍虎衛上將軍紹慶珎

州南平等處沿邊宣慰使播州安撫使卒年四十三
贈推忠效順功臣平章政事追封播國公謚惠敏漢
英邦憲子也生五歲而父卒二十二年母田氏攜至
上京見世祖於大安殿帝呼至御榻前熟視其眸子
花及陛辭詔中書錫宴賜金幣綵繒賚其從者有差
撫其頂憫之遂命襲父職錫金虎符因賜名賽因不
者三復因宰臣奏安邊事帝益嘉之是年改安撫司
二十五年再入覲時年十二帝見其應對明敏稱善
為宣撫司授宣撫使尋陞侍衛親軍都指揮使成宗

即位賽因不花兩入見贈謚二代大德五年宋隆濟
及折節等數詔湖廣行省平章劉二抜都指揮使也
先忽都魯奉兵偕賽因不花討之六年秋九月師出
播境連與賊遇破之前駐蹉泥賊騎猝至賽因不花
奮擊先進大軍繼之賊遂潰乘勝逐北殺獲不可勝
計遂降阿苴下笮籠望塵送欵者相繼七年正月進
屯葛窩賊衆復合又與戰于墨特川大破之折節懼
乞降斬之又擒斬隆濟等西南夷悉平四年加勳上護
花復入見進資德大夫至大四年加勳上護軍詔許
世襲播南盧崩蠻內侵詔賽因不花暨恩州宣慰使

田茂忠率兵討之以疾卒於軍年四十贈推誠爭義
功臣銀青榮祿大夫平章政事柱國追封播國公謚
忠宣子嘉貞嗣

鮮卑仲吉

鮮卑仲吉中山人歲乙亥國兵定中原仲吉首率平
灤路軍民諸軍門降太祖命為灤州節度使從阿朮
魯南征充右副元帥攻取信安關州諸城以功賜虎
符授河北等路漢軍與平路都元帥歲壬辰平祭有功
加金吾衛上將軍歲平灤州內觀察使提舉常平倉事開國侯尋
度使兼漯州管

卒子準充管軍千戶從札台火兒赤東征高麗中統
元年賜金符扈駕征阿里不哥以功受上賞三年從
征李璮至元十年授侍衛親軍千戶昭武大將軍大
都屯田萬戶佩虎符卒子誠襲授宣武將軍僉武衛親
軍都指揮使司事領兵征爪哇改授懷遠大將軍廣
東克勤于役尋以疾卒子忽篤土襲

完顏石柱

完顏石柱祖德住仕金為管軍千戶父拿住歸太祖
從征西域河西又從太宗攻下鳳翔同州有功賜號

八都兒佩銀符為同州管民達魯花赤改賜金符無

征行千戶總管八都軍憲宗以拿住年老命石柱襲

其職己未石柱從世祖征合刺章還都元帥細璘攻

馬湖江石柱奪浮橋與宋兵戰有功賞白金七百五

十兩軍龍化縣與宋兵戰大敗之中統二年授征行

萬戶佩金符三年從都元帥帖哥攻嘉定有功改賜

金虎符至元四年敗宋兵于九頂山生獲四十餘人

五年攻瀘州之水寨擊五獲寨渡馬湖江迎擊宋兵

敗之從行省也速帶兒攻建都建都降從攻嘉定復

瀘州取重慶石柱之功居多十四年遷昭勇大將軍

四川行省參知政事辛弟童龍為隨路八都萬戶

四川西道宣慰使總管隨路八都萬戶二十年拜四

十六年授四川東道宣慰使十七年改鎮國上將軍

翰林學士承旨榮祿大夫知制誥兼修國史臣宋濂等奉敕修

敕修

王綧

王綧高麗王瞰之猶子也美容儀慷慨有志略善騎
射讀書通大義以質子入朝歲癸丑高麗權臣高令
公叛憲宗命耶虎大王東征綧奉旨為使講和仍鎮
守其地時高麗人戶新附者就命綧總之中統元年
授金符捴管陸佩虎符薫領軍民三年率兵征濟南
李璮至元七年高麗臣林衍叛世祖遣頭輦哥國王

討之綧簽領部民一千三百戶與國王同行是年十
一月以疾辭還家居二十年九月卒壽六十一子三
人阿刺帖木兒龔職授虎符捴管高麗人戶至元八
年將兵討叛賊金通精賊敗走舫羅十一年進昭勇
大將軍從都元帥忽都征日本國預有戰功五年加
國上將軍安撫使高麗軍民總管尋陸輔國上將軍
東征左副都元帥十八年復征日本遇風濤遂没于
軍閩闊帖木兒入侍武宗潛邸積勞授太中大夫管
民總管兀愛襲兄阿刺帖木兒職佩金虎符授安遠大
將軍安撫使高麗軍民捴管東征左副都元帥二十

《元史列傳卷五十三》　一

四年乃顏叛力戰屢捷復從月魯帖木兒那演討塔不万朵
歡大王于蒙可山那江統兵五千餘衆與八刺哈赤
脫歡相拒絶流戰黑龍江箭中右臂忍傷復戰敵大
敗二十五年征哈丹禿魯隸平童闊里帖木兒麾下
論功居多冬十二月賊軍古都禿魯隸昭武大將軍遼陽
芋羹行中書省事又明年哈丹等入冦高麗國境遺
塞平童率兀愛討降之明年賊威大振賊遂潛遁九
兀愛鎮守仍修城壁嚴卒伍軍威大振賊遂潛遁九
月哈丹禿魯復冦纏纏春兀愛引兵擊却之二十八年
入覲世祖于內殿嘉其戰功賜尚方玉帶及銀酒器

《元史列傳卷五十三》　二

二十九年改東征左副都元帥府立捴管高麗女直
漢軍萬戶府乃授兀愛三珠虎符陸鎮國上將軍捴
管高麗女直漢軍萬戶府薫瀋陽安撫使高麗軍民

總管

隋世昌

隋世昌其先登州樓霞人父寶徙居萊陽金末隸軍
伍主帥奇其貌以為管軍謀克俄授懷遠大將軍管
軍都捴領鎮行村海口太宗下山東寶遂來歸授萊
陽令歷萊州節度判官終高密令世昌其第四子也
涉獵書史善騎射身長八尺銀渾鐵爲鎚重四十餘

斤能左右擊刺歲癸丑選充隊長宋兵來攻海州世
昌戰却之士戍克東海世昌先登陷馬軍隊官己未
攻連水城世昌樹雲梯攀緣而上身被數鎗衆從之
遂克其城世昌夜乘艨艟抵城下宋兵出戰斬首數百級
新城世昌夜乘艨艟抵城下宋兵出戰斬首數百級
刺殺其守將二人未幾連水復叛歸宋世昌軍千戶
馬寨城外宋兵來攻世昌擊走之三年改步軍千戶
陽縣諸軍奧魯長官六年伐宋七年以世昌爲淄萊
還鎮行海口至元元年朝議分揀正軍奧魯授萊
萬戶府副都鎮撫守萬山堡建言修一字城以圍襄

樊墮管軍千戶九年敗宋兵于鹿門山元帥劉整築
新門使世昌總其役樊城出兵來爭且拒且築不終
夜而就整授軍二百令世昌立礮簾於樊城欄馬墻
外夜大雪城中矢石如雨軍校多死傷達旦而礮簾
立宋人列艦江上世昌乘風縱火燒其船百餘樊城
出兵鏖戰欄馬墻下世昌流血蒲甲勇氣愈壯而樊
城竟破襄陽亦下遷武略將軍引兵由黃淀堡入漢
江破沙洋攻新城世昌坎其城而先登中數矢傷臂
兠鍪皆裂昏眩墜地少蘇復進遂下新城明日丞相
伯顏視所坎城高一丈五尺餘論功爲上從諸軍渡

江抵南岸宋兵聯舟來拒世昌舍舟師率蒙古哈必
赤軍步戰斬其將一人宋師潰世昌追之復與戰大
敗之十二年從戰于丁家洲以功陞管軍千戶佩金
符十三年圍揚州世昌絕其粮道兼搜湖泊宋兵聞
鐵鎗名不敢近揚州平充四城兵馬使從平章阿术
入見授宣武將軍管軍總管十四年戍揚州擊野人
原司空山等七寨皆下之進安撫使佩金虎符鎮徽
浦十七年拜定遠大將軍二十三年改沂郯上副萬戶
進階安遠大將軍管軍萬戶尋以獲海賊功
前後數百戰體皆金瘡竟以是疾卒年六十一封定
海郡侯謚忠勇子國英嗣

羅璧

羅璧字仲玉鎮江人父大義爲宋將璧年十三而孤
長從朱褶孫入蜀累官武翼大夫利州西路馬步軍
副揔管褶孫孜荊湖等從之至江陵右丞阿里海牙
領軍下江陵璧從褶孫降授宣武將軍管軍千戶隸
丞相阿术麾下招收淮軍討歙冠有功領本州安撫
事至元五年從元帥張弘範定廣南賜金符陞明威
將軍管軍揔管鎮金山居四年海盜屏絕徒鎮上海
督造海舟六十艘兩月而畢至元十二年始運江南

粮而河運弗便十九年用丞相伯顏言初通海道漕
運抵直沽以達京城立運粮萬戶三而以璧與朱清
張瑄為之乃首部漕舟由海洋抵楊村不數十日入
京師賜金虎符進懷遠大將軍管軍萬戶燕管海道
運粮二十四年乃顏叛壁復以漕舟至遼陽浮海抵
錦州小凌河至廣寕十寨諸軍賴以濟加昭勇大將
軍二十五年督漕至直沽潞河決水溢後及倉壁
西道宣慰司事請兩淮荒開之田給貧民耕墾三年
而後量权其入從之歲得粟數十萬斛陞鎮國上將

《元史列傳卷五十三》　五

軍海北海南道宣慰使都元帥大德三年除饒州路
挖管改廣東道宣慰使都元帥山海獠夷不沾王化
頁固反側乃誘致諸洞蠻夷首長假以官位晓以禍
福由是咸率衆以歸除都水監改正奉大夫通州復
多水患鑿二渠以分水勢又浚阜通河而廣之歲增
漕六十餘萬石奉命括兩淮屯田得疾歸鎮江而卒
年六十六子坤載

劉恩

劉恩字仁甫洛之洛水人後徙威州父辛歸國署貝
州長恩幼知讀書勇而有謀以材武隸軍籍累功為

百戶俄遷管軍總管佩銀符太傅府經歷從入蜀數
有戰功宋劉整將兵守瀘州中統三年都元帥紐璘
遣恩諭整降以功易賜金符至元三年宋將以戰船
五百艘載甲士三萬人夾江上游先以一萬人攙雲
頂山欲取漢州恩率千人渡江與戰殺其將二人士
辛三千餘人溺死者不可勝計授成都路管軍副萬
戶六年從平童賽典赤攻嘉定九頂山與宋軍遇
生擒其部將十八人械送京師賞賚甚厚九年從皇
于西平王行省也速帶兒征建都恩將游兵夜來犯之

《元史列傳卷五十三》　六

師次其地一日三戰皆捷建都兵先鋒
死者千餘人時師久駐食且盡恩畫策招諭泝江諸
蠻得糧三萬石牛羊二萬頭士氣益振建都因山為
城山有七巔恩奪其五斷其汲道建都窮蹙乃降入
朝弁管軍萬戶戍眉州十二年帥萬壽以嘉定降恩
後戍嘉定安西王遣使召恩至六盤山問曰江南已
平四川未下柰何恩曰若以重臣之不徇私者奉詔
督責之則半年可下矣王即遣恩與府傔木兒赤乘
傳以聞帝以為然命丞相不花等行樞密院於西川
授恩同僉院事十五年重慶降守將張萬走夔府以
兵固守不花遣恩招之萬以城降旬月之間得其大

陛顯武將軍十二年冬丞相伯顏命以所部兵戍宇
國下令無厲掠既至城下諭以禍福寧國開門迎降
秋毫無犯復令兵從至焦山與宋將孫虎臣張世傑
轉戰百餘里殺獲甚多以功賜金虎符進信武將軍
鎮高郵宋平伯顏等朝京師問有瘦而善戰者朕
忘其名伯顏以高山對且盛稱其功帝即召見命高
山自擇一大郡以俟老而以所部軍俾其子領之高
山辭曰臣筋力尚壯猶能為國驅馳豈敢為自安計
帝從之進顯武將軍領兵戍和林因屯田以
同忽都領三衛軍戍和林因屯田以給軍儲歲不

小州邑六十四六年入朝賞賚有加授四川西道
宣慰使改副都元帥率蒙古漢軍萬人征斡端進都
元帥宣慰使如故賜宿烈㻸衣一錦衣一及弓刀
諸物師次甘州奉詔留屯田得粟二萬餘石十八年
命恩進兵斡端海都將玉論亦撒率兵萬人迎戰游
騎先至恩設伏以待大敗之海又遣八把率衆三
萬來侵恩以衆寡不敵成師而還二十二年僉行樞
密院事卒子德祿襲成都管軍萬戶

石高山

石高山德興府人父忽魯虎以侍衛軍從太祖定中
原太宗賜以東昌廣平四十餘戶遂徙居廣平之洺
水中統三年高山因平章塔察兒入見世祖因奏曰
在昔太祖皇帝所集按察兒字羅寇里台字羅海拔
都闊闊不花五部探馬赤軍金□之後散居牧地多
有入民籍者國家土宇未一宜加招集以備驅策之
大悅曰聞卿此言猶寐而覺即命與諸路同招集之
既籍其數仍命高山佩銀符領之四年授管軍總管
鎮息州軍令嚴寇居四年邊境晏然賜金
符以獎之至元八年從取光州克棗陽進攻襄樊皆
有功十年從阿术略地淮上十一年從下江南以功

乏用乃顏叛省戰有功賜三珠虎符蒙古侍衛親軍
都指揮使守衛東宮成宗憫其老以其子闊闊不花
襲職賜鈔三百定大德七年卒於家年七十六

鞏彥暉

鞏彥暉易州人與兄彥榮俱以武勇稱初彥榮以百
夫長隸千戶何伯祥麾下累有戰功後告老以彥暉
代之諸軍伐宋彥暉從破襄陽斬首甚衆萬戶張柔
之駐曹武也彥暉與伯祥別將一軍破大洪諸寨宋
人出荊鄂選兵二萬救之彥暉與伯祥逆戰斬首五
百級生擒曹路分等一十六人是夜宋兵來攻彥暉

率甲士三十人追擊于曹武鎮敵潰走擒其主將以
歸戰光州柔軍于東北夜二鼓命彥暉率勁卒二百
伏西南五鼓東北聲振天地夜渡池水并其子城
破其外城遂急攻并其子城破之柔遣彥暉等曳槍侯
渾脱者十人夜渡池水入欄馬墻殺其三鋪焚其
東南角排寨木廉大軍繼之彥暉植梯先登衆繼之
黄州諸將壁墨未定有舟來泊明接其城會大軍攻
扞赤壁之下敵軍夜半果水陸並至彥暉伏甲二百
其半過而擊之敵大撓死者無筭生擒十七人師還
又破張家寨以守將獻從攻壽州奪其門生擒三人

四六
以出泗州之役諸將自四鼓集城下為塹水所阻黎
明無敢渡者兩軍交射如兩彥暉被重甲徑渡敵將
來禦彥暉刺其督搏殺之衆畢渡至晡得其外城尋
之敵復追襲彥暉力戰翼以出由是伯祥與彥
暉如親昆弟然事聞賜彥暉銀符牌俾鎮撫事歲
已未十一月兵渡江次武昌宋援兵四集彥暉逆戰
有舟數十來挑戰彥暉矢盡短兵接身被重傷度不可
匹左右莫能近彥暉入圍彥暉數
免遂授水中敵援之出戰歸江州見宋官不屈問以

事不對竟死年五十六長子信襲授銀符易州等廳
管軍總把中統三年從征李璮至元四年從元帥阿
术南征九年從攻樊城宋將先登矮張以舟來援自
殺敵軍十八人擒五人宋軍矮張以舟來援高頭
壁戰闘八十餘里抵襄陽城下奪其戰艦二獲其
二人軍八人十一年從丞相伯顏攻沙陽堡率勇士
抵鄂城下殺宋兵數十人擒江路分一人以歸十二
年戰丁家洲殺宋兵七十餘人奪戰艦二江南平以
宋兵戰俘生口十一奪戰艦二繼又領軍由陸進直
五十縱火焚其寨敵軍大亂遂破之是年從渡江與

三七十九
功陞武略將軍管軍千戶鎮太平州十六年以疾辞
子思明思溫思明初隸目疾以思溫襲及思溫
卒而思明疾愈後以思明襲思明卒以思恭襲懷孟
萬戶府管軍下千戶佩金符

　　　　蔡珍
蔡珍彰德安陽人父與幼隸軍籍從宗王口溫不花
出征權管軍百戶興告老以珍代之珍素驍勇歲戊
午從憲宗攻宋合州釣魚山中統元年從世祖征阿
里不哥三年從征李璮後從鎮襄陽徇安慶改五河
所至有功南方平遂入備宿衛十四年授忠顯校尉

管軍總把尋命權千戶是年冬庵駕駐黑城珍遣兵
士儲芻藁築土室軍府頓其用道過凍者必扶入家
室溫煦之軍糧必為撙節不使頓絕以致饑困十五
年充本衛都鎮撫十七年陞忠武校尉中衛親軍總
把俄改屬後衛賜銀符時白海初建行營命珍皆役
一年改授膠東海道漕運司丁壯萬戶府都鎮撫
二十七年進後衛親軍千戶佩金符元貞元年進階
臣以蔡珍號令嚴蕭焉對帝嘉之賞以鈔若千二十
卒事民不知授雖草木無織介損帝臨幸問其故近
武略俄告老而歸子怨襲

張泰亨

張泰亨堂邑縣人父山為管軍百戶泰亨襲職從攻
宋釣魚山及樊城征女兒阿塔有功中統二年授銀
符侍衛軍總把三年從圍李璮有功至元四年賜金
符陞京東歸德菆罽新軍千戶從征西川有功授元
帥府鎮撫六年改省都鎮撫七年從攻襄陽矢中右
臂十年從攻樊城十二年進武略將軍管軍尋
進明威將軍從攻潭州矢中鼻技矢舊戰却敵兵十
三年賜虎符進階武德從征廣西破靜江府十四年
還軍潭州金瘡發卒子繼祖襲祿鎮鄂州舟過洞庭

溺死子震幼以兄顯祖代之二十四年從征交趾陷
沒震襲職授金符昭信校尉管軍上千戶延祐二年
覃恩加武略將軍尋進階武德五年陞武節將軍穎
州萬戶府副萬戶天曆二年卒子珽襲

賀祉

賀祉益都人父進嘗平漣水有功為元帥左監軍守
淄州改千戶守膠州祉初以質子入宿衛至元六年
襲父職為千戶仍守膠州七年宋兵攻膠州祉固守
戰退之十年領舟師五百艘為先鋒攻五河口城軍
還殿後時宋兵以巨索橫截淮水號混江龍祉用大
刀斷之却其牧兵清河城遂降攻高郵賓應戰淮安
城下尸填壕中丞相伯顏以其功上聞授武節將軍
攻泗州獲戰船五百艘還從右丞別乞里迷失入朝
帝賜以弓矢錦衣鞍勒加宣武將軍鎮新城絕淮安
賓應糧道降之得戰船六百艘及臨槭上於行樞密
院遂命領賓應軍民事十四年特賜金虎符懷遠大
將軍二十年建寧路黃華及以所領軍捕之有功二
十四年以征交趾請行湖廣行省檄令守輜重屯恩
明州軍還至建康卒

孟德

孟德濟南人國初由鄒平縣今淄州節度使累官至
同知濟南路事太宗即位之八年諸王闊端命德爲
元帥佩金符領濟南軍攻宋徐州光州降其衆而有
其地歲甲辰定宗母六皇后稱制大王按只台以德
爲萬戶攻濠蘄黃等州積有戰功憲宗即位之三年
命德守睢州五年移守海州宋安撫呂文德以兵擾
遷德敗之俘其太尉劉海丁巳從伯顏攻襄樊以
與子義從世祖攻鄂州先登中統三年從征李璮
平德以老告歸義襲爲萬戶領兵守沂鄰四年賜虎

符至元元年城鄰六年從山東統軍帖赤如五河宋
軍拒南岸義率兵渡河擊之凡數戰有功九年授懷
遠大將軍遷宿州萬戶十一年宋制置夏貴攻正陽
義奪戰艦數艘遂敗之十二年掠地至安慶等處攻
楊子橋獲功十三年三月改守杭州九月從下福建
溫台等處十四年四月授昭勇大將軍瑞州路達魯
花赤十月徙鎮閩州十六年授昭勇大將軍招討使
二十二年復爲沂鄰萬戶元貞元年以老辭職子智
襲職授三珠虎符宣武將軍爲萬戶延祐二年進明
威將軍以病去職子安世襲

鄭義

鄭義河間人也初事太宗佩金符山東路都元帥燕
景州軍民人匠長官從伐金歲壬辰與敵戰于歸德
死之弟德溫襲甲午從攻徐州陷陣而死子澤襲從
萬戶史天澤出征多立戰功年老弟江代其職世祖
北征賜金符授侍衛親軍副都指揮使判武衛軍事
燕景州軍民人匠長官中統三年李璮擾濟南叛世
祖令各州縣長官子弟充軍是以江子鄰爲千
戶領景州新簽軍千餘敗賊衆于王馬橋諸王哈必
赤賞銀五十兩璮平鄰以例罷江陞爲武衛親軍都
指揮使賜虎符尋改屬左衛至元八年從攻襲陽歿

于陳卿襲其職
張榮實　子玉附

張榮實霸州保定縣人父進金季封比平公守信安
城壬辰歲率所部兵民卒太宗命爲征行萬戶甲午
征河南與金將國用安戰徐州死焉榮實始以賫子
入宿衛繼授金符充征行水軍千戶丁酉改雄州保
定新城長官庚子復命統領水軍甲辰從大將察罕
軍至淮上遇宋將呂文德來以舟師橫截漢水兵不得
戰馬從攻江陵略襄陽俘五十餘人賞銀楸
渡榮實戰却之獲人百餘戰船數十艘察罕以聞賜

錦袍及銀十五斤又破宋軍于大洑賞銀百兩巳未
從世祖南征駐陽羅渡宋兵十萬舟二千迎戰橫截
江水帝以榮實習於水命居前列迭取輕舟率虜下
水校鏖戰北岸獲宋大舡二十俘二百溺死不可勝
計斬宋將呂文信中統元年帝即位録其勳勞授金
虎符水軍萬戶仍以其子顏代為覇州七廩管民萬
戶三年李璮叛榮實從史天澤討平之賞金盤及銀
二百五十兩馬一疋命鎮膠西至元五年從丞相阿
术攻襄陽敗夏貴擒張順又攻樊城俘其二將賞銀
百兩及弓矢鞍勒十一年增領新軍從丞相伯顏南

征榮實以所部軍先進諸將飛渡鄂漢皆降論功授
昭毅大將軍從阿里海牙攻岳州降宋將高世傑破
沙洋新市降江陵以功加昭武大將軍借元帥宋都
台征江西隆興檎宋將密佑撫州降十三年授同知
江西道宣慰使進兵廣東破降郡州十四年改江東
宣慰使司事未旬日陞鎮國上將軍福建道宣慰使
行省參知政事帝以廣東餘黨未附命與右丞塔出
撫定之十五年入覲帝賜酒慰勞授湖北道宣慰使
諸路水軍萬戶是年以疾卒年六十一子顏玉珪
王襲父職為懷遠大將軍諸路水軍萬戶十六年討

吉安叛賊有功入朝賜金織文衣弓矢佩刀加輔國
上將軍都元帥燕水軍萬戶鎮黃州繼奉旨與元帥
唐兀台攻立靳黃等路都元帥府仍管領本道鎮守
軍馬二十年廣東盜起過絕占城粮運二十一年玉
率兵討平之從參知政事烏馬兒征交趾緊戰於南康二十
四年從參知政事烏馬兒征交趾緊戰連日水涸舟不能行玉
十二年番陽湖賊起詔從水軍萬戶府充保定水軍上萬戶二
衣鞍勒弓刀會元帥罷命玉充保定水軍上萬戶二
率兵討平之從參知政事也的迷失入朝賜金織文
年師還安南以兵迎戰大戰連日水涸舟不能行玉
死焉子輔襲萬戶輔卒子道重襲

石抹狗狗

石抹狗狗勢舟人其先曰高奴歲辛未太祖至威寧
高奴與劉伯林夾谷常哥等以城降會置三萬戶三
十六千戶以總天下兵遂以高奴為千戶遙授青州
防禦使佩金符巳丑從太宗伐金為征行千戶卒于
軍于常山襲為千戶癸丑陞總管興置諸軍奧魯
屯田并實鷄驛軍權都總管萬戶歲餘卒子乞兒襲
領本萬戶諸翼軍馬從都元帥紐璘攻重慶瀘叙諸
城數有戰功時忽都叛於臨洮乞兒等以蒙古漢軍
從徃計之至元二年從都元帥按敦核鎮潼川四年

九月從攻蓬溪砦死馬子狗狗襄狗狗少從征伐以
壯勇稱八年從僉省嚴忠範以兵圍重慶攻朝陽砦
先登九年宋將衆襲成都狗狗以蒙古軍
二千擊敗之二十六年朝廷錄其前後功賜金虎符授
宣武將軍管軍總管戍遂寧十七年進明威將軍管
軍副萬戶亦奚不薛蠻叛從討使藥刺海討平之
行省也速帶兒討都掌烏蒙蟻子諸蠻戰于鴨樓關
狗狗最有功二十一年以蒙古軍八百從征散猫蠻降
戰茯茱園坪滌水溪皆敗之二十四年遷懷遠大將軍變路萬戶
大盤諸蠻亦降二十四年遷懷遠大將軍變路萬戶
移戍重慶二十六年卒子安童襲

楚鼎

楚鼎安豐蒙城人父珎仕金為鎮國上將軍壽春府
防禦使金亡歸宋命守宿州歲巳亥以州降阿木魯
命珎守之宋兵攻宿州城破珎死之宋人囚鼎扵
鎮江府凡十有四年會赦免至元十二年師渡江鼎
從知太平州孟之縉降行省遣鼎諭寧國府守將孫
世賢下之承制授鼎管軍總管制下加懷遠大將軍
領兵鎮寧國平建平南湖廣德諸盜鼎與權萬戶李
羅台護送徽州招撫使李鈴男漢英歸徽州諭鈴下

元史列傳卷五十三　十七　四十三　子明

歸

其城十三年漢英與李世達叛旋德太平兩縣附之
鼎與亢忽納進兵用徽人鄭安之策按兵而入兵不
血刃而亂定十五年鼎始受符即以十八年東征日本
鼎率千餘人從左丞范文虎渡海大風忽至舟壞鼎
挾破舟板漂流三晝夜至一山會文虎船田得達高
麗之金州合浦海屯駐散兵亦漂泛来集遂領之以
歸

樊楫

樊楫冠州人初為軍吏從僉政阿里海牙下鄂江陵
有功以行省命為都事宋平從入朝改貟外郎從定

廬岳陞郎中從攻厓山進參議行中書省事同知湖
南宣慰司事二十一年擢僉荊湖占城行中書省事
從阿里海牙征交趾無功而還二十四年復征交趾
進行中書省參知政事時三道進兵皇子鎮南王與
右丞程鵬飛分二道一入女兒關楫與參
政烏馬兒將舟師入海與賊舟遇安邦口楫擊之斬
首四千餘級及生擒百餘人獲船百餘艘兵伏無算
遂至萬劫山合鎮南王兵十二月進攻交趾陳日烜
棄城走敢喃堡二十五年正月王攻敢喃堡破之日
烜走入海中交人皆匿其粟而逃張文虎餉餉不至

元史列傳卷五十三　十八　四十三　子明

二月天暑食且盡於是王命班師棹與烏馬兒將舟
師還為賊邀遮白藤江潮下棹舟賊大集矢下
如雨力戰自卯至酉棹被創授水中賊鉤執毒殺之
至順元年贈推忠宣力効節功臣資德大夫江浙行
省右丞上黨郡公諡忠定

張均

張均濟南人也父山從軍伐宋以功為百戶俄陞總
把戰死均襲百戶從親王塔察兒攻鄂州面中流矢
中統三年從征李璮有功以總帥命陞千戶領兵守
淄州至元六年從左丞董文炳攻宋五河口轉戰濠
州比遇其伏兵均率衆力戰敗之十年攻連州奪孫
村堡十二年賜金符授忠翊校尉沂鄰翼千戶從攻
蕪湖奪宋戰船俘四十餘人又從丞相阿塔海戰有
功加武畧將軍十四年賜虎符加宣武將軍二十二
年陞松江萬戶二十四年從鎮南王征交阯二十六
年從北征擢明威將軍前衛親軍副都指揮使三十
年世祖親征乃顏以尾從受賞成宗即位命屯田和
林規畫備悉有法諸王樂木忽兒北征餉餽之未
嘗乏絕帝嘉其能賜予有加大德元年改和林等慮
副元帥歷宣尉司同知陞都元帥加鎮國上將軍延

祐元年卒子世忠襲前衛親軍副都指揮使

信苴日

信苴日僰人也姓段氏其先世為大理國王後累為
權臣高氏所廢歲癸丑當憲宗朝世祖奉命南征誅
羅嵯命悉主諸蠻白蠻等部以信苴福領其軍興智
其臣高祥以段興智主國事乙卯興智與其季父信
苴入觀詔賜金符歸國丙辰獻地圖請悉平諸
部并條奏治民立賦之法憲宗大喜賜興智名摩訶
羅嵯命任其弟信苴日自與信苴福率僰爨軍二萬
為前鋒導大將兀良合台計平諸郡之未附者攻降

交阯入朝興智在道上卒中統二年信苴日入觀世
祖復賜虎符詔領大理善闡威楚統失會川建昌騰
越等城自各萬戶以下皆受其節制至元元年舍利
畏答剌威楚統失善闡及三十七部諸爨各殺官以
叛善闡屯守官不能禦遣使告急信苴日率衆進討
大敗之於威楚實滿復遣李羅攻賊叛於統失城又
大破之遂定統失其秋舍利畏又以衆十萬謀攻大
理詔都元帥也先與信苴日計之師至安寧遇舍利
畏擊破走之遂復善闡降威楚定新興進攻石城肥
臟皆下之爨部平三年信苴日率衆進討賜金銀衣

服鞍勒兵器十一年賽典赤爲雲南行省平章政事
更定諸路名號以信苴日爲大理總管未幾舍利畏
復叛信苴日遣石買等詭爲商旅執贄往見挺矛撞
殺之及其黨一人梟首于市行省以聞復賜金一錠
及金織紋衣於是置郡縣署守令行賦役施政化與
中州等十三年緬國擁象騎數萬掠金齒部欲襲之
信苴日以功授大理蒙化等處宣撫使十八年信苴
日與其子阿慶復入覲帝嘉其忠勤進大理威楚金
齒等處宣慰使都元帥留阿慶宿衛東宮及陛辭復

大理金齒等處宣慰使都元帥佩金虎符
拜爲雲南諸路行中書省叅知政事十九年詔同右
丞拜荅兒迎雲南征緬之師行至金齒以疾卒信苴
日治大理凡二十三年阿慶襲爵累授鎮國上將
軍大理金齒等處宣慰使都元帥佩金虎符

王昔剌

王昔剌保定人初事世祖以其有勇畧遂賜名昔剌
扶都從攻釣魚山及阿里不哥累功賜金符授武衛
親軍千戶中統三年從征李璮於濟南屢捷四年春
元帥阿术駐兵河南遣昔剌將蒙古漢軍復立宿州
至元六年賜虎符陞海州萬戶引兵攻鹽林山寨多

所俘獲十年授東川行樞密院同僉十五年征爨府
有功十六年徙鎮萬州卒于軍子二曰宏曰寧宏先
佩金符爲左衛千戶及樞密院擬寧襲武職寧讓其
兄宏於是授宏中衛都指揮使佩父金虎符而以寧
宏爲千戶佩金符從阿剌台憨合忽魯忽孫北征有
脫木兒之軍于阿納禿阿之地師還又從別急里迷
失等擊賊外剌斬首百餘級復從忽魯忽孫北征有
功陞右衛親軍總管後改前衛都指揮使司僉事二
處恭襲宏職仕至侍御史

趙宏偉

趙宏偉字子英甘陵人後徙潁川至元十三年國兵
攻宋宏偉以書謁元帥宋都䚟於軍中奇之俾以兵
略地臨江至吉州宋主將管忠節路分鄒起悉衆出
戰宏偉敗之追北二十餘里薄其城示以禍福知州
周天驥以城降宋都䚟嘉宏偉有功賞銀三十兩署
爲吉州叅佐官吉民有爲亂者宏偉設伏橋下以火
攻之賊戰退走伏發衆踐踏幾盡乘勝擣其巢穴餘
黨悉出拒戰宏偉旋兵襲其背斬其渠魁一州遂安
宋廂禁軍總管王昌勇敢軍總管張雲誘新附五營
軍爲亂事覺昌就擒宏偉夜襲雲斬首以獻俘其黨

五百人都宋爵欲盡誅之宏偉曰此屬詿誤非得巳也今悉就誅何以安反側裒得免死以功授太和縣尹宋相文天祥署其糾羅良臣開禮葉良臣集眾謀復吉贛臨江宏偉斬良臣俘開禮釋其餘衆十五年以功賜金符遷瓜州河渡提舉十七年政衢州路總管府治中群盜出沒其境宏偉計其地與屯田民既足食盜亦爲盜遂寧諡大德五年用中丞董士恆薦起僉浙西道肅政廉訪司事鎮江旱蝻民租九萬餘石吏畏飛語復徵于民民無所出行臺令宏偉按實卒蝻之大風海溢潤常江陰等州廬舍多蕩沒民乏食

《元史列傳卷五十三》

宏偉將發廩以賑有司以未得報爲辭宏偉曰民旦慕飢擅發有罪我先坐遂發之全活者十餘萬遷江南行臺十一年江南大饑宏偉請以贓罰錢賑之民賴以生至大二年召爲內臺都事仁宗在東宮時聞其名遇之甚厚常以字呼之及出爲浙東廉訪副使陞辭之日仁宗出幣帛俾擇所欲者即賜爲宏偉至浙東聞郡人許謙得朱熹道學之傳延致爲師於是人知向慕未幾權江南行臺書侍御史慶二年致仕延祐三年復起爲福建道肅政廉訪使未幾以疾辭泰定三年卒年四十四贈嘉議大夫禮部

尚書上輕車都尉追封天水郡侯諡貞獻子思恭追封天水郡侯恩敬以履士徵爲教授趙璉別有傳

《元史列傳卷五十三》

列傳卷第五十三

列傳卷第五十四

翰林學士承旨知制誥兼脩國史臣宋濂 翰林待制兼國史院編脩官臣王褘 纂

元史一百六十七

張立道

詔以立道為王府文學立道勸王務農以厚民即署

從北征未嘗去左右至元四年命立道使西夏給所
部軍儲以幹敏稱皇子忽哥赤封雲南王往鎮其地
必闍赤立道年十七以父任儒宿衛世祖即位立道為
士第歲壬辰國兵下河南善以策于太弟拖雷命為
張立道字顯卿其先陳留人後徙大名善以善登金進

張立道

立道大理等處勸農官蕪領屯田事佩銀符尋與侍
郎嶽端甫使安南定歲貢之禮雲南三十七部都元
帥寶合丁專制歲久有竊撼之志忽哥赤來為王
設宴置毒酒中且賂王相府官無泄其事立道聞之
趨入見守門者拒之立道乃得入為王言之王引其手使探口中肉巳腐
立道潛結義士得十三人約共討賊刺臂血和金屑
矢是夕王覺寶合丁遂撼王座使人諷王妃索王印
飲之推一人走京師告變事頗露寶合丁乃四立道
將殺之人匠提舉張忠者燕人也於立道為族兄結

壯士夜劫諸獄出之共亡至土蕃界遇帝所遣御史
大夫博羅歡王傅別帖與告變人俱來二人者遂與
立道俱還按實合丁及王府官嘗受賂者皆伏辜有
旨召立道等入朝問王薨時狀帝聞立道言涕數行
下歔欷久之曰汝等為我家事甚勞苦今欲事事朕乎
事太子乎事安西王乎惟汝意所向立道言臣願留
事陛下於是賜立道金五十兩以旌其忠張忠等亦
皆授官有差八年復使安南宣建國號詔立道並
黑水跨雲南以至其國歲貢之禮遂定十年三月
領大司農事中書以立道熟於雲南奏授大理等

慶巡行勸農使佩金符其地有昆明池介碧雞金馬
之間環五百餘里夏潦暴至必冒城郭立道求泉源
所自出役丁夫二千人治之洩其水溝壞地萬餘頃
皆為良田糵毵之人雖知蠶桑而未得其法立道始
教之飼養收利十倍於舊雲南之人由是益富庶羅
羅諸山蠻慕之相率來降收其地悉為郡縣十五年
除忠慶路總管佩虎符先是雲南未知尊孔子祀王
逸少為先師立道首建孔子廟置學舍勸士人子弟
以學擇蜀士之賢者迎以為弟子師歲時率諸生行釋
菜禮人習禮讓風俗稍變矣行省平章賽典赤表言

於朝有旨進官以襃之十七年入朝力請於帝以雲
南王子也先帖木兒襲王爵帝從之遂命立道為眖
安廣西道宣撫使蕉管軍招討使仍佩虎符辭賜
以弓矢衣服鞍馬始赴任會禾泥路大首領必思反
扇動諸蠻當發兵討之技其城邑蔀行而前拘金
齒甸七十城越麻甸可抵蒲皆下之有遺以剗象金
從毅李維屏所部戶二十五萬有奇以其籍歸有司
鳳異物者悉獻諸朝二十二年又籍兩江儂士貴
遐晩安廣西道軍民宣撫使復剗廟學於建值權臣
清白之訓子公廨以警貪墨風化大行入朝

元史列傳卷五十四 三

用事遂退居散地條陳十二策皆切當世之務帝嘉
納為二十七年北京地陷人民震驚命立道為本路
總管未行安南世子陳日燇遣其臣嚴仲羅陳子良
等詣京師告襲爵先是其國主陳日烜累召不至僅
遣其族父遺愛入貢朝廷封為安南王遺愛還曰烜
烜陰害之遣使問罪日烜拒使者不受命遂遣將討
之失利而還帝怒欲再發兵完澤平章不忽木
言蠻夷小邦不足以勞中國張立道嘗請使安南有
功今復使往宜無不奉命帝召至香殿諭之曰君父之

命雖蹈水火不敢辭臣愚恐不足專任乞重臣一人
與俱臣為之副帝曰卿朕腹心臣使一人居卿上必
敗卿謀遂授禮部尚書佩三珠虎符賜衣段金鞍弓
矢以行至安南界謂郊勞者曰語爾世子當出郭迎
詔曰烜乃率其屬焚香伏謁道左既抵府曰烜拜跪
道曰昔鎮南王奉詞致討汝非能勝之也由其不用
三世辱公使公大國之卿小國之師也何以教我立
聽詔如禮立命數其罪為書曉之日烜比
徇導寧敢深入不戰而遐疑天子亦既知之汝所
顯至弓矢盡壞殺不見一人遲兩

元史列傳卷五十四 四

恃者山海之險瘴癘之恐耳且雲南與橫南之人胃
俗同而技力善今發而用之繼以北方之勁卒汝復
能抗我汝戰不利不過遁入海中島夷乘舋必來冠
抄汝汝食少不能支必為彼屈汝者亦畏我大國之關
子臣乎今天子有德於汝甚厚前年之師殊非上意遑
與也聖天子今海上諸夷歲貢於汝一介之使謝罪請命報
將謂汝抗拒逐我歲貢不恤遺
惟世子計之日公之言良是也
為我計者皆不知出此前日之戰救死而已寧不知

懼天子使公來必能活我北面再拜誓死不敢忘天

子之德遂迎立道入出奇寶為賄立道一無所受但

要日燁入朝日燁曰貪生畏死人之常情誠有詔貸

以不死臣將何辭乃先遣其臣阮代之何惟嚴等隨

立道上表謝罪修歲貢之禮如初且言所以頋朝之

意廷臣有害其功者以為必先朝而後赦日燁懼

不敢至議者惜之二十八年遣立道奉使按行兩浙

尋以為四川南道宣慰使遷陝西漢中道肅政廉訪

使三十年皇曾孫松山封梁王出鎮雲南大德二年

廷議求舊臣可為梁王輔行者立道遂以陝西行臺

待御史拜雲南行省叅政視事期月辛于官立道凡

三使安南官雲南宦久頗得土人之心為之立祠於

鄯善城西立道所著詩文有效古集平蜀總論安南

錄雲南風土記六詔通說若干卷子元雲南行省左

右司郎中

張庭珍 庭瑞

張庭珍字國寶臨潢全州人父楫金商州南倉使歲

壬辰籍其民數千來降太宗命權北京等路賦課

俄攺北京都轉運使因家北京歲辛亥憲宗即位以

庭珍為必闍赤高麗不請命擅從居海中江華島遣

庭珍往問之其王言臣事本朝未嘗不謹而大軍歲

入侵掠避而走險不得已也且略庭珍金銀數千兩

麗却之而歸以狀聞帝為禁戍兵無擅入其地高

伐以安帝伐宋至闊州授安撫使世祖即位自將北

庭珍熟知西京入漠南路遣立沙井諸驛兼給

粮運授同僉土蕃經畧使至元六年安南入貢不

時以庭珍為朝列大夫安南國達魯花赤佩金符由

吐蕃諸蠻至于安南世子光昞立受詔庭珍責

之曰皇帝不欲以汝土地為郡縣而聽汝稱藩遣使

喻旨德王厚也王猶與宋為唇齒妄自尊大令百萬

之師圍襄陽拔在旦夕席卷渡江則宋亡矣王將何

恃且雲南之兵不兩月可至汝覆汝宗祀有不難

者其審謀之光昞惶恐下拜受詔既而語庭珍曰聖

天子憐我而使者來多無禮汝官朝列我王也相與

抗禮古有之乎庭珍曰有之王人雖微序於諸侯之

上光昞曰汝過益州見雲南王拜否庭珍曰雲南王

天子之子汝蠻夷小邦特假以王號豈得比雲南王

況天子命我為安南之長位居汝上耶光昞曰旣稱

大國何索吾犀象庭珍曰貢獻方物藩臣職也光昞

無以對慚憤使衛兵露刃環立以恐庭珍庭珍解

所佩弓刀坦臥室中聽汝何為光昞及群下皆服
明年遣使隨庭珠入貢庭珠見帝以所對光昞之言
聞帝大悅命付翰林承旨王磐紀之授襄陽行省郎
中與阿里海牙從數騎抵襄陽南門呼宋將呂文煥
語曰我師所攻無不取者汝孤城路絕外無一兵之
援而欲以死守求空名如闔郡之人何汝宜早圖之
文煥悵前將田世英執其總管武榮來降文煥
益孤明日遣黑楊都統來議納欵將遣之還報庭珠
曰彼來或以計覘我我未能必其果降此人呂氏腹心
不如留之以代其謀元帥阿木然之乃留不遣又明

四匹

日文煥舉城降以功遷中順大夫遙授知歸德府行
樞密院經歷諸軍南渡復為行省郎中俄授金虎符
襄陽總管兼行府尹改鄧復二州達魯花赤宋平遷平
江路達魯花赤改同知浙東宣慰使司事未行拜大
司農卿連居親憂起復南京路總管兼開封府尹開
封有控鶴軍士十餘人賃大宅聚居縱橫街陌庭珠
始至察其必為盜急捕之得寶玩器服子女滿室窮
其黨俱殺之民以為神河決灌大康漂溺千里庭珠
素括商人漁子舩及縛木為筏載糧土捍之不能
活甚眾水入善利門庭珠親督夫運薪土捍之不能

止乃頹城為堰水既退即發民增外防百二十里人
免水憂俄辛於官庭珠性清慎丞相伯顏嘗語人曰
諸將渡江無不荒貪唯我與國寶始終自守聞者以
為知言弟庭珠
庭珠字天表幼以功業自許兵法地志星曆卜筮無
不推究宿衛從憲宗伐蜀為先鋒中統二年授元
帥府奏議留戍青居諸軍攻開州達州庭珠將兵築
城虎嘯山扼二州路宋將夏貴以師數萬圍之城當
貴以城中人欲于澗外絕其水庭珠取人畜渡沸貴
砲皆穿築柵守之柵壞乃依大樹張牛馬皮以拒砲

四匹

二九七

之鴻土中以斃臭人曰飲數合唇皆瘡裂坐守踰月
援兵不敢進庭珠度宋兵稍懈三分其兵夜劫貴營
宋兵驚潰殺都統藥俊雅貴胡世雄等五人斬千餘
級庭珠亦被傷數處以功授奉議大夫知高唐州改
濮州尹遷陝西四川道按察副使政過於猛知蜀事
便陷以罪徙四川屯田經畧副使東西川行樞密院
發兵圍重慶朝廷知庭珠練習軍事換成都總管宣
虎符甚得蠻夷心碉門羌與婦人老幼入市爭價殺
慰使碉門魚通司繫其人羌酋恐斷繩橋謀入劫之
入碉門魚通司繫其人羌酋恐斷繩橋謀入劫之魚

通司來告急左丞汪惟正問庭瑞曰羌俗暴悍以闘殺爲勇令如蜂毒一人而即以門墻之冦待之不可宜遣使徃諭禍福當自回矣惟正曰使者無過於君遂從數騎抵羌界羌陳兵以待庭瑞進前語之曰殺人償死羌與中國之法同有司繫諸人欲以爲見證耳而汝即肆無禮如行省聞于朝召近郡兵空汝巢穴夫其酋長棄槍弩羅拜曰我近生裂羊胛卜之視肉之文理何如則吉其兆曰有白馬將軍來可不勞兵而罷令公馬果白敢不從命乃論殺人者餘盡縱遣之遂與約自令交市者以硐門爲界無

相出入官買蜀茶增價鬻於羌人以爲惠庭瑞更變引法使每引納二緡而付文劵與民聽其自市於羌卷蜀便之先時運糧由楊山沂江徃徃覆陷庭瑞始立屯田人得免患都掌蠻叛善飛錥聯松枝爲牌自蔽行省命庭瑞討之庭瑞所射矢出其牌半簳蠻驚曰何物弓矢如此之力即請服惟斬其首蘭德酋等十餘人而招復其餘民授叙州等處蠻夷部宣撫使改潭州路揔管時湖廣省臣方剝民爲功庭瑞知不可拒乃辭歸關中三年思成都遂從漢中分家奴往居焉以疾卒庭瑞初屯青居其土多橘時中州艱

得蜀藥其價倍常庭瑞課閱辛日入橘皮若干升儲之人莫曉也賈人有喪其資不能歸者人給橘皮一石得錢以濟莫不感之家有愛妾一日見老人與之語乃其父也妾以告庭瑞名視之其貌甚似問欲得汝女歸耶其人以爲幸侍左右非敢求與歸庭瑞曰汝女居吾家不過群婢歸則良人夫盡取奩裝書劵還之時人以爲難

張惠

張惠字廷傑成都新繁人宋尚書右僕射商英之裔孫也其先徙居青河後徙蜀歲丙申惠年十四兵入蜀被俘至杭海居數年盡通諸國語丞相蒙速速愛而薦之入侍世祖藩邸以謹敏稱賜名兀魯忽訥特世祖即位授燕京宣慰副使爲政寬簡奏免分數錢罷硝碱局俄遷侍中至元元年冬拜叅知政事行省山東以銀贖俘四二百餘家爲民其不能歸者使爲僧建寺居之李壇之亂山東民被軍士虜掠者甚衆惠至大括軍中悉縱之又奏選良更去冗官以蘇民瘼遷制國用司副使會改制國用司爲尚書省拜叅知政事遷中書左丞進右丞伯顏帥師伐宋十二年夏詔惠主其餽餉九江淮錢穀皆領之十二年春宋

降伯顏命惠與參知政事阿剌罕等入城按閱府庫
版籍權其太廟及景靈宮禮樂器物冊寶郊天儀伏
籍江南民為工匠凡三十萬戶惠選有藝業者僅十
餘萬戶餘悉奏還為民伯顏以宋主北還俾惠居守
惠不待命輒啟府庫封鑰伯顏以聞詔左丞相阿木
夫平章政事阿塔海詰之徵還京師二十年入朝後命以平章
政事行省揚州二十二年拜榮祿大
平章政事行省杭州至無錫卒年六十二惠所至有能聲
及老頗以沈浮取譏子遵海

劉好禮

《元史列傳卷五四》　十二

劉好禮字敬之汴梁祥符人父仲澤金大理評事遷
授同知許州徙家保定之完州好禮幼有志知讀書
通國言憲宗時廉訪府辟為恭議歲乙卯改興府
達魯花赤至元元年以侍儀廉希逸薦召見言舉人
材數事稱旨五年應詔建言元有司奏請宜先啟皇
太子俾得閱冒廢政以為社稷生民之福陝西重地
宜封皇子諸王以鎮之創築城宜給直以市民地
選格不宜以中統三年為限後是者不錄帝是其言
勑中書施行七年遷益蘭州等五部斷事官以比古
之都護治益蘭其地距京師九千餘里民俗不知陶冶

水無舟航好禮請工匠於朝以教其民迄今稱便或
言榷鹽酒可以佐經費好禮曰朝廷設官要荒務以
綏遠寧欲奪其利耶言者慚服十年北方諸王叛執
好禮軍中幾死其大將以好禮善應對釋之十六年
好禮至欠州曰皇帝疑我致有今日好禮
禮曰不疑果疑王召王至京師肯還之耶十七年春
春叛王召好禮曰皇帝肯還汝數以衣服好禮
好禮率泉走別部守阿陛以待兵至遇叛王軍迫好禮
西踰雪嶺我嶺好禮自度是則無望其遂以衣服從
叛叛王千戶始獲好禮東出鐵壁山口間道南走數
略者絕至旦千人中道糧絕捕獵以為食七月至勃海

《元史列傳卷五四》　十二

始與戍兵接得乘傳至昌州入見帝賜之食與鈔十
八年授嘉議大夫澧州路總管十九年入為刑部尚
書俄改禮部又改吏部好禮建言中書象力最巨上
性還兩都乘輿駕萬一有變從者雖多力何能及
未幾象驚傷從者二十一年出為北京路總管再
入為戶部尚書二十五年六月卒年六十二子最為
河西隴右道肅政廉訪使

王國昌　子通

王國昌膠州高密人初為膠州千戶中統元年入觀
世祖察其能遷左武衛親軍千戶佩金符召問軍旅

冬十月辛于軍子通嗣

之事國昌奏對甚悉帝嘉之賜白金錦袍至元五年
人有上書言高麗境內黑山海道至宋境爲近帝命
國昌往視之泛海千餘里風濤洶湧從者恐勸還國
遂至黑山乃還帝延見慰勞而東夷皆內屬惟日本
昌神色自若徐曰奉天子威命未畢事而遽返可乎
不受正朔帝知隋時曾與中國通遣使諭以威德令
國昌率兵護送道経高麗時高麗有叛臣擾珍島城
帝因命國昌與經畧使卯突史樞等攻援之八年復
遣使入日本乃命國昌屯於高麗之義安郡以爲援

通初襲爵爲左衛親軍千戶十二年從諸軍伐宋渡
江鎮鄂州時潭州不下兵薄其城通以所將千人破
其柵宋兵迫去通繼兵追擊殺獲甚衆以功進武節
將軍從攻靜江下之十四年改侍衛親軍千戶明年
通上書言今南方已定而比陸未安請屯田于和林
率所部自効帝慰勞之從破敵兵于金山俘獲生
僉左衛親軍都指揮使從討叛王乃顏遷副都指揮
使明年屯田瓜沙諸州進階明威將軍武宗即位命
總京城衛兵樞密院復奏通攝左丞領諸衛屯田兵

尋遷屯儲衛親軍都指揮使鎮海口以疾卒子燕出
不花襲武德將軍左衛親軍副都指揮使

姜彧

姜彧字文卿萊州萊陽人也父椿避亂徙依濟南張
榮因家焉彧幼穎悟好學榮守濟南辟爲掾陞左右
司知事尋遷郎中進參議官中統三年彧與榮孫宏
入朝因言益都李璮反狀已露宜先其未發制之求
報明年春璮果反時諸郡不爲兵備璮即襲擾濟南
或棄家從榮招集散亡迎諸王哈必赤進兵討之秋
七月捕得生口言城中糧盡勢蹙或乃昏夜請見王

曰聞王陛辭時面受詔曰發兵誅璮耳毋及無辜今
旦夕城且破王宜早諭諸將分守城門勿令縱兵不
然城中無噍類矣王曰汝言城破解陰陽耶或曰以
人事知之若待城破言於王晚矣王悟明日賊銀開
門出降王下令諸軍敢入城者論以軍法璮就擒城
中按堵如故或以功授大都督府參議政知濱州時
行營軍士多占民田爲牧地縱牛馬壞民禾稼桑棗
或言於中書道官分畫疆畔捕其強猾不法者寘之
法乃課民種桑歲餘新桑偏野人名爲太守桑及遷
東平府判官民遮請留或爲之不行至元五年召拜

治書侍御史出為河北河南道提刑按察使賜金虎符改信州路總管後累遷陝西漢中河東山西道提刑按察使拜行臺御史中丞後以老病歸濟南尋擢燕南河北道提刑按察使三十年二月以疾辛年七十六子迪吉

張礎

張礎字可用其先渤海人金末曾祖琛徙燕之通州祖伯達從忽都忽那顏略地燕薊金守其蒲察斤以城降忽都忽承制以伯達為通州節度判官遂知通州父範為真定勸農官因家焉礎業儒丙辰歲平章廉希憲薦于世祖潛邸時真定為諸王阿里不哥分地阿里不哥以礎不附已銜之遣使言於世祖曰張礎我分地中人當以歸我世祖命使者復曰兄弟至親寧有彼此之間且我方有事於宋如礎者所倚任待天下平定當遣還也已未從世祖伐宋凡徵發軍旅文檄悉出其手中統元年立中書省以礎權左右司事尋出為彰德路拘榷官復入為三部員外即賜金符為平陽路同知轉運使改知澤州同知東平府事又改知威州有婦人墮地奴匿暗赤家礎將以其事之奴引鳴鏑射婦人墮地奴匿暗赤家投以其事

聞暗赤懼乃出其奴論如法至元十四年立諸道提刑按察司以礎為江南浙西道提刑按察副使佩金符宣慰使失里貪暴掠良民為奴礎劾黜之遂安縣民聚眾負險為亂命礎與同知浙西道提刑按察副使領兵捕之宣即欲進兵礎曰江南新附守吏或失撫字宜遣人招諭以逆黨果自縛請罪礎釋之不來乃嘆服遷嶺南廣西道宣慰使也里脫強奪民財礎按其罪遷嶺北湖南道提刑按察副使授賓州路總管不赴拜國子祭酒尋出為安豐路總管三十一年卒于官年六十三贈昭文館大學士正奉大夫封清河郡公謚文敏子淑衛輝路推官

呂燧

呂燧字伯充河內人七世祖公緒與宋丞相公著為從昆弟祖庭金末避亂去鄉里父佑歸附初隸兵籍轉徙北郡復至關中家焉廉希憲宣撫京兆聘許衡教授生徒燧從衡學衡為國子祭酒舉燧為伴讀輔成教養燧之功為多至元十三年擢陝西道按察司知事未行會宋降者言襄漢新附民情未安有呂子開者向為襄陽制置司參謀官今退居鄂其人悉知

宋事宜徵用之朝廷議遣使而難其人或言子開舊
名偉金亂入宋更名文蔚字子開於璮為從叔父宜
遣璮行時江淮兵猶未戢璮聞之慨然請行子開既
入覲陳安撫襄漢便宜詔以子開為翰林直學士辭
不就十四年授璮四川行樞密院都事時宋制置使
張珏守重慶安撫使王立守合州詔樞府分兵取之
李德輝行西院事于成都璮郤寺實蠟書至成
殺之璮曰彼不即降者以昔嘗抗命城立果遣郤寺懼誅耳令
都德輝請與東院同受降後期不至德輝承制授立
宜釋郤寺俾歸諭立未幾立

仍為安撫使知合州開倉賑民禁戢剽掠而瀘叙崇
慶思播夔萬茅郡聞之相繼送欵巴黔民感或與德
輝之惠並祠事之東院耻其無功誣德輝越境邀功
械立于長安獄將誅之璮適以事至京師言子許衡
衢白留守賀仁傑遂奏釋立賜金虎符仍舊官璮亦
以平定四川功詔賜金織衣弓刀鞍勒白金陞奉訓
大夫四川行省郎中十九年調同知順慶路
總管府事以疾辭二十年徵為國子司業以未終喪
辭三十年改華州知州勸農興學具有成效及代民
爭留之大德中河東關隴地震月餘不止璮與集賢

學士蕭斠與各設問答數千言以究其理且移書廟堂
陳救災弭患之道仁宗即位召拜翰林侍讀學士時
方議行科舉璮曰經明行修質而少華非惟士有實
行國家當得真才以登治平未幾致仕延祐元年遣
使給驛送還關中十二月以疾卒年七十八贈陝西
行省參知政事追封東平郡公諡文穆子三人果果
楨皆顯仕孫魯濟寧路總管

譚資榮

譚資榮字茂卿興德懷來人敦厚寡言頗知讀書仕
金為縣令歲已卯河朔歸版圖資榮率眾欵附主帥

稔聞其名即日以金符授元帥左都監為縣令如故
後從征以功賜金虎符陞行元帥府事復以其弟資
用代元帥左監軍歲壬辰資榮從攻汴梁有功既
而舉資用自代退而耕田讀書以為逸老計時年四
十子二人曰澄曰山阜澄好讀書又習國語為監縣
多善政世祖在潛邸時澄入見世祖嘉其容止安詳
留居藩府稱其官而不名以其弟山阜代為縣遣澄
臣出使必以澄偕中統元年制書褒美以為懷孟路
總管明年入覲賜金符四年易虎符居官時訟至立
決教民力田務本歷彰德同知遷河南路總管蕭府

尹明年奔父喪中書不聽其終制奏起復從職後歷司
農少卿遷陝西四川提刑按察使踰年西南夷羅羅
斯內附帝以澄文武兼資可使鎮撫新國以為副都
元帥同知宣慰司事至其境諭之曰皇元一視同
仁不間遠近特置大帥安集招懷以捍外侮非利徵
求於汝也夷人大悅尋以疾卒子克俟事裕宗千東
宮出為江南湖北河北河南陝西漢中三道提刑按
察使孫男三人曰忠曰質曰文

王惲

王惲字仲謀衛州汲縣人曾祖經祖宇仕金官敦武
校尉父天鐸金正大初以律學中首選仕至戶部主
事惲有材幹操履端方好學善屬文與東魯王博文
渤海王旭齊名史天澤將兵攻宋過衛一見接以賓
禮中統元年左丞姚樞宣撫東平辟為詳議官時省
部初建令諸路各上儒吏之能理財者一人惲以選
至京師上書論時政與渤海周正並擢為中書省詳
定官尋轉翰林修撰同知制誥蕭國史院編修
官尋蕭中書省論材能議典禮
考制度咸寬所長同僚服之至元五年建御史臺首
拜監察御史知無不言論列凡百五十餘章時都水

劉嶷交結權勢任用頗陷沒官糧四十餘萬石惲
劾之暴其姦利權貴側目又言政監俗太廟畢功特
轉官錫賞令繞數年梁柱權朽事涉不敬宜論如法
嶷竟以憂辛秩蒲陳天祐雷膺交薦於朝九年授承
直郎平陽路總管府判官初絳之太平縣民有陳氏
者殺其見行賂緩獄官引逮繫者三百餘人至五年
不決朝廷委惲鞫之一訊即得其實乃盡出所逮繫
者時絳父早一夕大雨十三年奉命試儒人于河南
十四年除翰林待制拜朝列大夫河南北道提刑按
察副使尋改置諸道制下遷燕南河北道按部諸郡

職吏多所罷黜十八年拜中議大夫行御史臺治書
侍御史不赴裕宗在東宮惲進承華事略其目曰廣
孝立受端本進學擇術謹習政達聰明撫軍崇儒親
賢去邪納誨幾諫從諫推恩尚儉戒逸知賢審官凡
二十篇裕宗覽之甚喜曰我若遇是禮亦當如是又
絳紗為朱明服心甚喜曰正臣防微理固當
至邪崝止齋太子食邪萬顧侍臣曰正臣防微理固當
邪人耶詹事丞孔九思從旁對曰皇孫傳觀稱其書
然太子善其說賜酒慰諭之令諸皇孫傳觀稱其書
弘益居多十九年春政山東東西道提刑按察副使

在官一年以疾還衛二十二年春以左司郎中召時
右丞廬世榮以聚歛進用屢趣之不赴或問其故憚
曰力小任大剝衆利己未聞能全者速之尚恐見浼
況可近乎既而果敗衆服其識二十六年授少中大
夫福建閩海道提刑按察使黜官吏貪汙不法者凡
數十人察繫因之寃滯者決而遣之戒戍共無得寓
民家而剗營屋以居之每謂爲治之本在於得人乃
進言於朝曰福建所轄郡縣五十餘連山距海賈爲
邊徼重地而民情輕詭由平定以來官吏貪殘故山
冠往往嘯聚愚民因而剽掠村落官兵致討復
蹂踐之甚非朝廷一視同仁之意也令雖不能一一
擇任守令而行省官僚如平章左丞尚缺宜特選清
望素著簡在帝心文足以撫綏黎庶武足以折衝外
侮者使鎮靜之庶幾治安可期矣時行省討劇賊鍾
明亮無功憚復條陳利害曰福建歸附之民戶幾百
萬黃華一變十去四五今劇賊猖獗又酷於華其可
以尋常草竊視之況其地有溪山之險東擊西走出
没難測招之不降攻之不克宜選精兵申明號令專
命重臣節制以計討之使彼勢窮力竭庶可取也二
十八年召至京師二十九年春見帝於柳林行宮遂

上萬言書極陳時政授翰林學士嘉議大夫成宗即
位獻守成事鑑一十五篇所論悉本諸經旨元貞元
年加通議大夫知制誥同脩國史奉旨纂脩世祖實
錄曰集聖訓六卷上之大德元年進中奉大夫二年
賜鈔萬貫乞致事不許五年再上章來退遂授其子
公孤爲衛州推官以便養仍官其孫等祕書郎大德
八年六月辛亥贈翰林學士承旨資善大夫追封太原
郡公謚文定其著述有相鑑五十卷汲郡志十五卷
承華事略中堂事記烏臺筆補玉堂嘉話并雜著詩
文合爲一百卷

列傳卷第五十四

翰林學士亞中大夫知制誥兼修國史臣宋濂　翰林待制承直郎兼國史院編修官臣王褘奉
敕修

陳祐　天祥

陳祐一名天祐字慶甫趙州寧晉人世業農祖忠博
通經史時諸王得自辟官屬歲癸丑穆王既分土於
陝洛表祐為河南府總管下車之日首禮金季名士
其府尚書賜其父母銀十鋌錦衣一襲王府署祐為
宣差鄉黨皆尊而師之既歿門人諡曰茂行先生
祐少好學家貧母張氏嘗剪髮易書使讀之長遂博

李國雄楊杲李微薛玄谘訪治道商議古今奏免征
西軍數百家及椒竹諸稅糧料等錢又上便民二十
餘事朝廷皆從之世祖即位分陝洛為河南西路中
統元年真除祐為總管時州縣官以未給俸多貪暴
祐獨以清慎見稱在官八年如始至之日至元二年
調官法行於南京路治中適東方大蝗徐邳尤甚責
捕至急祐部民丁穀萬人至其地謂左右曰捕蝗應
其傷稼也今蝗雖盛而穀已熟不如令早刈之庶力
省而有得或以事淡專擅不可祐曰救民獲罪亦所
甘心即諭之使散去兩州之民皆賴焉三年朝廷以

《元史列傳卷五十五》　一

祐降官無名乃賜虎符授嘉議大夫衛輝路總管衛
當四方之衝號為難治祐申明法令創立孔子廟脩
比干墓且請于祀典及去官民為立碑頌德
嘗上書世祖言樹太平之本有三一曰太子國本建
立宜早二曰中書政本責成宜專三曰人材治本選
舉宜審事雖未能盡行時論稱之六年置提刑按察
司首以祐為山東東西道提刑按察使時中書尚書
二省並立世祖厭其煩欲合為一集大臣雜議之祐
還朝特命預其議阿合馬為尚書平章政事欲奏隆
中書右丞相安童為太師因罷中書省懼祐有異議

書政本祖宗所立不可罷三公古官令徒存其虛位
未須設事遂罷阿合馬怒其忤已除祐金中興等路
行尚書省事西涼隸求昌王府其達魯花赤及總管
為人誣搆家各百餘口王欲悉致之法祐力辨其冤
王怒甚祐執議彌固王亦尋悟二人皆獲免祐泣
曰公再生父母也朝廷大舉伐宋遺祐僉軍山東民
多逃匿祐來議皆曰陳搜察求必無私遂皆出應期
而辦十二年授南京總管兼開封府尹吏多震慴失
措祐因謂曰何必若是前為盜跖今為顏子吾以顏

許進祐為尚書參知政事以嘗之雙人議祐極言中

《元史列傳卷五十五》　二

子待之前為顏子今為盜跖吾以盜跖待之由是史
知備飭不敢弄法許蔡間有巨盜聚劫掠時
急迫入宋境宋亡隨制置夏貴過汴祐斥下馬撾殺
之於市民間帖然十四年還浙東道宣慰使時江南
初附軍士俘虜溫台民男女數千口祐請曰兵火之餘傷殘之民宜
幾行省推覆慶元台州民田及還至新昌
從寬恤不報道祐檢覆慶元台州民田及還至新昌
值玉山鄉盜倉猝不及為倫遂遇害年五十六詔贈
推忠秉義全節功臣……封
河南郡公謚忠定父老請留葬會籍不得乃立祠祀

之祐能詩文有節齋集子夔芍陂屯田萬戶初在揚
州聞祐遇盜死泣請于行省願復父讎擒其賊戮殺
于紹興市皋昌溫州知州裒侍儀司通事舍人孫恩
魯襲芍陂屯田萬兩戶思謙湖廣行省參知政事弟天
祥

天祥字吉甫因兄祐仕河南自寧晉徙家洛陽天祥
少隸軍籍善騎射中統三年李璮叛據濟南結宋為
外援河北河南宣慰司承制以天祥為千戶屯三汊
口防過宋兵事平罷歸居偃師南山有田百餘畝躬
耕讀書從之遊者甚眾其居近緱氏山因號曰緱山

先生初天祥未知學祐未之奇也別去數歲獻所為
詩於祐祐疑假手它人及與語出入經史談辨該博
乃大稱異至元十一年起家從仕郎鄧復州等處招
討司經歷從國兵渡江因論軍中事深為行省參政
賈居貞所器重十三年興國軍以籍兵器致亂兩
命天祥權知本軍事天祥領軍士繞十人入其境去
城近百里止二日乃至城中父老來謁天祥諭之曰
今令汝輩置兵仗以自衛何如民皆稱便乃條陳之
捍衛鄉井誠不可無兵任事者籍之過當故致亂爾
其事於行省權置兵仗以自衛……

資則外生窺覦之釁此理勢必然者也推此軍夔亂
之故正由當時處置失宜踈於外而急於內兄在軍
中者寸鐵尺杖不得在手遂使姦人得以竊發公私
同被其害今軍中再經殘破單弱至此若猶相防而
不相保信豈惟外寇可憂第恐舟中之人皆敵國矣
若布赤心於人使戮力同心與均禍福人則我之
人兵則我之兵靖止姦亂不可惟冀少加優容
然後責其必成之效行省許以從便履置天祥凡所
設施皆合眾望由是流移復業以至鄰郡之民來歸
者相繼伐茅斬木結屋以居天祥命以十家為甲十

甲有長馳兵禁以從民便人心既安軍勢稍振用土
兵收李必聰山寨不裁二人他寨聞之各自散去境
內悉平時州縣官吏未有俸祿分室為變謀者時至月
給之以止其貪民用弗擾鄰邑天祥從便規措而
吏請捕之天祥曰彼以官吏貪暴故叛今我一軍三
縣官無侵漁民樂其業使之歸告其黨則謀者反為
我用矣遂一無所問及敗逃入興國境者數千人天
祥命驗口給糧仍戒土人勿侵陵事定皆得保全而
歸莫不服其威信居歲餘詔改本軍為路有代天祥
為總管者務變更舊政治隱匿兵者甚急天祥去未

父而興國復變鄰郡壽昌府及大江南北諸城邑多
乘勢殺守將以應之時方改行省為宣慰司僉政忽
都帖見賈居貞萬戶鄭鼎臣為宣慰使鼎臣帥兵討
之至樊口兵敗黃州遂聲言攻陽羅堡鄂州大震
時忽都帖木兒惟怯不敢出兵天祥言於居貞曰南
羅堡依山為壘素有嚴備彼若來攻我之利也且南
人海躁輕進易退官軍憑高據險而區區烏合之眾
與之相敵不二三日死傷必多道逃者十八九我出
精兵以擊之惟疾走者乃始得脫乘此一勝則大勢
已定然後取黃州壽昌如權枯拉朽耳居貞深然之

而忽都帖木兒意猶未決至陽羅堡居貞力趣之
乃引兵宿於青山明日大敗其眾皆如天祥所料初
行省聞變盡執鄂州城中南人將殺之以防內應居
貞救之不能得天祥曰是州之人與彼勢本不相接
欲殺之者利其財耳止之至是被執者皆縱去復
遣天祥知權知壽昌府事授兵二百詢知為亂者
周監斬于鄂州市得金二百兩餘人為脅從
力服乃遣諭其徒使各歸田里惟生擒其長毛遇順
軍至皆棄城依險而自保天祥以眾寡不敵非可以
物召而還之其黨王宗一等十三人繼亦就擒以冬

至日放令還家約三日來歸獄皆如期而至白宣慰
司盡縱之由是無復叛者百姓為立生祠二十一年
三月拜監察御史會右丞盧世榮以掊克聚斂驟陞
執政權傾一時御史中丞崔或言之帝怒欲致之法
世榮勢燄益張左司郎中周戴因議事微有可否世
榮誣以沮法奏令秋一百然後斬之於是臣僚震懾
無敢言者二十二年四月天祥上疏極言世榮姦惡
其略曰盧世榮素無文藝亦無武功惟以商販所獲
之賞趨附權臣營求入仕與贓吏輸送權門所獻
不充又別立權欠少文券銀一千錠由白身擢江西榷

茶轉運使於其任專務貪饕所犯贓私動以萬計其
隱祕者固難悉舉惟發露者乃可明言凡其掊取於
人及所盜官物略計鈔以定計者二萬五千一百一
十九金以鎰計者二十五銀以錠計者一百六十八
茶以引計者一萬二千四百五十有八馬以疋計者
十五玉器七事其餘繁雜物件輙是已經追納及未
納為自安之策以誅求為干進之門既憤愈甚以苟
刻為自安之計而又身當要路手握重權雖位在丞
相之下朝省大政實得專之是掊以盜蹻而掌阿衡
廣畜擴掊之計而又身當要路是掊以盜蹻而掌阿衡
之任不止流殃於當代亦恐取笑於將來朝廷信其
誣証之說俾居相位名為試驗授正權校其所能
敗闕如此考其所行毫髮無稱此皆既往之真跡可
謂已試之明驗若謂必須再試止可叙以他官宰相
之權宣宜輕授夫宰天下者猶製錦初欲臉其能否
先當試以布帛如無能効所擔或輕今捐相位以試
驗賢愚猶捨美錦以校量工拙脫致隳壞將何追
國家之與百姓上下如同一身民乃國之血氣國乃
民之膚體血氣充實則膚體康強血氣損傷則膚體
羸病未有耗其血氣能使膚體豐榮者是故民富則

國富民貧則國貧民安則國安民困則國困其理然
也昔魯公欲重斂於民閔於有若對曰百姓足君
孰與不足百姓不足君孰與足以此推之民必須賦
輕而後足國必待民足而後豐書曰民為邦本本固
邦寧歷考前代因百姓富安以致亂百姓困窮以致
治自有天地以來未之聞也夫財之有節故其用之
所集天地之間歲有常數惟其取之有節連年之患期
不乏今世榮之廣邀之功不愼頗連萬民
之命易一世之樂廣邀羡之功不愼頗連萬民
鎺銖之誅誅諙上下以交征視民如讎
欲不為國家之遠慮惟取速效於目前肆意誅求何
所不得然其生財之本既已不存欲財之方復何所
賴將見民間由此凋耗天下由此空虛安危利害之
機殆有不可勝言者計其任事以來百有餘日驗其
事跡備有可顧明今取其所行與所言而已不相副者
蓋舉數端始言能令鈔法如舊鈔今愈虛始言能令
百物自賤物今愈貴始言課程增添三百萬定言能令
於民而辦今却迫脅諸路官司增毀包認始言能令
民快樂今所為無非敗法擾民者若不早有更張
漵其自敗正猶憙雖除去木病亦深始嫌曲突徙薪

終見焦頭爛額事至於此救將何及臣亦知阿附權
要則榮寵可期違忤重臣則禍患難測緘黙自固亦
豈不能正以事在國家關繫不淺憂深慮切不得無
言世祖聞其語遣使召天祥與世榮俱至上都面質
之既至即日有內官傳旨縛天祥與世榮於宮門外明日入
對天祥於帝前再舉其所言與未及盡言者帝皆稱
善世榮遂伏誅五月朝廷籍錄天祥從軍渡江及平興
國壽昌之功命理算湖北湖南行省錢糧天
除治書侍御史六月命平章岳束木
祥至鄂州即上疏劾平章岳束木克暴不法時桑哥

竊國柄與岳束木姻黨為其爪牙羽翼誣天祥以罪
欲致之死繫獄幾四百日二十五年春正月遇赦得
釋二十八年擢行臺侍御史未幾以疾辭歸三十年
授燕南河北道廉訪使元貞元年改山東西道廉訪
使時盜賊群起山東居多詔求弭盜方略天祥上奏
曰古者盜賊之起各有所因除歲凶飢饉之歲
宜且勿論他如軍旅不息工役荐興聚斂無厭刑法
素亂之類此皆群盜所起之因中間保護存恤長養
之者赦令是也赦者小人之幸君子之不幸一歲再
赦善人喑啞前人言之倫矣彼強梁之徒各執兵杖

殺人取後不顧其生身有司盡力以擒之朝廷加恩以
釋之旦脫縲囚暮即行劫又復督勒有司結限追捕
賊皆經慣習以為常既不感恩又不畏法殘悖逆
性已頑定誠非善化能移惟以嚴刑可制所擬事條
皆切於時用於是嚴督有司捕得盜賊及弓兵皆授
之其亡入他境者揣知所向選捕得甚衆
方署示以賞罰使追捕之南至漢江二千餘里悉皆
就擒無得免者由是東方群盜屏息平陰縣民女子劉
金蓮假妖術以惑衆所至建立神堂愚民皆奔
走奉事之天祥謂同僚曰此婦以神怪惑衆聲勢如

此若復有狡獪之人輔翼之傚漢張角晉孫恩之為
必成大害遂命捕繫而杖於市自此神怪屏息天祥
言山東宣慰司官冗宜罷因劾奏其使貪暴不法事
格不行遂以任滿辭去大德三年六月遷河北河南
廉訪使以疾不起人有寃抑往往就天祥家求直天
祥以不在其位却去之六年陞江南行臺御史中丞
上章論征西南夷事曰兵有不得已則不已者亦有
得已而不已者惟能得已則可使兵力求強以備
不得已而不已之用是之謂善用兵者也去歲行省
右丞劉深遠征八百媳婦國此乃得已而不已之兵

也彼荒裔小邦遠在雲南之西南又數千里其地為
僻陋無用之地人皆頑愚無知取之不足以為利不
取不足以為害深上罔下帥兵代之不足以為縱不
橫自恣恃其威力厲害居民中途壅生之所在皆叛深
既不能制亂反為亂眾所制軍中乏粮人自相食計
窮勢戚倉黃退走土兵隨擊以致大敗深棄眾奔逃
僅以身免喪兵十八九棄地千餘里朝廷再發陝西
河南江西湖北湖南四省諸軍使劉二霸都總督以
復叛地湖廣四省大起丁夫運送軍粮至播州交納
其正夫與擔負自己粮食者通計二十餘萬正當農

《元文類列傳卷五五》 十二

四十五 朱大有

時與此大後驅愁苦之人徃廻數千里中何事不有
或所負之米盡到固為幸矣然數萬之軍止仰今次
一運之米自此以後又當如何比問西征敗卒及其
將校頗知西南遠夷之地重山複嶺陡澗深林竹木
叢茂皆有長剌軍行徑路在於其間窄處僅容一人
一騎上如登天下如入井賊若乘險邀擊我軍難眾
亦難施為也又其毒霧烟瘴之氣皆能傷人羣蠻既
知大軍將至若皆清野遠遁阻其要害以老我師或
進不得前旁無所掠士卒飢餒疫病死亡將有不戰
自困之勢不可不為深慮也且自征伐倭國占城六

趾爪哇緬國以來近三十年未嘗見有尺土一民內
屬之益計其所費錢財死捐軍數可勝言哉去歲西
征及今此舉亦復何異前鑑不遠非難見也軍勞民
擾未見休期只深一人是其禍本又聞八番羅國之
人向為征西之軍擾害棄生業相繼逃叛怨深入
征之後以此招之自有相續歸順之日使其官民上
下皆知未淈遠勞王師與區區小覷爭一旦之勝負
惟淈上承天意下順人心早正深一方以聖朝數十年撫養之恩仍諭自今再無遠
於骨髓皆欲得其肉而分食之人心皆惡天意亦憎
彼一方以聖朝數十年撫養之恩仍諭自今再無遠

《元文類列傳卷五五》 十二

四十五 朱大有

也昔大舜退師而苗氏格充國緩戰而羌眾安事載
經傳為萬世法為今之計宜且駐兵近境使其水路
遠近得通或用鹽引茶引或用實鈔多增米價和市
軍粮但法令嚴明官不失信可使米船蔽江而上軍
自足食民亦不擾內安根本外固邊隅以制其力期之
父漸次服之此王者之師萬全之利也若謂業已如
御彼之猖狂布恩以柔其心畜威以制其力期之
此欲罷不能亦當應其關繫之大審詳成敗算定而
行彼溪洞諸蠻各有種今之相聚者皆烏合之徒
必無久能同心敵我之理但急之則相救緩之則相

疑以計使之互相離憾待彼有可乘之隙我有可動
之時徐命諸軍數道俱進服從者恩之以仁拒敬者
威之以武恩威相濟功乃易成若舍恩任威以蹈深
之覆轍恐他日之患有甚於今日也不報遂謝病去
七年召拜集賢大學士商議中書省事八月地震河
東充甚詔問弭災之道天祥上章極言陰陽不和天
地不位皆人事失宜所致執政者以其言切直抑天
以聞天祥自被召還京至是且一歲未嘗得見帝言
事輸忠無地常鬱鬱不自釋又不欲苟靡廩祿八年
正月移疾謝去至通州中書遣使追留不還帝聞之

三八十九

賜鈔五千貫仍命給傳專官護送至其家天祥望闕
拜謝辭所賜鈔而行九年五月拜中書右丞議樞密
院事提調諸衛屯田使者五致詔以年老不能辭十
一年仁宗在懷州遣使賜幣帛上尊酒至大四年仁
宗即位復遣使召之辭以老疾不起延祐三年四月
卒于家年八十累贈推忠正義全德佐理功臣河南
江北等處行中書省平章政事追封趙國公謚文忠

　　劉宣

劉宣字伯宣其先潞人也因出戍留居忻金末避地
于陝後從太原宣沈毅清介居家孝友自幼喜讀書

有經世之志宣撫張德輝至河東見而器重之還朝
薦為中書省掾宣殿則往從國子祭酒許衡講理
學初命為河北河南道勸行勸農副使至元十二年
入為中書戶部郎中改行省郎中從丞相伯顏平章
阿朮統軍平江南賛畫居多伯顏嘗命宣平章
書世祖見親問以南征事應對稱旨賜器服寵嘉
除知松江府未幾同知浙西宣慰司事在官五年威
惠並著陸江淮行省叅議擢江西湖東道提刑按察
使二十三年入為禮部尚書遂遷吏部時將代交趾

宣上言曰連年日本之役百姓愁歲官府擾攘今春
停罷江浙軍民歡聲如雷安南小邦臣事有年歲貢
未嘗愆期邊帥生事興兵彼因違竄海島使大舉無
功將士傷殘今又下令再征聞省莫不恐懼自古興
兵必須天時中原平土猶逢盛夏交廣炎瘴之地毒
氣害人甚於兵刃今以七月會諸道兵于靜江比至
安南病死必眾緩急過敵何以應之又交趾無粮水
路難通無車馬牛畜駄載不免陸運一夫擔米五斗
往還自食外官得其半若十萬石用四十萬人止可
供一二月軍粮搬載船料軍須通用五六十萬眾廣

西湖南調度頻數民多離散戶供役亦不能辦況
湖廣客遍谿洞寇常多萬一姦人伺隙大兵一出
乘虛生釁雖有留後人馬疲弱豪老辛難應變何不
與彼中軍官深知事體萬全方畧不然將復
蹈前轍矣及再興再征日本宣又上言其署日近議復置
征東行省再興日本之師此役不息安危繫焉咬都
我接境最爾小邦遣親王提兵深入未見報功咬都
江海癉毒之地死傷過半即目連兵未解且交趾興
船隻軍須粮運官民大擾廣東群盜並起軍兵遠涉
建伐占城海牙言平交趾三數年聞湖廣江西供給

元史列傳卷五十五　十五　四十五　徐仲明

為賊所殺自遺羞況日本海洋萬里疆土濶遠非
二國可比今次出師動衆履險縱不遇風可到彼岸
倭國地廣徒衆猥多彼兵四集我師無援萬一不利
欲救兵其能飛渡耶陞伐高麗三次大舉數見敗
北喪師百萬唐太宗以英武自負親征高麗諸
城而還徒增追悔且高麗平壤諸城皆居陸地去中
原不遠以二國之衆加之尚不能克況日本僻在海
隅與中國相懸萬里哉帝嘉納其言二十三年十二
月中書傳旨議更鈔用錢宣獻議曰原交鈔所起漢
唐以來皆未嘗有宋紹興初軍餉不繼造此以誘商

旅為汰邊實之計比銅錢易於齎學民甚便之稍
有滯礙即用見錢尚存古人子母相權之意日增月
益其法浸弊欲求目速效未見良策新鈔必欲創
造用攬舊鈔只是改換名目無金銀作本稱提軍國
支用不復抑損三數年後亦如元寶矣宋金之弊著
為教鑒鑄造銅錢又當詳究秦漢隋唐金宋利病
濟丘壑之用非惟利民權物其要自不久自弊矣屬
貨非為速計大抵鑄造不數抑亦不至若欲
在史策不待縷陳國朝廢錢已久一旦行之功費不

元史列傳卷五十五　十六　二十五　徐仲明

哥諜立尚書省以專國柄錢議遂罷二十五年由桑
賢學士除行臺御史中丞時江浙行省丞相忙古臺
悍疾縱恣常應臺臣科言其罪而尤忌宣一日御史
大夫與中丞出建康城點視軍船群御史從有以軍
船載蒭者往古臺盛怒即圖報後時大夫之父官於屬郡
覆實忙古臺盛怒即圖報後時大夫之父官於屬郡
隨被懇求自解惟宣詰屹然不動忙古臺愈慮懼
陰往懇求自解惟宣詰屹然不動忙古臺愈慮懼
織宣之子繫揚州獄又令建康酒務淘金等官及錄
事司官以罪免者誣告行臺沮壞錢粮以聞于朝必
欲寘宣元地朝廷為遣官二貟置獄于行省鞫問其

事宣及御史六人俱就逮既登舟行省以軍船列兵
衛驅迫之至則分異各屬不使往來九月朔宣自到
子舟中始宣將行時書後事緘付從子自誠令勿啟
視宣死視其書辭云觸怒大臣誣構成罪宣能與經
斷小人交口辯訟屈膝為容於怨家之前身為臺臣
義不受辱當自引決但不獲以身殉國為恨耳嗚呼
天乎實鑒此心且別有公文言古臺罪狀後得其
其文讀者悲憤宣既引決行省中書侍御史
纂塗注句抹辭句難辨前治書侍御史霍庸為敍次
重自殺前後構成其事者郎中張斯立也然宣忠義

卽操為世所重聞者莫不嗟悼延祐四年從子自持
上宣行實御史臺以聞制贈資善大夫
護軍追封彭城郡公謚忠憲

何榮祖

何榮祖字繼先其先太原人父瑛金貞祐間試文法
入優等補吏後授明威將軍守鉅鹿尹權軍器監主
事金亡從家廣平榮祖狀貌魁偉額有赤文如雙樹
背負隆起有相者謂曰子位極人臣且壽相也何氏世
臺都事始折節讀書日記數千言阿合馬方用事置

總庫于其家以收四方之利號曰和市監察御史范
方等斥其非論甚力阿合馬知榮祖主其謀奏為左
右司都事以隸已未幾御史臺除治書侍御史升侍
御史又出為山東按察使而阿合馬遷其志矣有
帖木剌思者以貪墨為斂事唐卿所劾帖木剌思
焚之帖木剌思乃撫取有上變告者罪禎仁傑
十人獄久不決詔榮祖抵告者罪唐卿縱其妄取繫數
計無所出適濟南有上變告者罪禎仁傑議以失口亂言
之榮祖得其情欲抵告者不可俄遷河南按察使二轍政竟以

之罪坐之榮祖不可俄遷河南按察使二轍政竟以
失口亂言杖其人而株連者俱得釋唐卿之誣遂白
平涼府言有南人二十餘董叛歸江南安西行省欲
上聞會榮祖來為佥政止之曰何必上聞朝廷此輩
去者皆人奴耳今聞江南平道往求其家移文召捕
之可也已而逃者俱獲果人奴也治以本罪而付其
主其於事明決多類此除雲南行省參知政事以母
老辭又拜御史中丞復出為山東東西道按察使時
宣慰使樂實演開膠州海道有制禁戢諸人沮撓
粮船遇暴風多漂覆樂實弗信督諸漕卒償之撈掠
燻毒自役者相繼按察官懼遵制莫敢言榮祖曰第

言之若朝廷見譴吾自當之即章辭以奏詔免其徵召入為尚書叅知政事時桑哥專政丞於理算錢穀人受其害榮祖數請罷之帝不從屢懇請不已乃稍緩之而譏肉民苦尤甚榮祖每以為辭同僚曰上既為免諸路惟未及在京可少止勿言也榮祖執愈堅至於忤旨不署其牘未踰月而害民之弊皆聞帝乃思榮祖言召問所宜榮祖請於歲終立局考校人以為便立為常式詔賜以鈔萬一千貫榮祖與之異議乃以病告特授集賢大學士未幾起為尚

書右丞桑哥欲改中書右丞奏行所定至元新格請改提刑按察司為肅政廉訪司而立監治之法又上言國家用度不可不足天下百姓不可不安全理財者弗顧民力之困言治者弗圖國計之大且當用之人恒多而得用之人恒少要之省部宴為根本必擇材而用之按察司雖監臨一道其職在於除蠹弊安斯民苟有弗至則省臺又當遣官體察之庶有所益帝深然之屢以老疾乞解機務詔免署事惟預議中書而食其祿尋拜昭文館大學士預中書省事又加平章政事以水旱請罷不久先是榮祖奉旨定大德

律令書成已久至是乃得請于上詔元老大臣聚聽之未及頒行適子秘書少監惠沒遂歸廣平辛年七十九贈光祿大夫大司徒柱國追封趙國公謚文憲榮祖身至大官而儉第以居飲器用青瓷杯中宮聞之賜以上尊及金五十兩銀五百兩鈔二萬五千貫俾置器買宅以旌其廉所著書有大畜十集又有學易記載道集觀物外篇等書

陳思濟

陳思濟字濟民柘城人也幼讀書即曉大義以才器見稱于時輩間世祖在潛邸聞其名召之以備顧問

既即位始建省部俾掌敷奏世祖以京兆為國重鎮命廉希憲等行中書省于陝西思濟寔與偕行多所贊畫中統三年詔誅王文統召廉希憲入中書思濟還仍掌敷奏事無巨細悉就準繩姚樞許衡皆器重之會阿合馬入省希憲守正不從及希憲去位省臣阿合馬莫敢前思濟獨先以文牘進阿合馬輒于希憲位署押思濟遽掩以手曰此非君相署位也阿合馬怒目視之眾為之懼思濟神色自若除右司都事從希憲行省山東未幾召還至元五年分命中書省總

百撰御史臺正百官一時黜陟登庸憲章程式多出
其手還承務郎同知高唐州事以績最聞拜監察御
史時阿合馬立尚書省權柄在中書右思濟與魏初等
劾其不法帝命近臣正之御史各以次對思濟獨厲
聲曰御史言官也非為辨訟設拂柚而出授奉訓大
夫知沁州為政承要不務奇察遷中順大夫同知紹
興路總管府事承撤讒獄桐廬有囚蕭蓍將死縱遣
還家候期來決囚拜請曰聞公名久矣若不早決恐
終不可保為悶其案而釋之轉同知兩浙都轉運司
事胥吏侵漁民困于賦役悉蠲除之調陝西漢中道

元史列傳卷五十五

周鼎

卄一　四十五

提刑按察副使丁母憂去官二十三年加少中大夫
同知浙東道宣慰司事時浙西大水民饑饒浙東倉廩
殷實即轉輸以賑之全活者眾撤上中書奏乞之浙
東復早禱于名山兩大澍民賴以甦兩淮都轉運歲
授嘉議大夫兩淮都轉運使奸弊盡革商賈通行歲
課以足擢嶺北湖南道蕭政廉訪使改池州路總管
江淅行省平章也速答兒威勢赫然摘潤金戶三千
括民間田畝撤下力上章以止之累遷通議大夫僉
河南江比等憂行中書省事大德五年冬以疾卒年
七十贈正議大夫吏部尚書上輕車都尉追封潁川

郡侯謐文蕭子誠襲陰入官拜監察御史朝列大夫
僉廣西道蕭政廉訪司事

秦長卿

秦長卿洛陽人也姿貌瑰偉有大志世祖在
京兆潜藩已聞其名既即位務收攬時才以布衣徵
至京師長卿尚風節好論事與劉宣同在宿衛以氣
岸相高是時尚書省立阿合馬專政長卿上書曰臣
愚憤能識阿合馬殺人人畏憚之固莫
敢言然怨毒亦已甚矣阿合馬禁絕異議杜塞忠言其
情似秦趙高私蕭蹻公家賢覦觀非望其事似漢董

元史列傳卷五十五

周鼎傳

卄二　四十五

三○六六

卓春秋人臣無將請及其未發誅之為便事下中書
阿合馬為人便佞善伺人主意又其資足以動人中
貫人力為裘解事遂寢然由是大恨長卿除興和宣
德同知鐵冶事竟誣以折閱課額數萬緡逮長卿下
吏籍其家產償官又使獄吏濡紙塞其口
鼻即死未幾王著聚徒殺阿合馬帝後悟亦追罪之
斷棺裁屍并誅其子而長卿寃終不白長卿從子山
南為建康府判官聞長卿寃狀即日棄官去累薦不
起以卒山甫子從龍仕至南臺治書侍御史從德江
淅行省參知政事

趙與懃

趙與懃字悔叔宋室子嘗登進士第為鄂州教授
至元十一年丞相伯顏既渡江與懃率其宗人之在
鄂州者詣軍門上書力陳不嗜殺人可以一天下且
乞全其宗黨後伯顏朝京師世祖問宋宗室之賢者
伯顏首以與懃對十三年秋九月遣使召至上京幅
巾深衣以見言宋敗亡之故即授翰林待制朝廷立法多
切令人感動世祖念之即授翰林待制學士轉侍講
所諮訪與懃悉言讜論無所顧惜進直學士
疏陳江南科斂急督後括大姓宋世丘龍驤暴露皆大
臣擅易明詔所為二十七年京師霧四塞明年正月
甲寅虎入南城與懃又疏言權臣專政之咎退而家
居待罪未幾桑哥敗平章不忽木奏與懃貧窶有守
有抱負世祖曰得非指權臣為虎者邪賜鈔萬三千
貫歲給其妻子衣糧後累遷翰林學士其伯祖師淵
嘗從朱熹學家庭受授具有端緒於是與許衡論伊
洛閩奧衡雅敬之與懃既老成宗命特官其子孟實
以終養大德七年以疾卒家貧無以為葬成宗命有
司賻鈔五千貫給舟車還葬台州之黃岩贈通議大
夫禮部尚書上輕車都尉天水郡侯諡文簡

姚天福

姚天福字君祥絳州人父居實避兵徙鴈門天福幼
讀春秋通大義及長以材辟懷仁丞至元五年詔立
御史臺以天福為架閣管勾尋拜監察御史每廷折
權臣帝嘉其直錫名巴兒思謂其不畏強悍猶虎也
仍厚賜以旌其忠天福曰古稱一蛇九尾首動尾隨一蛇
二首不能寸進今臺綱不張有一蛇二首之患陛下
不急拯之久則縈不可理帝詔王速帖木兒及李羅
諭之李羅以年幼自劾天福時按行畿內有出使者
凌民取賄天福乃易服間行得其狀奏戮之以徇豪
右懼服十二年詔罷各道按察司天福白大夫王速
帖木兒曰是司之設所以廣視聽震非常懾至深遠
不但繩有司而已也大夫駭然曰微公言幾失之夜
入帝卧內奏其言帝大悟詔復立之權臣不悅左遷
天福朝列大夫衡州路同知不就起為河東道提刑
按察副使時比鄰兵興轉輸煩急河東民苦徭役天
福以反側為憂劾執政失計奏罷其役徵拜中順大
夫治書侍御史十六年江南既平授嘉議大夫淮西

道按察使淮甸當兵衝刑吏有豪猾為民害者悉劾
除之民大悅轉湖北道按察使發省臣贓事數十以
聞帝以其嘗有勳勢特原之而流其黨與州郡稱治
二十年灤山北道按察使察其民鮮知教以
樹藝皆致蕃富民為建祠而刻石以紀之二十二年
入為刑部尚書尋出為揚州路總管二十六年復為
淮西按察使廉訪使尋除真定路
八年桑哥敗考訊黨獄一人沒其家貲政化大行二十
管俾窮治其事俄拜甘肅行省參知政事以天福為平陽總
三十一年授陝西漢中道肅政廉訪使尋除真定路

使不擾民憲長爭之省臣以其事聞詔從之頒其制
總管真定驛傳之需多為民害天福更議措置之方
為天下式大德二年授江西行省參政以疾辭四年
拜參知政事大都路總管兼大興府尹畿甸大治初
之尹京者以天福為稱首六年以疾卒年七十三初
天福拜御史時其母戒之曰古人稱公爾忘私委質為
臣當罄所衷以塞其職勿以未亡人為念
陵母死之日猶生之年也天福亦請於憲府曰監察
責當言路有犯無隱苟獲譴乞不罷累或以聞帝
嘆曰巴兒思母子雖生今世其義烈之言當於古人

中求之子祖舜秘書監著作郎侃內藏庫副使

許國禎

許國禎字進之絳州曲沃人也祖濟金絳州節度使
父日嚴榮州節度判官皆業醫國禎博通經史尤精
醫術金亂避地嵩州求寧縣河南平歸寓太原世祖
在潛邸國禎以醫徵至翰海留守掌醫藥莊聖太后
有疾國禎治之愈世祖悅張宴賜坐太后時年五
十三遂以白金鋌如年數賜之伯撒王妃病目治者
鍼誤損其明世祖怒欲坐以死罪國禎從容諫曰罪
固當死然原其情乃恐怖失次所致即誅之後誰敢

復進世祖意解且獎之曰國禎之直可作諫官宗王
昔班屢請以國禎隸帳下世祖重違其請將遣之辭
曰國禎蒙恩援擢誓盡心以報不敢易所事乃不果
遣世祖嘗有疾良藥苦口利於病忠言逆耳利於行
禎曰古人有言良藥苦口利於病忠言逆耳利於行
已而足疾入視世祖曰不聽汝言果困
斯疾對曰良藥苦口既知之矣忠言逆耳預留意焉
世祖大悅以七寶馬鞍賜之憲宗三年癸丑從征雲
南機密皆得參與朝夕未嘗離左右或在告帝報為
之不悅九年己未世祖帥師圍鄂州獲宋人數百族

諸將欲盡阬之國禎力請止誅其黨暴餘皆獲免及
師還招降民數十萬口疫餓顛仆者滿道國禎白發
蔡州軍儲糧賑之全活甚眾世祖即勞授榮
祿大夫提點太醫院事賜金符至元三年改授金虎
符十二年遷禮部尚書國禎嘗上疏言慎財賦禁服
色明法律嚴武備設諫官均衡兵建學校立朝儀事
多施行凡所薦引皆知名士士亦歸重之帝與近臣
言及勳舊大臣因謂國禎曰朕昔出征同履艱難者
惟卿數人在爾遂拜集賢大學士進階光祿大夫每
進見帝呼為許光祿而不名由是內外諸王大臣皆

《元史列傳卷五十五》　廿七　趙景雲

以許光祿呼之陞翰林集賢大學士卒年七十六時
大臣非有勳德為帝所知者罕得贈諡特贈國禎金
紫光祿大夫諡忠憲人以為榮後加贈推誠廣德協
恭翊亮功臣翰林學士承旨上柱國追封薊國公初
國禎毋韓氏亦以能醫侍莊憲太后又善調和食味
稱首凡四方所獻珍膳旨酒皆命掌之太后閔其勞
賜以真定宅一區歲給衣廩終身國禎由是家為子
辰
辰字君繡一名忽睹火孫從其父國禎事世祖于潛
邸進退荘重世祖喜之賜今名俾從許衡學入備宿

衛忠慎小心嘗因事旨欲罪之帝後悔謂近侍帖
哥曰朕欲罪忽睹火孫汝何不言汝二人自今結為
兄弟有所譴責則更相進諫乃置金酒中賜二人飲
以為盟時裕宗居東宮帝又諭忽睹火孫曰若太子
罪汝將誰諫耶遂命東宮臣慶山奴亦同飲金酒衣二
除禮部尚書提點太醫院事賜日月龍鳳紋綺衣
襲每外國使至必命與之語辭理明辨莫不傾服改
尚醫太監帝嘗命工寫其儀貌之轉正議大夫仍
提點太醫院事有癙大安閣禮神之常者將誅之群
臣莫敢言忽睹火孫獨諫曰敬神善事也因置人於

《元史列傳卷五十五》　廿八　景雲

死地臣恐神不享所祭帝即命釋之忽睹火孫與丞
相安童善國政多所贊益桑哥忌之數譖於上帝不
之信桑哥敗繫于左掖門帝命忽睹火孫往唾其面
辭不可帝稱其仁厚賜以白玉帶且諭之曰以汝明
繁無瑕有類此王故以賜汝也成宗即位遷中書右
丞行太常卿力辭乃命以中書右丞署太常事俄改
陝西行中書省右丞時關中饑議發倉粟賑之同列
以未得請于朝不可忽睹火孫曰民為邦本今饑餓
如此若俟命下無乃撾發之罪吾當獨任之不以
累公等遂大發粟不數日命亦下明年早禱于終南

山而雨歲以大熟民皆畫像祀之忽魯督火孫不事生
業田宅皆上所賜有足疾不能行仁宗以為先朝老
臣特敕乘小輿入禁中訪以舊事後足益弱不可出
每國有大政詔使近侍即其家問之特授榮祿大夫
大司徒食其祿終身贈推忠守正佐理功臣光祿大
夫陝西等處行中書省平章政事柱國追封趙國公
謚僖簡

列傳卷第五十五

翰林學士承旨知制誥兼修國史宋濂　翰林待制承直郎兼國史院編修官王褘等奉敕撰

黎

賀仁傑

賀仁傑字寬甫其先河東隰州人祖種德徙關中遂
為京兆鄠人父賁有材署善攻戰數從軍有功關中
兵後積屍滿野賁賈地金天門外為大塚收瘞之遠
近聞者爭舉屍來葬復以私錢勞之嘗治室於毀垣
中得白金七十五百兩謂其妻鄭曰語云匹夫無故
獲千金必有非常之禍時世祖以皇太弟受詔征雲

《元史列傳卷五六》　一

南駐軍六盤山乃持五千兩徧獻之世祖曰天以賜
汝焉用獻對曰殿下新封秦地出秦地山川以授殿
下臣不敢私願以助軍且言其子仁傑可用狀即召
入宿衛其軍帥怒賁不先白已而專獻金下賁獄世
祖聞之大怒執帥將殺之以勳舊而止世祖即位賜
青榮祿大夫大司徒追封雍國公諡貞獻仁傑居世
祖南征雲南北征乃顏皆著勞績後與董文忠居中
事上同志協力知無不言言無不聽多所裨益而言
不外泄帝深愛重之至元十三年宋平惟川蜀久不

王正褘

下四川制置使張珏守重慶合州安撫使王立守釣
魚山相拒二十餘年詔建東西行樞密院督兵進伐
合丹闊里吉思領東院攻釣魚山不花李德輝領西
院攻重慶德輝分守成都獲王立鈔辛張合縱之使
諭立降立復遣張合等奉鐥書告德輝能自來即降
德輝遂從五百騎至釣魚山與東院同受立降東院
復奏誅立并言德輝越境邀功下立長安獄西院告
於帝帝召樞密臣責之曰汝等以人命為戲耶今名
王立生則已死則汝等亦從之立至賜金虎符仍

《元史列傳卷五六》　二

以為合州安撫使帝一日召仁傑至榻前出白金謂
之曰此汝父六盤所獻者聞汝母來可持以歸養辭
不許乃歸白母盡散之宗族山後鹽禁久為民害皆
宮及有司買物多非其土産仁傑欲選民間童女充
奏罷之民為之立祠帝欲選民間童女充
臣以十數皆不納帝顧仁傑曰無以易卿者特授正
議大夫上都留守兼本路總管開平府尹明年賜三
珠虎符進資德大夫無虎賁親軍都指揮使尋加榮
祿大夫中書右丞留守如故尚書省立桑哥用事奏
上都留守司錢穀多失實召留守忽剌忽耳及仁傑

王正褘

使後成宗崩仁宗入清內難念世祖舊臣欲有所咨
褚幣錦袍玉帶歸第以子勝襲上都留守虎賁指揮
沒帝欲爲娶費族固辭乃娶民間女已而卒明夫妻
相敬如初未嘗置媵妾大德九年年七十二請老拜
光祿大夫平章政事商議陝西行中書省事賜白金
引紱歸已者置勿問仁傑在官五十餘年爲留守者
白而能行者臣之罪帝曰以爵讓人者有之未有爭
臣之罪忽剌忽耳臣爲長印在臣手事未有不關
廷辨仁傑曰臣漢人不能禁吏戢姦致錢穀多耗傷

封奉元王子勝自有傳

賈昔剌

推誠宣力𦙾運功臣太師開府儀同三司上柱國追
司太保上柱國追封雍國公謚忠貞延祐六年加贈
訪召赴闕行至樊橋而卒贈恭勤竭力功臣儀同三

賈昔剌燕之大興人也本姓賈氏其父仕金爲庖人
昔剌體貌魁碩有志於當世歲甲申因近臣入見莊
聖太后遂從睿宗於和林典司御膳以其黧黃賜名
昔剌俾氏族與蒙古人同慧親卑之又慮其非漢人
習於風土令從居瀟州帝復思之曰昔剌在吾左右

欲食殊安適促召入供奉諸庖人皆隸爲世祖在潛
邸知其重厚使從迎皇后於弘吉剌之地自是預謀
惟幄動中機會內出銀三千兩使買珍膳乘傳上太
官恣其出入不問又賜以牝馬及駒三十匹并牧戶
與之是時兵餘數以所賜分遺鄉里即封聞喜郡侯
食尚藥二局賜金符提點局事兼頒進納御膳生料
年老謝事病篤索所賜衣袞之而卒帝奇其勇敢而
謚敬懿子丑妮子方幼時世祖愛之嘗坐之御席傍
從征雲南躍馬入水所戰船破其軍帝奇其勇敢而
戒其輕銳已未從伐宋還自鄂州卒追封臨汾郡公

謚顯毅子虎林赤智勇絕人阿里不哥之叛出其家
名馬以助官軍從幸和林中道值大風晝晦敵猝至
擊走之還佩其大父金符提點尚食尚藥二局歷尚
膳使蕭司農嘗入侍帝問治天下何爲本曰重農爲
本何爲先曰用賢則天下治重農則百姓
足帝深善之起拜宣徽使辭改僉院事仍領尚膳使
卒子禿花不花襲世職爲尚藥尚食局提點世祖以
故家子獨奇之謂他日可大用使在左右從征乃顏
軍次杭海敵猝至帝令急擊之諸近侍見其勢盛多
畏避禿堅不花即馳入其陣疾戰破走之擒其首將

以歸核軍哈剌罕大風畫晦敵兵千人甦譟以進禿堅
不花奮擊身被十餘瘡猶力戰復大破之帝奇其勇杭
海叛者請降眾議以為親犯王師宜誅之禿堅不花
獨曰杭海本吾人或誘之以叛豈其本心哉且兵法
殺降不祥宜赦之帝曰禿堅不花議是以益知其
帝亦知其直令察宿衛之士有才器者以名聞所論
可用陛同僉宣徽院事每論政帝前言直而氣不懾
一不當其意帝喜曰宣徽得禿堅不花足矣進同知
會于上京凣鑾餔宴享之節賜子多寡疏戚之分無
薦數十人用之皆稱職時論歸之成宗即位諸俟王

宣徽院事四年帝弗豫召入侍疾一食一飲必嘗乃
進帝體既安賜錢不受解衣賜之嘗從巡幸禁中衛
士感舊有所欲言帝命之問之皆曰臣等宿衛有
年矣日膳充歲賜以時者誠荷陛下厚恩亦由宣徽
有能官禿堅不花其人也帝悅賜珠袍超拜宣使
辭曰先臣服勤茲三世矣位不過僉佐臣何敢有
加於先臣乎帝嘉其退讓乃允其請九年乞禄
倫部大雪奏買駝馬還賜七寶笠十年帝病甚入侍
給之全活者數萬人將作掾以正義無所回撓武宗
疾愈謹及大漸內難將作掾以正義無所回撓武宗

入即位深嘉其忠進階榮祿大夫遙授平章政事商
議宣徽院事行金復州新附軍萬戶府達魯花赤至
大二年詔出金帛大賚北邊諸軍以禿堅不花明習
事宜能不憚勞苦使即軍中與其師月赤察兒定議
而給之諸部大悅帝深器之拜宣徽使出內藏薰金
帶賜之為同官賈廷瑞擅易官制帝大怒欲殺之禿堅
下省尚書省奏廷瑞所坐不當死不敢以臣私隙誤陛下
不花力諫不可帝曰賈廷瑞瞑卿不直一錢卿何力
言邪對曰廷瑞所坐不當死不敢以臣私隙誤陛下
夫刑廷瑞遂得免帝訪群臣以治道禿堅不花以為

治國安民之實在於生財即用帝嘉納焉轉光祿大
夫仁宗即位加金紫光祿大夫延祐四年朔方又被
風雪為災禿堅不花請賑之如大德時且出私家馬
二百匹以為助賜錢酬其價不受解御衣賜之託恩
幸以求賞者報抑弗子帖失海舶秀堅不花曰此軍國之所資上不宜賜下
不宜受帝賜廷顯玉帶廷顯欲取太官羊錢一萬五
千緡充其價又執不可於是怨之者眾七年以疾去
官英宗即位帖失竟殺之後帖失以大逆伏誅事
乃白贈推忠宣力守諒功臣太傅開府儀同三司上

柱國追封冀國公謚忠隱後進封冀安王加贈其曾
祖昔剌推忠翊運功臣金紫光祿大夫太保進封絳
國公加祖丑妮子崇德劭節功臣儀同三司太傅開
追封絳國公父麃林赤推誠宣力守德功臣太師開
府儀同三司上柱國進封臨汾王子班卜忽里台也
速古禿忽赤皆至顯官

劉哈剌八都魯

劉哈剌八都魯河東人本姓劉氏家世業醫至元八
年世祖駐蹕白海以近臣言得召見世祖謂其目
火光異之遂留侍左右初賜名哈剌斡脫赤十七年

《元史列傳卷五十六　七》章彥德

榷太醫院管勾昔里叛宗王別里鐵穆而奉命往
征之帝諭哈剌八都魯曰當行者多避事汝善醫復
習騎射能從行乎對曰事君不辭難臣不行將何為
即請授甲帝曰汝安用甲對曰願備一戰士帝曰
醫汝事也甲不可得惟賜以環刀弓矢裹馬等物將
行聞母疾請歸省帝命給驛而歸既見母不敢以遠
役告母亦微知之謂曰汝第行我疾安矣遂即辭去
恐汝淚不下而鼻血暴出數里弗止馳至王所一日獵
於野有抱窩草中王射之不中哈剌八都魯一發中
之王大喜王妃有疾與藥即愈王又喜奏為其府長史

及將戰從王請甲王曰上不與汝我何敢與因留之
使領帳輜重哈剌八都魯不肯曰大丈夫當効命行陳
乃守管帳如婦人耶見有甲者飲以酒高價取之明
日被以往正望見其介而馳走使人問之云免胄我
也因愀然曰一人與善萬人可激我為萬人激耳中
忽王所來曰我受太祖分地守此不敢失凡上所使
以識也師次金山路隘頓兵未能進有使者云自
道三遇賊賊射之皆不中王喜甚解衣衣之且
興昔里吉之過我者吾並飲食供給之無異心也且
願見天子而道遠無援令聞王來甚喜得一見可乎

《元史列傳卷五十六　八》章彥德

王以為信左右曰此詐也脫忽所居要害始與昔里
吉為耳目顧勿聽乃遣兵間道窺之獲其將
騎三十人訊之得其情知脫忽方飲酢遂出其不意
進擊大敗之因獲昔里吉所遣使知其不為備又乘
勢進擊大破擒之王乃命哈剌八都魯獻俘行宮帝
見其瘠甚輟御膳羊羹以賜既拜受先割其美者懷
之帝問其故對曰臣始與母訣令歸毋幸存請以君
賜遺之帝嘉其志命宣慰副使賜與甚厚二十三年陸同
功授和林等處宣慰司事二十四年又陞宣慰使二十五年海都
知宣慰司事二十四年又陞宣慰使二十五年海都

犯邊尚書省以和林屯粮當得知緩急輕重者掌其
出納奏用怯伯帝曰錢穀非怯伯所知哈剌幹脫赤
可使也進階嘉議大夫職如故使怯伯與俱二十六
年海都兵至皇子北安王使報怯伯率其民避去怯
伯與哈剌八都魯南行六日止入兄不剌距海都軍
五六十里怯伯大懼曰事急矣不如順之遂潛道與
〔二〕四十六
魯語其弟欽祖榮遇從騎百餘人問之忽剌思曰吾
馬赤千戶忽剌思遇騎百餘人問之忽剌思曰吾
在海都軍中聞怯伯及宣慰脫身歸報天子我故追
以來哈剌八都魯宗其誠與之謀結陳秉高立於西

南令之曰吾將往責怯伯汝曹勿動見吾執弓而起
即相應也既見怯伯怯伯盛言海都之今以威之哈
剌八都魯詭辭間疾趨忽剌思整陣以出怯
伯遣騎來追屢拒却之道遇送軍裝者因護之至鹽
海及入見帝喜曰人言汝陷賊乃能來即命與酒饌
顧謂侍臣曰譬諸畜犬得美食而棄其主此人是也
雖未得食而不忘其主是也更其名曰察罕幹
脫赤賜以鈔五千貫頓首辭謝乞以所賜與同來者
帝特命受之而令中書定其賞有差二十
七年遷正奉大夫河東山西道宣慰使奏曰臣累戰

而歸衣裘盡獎河東臣故鄉也願乞錦衣以為榮帝
以金織文衣賜之居二年召還帝諭之曰自此而北
乃額故地曰阿八剌忽者產魚吾今立城而以兀速
憨哈納乞里吉里三部人居之其城曰肇州汝為
往為哈剌八都魯宣慰使仍別賜汝名曰小龍兒或曰哈
剌八都魯汝可自擇之對曰龍非臣下所敢承帝自然則為
魯汝可也復賜以繡衣玉帶及鈔五千貫其為
人主所眷注如此既至定市里安民居一日得魚九
尾皆千斤遣使來獻俄召還三十一年春世祖崩太
傳伯顏奉皇太后旨命之曰東方汝嘗鎮之今以屬
〔三〕二十七　四十六

汝勿俟制命乃以為咸平宣慰使元貞元年召為御
史中丞行至懿州病卒

石抹明里

石抹明里契丹人姓石抹世典內膳國制內膳為近
臣非篤敬素著者不得為明里祖昌魯事太祖曾
嘗求之於帝帝聽以其僚十人往勅之曰皇子方總
兵闕地肤輟爾以事之能以事朕之恭事之將用黃
金覆周汝身矣顯懿莊聖皇后語憲宗世祖曰昌魯
事太祖聖躬或小不豫其烹庖之精平日汝兄
弟當終始遇之厥宗嘗從太宗西征在道絕汲昌魯

何澤之

晨起聚草上霜煮羹以進，靡宗問曰：何從得水？因告之故。師還賜金帛甚厚，年八十卒。中統初，明里入見，世祖令侍臣送明里於裕宗，且曰：明里親臣之子也，今以事汝，令典膳事。已而世祖嘗命裕宗令從人十人來，朕將行賞罰焉。十人者至帝前，四人列於明里上。帝曰：第五人非明里耶？對曰：然。帝立之。明里越一人立。帝又曰：更上之明里。以明里後來，反居上。帝金紋衣一襲，明里出，侍臣以明里上相與賜耳語。帝聞之，曰：明里之祖昌魯，事太祖、靡宗以及朕兄弟，爾時汝革安在頌，謂後來即帝親討反者於比。

方明里請備持矛，師還，第切賜白金百兩。至元二十八年，為典膳令。成宗即位，加朝列大夫，賜金帶，又賜御衣一襲、鈔萬五千貫。詔曰：明里舊臣，其令諸子入宿衛。可假禮部尚書，進階嘉議大夫，食尚書祿以老。武宗即位，詔曰：明里榮祿大夫、司徒，其妻梅仙封順國德之，可特令明里夫婦歷事帝后，保抱朕躬，朕甚夫人，賜黃金二百五十兩、白金千五百兩、衣一襲。仁宗在東宮，語宮人曰：昔朕有疾甚危，徽仁裕聖皇后憂之，梅仙守視不懈，帶七十日，今不敢忘。其賜明里寶帶、錦衣、輿及四驛。至大三年二月卒，年六十有

九子皆顯貴。

謝仲溫

謝仲溫，字君玉，豐州豐縣人。父睦歡，以貲雄鄉曲間。大兵南下，轉客兀剌城。太祖攻西夏，過其城，睦歡與其帥迎降，從攻西京。睦歡力戰先登，連中三矢，仆城而下，納諸牛腹中，良久乃甦，誓以死報，每遇敵必身先之，官至太原路金銀鐵冶達魯花赤。仲溫豐頤廣頰，聲音洪亮，略涉書史。壬子歲，見世祖於野狐嶺，命備宿衛，幾所行率必在左右。丙辰，城上都，仲溫為工部提領董其役。帝曰：汝但執梃錐，百千人寧不懼汝耶？已未，大軍圍鄂，令醫諸將。時守江軍士乏食，仲溫教之醫魚以充其食。帝喜，謂侍臣曰：朕思不及此。飲以駝乳。他日不忘汝也。一夕，帝聞敵軍護譟，命警備。仲溫奉縋床，帝憑其肩以行，至旦不能寐。中統元年，權平陽、太原兩路宣撫使。二年，改西京。至元九年，遷順德路總管。時方用兵江淮，有寡婦嘗子以償轉輸之直，仲溫出俸金贖還之。十六年，為湖南宣慰使。二十二年，改淮東。歲旱，仲溫導白水塘漑民田，公私賴焉。三十年春，入見，帝曰：汝非謝仲溫乎？朕謂汝死矣。從容

語及攻鄂時事帝喜甚諭曰洪將復官乎朕當爲鄉
擇之對曰臣老矣無能爲也一子早已惟有孫李完
辛陛下憐之即日命備宿衛大德六年卒年八十子
蘭江州達魯花赤先卒孫李完承事郎冀寧等路管
民提舉司達魯花赤

高觿
高觿字彥解渤海人世仕金祖夔徙居上黨父守忠
國初爲千户太宗九年從親王口溫不花攻黃州殁
千兵觿事世祖備宿衛頗見親辛至元初立燕王爲
皇太子詔選才儁士充官屬以觿掌藝文蕭領中觿
宮衛監門事又監作皇太子宮規制有法帝嘉之錫
以金幣廄馬因賜名失剌十八年授中議大夫工部
侍郎行同知王府都總管府事十九年春皇太子從
帝北幸時丞相阿合馬留守大都專權貪恣人厭苦
之益都千户王著與高和尚等因構變謀殺之三月
十七日觿宿衛宮中西番僧二人至中書省言今夕
皇太子與國師來建佛事觿之俾當出入東宮
者雜識視之觿等皆莫識也乃作西番語詢二僧曰
皇太子及國師今至何處二僧失色又以漢語詰之
君皇莫能對遂執二僧屬吏訊之皆不伏觿恐有變

乃與尚書忙兀兒張九思集衛士及官兵各執弓矢
以備項之樞密副使張易亦領兵駐宮外觿問果何
爲易曰夜後當自見觿固問乃附耳語曰皇太子來
誅阿合馬也夜二鼓忽聞人馬聲遇見燭籠儀伏將
至宮門其一人前呼啓關觿謂之曰皇太子平日未嘗行此門今
宮必以完澤賽羊二人先請得見二人然後啓關觿
呼二人不應即語之曰皇太子政等守西門巫
何來此也賊計窮趨南門觿留張子政等守西門巫
走南門伺之但聞傳呼省官姓名燭影下遙見阿合
馬及左丞郝禎已被殺觿乃與九思大呼曰此賊也
叱衛士急捕之高和尚等皆潰去惟王著就擒黎明
中丞也先帖木兒與觿等馳驛往上都以其事聞帝
以中外未安當益嚴武備遂勞使遣亟還高和尚等
尋皆伏誅二十二年遷嘉議大夫河南等路宣慰使
事薰少傅監久之遷中奉大夫河南等路宣慰使卒
年五十三

張九思
張九思字子有燕宛平人父滋薊州節度使至元二
年九思入備宿衛裕皇居東宮一見奇之以父蔭當
補外特留不遣江南旣平宋庫藏金帛輸內府而分

蕭府事十九年春世祖巡幸上都皇太子從丞相阿
合馬留守京師僧高和尚千戶王著等謀殺之夜聚數
百人爲儀衛稱太子入建德門直趨東宮傳令啓關語在高
甚遽九思適直宿宮中命主者不得擅啓關語在高
命徵兵樞密副使張易不加審遽以兵與之易阮
其詐叱宿衛士併力擊賊盡獲之賊莫知所爲九思矯太子
左丞都禎時憂起倉卒且昏夜狼狽之入也矯太子
騶傳賊知不可給循垣趨南門外擊殺丞相阿合馬
坐誅而刑官復論以知情將傳首四方

四七 《元史列傳卷五十六》 十五 四六

曰張易應變不審而授賊以兵死復何辭若坐以與
謀則過矣請免傳首皇太子言於帝遂從之九思討
賊時右得指揮使頗進在行中流矢卒怨家誣爲賊
黨籍其孥不坐阿合馬既敗和禮
霍孫拜右丞相中書庶務更新省部用人多所推薦
是年冬立詹事院以九思爲丞遂舉名儒上黨宋道
保定劉因曹南夾谷之奇東平李謙分任東宮官屬
二十二年皇太子薨朝議欲罷詹事所以輔成道德者也奈何
皇孫宗社人心所屬詹事丞明
罷之報以爲允三十年進拜中書左丞蕭詹事丞明

年世祖崩成宗嗣位改詹事院爲徽政
使十一月進資德大夫中書左丞相修
錄命九思兼領史事大德二年拜榮祿
章政事五年加大司徒六年進階光祿
十一子金界奴光祿大夫河南省右丞

王伯勝

王伯勝霸州文安人兄伯順給事內廷爲世祖所親
辛因以伯勝入見命使宿衛時伯勝年十一廣顙巨
鼻狀貌屹然帝顧謂伯順曰此兒當勝卿可名伯勝
帝嘗沃盥水溫冷甚稱旨問進水爲誰內侍李邦寧

四七 《元史列傳卷五十六》 十六 四六

曰伯勝帝曰此兒他日必知爲政達人情矣至元二
十五年從征乃顏以功授朝列大夫拱衛直都指揮
使元貞元年賜金虎符進階嘉議大夫成宗即位復
進通議大夫初拱衛直隸教坊衛卒多市井無賴寬
名宿衛及伯勝爲指揮使乃盡募良家子弟易之五
從上都天久雨夜開城西北有聲如戰轟然至旦
竊以塞門分夾壕隍以泄其勢至旦始定而民弗安西
率衛卒百人出視之乃大水暴至立具
鏷剟以塞門分夾壕隍以泄其勢至旦始定而民弗
知丞相完澤以聞帝嘉之九年以侍成宗疾忤安西
王出爲大寧路總管伯順亦出爲梁王傅武宗即位

召拜通奉大夫也可札魯花赤刑部尚書至大二年
加右丞明年進銀青榮祿大夫大都留守兼少府監
初大都土城歲必农葺以禦雨日久土益堅勞費益
甚伯勝奏罷之仁宗立正百官品秩降璽資德大夫
尋復陞榮祿大夫拜遼陽等處行中書省平章政事
遼陽省治懿州州弊陋民不知學伯勝始至為增郡
種以廩餼之歲大旱伯勝齋戒以禱禱畢即兩人謂
學弟子負擇賢師以教之使客至無所舍皆于民
民苦之伯勝乃擇隙地為館庖度開田百頃募民耕
之平章兩延祐二年召為大都留守遼陽民狀其行

元史列傳卷五十六　七

事言於中書乞留伯勝不報民涕泣而去三年特授
銀青榮祿大夫至治二年賜金虎特授武衛親軍都
指揮使兼大都屯田事仍大都留守奉詔監修文武
樓牓咸寧殿建太廟泰定三年冬以疾卒賜諡忠宣
力保惠功臣太保金紫光祿大夫上柱國追封薊國
公諡忠敏長子恪初名安童累官至兵部尚書南臺
治書侍御史僉宣徽院事次馬兒以宣武將軍襲武
衛親軍都指揮使孫善果襲伯順官至大司徒

翰林學士章麥奐知制誥兼修國史纂脩　翰持制丞旦閣知制誥兼國史院編修官呈揮等奉

勑修

尚文

尚文字周卿世為祁州深澤人後徙保定遂占籍焉
文幼穎悟負奇志張文謙宣撫河東參政王橚薦其
才遂辟掌書記未幾西夏行中書省復辟之至元六
年始辛朝儀太保劉秉忠言於世祖詔文與諸儒採
唐開元禮及近代禮儀之可行於今者斟酌損益凡
文武儀仗服色差等皆文掌焉七年春二月朝儀成

《元史列傳卷五七》　一　鐵士原

百官肄習帝臨觀之大悅遂為定制冬十一月立侍
儀司擢右直侍儀使轉司農都事十七年出守輝州
時河朔大旱輝獨以禱得兩境內大稔懷孟民馬氏
宋氏誣殺人積歲獄不能決提刑使羅織狀兩獄皆
論報文推述究情得獄吏竹稅提舉司民便之二
九年進戶部郎中奏罷衛竹稅提舉司釋十
十二年除御史臺都事行臺御史上封事言上春秋
高宜禪位皇太子太子聞之懼中臺祕其章不發答
即古阿散等知之請收內外百司吏案大索天下拘
沒錢粮而實欲發其事乃悉拘封御史臺吏案文拘

留祕章不與答即古聞于帝命宗正薛徹干取其章
文曰事急矣即白御史大夫曰是欲上危太子下陷
大臣流毒天下之民其謀至奸也且答即古乃阿合
馬餘黨贓罪狼籍宜先發以奪其謀大夫遂與丞相
議即入言狀帝震怒曰沒等無罪耶丞相進曰臣等
無所逃罪但此輩名載刑書此舉動人心宜選重
臣為之長廡靖紛擾帝怒稍解可其奏既而答即古
受人金與其黨竟坐姦贓論死其機實自文發之陛
大司農丞轉少卿遷吏部侍郎改江南湖北道廉訪

《元史列傳卷五七》　二　鐵

廉訪使三十一年召為刑部尚書元貞拜中臺侍
御史時行臺御史及浙西憲司劾江淛行省平章不
法者十七事制遣文佶訪之左驗明著猶力爭不服
文以上聞平章乃言御史違制取會平章罪狀明白
命省臺大臣雜議咸曰平章勳臣之後所犯者輕事
宜宥御史取會軍數法當死文抗言平章罪非輕御
不受簿責無人臣禮其罪非輕御史料事之官因兵
卒爭懟責其帥如籍均役情無害法即有罪亦輕廷
辯數四與省臺入奏帝意始悟平章御史各杖遣之
其守正不阿類如此元貞二年治平之世不宜
數赦不急之役宜且停罷咸為成宗所嘉納授河北

河南肅政廉訪使大德元年河決蒲口臺檄令文按
視防河之策文建言長河萬里西來其勢湍猛至盟
津而下地平土疏移徙不常失島故道爲中國患不
知幾千百年矣自古治河慶得其當則用力多而患
遲失其宜則用力少而患速此不易之定論也今
陳留抵睢東西百有餘里南岸舊河口已塞者
二自涸者六通川者三岸高於水計六七尺或高四
高於比約八九尺堤安得不壞水安得不比也蒲口
今決千有餘步迅疾東行得河舊瀆行二百里至歸
德橫堤之下復合正流或強運過上決下潰功不
成揆今之計河西郡縣順水之性遠築長垣以禦泛
濫歸德徐邳民避衝潰聽從安便被患之家宜於河
南退灘地內給付頃畝以爲永業異時河決他所者
亦如之信能行此亦一時救荒之良策也
便朝廷從之會河朔郡縣山東憲部爭言不塞則河
復決塞河之役無歲無之是後水比入復河故道竟
如文言三年調山東憲使歷行省參知政事行御史
臺中丞七年召拜資善大夫中書左丞淛西饑發廪

不足募民入粟補官以賑之山東歲凶盜賊竊發出
鈔八百五十餘萬貫以弭之選十道使者奏請巡行
天下問民疾苦又奏斤罷南方曰雲宗與民均事賦
役西域賈人有奉珍寶進傳者其價六十萬定省臣
爲過矣一坐傅玩問何所用之平章曰舍之可不
平章顧謂文曰此所謂押忽大珠也六十萬酬
渴熨面可使目有光文曰一日不食則飢三日則疾
者米粟是也一日不食則飢三日則死有
誠寶也若一寶止齎一人則用已徼矣吾之所謂寶
則百姓安無則天下亂以功用較之豈不愈
平章固請觀之文竟不爲動年六十九因疾告老而
歸十年拜昭文館大學士中書右丞商議中書省事
召不起武宗仁宗之世屢延致以國事訪以
帛有加進階自光祿大夫轉銀青榮祿大夫仍中書
左丞丁遂田里延祐六年拜太子詹事使三姓乃起
仁宗命盡言以教太子待以殊禮泰定三年以中書
平章政事致仕明年卒于家年九十二
申屠致遠字大用其先汴人金末從其父義徙居東
平之壽張致遠肄業府學與李謙孟祺等齊名世祖

南征駐兵小濮荊湖經署使乞寬力台薦為經署司知事軍中機務多所謀畫師還至隨州所俘男女致遠悉縱遣之至元七年崔斌守東平聘為學官十年御史臺辟為掾不就授太常太祝薦奉禮郎帝遣太常卿字羅門毛血之薦致遠對曰毛以告純血以告言宋圖籍宜上之朝江南學田當仍以贍學行省從之轉臨安府經歷臨安改為杭州遷總管府推官宋駙馬揚鎮從子玤寬居宋富於貲守藏吏姚溶新禮也宋平焦友直揚居寬宣舉為都事首竄其銀懼事覺誣訐陰與宋廣益二王通有司榜

〈四七〉

《元史列傳卷五十七》 五

施仲明

〈一七〉

笪誣服獄具致遠讞之得其情溶服辜玤節以賄為謝致遠怒絕之杭人金淵者欲冒籍為儒儒學教授彭宏不從淵誣宏作詩有異志揭書于市邏者以上致遠察其情執淵窮詰罪之屬縣城反者十七人訊之蓋因反拒之乃止改壽昌府判官時寇盜竊發加加作浮圖于宋故宮欲取高宗所書九經石刻以築基致遠力拒之乃止政壽昌府判官時冠盜竊發加之造征日本戰船遠近騷然致遠設施有方眾賴以安二十年拜江南行臺監察御史江淮行省宣使都顯李蕙懟平章忙兀台不法有詔勿問仍以顯蕃付

忙兀台鞫之繫于獄必抵以死致遠慮囚浙西知其冤狀將縱之忙兀台脅之以勢致遠不為動親脫顯蕃械使從軍自贖桑哥當國治書侍御史陳天祥使至湖廣劾平章要束木桑哥摘其跡中語證以不道奏遣使往訊之天祥就遠時行臺遣御史按部湖廣咸懼之莫敢往致遠慨然請行此至累章極論之桑哥方促定天祥罪會致遠章上桑哥氣沮江西行省平章馬合謀於商稅外橫加徵取忽辛籍鄉民為匠戶轉運使盧世榮榷茶牟利致遠并劾之又言占城日本不可涉海遠征徒費中國銓選限以南比優苦

〈四七〉

《元史列傳卷五十五》 六

施仲明

〈四九〉

不均宜考其殿最量地遠近定為立制則銓衡平而吏弊革他如罷香莎米莚竹課禁設司獄官醫學職貟皆致遠發之二十八年丁父憂起復江南行臺都事以終制辭二十九年僉江東建康道肅政廉訪司事未至移疾還元貞元年簒收世祖實錄召為翰林待制不赴大德二年僉淮西江北道肅政廉訪司事行部至和州得疾卒致遠清修苦節耶事權貴聚書萬卷名曰墨莊家無餘產教諸子如師友所著忍齋行藁四十卷釋奠通禮三卷杜詩簒例十卷集驗方十二卷集古印章三卷子七人伯騏徵事郎嶺北湖

23-1952

兵部員外郎
雷膺

雷膺字彥正渾源人父淵金監察御史膺生七歲而
孤金末母侯氏挈膺北歸渾源艱險備嘗織維以爲
業課膺讀書膺篤志於學事母以孝聞太宗時詔郡
國設科選試凡占儒籍者復其家膺年甫弱冠得與
其選愈自砥礪遂以文學稱世祖即位初置十路宣撫
耆舊使副子弟爲僚屬授膺大名路宣撫司員外郎

三二七十三　四七　《元史列傳卷五七》　七

中統二年翰林承旨王鶚王磐薦膺爲翰林修撰同
知制誥兼國史院編修官五年調陝西西蜀四川按
察司參議至元二年改陝西五路轉運司諸議四年
用兵于蜀憲府以壁總帥府事遷陞承務
郎同知恩州事憲府表薦其能遂入拜監察御史首
以正君心正朝廷百官爲言又斥褒歛之臣不宜作
相十一年加奉議大夫僉河東山西道提刑按察司
事以稱職聞十四年進朝列大夫山南湖北道提刑
按察副使是時浙南新附諸郡市功且利俘獲生往
澄及無辜或強籍新民以爲奴隸膺出令得還爲民

者以數千計十八年轉淮西江北道提刑按察使
以母老辭二十年遷行臺侍御史奉母之官分司湖
廣江西奏劾按察使二人以行省官吏之不法者二
十二年丁母憂去官明年起復授中議大夫江南湖
西道提刑按察使時蘇湖多雨傷稼百姓艱食膺請
于朝發廩米二十萬石賑之江淮行省以發米太多
六十二即致仕歸老于山陽二十九年徵拜集賢學
士成宗即位朝會上都召諸故老諮詢國政膺爲稱
旨議存三之一膺曰布宣皇澤惠養困窮行省臣職耳
豈可效有司出納之吝即行省不能奪悉給之時年

三〇八十九　四十七　《元史列傳卷五七》　八

首多所建白一日延見便殿奏對稱旨賜白玉帶環
一明年賜鈔五千貫進秩二品大德元年夏六月以
疾卒于京師年七十三贈通奉大夫河南江北等處
行中書省參知政事護軍追封馮翊郡公謚文穆子
肇順德路總管府判官孫豫南陽府穰縣尹

胡祗遹

胡祗遹字紹開磁州武安人少孤貧長讀書見知於
名流中統初張文謙宣撫大名辟貟外郎明年入爲
中書詳定官至元元年授應奉翰林文字尋兼太常
博士調戶部員外郎轉右司員外郎尋兼左司時阿

合馬當國進用群下官冗事煩柢遠言省官莫如
省吏省吏莫如是忤權奸出為太原路治中
魚提舉本路鐵冶將以歲賦不辦責之及其莅職乃
以最聞改河東山西道提刑按察副使尋平為荊湖
比道宣慰副使有佃民訴其田主謀為不軌者柢通
署文牒曰官吏重曰逃戶曰貧難曰正身入役曰偏
府言軍政曰役者十九年為濟寧路總管上八事於
是之以其言著為定法濟寧移治鉅野縣自國初經
兵戈其廢已久民居未集風俗朴野柢通選郡子弟

元史列傳卷五十七　九

徐孟賢

士

王利用

王利用字國賓通州潞縣人遼贈中書令太原郡公
六十七延祐五年贈禮部尚書諡文靖子持太常博
廷徵者德者十人祗遇為之首以疾辭三十年卒年
江南湖西道提刑按察使未幾以疾歸二十九年朝
天倫之重不獲巳則繩以法召拜翰林學士不赴改
教化以厲士風民有父子兄弟相訟者必懇切諭以
山東東西道提刑按察使所至抑豪右扶寡弱以敦
擇師教之親為講論期變其俗久之治效以最稱升

籍之七世孫高祖以下皆仕金利用幼穎悟弱冠興
魏初同學遂蔚名諸公交口稱譽之初事世祖於
潛邸中書辟為掾辭不就中統初命鑄百司印章
歷太府內藏官出為山東經略司詳議官還北京奧
魯同知歷安蕭汝礨趙四州知州入拜監察御史薊
州有禁地民不得射獵其中遇者訐之州民官禁籍其
悉歸利用料之遘者訴于上利用辨愈力得以所沒入
家興蓍儒士陸直學士與耶律鑄同修實錄出為河
東陝西燕南三道提刑按察副使四川提刑按察使

元史列傳卷五十七　十

徐孟賢

四川土豪有持官府長短者問得其實而當以罪民
賴以安都元帥塔海柳巫山縣民數百口為奴民屢
訴不決利用承檄覈問盡出為民大德二年改安西
他郡者悉除之民甚便焉有婦毒殺其夫問藥所從
興元兩路總管其在興元減職田租額站戶之役於
來吏教婦指為富商所貨獄上利用曰家富而貨毒
藥豈人情哉訊之果首以切於時政者疏上十七事曰謹
起為太子賓客首以切於時政者疏上十七事曰謹
畏天戒取法祖宗孝事毋后敬奉至尊撫愛百姓敦
本抑末清心聽政寡欲養身酒宜節飲財宜節用有

功必賞有罪必罰杜絕讒言求納直諫官職量材而
授工役相時而動俾近侍時赴經筵講讀經史帝亦及
太子嘉納之皇后聞之命俾本以進利用以老病
不能朝帝遣醫診視之利用謂弟利貞利亨曰吾受
國厚恩愧不能報死生有命藥不能為也遂卒年七
十七利用每自言平生讀書於怨字有得為廉希憲
當時名相簡重慎許可嘗語人曰方今文章政事蕭
備者王國賓其人也武宗即位以官僚舊臣制贈榮
禄大夫柱國中書平章政事封潞國公諡文貞

暢師文

暢師文字純甫南陽人祖淵贈中順大夫上騎都尉
魏郡伯父訥有詩名注地理指掌圖仕為汴幕官贈
太中大夫上輕車都尉魏郡侯師文幼警悟家貧無
書手錄口誦過目不忘弱冠調許衡與衡門人姚
燧高凝皆相友善至元五年陳時政十六策丞相安
童奇其才辟為右三都令史十二年丞相伯顏攻宋
選為掾屬從定江南及歸州中惟載書籍而已十三
年編平宋事蹟上之十四年除東川行樞密院都事
盡心贊畫多所裨益十六年安西王承制授四川北
道宣慰司經歷尋除承直郎潼川路治中修府舍竣

地得銀五十錠同僚分師文十錠不受用以修廟學
及傳舍餘作酒器給公用十九年承制改同知保寧
路事治尚平簡反側以安二十年僉西蜀四川道
提刑按察司事二十三年拜監察御史科劾不避權
貴上所纂農桑輯要書二十四年遷陝西漢中道巡
行勸農副使置義倉教民種藝法二十八年改陝西
西漢中道提刑按察司事時更提刑按察司為肅政
廉訪司就僉本道肅政廉訪司事擢江水有水惠才咸服其
公三十一年徙山南道松滋枝江有水惠歲發民防其
水往返數百里苦於供給師文以江水安流悉罷其

役駙馬亦都護家人怙勢不法師文治其甚惡者流
之大德二年改山東道入為國子司業七年出為陝
西行中書省理問官決滯獄不少阿徇頃之以疾家
居九年擢陝西漢中道肅政廉訪副使又以疾不赴
十年改國修國史至大元年修成宗實錄賜鈔壹百定
諳同修國史至大元年修成宗實錄賜鈔壹百定
受時制作多出其手二年加少中大夫三年請補外
任除太平路總管時大旱師文指俸致禱不數日澍
雨大降遂為豐年當塗人坐榖牛祈雨四繫者六十
餘人師文憫而出之公田米積之盈屋曰我家幾人

能盡食此乎呼貧士及細民恣其取去廉訪分司官
前後至者必先謁師文稱為先生師文在任未久境
內晏然皇慶二年復召為翰林侍讀學士中奉大夫
知制誥同修國史奉旨撰王勃成道記序等文賜銀
貳鋌不受除燕南河北道肅政廉訪使以病去官延
祐元年徵拜翰林學士資德大夫行至河南復以病
歸襄陽四年秋八月考河南鄉試歸次襄縣卒于傳
舍年七十一葬襄陽峴山泰定二年贈資政大夫河
南江北等處行中書省左丞上護軍追封魏郡公諡
文肅後至元八年加贈推忠守正亮節功臣三子長

曰篤仕至太中大夫江東道肅政廉訪副使

張炤

張炤字彥明濟南人父信以商賈起家貲雄於鄉壬
辰歲饑出粟賑貸鄉人賴以全活炤幼穎悟力學始
補吏濟南上計壽陽行省有積年勾考未輸銀一十
萬五千兩炤條陳利害功至遂獲免徵民得無擾中統
元年辟為中書省掾俄遷右司提控案牘四年出為
山東東路大都督府貟外郎至元四年轉陝西五路
西蜀四川行中書省左右司貟外郎八年進階奉訓
大夫知兗州事時州境亢旱吏民懇禱不兩炤始至

甘雨霑足聞屬邑有桀黠吏抵官府肆為暴橫炤繩
之以法杖出境外民害遂息十一年改授淮西等路
行中書省左右司郎中丞相阿塔海領軍進攻瓜洲
鎮江炤運糧儲給戰具凡二年贊畫之力居多十三
年楊州未下丞相阿术提兵攻之五月宋將李庭芝
棄城遁泰州炤領兵追楊州城下躬徃招諭制置朱
煥以城降庭芝亦就擒炤傳檄未下州郡皆望風欸
附從十三年陞太中大夫楊州路總管府達魯花赤商議行中書省事佩金
虎符時行省在楊州撫南北要津炤撫綏勞來上下

安之十六年改鎮江路總管府達魯花赤謝病歸購
書八萬卷以萬卷送濟南府學貲教育二十一年起
為東昌路總管蒞政二年吏民畏服以治最稱二十
五年卒年六十四延祐五年贈太中大夫東昌路總
管追封清河郡侯諡敬惠子用中沂州山場同提舉

袁裕

袁裕字仲寬洛陽人幼孤從兄避難聊城因家焉稍
長嗜學中統初由聊城縣丞辟中書右司掾始建言
囚給重衣粮醫藥免籍其孥產止令出焚瘞錢後著
為令順天路民王住兒因鬥誤殺人其毋年七十言

於朝曰妾寡且老恃此兒以為生兒死則妾亦死矣裕言於執政曰囚誤殺人情非故犯當矜其毋乞宥之執政以聞帝從之囚得免死南京總管劉克興掠良民為奴隸後以矯制護罪當籍拏産之半裕言于中書止籍其家奴隸得復為民者數百至元六年還開封府判官洧川縣達魯花赤貪暴盛夏役民捕蝗禁刑者七人連坐者五十餘人裕曰達魯花赤自犯極不得飲水民不勝忿擊之而斃有司當以大逆裕曰怒而死安可悉歸罪於民議誅首惡者一人餘各杖之有差部使者錄囚至縣疑其太寬裕辨之益力遂

陳其事狀于中書刑曹竟從裕議八年拜監察御史俄有旨授西夏中興等路新民安撫副使蕪本道巡行勸農副使奉直大夫佩金符時徙鄂民萬餘于西夏有司雖與廩食而流離顛沛裕與安撫使獨吉請于朝計丁給地立三屯使耕以自養官民便之又言西夏羌渾雜居莫辨宜驗已有從良書者則為良民從之得八千餘人官給牛具使力田為農十三年進甘州等路宣撫副使燕西夏中興等路新民安撫副使明年移鎮甘州十八年調南陽知府明年召拜刑部侍郎出為順德路總管郡有鐵冶提舉

張鑑無子買妾其妻妒而殺之裕捕其妻訊之服辜裕用法平允而疾惡不少貸如此二十一年卒于官年五十九裕以其兄有鞠育之恩令其子師愈推蔭兄子仁師愈後仕至侍御史

張昉

張昉字顯卿東平汶上人父汝明金大安元年經義進士官至治書侍御史昉性縝密遇事敢言確然有守以任子試補吏部令史金亡還鄉里嚴實行臺東平辟為掾鄉人有執左道惑眾謀不軌者昉覺連捕註誤甚眾諸僚佐莫敢言昉獨白出數百人實才

之進幕職時兵後吏曹雜進不習文法東平轄郡邑五十四民衆事繁簿書填委漫無統紀昉坐曹躬閱案牘左酬右荅咸得其當事無留滯初有將校死事以弟襲其職者至是華去昉辨明復之持金夜饋昉昉却之懇謝而去同里張氏以絲五萬兩寄昉家而他適俄而昉家被火家人惶駭走避貲用悉焚惟力完所寄絲付張氏乙卯權知東平府事以疾辭家居養母中統四年參知中書省事商挺表為四川等處行樞密院參議至元元年入為中書省左右司郎中甄別能否公其黜陟人無怨言三年遷制國

用使司郎中制司專職財賦時宰領之倚任集事尤
號煩重防竭誠贊書出納惟謹賦不加斂而國用以
饒四年丁內憂毀踰制尋詔起復錄四東平多所
平反七年轉尚書省左右司郎中九年改中書省左
司郎中防有識應擴益古今裁定典憲時皆宜之名
爲稱職十一年拜兵刑部尚書上疏乞骸骨致其事
卒贈中奉大夫參知政事追封東平郡公諡莊憲子
克適平陰縣尹孫振祕書著作郎候中書省左司都
事供常德路蒙古學教授

郝彬字景文霸州信安人也世祖初年十六充太子
宿衛擢楊州路治中宋末鄞縣賊顏閏聚衆海島時
出攻剽宋龜廯以官內附後益橫侵楊州境彬討禽
之泰興人有被殺二年而捕賊不獲者更誣平人獄
已具彬疑其誣讞之果得真賊御史薦彬同知淮西
道宣慰司事數戶版理屯田諸廢修舉江淮財賦總
管府堂東宮田賦其官屬皆從詹事院奏授不隸中
書往往爲姦利誅求無厭彬爲總管入見請受憲司
斜察以華私槧罷所隸六提舉司以蘇民瘦從之遂
罷其四國家經費鹽利居十之八而兩淮鹽獨當天

下之半法日以壞以彬行戶部尚書經理之彬請度
舟揖所通道里所均建六倉責鹽于場運積之倉歲首
聽群商於轉運司探倉籌定其所乃買券又定河商
江商市易之不如法者著爲法入爲工部尚書政
部尚書拜中書省參知政事俄免歸尚書省立拜參知
政事辭不獲命同列務生事要功免歸家居七年足
誠意開引或從或違橫不可制命蕭大司徒不拜仁
宗在東宮彬懇辭至力因稱疾篤時相強起之至奏
重賜以餼彬不爲動議罪之罪無從得彬堅卧一
槐至數月尚書省臣皆得罪以爲大司農卿未幾謝
跡未嘗一出門外仁宗思之以爲大司農卿未幾謝
病延祐七年三月卒

高源字仲淵晉州人高祖捐爲州法吏用法公平父
汝霖爲真定廉訪司照磨使東平道高唐遇盜死源
幼力學事母孝補縣吏中統初權衛輝路知事累陞
蓐河縣尹有遺愛去官十年民猶立碑頌之遷行臺
都事僉江南浙西道提刑按察司事劾常州路達魯
花赤馬恕奪民田及他不法事恕懼走路權臣阿合
馬以他事誣源旣繫獄一日忽釋之莫知所由先時

源所居鄰里多阿合馬姻戚素知源事毋至是
聞源坐非辜愁詣阿合馬曰源孝子也非但我知之
天必知之況媒孽之罪非實者宴殺源悖天不祥阿
合馬感悟得不死尋除河間等路都轉運副使撫治
有條寬戶逃者皆復業常賦外羨餘發十萬緡至元
二十四年為江東道勸農營田使二十八年遷都水
監開通惠河由文明門東七十里興會通河接置閘
橋十二人蒙其利授同知湖南道宣慰司事卒年七
十七子夢弼良弼公弼

楊湜

楊湜字彥清真定藁城人習章程學工書算始以府
吏遷檢法中統元年辟為中書掾與中山楊珍無極
楊卜齊名時人以三楊目之中書省初立國用不足
湜論鈔法宜以權貨制國用朝廷從之因俾掌其條制
四年授益都路宣慰司諸議左司提控掾請嚴鹽
吏法至元二年除河南大名諸廳行中書省都事三
年立制國用司總天下錢穀以湜為貟外郎佩金符
改宣徽院參議湜計幣立籍具其出入之籌每月終
上之遂定為令加諸路交鈔都提舉上鈔法便宜事
謂平准行用庫白金出入有偷濫之獘請以五十兩

鑄為錠文以元寶用之便七年改制國用司為尚書
省拜戶部侍郎仍兼交鈔提舉時用壬子舊籍定民
賦役之高下湜言貧富不常歲父寢易其可以昔時
之籍而定今之賦役哉延議善之因俾第其輕重人
以為平湜心計精析時論經費者咸推其能焉子克
忠安豐路總管孫貞

吳昺

吳昺字昺臣燕人至元十七年見裕宗於東宮命入
宿衛二十五年授織染雜造局總管府副總管後積官
至禮部尚書宣徽副使大德十一年山東諸郡饑詔
昺往賑之朝廷議發米四萬石鈔折米一萬石昺謂
同使者曰民得鈔將何從易米同使者曰朝議已定
恐不可復得昺曰人命豈不重於米耶言于朝卒從
所請至大元年改正路總管時皇太后
欲幸五臺言者請開保定西五迴嶺以取捷徑遺使
即昺使視地形計工費鼎定保定荒山斗入人迹久絕非
乘輿所宜往還計工費三年召授資善
大夫同知中政院事兩浙財賦隸中政者鉅萬計前
往者率多取其贏鼎治之一無私焉浙有兩富豪曰
朱張家多貸與民錢其後兩家誅沒而券之已償者

亦入于官官唯驗券徵理民不能堪鼎力爲辨白始
復克四年政京畿漕運使皇慶二年特旨復食宣徽
院事四月進資政大夫崇祥院使延祐三年卒年五
十有三贈榮祿大夫平章政事柱國追封薊國公諡
孝徹

梁德珪

梁德珪字伯溫大興良鄉人杒給事昭廚順聖皇后
宮令習國語通奏對年十一見世祖至元十六年爲
中書左司貟外郎俄陞郎中六遷至參議尚書省事
至元三十一年執政入奏事帝詢其曲折不能對德
珪從旁辯析明白通暢帝大悅拜參知政事在省曰
父凡錢穀出納之制銓選進退之宜諸藩賜予之節
命有驛至不服閱簡牘同川莫知措辭德珪數語即
定間遇疑事則曰其事富如某律某年省有此旨驗
之皆然北京地震帝閔州郡報囚之數怪其過多德
珪方在右司問爲對帝感悟爲大赦中外通貟民頼以蘇大
繫以致此爾帝感悟爲大赦中外通貟民頼以蘇大
德間成宗即位一遵祖武廟堂以安靜爲治求進者
不得逞其志朋聚興怨撼事中傷德珪會帝有疾言
者盛氣致詰德珪以位居執政不受凌轢懷慨引飮

張君佐

遂安置湖廣帝疾愈問知之召使復位既至帝問卿
安在德珪涕泣不能語賜酒饌使往拜其毋因以氣
疾乞骸骨歸大德八年九月卒於家年四十有六

敗君佐

列傳卷第五十七

儒學

劉因

劉因字夢吉保定容城人世為儒家五世祖琮生教
武校尉臨洮府錄事判官昉生奉議大夫中山府
錄事俱生秉善金貞柏中兩從其第國寶登興定
進士第終奉直大夫樞密院經歷秉善生述因之
父也歲壬辰述始比歸刻意問學遂性理之說好長
嘯中統初左三部尚書劉肅宣撫真定辟武邑令以
疾辭歸年四十未有子嘆曰天果使我無子則已有
子必令讀書因生之夕述夢神人馬載一兒至其家
曰善養之既覺而生乃名曰駰字夢驥後改今名及
字因天資絕人三歲識書日記千百言過目即成誦
六歲能詩七歲能屬文落筆驚人甫弱冠才器超邁
日閱方冊思得如古人者為友之游同舍生皆莫能及初為
經學究訓詁疏釋之說輒嘆曰聖人精義殆不止此
硯彌堅教授真定從之者甚眾因
及得周程張邵朱呂之書一見能發其微曰我固謂
當有是也及評其學之所長而曰邵至大也周至精

也程至正也朱子極其大盡其精而貫之以正也其
高見遠識率類此因番喪父事繼母孝有父祖喪未
葬投書先友翰林待制楊恕懼而助之始克襄事因
性不苟合不妄交接家雖甚貧非其義一介不取家
居教授師道尊嚴第子造其門者隨材器教之皆有
成就公卿過保定者眾聞其名往往來謁因多遜避
不與相見不知者或以為傲弗恤也嘗愛諸葛孔明
靜以修身之語表所居曰靜修因擇承德郎右贊善大夫
于朝至元十九年有詔徵因擢承德郎右贊善大夫
初裕皇建學宮中命贊王恂教近侍子第恂卒迤

四百六

命因繼之未幾以母疾辭歸明年丁內艱二十八年
詔復遣使者以集賢學士嘉議大夫徵因以疾固辭
且上書宰相曰因自幼讀書接聞大人君子之餘論
雖他無所得至如君臣之義自謂見之甚明如以
用近事言之几吾人之所以得安居而服食以遂其
生聚之樂者是誰之力君上之賜也是以几我
有生之民或給力役或出知能亦必各有以自效為
此理勢之必然亙萬古而不可易也莊周氏所謂無
所逃於天地之間者也因生四十三年未嘗效尺寸
之力以報國家養育生成之德而恩命連至因尚敢

偃蹇不出貪高尚之名以負我國家知遇之
恩而得罪於聖門中庸之教也哉且因之立心自紉
及長未嘗一日敢為崖岸卓絕甚高難繼之行平昔
交友苟有一日之雅者皆知因之此心也但或者得
今聖天子選用賢良一新時政雖前日隱晦之人亦
之傳聞不求其實止於蹤跡之近似者觀之是以有
高人隱士之目惟閤下亦知因之未嘗以此自居也
向者先儲皇以贊善之命來召即與使者俱行再奉
旨令教學亦即時應命後以老母中風請還家省視
不幸彌留竟遭憂制遂不復出初嘗有意於不仕邪

元史列傳卷五十八　三　李明遠

將出而仕矣況因平昔非隱晦者邪況加以不次之
寵厝之以優崇之地邪是以形留意性命與心違病
卧空齋惶恐待罪因素有虛疾自去年喪子憂患之
餘纏以店瘡歷夏及秋後雖平復然精神氣血已非
舊矣不意今歲五月二十八日瘡疾復作至七月初
二日蒸發舊積腹痛如刺下血不已至八月初偶起
一念自歎旁無期功之親家無紀綱之僕恐一旦身
先朝露必至累人遂遣人於容城先人墓側修營一
舍僮病勢不退當居厝其中以待盡遣人之際未免
感傷由是病勢益增飲食極減至二十一日使者持

恩命至因初聞之惶怖無地不知所措徐而思之竊
謂供職雖未能扶病而行而恩命則不敢不扶病而
拜因又應若稍涉遲疑則不惟臣子之心有所不安
而蹤跡高峻已不近於人情矣是以即日拜受留使
者候病勢稍間與之俱行仍令還延至今服療百至略無
一效乃請使者曰
旨待病退自備氣力以行望閤下始終成就之書上朝廷不強
苦非難處之事惟閤下俯仰曲保
全因實應踈賤微之臣與之俱行還令學生李道恒納上鋪馬聖
致帝聞之亦曰古有所謂不召之臣其斯人之徒歟

元史列傳卷五十八　四　李明遠

三十年夏四月十有六日卒年四十五無子聞者嘆
悼延祐中贈翰林學士資善大夫護軍追封容城郡
公諡文靖歐陽玄嘗贊因畫像曰微黯之狂而有近
上風雲之樂資由之勇而無比鄙鼓瑟之聲於裕皇
之仁而見不可留之四皓以世祖之略而遇不能致
之兩生烏乎麒麟鳳凰固宇内之不常有也然而獨
鳴而六典作一出而春秋成則其志不欲遺世而獨
往也明矣亦將從周公孔子之後為往聖繼絕學為
來世開太平者邪論者以為知言因所著有四書精
要三十卷詩五卷號丁亥集因所自選又有文集十

吳澄字幼清撫州崇仁人高祖曄初居咸口里當華
蓋臨川二山間望氣者徐覺言其地當出異人澄生
前一夕鄉父老見異氣降其家隣嫗復夢有物蜿蜒
降其舍旁池中旦以告于人而澄生三歲穎悟日發
教之古詩隨口成誦五歲日受千餘言夜讀書至旦
母憂其過勤節膏火不多與澄候母寢燃火復誦習
九歲從群子弟試鄉校每中前列既長於經傳皆習

三七六

《元史列傳卷五十八》 五

通之知用力聖賢之學嘗進士不中至元十三年
民初附盜賊所在蜂起樂安鄭松招澄居布水谷乃
著孝經章句校定易書詩春秋儀禮及大小戴記侍
御史程鉅夫奉詔求賢江南起澄至京師未幾以母
老辭歸鉅夫請置澄所著書於國子監以資學者朝
廷命有司即其家錄上元貞初游龍興按察司經歷
郝文迎至郡學日聽講論錄其問荅凡數千言行省
掾元明善以文學自負嘗問澄易詩書春秋興義歎
曰與吳先生言如探淵海遂執子弟禮終其身左丞
董士選延之於家親執饋食曰吳先生天下士也既

八朝薦澄有道擢應奉翰林文字有司敦勸父之乃
至而代者已到官澄即日南歸未幾除江西儒學副
提舉居三月以疾去官至大元年召為國子監丞先
是許文正公衡澄至旦燃燭堂上諸生以次受業日
久之漸失其舊澄執經問難者接踵而至澄各因其材
質反覆訓誘之每至夜分鐘寒暑不易也皇慶元年
陞司業用程純公學校貢舉私議約之為教法四條一曰經學二
文公學校貢舉私議約之為教法四條一曰經學二
曰行實三曰文藝四曰治事未及行又嘗為學者言

四七六

《元史列傳卷五十八》 六

朱子於道問學之功居多而陸子靜以尊德性為主
問學不本於德性則其敝必偏於言語訓釋之末故
學必以德性為本庶幾得之議者遂以澄為陸氏之
學非許氏尊信朱子本意然亦莫知朱陸之為何如
也澄一夕謝去諸生有不謁告而從之南者俄拜集
賢直學士特授奉議大夫俾乘驛至京師次真州疾
作不果行英宗即位超遷翰林學士進階太中大夫
先是有旨集善書者粉黃金為泥寫浮屠藏經帝在
上都使左丞速速詔澄為序澄曰主上寫經藏為民祈
福甚盛舉也若用以追薦臣所未知蓋福田利益雖

人所樂聞而輪四之事彼習其學者猶或不言不過謂為善之人死則上通高明其品則與日月齊光為惡之人死則下淪汙穢其極品則與沙蟲同類其徒遂為薦梗之說以感世人今列聖之神上同日月以示後世請俟駕還奏之會帝崩而止泰定元年初開經延首命澄與平章政事張珪國子祭酒鄧文原為講官在至治末詔作太廟議者習見同堂異室之制乃作十三室未及遷奉而國有大故有司疑於昭

元△列傳卷五十八　七

穆之次命集議之澄議曰世祖混一天下悉改古制而行之古者天子七廟廟各為宮太祖居中左三廟為昭右三廟為穆昭穆廟主各以次遞遷其廟之宮顏如今之中書六部夫省部之設亦傚金宋豈以宗廟敘次而不放古乎有司急於行事竟如舊實國澄已有去志乃會修英宗實錄命總其事居數月實成未上即移疾不出中書左丞許師敬奉旨賜宴國史院仍致朝廷勉留之意宴罷即出城登舟去中書聞之遣官驛追不及而遷言於帝曰具澄國之名儒朝之舊德今請老而歸不忍重勞之宜有所褒異詔

加資善大夫仍以金織文綺二及鈔五千貫賜之澄身若不勝衣正坐拱手氣融神邁答問亹亹使人渙若冰釋弱冠時嘗著說曰道之大原出於天神聖繼之堯舜而上道之元也堯舜而下其亨也洙泗鄒魯其利也濂洛關閩其貞也分而言之則羲黃其元堯舜其亨禹湯其利文武周公其貞乎中古之統仲尼其元顏曾其亨子思其利孟子其貞乎近古之統周子其元程張其亨朱子其利孰為今日之貞乎未之有也然則可以終無所歸哉其早以斯文自任如此故出登朝署退歸于家與郡邑之所經

元△列傳卷五十八　八

由士大夫皆迎請執業而四方之士不憚數千里蹑屨負笈來學山中者常不下千數百人少暇即著書至將終猶不置也於易春秋禮記各有纂言盡破傳註穿鑿以發其蘊條歸紀敘精明簡潔卓然成一家言作學基學統二篇使人知學之本與為學之序尤有得於邵子之學校定皇極經世書又校正老子莊子太玄樂律及八陣圖郭璞葬書初澄所居草屋數間程鉅夫題曰草廬故學者稱之為草廬先生天曆三年朝廷以澄耆老特命次子京為撫州教授以便奉養明年六月得疾有大星墜其舍東北澄卒年

八十五贈江西行省左丞上護軍追封臨川郡公謚
文正長子文終同知柳州路總管府事京終翰林國
史院典籍官孫當自有傳

元史列傳卷五十八

九

列傳卷第五十八

輯臺書奏知　制誥惠稀　國史吳澂　翰待制兼知制誥兼院總管等事奉
敕修

程鉅夫

程鉅夫名文海避武宗廟諱以字行其先自徽州徙
郢州京山後家建昌叔父飛卿仕宋通判建昌世祖
時以城降鉅夫入爲質子授宣武將軍管軍千戶也
日見問賈似道何如人鉅夫條對甚悉帝說給筆
札書之乃書二十餘幅以進帝大奇之因問今居何
官以千戶對帝謂近臣曰朕觀此人相貌已應貴顯

《元史列傳卷五十九》　一　何宗大

聽其言論誠聰明有識者也可置之翰林永相火禮
霍孫傳旨至翰林以其年少奏爲應奉翰林文字帝
曰自今國家政事得失及朝臣邪正宜皆爲朕言之
鉅夫頓首謝曰臣本疏遠之臣蒙陛下知遇敢不竭
力以報陛下尋進翰林修撰屢遷集賢直學士兼秘
書少監至元十九年奏陳五事一曰取會江南仕籍
二曰通南北之選三日立考功曆四曰置貪贓籍五
日給江南官吏俸朝廷多采行之賜地京師安貞門
以築居室二十年加翰林集賢學士同領會同館事
二十三年見帝首陳興建國學乞遣使江南搜訪遺

《元史列傳卷五十九》　二十九

逸御史臺按察司並宜參用南北之人帝嘉納之二
十四年立尚書省詔以爲參知政事鉅夫固辭又命
爲御史中丞臺臣言鉅夫南人且年少帝大怒曰汝
未用南人何以知南人不可用自今省部臺院必參
用南人遂以鉅夫仍爲集賢直學士拜侍御史行御
史臺事奉詔求賢於江南初書詔令皆用蒙古字及
是帝特命以漢字書之帝素聞趙孟頫葉李名鉅夫
臨當行帝密諭必致此二人鉅夫又薦趙孟頫余恁
萬一鶚張伯淳胡夢魁曾晞顏孔洙曾沖子凌時中
包鑄等二十餘人帝皆擢置臺憲及文學之職還朝

《元史列傳卷五十九》　二

陳民間利病五事拜集賢學士仍還行臺二十六年
時相桑哥專政法令苛急四方騷動鉅夫入朝上疏
曰臣聞天子之職莫大於擇相宰相之職莫大於進
賢苟不以進賢爲急而惟以殖貨爲心非爲上爲德
爲下爲民之意也昔文帝以決獄及錢穀問周
勃勃不能對陳平進曰陛下問決獄責廷尉問錢穀
責治粟内史宰相上理陰陽下遂萬物之宜外填撫
四夷内親附百姓觀其所言可以知宰相之職矣今
權姦用事立尚書鉤考錢穀以剥割生民爲務所委
任者率皆貪饕邀利之人江南盜賊竊發良以此也

宗大

臣竊以為宜清尚書之政損行省之權罷言利之官
行恤民之事於國為便桑哥大怒羈留京師不遣奏
請殺之凡六奏帝皆不許鉅夫既還行臺二十九年
又召鉅夫與胡祗遹姚燧王惲雷膺陳天祥楊恭懿
高凝陳儼趙居信等十人赴闕賜對三十人出為閩
海道肅政廉訪使興學明教吏民畏愛之大德四年
遷江南湖北道肅政廉訪使至官首治行省之大奸
奴之為民害者上下肅然八年召拜翰林學士商議
中書省事十年以亢旱暴風星變鉅夫應詔陳弭災
之策其目有五曰敬天曰尊祖曰清心曰持體曰更

化帝皆然之雲南省臣言世祖親平雲南民願刻石
點蒼山以紀功德詔鉅夫撰其文十一年拜山南江
北道肅政廉訪使復留為翰林學士至大元年修成
宗實錄二年召至上都三年復拜山南江北道肅政
廉訪使四年奧李謙尚文等十六人同赴闕賜對便
殿拜山東海右道肅政廉訪使留為翰林學士承旨
皇慶元年修武宗實錄二年早鉅夫應詔陳桑林六
事忤時宰意明日帝遣近侍賜上尊勞之於是詔鉅夫
議惟卿所言甚當後臨事其極言之於是詔鉅夫集
平章政事李孟於知政事許師敬議行貢舉法鉅夫

建言經學當主程頤朱熹傳註文章宜革唐宋宿弊
命鉅夫草詔行之三月以病乞骸骨歸田里不允命
尚醫給藥物官其子大本郊祀署令以便侍養時令
近臣撫視且勞之曰卿世祖舊臣朕惟忠惟貞其勉加
餐粥少留京師以副朕心鉅夫請益堅特授光祿大
夫賜上尊命延臣以下飲餞于齊化門外給驛南還
勅行省及有司常加存問居五年而卒年七十泰定
二年贈大司徒柱國追封楚國公諡文憲

趙孟頫

趙孟頫字子昂宋太祖子秦王德芳之後也五世祖

秀安僖王子偁四世祖崇憲靖王伯圭高宗無子立
子偁之子是為孝宗伯圭其兄也賜第于湖州故孟
頫為湖州人曾祖師垂祖希永父與訾皆至大
官入國朝孟頫幼聰敏讀書過目輒成誦為文操筆立
就年十四用父蔭補官試中吏部銓法調真州司戶
魏國公孟頫幼貴累贈師垂集賢侍讀學士封
太常禮儀院使孟頫並封吳興郡公與訾嘗
象軍宋亡家居益自力於學至元二十三年行臺侍
御史程鉅夫奉詔搜訪遺逸于江南得孟頫以之入
見孟頫才氣英邁神采煥發如神仙中人世祖顧之

喜使坐右丞葉李上或言孟頫宋宗室子不宜使近
左帝不聽時方立尚書省命孟頫革詔頒天下帝
覽之喜曰得朕心之所欲言者兵詔集百官於刑部
議法衆欲計至元鈔二百貫贓滿者死孟頫曰始
鈔時以銀為本虛實相權令二十餘年間輕重相去
至數十倍故改以至元鈔為至元又二十年後至元必復
如中統使民計鈔抵法疑於太重古者以米絹民生
所須謂之二寶銀鐶與二物相權謂之二寶四者為
況鈔乃宋時所創施法於遠郡金人釀而用之皆出於
直雖升降有時終不大相遠也以絹計贓最為適中

不得已遞欲以此斷人死命似不足深取也或以孟
頫年少初自南方來識國法不便意頫不平責孟頫
曰今朝廷行至元鈔故犯法者以是計贓論罪汝以
為非豈欲沮格至元鈔耶孟頫曰法者人命所係
有重輕則人不得其死矣孟頫奉詔與議不敢不言
今中統鈔靈故改至元鈔終無虛時豈有
是理公不撰於理欲以勢相陵可乎其人有愧色帝
初欲大用孟頫議者難之二十四年六月授兵部郎
中兼部總天下諸驛時使客飲食之費歲十倍於前
更無以供給強取於民不勝其擾遂請於中書增鈔

給之至元鈔法滯澀不能行詔遣尚書劉宣與孟頫
馳驛至江南問行省丞相慢令之罪凡左右司官及
諸路官則徑笞之孟頫受命而行比還不笞一人丞
相桑哥大以為譴時有王虎臣者言平江路總管趙
全不法即命虎臣往按葉李執奏不宜遣他使桑哥
不聽孟頫進曰虎臣前守此郡多強
買人田縱賓客為姦利全數與爭虎臣怨之虎臣往必
將陷全事縱得實人亦不能無疑帝悟乃遣他使桑
哥鍾初鳴時即坐省中六曹官後至者則笞之孟頫
偶後至斷事官遂引孟頫受笞孟頫入訴於都堂右

丞葉李曰古者刑不上大夫所以養其廉恥教之節
義且辱士大夫是辱朝廷也桑哥亟慰孟頫使出自
是所笞唯曹史以下他日行東御牆外道險孟頫馬
跌墮于河桑哥聞之言於帝移築御牆稍西二丈許
帝聞孟頫素貧賜鈔五十錠二十七年遷集賢直學
士是歲地震北京尤甚地陷黑沙水涌出人死傷數
十萬帝深憂之時駐蹕龍虎臺遣阿剌渾撒里馳還
召集賢翰林兩院官詢致災之由議者畏忌桑哥但
泛引經傳及五行災異之言以儆人事應天變為對
莫敢語及時政先是桑哥遣忻都及王濟等理筭天

下錢粮已徵入數百萬未徵者尚數千萬害民特甚
民不聊生自殺者相屬逃山林者則聚兵捕之皆莫
敢沮其事孟頫與阿剌渾撒里甚善勸令奏帝敕天
下盡與蠲除幾天變可弭阿剌渾撒里入奏如孟
頫所言帝從之詔草已具桑哥怒謂必非帝意孟頫
曰凡錢粮未徵者其人死亡已盡何所從取非及是
時除免之他日言事者倘以失陷錢粮數千萬歸咎
尚書省豈不為丞相深累耶桑哥悟謝之
問葉李留夢炎優劣孟頫對曰桑哥民始復蘇帝嘗
重厚篤於自信好謀而能斷有大臣器葉李所讀之

書臣皆讀之其所知所能臣皆知之能之帝曰汝以
夢炎賢於李耶夢炎在宋為狀元位至丞相當賈似
道誤國罔上夢炎依阿取容李布衣乃伏闕上書是
賢於夢炎也汝以夢炎父亥不言其非可賦詩
議之孟頫所賦詩有往事已非那可說且將忠直報
皇元之語帝歎賞夢炎孟頫退謂奉御徹里曰論賈
似道誤國責留夢炎罪甚於似道而我輩
不言他日何以辭其責然我跡遠之臣言必不聽侍
臣中讀書知義理慷慨有大節又為上所親信無踰
公者夫指一旦之命為萬姓除殘賊仁者之事也公

必勉之既而徹里至帝前數桑哥罪惡帝怒命衛士
批其頰五漏口鼻委頓地上少間復呼而問之對如
初時大臣亦有繼言者帝遂誅桑哥罷尚書省大
臣多以罪去帝欲使孟頫與聞中書政事孟頫固辭
有旨令出入宮門無禁每見必從容語及治道多所
禆益帝問汝趙太祖孫耶太宗孫耶孟頫對曰臣太祖十
一世孫帝曰太祖行事汝知之乎孟頫謝不知帝曰
太祖行事多可取者朕皆知之孟頫自念久在上側
必為人所忌力請補外二十九年出同知濟南路總
管府事時緫管闕孟頫獨署府事官事清簡有元掀

兒者役於鹽場不勝艱苦因逃去其父求得他人屍
遂誣告同役者殺掀兒阢誣服孟頫疑其冤留弗決
踰月掀兒自歸郡中稱為神明僉訪司事帝哈剌
哈孫素苛虐以孟頫不能承順其意以事中之會修
世祖實錄召孟頫還京師乃辭父之遷知汾州未上
有旨書金字藏經既成除集賢直學士江淛等處儒
學提舉遷泰州尹未上至大三年召至京師以翰林
侍讀學士與他學士撰定祀南郊祝文及擬進殿名
議不合謁告去仁宗在東宮素知其名及即位召除
集賢侍講學士中奉大夫延祐元年政翰林侍講學

士遷集賢侍講學士資德大夫三年拜翰林學士承
旨榮祿大夫帝眷之甚厚以字呼之而不名帝嘗與
侍臣論文學之士以孟頫比唐李白宋蘇子瞻又嘗
稱孟頫操履純正博學多聞書畫絕倫旁通佛老之
旨皆人所不及有不忳者間之帝初若不聞者又有
臣曰中書每稱國用不足必持而不與其以普慶寺
述作傳之後世此屬致嘅何也俄賜鈔五百錠謂侍
昂世祖皇帝所簡拔朕特優以禮貌置於館閣典司
上書言國史所載不宜使孟頫與聞者又
別貯鈔給之孟頫嘗累月不至官中帝以問左右皆

四六

謂其年老畏寒勅御府賜貂鼠裘初孟頫以程鉅夫
薦起家為郎及鉅夫為翰林學士承旨求致仕去孟
頫代之先性拜其門而後入院時人以為衣冠盛事
六年得請南歸帝遣使賜衣幣趣之還朝以疾不果
行至治元年英宗遣使即其家俾書孝經二年賜上
尊及衣二襲是歲六月卒年六十九追封魏國公謚

《元史列傳卷五十九》 九

文敏詩文清遠奇逸讀之使人有飄飄出塵之想篆
籀分隸真行草書無不冠絕古今遂以書名天下天
竺有僧數萬里來求其書歸國中寶之其畫山水木

石花竹人馬尤精緻前更官楊載稱孟頫之才頗為
書畫所掩知其書畫者不知其文章知其文章者不
知其經濟之學人以為知言云子雍奕並以書畫知

鄧文原

鄧文原字善之一字匪石綿州人父漳徙錢塘文原
年十五通春秋在宋時以流寓試浙西轉運司魁四
川士至元二十七年行中書省辟為杭州路儒學正
大德二年調崇德州教授五年擢應奉翰林文字九
年陞儷撰調告還江南至大元年復為儒撰預修成

《元史列傳卷五十九》 十

宗實錄三年授江浙儒學提舉皇慶元年召為國子
司業至官首建白更學校之政當路囚循重於改作
論不合移病去科舉制行文原校文江浙廬士守舊
習大書朱熹貢舉私議揭于門延祐四年陞翰林待
制五年出僉江南浙西道肅政廉訪司事平江僧有
憾其府判官理熙者賄其徒告熙貪賕熙誣服文原
部按問得實杖僧而釋熙民與民夜歸巡邏者執之
繫亭下其人道去有追及之者刺其脅仆地明旦家
人得之以歸比死其兄愬於官有司問直初更者曰張福
衣長身者也其兄愬於官有司問直初更者曰張福
人曰白帽青

兒軓之使服焉械繫三年文原録之曰福兒身不滿
六尺未見其長也刄傷右脅而福兒素用左手傷宜
在左何右傷也鞘之果殺人者而釋福兒桐廬
人戴汝惟家被盗所之文原得盗獄成送郡夜有焚戴氏
妻葉氏與其舅謀殺汝惟之文而於水涯樹下得屍與
漬血斧俱在焉人以為神六年移江東道微寧國廣
德三郡歲入茶課鈔三千錠後增至十八萬錠歲以為常
所産不能充其半餘皆鑿空取之民間歲以為常
時轉運司官聽用鄉里譖狡動以犯法誣民而轉運

元史列傳卷五十九

十一

司得專制有司凡五品官以下皆杖決州縣莫敢如
何文原請罷其專司俾郡縣領之不報徽民謝蘭家
僮汪姓者死蘭姪囘賂汪族人誣蘭殺之蘭誣服文
原録之得其情釋蘭而坐囘時久旱不雨決獄乃雨
至治二年召為集賢直學士地震詔議弭災之道文
原請決滯凶置倉廩河北儲羨粟以賑飢復申前議
請罷榷茶轉運司又不報明年燕國子祭酒江浙省
臣趙簡請開經筵泰定元年文原兼經筵官以疾辭
致仕歸二年召拜翰林侍講學士以疾辭四年拜銷
北湖南道肅政廉訪使以疾不赴天曆元年卒年七

十一文原内嚴而外恕家貧而行廉初客京師有一
書生病篤取橐中金囑文原以歸其親既死而同舍
生竊金去文原買金償死者家終身不以語人有文
集若干卷内制集若干卷藏于家子衍蔭授江浙等
處儒學副提舉未任卒至順五年制贈文原江浙行
省参知政事諡文蕭

元史列傳卷五十九

十二

山長大德初闈復程文海王構薦為翰林國史院撿
童子時已著聲部使者舉茂才異等起為麗澤書院
袁桷字伯長慶元人宋同知樞密院事韶之魯孫為

袁桷

閟官時初建南郊桷進十議曰天無二日天既不得
有二五帝不得謂之天天作昊天五帝議祭天歲或為
九或為二作祭天名數議圜丘不見於五經郊不見
於周官作圜丘非郊議右土社也作右土即社議三
歲一郊非古也作祭天無間歲議燔柴見于古經周
官以裡祀為天其義各有旨作燔紫泰壇議祭天之
牛角蠒栗用牲于郊牛二合配而言之增群祀而合
祠非周公之制矣作郊不當立從祀議郊頒而等之
義也明堂文而親之義也作郊明堂禮儀異制議郊
用辛魯禘也卜不得常為辛作郊非辛日議北郊不

見於三禮尊地而違北郊鄭玄之說也作北郊議禮
官推其博多采用之陛應奉翰林文字同知制誥兼
國史院編脩官請購求遼金宋三史遺書歷兩考遷
待制又再任拜集賢直學士久之移疾去官復仍以
直學士召入集賢未幾改翰林直學士知制誥同脩
國史至治元年遷待講學士泰定初辭歸僦在詞林
朝廷制冊勳臣碑銘多出其手所著有易說春秋說
清容居士集泰定四年卒年六十一贈中奉大夫江
浙等處行中書省參知政事護軍追封陳留郡公諡
文清

曹元用

曹元用字子貞世居阿城後徙汶上祖義不仕父宗
輔德清縣主簿元用資票俊爽幼嗜書一經目輒成
誦每夜讀書常達曙不寐父憂其致疾止之輒以衣
蔽窗默觀之始以鎮江路儒學正考蒲游京師翰林
承旨閻復於四方士少所許可及見元用出所為文
示之元用輒指其疵復大奇之因薦為翰林國史院
編脩官即論史院僚屬非材請較試取其優者用之
御史臺辟為掾史元用初不習吏事而見事明決吏
反師之轉中書省右司掾與清河元明善濟南張養

浩同時號為三俊除應奉翰林文字遷禮部主事時
累朝皇后既崩者猶以名稱而未有諡號元用言后
為天下母豈可直稱其名宜加徽號以彰懿德改尚
書省右司都事轉貟外郎及尚書省罷退居任城久
之除魯間從學者甚眾延祐六年授太常禮儀院經
歷屬英宗躬祀太廟禮樂其親祀儀注簡興
服之制率所裁定初太廟九室合饗于一殿仁宗崩
無室可祔乃于武宗室前結綵為次英宗在上京召
禮官集議元用言古者宗廟有寢有室宜以今室為
寢當更營大殿于前為十五室帝嘉其議授翰林待
制陞直學士至治三年八月鐵失之變賊黨赤斤鐵
木兒遽至京師收百司印趣召兩院學士北上元用
獨不行曰此非常之變吾寧死不可曲從也未幾賊
果敗人皆稱其有先見之明泰定二年授太子贊善
轉禮部尚書兼經筵官及大朝會為糾儀官申卷班
之令俾以序退無爭門而出之擾又謂太醫儀鳳教
坊等官不當序正班當自為一列後皆行之時宰執
有欲罷科舉法者元用以為國家文治正在於此胡
可罷也又有欲損太廟四時之享止存冬蒸者元用
謂禰祠嘗烝四時之享不可闕一乃經禮之大者其

可惜費而廢禮乎三年夏帝以日食地震星變詔議
所以弭災者元用謂應天以實不以文修德明政應
天之實也宜撙浮費節財用選守令卹貧民嚴禋祀
汰佛事止造作以紓民力慎賞罰以示勸懲皆切中
時弊又論科舉取士之法當革冒濫嚴考覈俾得真
才之用議上朝廷咸是之拜中奉大夫翰林侍講學
士兼經筵官預修仁宗英宗兩朝實錄又奉旨纂集
甲令為通制條格元所草文宗時草寬恤之詔帝覽而
凡大制誥率元用所草唐貞觀政要為國語書成皆行於時
善之賜金織文錦天曆二年代祀曲阜孔子廟還以

元史列傳卷六九 主

司寇像及代祀記獻帝甚喜值太禧宗禋院副使缺
中書奏以元用為之帝不允曰此人翰林中所不可
無者將大用之笑會卒帝嗟悼久之謂侍臣曰曹子
貞盡忠宣力今亡矣可賜賻鈔五千緡贈正奉大夫
江浙等處行中書省參知政事護軍追封東平郡公
謚文獻詩文四十卷號超然集二子偉儀

齊履謙

齊履謙字伯恒父義善筭術履謙生六歲從父至京
師七歲讀書一過即能記憶年十一教以推步星曆
盡曉其法十三從師聞聖賢之學自是以窮理為務

非洙泗伊洛之書不讀至元十六年初立太史局改
治新曆履謙補星曆生同輩皆司天臺官子太史王
恂問以筭數莫能對履謙獨隨問隨荅恂大奇之新
曆既成復預修曆經曆議二十九年授星曆教授都
城劉漏舊以木為之其形如碑故名碑漏內設曲筒
鑄銅為丸自碑首轉行而下鳴鐘以為節其漏經久
廢壞晨昏失度大德元年中書俾履謙視之因見刻
漏旁有宋舊銅壺四於是按圖考定蓮花寶山等漏
制命工改作又請重建鼓樓增置更鼓并守漏卒當
時遵用之二年遷保章正始專曆官之政三年八月

元史列傳卷五十九 十六

朔時加巳依曆日蝕二分有奇至其時不蝕泉皆懼
履謙曰當蝕不蝕在古有之矧時近午陽盛陰微宜
當蝕不蝕遂考唐開元以來當蝕不蝕者凡十事以
聞六年六月朔時加戌依曆日蝕五十七秒泉以沙
漏驗之既浸且復近濁欲匿不報履謙曰吾所掌者常數
也其食與否則係於天獨以狀聞及其時果食泉嘗
爭沒日不能決履謙曰沒日者間有十六日者
餘分之積也故曆法以所積之日命為沒日不出本
氣者為是泉服其議七年八月戊申夜地大震詔問
致災之由及弭災之道履謙按春秋言地為陰而主

靜妻道臣道子道也三者失其道則地為之弗寧弭
之之道大臣當反躬責已去專制之咸以荅天變不
可徒為穰禳也時成宗寢疾宰臣有專咸福者故復
謙言及之至大二年冬始立南郊祀昊天上帝復議攝司
天臺官舊制享祀司天雖掌時刻燕鐘鼓更漏俾早晏有
家歲君宣專在是三年升授時郎秋官正燕領冬官
井或以歲君宣所直欲止其役復謙曰國家以四海為
正事四年仁宗即位嘉尚儒術臺臣言復議有學行

可教國學子弟擢國子監丞改授奉直大夫國子司
業與吳澄並命時號得人每五鼓入學風雨寒暑未
嘗少息其教養有法諸生皆畏服未幾復以復議簽
太史院事皇慶二年春彗星出東井復議奏宜增修
善政以荅天意因陳時務八事仁宗為之動容顧寧
臣命速行之自復議去國學其澄亦移病歸學制稍
為之嚴祐元年詔擇善教者於是復以復議為國
子司業復議僚已益嚴教道益張每齋置伴讀一人
為長雖助教闕貨而諸生講授不絕時初命國子生
歲貢六人以入學先後為次復議曰不效其業何

以興善而得人乃酌舊制立陞齋積分等法每季攷
其學行以次遞升既升上齋又必踰再歲始與私試
孟月仲月試經疑經義季月試古賦詔誥章表策
古色目試明經策問辭理俱優者一分辭平理優者
為半分歲終積至八分者充高等以四十人為額然
是人人勵志多文學之士五年出為濱州知州丁母
憂不果行至治元年拜太史院使泰定二年九月以
後集賢禮部定其藝業及格者六人以充高第
不通一經及在學不滿一歲者黜之帝從其議自
本官奉使宣撫江西福建黜罷官吏之貪汚者四百

餘人竊免括地虛加粮數萬石州縣有以先賢子孫
充夫諸役者悉罷遣之福建憲司職田每畝歲輸
米三石民不勝若復謙命准令輸之由是召怨及還
京憲司果誣以他事未幾誣復謙者皆坐事免復謙
始得直復為太史院使天曆二年九月卒復謙篤學
勤苦家貧無書及為星曆生在太史局會秘書監輦
亡宋故書留置本院因盡夜諷誦深究自得故其學
博洽精通自六經諸史天文地理禮樂律曆下至隂
陽五行醫藥卜筮無不淹貫尤精經籍著大學四傳
小註一卷中庸章句續解一卷論語言仁通旨二卷

壽傳詳說一卷易繫辭旨略二卷易本記四卷春秋
諸國統紀六卷以皇極之名見於洪範皇極之數始
於邵氏經世書數非極也特寓其數於極耳著經世
書入式一卷經世書有内外篇内篇則因極而明數外
篇則由數而會極著外篇微旨一卷授時曆行五十年
未嘗推考箋謙曰測晷景并晨昏五星宿度自至治
三年冬至至泰定二年夏至天道加時其數各減見
行曆書二刻著二至晷景考二卷授時曆雖有經串
而經以著定法串以紀成數然求其法之所以然數
之所從出則略而不載作經串演撰八法一卷元立

國百有餘年而郊廟之樂泧襲宋金未有能正之者
優謙謂樂本於律律本於氣而氣候之法具載前史
可擇僻地為密室取金門之竹及河内葭莩候之上
可以正雅樂薦郊廟和神人下可以同度量平物貨
厚風俗列其事上之又得黑石古律管一長尺有八
寸外方内為圓空中有隔隔中有小竅以通隔上
九寸其空均直約徑三分以應黃鍾之數隔下九寸
其空自小竅迤邐至管底約徑二寸餘蓋以聚其
氣而上之其製與律家所說不同蓋古所謂玉律者
是也適遷他官事遂寢有志者深惜之至順三年五

月贈翰林學士資善大夫上護軍追封汝南郡公諡
文懿

列傳卷第五十九

贛榮舉二十五史知制誥兼脩國史濂輯特制臺院忠制輪國民院懼集臣

崔斌

爲總管中統元年政西京衆議宣慰司事世祖嘗命

視敵兵亂潰出龍之多所殺獲俄丁父憂龍授金符

命佐上懍吉帶將遊騎戍揚州西城俾斌領騎兵覘敵形勢斌

射尤攻文學而達政術世祖在潛邸召見應對稱旨

崔斌字仲文馬邑人性警敏多智慮魁岸雄偉善騎

〈元史傳卷六十〉　一　朝婆

安童舉漢人識治體者一人安童舉斌入見敷陳時

政得失曲中宸慮時世祖銳意圖治斌危言讜論直

指面斥是非立判無所諱帝幸上都嘗召斌斌下

馬步從帝命之騎因問爲治大體今當何先斌以任

相對帝命之相者斌以安童爲相者未久公

相對帝咸在乞采與言陛下宜以臣猥鄙所舉未允公

對帝默然良久斌曰陛下宣裁之帝天澤

議有所感歟今近臣咸在乞采輿言陛下宜以斌

其請斌立馬颺言曰汝其爲我相可否衆譁然

呼萬歲帝悅遂以二人並爲相除斌以數言決之進見必

論事帝前群言終日不決者斌以數言決之進見必

與近臣借其所獻替雖密近之臣有不得與聞者以

此人多忌之會阿合馬立制國用使司專總財賦一

以掊克爲事斌曰與其有聚斂之臣寧有盜臣於帝

前屢斥其姦惡至元四年出守東平五年大兵南征

道壽辛有撤民席其赤子於地以死訴於斌斌如

當坐於是下其辛于獄自是莫敢犯歲大侵民如

常年斌馳奏以免復請于朝得楮幣十萬緡以振民

饑六年除同僉樞密院事襄樊之役命斌僉河南行

省事方議攻鹿門山斌曰自峴山西抵萬山北抵漢

〈元史傳卷六十〉　二　朝婆

四、

江築城浚塹以絕餉援則襄陽可坐制矣時調曹濮

民丁屯田南陽斌議罷曹濮屯田民以近地兵多者補

之民以爲便又議戶部給濱棣青滄鹽券付行省募

民以米貿之仍增價和糴速近輸販者輻輳餽餉不

勞而集有旨河南四路籍兵二萬以益襄樊斌即馳

奏曰河南戶少而調度繁多實不堪命減其半爲宜

從之襄陽既下轉嘉議大夫仍僉行中書省加中奉

丞相伯顏總兵南征斌改行省爲河南宣慰司加中奉

大夫賜金虎符充宣慰使是時襄陽正陽諸軍悉道

河南供億雖繁而事無缺失伯顏既渡江分阿里海

平定湖南詔斌貳之拜行中書省參知政事十月圍
潭州斌攻西北鐵壩阿里海牙中流矢不能軍斌以
軍夜集柵下黎明畢登不利斌曰彼軍小捷而驕弛
吾今焚其角樓斷其援道潛登鐵壩人賞匢楷梯其
得諸將然之迤誓師街枚夜塹城爲三周如此則城可
擾火之且豎木柵城上詰旦布雲梯鼓譟梯其
盾先登阿里海牙持酒勞曰取此城公之力也斌自
語阿里海牙曰潭人有自重湖以南連城數十可傳檄
則土地人民皆我有歛兵不進許其來降
而定若縱兵急攻彼無噍類得一空城何益從之明
日即遣開示禍福城中爭出降諸將怒其抗敵持久
咸欲屠之斌喻以興師本意諸將曰編民當如公說
敵兵必誅之斌曰彼各爲其主耳宜雉
者且殺降不祥諸將迤止捷聞帝嘉之進資善大夫
行中書省左丞潭人德之爲立生祠十一年奉旨撫
諭廣西尋命還治湖南潭屬邑安化湘鄉衡山以南
賊周龍張唐虎等所在蜂起斌駐兵
者同僚議欲盡戮以懲反側斌但按誅其首惡脅從
者盡釋之十五年被召入覲時阿合馬擅權日甚廷
臣莫敢誰何斌從帝至察罕腦兒帝問江南各省撫

治如何斌對以治安之道在得人今所用多非其人
因極言阿合馬姦蠹帝乃令御史大夫相威樞密副
使字羅按問之汰其冗負黜其不法罷
天下轉運司海內無不稱快適尚書留夢賢謝元昌
言遷江淮行省至重而省臣無一人通文墨者乃命
斌遷江淮行省左丞既至凡前日蠹國漁民不法之
政悉釐正之仍條具以聞阿合馬應其害已据撫其
細事遮留使不獲上見因誣搆以罪竟爲所害裕宗
在東宮聞之方食投著惻然遣使止之已不及矣天下
冤之年五十六至大初贈推忠保節功臣太傅開府
儀同三司追封鄭國公謚忠毅子三人良知威恩孫
一人敬皆爲大官

崔彧

崔彧字文卿小字拜帖木兒弘州人負才氣剛直敢
言世祖甚器重之至元十六年自江南首言忽都帶兒根
南訪求藝術之人明年自江南田首言忽都帶兒根
索亡宋財貨煩擾百姓世祖身爲使臣乃挈妻子以徇所
在取索鞍馬芻粟世祖雖聽其言然虛實竟不辨決
也十九年除集賢侍讀學士或言于世祖謂阿合馬
當國時同列皆知其惡無一人執何之者及既誅乃

陳巖卿

各自以為竭誠欺罔之大者先有言幾阿合馬所用
之人皆革去臣以為守門卒隸亦不可如然知政
事阿里請以阿散龍父職倘使得請其害又有不可
勝言者賴陛下神聖灼知其奸拒而不可臣已疏其
奸惡十餘事乞名阿里廷辯帝曰已勅中書令阿合
於國家政事得失生民休戚百官邪正雖王公將相
馬所用皆罷之請以郝禎剖棺戮屍從之尋朕與
亦宜糾察近唯御史得有所言臣以為臺官皆當建

言庶於國家有補選用臺察官若申中書必有偏徇
之弊御史宜從本臺選擇初用漢人十六員今用蒙
古十六員相恭巡歷為宜皆從其言二十年復以刑
部尚書上疏言時政十八事一曰開廣言路多選正
人番直上前以司喉舌庶免黨附壅塞之患二曰當
阿合馬擅權臺臣莫敢糾其非迫其事敗然後接踵
隨聲徒取訕笑宜別加選用其賓人除蒙古人取聖斷
外餘皆當問罪三曰樞密院定奪軍官賞罰不當多
為阿合馬風旨宜擇有聲望者為長貳庶幾號令明
而賞罰當四曰翰苑亦頌阿合馬功德宜博訪南北

耆儒碩望以重此選五曰郝禎取仁等雖在典刑若
是者尚多罪同罰異公論未伸合次第屏除六曰貴
將子弟用即顯官初不講學何以從政得如左丞許
衡教國子學則人才輩出英七曰今起居注所書不
過奏事揄目而已宜擇蒙古人之有聲望漢人之重
厚者居其任分番上直帝主言動必書以垂法於無

無以養廉責其貪則齊乞將諸路大小官有俸者置
門亦非經久之策宜泰議而立定成規十曰官僚
今以為一代之法九曰官冗若徒省一官併一衙
窮八曰惡賞無俸者特給然不取之於官惟賦之於民蓋官吏
既有所養不致病民少增歲賦亦將樂從十一曰內
地百姓流移江南避賦役者已十五萬戶去家就業
豈人之情賦重政繁驅之致此乞特降詔旨招集復
業免其後來五年科役其餘積欠並蠲事產即日給
遠民官漏替以戶口增耗為黜陟其徙江南不歸者
興土著一例當役十二曰凡丞相安童遷輔良臣悉
為阿合馬所擯黜或居散地或在遠方並令援擢十
三曰簿錄奸黨財物本國家之物不可視為橫得遂
致濫用宜以之實帑藏供歲計十四曰大都非如上

都止備巡幸不應立留守司此皆阿合馬以此位置
私黨令宜易置總管府十五日中書省右丞二而左
丞缺宜改所增右丞置諸左十六日在外行省不必
置丞相平章止設左右丞以下庶幾內重不致勢均
彼謂非隆其名不足鎮壓者姦臣欺罔之論也十七
曰阿剌海牙掌兵民之權子姪姻黨分列權要官吏
出其門者十之七八其威權不在阿合馬下宜罷職
理算其黨雖無污染者亦當遷轉他所勿使久擾湖
廣十八日銓選類奏賢否莫知自今三品已上必引
見而後授官疏奏即日命中書行其數事餘命與御

◀元史傳卷六十▶ 七

史大夫玉昔帖木兒議行之又言江南盜賊相挺而
起凡二百餘所皆由拘刷水手與造海船民不聊生
激而成變日本之役宜姑止之又江西四省軍需宜
量民力勿強以土產所無几給物價與民者必以實
然挽弓雖可觀發矢則非是矣或又言昨中書奉旨
召募水手當從其所欲伺民氣稍蘇我力粗備三二
年後東征未晚也世祖以射
差官度量大都州縣地畝本以革權勢兼并之弊欲
其明白不得不於軍民諸色人戶通行覈實又因取
勘畜牧籍目初意本非擾民而近者浮言胥動恐失

農時乞降旨省諭詔中書即行之又言違言者多黜
是執否中書省宜集議可行者行之不可則明諭言者
為便又言各路每歲選取室女宜罷言又言宗文思院
小口斛出入官糧無所容隱所宜頒行皆罷二十三年
一年或勒奏盧世榮不可居相職忏旨罷之二十
加集賢大學士中奉大夫同僉樞密院事尋出為甘
肅行省右丞召拜中書右丞與中書平章政事麥术
丁奏曰近者桑哥當國四年中外諸官黷有不以賄
而得者其昆弟故舊妻族皆授要官美地唯以欺蔽九
重朘削百姓為事宜令兩省嚴加考覈凡入其黨者

◀元史傳卷六十▶ 八

皆汰逐之其出使之臣及按察司官受賕者論如律
仍追宣勑除名為民又奏桑哥所設衙門冗不
急之官徒費祿食宜令百司集議汰罷及自今調官
宜如舊制避其籍貫廕不害公又大都高貲戶多為
桑哥等所容庇凡百徭役止令貧民當之今後徭役
不以何人宜皆均輸有敢如前以賄求人容庇者罪
之又軍站諸戶每歲官吏非名取索賦歛倍蓰民多
流移請自今非奉旨及省部文字敢私歛民及俊軍
匠者論如法又忽都忽那頗籍戶之後各投下毋擅
招集太宗既行之江南民為籍已定乞依太宗所行

為是皆從之二十八年由中書右丞遷御史中丞或奏太醫院使劉岳臣嘗仕宋練達政事比者命其參議機務衆皆稱善乞以為翰林學士俾議朝政又言行御史臺言建寧路總管馬謀因捕盜延及平民榜掠至死者多又俘掠人財迫通處女受民財積百五十錠獄未具會赦如臣等議馬謀以非罪殺人不在原例宜令行臺詰問明白定罪又言昔行御史臺監察御史周祚劾尚書省官忙兀帶教化的納速剌丁減里罕贓納速剌丁減里反誣祚以罪遣人詣尚書省告桑哥桑哥曖昧以聞流祚于憨荅孫妻子家財並沒入官祚至和林遇亂走還京師桑哥又遣詰雲南理算錢穀以贖其罪令自雲南四臣與省臣閻其南理算錢穀以贖其罪令自雲南四臣與省臣閻其伏詞為罪甚微宜復其妻子皆從之二十九年或借御史大夫玉昔帖木兒等奏四方之人來聚闕下率言事以干進國家名器資品高下具有定格臣等以為中書樞密宜早為銓定應格者與之不當與者明御史故使去又言事有是非當否宜早與詳審言之當者即議施行或所陳有須詰難條具有者即令其人語其故即使去又言事有是非當否宜早與詳審言之講究否則罷遣帝嘉納之又奏納速剌丁減里忻都王臣濟黨比桑哥恣為不法楷幣銓選鹽課酒稅無

不更張變亂之衡命迁南理算積久通賦期限嚴急胥辛追逮半於道路民至嫁妻賣女殃及親隣維揚錢唐受害寖怵無故而殞其生五百餘人近者閻里被問悉皆首實請死士民乃知聖天子仁愛元元而使之至此桑哥及其党黨之為也莫不願食元而其肉臣等共議此三人者既已伏辜宜令中書省御史臺從之又言河西人薛闍干領兵為宣慰其吏詰廉訪司告其三十六事檄僉事臣議從行臺選御史往按問薛闍干仍先奪其職又簿問而薛闍干率軍人禽問者廉訪司必給印信言行臺官言去歲桑哥既敗使臣至自上所者或不持璽書口傳聖旨縱釋有罪檀籍人家真偽莫辨臣等請自今凡使臣必降璽書省臺院諸司必給印信文書以杜姦欺帝曰何人乃敢爾耶對曰咬剌也奴伯顏察兒比嘗傳旨縱罪人帝悉可其奏又奏松州達魯花赤長孫自言不願為錢穀官領備負廉訪司令木八剌沙上聞傳旨至臺特令委用臺臣所宜奉行但徑自陳獻又且嘗有罪理應區別帝曰此自鄉事宜審行之又奏江南李淦言葉李過惡被旨赴京以辯今葉李物故事有不待辯者李淦本儒人請授

以教官雄其直言又奏鄂州一道舊有按察司要束
木惡其害己令桑哥奏罷之臣觀鄂州等九郡境土
亦廣宜復置廉訪司行御史臺舊治揚州今揚州隸
南京而行臺移治建康其淮東廉訪司舊治揚州
宜移治揚州又奏諸官吏受賕在朝則詣御史臺首
告在外則詣按察司首告已有成憲自桑哥持國更
賕者不赴惡臺憲司首故爾反覆韋延事
父不竟臣謂宜如前旨惟於本臺行臺及諸道廉訪
司首告諸司無得輒受又監察御史塔的失言女直
人教化的去歲東征妄言以米千石餉闊里鐵木兒

軍萬人奏支鈔四百錠宜令本處廉訪司究問與本
處行省追償議罪皆從之三月中書省臣奏請以或
為右丞世祖曰崔彧不愛於言惟可使任言責閏六
月又同御史大夫玉昔帖木兒奏近耿煕告河間鹽
運司官吏盜官庫錢省臺遣人同告者雜問凡貳
萬二千餘錠巳徵八千九百餘錠猶欠一萬三千一
百餘錠運使張庸當獻其妹於阿合馬有寵阿合馬
既沒以官婢事桑哥復有寵故庸黨緣戚屬得久居
漕司獨盜三千一百錠臣等議宜命臺省遣官同廉
訪司倍徵之又言月林伯察江西廉訪司官术兒赤

帶河東廉訪司官忽兒赤檀縱盜賊奪民田貪污
不法今月林伯以事至京就令詰問又言揚州鹽
運司使財多付商賈鹽計直鈔二萬二千八百錠
臣等以謂追徵足日課以歸省賊以歸臺料酌定集
以清藍源並從之又奏江西詹玉始以妖術致位
賢當桑哥持國遣其掊克江西學粮貪酷暴橫學校
以廢近與臣言撒苔失速忽香山有謀叛遣
玉在京師猶敢誰誕如此宜
者俾乘傳往鞫明日訪知為禿速忽訊問帝曰此惡
人也遣之往者朕未嘗知之其巫禽以來三十年或

言大都民食唯仰客羅項緣官括商舶載迤諸物致
販鬻者少米價翔踴臣等議勿令有司括舶為便從
之寶泉提舉張蘭及子乃蠻帶告或嘗受鄰道源許
宗師銀萬五千兩又其子知微訟或不法十餘事有
旨就辯中書或巳書蘭等所告與巳宜對者為廣袖
之視而後對蘭父子所告皆無驗並繫獄蘭瘐死仍
籍其家一女入官乃蠻帶知微皆坐杖罪除名三十
一年成宗即位先是或得王重于故臣扎剌氏之家
其文曰受命于天既壽永昌即以上之徽仁裕聖皇
后至是皇后手以授于成宗或以久任惡臺乞遷他

職不許成宗諭之曰卿若辭避其誰抗言誠或言庸
政廉訪司案牘而令總管府檢劾非宜成宗曰朕知
難行當時事由小人擅奏耳其改之大德元年或又
儌陳臺憲諸事皆見於施行於是或居御史臺久又
守正不阿以故人疾之監察御史幹羅失剌劾奏中
丞崔彧兄在先朝嘗有罪還其所籍家產非宜等當
成宗怒其妄言管而遣之十一月御史臺奏大都路
總管沙的盜支官錢及受贓計五千三百緡准律當
狀百七不敘以故臣子從輕論而成宗欲止權偁其
職或與御史大夫只而合郎執不可已而御史又奏
或任中丞且十年非所宜或逆以病辭成宗諭之曰
卿之辭退誠是已然勉爲朕少留之閏十二月無領
侍儀司事與太常卿劉無隱奏新正朝賀歲常習儀
大萬安寺成宗曰去歲兀都帶以雪故來後今而復
然諸不至及失儀者殿中司監察御史同朝之二年
加榮祿大夫平章政事尋與御史大夫秀赤奏世祖
聖訓凡在籍儒人皆復其家令歲月滋久老者已矣
少者不學宜遵先制俾廉訪司常加勉勵成宗深然
之命或與不忽木阿里渾撒里同翰林集賢議特隆
詔條使作成人材以備選舉或以是歲九月卒至大

元年七月贈推誠履正功臣太傅開府儀同三司追
封鄭國公諡忠肅

葉李

葉李字太白一字舜玉杭州人少有奇質從學於太
學博士義烏施南學補京學生宋景定五年彗出于
柳理宗下詔罪己求直言是時世祖班師鄂州圍
宋命賈似道領兵禦之會憲宗崩世祖復入相益驕肆自顓荆置
解似道自詭以爲己功因復入相益驕肆自顓荆置
公田關子其法病民甚中外母敢指議李乃與同舍
生康棟而下八十三人伏關上書攻似道其畧曰三
光祚錯宰執之愆似道繆司台鼎變亂紀綱毒害生
靈神人共怒以干天譴似道大怒知書真出於李曉
其黨臨安尹劉良貴誣李僣用金飾齋扁鍛錬成獄
寘漳州似道既敗乃得自便會宋亡歸隱富春山江
淮行省及宣慰兩司爭辟之署蘇杭常等郡教授俱
不應至元十四年世祖命御史大夫相威行臺江南
且求遺逸以李姓名上初李攻似道書其末有前年
之師適有天幸成厥勳之語世祖大悅即授奉訓大夫浙西
稱歎及是其姓名聞世祖大悅即授奉訓大夫浙西
道儒學提舉李聞命欲遁去而使者致丞相安童書

有云先生在宋以忠言讜論著稱蓋在帝心今授以五品秩士君子當隱見隨時見其尚悉心以報殊遇李乃憮然北向再拜曰仕而得行其言此臣夙心也敢不奉詔二十三年侍御史程文海奉命搜賢江南世祖諭之曰此行必致葉李來李既至京師勑集賢大學士阿魯渾撒里館于院中它日召見披香殿勞問卿遠來良苦且曰卿鄉陳古帝王得失成敗之由世祖首以治道安出李歷陳似道書朕嘗識之更詢以肯賜坐錫宴更命五日一入議事時各道儒司悉以曠官罷李因奏曰臣欽覩先帝詔書當創業時軍務

繁聚尚招致士類仝陛下混一區宇偃武脩文可不作養人才以弘治道各道儒學提舉及郡教授實風化所係不宜罷請復立提舉司專提調學官課諸生講明治道而上其成才者於太學以備錄用凡儒戶徭役乞一切蠲免可其表是時乃顏叛北邊詔李庭出師討之而將校多用國人或其親暱立馬相鄉語輒釋伏不戰途巡退郤既親暱誰肯盡力徒費陛下糧餉四方轉輸甚勞臣請用漢軍列前步戰而聯大責眾臨敵當以計取彼玩我必不設備我必以大眾車斷其後以示死鬪彼當玩我必不設備我以大眾

蹈之無不勝笑帝以其謀諭將帥師果奏捷自是帝益奇李每罷朝必召見論事二十四年特拜御史中丞兼商議中書省事李固辭曰臣本羈旅苟蒙眷知使備顧問固當竭盡愚衷御史臺素染足疾比歲尤劇愚不足當此任且臣昔竄瘴鄉素染足疾比歲尤劇帝笑曰卿足難於行心豈不可行耶李固辭得許因扣首謝曰臣今雖不居是職然御史臺天子耳目常行事務可以呈省至若監察御史疏西南兩臺咨票事關軍國利及生民宜令便宜聞奏以廣視聽不應一一拘律遂成文具臣請詔臺臣言事各許實封

幸甚又曰憲臣以繩愆糾繆為職苟不自撖於擊搏何有其有貪懦敢廢之人宜付法司增條科罪以懲欺罔制曰可由是臺憲得實封言事會尚書省立授李資善大夫尚書左丞李復固辭以謂論臣資格未宜遽至此帝曰朕起伊尹同舉太公豈循格耶尚書係天下輕重朕以煩卿卿其勿辭太公大小車各一桑小車入禁中仍給扶升殿始定至元鈔法又請立太學一日從至柳林奏曰使知古聖賢行事方不可以驟進必訓以德義摩以詩書使知古聖賢行事漢曇然後賢良輩出育澤下流唐虞三代咸有胄學漢

唐明主數章辟雍為觀美也乃薦同砥等十人為
祭酒等官凡廟學規制條具以聞帝皆從之時帝欲
徙江南宋宗室及大姓於北方李乘間言宋已歸命
其民安於田里全無故聞徙必將疑懼萬一有奸人
乘釁而起非國之利也帝大悟事遂寢陞尚書右丞
轉資德大夫時淮浙饑饉穀價騰踊李奏免江淮租
稅之半運湖廣江西粮十七萬石至鎮江以賑饑民
帝欲代交趾召李入議李曰過方遠夷得之無益軍
旅一興費廉鉅萬令山路險巇深入敵境萬一蹉跌
非所以威示遠人也乃止二十五年陞平章政事李

七

固辭許之賜以玉帶視秩一品及平江田四千畝於
是桑哥為尚書丞相顓擅國政急於財毒及生民
事具桑哥傳李雄與之同事然莫能有所匡正會桑
哥敗事頗連及同列久之李獨以疾得請南還揚州
儒學正李塗上書言葉本一齹徒受皇帝簡知可
為千載一遇而繞近天光即以舉桑哥為第一事禁
近侍言事以非罪殺近政郭佑楊居寬迫御史中丞劉
宣自裁治書侍御史陳天祥罷御史大夫門苔占
侍御史程文海杖監察御史變鈔法拘學粮軍官
俸減兵士粮立行司農司木綿提舉司增鹽酒醋稅

課官民皆受其禍尤可痛者要束木禍湖廣沙不丁
禍江淮滅貴里禍福建又大鈞考錢粮民怨而盜發
天怒而地震水災游至尚賴皇帝聖明更張政化人
皆知桑哥用群小之罪而不知葉李寧桑哥之罪以
李雄罷相權刑戮未加天下性往往竊議宣斬葉李以
謝天下書聞帝覽然曰葉李廉介剛直朕所素知者
寧有是耶有言驛召塗詣京師二十九年二月李南
還至臨清帝遣使召之俾為平章政事佐丞相完澤
治省事李上表力辭未幾卒年五十一李既卒而塗
至詔以塗為江陰路教授以雄直言帝嘗問兵部郎

八

中趙孟頫李與留夢炎執優孟頫對夢炎優帝笑曰
不然夢炎以掄魁位宰相而附賈似道病民誤國伴
食中書無所可否李舊由諸生力詆似道其過夢炎
遠甚然其性剛直人不能容而朕獨愛之也李前後
被賜之物甚多而自奉甚儉嘗戒其子曰吾世葉儒
甘貧約唯以忠義結主知汝曹其清慎自持勿增吾
過指所賜物曰此終當還官也比卒悉表送官一毫
不以自私至正八年贈資德大夫江浙等處行中書
省右丞上護軍追封南陽郡公謚文簡

燕公楠

燕公楠字國材南康之建昌人宋禮部侍郎蕭之七
世孫毋雷氏夢五色巨翼入懷遂生公楠十歲能屬
文居父喪廬墓三年再貢于鄉不弟後以連帥辟五
遷至通判贛州事至元十三年世祖既平江南帥臣
板授同知贛州事十四年以平廣南功遷同知吉州
路總管府事二十二年夏召至上都奏對稱旨世祖
賜名賽因囊加帶命朵大政辭乞補外除僉江浙行
中書省事俄移江淮尚書省立就僉江淮行省
事江淮在宋爲邊隅故多閒田公楠請置兩淮屯田
勸導有方田日以墾二十五年除大司農領八道勸
農營田司事按行郡縣興利舉弊績用大著勸江西
營田使沙不丁貪橫罷之二十七年拜江淮行中書
省參知政事桑哥既敗而盡政未盡去民不堪命公
楠赴闕論公楠欲更張以固國本世祖悅會欲易
補大臣陳其故請更張以固國本世祖悅會欲易
政府大臣以閒公楠薦伯顏不灰闊里闊里吉
思史弼徐琰趙琪陳天祥等十人又問其次曰完澤可
相對曰天下人望所屬莫若安童間其次曰完澤可
明日拜完澤爲丞相以公楠及不灰爲平章政事固
辭改江浙行中書省參知政事賜弓矢及衛士十人
以行三十年復爲太司農得藏匱公私田六萬九千

八百六十二頃歲出粟十五萬一千一百斛鈔二千
六百貫帛千五百疋麻絲二千七百斤元貞元年進
河南行省右丞薦擢正鹽法民便之召入覲成宗以公
楠先帝舊臣慰勞良至改拜江浙行省右丞明年遷
湖廣行省右丞轉運司判官唐申家沅州豪橫民
田武昌縣尹劉權殺主簿誣繫其妻子悉正其罪五
年召還朝以卒帝聞甚傷悼之賻贈有加特命朝臣
護喪南歸

馬紹

馬紹字子卿濟州金鄉人從上黨張播學丞相安童
入侍世祖奏言宜得儒士講論經史以資見聞平章
政事張啟元以紹應詔授左右都事出知單州民
刻石頌德至元十年僉山東東西道提刑按察司事
益都寧海饑紹發粟賑之十三年移僉河北河南道
提刑按察司事未行屬江淮平定選官撫治遷同知
和州路總管府事民賴以安十九年詔割隆興爲東
宮分地皇太子選署總管召至京師爲刑部尚書萬
億庫吏盜紙四兩時相欲置之重典言物情俱輕
宜從貸減乃決杖釋之河間李移住妄言惑眾謀爲
不軌紹被檄按問所全活幾百人二十年參議中書

省事二十二年改兵部尚書踰年復為刑部尚書二
十四年分立尚書省擢拜叅知政事賜中統鈔五千
緡時更印至元鈔前信州三務提舉杜璠言至元鈔
公私非便平章政事桑哥怒曰杜璠何人敢沮吾
法耶欲當以重罪紹從容言曰國家導人使言言可
采用之不可采亦不之罪今重罪之豈不與詔書違
庚平璠得免拜尚書左丞親王戍邊其士卒有過支
廩米者有司以聞帝欲究問加罪紹言方邊庭用兵
罪之懼失將士心所支數者當嗣年之數可也制
可宗親海都作亂其民來歸者七十餘萬散居雲朔

閒桑哥議從之内地就食紹持不可桑哥怒曰馬左
丞愛惜漢人欲令餓死此輩耶紹曰南土地燠北
人居之應生疾疫若恐餓死曷若計口給羊馬之資
俾還本土則未歸者孰不欣慕言有異同丞相何以
怒為宜取聖裁乃如紹言以聞帝馬秀才所言是
也桑哥集諸路總管三十人導之入見欲以趣辦財
賦之多寡為殿寂帝曰財賦辦集非民力困竭必不
能然朕之府庫豈少此哉紹退至省追錄聖訓付太
史書之議增鹽課紹獨力爭山東課不可增議增賦
紹曰苟不節浮費雖重欲數倍亦不足也事遂寢都

城種首藉地分給居民權勢因取為己有以一區授
紹紹獨不取桑哥欲奏請賜紹辭以非才居
政府恒憂不能塞責詎敢徼非分之福以速罪庚桑
哥敗跡其所嘗行賂者索其籍閱之獨無紹名桑哥
既敗乃曰使吾早信馬左丞之言必不至今日之禍
帝曰馬左丞忠潔可尚其復舊職尚書省罷政中書
左丞居再歲移疾還家元貞元年遷中書右丞行江
浙省事大德三年秋河南省明年卒有詩文數百篇

傳卷第六十

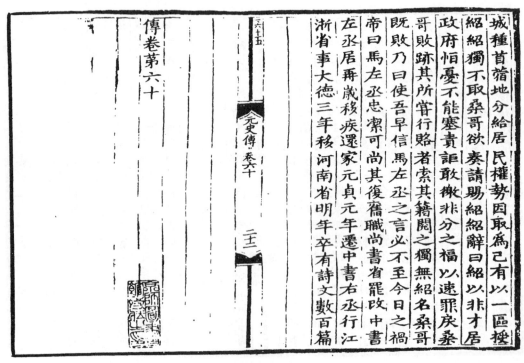

贛學士臣宋濂翰林待制兼起居注臣王禕等奉敕修

姚燧

姚燧字端甫世系見燧伯父樞傳父格燧生三歲而孤育於伯父樞樞隱居蘇門謂燧蒙暗教督之甚急燧不能堪楊奐馳書止之曰燧令器也長自有成爾何以急爲且許燧以女年十三見許於蘇門十八始受學於長安時未嘗爲文視流輩所作惟見其不如古人則心弗是也二十四始讀韓退之文試習爲

《元史傳卷六十一》　　一

之人謂有作者風稍就正於衡亦賞其辭且戒之曰弓矢爲物以待盜也使盜得之亦將待之文章固發聞士子之利器然先有能一世之名將何以應人之見役者哉非其人而與之非其人而拒之鈞罪也非周身斯世之道也至元七年衡以國子祭酒教貴冑奏召舊弟子十二人燧自太原驛致館下燧年三十八始爲秦王府文學未幾授奉議大夫兼提舉陝西四川中興等路學校十二年以秦王命安輯廬蜀明年漢嘉新附入諭其民又奉命招王立於合州又明年撫循夔府凡三使蜀皆稱職十七年除陝西

漢中道提刑按察司副使錄囚延安遂繫諸誤皆縱釋之人服其明決調山南湖北道按部澧州興學販民夜孜如弗及二十三年自湖北奉旨趨朝明年爲翰林直學士二十七年授大司農丞元貞元年以翰林學士召脩世祖實錄初置檢閱官竄竄故事燧與侍讀高道凝總裁之書成大德五年授中憲大夫江東廉訪使至大元年仁宗居潛邸燧爲太子少傅武宗知政事字洙如漢徵四皓故事起燧爲太子賓客未幾除承旨學士尋拜太子少傅武宗面諭燧燧拜

《元史傳卷六十一》　　二

辭謝曰昔臣先伯父樞嘗除是官尚不敢拜臣何敢受明年授榮祿大夫翰林學士承旨知制誥兼脩國史四年得告南歸中書以承旨召明年復召燧以病俱不赴卒于家年七十六謚曰文燧先在蘇門山時讀通鑑綱目嘗病國統散於逐年不能一覽而得其離合之綮至告病江東著國統離合表若干卷年經而國緯之如史記諸表將附朱熹凡例之後復取徽建二本校讎得三誤焉序於表首署曰其一建安二十五年徽本作延康元年凡例中歲改元在興廢存亡之際以前爲正當從建本於建安二十五年下注

改元延康其二章武三年後主禪建
興元年建本無三年則昭烈為無終徽建皆曰後主
於君臣父子之教所害甚大是起十四卷盡十六卷
九曰後主者皆失於列正也當於三年下注帝禪建
興元年明年大書帝禪建興二年庶前後無齟齬也
其三天寶十五載注肅宗皇帝至德元載明年惟曰
也若章武之距建興與續三年耳遷有帝父主子之興
二載為無始當大書二載上加肅宗皇帝至德之上
同於開元三載鈞失而達安之取至德之去統固在
豈不於統大有關乎詳見序篇燧之學有得於許衡

由窮理致知反躬實踐為世名儒為文閎肆該洽豪
而不宕剛而不厲春容盛大有西漢風宋末弊習為
之一變蓋自延祐以前文章大匠莫能先之或謂世
無知燧者曰豈惟空桑而讀之而能句句而得其意者猶
道輕重道以文章輕重彼後有班孟堅者出表古今
人物九品中必以一等置歐陽子則為去聖賢豈有一
級而不遠其文雖無謝尹之知不害於行後豈有一
幾乎古而不聞之將來子當時孝子順孫欲發揮
言其先德必得燧文始可傳信其不得者每為愧恥故

三十年間國朝名臣世勳顯行盛德皆燧所書每來
謁文必其行業可嘉然後許可辭無濫羨又稍廣置
燕樂燧則為之喜而授筆大書否則弗易得也時高
麗瀋陽王父子連姻帝室傾貲結朝臣一日欲求燧
詩文燧靳不與至奉音乃與之王贈謝幣昂金玉名
盡五十籃盛陳致燧燧即時分散諸屬官及史胥侍
從止留金銀付翰林院為公用器皿燧一無所取人
問之燧曰彼藩邦小國唯以貨利為重吾能輕之使
知大朝不以是為意其器識豪邁過人類如此然頗
恃才輕視趙孟頫元明善輩故君子以是少之平生
所著有牧庵文集五十卷行于世子三塻圻城

郭貫

郭貫字安道保定人以才行見推擇為樞密中書掾
調南康路經歷擢廣西道提刑按察司判官會例格
授濟南路經歷至元二十七年拜監察御史承詔分
江北沿淮草地劾淮西宣慰使昂吉兒父子專權久
不遷調臺政害民言令四省軍馬以數萬計征八百
德初遷湖北道言湖南蕭政廉訪司事大
婦國深入炎瘴萬里不毛之地無益於國五年遷江
西道賑恤飢民有惠政入為御史臺都事八年遷集

賢待制進翰林宜學士奉詔與遼陽行省平章政事
別速合徹里帖木兒往鎮高麗十一年召爲河東廉
訪副使至大二年仁宗至五臺山貫進見仁宗因問
廉訪使滅里吉歹何以有善政左右對曰皆吏部郭
貫之教也因賜貫瑪瑙數珠金織文幣入爲吏部考
官階遂拜治書侍御史俄遷翰林侍講學士延
功郎除禮部尚書
祐二年召拜中書省条知政事明年陛左丞加集賢大

學士五年除太子詹事貫言皇太子受金寶已三年
宜行冊禮又輔導之官早宜選置從之六年加太子
賓客諭告還家至治元年使起爲集賢大學士尋致
仕泰定元年還翰林學士承旨不起至順二年以疾
卒年八十有二贈光祿大夫河南行省平章政事柱
國追封蔡國公謚文憲貫博學精於篆籀當世冊寶
碑額多出其手云

夾谷之奇

夾谷之奇字士常其先出女真加古部後訛爲夾谷
由馬紀領撒喝昌水徙家於滕州之奇少孤舅杜氏薦

之至東平因受業於康曄授濟寧教授辟中書省掾
大兵南伐宋授行省官時行省官與中書
權臣有隙特遺使覈其財用而之奇職文書亦被按
問張弘範率其屬詣行省言夾谷都事素公清若少
有侵漁弘範當與連坐會御史臺立之奇僉江南
浙西道提刑按察司事既而移僉江北淮東至元十
九年召爲吏部郎中立陝降澄汰之法著爲令式歲
大旱有司議平穀價以遏騰涌之患而有豐稔之
經費輕土木之役庶足召和氣弭災變而有豐稔之
期二十一年選左贊善大夫時裕宗爲皇太子每進

見必賜坐顧遇甚優權臣有欲以均輸法益國賦者
應提刑按察司撓其事請令與轉運司併爲一職詔
集群臣議之之奇言按察諸路發擿姦伏
責任匪輕若使理財則心勞事冗將彌縫自救之不
暇又安能繩糾他人哉併之弗便事遂寢又與諭德
李謙條具時政十事上之皇太子一曰正心二曰睦
親三曰崇儉四曰幾諫五曰戢兵六曰親賢八曰尚
友九日定律十曰正名會皇太子薨除翰林宜學士
政吏部侍郎遂拜侍御史二十五年丁母憂以吏部
尚書起復屢請終制不許明年卒之奇應識精審明

自以為不及為文章尤簡嚴有法多傳於世云

劉賡

劉賡字熙載洺水人五世祖逸以郡吏治獄有陰德
祖蕭為右三部尚書賡幼有文名師事翰林學士王
磐至元十三年用薦者授國史院編修官十六年遷
奉翰林文字辟為司徒府長史仍蕭應奉補外同
知德州事考滿擢太廟署丞太常博士拜監察御史
是時御史中丞崔彧好威氣待人他御史拜謁或平
受之獨見賡則待以上客大德二年陞翰林直學士

《元史傳卷六一》　七

六年奉使宣撫陝西由侍講學士陞學士至大二年
遷禮部尚書仍蕭翰林學士尋拜侍御史頃之還翰
林為學士承旨無國子祭酒國學故事伴讀生以次
出補吏莫不爭先出時有一生親老且貧同舍生有
名在前者因讓之先廣曰我齒頗少請讓之先廣曰
讓德之恭也從其讓別為書薦其人朝廷反先用之
自是六館之士皆知讓之為美德也皇慶元年選集
賢大學士仍無國子祭酒延祐元年復為承旨六年
拜大學士仍無國子祭酒延祐元年復為承旨六年
拜太子賓客泰定元年加光祿大夫會集議上尊號賡獨
為承旨泰定元年加光祿大夫會集議上尊號賡獨

抗言其不可事遂已天曆元年辛年八十一廎文典
文翰當時大製作多出其手以耆年宿德為朝廷所
推重云

耶律有尚

耶律有尚字伯強遼金冊王十世孫祖父在金世當
官于東平因家焉有尚資識絕人篤志于學受業許
衡之門號稱高第弟子其學遂於性理而尤以誠為
本儀容辭令動中規矩識與不識莫不服其為有道
之君子至元八年衡罷中書左丞陳集賢大學士兼
國子祭酒以教國人之子弟乃奏以門人十二人為

《元史傳卷六一》　八

齊長以伴讀有尚其一也十年衡告免還鄉里朝廷
乃以有尚等為助教嗣領其學事居久之拜監察御
史不赴除祕書監丞出知薊州為政以寬簡得民情
裕宗在東宮召為詹事院長史自有尚既去而國學
事頗廢廷議以謂非有尚無足以繼衡者除國子司
業時學館未建師弟子皆寓居民屋有尚屢以為言
二十四年朝廷力大起學舍始立國子監立監官而
增廣弟子員於是有尚陞國子祭酒儒風為之丕振
二十七年以親老辭職歸大德改元復召為國子祭
酒尋除集賢學士無其職頃之還太常卿又選集賢

學士八年縣父還鄉里已而朝廷思用老儒以安車
召之子家累辭不允復起爲昭文館大學士兼國子
祭酒階中奉大夫有尚前後五居國學其立教以義
理爲本而省察必真切以兼敬爲先而踐履必端愨
几文詞之小技綴緝雕刻足以破裂聖人之大道者
皆屏黜之是以諸生知趨正學崇正道以經術爲尊
衡之舊醞而勤謹有加焉身爲學者師表其教法壹遵
内宗之猶如昔之宗衡也有尚既以年老力請還家
以躬行爲務以成德達材之士大氏其力數十年海
朝廷復頒楮幣七千緡即其家賜之卒年八十六賜
諡文正

　郝天挺　子俛附

郝天挺字繼先出於朵魯別族自曾祖
州父和上拔都魯太宗憲宗之世多著武功爲河東
行省五路軍民萬户天挺英爽剛直有志署受業於
遺山元好問以勳臣子世祖召見嘉其容止有吉宜
任以政倆執文字備宿衞春宮裕宗遇之甚厚陞省
雲南選官屬遂除衆議雲南行尚書省事尋陞建省
政事又擢陝西漢中道廉訪使未幾入爲吏部尚書
尋除陝西行御史臺中丞又遷四川行省叅政及江

浙行省左丞俱不赴拜中書右丞與宰相論事有不
合輒面斥之一日以奏事數陳明允特賜黃金百兩
不受帝曰非利汝也第雄汝肯言耳成宗崩仁宗以
太后命首定大難及武宗還自朔方遂入正大統定
策之際天挺與有力焉仁宗臨御收召故老天挺與
少保張珪等十人共議大政革尚書省之弊遂成皇
慶之治又出爲江西河南二省右丞召拜御史中丞
鷹揚爲翰之弱者易獲也其力大者必借人力不然
不惟失其前翰仍或有傷鷹之患矣帝嘉其言既出
臺臣皆以爲賀風紀大振又上疏陳七事曰惜名爵
抑浮費止括田久任使論好事獎農務本勵學養士
詔中書省舉行之尋俾均逸于外拜河南行省平章
政事時河南王卜憐吉歹爲丞相待以師禮由是政
化大行皇慶二年卒六十七贈光祿大夫中書平
章政事柱國追封冀國公諡文定天挺嘗修雲南實錄
五卷又註唐人鼓吹集一十卷行于世子俛字君輔
小字朶魯別台由宿衞補官仁宗時拜
以廉直著名大受知遇遷陝西行省叅知政事拜陝
西行御史臺侍御史

張孔孫字夢符其先出遼之烏若部為金人所并遂
邊隆安之純為東平萬戶府參議定夢調孔子廟
得賜嘉果巳而孔孫生因丐名於衍聖公遂名今名
既長以文學名辟萬戶府議事官萬戶嚴忠範之兄
為陝西行省平章政事聘孔孫以母老不應時沐梁
而已世祖居潛邸嘗召樂師至日月山觀之至是徐
世隆奏帝宜增設官縣及文武二舞以備大典因詔
徐世隆為太常卿而孔孫以奉禮郎為之副以董樂

《元史傳卷六十一》 十一 第克孔

師肄成獻之京師廉希憲居政府辟為掾及安童為
相尤禮重之授戶部員外郎出為南京總管府判官
時方議下襄樊朝迁急用兵孔孫謂今以越境私販
坐罪者動以千數宜開自新之條俾得効戰贖死朝
論采之僉四川道提刑按察司事尋陸湖北道提刑
按察副使行部巴陵有四三百人因怒躍乙建言興
銀利發其墳墓而燒其家燒死者三人有司以真圖
財殺人坐之孔孫原其情減罪還浙西提刑按察副
使政同知保定路總管府事俄拜侍御史行御史臺
事至元二十二年安童復入相言于帝曰阿合馬顓

政十年親故迎合者往往驟進擢顧位獨劉宣張孔
孫二人恬守故常終始如一乃除宣吏部尚書孔
禮部侍郎部尋陞孔孫禮部尚書擢燕南提刑按察使
二十八年提刑按察司改肅政廉訪司使莅治
于大名一以所沒贓糧粟五千斛賑饑民因上章謂宜
江北行中書省事亡何除大名路總管兼府尹大興
學校有獻故河隄三百餘里于太后即上章謂宜
悉還細民從之擢淮東道肅政廉訪司使因讞獄宜
場民尹執中兄弟誣伏為強盜平反之召還拜集賢
大學士中奉大夫商議中書省事丞相完澤卒孔孫

《元史傳卷六十一》 十二 第克孔

與陳天祥上封事薦和禮霍孫可為相會地震詔問
弭災之道孔孫條對八事其略曰蠻夷諸國不可窮
兵遠討濫官酷吏不可不加任用賞善罰惡不可不
賜敕宥獻醫寶貨不可不為禁絕供佛無益不可不
賛財用上下豪侈不可不從儉約官冗吏繁不可不
為裁減太廟神主不可不備祭享帝悉嘉納之賜鈔
五千貫又累疏言九七十致仕者宜加一官丁憂服
闋者宜待起復宿衛之冒濫者必當華州郡之職必
當遴選久任達魯花赤宜量加遴轉又宜增給官吏
俸祿修建京師廟學設國子生徒給賜曲阜孔廟洒

掃戶相位宜參用儒臣不可專任文吏故相安童伯

顏和禮霍孫與廉希憲等各宜贈諡久之請老還家

拜翰林學士承旨資善大夫致仕集賢大學士如故

大德十一年卒年七十有五孔孫素以文學名且善

琴工畫山水竹石而騎射尤精及其立朝謇言嘉論

有可觀者士論服之

傳卷第六十一

翰林學士臣中奎知制語兼修　國史臣宋濂翰林待制承直郎兼知制語兼國史院編修官臣王禕等奉

敕

張珪

張珪字公端弘範之子也少能挽強中嘗從其父
出林中有虎珪抽矢直前虎人立洞其喉一軍盡謹
至元十六年弘範平廣海宋禮部侍郎鄧光薦將赴
水死弘範救而禮之命珪受學光薦嘗遺一編書目
曰相業語珪曰熟讀此後必賴其用師還道出江淮
珪年十六攝管軍萬戶十七年真拜昭勇大將軍管

軍萬戶佩其父虎符治所統軍鎮建康未幾弘範卒
襄畢世祖見親撫之奏曰臣年幼軍事重聶禎者
從臣父祖久歷行陣幸以副臣帝嘆曰求老成自副
常見不知出此厚賜而遣之徧及其從者十九人太
平宣徽群盜起行省檄珪討之士卒數為賊所敗卒
有殺民家豕而幷傷其主者珪曰此軍之所以敗也
新其辛悉平諸盜二十九年入朝時朝廷言者謂天
下事定行樞密院可罷江浙行省僉知政事張瑄領
海道亦以為言樞密副使暗伯問於珪珪曰見上當
自言之召對珪曰繼使行院可罷亦非瑄所宜言遂

得不罷命為樞密副使太傅月兒魯那演言珪尚少
姑試以僉書果可大用請俟他日帝曰不然是家為
國滅金滅宋盡死力者三世矣而可奇此耶拜鎮國
上將軍江淮行樞密副使成宗即位行院罷大德三
年遣使巡行天下珪使川陝問民疾苦振鄅孤貧罷
冗官黜貪吏遷浙西肅政廉訪使劾罷郡長吏以下三十
餘人府史胥徒數百徵贓巨萬計珪得監司奸利事
將發之事干行省有內不自安者欲以危法中珪賂
遺近臣妄言珪有厭勝事且沮鹽法帝遣官雜治之

得行省大小吏及鹽官欺罔狀皆伏罪召珪拜僉樞
密院事入見只孫冠服侍宴又命買宅以賜辭不
受拜江南行臺御史中丞因上跪極言天人之際災
異之故其目有修德行廣言路進君子退小人信賞
必罰減冗官節浮費以法祖宗成憲累數百言勸大
官之不法者不報併及近侍之褒惑者又不報遂謝
病歸父之拜陝西行臺中丞不赴武宗即位召拜詹
子諭德未幾日拜賓客復拜詹事辭不就尚書省立
中外洶洶中丞惟張珪可即日召拜中丞至大四年帝
欲得真中丞惟張珪可即日召拜中丞至大四年帝

崩仁宗將即位廷臣用太皇太后旨行大禮於隆福宮
法駕已陳矣珪言冨御大明殿御史大夫止之曰議
已定雖百奏無益珪曰未始一奏詎知無益入奏帝
悟移伏大明殿即位賜珪明日後召謂之曰朕欲
親解衣賜珪明日後召謂之曰朕欲賜卿賓玉非卿
所欲以帨拭面額納諸珪懷衣曰朕澤之所存朕心之
所存也皇慶元年拜榮祿大夫樞密副使徽政院使
失列門請以洪城軍隸興聖宮珪固不署事遂不行延祐二
文樞密院衆恐懼承命珪固不署事遂不行延祐二
年拜中書平章政事請減煩冗還有司以清政務得

專修宰相之職帝從之著為令教坊使曹咬住拜禮
部尚書珪曰伶人為宗伯何以示後世力諫正之皇
太后以中書右丞相鐵木迭兒為太師萬戶別薛禿
知行省政事珪曰太師論道經邦鐵木迭兒非其人
別薛無功不得為外轆政車駕度居庸失列門傳皇
太后旨召珪切責甚輿歸京師明日遂出
國門珪子景元掌符璽不得一日去宿衛至是以父
病篤告遷歸帝驚曰卿別時卿父無病景元頓首泣
泣不敢言帝不懌道叅議中書省事換住往賜之酒
遂拜大司徒謝病家居繼丁母憂廬墓寢苫啜粥者

三年六月七月帝憶珪生日賜上尊御衣至治二年
英宗召見於易水之上曰四世舊臣朕將畀卿以政
珪辭歸遣近臣設醴請丞相拜住問珪曰宰相何
先珪曰莫先於格君心是年冬珪復為丞相以私怨
殺平章蕭拜住御史中丞楊朶兒只上都留守賀伯
顏大小之臣珪抗言於坐曰弈災當宪非所以致災者
殺孝婦三年不雨蕭楊賀冤死勃廷臣集議弈
灾之道珪不能自保會地震烈風致灾者漢
固不可復生而情義猶可昭白毋使朝廷終失之也

又拜中書平章政事侍宴萬壽山賜以玉帶三年秋
八月御史大夫鐵失既行弒逆夜入都門坐中書堂
矯制奪執符印珪密言賊黨罪不可追既皆伏誅
鐵木迭兒之子治書侍御史鎖南議速流珪曰於
法強盜不分首從發家傷尸者亦死鎖南從弒逆
丞相拜住賛乃欲活之耶遂伏誅盜竊仁廟神主
以然知政事馬剌姑兼領太常禮儀使當遷左丞
時叅政遷左丞姑曰叙進而太常奉宗祐不謹當待
罪而反遷官何以謝在天之靈命遂不下泰定元年
六月車駕在上都先是帝以灾異詔百官集議珪乃

與樞密院御史臺翰林集賢兩院官極論當世得失
與左右司貟外郎宋文瓚詣上都奏之其議曰國之
安危在乎論相昔唐玄宗前用姚崇宋璟則治後用
李林甫楊國忠天下驪動終致亡國雖賴郭子儀諸
將效忠竭力克復舊物然自是藩鎮縱橫紀綱亦不
復振矣良由李林甫妬忠良布置邪黨奸惑蒙蔽
保祿養禍所致死有餘辜如前宰相鐵木迭兒奸狡
險中以法忠直被誅竄者甚眾始以賍敗諂附權奸
失列門及壁華也里失班之徒茍全其生尋任太子

太師未幾仁宗賓天乘時韋孼再入中書當英廟之
初與失列門等恩義相許表裏爲奸誣殺蕭楊等以
快私怨天討元凶失列門之黨既誅坐要上功遂獲
信任諸子內布宿衛外接顯要蔽上抑下杜絕言路
賊鐵失之徒名爲義子實其腹心忠良屏迹坐待收
賣官鬻獄威福已出一令發口上下股栗稍不附已
其禍立至權勢日熾中外寒心由是群邪並進如逆
成栽逆其子鎮南親與逆謀所由來者漸矣雖剖棺
繫先帝悟其姦惡仆碑奪爵籍没其家終以遺患爲
戮尸夷滅其家猶不足以塞責令復回給所籍家產

《元史列傳卷六十二》 五 刈周士

諸子尚在京師當徙再入宿衛世祖時阿合馬貪殘
敗事雖死猶正其罪況如鐵木迭兒之姦惡者哉臣
等議宜遵成憲仍籍鐵木迭兒家產遠竄其子孫外
郡以懲大姦君父之讎不共戴天所以明網常別上
下也鐵失之黨結謀栽逆君相遇害天下之人痛心
疾首所不忍聞比奉旨以鐵失之徒伏伏其章諸王
按梯不花李羅月魯曹鐵木兒曲呂不花兀魯思不花
亦已流竄逆黨從者眾何可盡誅後之言事者其
勿復舉臣等議古法栽逆凡在官者殺無赦聖朝立
法強盜劫殺庶民其同情者猶且首從俱罪況栽逆

之黨天地不容宜誅按梯不花之徒以謝天下書曰
惟碎作福作威惟辟作福作威臣無有作福作威臣
作威害于而家凶于而國蓋生殺與奪天子之權非
臣下所得盜用也遠王脫脫位冠宗室居鎮遼東屬
任非輕國家不幸有非常之變不能討賊而乃觀望
赦恩報復讎怨恣殺親王妃主百餘人分其羊馬高產
殘忍骨肉盜竊主權聞者切齒令不之罪乃復厚賜
放還仍守爵土臣恐國之紀綱由此不振設或效尤
何法以治且遼東地廣素號重鎮若使脫脫久居彼
既縱肆將無忌憚況令死者含寃感傷和氣臣等議

《元史列傳卷六十二》 六 張周士

累朝典憲閒赦殺人罪在不原宜奪削其爵土置之
他所以彰天威刑以懲惡國有常憲武備卿即烈前
太尉不花以累朝待遇之隆俱致高列不思補報輩
務姦欺詐稱奉旨令鷹師強收鄭國寶妻古哈貪其
家人高產自恃權貴莫敢如何事聞之官刑曹逮議
宜以即烈不花付刑曹鞫之即非細務臣等議有
言一婦衒三年不兩之本縱惡如此何以爲政古人有
不寊竟原其罪葦較之下肆行無忌遠在外郡何事
其事自成宗以來始有此弊分珠寸石售直數萬當

時民懷憤怨臺察交言且所酬之鈔率皆天下生民
膏血錙銖取之從以撫綏何其用之不吝夫以經國
有用之寊而易此不濟饑寒之物又非有司聘要和
買大抵皆時貴與幹脫中寊之人妾稱呈獻冒給回
賜高其直且十倍鬻蠧國財暗行分用如沙不丁之
徒頃以增價中寊事敗具存吏贖陛下即位之初首
知其弊下令禁止天下欣章臣等比聞中書令乃復奏
給累朝未酬寊價四十餘萬錠較其元直利已數倍
有事經年未達者三十餘萬錠復令給以市舶番貨計
今天下所徵包銀差發歲入止十一萬錠已是四年

徵入之數比以經費弗足急於科徵臣等議者胭之
貨宜以資國用紓民力寊價請俟國用饒給之日讓
之太廟神主祖宗之所妥靈國家孝治天下四時大
祀誠爲重典比者仁宗皇帝皇后神主盜利其金而
竊之王今未獲斯乃之國家經賦皆出於民億萬計
出有司之事比者建西山寺損軍害民費以億萬歲
太常請揀其官屬免之國失官物亦有不行知覺之
主守偷失官物亦有不行知覺失神主宜罪
責臣等議廢民失盜應捕官兵尚有三限之法監臨
刺繡經幡馳驛江浙逼迫郡縣雜役男女動經年歲

窮奢致怨近詔雖已罷之又聞姦人乘間奏請復欲
興修流言喧播群情驚駭臣等議宜守前詔示民有
信其觔造刺繡事非歲用之常者悉罷之人有寃抑
必當昭雪事有枉直尤宜明辨平章政事蕭拜住中
丞揚朵兒只等枉遭鐵木迭兒誣陷籍其家以分賜
人閒者嗟悼比奉明詔還給元業子孫奉祀家廟修
葺苟完未及寧處復以其家財仍賜舊人止酬以直
即與再罹斷沒無異臣等議宜如前詔以元業還之
量其直以酬後所賜者則人無寃慎矣德以出治刑
以防姦若刑罰不立奸完滋長雖有智者不能善止

比者也先鐵木兒之徒過朱太醫妻女故省門外強挾以入姦省館所事聞有司以尾從上都為解竟弗就鞫華敕之下肆惡無忌京民憤駭何以取則四方臣等議宜遵世祖成憲以姦人命有司鞫之臣等又議天下囚繫體究與除廣海鎮戍夏宜命省臺選官審錄結正重刑疏決輕繁疑者申聞詳讞邊鎮利病宜命行省行臺廢究興除廣海鎮戍卒更病者給粥食於其家歲貢方物有常制廣州東莞縣大步海及惠藥力死者人給鈔二十五貫責所司及同鄉者歸骨州珠池始自大德元年姦民劉進程連言利分蜑戶七百餘家官給之糧三年一採僅獲小珠五兩六兩入水為鱷魚傷死者眾遂罷珠戶為民其後同知廣州路事塔塔兒等又獻利於失列門翀議提舉司監採廉訪司言其擾民復罷歸有司既而內正少卿魏暗都剌冒啟中旨馳驛督採耗糜食疲民驛非舊制請悉罷遣歸民善良於非命國法當為昭雪鐵失弒逆之變學士不花指揮不頻忽里院使充古思皆以無罪死未夜贈鐵木迭兒專權之際御史徐元素以言事鎖項死東平及買禿堅不花之屬皆未申理臣等議宜追贈死者優敘其子孫且命刑部及監察

九　董義

御史體勘其餘有寃抑者具實以聞政出多門古人所戒今內外增置官署貪慝淫濫白丁驟陞出身入流壅塞日甚軍民俱蒙其害夫為治之要莫先於安民安民之道莫急於除濫賞沙冗員世祖設官分職俱有定制至元三十年已後改陞翀設官日積月增雖嘗奉旨取勘減降近侍各私其署寅緣保祿姑且止至英宗時始銳然減罷崇祥壽福院之屬十有三署徽政院斷事官江淮財賦之屬八十餘署不韋遣懼大故未竟其餘比奉詔冗事悉遵世祖成憲若復循常取勘調虛文延歲月必無實效即與詔旨異矣臣等議宜敕中外軍民署置官吏有非世祖之制及至元三十年已後改陞翀設貪冗者詔格至日悉減併除罷之近侍不得巧詞倖奏不該常調之人亦不得濫入常選累朝斡耳朵所立長秋承徽長寧寺及邊鎮屯戍別議罷之自古聖君惟誠於治政可以動天地感鬼神初未嘗徼福於僧道以病民病國也且以至元三十年言之醮祠佛事之目止百有二大德七年再立功德使司積至五百有餘今年一增其目明年即指為例已倍四之上夫僧徒又復營幹近侍買作佛事指以籌卦欺誅奏請增修布施芥齋自稱特

十　董義

奉傳奉所司不敢較問供給恐後況佛以清淨爲本
不奔不欲而僧徒貪婪貨利自違其教一事所需金
銀鈔幣不可數計歲用鈔數千萬錠數倍於至元間
夫九所供物悉爲已有布施等鈔後出其外生民脂
膏縱其所欲取以自利畜養妻子彼既行不修潔適
名目止令宣政院主領修舉餘悉減罷近侍之屬並
不得巧計擅奏妄增名目若有特奉傳奉從中書復

永致災愆速事無應驗斷可知夫臣等議宜罷功德
使司其在至元三十年以前及累朝忌日醮佛事
名目止令宣政院主領修舉餘悉減罷近侍之屬並
青縱其所欲取以自利畜養妻子彼既行不修潔適

奏乃行古今帝王治國理財之要莫先於節用蓋後
用則傷財傷財必至於害民國用匱而重歛生如鹽
課增價之類皆足以屬民夫比年游惰之徒妄投宿
衛部屬及官者女紅太醫陰陽之屬不可勝數一人
收籍一門蠲復一歲所請衣馬芻糧數十戶所徵入
不足以給之耗國損民爲甚臣等議諸宿衛官女之
屬宜如世祖時支請之數給之餘悉簡汰闟端赤牧
養馬駞歲有常法分布郡縣各有常數而宿衛近侍
委之僕御役民放牧始至即奪其居伴飲食之殘傷
桑果百害遠起其僕御四出無所拘鈐私屬芻豆瘵

損馬駞大德中始責州縣正官監視蓋暖棚團槽柵
以牧之至治初復散之民間其害如故監察御史及
河間路守臣屢言之臣等議宜如大德團槽之制正
官監臨閱視肥瘠拘宿衛僕御著爲令兵戎之興
號爲凶器擅開邊釁蒙古之福釁夷無知少梗王化
得之無益失之無損至治三年參卜郎盜始劫殺
督守將嚴邊防遣良使抵巢招諭簡罷冗兵明敕邊
費國資糧臣等議好生惡死人之恒性宜令宣政院
使臣利其財物而已至用大師期年不戰傷我士卒
吏謹守禦勿生事則達人格夫天下官田歲入所以

瞻衛士給戍卒自至元三十一年以後累朝以是田
分賜諸王公主駙馬及百官官者寺觀之屬遂令中
書酬直海漕虛耗國儲其受田之家各任土著姦吏
爲庄官催甲斗級巧名多取又且驅迫郵傳徵求餽
廩折辱州縣開償通貢至倉之日蠶蠶以歸官司交
恣農民窘竄臣等議惟諸王公主駙馬寺觀如所與
公主桑哥剌吉及普安三寺之制輸之公廩計月直
折支以鈔令有司兼令輸之省部給之大都其所賜
百官及官者之田恐拘運官著爲令國家經費皆取
於民世祖時淮北內地惟輸丁稅鐵木迭兒爲相專

揚衆欲遺使括勘兩淮河南田土重併科糧又以兩
淮荊襄沙磧作糶收徵名與利農民流徙臣等議
宜如舊制止徵丁稅其括勘重併之糧及沙磧不可
田訊之稅悉除之世祖之制九有田者悉納江南諸
賣田隨收入戶籍木迭兒之以為相納江南諸寺賄賂奏
令僧人買民田者毋役之以里正主首之屬逮令泒
毒細民臣等議惟累朝所賜僧寺田及亡宋舊業如
舊制勿徵其僧道典朝所賜僧寺田及民間所施產業宜悉
以國家優視無所徭役且處之官寺宜清淨絕俗為
役之著為令僧道出家屏絕妻孥蓋欲超出世表是

心誦經祝壽比年僧道往往畜妻子無異常人如蔡
道泰班講主之徒傷人退欲壞教千刑者何可勝數
俾奉詞典豈不褻天瀆神臣等議之畜妻子者
宜罪以舊制罷道為民賞勸善人主大柄豈宜輕
以與人世祖臨御三十五年左右之臣雖甚愛幸未
聞無功而給一賞者比年賞賜汎濫蓋因近侍之人
窺伺天顏喜悅之際或稱乏財無居或稱嫁女取婦
或以技物呈獻珠玉無十功小善迹互奏請要求賞賜
田奉奄有國家金銀珠玉及斷沒人畜產業似此無
功役受賞何以激勸既傷財用復啟倖門臣等議非有

功勳勞效著明實蹟不宜加以賞賜乞著為令臣等
所言弒逆未討姦惡未除忠憤未雪冤枉未理政令
不信賞罰不公賦役不均財用不節民怨神怒皆足
以感傷和氣惟陛下裁擇以答天意消弭災變帝不
從珪復進曰臣聞日食修德月食修刑之應天以實不
以文勸民以行不以言刑政失平故天象應天以實不
下矜察免臣等議乞悉行之帝終不能從未幾得乘
至殿門下帝始開經筵令左丞相拜賜之珪進翰
林學士吳澄等以備顧問自是辭位甚力猶封蔡國

公知經筵事別刻蔡國公印以賜泰定二年夏得旨
暫歸三年春上遣使召珪期於必見珪至帝曰卿來
時民間如何對曰臣老少賓客不能達知真定保定
河間臣卿里也民饑甚朝廷雖振以金帛惠未及者
十五六惟陛下念之帝惻然勅有司早振之拜翰林
學士承旨知制誥兼脩國史國公經筵如故帝察其
誠病命養疾西山繼得旨還家未幾起珪商議中書
省事以疾不起四年十二月薨遺命上蔡國公印珪
嘗自號曰澹菴子六人

李孟字道復潞州上黨人曾祖執金末舉進士祖昌
祚歸朝授金符潞州宣撫使唐歷仕秦蜀因徙居
漢中孟生而敏悟七歲能文倜儻有大志博學強
通貫經史善論古今治亂開門授徒遠近爭從之一
時名人商挺王博文皆折行輩與交郭彥通能知
人嘗語唐曰此兒骨相異常宰輔之器也至元十四
年隨父入蜀行省辟為掾不就後以事至京師中書右丞
行御史臺交薦之亦不就以事至京師中書右丞
楊吉丁一見奇之薦于裕宗得召見東宮未幾裕宗

〈元史列傳卷六二〉 十五

薨不及擢用成宗立首命採訪先朝聖政以備史官
之紀述陝西省使孟討論編次乘驛以進時武宗仁
宗皆未出閤微仁裕聖皇后求名儒輔導有者曰
布衣李孟有宰相才宜令為太子師傅大德元年武宗撫軍
北方仁宗留授中孟曰陳善言正道多所進益成宗
聞而嘉之詔授太常少卿孟執政以孟未嘗一造其門
沮之不行改禮部侍郎命亦中止仁宗侍郎在懷州四
皇后降居懷州又如官山孟常單騎以從在懷州四
年誠言曰老舅之道孝悌而已矣今大兄在朝方大
每進言曰化之皆有儒雅風由是上下益親

母有居外之憂殿下當迎奉意旨以娛樂之則孝悌
之道皆得矣仁宗深納其言曰問安視膳婉容愉色
天下稱孝焉有暇則就孟講論古先帝王得失成敗
及君臣父子之義孟特善論事忠愛懇惻
言之不厭而治天下之大經大法深切明白厥後仁
宗入清內難敬事武皇母孝后端拱以成太平之大
功文物典章號為極盛譽與群臣語其講學之功
重于儒者為其握持綱常如此其固也其講學之
如此者實孟啟之也成宗崩安西王阿難荅謀繼大
統成后為之主丞相樞密同聲附和中書左丞相哈

〈元史列傳卷六二〉 十六

剌哈孫荅剌罕密使來告仁宗疑而未行孟曰支子
不嗣世祖之典訓也今宮車晏駕太子遠在萬里
宗廟社稷危疑之秋殿下當奉大母急還宮庭以折
奸謀固人心不然國家安危未可保也仁宗猶豫未
決孟復進曰邪謀得成以一紙書召還則殿下母子
且不自保暇論宗族乎仁宗悅曰先生之言宗廟
社稷之福乃奉太后還都時哈剌孫稱病堅卧仁
宗遣孟往問之適成后使人問疾絡繹不絕之長
揖而坐已而前引其手胗其脉眾以為醫乃不疑之
既得知安西王即位有日還告曰事急矣先發者制

人後發者制於人不可不早圖之左右之人皆不能
決惟曲出伯鐵木兒勸其行或曰皇后深居九重八
蓋在手四衛之士一呼而應者累萬安西王府中從
者如林殿下侍衛寡弱不過數十人兵伏不備奮赤
手而往事未必濟不如靜守以俟阿合之至然後圖
之未晚也阿合中國稱兄謂武宗也孟曰群邪蓮兼
入造內庭以大義責之則凡知君臣之義者無不捨
彼為殿下用何求而弗獲克清宮禁以迎大兄之至
不亦可乎且安西既正位號縱大太子至彼安肯兩
手進重退就藩國必將闘于國中生民塗炭宗社危
矣且危身以及其親非孝也遺禍難於大兄非悌也
得時弗為非智也臨機不斷無勇也伏義而動事必
萬全仁宗曰當以卜決之命卜人有儒服持豪遊
于市者召之至孟出迎語之曰大事待決而決但言
其言乃入筮遇乾三五皆九立而獻卦曰是謂乾乾行
暎乾剛也聯外也以剛釐外乃定內也君子乾乾終
日也飛龍在天上治也興龍牛製其人形且剔內兄
事也厭宗筮膚往必濟也大君外至明相覲也乾而
不乾事乃暎也剛運善斷無惑疑也孟曰筮不違人

七

是謂大同時不可以失仁宗喜振袖而起乃共扶上
馬孟及諸臣皆步從入自延春門哈剌哈孫自東掖
來就之至殿廊收首謀及同惡者悉送都獄案奉御置
北迎武宗中外翕然隨以定仁宗監國之政
事孟又在民間備知間閻幽隱俙倖群小多不樂為
變興在道孟言于仁宗曰執政大臣當重任固辭弗許
達近無不悅服然抑絕偉饬隱損益庶務悉中利病
遂逃去不知所之夏五月武宗即位有言于帝曰內
難之初定也李孟嘗勸皇弟以自取如彼言豈有今

日武宗察其誣弗聽仁宗亦不敢復言孟至大二年
仁宗為皇太子嘗侍帝同太后內宴欲半仁宗深思
戚然改容帝顧語曰吾弟今日不樂何所思邪仁宗
從容起謝曰賴天地祖宗神靈神器有歸然成今日
母子兄弟之歡者李道復之功為多適有所思不自
知其變於色也帝甚友愛其言即命搜訪之得之
許昌隤山遣使召之三年春正月入見武宗于玉德
殿帝指孟謂宰執大臣曰此皇姑命為朕賓師者
宜速任之三月特授榮祿大夫中書平章政事集賢
大學士同知樞密院事仁宗嗣立真拜中書平章政

八

事進階光祿大夫推恩其三世且諭之曰卿朕之舊
學其盡心以輔朕之不及孟感知遇力以國事為已
任節賜與重名爵蒙太官之濫費汰宿衛之冗員貴
戚近臣惡其不便於已而心服其公無間言焉司空
司徒太尉古之三公自大德以來封拜繁多釋老二
教設官統治權抗有司撓亂政事僧道尤苦其擾孟
言人君之柄在賞與刑賞一善而天下勸懲一惡而
天下懲乃不失所施失當不足勸懲何以為治僧道
士既為出世法何用官府繩治乃奏雪冤死者復
其官陰濫冒名爵者悉奪之罷僧道官天下稱仁

宗初出居懷深見吏弊痛剗除之孟進言曰吏亦
有賢者在乎變化激厲之而已帝曰卿儒者宜與此
曹氣類不合而曲相護祐如此真長者之言卿在朕
前惟舉人所長而不斥其短尤朕所深嘉也時承平
日久風俗奢靡車服僭擬上下無章近臣恃恩求請
儲以為私惠孟言貴賤有章所以定民志賜與有節
無厭時宰不為裁制乃更汲引望寵恩賜耗竭公
所以勸臣下請各為之限制帝皆從之孟學聖人
多所補益而自視常若不及嘗因間請曰臣學聖人
道遭遇陛下而陛下竟舜之主也臣不能使天下為堯

舜之民上負陛下下負所學乞解罷政權避賢路帝
曰朕在位必卿在中書與卿相與終始勿其勿
復言繼賜爵秦國公帝親授以印章命學士降制
又圖其像敕詞臣為之贊及御書秋谷二字識以璽
而賜之入見必賜坐時語移時稱其字而不名其見尊
禮如此帝嘗語近臣曰道復以道德相勗致天下
澤賜之鈔十萬貫之謂也悉辭不受皇慶元
年正月授翰林學士承旨知制誥兼修國史仍平章
政事未幾請告歸葬其父母帝勞餞之曰事訖宜速

還毋久留孤朕所望十二月入朝帝大悅慰勞甚至
因請謝事優詔不允請益堅乃命以平章政事議中
書省事承旨翰林二年夏乞還國公印奏三上始如
所請帝每與孟論用人之方孟曰人材所出固非一
途然漢唐宋金科舉得人為盛今欲興天下之賢能
如以科舉取之猶勝於多門而進然必先德行經術
而後文辭乃可得真材也帝深然其言決意行之延
祐元年十二月復珓平章政事二年春命知貢舉及
廷策進士為監試官七月進金紫光祿大夫上柱國
改封韓國公職任如故已而以衰病不任事乞解政

權歸田里帝不得已從所請復爲翰林學士承旨入
侍宴閒禮遇尤厚延祐七年仁宗崩英宗初立太師
鐵木迭兒後相以孟前共政時不附已讒構誣謗盡
奪前後封拜制命欲授集賢侍講學士嘉議大夫廋
其必辭因中害之孟拜命欣然適翰林學士劉賡來
慰問即與同入院宣徽使以聞曰李孟今日供職舊
例當賜酒帝愕然曰李道復乃肯俯就集賢耶時鐵
木迭兒子八爾吉思帝側顧謂曰爾童謂彼不
肯爲是讒不得行嘗語人曰老臣
待罪中書無補于國聖恩寬宥不奪其祿今老矣其

《夔衍傳卷六二》 十一

草廬僑

三九十　五十

何以報稱帝聞而善之恩意稍加至治九年卒御史
累章辨其誣詔復元官至治中贈舊學同德翊戴輔
治功臣太保儀同三司上柱國進封魏國公謚文忠
孟字量閎廓材墨過人三入中書民間利害知無不
言引古證今務歸至當士無貴賤苟賢夹不進拔不
已遊其門者後皆知名退居一室蕭然如布衣爲文
有奇氣其論必主於理其獻納謀議常自毀其棄家
無幾存皇慶延祐之世每一政一令之善必歸之於
迭兒所爲一令之善必歸之於孟焉子獻御史中丞
同知經筵事

張養浩字希孟濟南人幼有行義嘗出遇人有遺楮
幣于途者其人已去而還之午方十歲讀書不輟
父母憂其過勤而止之養浩晝則默誦夜則閉戶張
燈竊讀山東按察使焦遂聞之薦爲東平學正游京
師獻書于平章不忽木大奇之辟爲禮部令史仍薦
入御史臺一日病不忽木親至其家問疾四顧壁立
歎曰此真臺掾也及爲丞相掾選授堂邑縣尹人言
官舍不利居無免者竟居之首毀淫祠三十餘所罷
舊盜之朔望參者曰彼皆良民饑寒所迫不得已而

《夔衍傳卷六二》 廿二

草廬僑

三九十　五十

為盜耳既加之以刑猶以盜目之是絕其自新之路
也衆盜感泣互相戒曰毋負張公有李虎者嘗殺人
其黨暴戾爲害民不堪命懍尹莫敢詰問養浩至盡
真諸法民甚快之去官十年猶爲立碑頌德仁宗在
東宮召爲司經未至改文學拜監察御史初議立尚
書省養浩言其不便既立又言變法亂政將禍天下
臺臣抑而不聞乃揚言曰昔桑哥用事臺臣不言後
幾不免今御史不言不以聞臺將安用時武宗將
親祀南郊不豫道大臣代祀風忽大起人多凍死養
浩于祀所揚言曰代祀非人故天示之變大遠時相

意時省臣奏用臺臣養浩歎曰尉專捕盜縱不稱職
使盜自選可乎遂疏時政萬餘言一曰賞賜太侈二
曰刑禁太疎三曰名爵太輕四曰臺綱太弱五曰士
木太盛六曰異端太橫七曰浮門太多八曰風俗太
靡九曰異端太橫十曰名器太赤嘗

為右司都事在堂邑時其縣達魯花赤嘗召
時方選養浩為白宰相授以美職遷翰林直學士
國者不能容送除翰林待制復攝以罪罷之省臺
勿復用養浩及禍乃變姓名遁去尚書省罷始召
改祕書少監延祐初設進士科遂以禮部侍郎知貢

舉進士詣調皆不納但使人戒之曰諸君子但思報
效奚勞謝為攉陝西行臺治書侍御史改右司郎中
拜禮部尚書英宗即位命參議中書省事會元帝
欲於內庭張燈為鰲山即上疏于左丞相拜住
袖其疏入諫其畧曰世祖臨御三十餘年每值元夕
間間之間燈火亦禁況闕庭之邃九重當戒
慎令患者深伏願以崇儉慮遠為法以喜奢樂近為
淺所患者深伏願以崇儉慮遠為法不敢言即罷之仍
戒帝大怒既覽而喜曰非張希孟不敢言即罷之仍
賜尚服金織幣一帛一以旌其直後以父老棄官歸

養召為吏部尚書不拜丁父憂未終喪復以吏部尚
書召力辭不起泰定元年以太子詹事丞兼經筵說
書召又辭改淮東廉訪使進翰林學士皆不赴天曆
二年關中大旱饑民相食特拜陝西行臺中丞既聞
命即散其家之所有與鄉里貧乏者登車就道遇餓
者則振之死者則葬之道經華山禱雨于嶽祠泣拜
不能起天忽陰翳一兩二日及到官復禱于社壇大
雨如注水三尺乃止禾黍自生秦人大喜時斗米直
十三緡民持鈔出糴稍昏即不用詣庫換易則豪猾
黨蔽易十與五累日不可得民大困乃檢庫中未毀
導鈔文可驗者得一千八十五萬五千餘緡悉以印
記其背又刻十貫伍貫為券給散貧乏命米商視印
記出糶詰庫驗毀以易之於是吏弊不敢行又率富
民出粟因上章請行納粟補官之令聞民間有殺子
以奉母者為之大慟出私錢以濟之到官四月未嘗
家居止宿公署夜則禱于天晝則出賑饑民終日無
少怠每一念至即撫膺痛哭遂得疾不起卒年六十
關中之人哀之如失父母至順二年贈攄誠宣惠功
臣榮祿大夫陝西等處行中書省平章政事柱國追
封濱國公諡文忠二子彊引彊先卒

敬儼字威卿其先河東人後從易水五世祖嗣儼仕
金官至參知政事曾祖子淵樂陵令祖鑑同知嵩州
事皆以進士起家父長有學行官至太常博士儼
其仲子也幼不爲嬉戲事長者善屬文御史中丞
王月呂祿那演連碑太傅兩府掾調高郵縣尹
郭良弼爲殿中知班著憲章若干卷受知於廣平
未赴選充中書省掾朱清張瑄爲海運萬戶豪縱不
法適儼典其文牘嘗致厚賂儼怒拒之二人以罪伏
誅權貴多以賄敗連坐獨儼不與大德二年授吏部

主事改集賢司直會湖湘有警丞相咯剌合孫咯剌
平奏儼奉詔恤民且觀覽甚稱旨意六年擢禮部負
外郎有故郡守子當以蔭補官儼毋許其非嫡者儼
察其誣按之果如所言七年拜監察御史時省臺有
既黙而復收用者參預官巧使與相比周以贓貨挑
法即日劾去之江浙行省與浙西憲司交章相攻擊
事聞命省臺遣官往治之儼與阿思蘭海牙偕行議
多不合兩上之朝廷卒是儼議七月還中書左司都
事亟從上京西京賈人有以運糧供餉北邊而得官
者盜用至數十萬石以利誘主者匿不發儼按徵之

以輔邊九年授吏部郎中以父病辭已而父卒既終
喪復入御史臺爲都事中丞何某與執政有隙省議
欲裁臺選之當否儼曰遇者省除吏千餘人臺亦當
分別之邪語聞議遂寢江南行御史臺與江浙省爭
政事聞儼曰省臺風化本原各宜盡職顧乃以
小故忿爭而瀆上聽平達康路總管侯珪貪縱事敗
儼函封劾次其事及其成罪緣近侍奏請入稿
無及矣武宗臨御湖廣省臣有僞爲警報馳驛入
右司郎中武宗晚御湖廣省臣有僞爲警報馳驛入
定命儼遣官問之卷得其情除山北廉訪副使入爲

奏以國柄用者儼面詰之曰汝守方面既有警豈得
離職是必孟誕耳其人竟以狀露被斥早楻爲災民
多因饑盜有司捕治論以眞犯獄既上朝議互有
從違儼曰民饑而盜迫於不得已非故爲也且死者
不可復生儼曰民饑而盜迫於不得已非故爲也且死者
甚衆至於大元
年授左司郎中擢江南諸道行御史臺治書侍御史
先是儼以議立尚書省忤宰臣意適兩淮鹽法久滯
乃左遷儼爲轉運使欲以陷之比至首劾場官之貪
汚者法既大行課復增羨至二十五萬引河南行省
參政來會鹽筴將以羨數爲歲入常額儼以爭戶調

弊巳甚以羨爲額民力將殫病人以爲巳非宰臣事
事遂止仁宗踐阼召爲戶部尚書省
弊政儻言遽罷錢不用爲戶部尚書廷議欲革尚書省
慶元年除浙東道廉訪使恐細民失利不從以疾辭皇
太后旨建婺州雙谿石橋因大興工役以病民儻命
有司發其奸贓杖遣之仍請奏罷其後郡大火焚數
千家儻令發廩以賑貧餒取悪司廢堂材木及諸路
學廩之羨者建孔子廟二年拜江西等處廉行中書省
恭知政事舊俗民有爭往往越訴于省吏得並錄爲
奸利訟以故繁儻令下省府非有司不得侵民訟事

遂簡詔設科舉儻薦臨川吳澄金陵楊剛中爲考試
官得人爲多其年冬移疾退居眞州除江南諸道行
御史臺侍御史不赴四年春詔促就前職以疾辭七
月召爲侍御史十月遷太子副詹事御史大夫脫歡
苔剌罕奏留之制曰可湖廣省臣以職敗儻一日五
奏卒正其罪臺臣有劾去而復職者御史後劾之章
再上有旨命丞相樞密共決之儻曰如是則臺事去
夫遂即帝前奏黙之因伏殿上叩頭請代帝諭之曰
事非由汝汝其復位五年夏五月拜中書平章知政事
臺臣復奏留之儻亦陛辭不允賜大學衍義及所服

犀帶每入見帝以字呼之曰威卿而不名其見禮遇
如此舊制諸院及寺監得奏除其僚屬者歲久多冒
濫富民或以賂進有至大官者儻以名爵當慎惜會
臺臣亦以爲言乃奏請悉追奪之著爲令六年告
病賜衣一襲遣醫親療儻以其鄕在近圻恐復徵用諸
道行御史臺中丞泰定元年除陝西諸道行御史臺
中丞皆不赴年六十五即告老朝廷雖命其子自强
乃徙居淮南雛親故皆不接見至治元年政江南諸
爲安慶總管府判官而未從其請四年春遣使賜酒
徵爲集賢大學士榮祿大夫商議中書省事儻令使

者先返而聲家歸易水九月帝特署爲中政院使復
賜酒召之乃與疾入見賜食慰勞親爲差吉日使視
事命朝會日無下拜是月拜中書平章政事復以老
病辭不從天曆改元朝議欲盡戮朝臣之在上京者
儻抗論謂是皆循常歲例從行殺之非罪衆賴之獲
免居月餘傷足告歸家居十餘年輝不能行猶幼書
不廢臨終戒子弟曰國恩未報而至不祿奈何汝曹
當清白守恒業無急仕進正冠憤端坐而逝贈翰林
學士承旨光祿大夫柱國封魯國公謚文忠自强朝
散大夫禮部貟外郎儻有詩文若干卷藏於家叔祖

鉉與太原元好問同登金進士第國初為中都提學

著春秋備忘四十卷仁宗朝命刻其書今行于世

列傳卷六十二

稷

曹伯啟

曹伯啟字士開濟寧碭山人弱冠從東平李謙游篤
於問學至元中歷仕為蘭溪主簿尉獲盜三十械徇
諸市伯啟以無左驗未之信俄得真盜尉以是黜累
遷常州路推官豪民黃甲殺人賂佃客誣伏伯
啟讞得其情遂坐甲殺人罪遷河南省都事台州路
治中御史潘昂霄廉訪使王俣交薦擢拜西臺御史

改都事關陝自許衡倡道學教多士伯啟請建祠立
學以表其績朝議是之涇陽民誣其尹不法伯啟覈
實抵民罪四川廉訪僉事關木以苛刻聞伯啟斜
黜之延祐元年陞內臺都事遷刑部侍郎丞相鐵木
迭兒專政一日召刑曹官屬問曰西僧訟某之罪何
為久弗治衆莫敢對伯啟從容言曰犯在赦前丞相
雖甚怒莫之奪也宛平尹盜官錢鐵木迭兒欲併誅
守者伯啟執不可杖遣之八番帥擅殺起邊釁朝廷
已用帥代之矣命伯啟往詰其事次沅州道梗伯啟
恐兵柄既則彼驚將致亂乃遣令史楊鵬單騎往喻新

帥備得其情止奏坐前帥擅興與罪邊民以安大同宣
慰使法忽魯丁撲運嶺北糧歲數萬石肆為欺罔累
贓鉅萬朝廷遣使督徵前後受賂反為之游言最
後伯啟往抵其人巳死喻其子弟曰贖官錢雖死必徵
與其納賂於人曷若償之於官第汝父所賂之數
官為徵之諸受賂者皆懼而潛歸賂於其子為鈔五
百餘萬緡民之逋負而無可理者即列上與免之出
為真定路總管治尚寬簡民甚安之延祐五年遷東
農丞奉旨至江浙議鹽法罷檢校官置六倉於浙
西設遷鹽官輸運有期出納有次船戶倉吏盜賣漏

失者有罰歸報著為令尋拜南臺治書侍御史因言
揚清激濁屬在臺憲諸被枉撓懟者寘則直之妄則
加論可也今訟一切不問豈風紀定制乎俄去位
英宗立召拜山北廉訪使時勑建西山佛宇甚盛御
史觀音奴等以歲飢請緩之近臣激怒上聽遂誅言
者伯啟曰主上聰明春斷是不可以不諍迺劾臺臣
緘默使昭代有殺諫臣之名帝為之悚聽俄拜集賢
學士御史臺侍御史有詔同刊定大元通制伯啟言
五刑者刑興五等今黥杖徒役於千里之外百無一
生還者是一人身備五刑非五刑各底於人也法當

改易丞相是之曾伯啟除浙西廉訪使不果行泰定
初引年北歸優游鄉社碣人賢之表所居為曹公里
伯啟性莊肅奉身清約在中臺所獎借名士尤多為
侍讀學士考試國子首取呂思誠姚綬雲南僉事范
震言宰臣欺上罔下不報范飲恨死伯啟白其事書
于太史真州知州呂世英以剛直獲罪伯啟具其枉
廉訪使陝西諸道行御史臺中丞使驛敦遣伯啟喟
進擢風憲其好彰善率類此天曆中起伯啟為淮東
然曰吾年且八十尚忘止之戒乎終不起一時被
命者因相繼去位天下之士高之至順三年長子震
人孫十八人皆顯仕

亨卒于毗陵伯啟祔之明年二月卒于毗陵年七
十九有詩文十卷號漢泉漫藁續集三卷行世子六

李元禮

李元禮字庭訓真定人資性莊重燕居不妄言笑歷
易州大都路儒學教授遷太常太祝陞博士定撰世
祖聖德神功文武皇帝昭膚順聖皇后裕宗文惠明
孝皇帝尊諡議稱頌功德體製溫雅請監圜丘升祔
太室禮文多其所群定元貞元年擢拜監察御史彈
劾無所回撓二年有旨建五臺山佛寺皇太后將臨

章元禮上疏曰古人有言曰生民之利害社稷之大
計惟所見聞而不係職司者獨宰相得行之諫官得
言之今朝廷不設諫官御史職當言路即諫官也烏
可坐視得失而無一言以裨益聖治萬分之一哉伏
見五臺創建寺宇土木既興工匠不下數萬附
近數路州縣供億煩重男女廢耕織百物踴貴民有
不聊生者矣伏聞太后親臨五臺布施金幣廣資福
利其不可行者有五時當盛夏禾稼方茂百姓歲計
全仰於此危從億兆不無踐蹋一也太后
春秋已高親勞聖體往復暑途數千里山川險惡不
避風日輕冒霧露萬一調養失宜悔將何及二也今
上登寶位以來遵守祖宗成法正當兢業持盈之日
上位舉動必書簡冊以貽萬世之則書而不法將焉
用之三也夫財不天降皆出於民今日支持調度方
之暴時百倍而又勞民傷財以奉土木四也佛本西
方聖人以慈悲方便為教不與物競雖無一物為獻
商寶供養不為喜雖無一物為獻而一心致敬亦不
為怒令太后為蒼生崇奉祈福未獲昭受
而先勞聖體聖天子曠定省之禮軫思親之懷五也
伏願中路回輅端居深宮儉以養德靜以順神上以

循先皇后之懿範次以盡聖天子之孝心下以慰元

元之望如此則不祈福而福至矣臺臣不敢以聞大

德元年侍御史萬僧與御史中丞崔或不合詬架閣

庫耶前章封之入奏曰崔中丞私黨漢人李御史爲

大言謗佛不宜建此寺蓋以先皇帝大怒遣近臣質其

相完澤平章政事不忍木等鞫問不忍木以國語譯

而讀之完澤曰其意正與吾同往吾嘗以此諫太后

曰我非喜建此寺蓋以先皇帝在時嘗許爲之非汝

所知也或與萬僧面質於完澤不忍木抗言曰他御

史懼不肯言惟一御史敢言誠可賞也完澤等以章

上聞帝沉思良久曰御史之言是也乃罷萬僧復元

禮職未幾改國子司業以疾辛贈亞中大夫翰林直

學士輕車都尉追封隴西郡侯子端仕至禮部尚書

王壽

王壽字仁卿涿郡新城人幼穎敏嗜學長以通國字

爲中書掾既而用朝臣薦入侍裕宗春遇特異至元

十九年授兵部員外郎二十二年陞吏部郎中二十

四年分置尚書省遂革二十八年罷尚書省歸中書

復任吏部郎中以壻康里不忍木柄用當道即自免

去明年授大司農丞不赴元貞二年出爲燕南河北

道廉訪副使大德二年不忍木爲中執法復棄官歸

三年授集賢直學士秩滿就陞侍讀學士俄擢御史

臺侍御史論事剴切六年二月召壽奉香江南編祠

嶽鎮海瀆衆旨去歲風水爲災百姓艱食凡所經過

採聽入對使還具奏民之利病繫於官吏善惡在今

宜選公廉材幹存心愛物者專撫字剛方正大深識

治體者居風憲天災有賑濟以時無勞聖慮惟是

豪右之家仍擾權要當罷其職厥之京師以保全之

此長久之道也初壽與臺臣奏宰相內統百官外均

四海位尊任重不可輕假非人三代以降國之興衰

民之休戚未有不由相臣之賢否也世祖初置中書

省以忽魯不花塔察兒線真安童伯顏等爲丞相史

天澤劉秉忠廉希憲許衡姚樞等實左右之當時稱

治比唐貞觀之盛迨至阿合馬郝禎盧世榮桑

哥忻都等壞法黷貨流毒億兆近者阿忽台伯顏八

都馬辛阿里等專政煽惑中禁樂摧神器君子小人

已試之驗較然如此臣願推愛君思治之心邪正互

陳成敗對舉庶幾上悟天衷懲其既往知所進退天

下之事可從而理也九年參議中書省事十年改拜

部尚書十一年武宗即位首拜御史中丞未幾更拜

左丞俄復拜御史中丞至大二年三月卧疾求代三
年夏遷太子賓客集賢大學士秋九月卒年六十明
年贈銀青榮祿大夫平章政事上柱國薊國公諡文
正

王倚

王倚字輔臣其先東萊人也父永福金末避地徙燕
爲宛平著姓富雄閭里倚爲人孝友樂易諧與世然諾與
人交不苟合讀書務躬行不專事章句世祖選良家
子入侍東宮時倚年弱冠在衆中儀觀獨偉太保劉
秉忠深器重之即以充選倚服勤守恪遂見信任有

詔皇太子裁決天下事九時政所急民瘼所係倚知
無不言是時官職未備而湯沐分邑地廣事繁當有
統屬乃拜倚工部尚書行本位下隨路民正都總管
至元二十一年詔立東宮官屬以倚爲家丞又置儲
用司掌貨幣出納令倚兼之後以疾辭職仍給太子
家丞祿以優養之倚上言不事事而苟竊祿食臣心
所未安不許力辭再四方許之二十六年皇孫出
鎮懷孟帝爲選侍臣曰倚修絜人也乃以屬倚陛辭
帝目之良久謂侍臣曰倚修絜人也左右皇孫得人
矣及行營幕所在軍政肅然未幾召還二十八年授

禮部尚書以疾辭明年卒年五十三贈正議大夫禮
部尚書追封太原郡侯諡忠肅子二人鵬異樣總管
府總管

劉正

劉正字清卿清州人也年十五知讀書習吏事初辟
制國用使司令史遷尚書戶部令史至元八年罷諸
路轉運司立局考核通欠正掌其事大都運司負課
銀伍百四十七錠逮繫倪運使等四人徵之視本路
歲入簿籍實無所負辭父不決正察其冤遍閱吏牘
得至元五年李介甫關領課銀文契七紙適合其數

驗其字畫皆司庫辛德柔所書也辛貧窶時已富實
交結權貴莫敢誰何正廉得其實始白尚書捕鞫之
悉得課銀辛既伏辜而四人得釋正由是知名轉樞
密院令史辟掾中書十四年分省上都會諸王昔里
吉叛至居庸關守者告前有警急使姑退正曰軍當
進而弗往後至者益怯矣馳出關至上都邊將請黃
白金符充戰賞主者告乏中書檄工部造符而後票
以爲欺罔欲詰治正曰軍賞貴速先造符印而後帝
命豈不可乎帝釋之十五年擢左司都事時阿合馬
當國與江淮行省阿里伯崔斌有隙誣以盜官糧四

十萬命刑部尚書李子忠與正馳驛往按其事獄弗
具阿合馬復遣北京行省參知政事張澍等四人雜
治之竟寘二人于死正乃移疾還家十八年徵爲左
司負外郎十九年春阿合馬敗火魯霍孫爲右丞
爲左司負外郎三月阿合馬併中書左右司爲一遂
相復咱喜魯丁等借至帝前問曰汝等皆黨於阿合
馬能無罪乎正曰臣未嘗阿附惟法是從耳會日暮
車駕還內俱械繫于關東隙地踰數日姦黨多伏誅
復械繫正于拱衛司火魯霍孫曰上嘗謂劉正衣白

衣行岱六十年可謂廉潔者乃免歸二十年春樞密
院奏爲經歷陞參議樞密院事二十五年桑哥既立
尚書省擢爲戶部侍郎陞戶部尚書嘗舉覈河間鹽
運官虧課事幾陷于罪乃移疾歸二十八年桑哥敗
完澤爲丞相復擢爲戶部尚書陞參議尚書省罷仍
叅議中書省事湖南馬宣慰廉子因爭雁不得訟告
其兄匿亡宋官金正知其證罪之仍官其兄與賑
同知子求爲兩淮運使正知其不稱弗與賑遂作飛
語搆其事帝召正詰之曰匿金事在右司爭雁事在
左司叅議乃幕長寢右而舉左寧無私乎正辨折明

事遂釋三十年御史臺奏爲侍御史中書省奏爲吏
部尚書已而復留爲侍御史遷江南行御史臺中丞
大德元年改同僉樞密院事尋出爲雲南行中書省
左丞右丞忙兀突魯迷失請徵緬正以爲不可俄俱
被徵又極言其不可不從師果無功寨遠者李秋則
遣官領兵性徵人馬芻糧徃返之費歲以萬計所差
官必重賂省臣乃得遣徵收金銀之數必十加二而
銀近中慶城邑戶口則詭稱逃亡匈寨遠者
拆閱之數又如之其送迎饋賂亦如官之數所遣
者又以銅雜銀中納官正首疏其弊給官秤俾土官

身諸官輸納其弊始革始至官儲卽二百七十萬索
白銀百錠比四年得卽一千七十萬索金百錠銀三
千錠七年秋還清州八年六月以左丞行省江西冬
十月改江浙武宗卽位召爲中書左丞陞右丞二年
立尚書省懇辭還家仁宗卽位召諸老臣入議國事
正詣闕言八事一曰守成憲二曰重省臺三曰辨邪
正四曰貴名爵五曰開言路六曰正官符七曰慎賞
罰八曰御財用會行赦改元集議行之仁宗初政風
動天下正與諸老臣陳贊之力居多累乞致仕不許
拜榮祿大夫平章政事議中書省事時議經理河南

淮浙江西民田增茶鹽課正極言不可弗從歲大
旱野無麥穀種不入土臺臣言爕理非其人姦邪蒙
蔽民多冤滯感傷和氣所致有旨會議平章李孟曰
爕理之責儒臣獨孟一人請避賢路平章忽都不丁
曰一家當同心獻替擇善而行豈容否異耶孟揺首
竟如忽都不丁李孟將議行之正言但當擇人法不可易
太重故按事失實自今不許專決六品以下官平章
忽都不丁李孟獻議行之正言力贊治功臣光祿大
也事遂寢延祐六年卒後贈宣力贊治功臣光祿大

夫司徒柱國趙國公謚忠宣子秉德官秘書監丞歷
兵工二部侍郎出為安慶路總管秉仁以廉為中書
架閣管勾累官工部尚書致仕

謝讓

謝讓字仲和潁昌人祖義有材勇金貞祐間為義軍
千戶讓幼穎悟好學及壯推擇為吏補宣慰司令史
國共取宋立行中書省於江西讓以選為令史調河
間等路都轉運鹽司經歷先是竈戶在軍籍者悉除
其名以丁多寡為額輸鹽其後多顧舊竈代為煮鹽
而顧錢甚薄讓言軍戶既落籍為民當與舊竈戶均

役既令代役豈宜復薄其備使重困乎自今額人必
厚與直乃聽先是逃亡戶率令見戶包納其鹽由是
豪強者以計免而貧弱愈困讓令驗物力多寡比次
甲乙以均之擢南臺御史舉湖廣行省平章政事哈
剌哈孫荅剌罕可為御史大夫山東廉訪使陳天祥
可為御史中丞右司員外郎高昉可任風憲劾諰江浙
省臣聽詔不恭及不法事帝遣使雜問既欵服詔令
讓與俱來人皆危之讓恬然若無事者臺綱以之益
振大德間詔立陝西行御史臺以讓為都事九御史

封章及文移其可否一決于讓入為中書省右司都
事遷戶部員外郎時東勝雲豐等州民飢乞糴鄰郡
惡司懼其販鬻為利閉其糶讓聞于朝讓設法立禁
閉糶者有罪三州之民賴以全活者甚衆四年授宗
正府郎中擢監察御史遷中書省右司員外郎出為
湖廣行省左右司郎中時廣西兩江岑黃聖許等
屢相讎殺為邊患讓謂此曹第可懷柔不宜力競寬
其法以羈縻之使不至跳梁可也若乃舍中國有用
之民爭炎荒不毛之地非長策也因書榜招諭以攜
其黨湖廣宣慰使張國紀建言科江南夏稅讓極言
其非便遷河南行省左右司郎中是時江淮屯戍軍

二十餘萬親王分鎮揚州皆以兩淮民稅給之不足
則漕於湖廣江西是歲會計兩淮
請以淮鹽三十萬引鬻之收其價鈔以給軍食不勞
遠運公私便之至大元年轉戶部侍郎時京倉主計
吏以倉廩多蠹漏惟久雨米壞請覆糠粃其上因揉
諸米中以讓內外工人及宿衛者讓覆察其奸以蠹秸
宗在東宮以讓先朝舊人召見賜酒以示眷注四年
書侍御史以讓上政同僉樞密院事尋拜戶部尚書仁
易之奸弊悉除二年拜西臺治書侍御史三年拜治

元史列傳卷六十三　五十一　十三　季明遠

政刑部尚書仁宗即位如讓正議大夫入謝賜以厄
酒讓痛飲之帝曰人言老尚書不飲何飲耶讓曰君
賜不敢遠也少頃醉不能立命扶出之翼日讓謝帝
曰老尚書誠不飲也初尚書省柄臣撾殺留守鄭阿
爾思蘭籍其家中外冤之尚書省罷未有直其冤者
讓明其事以所籍貲產給還之有旨六部事疑不決
者須讓共議而後上聞於是戶部更定鈔法禮部議
正禮文讓皆與為刑部有桉讓未署字而誤用印吏
懼遂私效讓署事覺度無損於事且憐吏以罪廢遂
視之曰吾署也其寬厚多類此讓上言古今有天下
者皆有律以輔治堂堂聖朝詎可無法以準之使吏

任其情民懼其毒乎帝嘉納之乃命中書省纂集典
章以讓精律學使為校正官賜青鼠裘一襲侍宴服
六襲二年朝廷以吏多滯事責曹按不如程者令下
讓曰刑獄非錢穀銓選之比寬以歲月尚應失實豈
可律以常法乎乃入白于宰相曰尚書言是也由是
刑曹獨得不責稽遠拜陝西行省叅知政事未幾拜
西臺侍御史命甫下詔罷遠就拜侍御史復四
年十月卒于官年六十有六贈正奉大夫河南行省
叅知政事追封陳留郡公諡憲穆子好古奉政大夫
覆寶司提舉

元史列傳卷六十三　五十一　十四　季明遠

三七五

韓若愚

韓若愚字希賢保定滿城人由武衛府史授通惠河
道所都事開河有功詔賜錦衣一襲選留守司都事
尋陞經歷出知薊州改中書左司都事時監燒昏鈔
者欲耿能名驛以所燒鈔為偽鈔使管庫者誣服獄
既具若愚知其冤覆之得免死者十餘人遷刑部郎
中提舉諸路寶鈔庫權吏部郎中仁宗即位故事九
潛邸官吏不次遷轉若愚以歲月定其資品遂著為
令皇慶元年遷內臺都事改刑部侍郎尋擢中書左
司郎中時議禁民田獵犯者抵死若愚曰昔齊宣王

之面方四十里殺其麋鹿者如殺人之罪孟子非之
眾以為然遂輕其刑僉省政曹鼎新辭職帝曰若效
韓若愚廉勤足矣何用辭為繼命若愚僉議中書省
事鐵木迭兒為右丞相以憎愛進退百官恨若愚不
附己羅織以事帝輕其柱不聽拜戶部尚書遷湖廣
省事丞相鐵木迭兒復入相以舊憾詆若愚罪欲殺
之帝不從復奏奪其官尋拜刑部尚書延祐六
年命理河間等路凶輕重各得其情復拜僉議中書
其寃泰定元年命復其官除名歸郷里至治三年詔雪
條知政事未行改僉事丞八月命宣撫江浙復留為

三八四　五十一

侍御史時左丞相倒剌沙擅威福以事誣侍御亦憐
珎等下樞密獄無敢言其寃若愚以計奏左丞相倒
剌沙為右大夫其事遂解三年擢浙西道廉使未行拜
河南省左丞會文宗平内難若愚畫策中機帝嘉之
進資政大夫天曆三年遷淮西江北道廉訪使九月
以疾卒年六十八贈資德大夫江浙等處行中書省
左丞上護軍追封南陽郡公諡貞肅

趙師魯

趙師魯字希顏霸州文安縣人父趾秘書少監贈禮
部尚書師魯為人風采端莊在太學力學如寒士延

祐初為興文署丞五年遷將作院照磨七年辟為御
史臺掾後補中書省掾於朝廷典故實律令文法
無不練習臨事明敏果斷政奇之及典銓選平允
無私人無不服權工部主事遷中書省檢校官言天子
親祠郊廟所以通精誠求故事對越以格純嘏物百王
能名泰定中拜監察御史時大禮未舉師魯言上
不易之禮也宜鑒成憲命有司張燈山為樂師魯上
嘉納焉元夕令出禁中命有司
言燕安怠惰肇業之基奇巧玩發奢侈之端觀
燈事雖微而縱耳目之欲則上累日月之明疏聞遷

五十一

命罷之賜師魯酒一上尊且命御史大夫傳旨以嘉
忠直是時宰相倒剌沙密專命令不使中外預知師
魯又上言古之人君將有言也必先願之於心咨之
於眾決之於故老大臣然後斷然行之渙若剌沙
反未有獨出柄臣之意師魯言有朝士年未及致仕
雖其官而執政者為之地師魯駁其非事遂止其子請預
蔭其官而執政者為之地師魯駁其非事遂止遷樞
密院都事改本院經歷致和初陞奉政大夫僉議樞
密院事天曆中遷樞密院判官改兵部侍郎丁父憂
特旨起為同僉樞密院事師魯固辭不就服除復為

樞密判官持節治四川軍馬論上威德大閎于郊寬
簡有法士卒懷其恩信未幾遷中順大夫刑部侍郎
樞密院復奏為其院判官久之出為河間路轉運鹽
使除害興利法度修飭絕巡察之奸遂大增暇日又割
遺之費寬寬戶商人無不便之歲課之奸大增暇日又割
已律率僚吏新孔子廟命吏往江右製雅樂傳贈
春秋釋奠桑官曾由從官久典金穀每歲爵
不樂疾篤桑官歸京師至元三年九月卒年五十有
三贈嘉議大夫禮部尚書天水郡侯諡文清

劉德溫

劉德溫字純甫大興人起家中書省宣使大德十一
年以年勞授從仕郎內宰司照磨監建興聖宮又調
承務郎掌儀署令未幾陞奉訓大夫內宰司丞奉中
旨徵河南民糧德溫報平其價令出劍以償民甚
便之復陞朝列大夫延福司丞奉旨代祠嶽瀆比還
遷中憲大夫同知大都路都總管府事輦轂之下供
億浩繁德溫措置有法民用不擾還甄用少監陞亞
中大夫禮部侍郎復陞嘉議大夫同知上都留守司
事省撤和耀糶民以價不時得近相觀望德溫下令
曰糧入價出吏有敢為弊者罪之於是糧不踰期而

集轉大司農丞耕籍之儀取具一時德溫欲考訂典
禮集為成書未畢俄授通議大夫永平路總管永平
當天曆兵革之餘野無居民德溫為政　年而戶口
增倉廩實遂興學校以育人材庶事畢舉歲大旱禱
雨兩歲以不歉樂漆二水為害有司歲發民築堤德
溫曰流亡始集而又役之是重困民也遂罷其役而
水亦不復至有豪民武斷于鄉里前吏莫敢治德溫
誅永平古孤竹國也國初郡守楊阿台請于朝諡伯
夷曰清惠叔齊由仁惠為廟以祠之而祠禮猶未具
按得其罪論如法杖之書其過于門後竟以不道伏

德溫請命有司春秋具牢禮致祭從之著為式賜
廟額曰聖清士論韙之至順四年卒年六十九贈正
議大夫禮部尚書上輕車都尉彭城郡侯諡清惠

尉遲德誠

尉遲德誠字信甫絳州人祖天澤仕金為庫官郡王
帶孫拔絳州天澤在俘中道見兵死者輒涕泣收瘞
之帶孫令佩金符授雲州御衣局人匠總管父鼎仕
至潞州知州德誠歷官司丞仁宗率更丞至大元年改詹
事院都事二年遷家令司丞以為謹恪常賜酒
帛得侍左右數薦士出則未嘗語人聽事前有栗苗

不種而萌偶出一莖雙穗衆以爲嘉禾陛家令四年
選爲河東山西道宣慰司同知擊姦吏寬稅欲上計
京師入見帝方食賜以餕餘擢工部尚書未拜改陝
西行臺治書侍御史延祐元年遷京畿都漕運使二
年拜遼東道蕭政廉訪使上疏言事其略曰勞諸王
以懷其心防出入以嚴官禁立諫官以遠讒佞崇科
舉以求人材立常平以備荒年汰僧道以寬民力學
賢良以勵忠孝抑奢侈以厚風俗及拯鈔法裁冗官
等事未報而卒年五十三

秦起宗

秦起宗字元卿其先上黨人後徙廣平深水縣魯大
父當金季兵起嶽山麓爲洞奉其親以居傍寨大洞
匿其里中百人閉之具牛酒出待兵入索惟見其
親屬曰孝子也釋之去里人曰秦父生我起宗惟生長
兵間學書無從得師父順柳爲簡爲以授之成誦
削去更書年十七會立蒙古學學輒成辟武衛譯史
御史中丞塔察兒愛其才遷中臺史是時尚書省專
制更張起宗持文嚴密無所泄仁宗即位罷尚書省
轉中書史累遷太子家令司典簿官上言東宮官屬
輔導德義財賦非所治也朝廷是之遷南臺御史建

康多水或實災而有司抑之或無災而訴災起宗微
行得實人以爲神明文宗初立命威順王征八番是
時蜀人襄加台拒命未平起宗挺言武昌當備
八番之師親王不可遠去力止之及王入見帝謂曰
上流之行非秦元卿幾爲失計其後忘其名曰秦元
卿帝引筆改曰起宗其養注如此拜中臺御史劾
丞和尚受人賤買縣官屋不報起宗從臺官入
見踞辨久之劾令起宗不起會日暮出明日立太
子有赦起宗又奏不罪和尚無以正國法和尚服辜
帝曰爲御史當如是矣元會賜只孫服令得與大宴

又劾閩憲卜咱耳竊父憤死瀆亂天常
流之嶺南自是盡言無諱皆見聽用有御史奏議一
卷遷都漕運使帝召諭之曰漕輔事多廢關賴御史
治之兩出爲撫州路總管至官有司供張甚威問其
費所從出小吏不敢隱曰僦辦於民遽丞使歸之几
席僅給而已自是官府僚佐有宴集成禮即止因諭
報曰我素農家安儉約務安靜庶使吾民化之居一
歲以老去官明年以兵部尚書致仕居一歲卒謚昭
肅子四人鈞銓鐸鑛鈞西臺御史鑛延徽寺經歷鑑

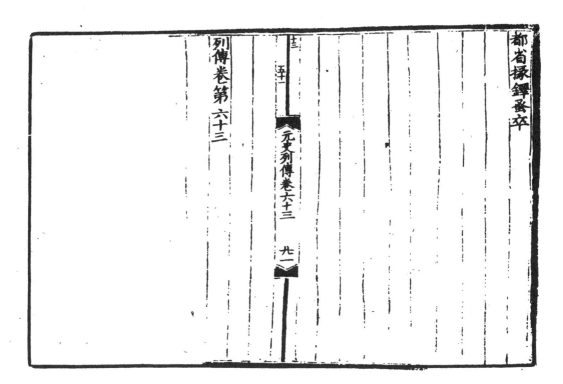

列傳卷第六十三

十三

五十二

《元史列傳卷六十三

九二

翰林學士承旨知制誥兼脩國史臣宋濂等　制誥同知制誥兼脩國史臣梅奉敕脩

列傳

張思明

張思明字士瞻其先獲嘉人後徙居輝州思明穎悟
過人讀書日記千言至元十九年由侍儀司舍人辟
御史臺椽又辟尚書省椽左丞相阿合馬既死世祖
追訪其姦命尚書簿問遺孽一曰右丞相何榮祖左
丞馬紹盡輸其贓以入思明抱牘從日已昏命讀之
自昏達曙帝聽忘疲曰讀人吐音大似侍儀舍人右
丞對曰正由舍人選為椽帝奇之曰斯人可用明日
擢為大都路治中思明以超遷踰等固辭乃改湖廣行
省都事元貞元年召為中書省檢校六曹無滯案遷
戶部主事大德初擢左司都事有獻西域秤法思明
以惑衆報不用初立海道運糧萬戶府于江浙受除者
憚涉險不行思明請升等以優之因著為令五年轉
吏部郎中九年改集賢司直十年除江浙行中書省
左右司郎中十一年春兩浙大饑首贊發廩賑之至
大三年還兩淛鹽運使未上入參議樞密院事改中
書省左司郎中皇慶元年再授兩浙鹽運使歲課羡

羡僚屬請上增羡思明曰羡縮不常萬一以增為額
是我希一己之榮遺百世之害二年召為戶部尚書
延祐元年進參議中書省事三年拜中書參知政事
仁宗即位浮屠妙總統有寵勑中書官其第五品思
明執不可帝大怒召見切責之對曰選法天下公器
徑路一開來者雜遝故寧違旨獲戾不忍隳祖宗成
憲使四方得窺覬陛下幾深也帝心然其言而業已許
之曰卿可姑與之後勿為例乃為萬億庫提舉不與
散官父之近臣疾其持法峭直曰構讒間出為工部
尚書帝問左右曰張士瞻居工部得無快快乎對曰
勤政如初帝嘉嘆之命授宣政院副使五年除西京
宣慰使嶺北戍士多貧者歲山相挺為奭思明威惠
並行過境乃安因疏和林運粮不便事十一條帝勞
以端硯上尊會左丞相哈散辭職帝不允其請益堅
帝詰之曰朕任卿未專邪曰非臣近臣有撓政者邪
國事若必欲任臣願薦一人為助帝問為誰朕能從
汝哈散再拜謝曰臣顧得張思明即問為拜思明即
曰無有也然則何為而辭對曰臣自揆才薄恐惧陛下
知政事比召至車駕幸上都見於道慰勉之曰卿向
不負朕注委故朕用哈散言復起汝未幾升左丞帝

崩英宗宅憂右丞相帖木迭兒用事日誅大臣不附
己者戮中外洶洶思明諫曰山陵甫畢新君未立丞相恐
行殺戮國人皆謂陰有不臣之心萬一諸王駙馬疑
而不至將柰之何不可不熟慮也衆皆危之帖木迭
兒大悟曰非左丞言幾誤吾事帝造壽安山寺監察
御史觀音保瓊咬兒的迷失成瓊李謙亨強諫帝
震怒殺觀音保瓊咬兒的迷失以成瓊李謙亨屬
吏思明白丞相曰言事御史職也祖宗已來未嘗殺
諫臣成李既屬吏當論法丞相乃力言之二人得從
輕典及拜佳為左丞相與帖木迭兒各樹朋黨賊害

元史傳卷六十四　三　曹谷笙

忠良思明懼禍及累表辭不獲後竟誣以不支蒙古子
女口粮餓死四百人遂廢于家杜門六年文宗天曆
元年起為江浙行中書省左丞會陝西大饑中書授
江浙鹽運司歲課十萬定根之吏白周歲所入已輸
京師當回咨中書思明曰陝西飢民猶餉在洇輸徃
復蹄月是宗之枯魚之肆也其以下年未輸者如數
與之有罪吾當坐朝廷疑之二年復以中書左丞召入
觀慈仁殿敷陳累朝任賢使能治民足國之道因以
袞老辭帝未允明日即牧告去重紀至元三年卒年
七十八思明平生不治產不畜財收書三萬七千餘

卷九明於律與謝仲和曹鼎新同稱三絕贈推忠翊
治守義功臣依前中書左丞上護軍清河郡公謚員敏
　　吳元珪
吳元珪字君璋廣平人父鼎燕南提刑按察副使元
珪簡重好深沈之思九征謀治法律令章程皆得於
家庭之所授受至元十四年世祖召見命侍左右授
後衛經歷佩金符十七年從幸上都受命耶御藥於
大都萬歲山元珪乘傳未盡一晝夜而至帝奇其速
擢樞密都事陞經歷嘗從同知樞密院事俺伯進西
蕃鎧甲帝問其制度元珪應對詳明帝益奇之初江

元史傳卷六十四　四　曾中

南既定樞密奏裁定官屬京師五衛行省萬戶府設
官有差均俸祿給醫藥設學校置屯田多元珪所論
建二十六年參議樞密院事時繕修宮城尚書省奏
役軍士萬人留守之元珪亟陳其不便乃立武
衛繕理宮城以留守殿天祐兼都指揮使九有興作
必以聞於樞府尋陞樞密院判官奏定萬戶用軍士
八人千戶四人百戶二人多役者有罰二十八年除
禮部侍郎還左司郎中三十一年恭議中書省事大
德元年除吏部尚書選曹銓注多有私其鄉里者元
珪曰此風不可長川黨朔黨之與宋之所由衰也請

謁悉皆謝絕三年宣撫燕南劾貪吏若干人還工部
尚書河朔連年水旱五穀不登元珪言春秋之義以
養民為本九用民力者必書蓋民力息則生養遂生
之息六年僉河南行中書省事將行拜江浙行省參
知政事初朱清張瑄以財雄江南編以金幣連結當
路及伏誅錄其家具籍所交諸公貴人而江浙省臣
為尤甚惟元珪一無所汙武宗即位由僉樞密院事
拜樞密副使詔元珪二十餘人議政中書若惜人力
嚴選舉郎財用定律令謹賞罰建科舉農桑汰冗

《元史傳卷六十四》 五

貨易封贈皆切於世務者初詔發軍萬人屯田稱海
以實邊海都之亂俘者衆至是頗有來歸者飢寒
不能存至鬻子以活元珪具其事以聞詔賜錢贖之
帝在軍中即聞元珪名至是特加平章政事賜白金
二百五十兩只孫衣四襲仁宗即位詔元珪與十六
人議時政皇慶元年出拜江浙行省左丞江淮漕臣
言江南殷富蓋由多匿腴田若再行檢覆之法當益
田畝累萬計元珪曰江南之平纔四十年戶有定籍
能止秋疾去延祐元年拜甘肅行省左丞歲餘召還
田畝一有動搖其害不細執其論固爭月餘不

俾宣撫遼陽諸郡後為樞密副使召見嘉禧殿帝曰
卿先朝舊臣宜在舊服特加榮祿大夫賜鈔五千緡
貂裘二襲元珪奏曰昔世祖限田四百畝以給軍需
餘田悉貢賦稅今經理江淮田土第以增多為能加
以有司顯會箕歛俾元元之民困苦日甚臣恐變生
不測非國之福惟陛下少加意焉帝曰九爾軍士之田
帖木兒不花上軍民之政十餘事大抵言諸王近侍
不可干軍政軍官吏不可漁取軍戶軍官之村者
並遵舊制至治元年英宗即位元珪與知樞密院事
當遷其職有司賦役當務均一而軍民不可有所偏

《元史傳卷六十四》 六

軍官襲職惟傳適嗣而支庶不可有所亂帝並嘉納
即降音施行之元珪以年老致仕至治二年起商議
中書省事三年卒泰定元年贈光祿大夫河南等處行
省平章政事柱國追封趙國公諡忠簡三年後加推
誠佐理功臣光祿大夫司徒

張昇

張昇字伯高其先定州人後徙平州昇幼警敏過人
語時輒能辨字音應對異於常兒既長力學工文辭
至元二十九年用薦者授將仕郎翰林國史院編修
官預修世祖實錄陞應奉翰林文字尋陞修撰歷與文

署令邊太常博士成宗崩大臣承中旨議奉徽號饗
宗廟昇曰在故九有事于宗廟必書嗣皇帝名今
將何書議遼襄武宗即位議躬祀禮昇據經引古參
酌時宜以對帝嘉納之至大初改太常寺為太常禮
儀院即除昇為判官父之外補知汝寧府民有告寄
東書於其家者蹿三年取閱有禁書一編且記里中
大家姓名于上昇亞呼更焚其書曰妄言誣今斤誣訴
更赦吳勿論同列懼皆引起既而事聞廷議謂昇脫
姦軹遣使窮軹然無跡可指乃詰以擅焚書狀昇對
曰事固類姦軹然昇備位郡守為民父母今斤誣訴

免寃滯雖童得罪不避乃坐牽傳二月旁郡移文報
吳人侯君遠者言歲直壬子六月朔日餓其占為兵
寇歲癸丑其應在吳分野同列欲召屬縣為儌禦昇
曰此訛言久當自息毋用憂民聽斥其無稽衆論難
之部使者舉治行為諸郡家歷江西行省左右司郎
中除紹興路總管初大德至大間越大饑且疫癘民
死者殆半賦稅鹽課貴里　代納吏並緣為姦害民
家昇為証于簿籍白行省蠲之前守有為江淛行省
掾知政事者爭代者祿求有隙欲內之罪核平江歲
翰海運糧布襄三萬俾紹興製如數民患苦之不能

堪更數守謂歲倒如此置弗問昇言麻非越土所生
海灣實吳郡事於越無與章上卒罷之昇既謹於繩
吏又果於去民瘼故人心悅服歷湖北道廉訪使江
南行臺治書侍御史召為叅議中書省軍政樞宻院
判官尋後中書叅議至治二年又出為河東道廉訪
使未行拜陝西行省叅知政事明年出為淮西道廉訪
定二年拜陝西行省叅知政事加中華大夫尋遷遼
東道廉訪使屬求平大水民多捐瘠昇請發海道糧
十八萬石鈔五萬緡以賑飢民且歲賦朝廷從
之民得全活者衆明年召拜侍御史天曆初出為山

東道廉訪使時方有警有司請完城以為倛昇
倛吾以生完城是棄民也由是民皆安之文宗賜尚
醞文幣以賞其功蹿年召為太禧院副使兼奉賛神
御殿事除河南省左丞復還淮西道廉訪使昇時年六
十有九上書乞致仕至順二年復起為集賢侍講學
士文宗眷訪問治道昇問之意甚隆元統元年順帝即位詔在
廷耆艾訪進士特命昇讀卷事已告省先者十事尋兼經
廷官廷試進士特命昇讀卷事已告省先墓帝賜金
織文袍以寵其歸明年以奎章閣大學士資善大夫
知經莚事召賜上尊趣就職昇以疾辭帝察其不可強

許之尋命本郡月給祿半以終其身至正元年卒年
八十一　贈資德大夫河南等處行中書省左丞謚文憲

臧夢解陸垕

臧夢解慶元人宋末中進士第未官而國亡至元十三年
從其鄉郡守將內附授奉訓大夫婺州路軍民人匠
提舉未幾倒革其所司而淛東宣慰司舉夢解才兼儒
吏可試州郡朝廷是之授息州知州未行改知每寧
州時淮東按察副使王慶之按行至其州見夢解剛
直廉慎而學有淵與自任職以來門無私謁官署薦
賊九有差役皆當其貧富而吏無所預於是民以戶

計者新增七百六十有四田以頃計者新關四百四
十有三桑柘榆柳交蔭境內而政平訟簡爲諸州縣
最乃舉夢解才德兼備宜擢清要以展所蘊而御史
臺亦以其廉能抗章薦之二十七年夢解蒲去者至
是已五年矣其廉知行省委夢解眡之夢解
不爲丈具皆躬至其地而人給以米所活四萬五千餘
人江南行臺治書侍御史苟宗道聞而韙之舉其名
上聞除同知桂陽路總管府事三十年擢奉議大夫
廣西肅政廉訪副使故事煙瘴之地行部者多不躬
至而夢解咸遍歷焉遂按問賓州藤州兩路達魯花

赤與九貪官姦吏置于法者無慮八十餘人又平反
邕州黃震被誣贓罪及藤州唐氏婦被誣殺夫罪九兩寃
獄大德元年遷江西肅政廉訪副使有臨江路總管
李個素校猾中大臣勢以控持省憲夢解按其
罪而一道澄清六年遷浙東肅政廉訪副使九年
除廣東肅政廉訪使夢解至是既老且病乃納祿退
居杭州以亞中大夫湖南宣慰副使致仕後至元元
年卒夢解以博學洽聞爲時名儒然不少迁腐而敏於
政事其操守尤爲介特所著書有周官考三卷春秋
微一卷賣解嘗自號魯山大夫士之稱之者不以官

皆曰魯山先生云同時有陸垕者與夢解齊名監察
御史鄭鵬南嘗以二人並薦于朝垕字仁重江陰人
也自幼以孝支聞至元間丞相伯顏以師南下垕是
時年未冠而志強氣銳率其鄉人見之論議有合兵
遂不涉其境鄉人義之伯顏奏授爲同知徽州路總
管府事以廉能擢置臺憲累遷至湖南肅政廉訪副
使陸浙西廉訪使所至以黜贓吏洗冤獄爲已任且
當上章奏免儒役及舉行浙西助役法年五十卒賜謚

莊簡

陳顥

陳顥字仲明其先居盧龍有名山者仕金為謀克監
軍太祖得之以為平陽等路軍民都元帥子孫徙清
州遂為清州人顥幼穎悟日記誦千百言稍長游京師
登翰林承旨王磐安藏之門磐熟金典章安藏通諸
國語顥皆習之安藏乃薦顥入宿衛壽為仁宗潛邸
說書於是仁宗奉母后出居懷慶顥從行日開陳以
古聖賢居艱貞之道會成宗崩仁宗入定內難以迎
武宗顥皆預謀及仁宗即位以推戴舊勳特拜集賢
大學士榮祿大夫仍宿衛禁中政事無不與聞科舉
之行顥贊助之力尤多顥時侗帝燕開輒耳聖經所載
大經大法有切治體者陳之每見嘉納帝嘗坐便殿
群臣入奏事望見顥喜曰陳仲明在列所奏必善事
矣顥以父年老力請歸養清州帝特命顥長子孝伯
為知州以就養顥固辭乃以孝伯為州判官帝欲用
顥為中書平章政事顥泣首謝曰臣無汗馬之功又
乏經濟之畧一旦實之政塗徒速臣忝恩忠顧得朝久
左右獻替可否庶少裨萬一亦以全臣愚忠帝乃允
仁宗崩辭祿家居者十年文宗即位復起為集賢大
學士上疏勸帝大興文治增國子學弟子員蠲儒之
徭役文宗皆嘉納焉顥先後居集賢署薦士廥累數百

有許之者顥曰吾寧以諛舉受罰蔽賢誠所不忍順
帝元統初顥屢躍行肇上都至龍虎臺帝命造膝前
而握其手曰卿累朝老臣更事多矣九議政事宜極
言無隱顥頓首謝不敏顥更集議其言無不剴切後
至元四年致政命食全俸于家明年卒年七十六至
正十四年贈推誠秉義佐理功臣光祿大夫河南江
北等處行中書省平章政事柱國追封蕭國公謚文忠
顥出入禁闥數十年樂談人善而惡聞人過大夫士
因其薦拔以至顥列有終身莫知所自者是以結知
人主上下無有怨尤歐陽玄為國子祭酒與顥同考
試國子伴讀每出一卷顥必拾而觀之苟得其片言
善即以實選列為之色喜玄歎曰陳公之心蓋篤於
仁而踰於厚者真可使鄙夫寬薄夫敦矣次子敬伯至
正中仕為中書參知政事歷左丞右丞二十七年拜
中書平章政事

傳卷第六十四

翰林學士承旨中奉大夫知制誥兼修國史宋濂等修 製集賢院學士□索源頤修 製奎章閣侍書學士等奉

穆

梁曾

江南宣撫司事明年除知南陽府唐鄧二屬州為襄陽

梁曾字貢父燕人祖守正父德皆以曾貴贈安定郡
公曾少好學日記書數千言中統四年以翰林學士
承旨王鶚薦辟中書左三部令史三轉為中書省掾
至元十年用累考及格授雲南諸路行省都事佩銀
符久之陞負外郎十五年轉同知廣南西道左右兩
布民便其後之二十七年朝廷以安南世子陳日烜不就徵
末為邊鄙桑柘未成而歲賦綿民甚苦之曾請折翰
府所奪曾按圖經稽國制以聞事得復舊南陽在宋
尚書與禮部尚書柴椿偕行至安南語秘不傳明年
選曾使其國召見賜三珠金虎符貂裘一襲進兵部
日烜遣其叔遺愛奉表從曾入獻方物帝封遺愛為
安南國王賜幣帛遣歸二十一年除曾湖南宣慰司
副使居三年以疾去二十九年改淮西宣慰司副使
復以親老辭召至京師入見內殿有旨令曾再使安
南授吏部尚書賜三珠金虎符襲衣乘馬弓矢器幣

以禮部郎中陳孚為副十二月改授淮安路總管而
行三十年正月至安南其國有三門中曰陽明左曰
日新右曰雲會陪臣郊迎將由日新門入曾大怒曰
奉詔不由中門是我辱君命也即回館既而請開雲
會門入曾復執不可始自陽明門迎入又責日烜服
三月令其國相陶子奇等從曾詣闕請罪并上萬壽
頌金冊表章方物而以黃金器幣奇物遺曾為壽曾
不受以還諸陶子奇八月還京師入見所與陳日
親出迎詔　講新朝尚右之禮以書往復者三次具
烜往復議事書帝大悅解衣賜之且令坐地上右
阿里意不然帝怒曰梁曾兩使外國以口舌息兵戈
爾何敢尒是日有親王至自和林帝命酌酒先賜曾
謂親王曰汝所辦者汝事梁曾所辦吾與汝之事汝
勿以為後也復於便殿賜酒饌留宿禁中語安南事
至二鼓方出明日陶子奇等見詔陳其方物象鸚鵡
干庭而命曾引所獻象亦然帝以曾為福人且問曰汝亦
馴者復命引他象亦然帝以曾為福人且問曰汝亦
懼否對曰雖懼君命不敢違帝稱善或說曾受安南
略者帝以問曾曾對曰安南以黃金器幣奇物遺臣

臣不受以屬陶子奇矣帝曰苟受之何不可也尋賜
白金一錠金幣二勅中書以使安南三珠金虎符與
之仍乘傳之任淮安到官與學校鷹風俗河南行省
事有疑者皆委曾議之大德元年除杭州路總管戶
口復者五萬二千四百戶請禁莫夜鞫囚游街酷刑
朝廷是之著為令四年丁內艱先是丁憂之制未行
明年遷兩浙都轉運鹽使又明年拜雲南行省參知
政事賜三珠金虎符尋召還京辭以母喪未葬扶樞
北歸至長蘆有旨賜鈔一百錠使營葬十年召為中

書參議嘗預燕賜只孫一襲十一年轉正奉大夫出
為河南行省參知政事尋遷湖廣行省參知政事四
年以疾辭歸勅賜藥物存問備至皇慶元年仁宗以
曾前朝舊臣特授昭文館大學士資德大夫累章乞
致仕不允復起為集賢侍講學士國有大政必命曾
與諸老議之延祐元年奉詔代祀中岳等神還至沐梁
以病不復職寓居淮南杜門不通賓客惟日以書史
自娛至治二年卒年八十一卒之前十日有大星隕
于所居流光燭地人皆異之

劉敏中

劉敏中字端甫濟南章丘人幼卓異不凡年十三語
其父景石曰昔賢足於學而不求知豐於功而不自
衒此後人所弗逮也父奇之鄉先生杜仁傑愛其文
亦每之敏中嘗與同儕各言其志曰自幼至老相見
而無愧色乃吾志也至元十一年由中書掾擢兵部
主事拜監察御史權臣桑哥秉政敏中言事時同官王
約以言去敏中杜門稱疾臺臣請視事敏中曰使約
無罪而被劾吾既為同僚
又為交友不能諫止亦不無過也出為燕南肅政廉

訪副使入為國子司業遷翰林直學士兼國子祭酒
大德七年詔遣宣撫使巡行諸道敏中出使遼東山
北諸郡守令特貪偉暴橫者一繩以法錦州雨水為
災輒發廩振之除東平路總管擢陝西行臺治書侍
御史九年名為集賢學士商議中書省事上疏陳十
事曰整朝綱省政進善良剔姦蠹顯公道杜私門
廣恩澤實鈔法嚴武備舉封贈成宗崩姦臣希中旨
贊其邪謀敏中授禮力爭之武宗即位召敏中至上
京廄政多所更定授集賢學士皇太子贊善仍商議
中書省事賜金幣有加頃之拜河南行省參知政事

俄改治書侍御史出為淮西肅政廉訪使轉山東宣慰使遂召為翰林學士承旨詔公卿集議弭災之道敏中踈列七事帝嘉納焉以疾還鄉里敏中平生身不懷幣口不論錢義不苟進進必有所匡救援擠今古雍容不迫每以時事為憂或欝而弗伸則戚形于色中夜歎息至涕濕枕席為文辭理儁辭明有中養集二十五卷延祐五年卒年七十六贈光祿大夫柱國追封齊國公諡文簡

王約

王約字彥博其先汴人祖通此徙真定約性穎悟風格不凡從中丞魏初游博覽經史工文辭務達國體時好不以動其心至元十三年翰林學士王磐薦為從事丞旨火魯火孫以司徒開府奏授從仕郎翰林國史院編修官燕司徒掾既而辟掾中書除禮部主事二十四年拜監察御史授承務郎首請建儲及修史事時丞相親哥衡參政郭佑為中丞時奏請右丞盧世榮等故諳以他罪約上章直佑冤按治成都盟運使王鼎不法罷官除名轉御史臺都事南臺侍御史程文海入言事多斥桑哥罪桑哥怒又以約之表裏六奏殺之上不從約以隴西地遠請立行臺

三六九

《元史傳卷六五》 五

陝西詔從之出賑河間飢民均覈有方全活甚眾三十一年遷中書右司員外郎四月成宗即位言二十二事曰寶京師放差稅開獵禁蠲逋負賑窮獨傅兄後禁鷹房振風憲除宿蠹慰遠方鄰貢獻詢利病利農民勵學校立義倉覈戶重名爵明賞罰擇守令汰官屬定律令革兩司又請中書去繁文一耶信於行省一責成於六部調兵部郎中改禮部郎中請行贈諡之典以旌忠勳付時政記於史館以備纂錄五供需府以專供億皆從而行之拜翰林直學士知制誥同修國史奉詔賑京畿東道飢民發米五十萬石

《元史傳卷六五》 六

所活五十餘萬人因踈京東利病十事請發米續賑之中書用其言民獲以甦高麗王昛年老傳國子源有不安其政者飛讒離間及源朝京師潛使人賂用事者留源不遣昵復位乃委用小人厚歛漓刑國人群懟約驗問約至宣布明詔而諭之曰天地間至奏屬約問約其首惡繫刑部其黨復不悛者父子至重者君臣被小人知自利寧肯為汝家國地耶昵感泣謝曰臣年耄聽信惡邪是以致此今聞命矣願奉表自雪且請子源還國其小人黨與惡聽使者治翼日約遣捕覆按其罪流二十二人杖三人

黔有官者二人命故臣洪子藩為相伴更弊政罷非
道水驛十三免耽羅貢非土產物東民大喜還報稱
旨除太常少卿尋詔約同宗正御史讞獄京師約辭
職在清廟帝不久乃閱諸宗正御史讞獄京師約辭
良家入倡女十人杖流元旦帶刀反入殿庭者八十
者七十二人釋無罪有八十六人平反吳得誠冤嫁
人因議鬪毆殺人者宜減死一等著為令又以浙民
於行省南臺五訟不決命約訊之約至杭二十日而
理省臺無異辭特拜刑部尚書以錄前功大德十一
年仁宗至自懷州蕭清宮禁以平章賽典赤安西王

阿難荅與左丞相阿忽台潛謀為變命刑曹按責其
狀約曰在法誅逆不必撈掠竟當伏誅由是結知仁
宗冒守庫失金約疑耆直宿衛者盜之未獲果得實
庫官吏蒦免監察御史言通州倉米三萬石因兩而
濕約謂必積氣所蒸驗且堪用釋守者罪宗王兄弟
二人守邊兄陰有異志弟諫不聽即上馬馳去兄遣
奴挾弓矢追之弟發矢斃其奴兄訴四其弟獄當死
約廬四曰兄之奴即弟之奴況殺之有故立釋之遷
之微皆從之京民王氏仕江南而歿有遺腹子其女
禮部尚書請定丁憂之制申中蕋表之恩免都城煤炭

古月之年十六乃訴其姊匿貲若干有司責之急約視
其贖曰無父之子育之成人且不絕王氏祀姊之恩
居多誠利其貲寧育之至今日耶改前議而斥姊之
氏初無子命張氏子後既得己子張出為僧柴之子
又殁僧乃訟家產詔約問曰汝出家既歸柴氏分承
汝師衣鉢又何為得柴氏業乎僧不能荅乃命柴氏
應後者至大二年正月上武宗尊號及冊皇后凡典
禮儀注約悉總之如制仁宗在東宮雅知約名思用
以自輔擢太子詹事丞從辛五臺山約諫不可久留
即日還上京初安西王封於秦既以謀逆誅國除版

賦入詹事院至是大臣奏請封其子復國仁宗以問
約曰安西以何罪誅今復之何以懲將來議遂寢明
年進太子副詹事約抗章諫節飲辭意懇切仁宗嘉
納為承制立左衛率府統侍衛軍萬人同列欲署軍
官約持不可眾難之曰東宮非樞密使耶約曰詹事
東宮官也預樞密事可乎仁宗復召問約對曰皇太
子事不敢不為天子事不敢為仁宗悟竟罷議之約
復傳命增立右衛率府舊制有之今置右府何為諸公
子事不敢不為天子事可乎仁宗復召問約對曰詹事
屏人語曰左衛率府取河南蒙古軍萬人統之約
宜深恩之不可累儲宮也又命取安西兵器給宿衛

士約謂詹事完澤曰詹事移文數千里耶兵器人必
驚疑主上聞之奈何完澤色懼曰實鷹不及此又命
福建取纖工童男女六人約言去京師六七
千里使人父于兄弟離有司承風動擾豈黃事耶
仁宗止之稱善再三家令薛居敬上言陝西分地五
事因被命往理之約不為署行語之曰太子潛龍也
當勿用之時為飛龍之事可乎遂止之曰福
宗西園觀角觝戲有旨取繒帛賜之約入遏見問曰
汝何為來仁宗遽止之又欲觀俳戲事已集而約至
即命罷去其見敬禮如此四年三月仁宗正位宸極
欲用陰陽家言即位光天殿即東宮也約言於太保
曲樞曰正名定分當御大內太保入奏遂即位於大
明殿中書奏約陝西行省參知政事帝大怒特拜河
南行省右丞約陛辭帝賜卮酒及弓矢先是至大間
尚書省用建言者冒獻河沔官民地為無主奏立田

糧府歲輸數萬石是歲詔罷之竇建言人於海外命
河南行省復其舊業行省方此緣為奸田猶未給約
至立檄郡縣釐正如詔會詔更銅錢銀鈔法且令
上供不給乃下諸州厄至元鈔七萬錠必以方詔為
命為言約曰吾豈不知第歲終事不集諸臣亦匱為
丞相卜憐吉台贊之曰善遣使曰中書省臣慶為
郡學正既又薦之中書省擇翰林國史院編修官皇慶
偏行天下南陽宇木魯榊以書謁約大奇之即署為
改元元日詔中書省曰沐丞可即召之約以
三月一日至召見慰勞特拜集賢大學士推恩三世
贈諡樹碑約首奏河南行省丞相卜憐吉台勳閥舊
臣不宜久外名至封河南王約又建議行封贈禁服
色興科舉皆令甲上疏薦國子博士姚燧孫應
用皆除擢有差辭奉故左丞寶履有遺腹子葉外宜
府致仕輔惟良前尚書象議李源左司員外郎曹元
奉翰林文字揭侯斯成都儒士楊靜請起復中山知
收養歸宗為竇氏後延祐二年丞相帖木迭兒專政
秦遣大臣分道奉使宣撫命約巡行燕南山東道約
至衛輝有毆母寘獄者其母泣訴言老妾惟此一息死

則一門絕矣約原其情杖一百而遺之冠州民有兄
許其弟獻詛者讞之則曰我求嗣也索授時曆驗其
日良信乃五縱之使還拜樞密副使視事明日召見
賜酒帝謂左右曰是夕知院駙馬老病朕今見之精力尚
強可堪大任也是夕知院駙馬老臣傳詔起約復拜集
戒之曰彥博非汝友宜師事之至治元年英宗即位
帖木迭見復相約辭職不出二年以年七十致仕三
賢大學士商議中書省事尊禮老臣居家每日一至中
書省議事至治之政多所參酌又嘗奉詔與中書省

官及他舊臣條定國初以來律令名曰大元通制頒
行天下朝廷議罷征東省立三韓省制式如他省詔
下中書雜議約曰高麗去京師四千里地瘠民貧
夷俗雜尚非中原比萬一梗化疲力佌之非幸事也
不如守祖宗舊制丞相稱善奏罷議不行高麗人聞
之圖公像歸祠而事之曰不絕國祀者王公也泰定
元年奉詔廷策天下士第八剌張益等八十五人始
增乙科負額至一十五人天曆元年文宗踐祚約入
賀賜宴大明殿帝勞問甚歡時年七十有七平居約
度和粹謙抑自持後進謁見必加禮貌俸祿所入布

散姻族外及貧士從父居貧月奉錢米餽有餽事之
如父歲時朔望攜子姓至先塋展拜懍戀謹時祭及
五祀勳稽古槽邦人以為袷式至順四年二月已酉
卒年八十二皇太后聞之嗟悼以下購贈二尊遣徽政
院臣臨弔致莫勅中書省以下賻贈有差是月庚申
葬城西岡子原約平生著作有史論三十卷高麗志
四卷纂丘藁三十卷行於世子思誠奉議大夫秘書
監著作郎

王結

王結字儀伯易州定興人祖逖勤以質子軍從太祖

西征娶阿魯渾氏自西域徙戍秦隴又徙中山家焉
結生而聰穎讀書數行俱下終身不忘嘗從太史董
朴受經深於性命道德之蘊故其措之事業見之文
章皆有所本憲使王仁見之曰公輔器也年二十
餘游京師上執政書陳時政八事曰立經建以養君
德行仁政以結民心育英材以備貢舉擇守令以正
銓衡敬賢士以厲名節革冗官以正職制辦章程以
定民志務農桑以厚民生其言剴切純正皆治國之
大經大法宰相不能盡用之時仁宗在潛邸或薦結
充宿衛刀集歷代君臣行事善惡可為鑒戒者曰陳

于前仁宗嘉納爲武宗即位以仁宗爲皇太子大德
十一年命置東宮官屬以結爲典牧太監階太中大
夫近侍以俳優進結言昔唐莊宗好此卒致禍敗殿
下方育德春宮視聽宜謹仁宗優納之仁宗即位遷
集賢直學士出爲順德路總管教民務農興學孝親
弟長戢奸禁暴悉登于書俾朝夕閱習之屬邑鉅鹿
沙河有唐魏徵宋璟墓乃祠二公于學表其言論風
旨以厲多士遷揚州又遷寧國以從弟紳僉江東廉
訪司事辭不赴改東昌路境有黃河故道而會通堤
遏其下流夏月潦水壞民麥禾結疏爲斗門以泄之

民獲耕治之利至治二年參議中書省事時拜住爲
丞相結言爲相之道當正已以正君正君以正天下
除惡不可猶豫猶豫恐生它變服用不可奢僭奢僭
則害及于身丞相是其言未幾除吏部尚書薦名士
宋本韓鏞等十餘人泰定元年春廷試進士以結充
讀卷官遷集賢侍讀學士中奉大夫會有月食地震
烈風之異結昌言于朝曰今朝廷君子小人混淆刑
政不明官賞太濫故陰陽錯謬咎徵荐臻宜修政事
以弭天變是歲詔結知經筵扈從上都結援引古訓
證時政之失與帝有所感悟中宮聞之亦召結等進

講結以故事辭明年除浙西廉訪使中途以疾還歲
餘拜遼陽行省參知政事遼東大水穀價翔湧結請
于朝發粟數萬石以賑饑民召拜刑部尚書天曆元
年文宗即位拜陝西行省參知政事改同知儲慶司
事二年拜中書參知政事入謝光天殿以親老辭帝
曰忠孝能兩全乎是時迎立明宗于朔方明宗命文
宗居皇太子位於是遣大臣奉寶北迓近侍有求除
拜賞賚者結曰俟天子至議之初上都之變失皇太
子寶更鑄新寶近侍請視舊製宜加大結曰此寶當
傳儲嗣不敢踰舊制也或致人于死而籍其妻孥貲

產者結復論之近侍益怒譖詆日甚遂罷政又命爲
集賢侍讀學士丁内艱不起元統元年復除浙西廉
訪使未行召拜翰林學士資善大夫知制誥同修國
史與張起巖歐陽玄修泰定天曆兩朝實錄拜中書
左丞中宮命僧尼於慈福殿作佛事已而殿災結言
僧尼褻瀆當坐罪左丞相疾革家人請釋重囚禳之
結極陳其不可先時有罪者北人則徙廣海南人則
徙遼東去家萬里往往道死結請更其法移鄉者止
千里外改過聽還其鄉因著爲令職官坐罪者多從
重科結曰古者刑不上大夫今貪墨雖多然士之廉

耻不可以不養也聞者謂其得體至元元年詔復入
翰林養疾不能應詔二年正月二十八日卒年六十
有二結立言制行皆法古人故相張珪曰王結非聖
賢之書不讀非仁義之言不談識者以爲名言晚遂
於易著易說一卷臨川吳澄讀而善之及爲名言晚遂
于朝士大夫弔于家曰正人已矣四年五月詔贈資
政大夫河南江北等處行中書省右丞護軍追封太
原郡公謚文忠有詩文十五卷行于世

宋衟

宋衟字弘道潞州長子人金兵部員外郎元吉之孫

《元史傳卷六十五》 十五

衟善記誦年十七避地襄陽已而比歸屏居河內者
十有五年趙璧經略河南聞其名禮聘之中統三年
擢翰林修撰李璮畔壁行中書省事於濟南至元五
年大兵守襄陽壁行元帥府事衟從爲軍事多所
咨訪六年高麗權臣林衍廢其國王而立其弟溫詔
遣國王頭輦哥與壁將兵討之以衟爲行省員外郎
持詔徙江華島居民於平壤復命慰勞良厚仍賜衣
段授河南路總管府判官衟不赴十三年入爲太常少
卿屬省官制行燕頷籍田署事十六年太子以老賜少
名見應對詳雅大愜睿旨自是數蒙召問侍講經幄

開諭爲多十八年除秘書監十九年江西分地當署
郡邑守令皆命衟銓擧二十年初立詹事院首命衟
爲太子賓客每燕見優賜容接多所錫賚二十三年
卒有稇山集十卷行于世

張伯淳

張伯淳字師道杭州崇德人火擧童子科以父任銓
受迪功郎淮陰尉政揚州司戶參軍尋擧進士監臨
安府都稅院陞觀察推官除太學錄入本朝至元二
十三年授杭州儒學教授遷浙東道按察司知事
二十八年擢爲福建廉訪司知事歲餘有薦伯淳於

《元史傳卷六十五》 十六

帝前者遣使名問明年入見帝問冗官風憲鹽筴楮
幣皆當時大議所對悉稱旨命至政事堂將重用之
固辭遼授翰林直學士進階奉訓大夫謁告以歸授
慶元路總管府治中行省檄按疑獄衢秀皆得其情
大德四年即家拜翰林侍講學士明年造朝尋從上
都又明年卒有文集若干卷藏于家

傳卷第六十五

黎

賀勝

賀勝仁傑子也字貞卿一字舉安小字伯顏以小字
行嘗從許衡學通經傳大義年十六入宿衛凝重寡
言世祖甚器重之大臣有密奏輒屏左右獨留勝許
聽之出則叅乘輿入則侍帷幄非休沐不得至家至
元二十四年乃顏叛帝親征勝直武帳中雖親王不
得輙至勝傳旨飭諸將詰旦合戰還侍帝側矢交帳

《元史列傳卷六十六》　一

前勝立侍不動乃顏既敗帝還都乘輿夜行足苦寒
勝觧衣以身溫之帝一日獵還勝叅乘伶人蒙采毬
作獅子舞以迎輿象驚奔逸不可制勝投身當象
前後至斷靮縱象乃安勝退勝帝親撫之
遺尚醫尚食視護拜集賢學士領太史院事詔賜一
品服廬世榮哥乗政歸中書省帝問誰
都不肯為之下桑哥欲陰中之累數十奏帝皆不聽
至元二十八年桑哥敗罷尚書省遷遂相完澤而以
勝叅知政事三十年魚樞密院事遷大都護大德九

年勝父仁傑請老以勝代為上都留守燕本路都總
管開平府尹虎賁親軍都指揮使既至通商賈抑豪
縱出納有法裁量有度供億不匱民賴以安諸權貴
子弟奴隸有暴橫驕縱者悉繩以法至大三年進光
禄大夫左丞相行上都留守燕本路總管府達魯花
赤尋又加開府儀同三司上柱國奉聖州民高氏籍
虎賁以贅雄鄉里身死子幼有達官利其財使其部
曲強娶高氏婦勝白帝斥之高氏以全歲大饑輒發
倉廩賑民乃自劾待罪帝報曰祖宗以上都之民付
卿父子欲安之也卿能如此朕復何憂卿其視事民

《元史列傳卷六十六》　二

德之為立祠上都西門外帝聞之復命工寫其像以
賜俾傳示子孫未幾以足疾請老不許曰卿即護足
矣賜小車出入禁闥初開平人張弼家富弼死其奴
索錢民家弗得歐負錢者至死有治其獄者教奴引
弼子并下之獄丞相鐵木迭兒受其賂六萬緡終不
為直勝素惡鐵木迭兒貪暴居相位不與往來聞弼
事以語御史中丞楊朶兒只楊朶兒只以語監察御
史玉龍帖木兒徐元素遂劾奏丞相逮治其左右得
所賂事實以聞帝亦素惡鐵木迭兒欲誅之鐵木迭
兒走匿太后宮中太后為言僅奪其印綬而罷之及

英宗即位在諒闇中鐵木迭兒遂復出擅相位乃矯

楊朵兒只及中書平章政事蕭拜住同日戮于市且

復誣勝乘輿賜哭于屍傍甚哀泰定初詔雪其寃贈死之日百姓爭

力保德功臣太傅開府儀同三司上柱國追封沔陽王改諡戴功宣

公諡惠愍至正三年加贈推忠亮節同德翊戴功臣

太師開府儀同三司上柱國追封泰國

子二人惟一開府儀同三司中書左丞相監修國史

惟賢太中大夫同知上都留守司事孫均太子詹事

楊朵兒只河西寧夏人少孤與其兄皆幼即知自立

語言儀度如成人事仁宗于藩邸甚見倚重大德丁

未從還遷懷孟仁宗聞朝廷有變命朵兒只與

李孟先之京師與右丞相哈剌孫定議迎武宗于

比藩仁宗還京師朵兒只識察禁衛密致警備仁宗

嘉頻焉親解所服帶以賜既佐定內難仁宗居東宮

論功以為太中大夫家令丞日夕侍側雖休沐不至家

衆敬憚之會兄卒涕泣不勝哀仁宗憐之存問優厚

夫延慶使武宗聞其賢召見之仁宗曰此人誠可任

事寡嫂有禮待兄子不異巳子家人化之進正奉大

大事然剛直寡合武宗顧視之日然仁宗始總大政

執誤國者將盡按誅之朵兒只曰為政而尚殺非帝

王治也帝感其言特誅其尤者民大悅服帝他日與

中書平章政事李孟論元初尚書省初從人材朵兒

然之拜禮部尚書初尚書省改作至大銀鈔中統

廢銅錢與楮幣相權而用之首之道也國無棄寶民

只曰法有便否不當視立法之人為廢置銀鈔固當

一當其二十五又鑄銅為至大錢至是議罷之遷宣

無失利錢未可遽廢也言雖不盡用時論是之遷宣

微副使御史請遷為臺官帝以宣徽膳用素不會計

特以委之未之許也有言近臣受賄者帝怒其非所

當言將誅之時張珪為御史中丞叩頭諫不聽朵兒

只言于帝曰誅告者失刑遠諫者失誼世無諍臣又

矢張珪真中丞也帝喜竟用珪言拜朵兒只為侍御

史張宴開時群臣侍坐者或言突諭度帝見其正色

為之改容有犯法者雖貴幸無所容貸怨者因共譖

之帝知之深譖不得行拜資德大夫御史中丞

平章政事張閭以妻病謁告歸江南奪民河渡地丞

兒只以失大體劾罷之江東西奉使韓來嫄死御史

臣匿其奸冀不問朵兒只劾而杖之幹來嫄死御史

納璘言事忤旨帝怒叵測朵兒只救之一日至八九奏曰臣非愛納璘誠不願陛下有殺御史之名帝曰為卿宥之可左遷為昌平令昌平畿內劇縣欲以是困納璘朵兒只又言曰以御史宰京邑無不可者但以言事而得左遷恐後之來者用是為戒不肯復言矣帝不允後數日帝讀貞觀政要謂曰魏徵古之遺直也有上書論朝政闕失面觸怒太宗不聽徵雖直將為用之帝笑曰卿意在納璘耶當赦之以成兩直名也朕安得用之對曰直由帝顧相宰相怒將取旨殺之朵兒只侍側帝顧問之朵兒只曰詔書云言雖

罒六　五十二

元史列傳卷六六　五

不當無罪今若此何以示信天下果誅之臣亦負其職矣帝悟釋之於是特加昭文館大學士榮祿大夫以奬其直言時位一品者多秉間邀王爵贈先世或謂朵兒只眷倚方重苟言之當可得也朵兒只曰家世寒微幸際遇至此已懼弗稱尚敢求多乎且我為之何以風厲倖偉者遷中政院使未幾復為中丞遷集賢大學士為權臣鐵木迭兒所害而死年四十二初武宗崩皇太后在典聖宮鐵木迭兒為丞相踰月仁宗即位因逐相之居兩歲更自結徽政近臣復再入相恃勢貪虐充藏念甚中外切齒群臣不知

沈茂

所為御史中丞蕭拜住拜中書右丞又拜平章政事稍牽制之朵兒只自侍御史拜御史中丞慨然以糾正其罪為已任上都富民張弼殺人繫獄鐵木迭兒使大奴脅留守賀伯顏出之及強以他奸利事不能得一日坐都堂盛怒以官事召留守將罪之留守不言大奴所干非法不敢役他實無罪鐵木迭兒猶數得解去朵兒只廉得其所受贓賂鉅萬大奴數千使御史徐元素按得其實奏而御史亦輦真又發其私罪二十餘事帝震怒有詔逮問鐵木迭兒逃匿帝為不御酒數日以待決獄盡誅其大奴同惡數人鐵木迭兒終不能得朵兒只持之急徽政近臣以太后

罒六　五十三

元史列傳卷六六　六

旨召朵兒只至宮門責以違旨意者對曰非待罪御史臣不敢與聞所念者鐵木迭兒雖去君側反得為東宮師傅在太子左右恐售其奸則禍有不可勝言者誠出太后意不忍重傷哹之但罷其相位而遷朵兒只為集賢學士帝猶數以違旨責以臺事問之對曰奉行祖宗法必得罪人非敢違太后旨也帝仁孝恐仁宗崩英宗猶在東宮鐵木迭兒復相乃宣太后旨召蕭拜住朵兒只至徽政院與徽政使失里門御史大夫禿忿哈雜問之責以前遣太后旨之罪朵兒只

沈茂

曰中丞之職恨不即斬汝以謝天下果遣太后旨汝

豈有令日耶鐵木迭兒又引同時為御史者二人證

成其獄朵兒只顧二人唾之曰汝等嘗得僣憲乃

為是犬彘事耶坐者皆慚俯首即起入奏未幾稱

執朵兒只載諸國門之外與蕭拜住俱見殺是日風憲

無不報者太后驚悔而帝亦覺其敗者皆先帝

加以誣罔大臣之罪鐵木迭兒以病死他日英宗即位詔書遂

沙晦宴都人惆懼道路相視以目

舊臣未及論治而鐵木迭兒權勢既成毫髮之怨

言會議廷中集賢大學士張珪中書會衆議回回皆稱

蕭楊等死甚冤是致不雨聞者失色言終不得達及

珪拜平章即告丞相拜住曰賞罰不當枉抑不伸不

可以為治若蕭楊等冤何可不丞相善之

遂請於帝詔昭雪其冤特贈思順佐理功臣金紫光

禄大夫司徒上柱國夏國公諡襄愍朵兒只死時權

臣欲奪其妻劉氏與人劉氏剪髮毀容以自誓乃免

子不花

不花切有才氣能以禮自持好讀書善書初仁宗聞

而召之應對稱旨欲以為翰林直學士力辭後遭家

難益自勵節為學以蔭補武備司提點轉僉河東廉

訪司事嘗出按部民有殺子以誣怨者獄成不花讞

之曰以十歲兒受十一創且彼以斧殺怨必盡其力

何創痕之淺反不入膚耶遂得其情平反出之河東

民饑先捐已賞以賑請未得命即發公廩繼之民遂

賴不死天曆初文宗入繼大統除通政院判行值

陝西諸軍拒詔郡邑守吏率民逃亡欲殘此無辜吾有為國死

禦呼西人諭之曰民者祖宗艱難所致國家大事

與於民汝等既昧逆順又欲殘此無辜吾有為國死

爾不汝從也陣潰見殺二僕亦執曰吾主既為國

死吾縱為人奴今苟得生他日何以見吾主於地下

不若死從吾主欲起殺讐讐要斬之至順二年贈嘉

議大夫禮部尚書以褒其忠

蕭拜住

蕭拜住契丹石抹氏也曾祖醜奴有膂力善騎射識

見明敏仕金為古比口屯千戶歲庚午國兵南下

金將招醜奴於暮夜潛領兵三千人力戰

不克矢中其胸遂開關遣使納降醜祖命醜奴襲招

及昌平紅螺平頂諸砦又兩敗金兵於邦君甸授檀

燈必舍追及平灤降之因攻取平灤檀順深冀等州

州軍民元帥太祖方西征醜奴驛送竹箭弓弩弦各

一萬羅檀順昌平萬戶仍管打捕鷹房人匠卒于官
後追封順國公謚忠毅弟老乣始以楊城漁寨來降
為醜奴乣充賚子多立戰功襲檀州節慶使言以
水柵未下陰誘湯河川人叛去老乣追之不克死焉
醜奴子青山中統元年襲萬戶至元十一年從丞相
為檀州知州追封順國公謚康惠拜住乃哈剌帖木兒
之子也嘗從成宗北征特授檀州知州入為禮部郎
中擢同知大都路總管府事出知中山府以憂去官
定青山子哈剌帖木兒少事裕宗於東宮典宿衛仕
伯顏平宋還授湖北提刑按察使於追封順國公謚武

屬仁宗過中山有同官者譖於近侍曰知州去官實
憚迎候煩勞耳帝領之適行田野間見老嫗問之曰
府中官戢賢嫗對曰有蕭知府餘不知也復過神祠
有數老人焚香羅拜道問之曰汝輩何所禱合辭對
曰蕭知府奔喪還欲速其來是以傳也帝意遂釋武
宗即位起後為中書左司郎中出為河間路總管召
為右衛率率使遷戶部尚書遂拜御史中丞皇慶元年
遷陝西行中書省平章政事
除典瑞院使超授銀青榮祿大夫崇祥院使英宗即
位之十有九日右丞相鐵木迭兒怨拜住在省中牽

制其所為又數其姦賊專制等事遂請依皇太后旨
并前御史中丞揚朵兒只皆殺之帝曰人命至重刑
殺非輕不宜倉卒二人罪狀未明當白太后使詳讞
之若果無冤誅之未晚竟殺之並籍其家語見揚朵
兒只及鐵木迭兒傳泰定間贈守正佐治功臣太保
儀同三司柱國追封薊國公謚忠愍拜住之死有吳
仲者潛守其尸三日不去竟收葬之

列傳卷第六六

翰林學士中奉大夫知制誥兼修國史臣宋濂等奉　勅修
翰林待制儒林郎兼國史院編修官臣王禕等奉　勅修

譯

耶律希亮

耶律希亮字明甫楚材之孫鑄之子也初六皇后命以赤帖吉氏歸鑄生希亮於和林南之涼樓曰禿忽思六皇后遂以其地名之憲宗嘗遣鑄糴錢粮于燕鑄曰臣先世皆讀書願儒生俱在中土願攜諸子至燕受業憲宗從之乃命希亮師事北平趙衍時方九歲未浹旬已能賦詩歲丙辰憲宗召鑄還和林希亮

〈元史傳卷六十七〉（一）

獨留燕歲戊午憲宗在六盤山希亮詣行在所已而鑄扈從南伐希亮亦在行明年憲宗崩于蜀希亮將輜重北歸陝右又明年為中統元年世祖即位阿里不哥反遣使召主將渾都海說渾都海等入朝既而渾都海知鑄去怒遣百騎追之不及乃使百人監視希亮母子迫脅使從不從則棄其妻子挺身來歸從行自靈武過應吉里城至西涼甘州阿里不哥遣大將阿藍荅兒問而父安在希亮曰不知與吾父同住事者宜知之渾都海怒詬曰我焉得知之其父今亡命東

見皇帝矣希亮曰若然則何謂不知阿藍荅兒熟視渾都海曰此言深有意焉詰希亮甚急希亮曰使吾知之亦從而去安得獨留阿藍荅兒以為實免其監既而阿藍荅兒渾都海為大兵所殺其殘卒北走衆推哈剌不花為帥希亮潛匿甘州北黑水東沙陀中殿兵已過十餘里有尋馬者適至老嫗漏言衆奄至驅至肅州哈剌不花與希亮有婚姻之好又哈剌花在蜀時嘗疾病鑄召醫視之遺以酒食因釋希亮縛謂曰我受恩於汝父此圖報之秋也及抵沙州北川希亮與兄弟徒步負任不火食者數日是冬涉雪

〈元史傳卷六十七〉（二）

踰天山至北庭都護府二年至昌八里城夏踰馬納思河抵葉密里城乃定宗潛邸湯沐之邑也時六皇后之妹主后位與宗王火忽皆欲東觀希亮母密知其事攜希亮入見已而事不果冬至于火亭之地三年定宗幼子大名王至忽只兒之地會宗王阿魯忽從大名王至忽只兒之地其不能歸遺以幣帛鞍馬乃不哥所用鎮守之人唆羅海欲附世祖復從大名王及阿魯忽二王還至葉密里城王遺以耳環其二珠大如榛實價直千金欲穿其耳使帶之希亮辭曰不敢因是以傷父母之遺體也且無功受賞於禮尤不

可王又解金束帶遺之且曰繫此於遺體宜無傷五
月又爲阿里不哥兵所驅西行千五百里至孛少撒
里之地六月又西至換扎里澤剌之地又從至不剌城又
西行六百里至徹徹里澤剌之山后妃輜重皆留于
此希亮母及兄弟亦在焉希亮單騎從行二百餘里
至出布兒城又百里至也里虔城而哈剌不花之兵
奮至希亮又從二王乃函其頭遣使報捷十月至
于亦思寬之地四年至可失哈里城四月阿里不哥
戰敗之盡殲其衆二王與師還至不剌城與哈剌不花
兵復至希亮又從征至渾八升城時希亮母從后避

《元史傳卷六十七》 三 〈玉谷〉

暑於阿體八升山先是鑄嘗言于世祖臣之妻子皆
在此邊至是世祖遣不華出至二王所因以璽書召
希亮馳驛赴闕六月由苦先城至哈剌火州出伊州
涉大漠以還八月入覲世祖于上都之大安閣備陳
邊事及羈旅因苦之狀世祖憐之賜鈔千錠金帶一
幣帛三十命爲速古兒赤至元八年授奉訓大
夫符寶郎十二年既平宋世祖命希亮問諸降將曰
本可伐否夏貴呂文煥范文虎陳奕等皆云可伐希
亮奏曰宋與遼金攻戰且三百年干戈甫定人得息
肩侯數年興師未晚世祖然之十三年太府監令史

盧贄言於監官各路所貢布長三丈唯平陽加一丈
諸怯薛歹以争取平陽布苟截其長者與他郡等
則無所争而以其所截者爲羨溢宮殿器皿之用甚
便監官從之適左右以實入奏有旨令董文用譴
皇莫知所以對歸罪於贊帝命斬之希亮遇諸塗贊
以寃告希亮命少緩具以實奏此人耶十四年
官當言而不言向微秃忽思不懌誅此事言
之竟釋贊而召御史大夫塔察兒等讓之曰此事言
兒台之地希亮至奏對畢董文用問大都近事希亮
轉嘉議大夫禮部尚書尋選吏部尚書帝駐蹕察納

《元史傳卷六十七》 四 〈玉谷〉

兒圖圖多囚耳世祖方欹枕而卧忽窹問其故希亮
奏曰近奉旨漢人盜鈔六文者殺以是四多帝驚問
軼傳此語省臣曰此旨實脫兒察所傳脫兒察曰陛
下在南坡以語蒙古兒童帝曰前言戲耳昌嘗著爲
令式乃罪脫兒察因奏曰令既出矣必明其錯爲
誤以安民心帝善其言即命希亮至大都諭旨中書
十七年希亮以跛涉西土足病瘻攣謝事而去退居
澡陽者二十餘年至大二年武宗訪求先朝舊臣特
除翰林學士承旨資善大夫尋改授翰林學士承旨
知制誥無修國史希亮以職在史官乃類次世祖嘉

言善行以進英宗取其書置禁中久之闢君京師四
方之士多從之游泰定四年卒年八十一希亮性至
孝困厄遏方家貲散亡巳盡僅藏祖考盡像四時就
穹廬陳列致奠盡誠盡敬湖漠之人咸相聚來觀歎
曰此中土之禮也雖疾病不廢書史或中夜起坐取
燭以書所著詩文及從軍紀行錄三十卷目之曰懷
軒集贈封忠輔義守正功臣資善大夫集賢學士上
護軍追封漆水郡公謚忠嘉

趙世延

趙世延字子敬其先雍古族人居雲中北邊曾祖點
公為金群牧使太祖得其所牧馬黠公死之祖按竺
邇幼孤鞠於外大父术要甲謚為趙家因氏為趙駒
勇善騎射從太祖征伐有功為蒙古漢軍征行大元
帥鎮蜀因家成都父黑梓以門功襲父元帥職無丈
州吐蕃萬戸達魯花赤世延天資秀發喜讀書宪心
儒者體用之學弱冠世祖召見俾入樞密院御史臺
肄習官政至元二十一年授承事郎雲南諸路提刑
按察司判官時年二十有四烏蠻首叛世延會省
臣以軍計之礦兵大潰即請降二十六年擢監察御
史與同列五人劾丞相桑哥不法中丞趙國輔桑哥

党也抑不以聞更以告桑哥於是五人者悉為其所
擠而世延獨幸免奉旨按平陽郡監也先忽都贓鉅
萬鞫左司郎中董仲威殺人獄皆明允二十九年轉
奉議大夫出僉江南湖北道肅政廉訪司事敦儒學
立義倉撤淫祠俗澧陽縣壞隄嚴常澧掠賣良民之
禁部內晏然元貞元年除前官三年移中臺都事丁內
艱不赴大德元年復除前官三年移中臺都事俄改
中書左司都事臺臣奏仍為都事中臺六年由山東
肅政廉訪副使改江南行臺治書侍御史十年除安
西路總管安西故京兆省臺所治號稱會府前政

滯者三千牘世延既至不三月剖決殆盡陝民鹹省
臺議請于朝賑之世延曰捄荒如捄火願先發廩以
賑朝廷設不允世延當傾家財若身以償省臺從之
所活者眾至大元年除紹興路總管改四川肅政廉
訪使蒙古軍官或抑良為奴世延皆除其弊而正其罪又
人且軍官或抑良為奴世延皆除其弊而正其罪又
訪使先是八百媳婦為邊患
俗都江堰民尤便之四年陞中奉大夫陝西行臺侍
御史先是八百媳婦為邊患右丞劉深往討之兵敗
而還坐罪棄市及是右丞阿忽台當繼行世延言蠻
夷事在羈縻而重煩天討致軍旅亡失誅殺省臣籍

使盡得其地何補於國今窮兵黷武賞傷聖治朝廷
第當選重臣知治體者付以邊寄立止勿用事聞
樞密院臣以為用兵國家大事不宜以一人之言為
省參知政事暴召還拜侍御史延祐元年省臣泰比
與輟世延聞之章再上事卒罷皇慶二年拜江浙行
奉詔漢人參欸用儒者趙世延其人也帝曰世延誠
可用然雍古氏非漢人其署宜居右送拜中書參知
政事居中書二十月遷御史中丞有旨省臣自平章
以下率送之官其禮前所無有由是為權臣所忌乃
用皇太后旨出世延為雲南行省右丞陛辭帝特命

仍還御史臺為中丞三年世延劾奏權臣太師右丞
相帖木迭兒罪惡十有三詔奪其官職尋陞翰林學
士承旨薰御史中丞世延固辭乃解中丞五年進光
禄大夫昭文館學士守大都留守兼本路都總管
省平章政事世延議即重慶路立屯田物色江津巴
縣開田七百八十三頃摘軍千二百人墾之歲得粟
萬一千七百石明年仁宗崩帖木迭兒復居相位銳
意報復屬其黨何志道誘世延從弟脅益兒哈呼誣
告世延延罪逮世延置對至夔路遇赦世延以疾抵荆
門留就醫帖木迭兒遣使督追至京師俾其黨煆煉

使成獄會有旨事經赦原勿復問帖木迭兒更以它
事白帝繫之刑曹逼令自裁世延不為動居囚再歲
脅益兒哈呼自以所訴涉誣欺亡去中書左丞相拜
住屢言世延亡辜得旨出獄就舍以養疾先是帝獵
北京顧謂侍臣曰趙世延先帝所尊禮而帖木迭
兒妄入其罪數請誅之此殆報私怨耳朕豈能從
侍臣皆扣頭稱萬歲帖木迭兒在上所聞世延出獄
之曰此朕意耳未幾帖木迭兒死事乃釋世延出居
索省牘視之怒曰此朕意耳未幾召還朝除集賢大學士明年出為
於金陵泰定元年召還朝除集賢大學士明年出為

江南行臺御史中丞四年入朝復為御史中丞又遷
中書右丞明年有旨趙世延頃為權姦所誣中書宜
徧移天下昭雪其非辜仍加翰林學士承旨光祿大
夫經筵開無知經筵事選揀勸講者皆一時名流又
議武宗二子周王懷王於法當立周王遠在朔漠而
加同知樞密院事泰定帝崩燕鐵木兒與宗王大臣
懷王久居民間備嘗艱險民必歸之天位不可久虛
不如先迎懷王以從民望當是時世延贊畫之功為多文
議王即位是為文宗當是時八月即定策迎之于江陵
宗即位世延仍以御史中丞薰翰林學士承旨以疾

章閣大學士八月拜中書平章政事冬世延至京固
辭不久詔以世延年高多疾許乘小車入內至順元
年詔世延與虞集等纂修皇朝經世大典世延屢奏
臣衰老乞解中書政務專意纂修帝曰老臣如卿者
無幾求退之言後勿復陳四月仍加翰林學士承旨
於金陵之茅山詔徵還朝不能行二年改封涼國公
封魯國公秋以疾移文中書致其事明日即行養疾
元統二年詔賜世延錢凡四萬緡至元改元仍除奎

《元史傳卷六十七》　九

乞歸田里詔不久天曆二年正月復除江南行臺御
章閣大學士翰林學士承旨中書平章政事魯國公
明年五月至成都十一月卒享年七十有七至正二
年贈世忠執法佐運翊亮功臣太保金紫光祿大夫
上柱國追封魯國公謚文忠世延歷事凡九朝敷歷
省臺五十餘年貞經濟之資而將之以忠義守之以
清介飾之以文學凡軍國利病生民休戚知無不言
而於儒者名教无拳拳焉為文章波瀾浩瀚一根於
理嘗較定律令彙次風憲宏綱行于世五子達者三
人野峻台黃州路總管天曆初橐加台攝蜀叛死于
忽斐州路總管次月魯江浙行省理問官伯
難特贈

推忠秉義効節功臣資善大夫中書右丞上護軍追
封蜀郡公謚忠懋

孔思晦

孔思晦字明道孔子五十四世孫也資質端重而性
簡默童丱時讀書已識大義及長授業於導江張頔
講求義理於詞章之習薄而弗為家貧躬耕以為養
雖簞寒暑而為學未嘗懈遠近爭聘之以母老辭而歸
卒疾躬進藥餌衣不解帶居喪勺水不入口者五日
中游京師祭酒耶律有尚薦之以母老辭而歸母
至大中舉茂才為范陽儒學教諭延祐初調寧陽學

《元史傳卷六十七》　十

先是兩縣校官率以廩薄不能守職而思晦以儉約
自將教養有法比代去學者皆不忍舍之於是孔氏
族人相與議思晦適長且賢宜襲封爵奉祠事狀上
政府事未決仁宗在位雅崇尚儒道一日問孔子之
裔今幾世襲爵為誰廷臣具對曰未定帝親取孔氏
譜牒按之曰以嫡應襲封者思晦也復奏疑特授中
議大夫襲封衍聖公月俸百緡加至五百緡賜四品
印泰定三年山東廉訪副使王鵬南言襲爵上公而
階止四品於格弗稱且失尊崇意明年升嘉議大夫
至順二年改賜三品印思晦以宗祀責重恒懼弗勝

每遇祭祀必敬必慎初廟燬于兵後雖苟完而角樓
圍墻未備思晦竭力營度以復其舊金絲堂壞又一
新之祭器禮服悉加整飭又以尼山復毓聖之地故
有廟已毀民冒耕祭田且百年思晦復其田且請置
尼山書院以列于學官朝廷從之三氏學舊有田三
千畝占于豪民子思書院舊有營運錢萬緡貸於民
取子錢以供祭祀久之民不輸子錢并胥其本思晦
皆理而復之聖父舊封齊國公思晦言于朝曰宣聖
封王而父爵猶公願加褒崇乃詔加封聖父啟聖王
聖母王夫人五季時孔末之後方盛欲以僞滅真害

《元史傳卷六十七》 〈十一〉

宣聖子孫幾盡至是其裔復欲冒稱宣聖後思晦以
為不早辨則真偽久益不可明彼與我不共戴天乃
列于族與共拜殿庭可乎遂會族人稽典故斥之既
又重刻宗譜于石而孔氏族裔益明矣元統元年卒
年六十七卒之日有鶴百餘翔其屋上又見神光自
東南落其舍址至正中朝廷加贈諡曰文
大夫至正十五年召為同知太常禮儀院事拜陝西
蕭子曰克堅襲封衍聖公階嘉議大夫而進通奉
行臺侍御史遷國子祭酒擢山東肅政廉訪使不赴
孫希學襲封衍聖公

傳卷第六十七

翰林學士承旨　制誥兼修　國史臣宋濂　翰林待制兼　同脩國史院編修官臣王禕等奉

鞏

　元明善

元明善字復初大名清河人其先蓋拓跋魏之裔居
清河者至明善四世矣明善資穎悟絕出讀書過目
輒記諸經皆有師法而尤深於春秋弱冠游吳中已
名能文章浙東使者薦為安豐建康兩學正碎撼行
樞密院時董士選僉院事待之若賓交不敢以曹屬
御之及士選陸江西左丞又辟為省撼會贛州賊劉
貴反明善從士選將兵討之擒賊三百人明善議緩
得賊所書頼吉民丁十萬于籍者有司喜訢滋蔓為
利明善請火其籍以滅跡二郡遂安陸撼南行臺未
幾授樞密院照磨轉中書省左曹撼撼曹無留事始明
善在江西時朱瑄為其省參政明善有馬駿而瘠瑄
善為從騎久益壯瑄愛之致米三十斛酬其直後瑄
敗江浙行省籍其家得金穀之簿書米三十斛送元

《元史列傳卷六十八》　一　周東山

復初不言以酬馬直明善坐免又之有為辨白其事
者乃後撼省曹仁宗居東宮首權為太子文學及即
位改翰林待制與脩成宗順宗實錄陸翰林直學士
詔節尚書經文譯其關政要者以進明善舉宋忠臣
子集賢直學士文陸同譯潤許之書成每奏一篇帝
必稱善曰二帝三王之道非卿莫聞也興聖太后既
受尊號善廷臣請因肆赦明善曰歙敕非善人之福宥
過可也奉旨出賑山東河南饑時彭城下邳諸州連
數十驛民餓馬斃而官無文書賑貸明善以鈔萬二
千錠分給之曰擅命覆罪所不辭也還脩武宗實錄

《元史列傳卷六十八》　二　趙

又陸翰林侍講學士預議科舉服色等事延祐二年
始會試天下進士明善首充考試官及廷試又為讀
卷官所取士後多為名臣改禮部尚書正孔氏宗法
以宣聖五十五世孫思晦襲封衍聖公事上制可之
權參議中書省事旋復入翰林為侍讀議廟制陸翰
行省咨知政事又召入集賢為侍讀議廣廟制陸翰
林學士脩仁宗實錄英宗親裸大室禮官進祝冊請
署御名命明善代署者三番遇之隆當時莫並焉至
治二年卒于位泰定間贈資善大夫河南行省左丞
追封清河郡公諡曰文敏明善早以文章自豪出入

蔡漢間晚益精詣有文集行世初在江西金陵每與
虞集劉論以相切劘明善言集治諸經所嘗盡心者
者耳自漢以來先儒所嘗盡心者考之殊未傳集亦
言凡為文辭得所欲言而止必如明善云若雷霆之
覆驚鬼神之靈變然而得可非性情之正也二人初相
省江浙也二人者俱送出都門外士選曰伯生以教
迄芳為職當早還後初宜更送我集還明善送至二十
里外士選下馬入邸舍中為席出臺中有酌酒同飲
乃畢酒屬明善曰士選以切臣子出入臺省無補國
家惟求得佳士數人為朝廷用之如復初與伯生他
日必皆光顯然恐不免為人構間復初中原人也仕
必當通伯生南人將為復初攧折今為我飲此酒慎
勿如是明善受厄酒跪而釂之起立言曰誠如公言
無論他日今陳已開矣請公再賜一厄明善終身不
敢志公言乃再飲而別真人吳全節與明善交尤密
嘗求明善作文既成明善謂全節曰伯生見吾文必
有護彈吾所欲知成季為我治具招伯生來觀之若
己入石則無及矣明日集至明善出其文問何如筆
曰公能徙集言去百有餘字則可傳笑明善即此

屬集凡刪百二十字而文益精當明善大喜乃雖好
如初集每見明善之士亦以明善之言告之明善一
子晦蔭受峽州路同知早卒

虞集第繼　范楎

虞集字伯生宋丞相允文五世孫也曾祖剛蘭為利
州路提刑有治績嘗與臨邛魏了翁成都范仲黼李
心傳輩講學蜀東門外得程朱氏微旨著易詩書論
語說以發明其義蜀人師尊之祖汲黃岡尉宋七僑居臨川崇仁與吳澄為
學知名父汲黃岡尉宋七僑居臨川崇仁與吳澄為
友澄稱其文清而醇嘗再至京師贖族人被俘者十

餘口以歸由是家益貧晚稍起家教授於諸生中得
字術魯䢚歐陽玄而稱許之以翰林院編脩官致仕
聚楊氏國子祭酒文仲女咸淳間文仲守衡以汲從
未有子為禱於南岳集之將生文仲晨起衣冠坐而
假蘇夢一道士至前牙兵啓曰南嶽真人來見既覺
聞塈館得男心頗興之集三歲即知讀書歲乙亥汲
翠家趙嶺外干戈中無書冊可携楊氏口授論語孟
刻本則已盡讀諸經通其大義矣文仲世以春秋名
子左氏傳歐蘇文間輙成誦比還長沙就外傅始得
家而族弟亦知政事棟明於性理之學楊氏在室即

盡通其說故集與弟槃皆受業家庭出則以契家子
從吳澄遊授受具有源委左丞董士選自江西除南
行臺中丞延集家塾大德初至京師以大臣薦授
大都路儒學教授雖以訓迪為職而益自充廣不少
暇侍門下卒業他館生多相率詣集請益時其退每挾
俎豆間集言諸生上有劉生者被酒失禮
除再為助教除即以師道自任諸生丁內艱服
持不可曰國學禮義之所出此而不治何以為教
仁宗在東宮傳旨諭集勿竟其事集以劉生失禮狀

上之移詹事院竟
新賜登歌樂其師世居江南樂生皆河北田里之人
情性不相能集觀教之然後成曲後請設司樂一人
掌之以俟考正仁宗即位責成監學拜臺臣為祭酒
除其澄司業皆欲沮之者澄授檄去集亦以病免未幾除
有為異論者以
太常博士丞相拜住方為其院使間從集問禮器祭
義甚悉集為言先王制作以及古今因革治亂之由
拜住歎息益信儒者有用朝廷方以科舉取士說者
謂治平可力致集獨以謂當治其源遷集賢脩撰因

會議學校乃上議曰師道立則善人多學校者士之
所受教也至於成德達材者也今天下學官猥以資
格授彊加之於諸生之上而名之曰師則爾有司弗信之
生徒弗信之如此而望師道之立可
于下州小邑之士無所見聞父兄所以導其子弟初
無必為學問之實意師友之游從亦莫辨其邪正然
其所謂賢材者非自天降地出安有可塈之理哉為
今之計莫若使守令求經明行修成德者身師尊之
至誠懇惻以求之其德化之及庶乎有所觀感也其
次則求夫操履近正而不為詭異駭俗者確守先儒

經義師說而不敢妄為奇論者衆所教服而非鄉愿
之徒者延致之曰諷誦其書使學者習之入耳著心
以正其本則他日亦當有所發也其次則求鄉貢至
京師罷歸者其議論文藝猶足以聳動其人非若泛
泛莫知根柢者矣六年除翰林待制熒國史院編脩
官仁宗嘗對左右數曰儒者皆用矣惟熒伯生未顯
擢爾會晏駕不及用英宗即位拜住為相頗超用賢
俊時集以憂還江南拜住不知也乃言於上遣使求
之於蜀不見求之江西又不見也
受命趨朝則拜住不及見矣泰定初考試禮部言於

同列曰國家科目之法諸經傳注各有所主者將以
一道德同風俗非欲使學者專門擅業如近代五經
學究之固陋也聖經深遠非一人之見可盡試藝之
文推其高者取之不必先有主意若先定主意則求
賢之心狹而差自此始矣後再爲考官率持是說故
所取每稱得人泰定初除國子司業遷祕書少監天
子章上都以講臣多高年命集賢待讀學士王
於心德治道者用國語漢文兩進讀潤譯之際患夫
結軺經以從自是歲嘗在行經進之制取經史中切
陳聖學者未易於盡其要指時務者尤難於極其情

每選一時精於其學者爲之猶數日乃成一篇集爲
反覆古今名物之辨以通之然後得以無忝其辭之
所達萬不及一則未嘗不退而竊歎爲拜翰林直學
士俄薰國子祭酒嘗因講罷論京師恃東南運糧爲
實竭民力以紈不測非所以寬遠人而因地利也與
同列進曰京師之東瀕海數千里比極遼海南濱青
薺舊菼之場也海潮日至淤爲沃壤用浙人之法築
堤捍水爲田聽富民欲得官者合其衆分授以地官
夫之長千夫百夫亦如之察其惰者而易之一年勿
定其畔以爲限能以萬夫耕者授以萬夫之田爲萬

征也二年勿征也三年視其成以地之高下定額於
朝廷以次漸定之五年有積蓄命以官就所儲給以
祿十年佩之待印得以傳子孫如軍官之法則東面
民兵數萬可以近衛京師外禦島夷遠寬東南海運
以紓疲民遂富民得官之志而獲其用江海游食盜
賊之類皆有所歸議定于中說者以爲一有此制則
執事者必以賄成而不可爲矣事遂寢其名既即命
戶之故大畧宗之文宗在潛邸已知其即位命
集仍薰經進嘗以先世墳墓在吳越者歲父湮沒乞
一郡自便帝曰爾材何不堪顧今未可去爾除奎章

閣侍書學士時開中大饑民枕籍而死有方數百里
無子遺者帝問集何以捄開中對曰承平日久人情
宴安有志之士急於近效則怨讟興焉不幸大菑之
餘正君子爲治作新之機也若遣一二有仁術知民
事者稍寬其禁令使得有所爲隨郡縣擇可用之人
因舊民所在定城郭脩閭里治溝洫限畎畆薄征斂
招其傷殘老弱漸以其力治之則遠去而來歸者漸
至春望相濟四面而至者均齊方一截然有法則三
正友耕秋歛皆有所助一二歲間勿征勿徭封域既
代之民將見出於空虛之野矣帝稱善因進曰辜假

臣一郡試以此法行之三五年間必有以報朝廷者

左右有曰虞伯生欲以此去爾遂罷其議有救諸薰

職不過三免國子祭酒時宗藩睽備功臣汰侈修政教

未立帝將策士於廷集被命為讀卷官乃擬制策以

進盲以勸親親體群臣同一風俗恊和萬邦為問帝

不用集以入侍燕閒無益時政且娟嫉者多乃與大

學士忽都魯迷失等進白陛下　御見建奎章

閣覽書籍置學士貟以備顧問臣等珠無補報

竊恐有累聖德乞容臣等辭職帝曰昔我祖宗盧智

聰明其於致理之道生而知之朕早歲跋涉難阻

陳中民

遼金宋三史未見成績大典令閣學士專率其屬為

之既而以累朝故事有未備者請以翰林國史院修

祖宗實錄時百司所具事蹟參訂翰林院臣言於帝

曰實錄法不得傳於外則事蹟亦不當示人又請以

國書脫卜赤顏增修以來事蹟承旨塔失海牙言

曰脫卜赤顏非可令外人傳者遂皆已俄世延集

專領其事再閱歲書乃成凡八百帙既上進以目疾

乞解職不允乃乘閒為集請曰虞伯生久居京師甚

貟又病目幸假一外任便醫帝怒曰一虞伯生汝輩

史中丞趙世安間一外任便醫帝怒曰

不容耶帝方嚮用文學以集弘才博識無施不宜一

時大典冊咸出其手故重聽其去集每承詔有所述

作必以帝王之道治忽之故委曲盡言或隨事規諷

顧問及古今政治得失充委曲盡言切冀有感悟承

不語人諫兹不入歸家恆恆不樂家人見其然不敢

問其故也時世家子孫以才名進用者眾患其知遇

日隆每思有以間之既不效則相與摘集文辭指為

讒訕賴天子察知有自故不能中傷然集遇其人未

嘗少變一日命集草制封孔母夫為營都王使貴近

阿營嶁嶁傳盲二人者素思集繆言制封營國公集

徐官興

具簀俄丞相自椸前來索制詞甚急集以薦進丞相
愕然問故集知爲所給即請易簀以進易簀以所
人者愧之其雅量類如此論薦人材必先器識所
未善不爲牢籠以沽譽評議文章不折之於至當不
止其詭於經者文雖善不與也雖以才俊爲馬祖常喜祖
謗終不爲動光人襲伯璵以此二者竹物速
常爲御史中丞伯璵游其門祖常亞稱之欲集爲薦
引集不可曰是子雖小有才然非遠器亦恐不得令
終祖常猶未以爲然一日邀集過其家設宴酒半出
薦牘求集署集固拒之祖常不樂而罷文宗崩集在

告欲譖南還弗果幼君崩大臣將立妥懽帖穆爾太
子用至大故事召諸老臣赴上都議政集在召列祖
常使人告之曰御史有言乃謝病歸臨川初文宗在
上都將立其子阿剌忒納荅剌爲皇太子乃以妥懽
帖穆爾太子乳母夫言明宗在日素謂太子非其子
黠之江南驛召翰林學士承旨阿隣帖木兒奎章閣
大學士忽都魯篤彌實書其事于脫卜赤顏又召集
使書詔播告中外時省臺諸臣皆文意在諷集速去
功一體之人御史亦不敢斥言其事意在諷集速去
而已伯璵後以用事敗殺其身世乃服集知人元統二年

遣使賜上尊酒金織文錦二召還禁林疾作不能行
屢有勅即家撰文襃錫勳舊侍臣有以舊詔爲言者
帝不懌曰此我家事豈由彼書生耶至正八年五月
己未以病卒年七十有七官自將仕郎十二轉爲通
奉大夫贈江西行中書省叅知政事護軍封仁壽郡
公集孝友方二親以故家令德中遭亂亡僑寓下邑
以甕牖繩樞賦京師霜數千緡盡力營貸代償之無難
色撫廢弟嫁孤妹具有恩意山林之士知古學者必
折節下之接後進雖少且賤如敵己當權門赫奕未
嘗有所附麗集議中書正言讜論多見容受屢以片

言解疑誤出人於濱死亦不以爲德張珪趙世延尤
敬禮之有所疑必咨爲家素貧歸老後食指益衆登
門之士相望於道好事者爭起邸舍以待之然碑板之
文未嘗苟作南昌富民有伍真父子屬豐城士
諸王女爲妻充本位下郡總管旣卒其子屬豐城士
甘懇求集文銘父墓奉中統鈔五百錠準禮物集不
許懇愧歎而去其束脩羞贐之入還以爲賓客費雖
空乏弗恤也集學蜼博洽而究極本原研精採微心
解神契其經緯彌綸之妙一寓諸文翥然慶曆乾淳

風烈皆以江左先賢甚衆其人皆未易知其學皆未
易言後生晚進知者鮮矣欲取太原元好問中州集
遺意別爲南州集以表章之以病目而止平生爲文萬
篇棄存者十二三早歲與弟槃同聞書舍爲二室左室書
陶淵明詩於壁題曰陶庵右室書邵堯夫詩題曰邵
庵故世稱邵庵先生子四人安民以廕歷官知吉州
路安福州游其門見稱許者莆田陳旅旅亦有文行
世稱邵庵右室書邵堯夫守誠終身不名他皆師此
當世稱名卿者其交游尤厚者丁父憂除湘鄉州判

官頗稱辨古有富民殺人使隸已者坐之上下皆阿
從槃獨不署殺人者卒不免死而坐者得以不寃有
巫至其州稱神降告其人曰火即火又曰明日
其方火民以火告者槃皆赴捄至達晝夜告者數十
有大水且兵至州大家皆盡室逃槃得刼火卒一人
寢食盡廢縣長吏以下皆迎巫至家厚禮之又曰將
訊之盡得巫黨所爲坐捕盜司召巫至翰之無敢施
鞭筆者槃謂卒曰此將爲大亂安有神于急治之盡
得黨與數十人羅絡內外果將爲孽者同僚皆不敢
出視曰君自爲之槃乃斷巫并其黨如法一時吏民

始服儒者爲政若此秩滿除嘉魚縣尹槃已卒槃幼
時嘗讀柳子厚非國語以爲國語誠可非而柳子之
說亦非也著非非國語時人已歎其有識詩書春秋
皆有論著而春秋乃其家學故尤善讀吳澄所解諸
經義輒得其旨趣所在澄亦稱之兄集接方外士必
扣擊其說嘗以聖人之教不明爲學者無所底止
苟於吾道異端疑似之間不能深知而欲竊窺夫性
命之原死生之故其不折而歸之者寡矣槃不然諸
僧在坐輒不入竟去其爲人方正有如此雖集諸嚴
憚之然不幸年不及艾而卒范梈字亨父一字德機

清江人家貧早孤毋熊氏守志不他適長而教之持
天資穎異所誦讀輒記憶雖懶然清寒若不勝衣於
流俗中克自樹立無苟賤意居則固窮守節竭力以
養親出則假陰陽之技以給旅食舣詩工文用力精
深人軍知者年三十六始客京師即有聲諸公間中
丞董士選延之家塾以朝臣薦爲翰林院編修官秩
滿御史臺擢海南海北道廉訪司照磨巡歷遐僻不
蒲風波瘴癘所至興學教民雪理寃滯甚衆遷江西
湖東長吏素稱嚴明於僚屬中獨敬異之選充翰林
供奉御史臺又改擢福建閩海道知事閩俗素汙文

繡局取良家子為繡工無別尤甚梓作歌詩一篇述
其弊廉訪使取以上聞皆罷遣之其弊遂革未幾移
疾歸故里天曆二年授湖南嶺北道廉訪司經歷以
養親辭是歲母喪明年十月亦以疾卒年五十九所
著詩文多傳於世梓持身廉正居官不可干以私跡
食欲水泊如也吳澄以道學自任少許可嘗曰若身
父可謂特立獨行之士矣為文志其墓以東漢諸君
子擬之

揭傒斯

揭傒斯字曼碩龍興富州人父來成宋鄉貢進士傒
斯幼貧讀書尤刻苦晝夜不少懈父子自為師友由
是貫通百氏早有文名大德間稍出游湘漢湖南帥
趙淇雅號知人見之驚曰他日翰苑名流也程鉅夫
盧摯先後為湖南憲長咸器重之鉅夫因妻以從妹
延祐初鉅夫列薦于朝特授翰林國史院編修官
時平章李孟監修國史讀其所撰功臣列傳歎曰是
方可名史筆若他人直腥爾升應奉翰林文字
仍蕪編修還國子助教復留為應奉翰林省母旋復
召還傒斯凡三入翰林朝廷之事臺閣之儀靡不閑
習集賢學士王約謂與傒斯談治道大起人意授之

元史列傳卷六十八　　十五　　周鼎

以政當無施不可天曆初開奎章閣首擢為授經郎以
教勳戚大臣子孫文宗時幸閣中有所咨訪奏對稱旨
恒以字呼之而不名每中書奏用儒臣必問曰此材何
如揭曼碩間出所上太平政要策以示臺臣曰此朕授
經郎揭曼碩所進也其見親重如此富州地不產金官
府惑於姦民之言為募淘金戶三百而以其人總之散徙
他郡采金以獻歲課自四兩累增至四十九兩其人既
死而三百戶所存無什一又貧不能生有司遂責民之受
役於官者代輸民多以是破產中書因傒斯言遂蠲其
征民賴以甦富州人至今德之與俯經世大典文宗取

其所撰憲典讀之顧謂近臣曰此豈非唐律乎特授藝
文監丞參檢校書籍事且屢稱其純實欲用之會文
宗崩而止元統初詔趨赴吏部銓者必移集賢考較
服表裏各一躬自辯識以授之遷翰林待制陞集賢學
士階中順大夫先是儒學官下國子監下博士吏文海嶒動逾累月
其所業集賢下是便之命賜陞集賢學
傒所請更其法以事付本院屬官人甚便之奉旨祠北
嶽濟瀆南鎮便道西還時泰王伯顏當國屢促其還傒
斯引疾固辭既而天子親權為奎章閣供奉學士乃郎
日就道未至改翰林直學士及開經筵再陞侍講學士

元史列傳卷六十八　　十六　　周鼎

同知經筵事，以對品進階中奉大夫。時新格超陞不
越二等，獨僕斯進四等，轉九階，蓋異數也。經筵無專
官，曰領曰知，多率執大臣，故微辭奧義必屬僕斯討
定而後進，其言性往寫獻替之誠，務以裨益治道。天
子嘉其忠懇，數出金織文段以賜。至正三年，年七十，
還撰明宗神御殿碑文成，賜楮幣萬緡、白金五十兩，
中宮賜白金亦如之。求去不許，命丞相脫脫及執政
大臣面諭毋行。僕斯曰：使揭僕斯有一得之獻，諸公
用其言而去，詔遣使追及于浙南，尋復奉上尊諭旨
用其言而天下蒙其利，雖死于此何恨，不然何益之

五十三　《元史列傳卷六十八》　七　徐仲明

四七

有丞相因問方今政治何先。僕斯曰：儲材為先，養之
於位望未隆之時，而用之於周密庶務之後，則無失
材廢事之患矣。一日集議朝堂，僕斯抗言當蔫行新
舊銅錢以救鈔法之弊。執政言不可，僕斯持之益力。
丞相雖稱其不阿，而竟莫行其言也。詔脩遼金宋三
史，僕斯與為總裁官。丞相問脩史以何為本，曰：用人
為本。有學問文章而不知史事者，不可與；有史
事而心術不正者，亦不可與。用人之道，又當以
心術為本也。且與僚屬言：欲求作史之法，須求作史
之意。古人作史，雖小善必錄，小惡必記，不然何以示

懇勤，由是毅然以筆削自任，凡政事得失、人材賢否，
一律以是非公至於物論之不齊，必反覆辯論，以
求歸於至當而後止。四年，遼史成，有旨獎諭，仍留早
成金宋二史，僕斯留宿史館，朝夕不敢休，因得寒疾，
七日卒。時方有使者至自上京，錫宴史局，以僕斯故
改宴日，使者以聞，帝為嗟悼，賜楮幣萬緡，仍給驛舟
護送其喪歸江南。六年，制贈護軍，追封豫章郡公，謚
曰文安。有勳爵而無官階者，有司失之也。僕斯少
窮約，事親菽水粗具，而必得其歡心。暨有祿入，衣食
稍踰於前，輒懍然曰：吾親未嘗是也。故平生清儉，

三八六　《元史列傳卷六十八》　十八　徐仲明

五十三

至老不渝，終始無間言。立朝雖居散地，而
急於薦士，揚人之善，惟恐不及；而聞吏之貪墨病民
者，則尤不曲為之掩覆。為文章敘事嚴整，語簡而
當，詩尤清婉麗密，善楷書行草。朝廷大典冊及元勳
世德當得銘辭者，必以命焉。殊方絕域咸慕其名，得
其文者莫不以為榮云。

黃溍

黃溍字晉卿，婺州義烏人。母童氏夢大星隕于懷，乃
有娠，歷二十四月始生。溍生而俊異，比成童，授以
書詩，不一月成誦，迫長以文名於四方。中延祐二年

進士第授台州寧海丞縣地瀕鹽場亭戶恃其不統
於有司肆毒害民編戶隸漕司及財賦府者亦謂名
有所憑橫暴尤甚潛皆痛繩以法吏以利害白弗顧
也民有後母與僧通而酖殺其父者及誣民所爲獄
年名在盜籍者而謀爲劫奪未行邑大姓執之圖中
上論之如本條免死者十餘人不決潛爲之疏剔以其獄
賞格初無獲財左驗事久知其姦僞辛直其寃惡少
司石堰西場監運改諸曁州判官延海官晌例以三
載一新費出于官而責足于民有餘則擅其事者私

元史列傳卷六十八　十九

馬潛博卽浮蠹以餘錢還民雖呼而去奸民以偽鈔
鈎結黨與脅擾人財官若吏聽其謀挾往新昌天台
寧海東陽諸縣株連所及數百家民受戕至慘郡府
下潛鞫治潛一問皆引伏官吏除名同謀者各杖遣
之有盜繫於錢唐縣獄游民賂獄吏私縱之假署文
牒發其來爲向導逮捕二十餘家潛訪得其情以正
盜宜傳重議持僞文書來者又非州民俱械還錢唐
訕者自明入爲應奉翰林文字同知制誥薰國史院
編脩官轉國子博士視弟子如朋交未始以師道自
尊輕納人拜而來學者滋益恭業成而仕皆有聞于

世時欲增設禮殿配位四配位合東坐而西向學官
或議分置於左右同列不敢爭潛獨面折之事乃止
出爲江浙等處儒學提舉潛年始六十七不俟引年
丞上納祿侍親之請絕江徑歸俄以秘書少監致仕
未幾落致任除翰林直學士知制誥同脩國史同知經延
紋段賜之陞侍講學士知制誥同脩國史數出金織
經延官執經進講者三十有二帝嘉其忠數出金織
事階自將仕郎七轉至中奉大夫來歸不俟
報而行帝聞之遣使者追還京師復爲前官久之始
得謝南還優游田里間凡七年卒於繡湖之私第年

元史列傳卷六十八　廿

八十一贈中奉大夫江西等處行中書省叅知政事
護軍追封江夏郡公謚曰文獻潛天資介特在州縣
唯以清白爲治月俸弗給每竊產以佐其費及升朝
行挺立無所附足不登鉅公勢人之門君子稱其清
風高節如氷壺玉尺纖塵弗汙然剛中少容儼物或
弦急霆震若未易涯涘一旋踵間胸如陽春潛之學
博極天下之書而約之於至精剖析經史疑難及古
今因革制度名物之屬旁引曲證多先儒所未發文
辭布置謹嚴援據精切俯仰雍容不大聲色譬之澄
湖不波一碧萬頃魚鱉蛟龍潛伏不動而淵然之光

自不可犯所著書有曰擯齋槀三十三卷義烏志七
卷筆記一卷同郡柳貫吳萊皆浦陽人貫字道傳器
局凝定端嚴若神甞受性理之學於蘭溪金履祥必見
諸躬行自幼至老好學不倦凡六經百氏兵刑律曆
數術方技異教外書靡所不通作文沉鬱春容涵肆
演迤人多傳誦之始用察舉爲江山縣儒學教諭仕
至翰林待制與潛及臨川虞集豫章揭傒斯齊名人
號爲儒林四傑所著書有文集四十卷字系二卷近
思錄廣輯三卷金石竹帛遺文十卷年七十三卒萊
字立夫集賢大學士直方之子也筆行稍後於貫潛天

資絶人七歲能屬文凡書一經目輒成誦甞徃族父
家日易漢書一恍以去族父迫扣之萊烺然而誦不
遺一字三易他編皆如之衆驚以爲神延祐七年以
春秋舉上禮部不利退居深襄山中益窮諸書奧旨
著尚書標說六卷春秋世憂圖二卷春秋傳授譜一
卷樂府類編一百卷孟子弟子列傳二卷楚漢正聲二
卷古職方錄八卷唐律删要三十卷文集六十卷
他如詩傳科條春秋經說胡氏傳證誤皆未脫槀萊
尤喜論文甞云作文如用兵兵法有正有奇正是法
度要部伍分明奇是不爲法度所縛舉眼之頃千變

萬化坐作進退擊刺一時俱起及其欲止什伍各還
其隊元不曾亂聞者服之貫平生極愼許與每稱萊
爲絶世之才潛晚年謂人曰萊之文斬絶雄深類秦
漢間所作實非今世之士也吾縱操觚一世又安敢
及之哉其爲前輩所推許如此萊以御史薦調長鄉
書院山長未上卒年僅四十有四君子惜之私諡曰
淵頴先生

傳卷第六十八

　張起巖

張起巖字夢臣其先章丘人五季避地禹城高祖迪
以元帥右監軍權濟南府事徙家濟南當金之季張
榮撫有章丘鄒平濟陽長山辛市蒲臺新城淄州之
地歲兩戌歸於太祖始終能效忠節迪與其子福實
先後羽翼之福仕爲濟南路軍民鎮撫兵鈐轄權府
事生東昌錄事判官鐸鐸生四川行省儒學副提舉

　張起巖

範範生起巖初其毋立氏有娠見長蛇數丈入欄下
已忽不見乃驚而誕起巖幼從其父學年甫冠以擧
業爲福山縣學教諭値縣官捕蝗移攝縣事久之聽
斷明允其民相率曰若得張敷諭爲真縣令尹吾屬何
憂爲政成還安立中延祐乙卯進士首選除同知登
州事特旨徵修撰轉國子博士升國子監丞進
翰林待旨制兼國史院編修官丁内艱服除選爲監察御
史中書楊廷玉以墨敗臺臣奉旨就廟堂逮之下
吏丞相倒剌沙疾其權辱同列悉誣臺臣罔上欲實
之重辟起巖以新除留臺抗章論曰臺臣按劾百官

論列朝政職使然也今以奉職獲戾風紀解體正直
結舌忠良寒心殊非盛世事且世皇建臺閣廣言路
維持治體陛下即位詔旨動法祖宗令臺臣坐謫公
論杜塞何謂法祖耶章三上不報起巖爭愈急
帝感悟事乃得釋猶坐罷免還鄉里遷中書右司
員外郎進左司郎中兼經筵官拜禮部尚書丁外
艱服除政燕王府司馬拜禮部尚書文宗親郊起巖
充大禮使導帝陟降步武有節衣前後襜如陪位百
官望之如古圖畫中所觀帝甚嘉之賜賚優渥轉叅
議中書省事尋宗崩燕南俄起大獄有妄男子上變
言部使者謀不軌按問皆虛法司謂唐律告叛者不
反坐起巖舊謂同列曰方今嗣君未立人情危疑不
丞誅此人以奸謀妨大計趣有司具獄都人蕭
然大事尋定起巖即攝衣而起丞相以爲忤已遷翰林侍
講學士知制誥兼修國史脩三朝實錄加同知經筵
事御史臺奏除陝西行臺侍御史將行復留爲侍講學士
侍御史知制誥兼脩西廉訪使不久已而擢陝西行臺
名入中臺爲侍御史轉燕南廉訪使拜江南行臺侍御史
容貸貧民賴以吐氣滹沱河水爲眞定害起巖論封

河神為侯爵而移文責之復脩其隄防淪其湮鬱水
患遂息陞江南行臺御史中丞拜翰林學士承旨知
制誥兼脩國史知經筵事右丞相別怯里不花為臺
臣所紏去位未幾再入相諷詞臣言臺章之非起巖
執不可聞者壯之俄拜御史中丞論事剴直無所顧
忌與上意多不合詔脩遼金宋三史充總裁官積階
至榮祿大夫起巖熟於金源典故宋儒道學源委尤
多究心史官有露才自是者每立言未嘗起巖攄理
寬定深厚醇雅理致自足史成年始六十有五遂上
疏乞骸骨以歸後四年卒諡曰文穆起巖面如紫瓊
美髯方頤而眉目清揚可觀望而知為雅量君子及
其臨政決議意所皆鄉屹若泰山不可回奪或時面
折人面頸赬赤不少恕廟堂憚之識者謂其外和中
剛不受人籠絡如歐陽脩名聞四裔安南脩貢其陪
臣致其世子之辭必候起巖起居性孝友少孤窮約
下惟教授躬致米百里外以養父母撫弟如石教之
官學無不備至舉親族弗克葬者二十餘喪且買田
以給其祭凡獲俸賜必與故人賓客共之卒之日廩
無餘粟家無餘財先是至元乙酉三月乙亥太史奏
文昌星明文運將興時世祖行幸上京明日丙子皇
孫降生於儒州是夜起巖亦生其後皇孫踐祚是為
仁宗始詔設科取士及廷試起巖遂篆隸為第一人
論者以為非偶然也起巖博學有文善篆隸有華峯
湯彙華峯類藁金陵集各若干卷藏于家子二人琳琛

歐陽玄

歐陽玄字原功其先家廬陵與文忠公脩同所自出
至曾大父新始遷居瀏陽故玄為瀏陽人幼岐嶷母
李氏親授孝經論語小學諸書八歲能成誦始從鄉
先生張貫之學日記數千言即知屬文十歲有黃冠
師注目視玄謂貫之曰是兒神氣凝遠目光射人異
日當以文章冠世廊廟之器也言訖而去亟追與語
已失所之部使者行縣玄以諸生見命賦梅花詩立
成十首晚歸增至百首見者駭異之年十四益從宋
故老習為詞章下筆輒成章每試庠序輒占高等弱
冠下帷數年人莫見其面經史百家靡不研究伊洛
諸儒源委尤為淹貫延祐元年詔設科取士玄以尚
書與貢明年賜進士出身授岳州路平江州同知調
太平路蕪湖縣尹縣多疑獄久不決玄察其情皆為
平反豪右不法虐其驅奴玄斷之從良貢賦徵發及

時民樂趨事教化大行飛蝗獨不入境改武岡縣尹
縣控制溪洞蠻獠雜居撫字稍乖輒弄兵相攻玄至
諭月赤水太清兩洞聚衆相攻殺官曹相顧失色計
無從出玄即日單騎從二人徑抵其地諭之至則死
傷滿道戰鬥未巳獠人熟玄名弃兵伏羅拜馬首曰
我曹非不畏法緣訴其事於縣官不爲直反以縣
役橫斂掊克之情有弗堪乃發憤就死耳不意煩我
清廉官自来玄喻以禍福歸爲理其訟獠人遂安召
爲國子博士陸國子監丞致和元年還翰林待制兼
國史院編修官時當兵興玄領印攝院事日直內延

裁決機務凡遠近調發制詔書檄既而改元天曆郊
廟建后立儲肆赦之文皆經撰述復條時政數十事
實封以聞多推行之明年初置奎章閣學士院又置
藝文監隸爲皆選清望官居之宗親署玄爲藝文
少監奉詔纂修經世大典陞太監檢校書籍事元統
元年俄兼國子祭酒召赴中都議事陞翰林直學士編修四朝
實錄重紀至元五年足患風痺乞南歸以便
兼國子祭酒酒不久拜翰林學士未幾懇辭去位帝復不久
醫藥帝不允拜翰林學士未幾懇辭去位帝復
免其行朝賀禮至正政元更張朝政事有不便著集

議廷中玄極言無隱科目之復沮者尤衆玄尤力爭
之未幾南歸復起爲翰林學士以疾未行詔修遼金
宋三史召爲總裁官發凡舉例俾論撰者有所據依
史官中有悻悻露才論議不公者玄不以口舌爭俟
其呈藁援筆竄定之統系自正至於論贊表奏皆以
屬筆五年帝以玄歷仕累朝且有修三史功諭丞
相超授爵秩遂擬拜翰林學士承旨及入奏除福建
廉訪使行次淛西疾復作乃上休致之請作南山隱居
者再三已而乞致仕帝復不久御史臺奏除福建廉
優游山水之間有終焉之志

屢力辭不獲命奉勅定國律尋乞致仕陳情懇切乃
特授湖廣行中書省右丞不仍前翰林學士承旨賜
以終其身將行帝復降旨不仍前翰林學士承旨
進階光祿大夫十四年汝潁盜起蔓延南北州縣幾
無完城玄獻招捕之策千餘言鑿鑿可行當時不能
用之時將大赦天下宣赴內府道梗欲由蜀還郷帝
不久時將大赦天下宣赴內府道梗欲由蜀還郷帝復丞
相傳旨有與至延春閣下實異數也是歲十二月戊
戌卒於崇教里之寓舍年八十五中書以聞帝賜賻
甚厚贈崇仁昭德推忠守正功臣大司徒柱國追封

楚國公諡曰文玄性度雍容含弘縝密處已儉約為
政廉平歷官四十餘年在朝之日始四之三三任成
均而兩為祭酒六入翰林而三拜承旨修實錄官大典
三史皆大制作屬主文衡兩知貢舉及讀卷官凡宗
廟朝廷雄文大冊播告萬方制誥多出玄手金繒上
尊之賜幾無虛歲海內名山大川釋老之宮王公貴
人墓隧之碑得玄文辭以為榮片言隻字流傳人間
咸知寶重文章道德卓然名世羽儀斯文贊衛治具
與有功焉玄無子以從子達老後復先玄卒有圭齋
文集若干卷傳于世

三百六十三

許有壬

許有壬字可用其先世居潁後徙湯陰有壬幼穎悟
讀書一日五行嘗閱衡州淨居院碑文近千言一覽
輒背誦無遺年二十暢師文薦入翰林不報授開寧
路學正陞教授未上辟山比廉訪司書吏權延祐二
年進士第授同知遼州事會關中有警鄰州聽民出
避棄孩嬰蒲道上有壬獨奮弓箭手閉城門以守卒
獲無虞州有追逮不許胥隸足跡至村疃唯給信牌
令執里役者呼之民安而事集右族貪庢者懲之寬
獄雖有成案皆平翻而釋其罪州遂大治六年已未

除山比廉訪司經歷至治元年遷吏部主事二年轉
江南行臺監察御史行部廣東以貪墨勁罷廉訪副
使哈只蔡衍至江西僉廉訪使苗好謙監焚昏鈔檢
視鈔者日至百餘人好謙恐其有弊痛鞭之人畏避
莫能償有壬覆視之卒真為偽以迎其意筦庫吏而下榜掠無全膚迄
率剔真為偽以迎其意筦庫吏而下榜掠無全膚迄
人畏之如虎狼者有壬悉摘治以法部內肅然召拜
監察御史八月英宗暴崩於南坡賊臣鐵失遣使者
史中丞董守庸守庸謂宮禁事非子所當問有壬即
自上京至封府庫收百官印有壬知事急即往告御
史大夫紐澤先還京師有壬即袖疏上之及帝至復
上章言帖木迭兒之子瑣南與闊大遊乞賜典刑其
兄弟勿令出入宮禁中書平章政事王毅右丞高昉
橫羅奪爵而四川行省平章政事趙世延受禍尤慘
皆請雪寬復職繼上正始十事一曰輔翼太子宜先
訓導二曰進選長官宜削兼領五曰武備廢弛宜加
貴賊四曰欲謹兵權宜先培養三曰通籍宮禁宜別
備餉六曰賊臣妻妾宜禁勢官徵索七曰前敕權以

附鐵失之罪以俟十月鐵失伏誅泰定帝發上都御
疏守庸及經歷朵爾只班監察御史郭也先忽都阿

正變宜奉詔以正名八曰帖木迭兒諸子宜籍没以
懲惡九曰考驗經費以減民賦十曰撙節浮蠹以紓
國用帝多從之奏定元年初立詹事院選為中議讓
中書左司貟外郎京畿饑有壬請振之同列讓曰子
言固善其如蠹國邪卒白於丞相鐩糧四十萬斛濟之民頼以
活者甚衆國學舊法每以積分次第貢以出官執政
旦蠹國邪雖未盡善然可以推擇德行為務有壬
用監丞張起巖議欲廢之而以推擇德行為務有壬
惟德行之擇其名固佳恐皆厚貌深情專意外飾或

《元史傳卷六十九》 九 陳文遠

惜不能識丁矣議父不決三年六月陸右司郎中其
事遂行已而復竊竊盗例有賞論者多疑其偏有淹
四十餘年者舉訴於馬首有壬曰盗賊方熾求疵太
甚緩急何以使人但經部使者覆覈者皆予官俄移
左司郎中每遇公議有壬屢爭事得失汎掃積滯幾
無留牘都事宋本退語人曰此貞觀開元間議事也
明年丁父憂天曆三年權兩淮都轉運鹽司使先是
鹽法壞廷議非有壬不能集事故有是命有壬詢究
弊端立法而通融之國課遂益至順二年二月召衆
議中書省事未幾以丁母憂去元統元年復以參議

召明年甲戌拜治書侍御史轉奎章閣學士院侍書
學士仍治臺事會福達魯花赤完卜藉丞相勢宿衛
東宮其行頗滛穢御史劾之完卜藉御史大夫家有
壬捕而遺之九月拜中書參知政事知經筵事帝詔
羣臣議上皇尊號為太皇太后有壬曰皇上於
皇太后母子也若加太皇太后則為孫矣非禮也貌
弗之從有壬曰今制封贈祖父母降於父一等盖
推恩之法近重而遠輕矣豈所謂尊之者邪弗之聽中書
推而遠之乃反輕尊號之者邪弗之聽中書
平章政事徹理帖木兒挾私憾奏罷進士科有壬廷

《元史傳卷六十九》 十 陳文遠

爭甚苦不能奪遂稱疾在告帝強起之拜侍御史會
汝寧棒胡反大臣有忌漢官者取賊所造旗幟及偽
宣勑班地上問曰此欲何為耶意漢官讜言反將以
罪中之有壬曰此曹建年號稱老君太子部署士
卒以敵官軍其反狀甚明尚何言其語遂塞廷議欲
行古剗法立行樞密院禁漢人南人勿學蒙古畏吾
兒字書有壬皆爭止之重紀至元初長蘆韓公溥因
家藏兵器遂起大獄株連臺省若多以贓敗獨無有
壬名由是忌者益甚有壬度不可留遂歸彰德已而
南遊湘漢間至元六年召入中書仍為參知政事明

年政元至正有壬極論帝當親祠太廟毋后虛位徽
政院當罷政元命相當合為一詔冗職當沙汰錢糧
二年襄加慶善八及李羅帖木兒獻議開西山金口
導渾河踰京城達通州以通漕運丞相脫脫主之甚
力有壬曰渾河之水湍悍易決而足以為害淤淺易
塞而不可行舟況地勢高下甚有不同徒勞民費財
耳不聽後卒如有壬言先是有壬之父熙載仕長沙
日設義學訓諸生既歿而諸生思之為立東岡書院
朝廷賜額設官以為育才之地南臺監察御史木八

刺沙緣睢眦憖言書院不當立并攢浮辭誣巇有壬
并其二弟有儀有孚有壬遂稱病歸四年改江淛行
省左丞辭六年召為翰林學士既上又辭監察御史
累章辨其誣俄拜淛西廉訪使未上復以翰林學士
承旨召仍知經筵事明年夏授御史中丞賜白玉東
帶及御衣一襲未幾復以病歸監察御史荅蘭不花
街有壬時短長之奏劾甚力事尋白十二年盜起河
南聲撼河朝間有壬畫備禦之策十五條以授郡將
累籍以安十三年起拜河南行省左丞朝廷遣將出
征環河南境連營以百數一切薨餉皆仰給之有壬

從容集事若平時然十五年遷集賢大學士尋改樞
密副使後拜中書左丞時以言薦諸有壬力言朝廷
務行姑息之政賞重罰輕故將士貪懦子女玉帛而
無闔志遂倡招降之策言大喜有壬獨疑其
來言張士誠乞降衆卒且成皆大喜有壬獨疑其
妄呼僧詰之果語塞不能對轉集賢大學士兼太子
左諭德階至光祿大夫有壬前朝舊德久頗敬禮
之一日入見方臂鷹鸞以為樂遽呼左右屏去十七
年以老病力乞致其事久之始得請給俸賜以終其
身二百廿五年九月二十一日卒年七十八有壬歷事

七朝垂五十年遇國家大事無不盡言皆一根至理
而曲盡人情當權臣恣睢之時稍忤意輒誅竄隨之
有壬絕不為巧避計事有不便明辨力諍不知有死
生利害君子多之有壬善筆札工辭章歐陽玄序其
文謂其雄渾閎雋溟如層瀾迫而求之則淵靚深實
蓋深許之也所著有至正集若干卷謚曰文忠子一
人曰楨

宋本

宋本字誠夫大都人自幼穎拔興輩兒既成童聚經
史窮日夜讀之句探字索必通貫乃已嘗從父禎官

江陵江陵王奎文明性命義理之學本性質所得造
詣日深善為古文辭必巳出峻潔剋厲多微辭年四
十始還燕至治元年策天下士于廷本為第一人賜
進士及第授翰林修撰泰定元年春除監察御史首
言逆賊鐵失等雖伏誅其黨框南乞早正天討國制範黃金
捕之違期不獲猶治罪太常失典守及在京民間捕官
為太廟神主仁宗室盜竊去本言在法民間失盜
皆當罷去又言中書宰執日趨禁中固寵苟安兼旬
不至中堂壅滯機務乞戒飭臣僚自非入宿衛日必
諸所署治事皆不報踰月調國子監丞夏風烈地震
有旨集百官雜議弭災之道時宿衛士自北方來者
復道歸乃百十為群剽劫殺人桓州道中既逮捕旭
妻女車過郎門千戶悅之并從者奪以入朱泣訴於
滅傑奏犂之蒙古千戶使京師宿邸中適民間朱甲
中書旭滅傑庇不問本適與議本復抗言鐵失餘黨
未誅仁廟神主盜未治朱甲冤未伸刑桓州盜未治
政失度民憤天怒災異之見職此之由辭氣激奮眾
皆擧聽冬移兵部貟外郎二年轉中書左司都事會
議招撫溪洞民故將李牟山之子當假兵部尚書從

諸王帥兵征蠻林州徭民李在道納姜留不進兵敗
歸框密副使王小鄰吉台言李平徭有功當遷官本
言李棄軍娶妻逗撓軍期亟正諸法況可官邪王
色沮乃不敢言旭滅傑皆西域人西域富賈以其國
與平章政事烏伯都剌沙丞相倒剌沙當國得君
異石名曰瑣者來獻其佑鉅萬或未酬其直諸當有
自禁中出至政事堂集宰僚命左貟外郎胡
過為司憲憾官或有出其門下者三年冬烏伯都剌
累朝所獻諸物之直擅用自英廟至今為憲臺奉官
舜以詔葉示本乃以星辰地震赦天下仍命中書酬
者本讀竟白曰今警災異而民獻物未酬直者憤怨
此有司細故形諸王言必貽笑天下司憲槵有罪者
官世祖成憲也今上郎位累詔法世祖今擢用之是
廢成憲而反汗前詔也後復有邪使賊穢者將治之
邪置不問邪宰執聞本言相視嘆息罷去明日宣詔
竟本遂稱疾不出四年春遷禮部郎中天曆元年冬
陞吏部侍郎二年改禮部侍郎是年文宗開奎章閣
宜藝文監檢校書籍超大監至順元年進奎章閣學
士院供奉學士二年冬出為河東廉訪副使將行擢
禮部尚書三年冬寧宗崩順帝未至皇太后在興聖

宮正旦議循故事行朝賀禮本言宜上表興聖宮廢
大明殿朝賀衆是而從之元統元年兼經筵官冬拜
陝西行臺治書侍御史不拜後留爲奎章閣學士院
承制學士仍兼經筵官二年夏轉集賢直學士兼國
子祭酒兼經筵如故是年冬十一月二十五日卒年
五十四階官自承務郎十轉至太中大夫本性高抗
不屈持論堅正制行純白不可干以私而篤朋友之
義堅若金鐵人有片善稱道不少置左右以植立斯文
自任知貢舉取進士蒲百人額爲讀卷官增第一甲
爲三人父官南中貧賣宅以去居官清愼自持饘粥

至不給本未弱冠聚徒以養親殆二十年歷仕通顯
猶僦屋以居及卒非賻贈毅不能給棺斂軹絉者近
二千人皆縉紳大夫門生故吏又國子諸生未嘗有
一雜實時人榮之本所著有至治集四十卷行于世
諡正獻弟駿字顯夫登泰定元年進士第授校書郎
累官至翰林直學士諡文淸駿嘗爲監察御史於朝
廷政事多所建明其文學與本齊名人稱之曰二宋
云

謝端

謝端字敬德蜀之遂寧人宋末蜀士多避其江陵因

家爲端幼穎異五六歲能吟詩十歲能作賦弱冠與
尚書宋本同師明性理爲古文又同教授江陵城中
以文學齊名時號謝宋史杠宣慰荊南數加延禮薦
之姚樞樞方以文章大名自負少所許可以所爲文
際端一讀即能指摘其用意所在樞歎獎不已語
人後二十年若謝端者豈易得哉用薦者署校官不
報科舉法行就試河南行省中其舉以內艱不會試
延祐五年乃擢進士乙科授承事郎潭州路同知湘
陰州事歲蒲入爲國子博士遷太常博士盜入太廟
失第八室黃金主坐罷去端禮官非典不當坐亦

不辨尋除翰林脩撰陞待制以選爲國子司業遂爲
翰林直學士階太中大夫端善爲政筮仕湘陰猾吏
東手不敢舞文法豪民無賴者遠去部使者行部
旁郡讞訟皆誣端剖決如流績譽檔然其文章
嚴謹有法寧約近瘠無奢滋居翰林久至順元統
以來國家崇號慈極升枏先朝加封宜聖考姚制冊
多出其手預脩文宗明宗寧宗三朝實錄及累朝功
列傳時稱其有史才初文宗建奎章閣蒐羅中外
才俊置其中當語阿榮曰當今文學之士朕惟未識
謝端亡何文宗崩竟不及用端又與趙郡蘇天爵

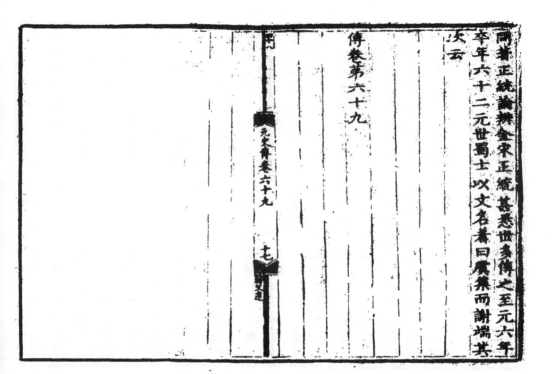

何嘗正統義辯金宋正統甚悉世多傳之至元六年
卒年六十二元世蜀士以文名蓋曰虞集而謝端甚
次云

傳卷第六十九

元史卷六十九

七

翰林學士亞中大夫知制誥兼修國史宋濂朝列大夫知制誥同修國史臣王禕等奉勅修

王守誠

　　王守誠

王守誠字君實太原陽曲人氣宇和粹性好學從鄧
文原虞集游文辭日進泰定元年試禮部第一廷對
賜同進士出身授秘書郎遷太常博士續編太常集
禮若干卷以進轉藝林庫使與著經世大典拜陝西
行臺監察御史除奎章閣鑒書博士拜監察御史僉
山東廉訪司事改戶部員外郎中書右司郎中拜禮
部尚書與修遼金宋三史書成擢僉議中書省事調
燕南廉訪使至元五年帝遣使宣撫四方除守誠河
南行省參知政事與大都留守苫爾麻失里使四川
首為雲南都元帥述律鐵爾直有文武材初四川廉
訪使某與行省平章其不相能誣宣使蘇伯延行賄
於平章某疲死獄中至是伯延親屬有魠會茶鹽轉
運司官亦訟廉訪使累受金廉訪使倉皇去官至楊
州死寃之餘皆斥去皆以事罷憲史四人奏差一人籍其
家而寃之餘皆斥去重慶銅梁縣尹張文德斬其首得懷
年執兵刃疑為盜搶執之果拒敵文德斬其首得懷

〈元史傳卷十〉　一

中帛族書曰南朝趙王賊黨聞之遂焚封雙山文德捕殺
百餘人重慶府官以私怨使縣吏誣之乃議文德罪比
不即捕強盜例加四等遇赦免猶擬杖一百守誠至為
直其事他如以賊罪誣人動至數千緡與夫小民田婚
之訟殆百十計守誠皆辨析詳讞碑吐實為之平反
州縣官多取職田者累十有四人悉鏟正之因疏言仕
於蜀者地僻路遠俸給何以自養請以戶絕及屯
田之荒者召人耕種收其入以增祿秩宜賓縣尹楊濟
亨欲於蟠龍山建憲宗神御殿儒學提舉謝晉賢請復
文翁石室為書院皆采以上聞成之風采聳動天下論
功居諸道最進資政大夫河南行省左丞未上母劉氏
歿于京師聞喪巫歸逮遘疾以至正九年正月卒年五
十有四帝賜鈔萬緡謚文昭有文集若干卷

〈元史傳卷七十〉　二

王思誠

　　王思誠

王思誠字致道兗州嵫陽人天資過人七歲從師授
孝經論語即能成誦家本業農其祖佑詬家人曰兒
大不教力田反教為迁儒邪思誠愈自力弗懈後從
汝陽曹元用游學大進中至治元年進士第授管州
判官召為國子助教改翰林國史院編修官尋陞應
奉翰林文字再轉為待制至正元年還奉議大夫國

子燕二年拜監察御史上疏言京畿去年秋不雨
冬無雪方春首月螽生黃河水溢盎不雨者陽之亢
水涌者陰之威也嘗聞一婦銜冤三年大旱住歲伯
顏專擅威福醢殺不辜鄰王之獄燕鐵木兒宗黨死
者不可勝數非直一婦之冤而已豈不感傷和氣耶
宜雪其罪勑有司行禱百神牲幣祭河伯發卒塞
其缺被災之家死者給藥具廡羸可以召陰陽之和
消水旱之變此應天以實不以文也行部至橦州首
言采金鐵冶提舉司設司獄掌囚之應徒配者欽趾
以春金鐵備嘗給衣與食天厲以來水壞金冶因罷

《元史傳卷七十》 三

其給醬草飲水死者三十餘人瀕死者又數人夫罪
不至死乃拘囚至於饑死不若加杻而使速死之愈
也況州縣倶無囚糧次第請定瘐死多寡著為令
袁報其病月日用藥次第請定瘐死多寡著為令
又言至元十六年開壩河設壩夫戶八千三百七十
有七車戶五千七出車三百九十兩船戶九百五
十出船一百九十艘夫累歲逃亡損四五而運
糧之數十增八九船止六十八艘戶止七百六十有
一車之存者二百六十七兩戶之存者二千七百五
十有五晝夜弃馳猶不能給壩夫戶之存者一千八

百三十有二一夫百運四百餘石肩背成瘡顦顇如
鬼甚可哀也河南湖廣等處打捕鷹房打捕戶尚
玉等一萬三千二百二十五戶阿難答百姓劉德元
等二千三百戶可以簽補使勞伏相資又言燕南山
東密邇京師比歲饑饉郡盜縱橫巡尉弓兵與提調
捕盜官會于比賊南則會于比賊西則會于海
道及與賊會望風先遁請立法嚴禁之又言初開海
止於劉家港口以捕盜為名實不出海以致寇賊狙
獪宜即菜州洋等處分兵守之不令泊船島嶼禁鎮

《元史傳卷七十》 四

民與梢水為婚有能捕賊者以船昇之獲賊首者賞
以官仍移江淛河南行省列戍江海諸口以詰海商
還者審非冦賊始令泊船下年糧船開洋之前遣將
士乘海仙鶴於二月終旬入海廵數海道寧息朝廷
多是其議松州官吏誣攜良民以取賂懇于臺者四
十人選思誠鞫問思誠密以他事入松州境靴監州
以下二十三人皆罪之還至三河縣一嫗不已俾
其黨異厥使之言四日賊向盜其芝麻其追及剌之
幾死賊以是圖復讎今弓手欲捕獲功之數適中賊
計其賊實某妻裙也以裙示失主主曰非吾物其黨

調屈遂釋之豐潤縣一四年最火城繁瀕死疑而閉
之曰昏暮三人投宿將詣集場約同行未夜半趣行
至一家間見數人如有宿約者疑之眾以為盜告不
從身以白刃驅之前至一民家衆皆入獨留戶外遂
潛齊赴縣未及報而被收思誠正有司罪少年獲
免出釜河南山西道蕭政廉訪司事行部武鄉縣監
縣來迓思誠私語變屬問思誠敘沒馬乎其人曰然監縣于
道側者問曰得無詐屬縣敕沒馬乎其人曰衣弊乘駿馬非詐
抵縣吏屬問思誠先知之故曰衣弊乘駿馬非詐
而何陝西行臺言欲疏鑿黄河三門立水陸站以達

狀關陝後牘思誠會陝西河南省憲臣及郡縣長吏
視之皆畏險阻欲以虛辭復命思誠怒曰吾屬自欺
何以責人何以待朝廷諸君少留吾當躬詣其地衆
惶恐從之河中灘磧百有餘里隔石錯出路窮舍騎
徒行攀藤葛以進衆喘汗弗敢言九三十里度其
不可力作詩歷叙其險執政采之遂寢其議召修遼
金宋三史調秘書監丞會國子監諸生相率為闕者
爵而降齋者七十人勤者升情者黜於是更相勉勵
命為司業思誠召諸生立堂下飭其首為闕者五人
趙隆兵部侍郎監燒燕南昏鈔忽心悸弗寧已而母

病事畢馳還京師侍疾及丁內憂扶櫬南歸甫譚朝
廷行內外通調法選郡縣守令起思誠太中大夫河
間路總管磁河水頻溢决鉄燈干真定境也
召其邑吏責而懲之送集民丁作堤畫夜賢工苹月
置草舍於上擊木以防盜决是年民獲耕藝歲用大
稔乃募民運碎甃治郭外道高五尺廣倍之仕來
者無泥塗之病南皮民父祖嘗瀕御河種柳輸課於
官名曰柳課後河决柳俱沒官猶徵之九十餘年其
子孫益貧不能償思誠連請于朝除之郡庭生嘉禾

三本一本九莖一本十六莖一本十三莖五六穗
僚屬欲上進思誠曰吾嘗惡人行異政沽美名乃止
所轄景州廣川鎮漢董仲舒之里也河間有福鄉博
士毛萇舊居也皆請建書院設山長貟召拜禮部尚
書十二年帝以四方民頗失業命名臣巡行勸課思
誠至河間及山東諸路召集父老宣帝德意莫不感
泣織進二麥豌豆生穗上尊二召還遷國子祭
酒俄復為禮部尚書與升集賢侍講學士兼國
子祭酒應詔言事一曰置行省丞相以專方面二曰
寬內郡徵輸以固根本三曰汰冗兵以省糧運四曰

改祿秩以養官廉五曰罷行兵馬司以便詰捕六曰
復俾郭縣以正紀綱七曰設常選以起淹滯尋出為
陝西行臺治書侍御史辟以老病不允力疾戒行十
七年春紅巾陷商州奪七盤進據藍田縣距奉元一
舍思誠會豫王阿剌忒納失里及省院官於安西王
月魯帖木兒邸報洶懼無言思誠曰陝西重地天下
之重輕繫焉察罕帖木兒河南名將賊素畏之宜遣
使求援此上策也戍將妬客兵軋已論父不決思誠
曰吾兵弱旦夕失守猶將安歸乃移書察罕帖木兒
曰河南為京師之庭戶陝西實內郡之潘籬兩省相

望互為唇齒陝西危則河南豈能獨安乎察罕帖木
兒新復陝州得書大喜曰先生真有為國為民之心
吾寧負越境擅發之罪遂提輕兵五千倍道來援思
誠犒軍于鳳凰山還定守禦九事夜宿臺中未嘗解
衣同官潛送妻子過渭比思誠止之分守比門其屬
聞事急欲圖苟免思誠從容諭之曰自古皆有死在遲與
定一方期戮力報效死之可也
速耳報乃安既而援兵破賊河南總兵官果以察罕
帖木兒專守關陝仍令便宜行事詔從之行樞密院掾

史田甲受賂事覺匿豫邸監察御史捕之急并繫其
母思誠過市中見之曰嘻古者罪人不孥況其毋乎
吾不忍以子而繫其母之不從也因自劾不
出諸御史謁而謝之初監察御史有封事行自中丞
下惟署紙尾莫敢問其由事行始知之思誠爭曰若是
則上下之分安在九上章必拆視不可行者以臺印
封置架閣庫俄起五省餘丁軍思誠爭曰關中方用
兵困於供給民多愁怨復有是役萬一為變所繫豈
輕耶事遂寢十七年召拜通議大夫國子祭酒時臥
疾聞命即起至朝邑疾復作十月卒于旅舍年六十
有七謚獻蕭

李好文

李好文字惟中大名之東明人登至治元年進士第
授大名路濬州判官入為翰林國史院編修官國子
助教泰定四年除太常博士會盜竊太廟神主好文
言在禮當以木為之金玉祭器宜貯之別室又
言祖宗建國以來七八十年每遇大禮皆臨時取具
博士不過循故事應咨而已徃徃年有詔為集禮而乃
言各省及各郡縣置局纂修宜其久不成也禮樂自
令各省出郡縣何有哉白長院者選僚屬數人仍請出
朝廷

架閣文牘以資採錄三年書成凡五十卷名曰太常
集禮遷國子博士丁內憂服闋起爲國子監丞拜監
察御史時方以至元紀元好文言年號襲舊於古未
聞襲其名而不蹈其實未見其益言時弊不如至
元者十餘事錄囚河東有撒都剌者以足蹴人而死
衆皆曰殺人非刃當杖之好文曰怙勢殺人甚於用
刃豈有不決之獄如是乎卒置之死其父素豪橫其
子之死河東爲之震
悚出僉河南浙東兩道廉訪司事六年帝親享太室

召僉太常禮儀院事至正元年除國子祭酒改陝西
行臺治書侍御史遷河東道廉訪使三年郊祀召爲
同知太常禮儀院事帝之親祀也至寧宗室遣阿魯
問曰兄弟可乎好文與博士劉閐對曰爲人後者爲
之子也帝遂拜由是每親祀必命好文攝禮儀使四年
除江南行臺治書侍御史未行改禮部尚書與修遼金
宋史除治書侍御史仍與史事俄除衆議中書省事視
事十日以史故仍爲治書已而復除陝西行臺治書侍
御史時臺臣皆缺好文獨署臺事西蜀奉使以私憾
摭拾廉訪使曾文博僉事兀馬兒王武事文博死兀

馬兒訴服武不屈以輕侮抵罪好文曰奉使代天子
行事當問民疾苦黜陟邪正今行省以下至於郡縣
未聞舉劾一人獨風憲之司無一免者此豈正大之
體乎率御史力辨武等之枉并奉使不法者十餘
事六年除翰林侍講學士仍兼國子祭酒又遷集賢
侍講學士仍兼祭酒九年出爲湖廣行省政事改集
賢學士仍兼國子祭酒以右丞相脫脫皇太
比道廉訪使尋召爲太常禮儀院使於是帝以皇太
子年漸長開端本堂命皇太子入學以右丞相脫脫
大司徒雅不花知端本堂事而命好文以翰林學士
兼諭德好文力辭上書宰相曰三代聖王莫不以教

世子爲先務蓋帝王之治本於道聖賢之道存於經
而傳經期於明道出治在於學關係至重要在得
人自非德堪範模則不足以啓迪聰明宜求道德之
鴻儒仰成國家之鴻儒仰成德性自非學臻閫
奧則不足以堪之亦不足以望素輕草野之習而久
之威章句之學而溺以事發驪齊重託寔荷誠難
必別加選掄庶國家有得人之助而好文免妨賢
之誚丞相以其書聞帝嘉歎之而不允其辭好文言
欲求二帝三王之道必由於孔氏其書則孝經大學
論語孟子中庸乃摘其要恩繹以經義又取史傳及

先儒論說有關治體而愜經旨者加以所見傲真德
秀大學衍義之例爲書十一卷名曰端本堂經訓要
義舉表以進詔付端本堂令太子習焉好文又集歷
代帝王故事總百有六篇一曰聖慧如漢孝昭後漢
明帝幼敏之類二曰孝友如舜文王及唐玄宗友愛
之類三曰恭儉如漢文帝却千里馬罷露臺之類四
曰聖學如殷宗編學及陳隋諸君不善學之類以爲
帝王是非善惡之所當法當戒者爲書名曰大寶龜
太子問安餘暇問學又取古史自三皇迄金宗歷代
授受國祚纂纘興亡爲書曰大寶錄又取前代
鑑皆錄以進焉父之陸翰林學士承旨階榮祿大夫
十六年後上書皇太子其言曰臣之所言即前日所
進經典之大意也殿下宜以所進諸書恭以貞觀政
要大學衍義等篇果能一一推而行之則萬幾之政
太平之治不難致矣皇太子深敬禮而嘉納之後屢
引年乞致仕辭至再三遂拜光祿大夫河南行省平
章政事仍以翰林學士承旨一品祿終其身

李術魯翀（午遠附）

李術魯翀字子翬其先隆安人金泰和間定女直姓
民屬望廣平祖德從憲宗南征因家鄧之順陽以功

封南陽郡侯父居謙用翀貴封南陽郡公初居謙辟
掾江西以家自隨生翀贛江舟中益鳴者三人以爲
興翀稍長即勤學父沒家事漸落翀不恤而爲學益
力乃自順陽復往江西從家新喻蕭克翁學克翁宋季
政燮之四世孫也隱居不仕學行爲鄉里所敬嘗夜
夢大烏止其所居翼覆軒外舉家驚異出視之冲天
而去明日翀至始名思温字伯和克翁爲易今名
字以夢故後復從京兆蕭斟游其學益宏以肆翰林
學士承旨姚燧見其人多美學問文章
無足與子翬比倫者於是斟以女妻之大德十一年
用薦者授襄陽縣儒學教諭陞汴梁路儒學正會修
世皇實錄燧首以翀薦至大四年授翰林國史院編
修官延祐二年擢河東道廉訪司經歷遷陝西行臺
監察御史賑濟吐蕃多所建白五年拜監察御史時
英皇未出閤翀言宜擇正人以輔導之尋劾
奏中書參議元明善帝初怒不納明日乃命改命善
他官而傳旨慰諭翀廵按遼陽有旨給以弓矢環刀
後因爲定制選往淮東憲司官聲跡淮東憲臣惟
尚刑多置獄具翀曰國家所以立風紀蓋將肅清天
下初不尚刑也取其獄具焚之時有旨九以吏進者

例降二等從七品以上不得用蔭言科舉未立人才
多以吏進者宜止於五品許之因者為令除右司都事時
相鐵木迭兒專事刑戮以復私憾蔭因避去右相使人勞
翰林修撰又改左司都事於是拜住為左相起會
悉加銓叙帝方獵柳林駐故東平王安童碑所因獻
國子監隸中書俾蔭兼領之先是陝西有鞏府縣之
蔭曰今規模已定不同性日宜早至也蔭強為起會
駐蹕頌皆稱盲命坐賜飲尚尊從韋上京次龍虎臺

拜住命蔭傳旨中書蔭領之行數步還曰命蔭傳否
拜住歎曰真謹餝人也間謂蔭曰尒可作宰相否蔭
對曰宰相固不敢當然所學宰相事也夫為宰相者
必福德才量四者皆偹乃足當耳拜住大悅以酒觴之
坐陞非公不聞此言迎駕至行在所蔭入見帝賜之
序泰定元年遷國子司業明年出為河南行省左右
司郎中丞相曰吾得賢佐矣蔭曰世祖立國成憲具
在慎守足矣譬若乘舟非一人之力所能運也蔭乃
開置除嶺省務為之一新三年擢燕南河北道廉訪

使晉州達魯花赤有罪就逮而奉使宣撫以印帖徵
之欲緩其事蔭發其姦奉使因遁去入僉都常儀
院事盜竊太廟神主蔭言各室宜增設都監貟內外
嚴置扃鎖晝巡夜警永為定制從之又纂修太常集
禮書成而未上有旨命蔭兼經筵官文宗之入也大
臣問以典故蔭所建白近漢文故事溫迪罕等十
嘗字呼子輩而不名命蔭與平章政事溫迪罕等
人論大事日夕偹顧問宿直東廡下文宗有阻神器不
以俟明宗蔭極言大兄遠在朔漠比兵有阻神器不
可久盧宜攝位以俟其至文宗納其言及文宗親祀

天地杜稷宗廟蔭為禮儀使詳記行禮節文於笏
至尊不敢直書必識以兩圈帝偶取笏視曰此為皇
帝字乎因大笑以笏還蔭竣事上天厯大慶詩三章
帝命藏之奎章閣擢陝西漢中道廉訪使會立太禧
院除僉太禧宗禮院兼抵承神御殿事詔遣使趣之
還迎駕至龍虎臺帝問子輩來何緩太禧院使阿榮
對曰蔭體豐肥不任乘馬從水道來是以緩耳太禧
臣日聚禁中以便顧問帝嘗問阿榮曰魯子翬飲食
何如對曰與眾人同又問談論如何曰蔭所談義理
之言也從韋上都嘗奉勅撰碑文稱旨帝曰候朕還

大都當還沒潤筆賣也遷集賢直學士兼國子祭酒
諸生素已望獅至是私相歡賀獅以古者教育有業
退必有居攜弟子貢初入學以羊贄所貳之品與
羊等獅曰與其饜口腹執若為吾黨燥濕寒暑之虞
乎命摶集之得錢二萬緡以居學者
諸生積分有六年未及釋褐者獅至皆使就試而官
釋迦之徒天下僧人師也余孔子之徒天下儒人師
也請各不為禮帝師笑而起舉觴卒飲眾為之懍然
大臣俯伏進觴帝師不為動惟獅舉觴立進曰帝師
之帝師至京師有旨朝臣不為作屋四區以居學者

《元史傳卷卅》 主 徐傑

文宗崩皇太后聽政命別不花塔失海牙阿兒思蘭
馬祖常史顯夫双獅六人商論國政獅以大位不可
久虛請嗣君即位早正宸極以章天下神孫即位大
臣以為赦不可頻行獅曰全上以聖子神孫入繼大
統當新天下耳目今不赦豈可收怨於新造之君乎
皇太后以為宜從獅言議乃定還禮部尚書階中憲
大夫有大官妻無子而妾有子者其妻以田盡入于
僧寺遺其子訟之獅名其妻詰之曰汝夫於地下卒反其田
產遺其子他日何面目見汝夫於地下卒反其田歸鄉
統二年除江浙行省參知政事逾年以遷整故歸鄉

里明年召為翰林侍講學士以疾辭不上至元四年
卒年六十贈通奉大夫陝西行省參知政事護軍追
封南陽郡公謚文靖獅狀貌魁梧不妄言笑其為學一
本於性命道德而記問宏博言辭語無不洞貫文章
簡典典雅深合古法用是天下學者仰為表儀其居國
學者久論者謂自許衡之後能以師道自任者惟耶
律有尚双獅而已有文集六十卷子遠字朋道以獅
廕調秘書郎轉襄陽縣尹須次居南陽賊起遠以忠
義自奮傾財募丁壯得千餘人與賊拒戰餓而賊大
至遠被害死遠妻雷為賊所執賊欲妻之乃詆賊曰

《元史傳卷卅》 十六 徐傑 三十六

家皆被害

李洞

我魯參政家婦縣令嫡妻夫死不貳肯從汝狗鼠以
生乎賊醜其言將辱之雷號哭大罵不從乃見殺舉
李洞字瀛之滕州人生有異質始從學即穎悟彊記
作為文辭如宿習者姚燧以文章負大名一見其文
深歎興之力薦于朝授翰林國史院編修官未幾以
親老就養江南久之辟中書掾非其志也又考除集
賢院都事轉太常博士拜住為丞相闢洞名權監修
國史長史歷秘書監著作郎太常禮儀院經歷泰定

初除翰林待制以親喪未克葬辭而歸天曆初復以
待制召於是文宗方開奎章閣延天下知名士充學
士貢洞數進見奏對稱旨超遷翰林直學士俄特授
奎章閣承制學士洞既為帝所知遇乃著書曰輔治
篇以進文宗嘉納之竟以疾進奏旋遣告以歸復除翰
以不預力疾同修書成既進強起曰此大議必使與為詔修
經世大典同修書遇使召之意以疾不能起洞骨清峻如渥
情開朗秀眉疎髯目瑩如電顏面如冰玉而唇如渥
丹然義冠褒衣望之者疑為神仙中人也其為文章

奮筆揮洒迅飛疾動汩汩涌涌思態疊出縱橫奇變
若紛錯而有條理意之所至臻極神妙洞每以李太
白自儗當世亦以是許之嘗游匡廬玉屋少室諸山
留連久乃去人莫測其意也僑居濟南有湖山花竹之
勝作亭曰天心水面文宗嘗勑厚集制文以記之洞
尤善書自篆隷草真皆精詣為世所珍愛卒年五十
九有文集四十卷

蘇天爵

蘇天爵字伯脩真定人也父志道歷官嶺北行中書
省左右司郎中和林大饑救荒有惠政時稱能吏天

爵由國子學生公試名在第一釋褐授從仕郎大都
路薊州判官丁內外艱服除調功德使司照磨泰定
元年改翰林國史院典籍官陞應奉翰林文字至順
元年預修武宗實錄二年陞修撰權江南行臺監察
御史冒瘴毒徧歷其地因有言冤狀者天爵曰憲司歲
兩至當受刑故不言天息每事必究
史至不言何也皆曰前此天爵為之太息每事必究
心雖盛暑猶夜篝燈治文書無倦江陵民文甲無子
育其甥雷乙後乃生兩子而出乙乙俟兩子行賣茶

即舟中取斧並斮殺之沈芬水中而血漬其衣跡故
在事覺乙具服部使者乃以三年之疑獄釋之天爵
曰此事二年半耳且不殺人何以衣污血又何以知
爹在水中又其居去殺人處甚近何謂疑獄遂復真
子理常德民盧甲莫乙汪丙同出備而甲誤墮水死
其夫乙不能明訟甲妻與乙通而殺
甲弟之為僧者欲私甲妻不得訴甲妻與乙通而殺
棄譚氏家溝中吏索果得髑髏然屍與伏皆無有
而譚證謊曾見一屍水漂去天爵曰屍與伏縱存今
已八年未有不腐者召譚詰之則甲未死時曰已瘞

況不止三年俱釋之其明於詳讞大抵此類入為監
察御史道改奎章閣授經郎元統元年復拜監察御
史在官四閱月章疏九四十五上自人君至于朝廷
知無不言所劾者五人所薦舉者百有九人明年預
修文宗實錄遷翰林待制尋除中書右司都事兼經
綖奏贊官後至元二年由刑部郎中改御史臺都事
三年遷禮部侍郎五年出為淮東道肅政廉訪使愨

其言曾見一屍水漂去妄也天爵語吏曰此乃疑獄

綱大振一道蕭然入為樞密院判官明年改吏部尚
書拜陝西行臺治書侍御史復為吏部尚書陸祭議
中書省事是時朝廷更立宰相庶務多所弛張而天
子圖治之意甚切天爵知無不言言無不頷忘夙夜謀
畫須髮盡白至正二年拜湖廣行省參知政事遷陝
西行臺侍御史四年召為集賢侍講學士兼國子祭
酒天爵自以起自諸生進為師長端已悉心以範學
者明年出為山東道肅政廉訪使尋召還集賢充京
譏奉使宣撫民所疾苦察吏之姦貪其興除者七
百八十有三事其糾劾者九百四十有九人都人有
包韓之譽然以忤時相意竟坐不稱職罷歸七年天

子察其詔乃復起為湖北道宣慰使浙東道廉訪使
俱未行拜江浙行省參知政事江浙財賦居天下十
七事務最煩劇劉天爵條分目別細鉅不遺九年召為
大都路都總管以疾歸俄復起為兩淛都轉運使時鹽
法弊甚劇天爵挺治有方所辦課為鈔八十萬定及期
而足十二年妖寇自淮右饒信所克復者一路六縣其
省參知政事總兵于饒雖老帥宿將不能過之然以憂深
略之籌節制之嚴雖老帥宿將不能過之然以憂深
病積遂卒于軍中年五十九天爵為學博而知要長
於紀載嘗著國朝名臣事略十五卷文類七十卷其

為文長於序事平易溫厚成一家言而詩九得古法
有詩豪七卷文豪三十卷於是中原前輩凋謝殆盡
天爵獨身任一代文獻之寄計論講辯雖老不倦晚
歲復以釋經為已任學者因其所居稱之為滋溪先
生其他所著文有松廳章疏五卷春風亭筆記二卷
遼金紀年黃河原委未及脫裏云

傳卷第七十

翰林學士中奉大夫知制誥兼修國史臣宋濂林拱辰制誥兼同知制誥兼國史院編修官臣禎祥等奉

勅修

元史傳卷七十一

王都中

王都中字元俞福之福寧州人父積翁仕宋為寶章閣學士福建制置使至元十三年宋主納土乃以全閩八郡圖籍來入覲世祖於上京降金虎符授中奉大夫刑部尚書福建道宣慰使無提刑按察使尋除參知政事行省江西俄以為國信使宣諭日本至其境遇害子海上都中生三歲即以恩授從仕郎南劍路順昌縣尹七歲從其母葉訴關下世祖閔焉給驛券俾南還賜平江田八千畝宅一區已而世祖追念其父功不置特授都中少中大夫平江路總管府治中時年甫十七僚吏見其年少頗易視之都中遇事剖析動中肯綮皆睊睊不敢欺崑山有詭易官田者車覺而八年不決都中為披故牘洞見底裏其人乃伏辜吳江有違拒有司築堤護田之令而歸過於狀人者都中詢知其故皆置不問其人乃無所逃由舍久壞不治而郡守缺都中曰聖人之道人所共由何獨守得為乎乃首募大家合錢新其禮殿秩除

浙東道宣慰副使金華有毆殺人者吏受賕以為病死都中摘屬吏覆按得其情獄具縣長吏而下皆以贓敗餘姚有豪民張甲居海濱為不法擅制一方吏無敢涉其境都中捕繫之以法遷荊湖北道宣慰副使適歲侵都中躬履山谷以拯其飢民賴以全活者數十萬武宗詔更鈔法行銅錢以都中為監之除江淮泉貨監凡天下為監者六惟江淮所鑄錢號最精歆郴州路總管郴居楚上流谿洞猺獠往來民間憚其強猾莫敢與相貿易都中照之以恩懼之以威乃皆悅服郴民染於蠻俗喜鬭爭都中乃大治學

舍作籩豆籩笙簠琴瑟之屬使其民識先王禮樂之器延宿儒教學其中以義理開曉之俗為之變隣州茶陵富民覃乙死無子惟一小妻及其贅婿誣其壻拜屍成婚藏隱王枢夜明珠株連八百餘人奉州長吏而下計其贓至十一萬五千餘緡人以為神明遷饒州路總管年饑米價翔踊都中以官倉之米定其價為三等言於行省以須糶以下等價糶民乃可得食未報又於下等價減十之二使民就糶時宰怒其專擅都中曰饒去杭幾二千里比議定往還非

元史傳卷七十一

王都中

半月不可人七日不食則死安能忍死以待乎其民
亦相與言曰公爲我董減米價公果得罪我董當粥
妻子以代都時宰聞之乃罷郡歲貢金而金戶貧
富不常都中考得其實乃更定之包銀之法戶不過
二兩而州縣徵之加十倍都中責之一以詔書從事
父老或以兩岐之麥六穗之禾爲獻都中曰此聖主
之嘉瑞非臣下所敢當遂以聞于朝以內憂去郡民
生爲立祠服闋除兩浙都轉運鹽使未上權海北海
南道肅政廉訪使中書奏國計莫重於鹽筴乃
如前除鹽亭竈戶三年一比附推排世祖舊制也任

元史傳卷七十一　三　徐勉

事者恐歛怨久不舉行都中曰爲臣子者使皆避謫
何以集事乃請于行省編歷三十四場驗其物力高
下以損益之役既平而課亦足公私便之擢福建閩
海道肅政廉訪使俄遷福建道宣慰使都元帥又改
浙東道宣慰使都元帥天曆初被省撤整點七路軍
馬境內晏然從廣東道宣慰使都元帥三易鎮皆佩
元降金虎符元統初朝廷以兩淮鹽法久壞詔命都
中以正奉大夫行戶部尚書兩淮都轉運鹽使仍贈
襲衣法酒都中既至莅政所行於兩浙者次第施以
行之鹽法遂修尋拜河南行省參知政事中道以疾

作南歸於是天子閔其家老詔即其家拜江浙行省參
知政事至正元年卒贈昭文館大學士諡清獻都中
歷仕四十餘年所至政譽輒暴著而治郡之績雖古
循吏無以尚之當世南人以政事著名聞天下而位
登省憲者惟都中而已又其清白之操得於家傳所
賜田宅之外不增一廛不易一椽廩祿悉以給族姻
之貧者人尤以是多之幼留京師及拜許衡即知所
趨嚮中年尤致力於根本之學自號曰日齋有詩集

三卷

王克敬

元史傳卷七十一　四　三六五

王克敬字叔能大寧人幼奇穎嘗戲道旁丞相完澤
見之謂左右曰是兒資貌秀偉異日必令器也大寧
朔土習尚少文而克敬獨孜孜爲儒者事既仕累遷
江浙行省照磨尋陞檢校徽州民汪俊上變誣富人
友省臣遣克敬往驗之克敬察其言不實富人
開陳禍福俊悔將對簿竟仰藥以死調奉議大夫知
順州往四明監倭人互市先是佳監者懼外夷情叵
四年往四明監倭人自衛如待大敵克敬至悉去之
測必嚴兵自衛如待大敵克敬至悉去之無以恩意
皆帖然無敢譁有吳人從軍征日本陷於倭者至是

從至中國訴於克敬願還本鄉或恐爲禍楷克敬曰
豈有軍士懷恩德來歸而不之納邪有應吾當坐
事聞朝廷嘉之番陽大饑總管王都中出廩粟賑之
行省欲罪其擅發克敬曰番陽距此千里比待命民
且死彼爲仁而吾屬顧爲不仁乎此中因得免命民
察御史用故事監吏部選有履歷當陞者吏故抑之
問故吏曰有過克敬曰失出在刑部銓曹安知其罪
至是吏曰責輕罪重曰法第四十七以上不陞今不
爲能今王御史乃論增品級可爲世道賀矣尋遷左
重卒座之治書侍御史張伯高曰往往者監選以減駁

司都事時英宗屬精圖治丞相拜住請更前政不便
者會議中書堂克敬首言江南包銀民貧有不能輸
者有司以責之役也當罷之兩浙煎鹽戶
牢盆之役其重者充害民當免其它役議定以聞悉
從之泰定初出爲紹興路總管郡中計口受鹽民困
於誅求乃上言乞減鹽五千引運司弗從因歎曰使
我爲運使當令越民少蘇矣行運省撤克敬抽分舶貨
拗番者例籍其貨商人以風水爲解有司不聽克敬
曰其貨出某國地有遠近貨有輕重冒重險出萬死
舍近而趨遠棄重而取輕豈人情邪具以上聞報不

能奪商人德之擢江西道廉訪司副使轉兩浙鹽運
司使首減紹興民食鹽五千引溫州逮犯私鹽者以
一婦人至怒曰豈有逮婦人千百里外與吏卒雜處
者污教甚矣自今毋得逮婦人建議著爲令明年擢
湖南道廉訪使調海道都漕運萬戶是歲當天曆之
變海漕舟有後至直沽者不果輸復漕而南還行省
欲坐罪督運者勒其還趨直沽克敬以謂脫其常年
而往返若是信可罪今蹈萬死所漕而還豈得已
哉乃請令其計石數附次年所漕京師省臣從
之召爲樞議中書省事有以飛語中大臣者下其事

克敬持古八議之法謂勳貴可以不議且罪狀不明
而輕罪大臣何以白天下宰相傳言大長公主爲皇
外姑賜錢若干平雲南軍還賜錢若干英后入觀賜
克敬曰用財宜有道大長公主供饋素優令賜錢出
錢若干克敬乞覆奏宰相怒曰參議乃敢格詔命邪
無名不當也自諸軍征討以來賞格未下平雲南省
獨先受賞是不均也英后遠還徒御袋多非大錫賚
恩意不能洽令賜物少是不周也宰相以聞帝可
其議拜中泰大夫僉知政事行省遼陽俄除江南行
臺治書侍御史又還淮東廉訪使以正綱紀爲已任

不縱貪墨不阿宗戚聲譽益著入為吏部尚書乘傳
至淮安隆馬居吳中養疾元統初起為江浙行省叅
知政事請罷富民承佃江淮田從之松江大姓有歲
漕米萬石獻米徵弗足則雜置松江田賦中令民包納克敬曰行乞有司
仍歲徵弗足則雜置松江田賦中令民包納克敬曰
四夫安獻米徵名爵以榮一身全身死子孫貧且奪
其爵不可使一郡之人均受其害國用窘乏此耶具
論免之江浙大旱諸民田減租唯長寧寺田不減遂
移牘中書以謂不可忽天變而毒疲民嫡海徭賊竊
欽朝廷調戍兵之在行省者悉討之會提調軍馬官

缺故事漢人不得與軍政衆莫知所為克敬抗言行
省任方面之寄假令萬一有重於此者亦將拘法坐
視邪乃調兵裒捕之軍行給糧有差事聞于朝即令
江西湖廣二省給粮亦如之視事五月請老年甫五
十九謂人曰穴阯而峻墉必危兩實之水必傷其根
無功德而忝富貴何以異此故常懷止足之分也又
曰世俗喜言勿認真此非名言臨事不認真豈盡忠
之道乎故其歷官所至俱有政績可紀時褫名卿奏
敬喜讀書其有所得者輒抄為書又有所著詩文奏
議傳于世元統三年卒年六十一贈中奉大夫陝西

等處行省叅知政事追封梁郡公諡文肅子時以文
學顯歷仕中書叅知政事至左丞以翰林學士承旨
致仕

任速哥

任速哥渤海人自幼事父母以孝稱性倜儻尤峭直
號射而尚氣不尚勢利義之所在必亟為之有古俠
士風而家恂恂儒者不能過初襲父之由為右衛千
戶公卿以其賢薦于朝英宗召見與語奇之出
入禁闥待以心腹將擇重職處之未幾鐵失與倒剌
沙構謀英宗遇弒遂引去自是不復出仕居常扼腕
或醉慟哭過市時人目以為狂莫知其意也泰定

中倒剌沙用事天變數見速哥乃密與平章政事速
速謀曰先帝之讎孤臣朝夕痛心而不能報者以未
有善棄也今吾思之讎孤有子二人長子周王正統
所屬然遠居朔方難以遽意次子懷王人望所歸而
近在金陵易於傳命若能同心推戴以圖大計則先
帝之讎可雪也速速然之時燕帖木兒方命樞密
院事實握兵柄二人深結納之冬乃告以所謀燕帖
木兒初聞之懼然因徐詭之曰天下之事惟順逆兩
塗以順討逆何患不克況公國家世臣與國同休戚

今國難不恤他日有先我而謀者禍必及矣於是燕
帖木兒許之致和元年懷王自金陵遷江陵俄而泰
定帝崩倒剌沙踰月不立君物情洶洶速哥乃與速
速從燕帖木兒奉豫王令率諸豪傑乘時奮義以八
月四日執居守省臣發兵塞居庸諸關召文武百寮
集闕下論以翊戴大義即皇帝位是爲文宗論功乎
京師羣臣請正大統遂迎懷王於江陵懷王至
賞權速哥爲禮部尚書速哥辭曰臣襄備宿衛南坡
之變不能勇效一死以報國士之知今日之舉皆諸
將相之力在臣未足贖罪又昌敢言功乎文宗慰勉
之乃拜命而其他賞賚一無所受尋遷長寧寺卿繼
出爲安豐路總管又入爲壽福府總管又爲都水使
者居官恂恂無幾微自伐之意人或詢以翊戴之事
徃徃遜謝終無所言君子尤以是多之

陳思謙

陳思謙字景讓其家世見祖祐傳中思謙少孤警敏
好學凡名物度數綱紀本末考訂詳究尤深於邵子
皇極經世書文宗天歷初政收攬賢能丞相高昌王
亦都護舉思謙時年四十矣召見興聖宮明年二月
授典實監經歷十一月改禮部主事首言教坊儀鳳

《元史傳卷七十一》 九

二司請併入宣徽以清禮部之選其官屬不當與文
武臣並列朝會宜置百官之前詔從之而
二司隸禮部如故至順元年拜西行臺監察御史建
明八事一曰君道二曰聖心三曰崇禮讓四曰
正綱紀五曰審銓衡六曰勵孝行七曰紓民力八曰
脩軍政先是關陝大饑民多菜產流徙及來歸皆無
地可耕思謙言聽民使富者收兼入之利
貧者獲已棄之業從之元自㮚流民王延祿非海延
州民劉海延都其四乃元之監察御史李擴行部甘肅金
都之子告海延都㧾其財擴聽之以酷法抑其父思
謙劾擴遞父子之天壞朝廷之法遂抵擴罪明年二
月遷太禧宗禋院都事九月拜監察御史首陳四事
言上有宗廟社稷之重下有四海烝民之生前有祖
宗垂創之艱後有子孫長久之計中論秦漢以來上
下三千餘年天下一統者六百餘年而已我朝開國
百有餘年混一六十餘年土宇人民三代漢唐所未
有也民有千金之產猶謹守之以爲先人所營況君
臨天下承祖宗艱難之業而傳祚萬世者乎臣愚以
興亡懇懇言者誠以皇上有元之聖主今日乃皇上
盛時圖治之機茲不可失也又言戶部賜田諸怯薛

《元史傳卷七十一》 十

支請海青獅豹肉食及局院工粮好事布施一切泛
支以至元三十年以前較之動增數十倍至順經費
缺二百三十九萬餘定宜節用無益不急之費以備軍
國之用苟能三分損一以惠民夫豈小哉又言軍站
消乏命補則無殺實之戶接濟則無義餘之財尚有
征行必括民間之馬苟能俯馬政亦其一助也方今
西越流沙北際沙漠東及遼海地氣高寒水甘草美
無非牧養之地宜設置群牧使司統領十監專治馬
或給站以優民力牛羊之富又足以給國用非小補
政并畜牛羊數年之後馬寔蕃盛或給軍以收兵威

也又言銓衡之弊入仕之門太多黜陟之法太簡州
郡之任太淹朝省之除太速設三策以救四弊一
曰至元三十年以後增設衙門冗濫不急者從實減
并其外有選法者并入中書二曰宜衆酌古制設辟
舉之科令三品以下各舉所知得才則受賞失實則
受罰三曰古者刺史入為三公郎官出宰百里蓋使
外職識朝廷治體内官知民間利病今後歷郡守有奇才
能聲善政者受郎官御史歷郡守有奇才異績者任
寄使尚書其餘各驗資品通遷在内者不得三考連
任京官在外者須歷兩任乃遷内職績非出類守不

敗官者則偷以牛勞廩以常調凡朝缺官員須二十
月之上方許遷除命中書議行之時有官
居喪者往往奪情起復帝可其奏命中書議行之達禮
自非金革不可從權遂著於令有詔起報嚴寺思謙
曰兵荒之餘當罷土木以紓民力帝嘉之曰此正得
祖宗立臺憲之意繼此事有當言者無隱賜縑綺雄
之未幾遷右司都事元統二年五月轉兵部郎中十
一月御史臺都事重紀至元元年五月出為淮西
道廉訪副使至淮未幾月引疾歸六月召為中書省
負外郎上言強盜但傷事主者皆得死罪而故殺從

而加之人與鬭而殺人者例杖一百七下得不死典
私宰牛馬之罪無異是視人與牛馬等也法應加重
因奸殺夫所奸妻妾同罪律有明文今止坐所犯似
失推明遂令法曹議著為定制至正元年轉兵部侍
郎俄丁内艱服除召為右司郎中嶽凶盜賊蠭起剽
掠州邑思謙力言于執政當竭府庫以賑貧民分兵
鎮撫湖南夏以防後患五年祭議中書省事轉刑部尚
書改湖南廉訪使八年遷淮東宣慰司都元帥九年
遷浙西廉訪使廬州行中書省參知政事辭十一年
改淮西廉訪使廬州盜起思謙丞命廬州路總管杭

州不花領弓兵捕之而賊已不可撲滅矣言于宣讓
王帖木兒不花平日久民不知兵王以帝室之
胄鎮撫淮甸豈得坐視思謙願與王戮力殄滅且王
府屬官薛人等數亦不少必有能摧鋒陷陣者惟王
圖之王曰此吾責也但鞍馬器械未備何能禦敵思
謙括官民馬置兵甲不日而集分道並進遂禽渠賊
之王既而潁冠將渡淮又言于王曰潁冠東侵亟
盧州平

其姪立本爲屯田萬戶召語曰吾祖宗以忠義傳家
之變理宜從權擅發之罪思謙言非常
調芍陂屯卒用之王非奉詔不日思謙坐之王感其言從之

汝之職乃我先人力戰所致今國家有難汝當身先
士卒以圖報效庶無負朝廷也尋召入爲集賢侍講
學士修定國律十二年拜治書侍御史明年陞中丞
年近七十上章乞老不允特旨進一品授榮祿大夫
仍御史中丞入謝疾及命下強拜受命明日卒贈
宣獻東憲佐治功臣翰林學士承旨榮祿大夫柱國
追封魯國公謚通敏

　　韓元善

韓元善字大雅汴梁之太康人唐檢校司空贈司徒
充以宣武軍節度使蕭統義成軍留鎮汴子孫遂爲

太康韓氏父克昌至大間仕爲監察御史以論事有
名聲元善由國子監生積分中程釋褐除新州判官
累擢江南行臺監察御史歷中書左司郎中吏部侍
郎吏部尚書僉樞密院事至正三年拜中書左丞燕
事五年遷大司農卿尋出爲江南行臺御史中丞知
南肅政廉訪使九年召拜中書左丞同知經筵事十
一年丞相脫脫奏事內廷以事關兵機而元善及參
知政事韓鏞皆漢人使退避勿與俱由是遂與右丞
王樞虎兒吐華同分省彰德以給餽餉十二年御史
大夫也先帖木兒總兵討汝寧元善至衛輝以病卒

元善性純正明達政體敭歷臺閣三十餘年遂躋丞
輔以文學治才羽翼廟謨論議之際秉義陳法不阿
鄉上官國是所在倚之以爲重嘗以謁告侍親居家
效范文正公遺規置田百畝爲義莊以周貧族至正
初行賜近臣各三百錠元善復以買田六百畝
爲義塾延名士以教族人子弟云

　　崔敬

崔敬字伯恭大寧之惠州人通刑名法律之學淮東
山南廉訪司皆辟書吏天曆初辟御史臺察院書吏
歷刑部令史徽政院掾史遂陞中書掾至元五年用

累考及格授刑部主事六年遷樞密院都事陞監察
御史時既毀文宗廟主削文宗后皇太后之號徙東
安州而皇弟燕帖古思文宗子也又放之高麗敬上
疏略曰文皇獲不軌之愆已徹廟祀叔母有階禍之
罪亦削名盡孝正名斯亦足矣惟念皇弟燕帖古
思太子年方在幼罹此播遷之間尚未有知義當矜
憫皇當上賓之日太子在襁褓之間人情有所不忍
明蓋武宗視明文二帝皆親子也陛下與太子皆嫡
孫也以武皇之心為心則皆子孫固無親疏以陛下
之心為心未免有彼此之論臣請以世俗喻之常人

有百金之産尚置義田宗族困阨者為之教養不使
失所況皇上貴為天子富有四海子育黎元當使一
夫一婦無不得其所今乃以同氣之人置之度外適
他邦足貽笑邊邦取辱外國況蠻夷之心不可測
度倘生他變關係非輕興言至此
太子之罪望陛下遣近臣迎歸太后以全母子
之情盡骨肉之義天意回人心悅則宗社幸甚不報
又上疏諫天子巡幸上都宜御內殿其署曰世祖以
上都為清暑之地車駕行幸歲以為常闔有大安殿
有鴻禧鷹思所以保養聖躬適起居之宜存畏敬之

心也今失剌幹耳朵思乃先皇所以備宴游非常時
臨御之所今陛下方以孝治天下屢降德音祗行宗
廟親祀之禮雖動植無知罔不歡悅而國家多故天
道變更臣備負風紀以言為職願大駕還大內居深
宮嚴宿衛與宰臣謀治道萬機之暇則命經筵進講
究古今盛衰之由緝熙聖學乃宗社之福也時帝方
以歷代珍寶分賜近侍敬又上疏曰臣聞世皇時大
臣有功所賜不過幣帛重惜天物為後世慮至遠也
今山東大飢燕南亢旱海潮為災天文示儆地道失
寧京畿南北蝗蜚蔽天正當聖主惕民之日近侍之

臣不知慮此奏票承請始無虛日甚至以府庫百年
所積之寶物遍賜僕御閹寺之流乳稚童孩之子部
藏或空萬一國有大事人有大功又將何以為賜乎
乞追回所賜以示恩不可濫庶幾公論是年出僉山
北廉訪司事按部全寧獄有李秀以坐造偽鈔連數
十人而皆與秀不相識敬疑而讞之秀曰吾以訓童
子為業居村落間有司至秀舍謂秀為偽造鈔者捃
楚之下不敢不諤耳敬詢知始謀者乃大同王濁濁
十餘年事不泄而有司誤以李秀為王濁也移文至
大同果得王濁為真造偽鈔者至正初遷河南又遷

江東所至以抑豪強惠下窮洗冤滯興學勸農百廢其
舉除江西行省左右司郎中入爲諸路寶鈔提舉改
工部侍郎十一年遷同知大都路總管府事直沽河
於數年中書省委敬浚治之給鈔數萬定募工萬人
不三月告成咸服其能除刑部侍郎遷中書左司郎
中十二年歷兵部尚書爲樞密院判官十四年遷刑
部尚書廣東憲僉殺以沙加班處大逆敬詳憲府
以私相害致有是變殺人者自有典章得坐一人大
逆非謀反則不科得坐一家敬立論全重而就輕朝
廷咸以爲然十五年復爲樞密院判官尋拜僉知政

事行省河南復爲兵部尚書燕濟寧軍民屯田使朝
廷給以鈔十萬錠散於有司招致居民軍士立營屯
種歲收得百萬斛以給邊防居歲餘其法井井十有
七年召爲大司農少卿遂拜中書參知政事參知
魯敬興平章政事苔蘭泰知政事俺普燕知刑户
州乃南北要衝無城郭而居民散廢敬領兵分省陵
工四部事仍命其便宜行事敬與俺普密議曰我軍強
之上尊仍命其便宜行事敬與俺普密議曰我軍強
且勝彼將敗而降如得仗義之士直抵其巢穴而招
安之亦方面之幸也有國子生王恪等願請往敬以

便宜授以官俾之行至鄆城見李東褧田豐等諭以
逆順禍福之理豐與東褧皆悔過自新山東郡邑之
復敬之策居多敬以軍馬供給浩繁而民力日疲乃
請行納粟補官之令中書從之河北燕
南士民踵躍而至積粟百萬石綺段萬定用以給軍
費民獲少蘇十八年除山東行樞密院副使俄遷江
浙行省左丞卒年六十七贈資善大夫江浙行省左
丞如故諡曰忠敏

翰林學士亞中大夫知制誥兼修 國史臣宋濂翰林待 制承務郎知制誥兼國史編修官臣王褘等奉
敕修

呂思誠

呂思誠字仲實平定州人六世祖宗禮金進士遼州司
戶宗禮生仲堪亦舉進士仲堪生允卒平定知州致仕思
誠父也母馮氏夢一丈夫烏巾白襴衫紅鞓束帶趨而
揖曰我文昌星也及寤思誠生目有神光見者異之及
長從蕭斠學治經已而入國子學爲陪堂生試國子伴

讀中其選擢泰定元年進士第授同知遼州事未赴丁
內艱改景州儒縣尹差民戶爲三等均其徭役劉孔子
象令社學祀事每歲春行田畜勤敏者賞必農器人
爭趨事地無遺力民石安兒等流離積年至是聞風復
業印識文簿昇社長藏之季月報縣不孝弟不事生業
者悉書之罰其輸作胥吏何人用飲食若干多
兵興豫貸鈔於富民令下造軍器事皆先集民用不擾
于後得官價鈔亦以還民羅羣自其大父因河南亂被掠
爲人奴歲納丁粟以免作思誠知彝力學召其主與

元史傳卷七十二　一　陳彥昭

之約終畀身粟三十石仍代之輸畀得爲良民他日
買羊劉智社民李持酒來見覘其弟匿羊思誠叱之
退王青兄弟第四人友愛彌篤思誠至其家取酒勸酬民
惟思誠怜其貧今爲媒互人以養之天早道士持青
養復叔母嬬居且醫丐食以活恐思誠聞之即兩思誠以其惑人
蛇曰盧師谷小青謂龍也禱之即日迎
殺蛇逐道士兩亦隨至是有年縣多緣祠動以百餘
計刑牲以祭之者無虛日思誠悉命毀之唯存江都相

董仲舒祠權翰林國史院檢閱官俄陞編修文宗在
奎章閣有旨取國史閱之左右昇匱以往院長貳無
敢言思誠在末僚獨跪閣下爭曰國史紀當代人君
菩惡自古天子無觀閱之者遂襄尋權國子監丞
陞司業拜監察御史與幹王倫徒等勁中書平章政
事徹里帖木兒亂朝政章上留中不下思誠納印綬
殿前遂出僉廣西廉訪司事巡行郡縣土官有于元
師者恃勢魚肉人恐事覺陰遺其子迓思誠於道思
誠帖睦邇時爲南臺御史大夫與江浙省臣有隙嗾
誠縛之悉發其陰私痛懲其罪一道震肅移浙西達

元史傳卷七十二　二　陳彥昭

思誠劾之思誠曰吾為
天子耳目不為臺臣鷹犬也
不聽已而聞行省平章為吉會墨浙民多怨之思誠
奏疏其罪流之海南復召為國子司業遷中書左司
員外郎益殺河南省臣以偽檄呼廉訪使段輔入行
省事及事敗詿誤者三十餘人將實於法思誠言於
朝皆釋之陞左司郎中拜刑部尚書科舉復行與簽書
言罷起為右司郎中思誠素剛直人多娪之遂以
樞宻院事韓鏞為御史試讀卷官改禮部尚書升侍御史
奏為治書侍御史總裁遼金宋三史升侍御史會平章政事韋下
院奏為副使御史臺留為侍御史會平章政事韋下

四
班不法監察御史劾之御史大夫也先帖木兒曰姑
徐之思誠趣入奏輦卜班罷大夫銜思誠將謀撳之
思誠即調告朝廷知思誠無他還河東廉訪使省參
召為集賢侍講學士兼國子祭酒出為湖廣行省參
知政事諸生抗疏留之不可道中授湖北廉訪使入
拜中書省參知政事陞左丞轉御史中丞劾奏清道官
不臺職罷之再任左丞知經筵事提調國史加榮祿大夫
林學士承旨知制誥兼修國史總裁后翰
妃功臣傳會稡六條政類帝賜玉帶著顧彌篤又為
樞宻副使仍知經筵事復為中書左丞御史大夫納

麟譖政孔思立受賊事或欲連中思誠納麟曰呂
左丞有廉聲難以及之遂止拜集賢學士仍言國
子祭酒吏部尚書傈篤左司都事武祺等建言更
鈔法以楮幣一貫文省權銅錢一千文為母銅錢為
子命廷臣集議思誠曰中統鈔行之自有母子相權
母下料為子璧之蒙古人以漢人子為後皆人類也
子今歷代錢思誠又曰鈔中統鈔至元鈔交鈔分為五項
也一座咸笑思誠之子豈有故紙為父而立銅為者乎
尚終為漢人之子用法見為一致以虛換實
應下民知之藏其實而棄其虛恐不利於國家也傈

哲篤曰至元鈔多偽故更之爾思誠曰至元鈔非偽
人為偽鈔若出亦為偽者矣且至元鈔猶故鈔也雖
也家之童奴且識之交鈔猶新戚也不敢不親人
未識也其偽反滋矣爾況祖宗之成憲其可輕政哉
欲上諡曰皇是汝與世皇爭高下也且自世皇以來
諸帝皆諡曰孝改其成憲兼行輕重不倫何者為毋何
蕪行何如思誠曰錢鈔兼行何傈篤曰母何
者為子汝不通古今道聽途說何足行哉傈篤
念曰我等策既不可行公有何策思誠曰我有三字

（上欄）

東曰行不得行不得丞相脫脫見思誠言直頗狐疑
未決御史大夫也先帖木兒獨曰呂祭酒之言亦有
是者但不當在廟堂上大聲厲色爾已而監察御史
遷湖廣行省左丞道太醫院宣使泰初即賜玉帶復左
承望風旨勅思誠枉妄奪其諧命并所賜書議襲伯
之初竄辱之不遺餘力思誠不爲動貽書太遺遽
將曰賊攘城與諸君相持經久必不知吾爲此來出
左丞世事至此足下得無動心乎抵武昌城下語諸
其不意可以入城遂行諸將不獲已隨其後竟不煩

元史傳卷七十三　五

韓闓而入詢其故賊倉卒無備盡驚走思誠乃大會
軍民官吏告之曰賊去示吾弱也規將復來於是申
號令戒職事修器械葺城郭明部伍先謀自守徐議
出征苗軍衆橫侵辱省憲思誠正色叱之曰若等能
毅呂左丞乎自是無敢復至曾未數日召還復爲中
書左丞思誠去二日城復陷移光祿大夫大司農俄
得疾以至正十七年三月十七日卒年六十有五思
誠氣宇凝定素以勁挺聞不爲勢利所屈三爲祭酒
一法許衡之舊諸生從化後多爲名士嘗病古註疏
太繁魏了翁刪之太簡將約其中以成書不果有文
集若干卷兩漢通紀若干卷諡忠肅

（下欄）

汪澤民

汪澤民字叔志徽之婺源州人宋端明殿學士藻之
七世孫也少警悟家貧力學既長通諸經延祐初
以春秋中鄉貢上禮部下第授寧國路儒學正五年
遂登進士第授承事郎同知岳州路平江州事以母
年八十上書願奪所授官一等或二等得近地以便
養不允南歸華毋之官州民李氏以贅雄其弟死妻
誓不他適兄利其財嗾族人誣婦以奸事獄成而澤
民至察知其枉爲直之會朝廷徵江南包銀府檄澤

元史傳卷七十二　六

民分辨民不擾而事集尋遷南安路總管府推官鎮
守萬戶朵兒赤持官府短長郡吏王甲毆傷屬縣長
官訴郡同僚畏朵兒赤不視事澤民獨捕甲繫
之獄朵兒赤路巡按御史受甲家人訴欲出之澤民
正色與辨御史沮作夜竟去乃卒罪王甲潮州府判
官錢珏坐繫者二百餘人省府官凡六委官鞫問皆顧
劉珏延弗能白復檄澤民讞之獄立具人服其明遷
信州路總管府推官丁毋憂服除授平江路總管府
推官有僧淨廣與他僧有憾火絕往來一日邀廣飲

廣第子急欲得師財且苦其籌楚潛住它僧所教之
明日訴官它僧不勝考掠乃誣服三經審錄詞無異
結按待報澤民取行覘刀視之刀上有鐵工姓名
工問之乃其弟子刃也一訊吐實即械之而出他僧
人驚以為神調濟寧路宛州知州孔子後衍聖公襄
聖之意廷議從之至正三年朝廷修遼金宋史召澤
封職三品澤民建議以謂宜陞其品秩以示褒崇宣
民赴闕除國子司業與修史書成遷集賢直學士階
大中大夫未兩月即移書告老大學士和尚曰集賢
翰林實養老尊賢之地先生何為遽去願必留以副

上意澤民曰以布衣叨榮三品志願足矣遂以嘉議
大夫禮部尚書致仕既歸田里與門生故人相往逐
嬉遊超然若忘世者十五年蘄黃賊陷徽州時澤民
居宣州已而賊來犯宣州江東廉訪使道童雅重澤
民日就之詢守禦計城得無厲明年槍軍瑣南班
等叛來寇城或勸澤民去澤民曰我雖無官守故受
國厚恩臨危愛死非臣子節留不去凡戰鬪籌畫多
澤民參決之累敗賊兵既而寇益衆城陷澤民為所
執使之降大罵不屈遂遇害年七十事聞贈資善大
夫江浙行中書省左丞追封譙國郡公諡文節

干文傳

干文傳字壽道平江人祖宗顯宋承信郎父雷龍鄉
貢進士宗顯之先世以武弁入官而力教其子以文
易武故雷龍兩舉進士宋亡不及仕及生文傳乃以
今名以期之文傳少嗜學十歲能屬文未冠已有聲
譽用舉者為吳及金壇兩縣學教諭饒州慈湖書院
山長仁宗詔舉進士文傳首登延祐二年乙科授同
知吳江州文傳長於治劇所至俱有善政自其始至
知昌國即能柔之以恩信於是海島之民雖頑獷不易

治至有剽掠海中若化外然者亦為之變俗初長官
強慢自恣文傳推誠以待之久乃目屈服鹽塲官方
倚轉運司勢虐使州民家業破蕩文傳語同列曰吾
屬受天子命以牧此民可坐視而弗之救乎乃亟為
陳理上官莫能奪民賴以免長洲為文傳鄉邑文傳
徙檇公署無事未嘗輒出而親舊莫敢通私謁會創
行助役法九民田百畝令以三畝入官為受役者之
助文傳既專任其縣軍而行省又以無錫州及華亭
上海兩縣之事讓焉文傳諭豪家大姓以腴田來歸
而中人之家自是不病於役其在烏程有富民張甲

之妻王無子張納一妾於外生子未睟王誘妾以兒
來尋遂殺兒焚之文傳聞而瘗其事得死兒餘骨
王厚賄妾之父母買鄰家兒之兒不就乳妾之父母吐實乃呼
傳令妾抱兒乳之兒啼不就乳妾所生兒不死文
鄰婦至兒見之躍入其懷乳之即飲王遂伏辜冊徒
縣民有二弟共殺其姊者獄久不決浙西廉訪司俾
女至老死不嫁者親喪貧則不舉有停其柩累數世
官從之瘞源之俗男女婚聘後富則渝其約有育其
傳謂二人所承有輕重以首從論則為首者當死司
文傳鞫之既得其情其母乞貸二子命為終養計文

不蓰者文傳下車即召其耆老使以禮訓告之閱三
月而婚喪俱舉宋大儒朱熹上世居婺源故業為豪
民所占子孫訴于有司莫能直文傳諭其民以理不
煩窮治而悉歸之復募好義者即其故宅基建祠俾
朱氏世守焉有富民江丙出游京師要姻女張為婦
之既而殺之瘞其屍山谷間官司知之利其賄不問
江既客死張走數千里返其柩以葬前妻之子困苦
之文傳乃發其事而論如法文傳涖官其所設施多此
類故其治行往往為諸州縣最韓鏞時僉浙西廉訪
司事作烏程謠以紀其績論者謂其有古循吏之風

至正三年召赴闕承詔預修宋史書成賞賚甚優渥仍
有旨四品以下各進一官擢文傳集賢待制亡何以
嘉議大夫禮部尚書致仕卒年七十八文傳氣貌充
偉識度凝遠喜接引後進考試江浙江西鄉闈所取
士後多知名為文務雅正不事浮藻其於政事為尤
長云

韓鏞

韓鏞字伯高濟南人延祐五年中進士第授將仕郎
翰林國史院編修官尋遷集賢都事泰定四年轉國
子博士俄拜監察御史當時由進士入官者僅百之

一由吏致位顯要者常十之九帝乃欲以中書參議
傳嚴起為吏部尚書鏞上言吏部掌天下銓衡嚴起
從吏入官烏足知天下賢才況尚書秩三品嚴起
累官四品耳於法亦不得陞制可其奏天曆元年除
僉浙西廉訪司事擊姦暴黜貪墨而特舉烏程縣尹
千文傳治行為諸縣最所至郡縣為之肅然二年轉
江浙財賦副總管至順帝初元年除國子司業尋遷南行
臺治書侍御史順帝初歷僉宣徽及樞密院事至正
二年除翰林侍講學士既而拜侍御史以剛介為時
所忌言事者誣劾其贓私乃罷去五年臺臣辨其誣

三六三

三六四

遂復起叅議中書省事七年朝廷慎選守令叅知政
事魏中立言于帝當今必欲得賢守令無加鏞者帝
乃特署鏞姓名授饒州路總管饒之為俗尚鬼有覺
山廟者自昔為妖以禍福人為盜賊者事之尤至將
為盜必卜之鏞至即撤其祠宇沉土偶人于江九境
內淫祠有不合祀典者皆發之人初大駭已而皆嘆
服鏞知民可教俾俊秀入學宮求宿儒學行俱尊者
列為五經師旦望必幅巾深衣以謁先聖月必考訂
課試以示勸勵每治政之暇必延見其師生與之講
討經義由是人人自力於學而饒之以科第進者視

■元史傳卷七十二　十一

他郡為多鏞居官廉自奉澹泊僚屬亦皆化之先是
朝使至外郡者官府奉之甚厚一不厭其所欲即銜
之往往騰謗于朝其出使于饒者鏞延見郡舍中供
以糲飯退皆無有後言其後有旨以織幣脆薄遣使
笞行省臣及諸郡長吏獨鏞無預鏞治政雖細事其
詳審多類此十年拜中書知政事十一年丞相脫
脫在位而龔伯遂輩方用事朝廷悉議更張鏞有言
不見聽人或以鏞優於治郡而執政非其所長遂出
為甘肅行省叅知政事及脫脫罷用事者悉誅而鏞
又獨免禍乃還西行臺中丞歿于官

李穆

李穆字孟函滕州人穆幼穎敏八歲能記誦經史從
其父師袁州夏鎮又從官鈆山師方回孫鎮回孫
皆名進士長於春秋穆又無得其傳泰定四年中進士
第授淇州判官淇當要衝穆至能理其劇穆游民尚安兒財亡賴告
于朝堂以賑之民獲之果盜隣村王甲家飲博與其黨
疑其為非督弓兵擒之果亦有能聲入為翰林國史
院編修官擢御史臺照磨至正初出為江南行臺監
察御史遷都事又入為監察御史劾奏闆官高龍卜

■元史傳卷七十二　十二

恃賴恩私侵撓朝政擅作威福交通時相請謁公行
為國基禍乞加竄逐以正邦刑章上流高龍卜于征
東又言御史封事須至御前開拆以防壅蔽之患言
事官酒優加擢用以開諫諍之路殿中侍御史給事
中起居注付史館人直士書百司奏請及帝所可否
月更作乃上言水旱相仍公私俱乏不宜妄興大役
吉更作乃上言水旱相仍因言下縣尹多從吏部
銓注或非其才宜併歸省選茶鹽課責備長吏動
議遂寢會朝廷方注意守令因言下縣尹多從吏部
受利讒何以臨民宜分委佐貳投下達魯花赤蠹政

書民宜爲佐貳帝惡可其奏遷中書左司都事又四
遷爲戶部尚書十一年遷議以中原租稅不實將履
畝起稅穆諸都堂言曰方今袆冠竊發民庶流亡此
政一行是驅民爲盜也相臣是之尋僉議中書省事
俄遷參知政事皇太子受冊攝大禮使遂除樞密副
以塈勅賜碑樹焉既而召爲詹事丞除侍御史又爲
中書參知政事俄陸資善大夫御史中丞尋特加榮祿
徐既平謂告歸滕州遷曾祖父以下十七喪序昭穆
書參知政事

大夫至正十九年丁毋憂兩起復爲陝西行省左丞
樞密副使乞終制不起服闋命爲大都路總管蕪大
興府尹除副詹事二十四年出爲陝西行臺中丞未
行改山東廉訪使得疾上章致仕還京師卒年六十
一贈推忠贊理正憲功臣集賢大學士榮祿大夫柱
國追封齊國公謚文穆穆爲人孝友恭儉廉慎忠勤
之誼中丞任擇善陳思謙既沒皆撫其遺孤人以是
慶家嚴而有則與人交一以誠恪尤篤於鄉鄰朋友
多之出入臺省者二十年始卒無疵爲時名鄉云

蓋苗

蓋苗字耘夫大名元城人幼聰敏好學善記誦及弱
冠游學四方藝業大進延祐五年登進士第授濟寧
路單州判官州多繫囚苗請疏決之知州以爲因數
已上責知州使者未報不可決苗曰設使者有問請身任
部難之苗伏中書堂之使者果閱牘而去歲饑白郡府
此況不得此食者尤多豈可坐視不救乎因泣下時
宰大悟九被災者咸獲賑焉爲有官粟五百石率以
借諸民期秋熟還官及秋郡責償甚急部使者將責

知州苗曰官粟實苗所貰今民飢不能償苗請代還
使者乃已其責單州稅粮歲輸館陶倉距單五百餘
里載馱御史臺掾粟倉下十月初倉恭巳至省民力什之
先期令民糴粟之春猶未足是秋館陶大熟苗
五辟御史臺監察御史建言嚴武備歷禮部主事權
江南行臺監察御史山東廉訪司經歷禮部主事權
以壯國勢全功臣以隆大體情官爵以清銓選考實
行以抑奔競明賞罰以杜姦欺計利害以孚民情去
民賊以崇禮節皆切於時務公論韙之天曆初文宗
詔以建康潛邸爲佛寺務窮壯麗毀民居七十餘家

仍以御史大夫督其役苗上封事曰臣聞使民以時
使臣以禮自古未有不由斯道而致隆平者陛下龍
潛建業之時居首以舉而獲觀今日之運百
姓跂足舉首以望非常之恩今奪農時以荊佛寺又
發民居使之家破產蕩堂聖人御天下之道乎昔漢
慈悲爲心方便爲教今尊佛氏而害生民無乃違其
既不務此而隆重佛氏何以蒲斯民之望哉且佛以
高帝興於豐沛爲復兩縣光武中興南陽免稅三年
方便之教乎臺臣職專糾察表正百司令乃委以修
繕之役豈其禮哉書奏御史大夫果免督役入爲監

《元史傳卷七十二》 十五

察御史文宗幸護國仁王寺泛舟王泉苗進曰今頻
年不登邊隅不靖政當恐懼修省何暇逸游以臨不
測之淵乎帝嘉納之賜以對衣上尊即日還宮臺臣
擬苗僉進東廉訪司事以聞帝曰仍留蓋御史朕欲
聞其讜言也以丁外艱去免喪除太禧宗禮院都事
中書檄苗行視河道還言河口淤塞今苟不治後日
必爲中原大患都水難之事遂寢至正初用薦者知
亳州修學宮完州廨有豪強占民田爲已業民五十
餘人訴於苗訊治之豪民咸自引服苗曰爾等罪
其重然吾觀皆有政過意遂從輕議至元四年起爲

左司都事在左司僅十八日凡決數百事丁內憂宰
相惜其去重賄之至正二年起爲戶部郎中俄擢御
史臺都事御史大夫欲以故人居言路苗曰非其才
也大夫不悅而起其晚邀至私第以謝人兩賢之出
爲山東廉訪副使益都淄萊地舊產金朝廷達一
府六所綜其事民歲買金以輸官至是六十年矢民
止猾吏爲奸利莫敢誰何苗建言罷之三年入爲戶
部侍郎四年由都水監遷刑部尚書初盜殺河南省
有忤其官長意輒謂所居地有金礦掘地及泉苗以
憲官延坐五百餘家已有詔除首罪外餘從原宥至

《元史傳卷七十二》 十六

是宰臣追復欲盡誅戮苗堅持不可御史趣具獄苗
曰肆赦復殺在法所無御史獨宜劾苗其敢累朝廷
之寬仁乎卒用苗議罷之出爲山東廉訪使民飢爲
盜所在羣刀上救荒弭盜十二事劾宣慰使骸骸爲
不法者有司援例欲徵苗所得職田苗曰年荒民困
吾無以救尚忍征歛以肥已耶輒命已之同僚皆無
敢取召衆議中書省事五年出爲陝西行臺侍御史
遷陝西行省參知政事六年復入爲治書侍御史墜
侍御史尋拜中書參知政事同知經筵事大臣以兩
京馳道狹隘奏毀民田廬廣之已遣使督有司治之

矣非執日馳道創自至元初何今日獨為隘乎力辨

乃罷又欲宿衛士悉出為郡長官俾以養貧苗議曰

群長所以牧民宣養貧之地哉果有不能自存賜之

錢可也若任郡寄必擇賢才而後可議遂寢又欲以

鈔萬貫與角䑸者苗曰諸屬告飢不煖販賑何

切撩此重賞乎又僉四川廉訪司事家人違例收職

田奉使宣撫直坐其主宰臣命奉使即行遣苗請付

法司詳議勿使憲司以為口實於是時相顧謂僚佐

曰所以引蓋君至樞機者欲其相助也迺每事相抗

何耶今後有公務毋白余政苗歎曰儂以非才待罪

執政中書之事皆當與聞令宰相言若此不退何俟

將引去而適有旨拜江南行臺御史中丞然宰臣怒

苗終不解比至即除甘肅行省左丞時苗已致仕歸

田里矣時宰復奏苗趣赴任苗昇疾就道至鎮即上

言西土諸王為國藩屏賜資雖有定制而有司牽於

文法遂使恩澤不以時及有匱乏之憂大非隆親厚

本之意又言甘肅每歲中粮姦弊百端請以粮鈔無

給則軍民咸利矣朝廷從之遷陝西行御史臺中丞

到官數日即上疏乞骸骨還鄉里明年卒年五十八

贈攄誠贊治功臣中書左丞上護軍追封魏國公諡

文獻苗學術淳正性孝友喜施與買義田以贍宗族

平居恂恂謙謹及至遇事張目敢言雖經到折無少

回撓有古遺直之風焉

傳卷第七十二

翰林學士亞中大夫知制誥兼修國史臣宋濂翰林待制承直郎同知制誥兼國史院編修官臣王褘等奉

勑修

張楨

張楨字約中汴人幼刻苦讀書登元統元年進士第授彰德路錄事辟河南行省掾楨初娶祁氏祁生貴富家頗驕縱見楨貧不爲禮合巹踰月即出之祁之兄訟于官且汙楨以黷貨事左右司官聽之楨因移疾不出滯按俱積平章政事月魯帖木兒怒曰張楨剛介士也豈汝曹所當議耶郎中兗者秃謁而謝之

乃起范孟爲亂矯殺月魯帖木兒等城中大擾楨暮夜縋城出得免踰年除高郵縣尹門無私謁縣民張提領尚任俠武斷鄉曲一日至縣有所囑楨執之盡得其罪狀里中受其抑者咸來訴焉乃杖而徙之人以爲快守城千戶狗兒妻崔氏爲其小婦所譖虐死其鬼憑七歲女詣縣訴楨偕言死狀尸見瘞舍後楨率吏卒即其所發土得尸拘狗兒及小婦鞫之皆伏辜人以爲神明焉累除中政院判官至正八年拜監察御史劾太尉阿乞剌欺罔之罪并言明里董阿也里牙月魯不花皆陛下不共戴天之讐伯顏賊殺宗室嘉王郯王一十二口稽之古法當伏門誅而其妻子兄弟尚仕于朝宜急誅竄別兒怯不花阿附權姦亦宜遠貶今災異迭見盜賊蜂起海寇敢於要君閫帥敢於玩寇若不振舉恐有唐末藩鎮跋扈之禍不聽及毛貴陷山東上疏陳十禍根本之禍有六征討之禍有四歷數其弊一曰輕大臣二曰解權綱三曰事安逸四曰杜言路五曰離人心六曰濫刑獄所謂根本之禍六也其言事安逸之禍略曰臣伏見陛下以盛年入纂大統履艱難而登大寶因循治安不預防慮寬仁恭儉漸不如初今天下可謂多事矣海內

可謂不寧矣天道可謂變常矣民情可謂難保矣是陛下警省之時戰兢惕厲之日也陛下宜卧薪嘗膽奮發悔過思祖宗創業之難而今日墜亡之易於是而脩實德則可以荅天意推至誠則可以回人心凡土木之勞聲色之好燕安鴆毒之戒皆宜痛撤勇改有不盡者亦宜防微杜漸而禁於未然黜宮女節淫費畏天恤人而陛下乃安焉處之如天下太平無事時此所謂根本之禍也至若不慎調度不資羣策不明賞罰不擇將帥所謂征討之禍四也其言不明賞罰之禍略曰臣伏見調兵六年初無紀律之法又無

激勸之宜將帥因敗爲功指區爲實大小相護上下相依其性情不一而邀功求賞則同是以有覆軍之將殘民之將怯懦之將貪婪之將曾無懲戒所經之處雞犬一空貨財俱盡及其面諛游說反以克復受賞今克復之地悉爲荒墟河南提封三千餘里郡縣星羅棊布歲輸錢穀數百萬計而今所存者封丘延津登封偃師三四縣而已兩淮之北大河之南所在蕭條夫有土有人有財然後可望軍旅不乏餽餉不竭今冦敵已至之境固不忍言未至之處尤可寒心如此而望軍旅不乏餽餉使天雨粟地湧金朝夕

存亡且不能保況以地力有限之費而供將帥無窮之欲哉其爲自啟亂階亦已危矣陛下事佛求福飯僧消禍以天壽節而禁屠宰皆虛名也今天下殺人夾陛下泰然不理而曰吾將以是求福福何自而至哉潁上之冦始結白蓮以佛法誘衆終飾威權以兵抗拒視其所向駸駸可畏其勢不至於亡吾社稷爐吾國家不已也堂堂天朝不思靖亂而反爲階亂其禍至慘其毒至深其關繫至大有識者爲之扼腕有志者爲之痛心此征討之禍也疏奏不省權臣惡其訐直二十一年除僉山南道肅政廉訪司事至則劾

中書參知政事也先不花樞密院副使脫木兒治書侍御史奴奴弄權誤國之罪又不報方是時孛羅帖木兒駐兵大同察罕帖木兒駐兵洛陽而毛貴據山東勢遍京畿二將玩冦不進方以爭晉冀爲事構兵相攻互有勝負朝廷乃遣奴往鮮之既受命不前進楨又言其貪懦庸鄙苟懷自安之計無憂國致身之忠朝廷將使二家釋憾恊心討賊此國之大事謂宜風馳電走而乃迂回退懦枉道延安以西繞曲數千里運遲而行使兩軍日夜仇殺黎庶肝腦塗地實此三人之所致也宜急殛之

以救時危亦不報楨乃慨然嘆曰天下事不可爲矣即辭去居河中安邑山谷間結茅催容膝有訪之者不復言時事但對之流涕而已二十四年李羅帖木兒犯關皇太子出居冀寧奏除贊善又除翰林學士皆不起擴廓帖木兒將輔皇太子入討李羅帖木兒遣使傳皇太子旨賜以上尊且訪時事楨復書曰今燕趙齊魯之境大河內外長淮南比悉爲丘墟關陝之區所存無幾江左日思荐食上國湘漢荊楚川蜀二王得不思廉藺之於趙冦賈之於漢乎京師一殘遙名借號孳我有釁利我多虜閣下國之右族三世

元史傳卷七三　五

假有不逞之徒崛起草澤借名義尊君父倡其說於
天下問下將何以處之乎守京師者能聚不能散禦
外侮者能進不能退紛紛藉藉神分志奪國家之事
能不爲閭下憂乎志曰不倦不虞不可以爲師儻之
惓惓爲言者厭忠之道也然爲言之大要有三保君臣
一也扶社稷二也衛生靈三也請以近似者陳其吾
二衛出公據國至於不父其父趙有沙丘之變其君
一也挾社稷二也衛生靈三也請以近似者陳其吾
流播之中休於邪謀遂成靈武之篡千載之下雖有
成兊平之不可謂無功而至於不君其君唐宗
智辯百出不能爲雪嗚呼是豈可以不鑒之乎然吾
聞之天之所廢不驟也驟其得志肆其寵樂使忘其
覺悟之心非安之也厚其毒而降之罰也天遂其欲
民獸其汰而鬼神弗福也其能久乎閭下覽觀焉爲
出於萬全則善矣詢之輿議急則其變不測徐則其
釁必起通其往來之使達其上下之情得其情則得
其策矣孔子曰君君臣臣父父子子今九重在上者如
寄青宮在下者如寄生民之憂國家之憂也可不深
思而熟計之哉擴廓帖木兒深納其說是用事克有
成後三年卒

歸暘

元史傳卷七三　六

歸暘字彥溫汴梁人將生其母楊氏夢朝日出東山
上有輕雲來掩之故名暘幼而無師傳而精敏過人登
至順元年進士第授同知潁州事鉏奸擊強人不敢
以年少易之山東鹽司遣奏差至潁特勢爲不法暘
執以下獄時州縣奉鹽司甚謹顧指氣使輒奔走之
平章月魯帖木兒爲詔使至河南省中殺
撒里麻召官屬及去位者署而用之以段輔爲左丞
暘獨不爲屈轉大都路儒學提舉未上至元五年十
使暘比守黃河口暘力拒不從賊怒繫於獄衆回測
所爲暘無懼色已而賊敗汴賊者皆覆罪暘獨免同
里有吳炳者嘗以翰林待制徵不起賊呼炳司卯酉
曆炳不敢辭時人爲之語曰歸暘出角吳炳無光暘
自此名譽赫然明年轉國子博士拜監察御史及入
謝臺臣奏曰此即河南抗賊者也帝曰好事御卿宜
爲之賜以上尊已而辭官歸養親汴上親既歿家食
父之至正五年除僉河南廉訪司事行部西京以法繩
趙王府官屬之貪暴者王三遣使請不爲動宣寧縣
有殺人者蔓引數十人一讞得其情盡釋之沁州民
郭仲玉爲人所殺有司以蒲察山兒當之暘察其証

蹤跡得其殺人者山兒遂不死六年轉舍淮東廉訪司
事改宣文閣監書博士兼經筵譯文官七年遷右司
都事順江酋長樂孫求內附請立宣撫司及置郡縣
二十三厨賜曰古人有言鞭雖長不及馬腹使郡縣果設
有事不救則孤來附之意救之則罷中國而事外夷
丞相太平笑曰歸都事善慈如此何相抗乃爾邪然
所謂獲虛名而受實禍也與左丞呂思誠抗辨甚力
者賜以金帛遣歸足矣卒從賜言京師苦寒有正訴丞
其槊果將焉出賜曰其酋長可授宣撫勿責其貢賦使
相馬前丞相索夾服予之仍殿在官所藏夾服之數悉

《元史傳卷七十三》 七

給貧民賜曰宰相當以廣濟天下為心皮服能幾何而
欲給之邪莫若錄寒飢者稍賑之耳丞相悟而止雲
南死可伐叛詔以元帥述律邊道徒諭之未幾命平
章政事亦都渾將兵討之事久無功二人上疏紛紜
中書欲罪述律賜曰彼將何所適從然亦非使者
乎況一諭之而一討之彼將卒其子沙的方為中書
之罪也湖廣行省左丞沙班卒其子沙的以孝治
擦請奔喪丞相行以其有兄弟而沮其請非所以孝治
同情以其有兄弟而沮其請非所以孝治天下也遂
從之廣海搖賊入寇詔朵兒只丹將思播楊元帥軍以

擒之既而國珎遣人從朵兒只丹走京師請降賜曰
國珎已敗而我王師又拘我王臣力屈而來非真降也
必討之以令四方時朝廷方事姑息卒從其請後果
屢叛如賜言遷御史臺都事俄復叅議樞密院事十
二月陞樞密院判官九年正月轉河西廉訪使事未上
改禮部尚書會開端本堂皇太子就學召賜為贊善
未幾遷翰林直學士同脩國史仍兼前職賜言師傅
當與皇太子東西相向授書其屬亦以次列坐虛其
中座以待至尊臨幸不然則師道不立矣時衆言人
人殊卒從賜議俄以疾辭帝遣左司郎中趙璉賜白

《元史傳卷七十三》 八

討之賜曰易軍而將不諉教令恐不能決勝若命楊
就統其衆彼悅於恩命必能自效所謂以夷攻夷
狄中國之利也帝不從後竟無功八年陞左司貟外
郎中書議出楮幣五百萬引以裕民楮幣內藏持不
不行廷議賜言之失利其罪固當然所部皆此不
可曰富商大賈盡易其鈔於私家小民何利哉六月
遷僉樞密院事時方國珎未附江浙行省奏知
政事賜言之一軍皆沒而朵兒只丹被執將
罪之賜曰將之失利其罪固當然所部皆此步騎
不習水戰是驅之死地耳宜募海濱之民習水利者

金文綺不受初賜在上都時脫脫自甘州還具入相中
書參議趙期頤員外郎李稷謁賜私第脫脫之命
屬草詔賜辭曰丞相將為伊周事業入相之詔當命
詞臣視草今屬筆於賜恐累丞相之賢也順曰若帝
命為之祭何賜曰事理非順亦當固辭期頤知不可屈
乃巳十年正月還四川行省參知政事十二年除刑部
尚書十五年再除刑部尚書九二遷皆以疾辭十七
年授集賢學士兼國子祭酒迫之賜輿疾至京
師即于南城不起時海內多故順上三第一曰振紀
綱二曰選將材三曰審形勢疊疊數千言時以為老生

〈元史傳卷十三〉　九一　蔣興曾

常談不能用十一月以集賢學士資德大夫致仕給半
俸終身辭不受明年乞骸骨僑居弘州徙蔚州又徙
宣德間閒避兵尋抵大同及關陝小寧來居解之
夏縣皇太子出襄寧強起之居數月復還夏縣二十七
年卒年六十三

陳祖仁
　王慧

陳祖仁字子山汴人也其父安國仕為常州晉陵尹
祖仁性嗜學早從師南方有文名至正元年科舉後
行祖仁以春秋中河南鄉貢明年會試在前列及對
策大廷遂擢多士賜進士及第授翰林脩撰同知制

諸兼國史院編脩官歷太廟署令太常博士遷翰林
待制出僉山東肅政廉訪司事擢監察御史復出為
山北蕭政廉訪司副使召拜翰林直學士陞侍講學
士除參議中書省事二十年五月帝欲脩上都官闕
工役大興祖仁上疏其略曰自古人君不幸遇艱厄
多難之時孰不欲奮發有為成不世之功以光復祖
宗之業苟或上不奉於天道下不順於民心緩急失
宜舉措未當雖以此道持盈守成猶或致亂而況欲
撥亂世之正乎夫上都宮闕創自先帝脩於累朝
自經兵火焚燬殆盡所不忍言此陛下所為日夜痛

〈元史傳卷十三〉　十　蔣興曾

心所宜亟圖興復者也然今四海未靖瘡殘未瘳君
庫告虛財用將竭乃欲驅疲民以供大役廢其耕耨
而荒其田畝何異抱其吭而奪之食以速其斃乎陛
下追惟祖宗宮闕念茲在茲然不思今日所當興復
乃有大於此者假令上都宮闕未復固無妨於陛下
之寢處使因是而遺天道失人心或致大業之隳廢
則夫天下者亦祖宗之天下生民者亦祖宗之生民
陛下亦安忍而輕重之乎顧陛下以生養民力為本
以恢復天下為務信賞必罰以驅策英雄親正人遠
邪佞以圖謀治道夫如是則乹平之觀不日咸復詎

止上都宾關而巳乎疏奏帝嘉納之二十三年十二
月拜治書侍御史時宦者資正使朴不花與宣政使
橐驩內恃皇太子外結丞相搠思監思監察御史
御史傅公讓上章暴其過忤皇太子意左遷吐蕃宣
慰司經歷它御史連章論諫皆外除祖仁乃復皇太
子言御史科劾橐驩不花姦邪等事此非御史之私
言乃天下之公論臺臣審問尤悉故以上啟今殿下
政之情不得達於君父則亦過矣夫天下者祖宗之
天下臺諫者祖宗之所建立以二豎之微而於天下

《元史傳卷十三》十一　徐傑

之重臺諫之言一切不邮獨不念祖宗乎且殿下職
分止於監國撫軍問安視膳而巳此外予奪賞罰之
權自在君父今方毓德春宮而使諫臣結舌茲人肆
志豈惟君父徒擁虛器而蒼生亦將失望疏上
皇太子怒令御史大夫老的沙諭祖仁以謂臺臣所
言雖是但橐驩等俱無是事御史言不實巳與美
除昔裕宗為皇太子兼中書令樞密使九軍國重事
合奏聞者乃許上聞非獨我今日如是也祖仁乃復
上疏言御史所劾得於田野之間殿下所詢不出宮
墙之外所以全此二人者止緣不見其姦昔唐德宗

云人言盧杞姦邪朕殊不覺使德宗早覺杞安得相
是把之姦邪當時知之獨德宗不知爾今此二人亦
皆姦邪舉朝知之在野知之天下知之獨殿下未知
耳且裕宗既領軍國重事理宜先閱其綱若至臺諫
封章自是御前開拆假使必皆經由東宮君父或
有差失諫臣有言太子將使之聞奏乎不使之聞奏
乎使之聞奏則傷其父心不使聞父於惡殿下
下將安所處如知此說則今日科劾之章不宜阻矣
御史不宜斥矣斥其人而美其除不知御史所言為

《元史傳卷十三》十二　徐傑

天下國家為一身官爵乎斥者去來者言言者無
窮而美除有限殿下又安所處祖仁疏既再上即辭
職而御史下至吏卒皆辭闊於是皇太子疏既聞
朴不花橐驩乃皆辭退而天子令老的沙諭旨祖仁
等祖仁復上書天子曰天運使然亦陛下天下傳之性下令今乃
壞亂不可救藥雖曰天運使然亦陛下信賞必罰自
所致也且區區二豎猶不能除況於大者願陛下俯
從臺諫之言擯斥此二人不令其以辭退為名其
姦計使海內皆知陛下信賞必罰自二人始則將士
靴不效力天下不可全而有以還祖宗若猶優柔不斷
則臣寧有餓死于家誓不與之同朝牽聯及禍以待

後世正人同罪書奏天子大怒而是時侍御史李國
鳳亦上疏言此二人必當斥於是臺臣自老的沙以
下皆左遷而祖仁出為甘肅行省參知政事時宰天
寒衣單甚以弱女託於其友朱毅即日就道明年七
月李羅帖木兒入中書為丞相除祖仁山比道肅政
廉訪使召拜國子祭酒遷樞密使累上疏言軍政
利害不報辭職除翰林學士遂拜中書參知政事是
時天下亂已甚而祖仁性剛直遇事與時宰論議數
不合乃超授其階榮祿大夫而仍還翰林為學士尋
遷太常禮儀院使二十七年

大明兵已取山東而朝廷方疑擴廓帖木兒有不臣之
心專立撫軍院總兵馬以備之祖仁乃與翰林學士承
旨王時待制黃㕮編修黃蕭伏闕上書言近者南軍侵
陷全齊不踰月而逼齧甸諸軍左牽右掣調度失宜速
城四面茫無屏蔽宗社安危正在今日臣愚等以為駕
天下之勢當論其輕重強弱遠近先後不宜膠於一偏
馬數少勢力孤危而中原諸軍朝廷雖命承相調度失宜速出師軍
紐於故轍前日南軍辟在一方而擴廓帖木兒近在肘
腋勢將竊持國柄故宜先於致討則南軍遠而輕而
擴廓帖木兒近而重也今擴廓帖木兒勢已窮蹙而

南軍突至勢將不利於宗社故宜先於救難則擴廓
帖木兒弱而輕南軍近而重也陛下寬仁涵育皇太
子賢明英斷當此之時宜審其輕重強弱改弦更張必
而撫軍諸官亦宜以公天下為心審時制宜今擴廓
帖木兒黨與離散豈能復振若止分撥一軍逼近山東行勤
督廉樂得宜如復膠於前說動以言者為擴廓帖木
兒游說而鉗天下之口不章幷有意外之變朝廷亦
不得聞而天下之事去矣書上不報十二月祖仁又

上書皇太子言近日降詔削河南軍馬之權雖所當
然然此項軍馬終為南軍之所忌設使其有悖逆之
心朝廷以忠臣待之其心媿沮將何所施今未有所
見遽以此名加之彼若甘心以就此名其害有不可
言者誠恐朝廷苟善用之宣無所助然人皆知之而不敢
言者朝廷之開悟當今為朝廷計者不過戰守遷三
就擒獲其餘彼中見調一應軍馬令其倍道東行
王赴難與也速等聲勢相援仍遣重臣分道宣諭催
廓帖木兒屢上書疏明其心曲以受財游說罪名無所昭雪也況聞擴
以待朝廷之開悟當今為朝廷計者不過戰守遷三
事以言乎戰則資其犄角之勢以言乎守遷則望其勤
王之師以言乎遷則假其藩衛之力極力勉屬使行

猶恐遲晚豈可使數萬之師景置於一方當比危急
之秋宗社存亡僅在旦夕不事一日有唐玄宗倉卒
之出則是以祖宗百年之宗社朝廷委而棄之此時
雖欲碎首殺身何濟於事故今不復避忌惟以宗社
存亡之為重奉疏以聞疏上亦不報二十八年秋
帝然之還守太廟以缺命俄而天子比奔祖仁守神
主不果從八月二日京城破將出健德門為亂軍所

大明兵進歷近郊有旨命祖仁及同僉太常禮儀院
事王遜志等載太廟神主從皇太子北行祖仁等乃
奏曰天子有大事出則載主以行從皇太子非禮也

官時年五十五祖仁一日眇貌癯身短瘠而語音清
亮議論偉然承氣剛正似不可犯者其學博而精自
天文地里律曆兵乘術數百家之說皆通其要為文
簡質而詩靖嚴世多稱傅之王遜志字文敏惲之曾
孫也以廕授侍儀司通事舍人歷隰州判官大寧縣
尹擢陝西行臺監察御史累遷僉漢中河西山北三
道肅政廉訪司事入為工部負外郎遷禮部郎中拜
監察御史劾詹事不簡莫平章宜童皆逆臣子孫當
屏諸逆商除太府少監出為江西廉訪副使召僉太
常禮儀院事京城不守公卿爭出降遜志獨家居衣

冠而坐其支中政院判官王巽來告曰新朝寬大不
惟不死且仍與官盡出詣官自言狀遜志怫然斥之
曰君既自不忠又誘人為不義耶因戒其子曰汝謹
繼吾宗即自投井中死

成遵

成遵字誼叔南陽穰縣人也幼敏悟讀書日記數千
百言年十五喪父家貧勤苦不廢學問二十能文章
時郡中先輩無治進士業者遵欲為以不合程式為
患一日憤然曰四書五經吾師也文無逾於史漢韓
柳區區科舉之作何難哉會楊惠初登第來尹穰遂

乃書所作數十篇見之惠撫卷大喜語之曰以此取
科第如拾芥耳至順辛未至京師受春秋業於夏鎮
遂入成均為國子生時陳旅為助教喜其文數以語
于奎章閣侍書學士虞集丞欲見之旅令以已馬
伻遵馳詣集集方有目疾見遵來迫而視之曰適觀
生文今見生貌公輔器也吾老矣恐不及見生當自
愛重也元統改元中進士第授將仕郎翰林國史院
編修官明年預修泰定明宗文宗三朝實錄後至元
四年升應奉翰林文字五年辟御史臺掾至正改元
擢太常博士明年轉中書檢校尋拜監察御史屢從

至上京上封事言天子耳憤起居節儉然以保養聖
躬聖躬安則宗社安矣言甚迫切帝改容稱善又言
臺察四事一曰差遣臺臣越職問事二曰左遷御史
杜塞言路三曰御史不思盡言循叙求進四曰體覆
廉訪聲蹟不實賢否混淆帝皆言嘉納之諭臺臣曰
所言甚善皆世祖風紀舊規也特賜上尊旌其忠遵
又言江浙火災當眼郵双劾火嘗忽赤不法相宗
從之後上封事言時務四事一曰法祖宗二曰節財
用三曰抑奔競四曰明激勸奏入帝稱善久之命中
書速議以行是歲言事并舉劾九七十餘事皆指訐

時弊執政者惡之三年自刑部貟外郎出為陝西行
省貟外郎以毋病辭歸五年丁毋憂八年擢僉淮東
肅政廉訪司事改禮部郎中奉使山東淮北察守令
賢否得循良者九人貪懦者二十一人奏之九人者
賜上尊帛仍加顯擢其二十一人悉黜之九年改
刑部郎中尋還御史臺都事時臺臣有嫉贓吏多以
父毋之憂免者建論今後官吏凡被案劾賊私雖父
毋死不許歸葬竟其獄麻惡人不獲辜免遵曰惡
人固可怒然與人倫軋重且國家以孝治天下寧失
罪人千百不可使天下有無親之吏御史大夫是其

胡仲玉

言陞戶部侍郎十年遷中書右司郎中時刑部獄按
久而不決者稽數百遵與其僚分閱之共議其輕重
各當其罪未艾無遺事時有令輸粟補官有匿其粟
罪而入粟得七品雜流者為怨家所告有司議輸粟
例無有過不與之文遵曰賣官鬻爵已非盛典況又
賣官與姦滛之人其將何以為治必奪其劾還其粟
著為令乃可省臣從之除工部尚書先是河決白茅
罷城濟寧皆為巨浸或言當築堤以遏水勢或言必
疏南河故道以殺水勢而漕運使賈魯言必疏南河
塞北河使復故道役不大興害不能已廷議莫能決

乃命遵偕大司農禿魯行視河議其疏塞之方以聞
十一年春自濟寧曹濮汴梁大名行數千里掘井以
量地形之高下測岸以究水勢之淺深遍閱史籍博
采輿論以謂河之故道不可得復其議有八而丞相
脫脫巳先入賈魯之言及遵與禿魯至力陳不可且
曰濟寧曹鄆連歲飢饉民不聊生若聚二十萬人於
此地恐後日之憂又有重於河患者脫脫怒曰汝謂
民將反耶自辰至西辯論終不能入明日執政者謂
遵曰脩河之役丞相意巳定且有人任其責矣公其
毋多言遵曰脩河之役丞相意巳定議遵曰腕可斷議不可易也由

胡仲玉

是遂出爲大都河間等處都轉運鹽運使初汴二郡
多富商運司賴之是時汝寧盜起侵汴境朝廷調兵
往討括舟運糧以故舟楫不通商販遂絕遵隨事慮
宜國課皆集十四年調武昌路總管武昌自十二年
爲沔寇所殘燬民死於兵疫者十六七而大江上下
皆劇盜直朔潢民心遑遑遵言於省臣出師遵攝
儲鈔萬錠募勇敢之士具戈舡截兵境且戰且行羅
粟於太平中興府民賴以全活者衆會省臣出師遵攝
省事於是省中惟遵一人乃遠斥侯塞城門籍
民爲兵得五千餘人設萬夫長四配守四門所以爲

防禦之備甚至號令嚴肅賞罰明當賊舡往來江中
終不敢近岸城賴以安十五年擢江南行臺治書侍
御史召拜參議中書省事時河南之賊數渡河而北
焚掠郡縣上下視若常事遵率左右司僚佐持其虜
者以天塹黃河爲之障礙而無深怨者視河南之民猶得保
肩椎髓以供軍儲而無深怨者視河南之民猶得保
其室家故也今賊北渡河而官軍不禦是大河之險
已不能守河比之民復何所恃乎河比民心一搖爲之
勢將如之何語未畢哽咽不能言宰相已下皆爲之

揮涕乃以入奏帝詔即遣使罷守河將帥而守衡自
是亦頗嚴先是湖廣倪賊質威順王之子而遣人請
降求平爲湖廣行省平章朝臣欲許者半遵曰平章之
職亞宰相也承平之時雖人或曰王子世
逆之賊勢要求輕以與之如綱紀何抑而不與今版
皇嫡孫也不許是棄之與賊非親親之道也遵
皇䋫孫也不許是棄之與賊非親親之道也遵
羽翼太公欲烹之以挾高祖高祖乃以分羹荅之奈
何令以王子之故廢天下大計乎衆皆難其論除治
書侍御史復入中書爲參知政事雖省僅六日丞
相每決大議則曰姑少緩之衆曉其意及遵拜執

政喜曰大政事今可決矣十七年升中書左丞階資
善大夫分省彰德是時太平在相位以事忤皇太子
皇太子深銜之欲去之而未有以發以爲遵及參知
政事趙中皆太平黨也遵中兩人去則太平之黨孤
十九年用事者承望風旨嗾寶鈔縣尹鄧守禮弟鄧
子初等誣導與茶政趙中議蕭庸等六人皆受賕
皇太子命御史臺大宗正府等官雜問之鍛煉使成
獄遵等竟死杖中外冤之二十四年御史臺臣辯
明遵等皆誣枉詔復給還其所授宣勅

曹鑑

曹鑑字克明宛平人穎悟過人舉止異常兒既冠南遊具通五經大義大德五年用翰林侍講學士郝彬薦為鎮江淮海書院山長十一年南行臺中丞廉恒辟為掾史丁內艱復起補掾史除興文署命伴送安南使者沿途問難倡和應荅如響使者歎服以為中國有人至治二年授江浙行省左右司貟外郎時丞相旨括釋氏白雲宗田稽撿有方不數月而事集纖豪無擾泰定七年遷湖廣行省左右司貟外郎明年奉忽剌夕怙勢恣縱妄為戚福僚屬多畏避鑑遇事輒折之獨不為撓湖北廉訪司舉鑑宜居風紀不報

天曆元年調江浙財賦府副總管屬淮浙大水民以饑告鑑損其賦什六七勢家因而詭免者鑑覈實諭令首輸元統二年陞同僉太常禮儀院鑑習典故達今古九禮樂度數名物因不周知因集議明宗皇后祔廟事援禮據經辯析詳明君子多之至元元年以中大夫陞禮部尚書俄感疾而卒年六十五追封譙郡侯諡文靖鑑天性純孝親族貧之猶周郵恤俊歷官三十餘年僦屋以居歿之日家無餘貲唯蓄書數千卷皆鑑手較定鑑為詩賦尚駃雅作文法西漢每篇成學者爭相傳誦有文集著于卷藏于家鑑任湖

廣貟外郎時有故掾觀淵伯以辰砂一包饋鑑鑑漫爾置篋笥中半載後因欲合藥劑命取視之乃有黃金三錠雜其中鑑驚歎曰淵伯以我為何如人也淵伯已歿鑑呼其子歸之其廉慎不欺如此

張翥

張翥字仲舉晉寧人其父為吏從征江南調饒州安仁縣典史又為杭州鈔庫副使翥少時貟其才儁蕩放不羈好蹴踘音樂不以家業屑其意其父以為憂翥一旦翻然改曰大人勿憂今請易業矣乃謝客閉門讀書晝夜不暫輟因受業於李存先生存安

仁江東大儒也其學傳於陸九淵氏翥從之游道德性命之說多所研究未幾留杭又從仇遠先生學遠於詩最高翥學之盡得其音律之奧於是翥遂以詩文知名一時已而薄遊維揚居久之學者及門者眾

至元末同郡傅巖起居中書薦翥隱逸至正初召為國子助教分教上都生尋退居淮東會朝廷修遼金宋三史起為翰林國史院編脩官史成歷應奉翰林文字遷太常博士以侍講兼祭酒翥勤於誘掖後進絕去崖岸不徒以師道自尊用是學者樂親炙之有以經義請問者

必歷舉衆說爲之折衷論辯之際雜以談笑無不厭
其所得而後已嘗奉旨詣中書集議時政衆論蜂起
翥獨嘿然丞相擱思監曰張先生平日好論事今一
語不出何耶翥對曰諸人之議皆是也但事勢有緩
急施行有先後在丞相所決耳擱思監善之明日除
官爵且發兵討之翥毅然不從左或勸之翥曰吾
羅帖木兒俄以入京師也命翥草詔削奪擱帖木兒
集賢學士翥以翰林學士承旨致仕階榮祿大夫字
臂可斷筆不能操也天子知其意不可奪乃命他學
士爲之李羅帖木兒雖知之亦不以爲怨也及李羅

四、
帖木兒既誅詔乃以翥爲河南行省平章政事仍翰
林學士承旨致仕給全俸終其身二十八年三月卒
年八十二翥長於詩其近體長短句九工文不如詩
而每以文自負常語人曰吾於文已化矣它日翰
所爲文請易置數字苦思者移時終不就沙剌班曰
先生於文豈猶未化耶何思之苦也翥因相視大咲
蓋翥平日善諧詭出談吐語輒令人失咲一座盡傾
八其室翛然春風中也所爲詩文甚多無丈夫子及
死國遂亡以故其遺槀不傳其傳者有律詩樂府僅

元史傳卷七十三　廿二　揭溪之

三卷翥嘗集兵興以來死節死事之人爲書曰忠義
錄識者題之

傳卷第七十三

元史傳卷七十三　廿四

翰林學士弗花知制誥兼修國史宋濂　翰林待制兼國史院編修官王禕等奉

繆

烏古孫良楨

烏古孫良楨字幹卿世見父澤傳資器絕人好讀

書至治二年蔭補江陰州判官尋丁內艱服除調鼇
州武義縣尹有惠政改漳州路推官獄有疑者悉平
反之上言律徒者不杖今杖而又徒非恤刑意宜加
徒減杖遂定爲令移泉州益以能稱轉延平判拜
陝西行臺監察御史勅遼陽行省左丞相達識帖睦

《元史傳卷七十四》一

邊賣國不忠授漢高帝斬丁公故事以明人臣大義
弁勅御史中丞胡居祐奸邪皆罷之中外震懾陛都
事猶以言不盡行解去復起爲監察御史良楨以帝
方監萬幾不可不求賢自輔於是連疏天曆數年間
紀綱大壞元氣傷夷天祐聖明入腸大統而西宮東
政奸臣弄權畜憾十有餘年天威一怒陰晦開明以
正大名以章大孝此誠競競業業祈天永命之秋其
術在乎敬身修德而已今經進多頎以職事臣數日
一遭講不渝數刻巳罷而聲御小臣恒侍左右何益
□藏德哉臣顧招延僊臣若許衝者數人實於禁密

常以唐虞三代之道啓沃宸衷表曰新其德實萬世無
疆之福也又以國俗制遂父死則妻其母兄弟死則收
其妻父母死無憂制遂言遂言出於天而不可變
議法之吏乃言國人不拘此例諸國人各從本俗是
漢南人當守綱常世不易之典明萬世之道又言隱士劉因
優之實則陷之外若尊之內寔侮之推其本心所以
待國人者不若漢南人之厚也請下禮官有司及右
科進士在朝者會議自天子至於庶人皆從禮制以
成列聖未遑之典許文正公衡從祀孔子廟庭皆不報
道學經術可比許文正公衡從祀孔子廟庭皆不報

《元史傳卷七十四》二

御史臺作新風憲復其所當行者以舉賢才爲綱
而以厚風俗均賦役重審理汰冗官選中令出奉使
均公田爲目指摘剴切懇謹亦不顧也窐者者罕
失壁妾殺其妻廌其肉餇犬上疏乞正重刑并論官
寺結廷臣撓政爲害可汰黜之憸側目至正四年
召爲刑部員外郎轉御史臺都事五年改中書左司
都事出爲江東道蕭政廉訪司副使上官一日辭歸
六年授平江路總管不拜八年復召爲右司員外郎
九年陞郎中尋還廣東道蕭政廉訪使中道召還爲
中選福建道蕭政廉訪使中道召還谷議中書省事

無經遊官十一年拜治書侍御史陞中書叅知政事
同知經遊事十三年陞左丞兼大司農仍同知經
遊事時中書叅用非人事多異同不得一一如志會
軍餉不給請與右丞悟良哈台主屯田歲入二十萬
石東宮久未達懇懇為言車駕幸上都始冊皇太子
立詹事院驛召為副詹事每直端本堂則進正心誠
意之說親君子遠小人之道皇太子嘉納焉當時盜
賊鋒起帝聞惡之下詔分討必盡誅而後巳良楨言
平賊在收人心以回天意多殺非道也乃赦以安之
十四年還淮南行省左丞初泰州賊張士誠既降復

《元史傳卷七十四》 三

叛殺淮南行省叅知政事趙璉進攻高郵六合太師
脫脫奉詔總諸王軍南征而良楨泃然議襲伯遂刑
部主事廬山等從之既平六合垂克高郵會詔罷脫
脫兵柄送有上變告伯遂等勸脫脫勒兵北向者下
其事逮問詞連良楨簿對無所驗即日還中書左
命分省彰德主調軍食居半歲還中書十六年陞右丞
榮祿大夫賜玉帶一十七年除大司農明年陞階
無宜興州張復通賊之罪中書將籍其妻孥吏抱按請
知宜興州張復通賊之罪中書將籍其妻孥吏抱按請
署良楨曰手可斷按不可署同列變色卒不署良楨

自左曹登政府多所建白罷福建山東食臨浙東西
長生牛租瀕海被災圍田稅民皆德之嘗論至正格
輕重不倫吏得并緣為奸舉明律者數人叅酌古今
重定律書成而罷家居輒訓諸子曰吾無過人者
惟待人以誠人亦以誠遇我汝宜志之晚歲病瘠數
謂告病益侵遂卒自號約齋有詩文奏議九若干卷
藏于家

賈魯

賈魯字友恒河東高平人幼負志節既長謀署過人
延祐至治間兩以明經領鄉貢泰定初恩授東平路

《元史傳卷七十四》 四

儒學教授辟憲史歷行省掾除潞城縣尹選丞相東
曹掾權戶部主事未上一日覺心悸尋得父書筆勢
顛縮即辭歸比至家父巳有風疾未幾辛魯居喪服
闋起為太醫院都事會詔修遼金宋三史召魯為宋
史局官書成選中書省檢校官上言十八河南近歲
居最選中書省檢校官燕南山東道奉使宣撫考績
糧百三十萬斛其弊大非處置盡善不可輕發書累數
正經界然事體重大非處置盡善不可輕發書累數
萬言切中其弊俄拜監察御史首言御史有封事宜
專達聖聰不宜臺臣先有所可否陞臺都事遷山北

廉訪副使復召為工部郎中言考工一十九事至正
四年河決白茅堤又決金堤並河郡邑民居墊牲
者流離帝甚患之遣使體驗仍賢大臣訪求治河方
畧特命魯行都水監魯循行河道考察地形往復數
千里備得要害為圖上進二策其一議條築北堤以
制橫潰則用工省其一議挽河東行使復
故道其功數倍魯還右司郎中議未及竟其在右司
言時政二十一事皆見舉行調都漕運使復以漕事
二十事言之朝廷取其八事一曰京畿和糴二曰優
恤漕司舊領漕戶三曰接連委官四曰通州總治豫

定委官五曰船戶困於壩夫海運壞於壩戶六曰疏
濟運河七曰臨清運糧萬戶府當隸漕司八曰宣忠
船戶付本司節制事未盡行既而河水北侵安山淪
入運河延袤濟南河間將陷兩漕司鹽場實妨國計
九年太傅右丞相脫脫復相論及河決思挽民艱以
塞詔旨乃集廷臣群議言人人殊魯昌言河必當治
復以前二策進丞相取其後策與魯定議且以其事
屬魯魯固辭丞相曰此事非子不可乃入奏大稱帝
旨十一年四月命魯以工部尚書總治河防使進秩
二品授以銀章領河南北諸路軍民發汴梁大名十

有三路民一十五萬廬州等成十有八翼軍二萬供
後一切從事大小軍民官咸稟節慶便宜興繕是月
鳩工七月鑿河成八月決水故河九月舟楫通十一
月諸壩諸堤成水土工畢河復故道事見河渠志帝
遣使報祭河伯召魯還京師魯以河平功超拜榮祿
大夫集賢大學士賞賚金帛勑翰林丞旨歐陽玄製
臺臣奏疏請覆脫脫勞績具載魯功且宣付史館既
魯先臣三世尋拜中書左丞從脫脫平徐州月可察
河平碑以旌脫脫治河之續次論魯功超拜榮祿
旋師命魯追餘黨分攻濠州同總兵官平章月可察

兒督戰魯誓師曰吾奉旨統八衛漢軍頓兵于濠七
日矣爾諸將同心協力必以今日巳午時取城池然
後食魯上馬麾進抵城下忽頭眩下馬且戒兵馬弗
散病愈丞卻藥不肯汗竟卒于軍中年五十有七十三
年五月壬午也此月可察兒躬為治喪選士護柩還高
平有旨賜交鈔五百錠以給塋事子積

逯魯曾字善止倜武人性剛介通經術中天曆二年
進士第授翰林國史院編修官辟御史臺掾掌機密
監察御史劾中丞史顯夫簡傲魯曾闢實封於大夫

前日中丞素持重不能與人周旋御史以人情劾之
非公論由是皆知其直除太常博士武宗一廟未立
后主配享集羣臣廷議之魯哀抗言先朝以武宗皇
后真哥無子不立其主時伯顏為右丞相以為明宗
之母亦乞列氏可以配享徽政院傳太后旨以先朝
之母唐兀氏可以配享問魯曰先朝既以真
哥皇后無子不為立主今所立者明宗母乎文宗母
乎對曰真哥皇后在武宗朝已贈王冊則為武宗皇
后明宗文宗二母固為妾也今以無子之故不為而
立主以妾后為正宮是為臣而廢先君之后為子而

追封先父之妾於禮不可且燕王垂即位追廢其母
后而立其生母為后以配享先王為萬世笑豈可復
蹈其失乎集賢大學士陳顥素嫉魯曾出曰唐太宗
冊曹王明之母為后是亦二伯也豈不可乎魯曾曰
堯之母為帝嚳庶妃堯立為帝舜未聞冊以為后而
譽皇上為大元天子不法堯舜而法唐太宗邪衆服
其議而伯顏趨之遂以真哥皇后配焉復拜監察御
史劾苔失海牙阿吉剌太尉輦卜班右丞元突蠻刑
部尚書吉當普監察御史哈剌完者月魯不花院使
呂思誠郎中皆黜之八人之中惟思誠少過亦變祖

宗選法餘皆伯顏之黨朝遷肅然除樞密院都事上
言前伯顏專殺大臣其黨利其妻女巧誣；罪今大
小官及諸人有罪止坐其身不得籍復其妻女鄒王為
伯顏攤陷妻女流離當雪其無辜給復子孫從之除
刑部員外郎悉辨正橫催伯顏所誣者選宗正府廉
中出為遼陽行省左司郎中至正十二年丞相脫脫
曾資善大夫淮南宣慰使領征討事遣其募鹽丁五
千人從征徐州平繼使領所部軍討淮東卒於軍
州賊以官軍不習水土募瀕海鹽丁為軍乃超遷魯
訪司事入為禮部郎中除僉山北道肅政廉

貢師泰

貢師泰字泰甫寧國之宣城人父奎以文學名家延
祐至治間官京師為集賢直學士靖師泰早
肄業國子學為諸生泰定四年釋褐出身授從仕郎
太和州判官丁外艱改徽州路歙縣丞江浙行省辟
為掾尋以土著自劾去大臣有以其名聞者擢應奉
翰林文字丁內艱服闋除紹興路總管府推官郡有
疑獄悉為詳讞而剖決之山陰白洋港有大船飄近
岸史甲二十人適取鹵海濱見其無主因取其篤檣
而船中有二死人有徐乙者怪其無物而有死人稱

為史等所劾史備作富民高丙家事遂連高史既誣
服高亦就逮師泰密詢之則里中沈丁載物抵杭而
回漁者張網海中因盜網中魚為漁者所殺史實未
嘗殺人奪物高亦弗知情其冤皆白游徽徐裕以巡
臨為名肆暴村落間一日遇諸暨商舋其所賫錢撲
殺之投尸於水走告縣曰我獲私鹽犯人畏罪赴水
死矣官驗視以有傷疑之遂以疑獄釋師泰追詢覆
案之具得裕所以殺人狀復俾待報餘姚孫國賓以
求盜獲姚甲造偽鈔受賕而釋之執高乙嘗丙赴有
司誣以同造偽高嘗為姚行用實非自造孫既舍姚

四[?]

因加罪於高而嘗與孫有隙故牽連之嘗與高未嘗
相識也師泰疑高等覆造不合以孫詰之辭屈而情
見即釋審而加高以本罪姚遂處死孫亦就法其於
冤獄詳讞之明多類此以故郡民自以不冤治行為
諸郡第一考滿復入翰林為應奉預修后妃功臣列
傳事畢遷宣文閣授經郎歷翰林待制國子司業擢
禮部郎中再遷吏部拜監察御史自世祖以後省臺
之職南人斥不用及是始復舊制於是南士復得居
省臺自師泰始時論以為得人至正十四年除吏部
侍郎時江淮兵起京師食不足師泰奉命和糴于浙

右得粮百萬石以給京師遷兵部侍郎朝廷以京師
至上都驛戶凋弊命師泰巡視整飭之至則歷究其
病原驗其富貧而均其徭役數十郡之民賴以稍蘇
豪貴以其不利於己深嫉之然莫能有所中傷也會
朝廷欲仍和糴于師泰都水庸田使十五年
庸田司罷擢江西廉訪副使未行遷福建廉訪使居
亡何除禮部尚書時平江缺守廷議難其人師泰又
以選為平江路總管其年冬甫視事張士誠自高郵
率狼渡江直抵城下攻圍甚急明年春守將弗能支
斬關遁去師泰領義兵出戰力不敵亦懷印綬棄城

三[?]

遁匿海濱者久之士誠既納降江浙行省丞相達識
帖睦邇以便宜授師泰兩浙都轉運鹽使至則剔其
積蠹通其利源大課以集國用資之丞相復承制除
師泰江浙行省參知政事二十年朝廷除戶部尚書
俾分部閩中以閩鹽易粮由海道轉給京師几為
粮數十萬石朝廷賴焉二十二年召為祕書卿行至
杭之海寧得疾而卒師泰性倜儻狀貌偉然既以文
字知名而於政事尤長所至績效輒著暴以故士譽
後進士之賢不問識不識即加推轂以故士與翁然
咸歸之有詩文若千卷行于世

周伯琦

周伯琦字伯溫饒州人父應極至大間仁宗為皇太
子召見獻皇元頌于武宗以為皇太
子說書曰侍英邸仁宗即位選集賢待制終為池
州路同知總管府事伯琦自幼從宦京師入國學
為上舍生積分及高等去以蔭授將仕郎南海縣主
簿三轉為翰林修撰至正元年改奎章閣為宣文閣
藝文監為崇文監伯琦為宣文閣授經郎教戚里大
臣子弟每進講輒稱旨且日被顧問帝以伯琦工書
法命篆宣文閣寶仍題扁宣文閣及摹王羲之所書
蘭亭序智永所書千文刻石閣中自是累轉官皆宣
文崇文之間而眷遇益隆矣帝嘗呼其字伯溫而不
名會御史奏風憲宜用近臣特命僉廣東廉訪司
事八年召入為翰林待制預修后妃功臣列傳累陞直
學士十二年有旨令南士皆得居省臺除伯琦兵部
侍郎遂與貢師泰同擢監察御史兩人皆南士之望
一時榮之時御史大夫也先帖木兒以大軍南討而
失律棄師陝西行臺監察御史劉希曾等十人共劾
奏之伯琦乃劾希曾等越分干譽希曾等皆坐左遷
補郡判官伯琦由是不為公論所與十三年選崇文太監

《元史傳卷七四》　〈十一〉　徐中

無經遊官代祀天妃丁內艱十四年起復為江東肅
政廉訪使長槍鎮南班陷寧國伯出
見之尋遁走至杭州除兵部尚書未行改浙西肅政
廉訪使江南行臺監察御史余觀科言伯琦失陷寧江
制假伯琦僉知政事招諭平江張士誠既降睦爾儀
國宜其罪十七年江浙行省丞相達識帖睦爾儀
南行臺監察御史亦辯釋伯琦罪除太常禮儀
院事士誠既滅伯琦乃得歸鄱陽尋
是留平江者十餘年士誠既拜資政大夫江浙行省左丞於
卒伯琦儀觀溫雅粹然如玉雖遭時多艱而善於自
保博學工文章而尤以篆隸真草擅名當時嘗著六
書正譌說文字原二書又有詩文槀若干卷

吳當

吳當字伯尚澄之孫也當初承祖訓以穎悟篤實稱
長精通經史百家言侍其祖至京補國子生久之澄
既捐館四方學子從澄遊者悉就當卒業焉至正五
年以父文蔭授萬億四庫照磨未上用薦者改國子
助教勤謹講解嚴肄習諸生皆樂從之會詔修遼金宋
三史當預編纂書成除翰林修撰七年遷國子博士
明年陞監丞十年陞司業明年選翰林待制又明年

《元史傳卷七四》　〈十二〉　徐中

政禮部員外郎十三年擢監察御史尋復為國子
司業明年遷禮部郎中又明年除翰林直學士時江
南兵起且五年大臣有薦當世居江西習知江西民俗
且其才可任政事者詔特授江西肅政廉訪使偕江
西行省參政黃昭招捕江西諸郡
便宜行事當以朝廷不給既受命至江南即召
募民兵由湍入閩至江西境建昌界招安新城孫塔
摛殄李三道路既通乃進攻南豐潯黨鄭天瑞遁鄭
原自刎死十六年調撿校章迪率本部兵復崇仁宜
攻撫州勸殺首冦胡志學進兵復崇仁宜黃於是建

撫兩郡悉定是時參知政事杂万總兵撫建積年無
功因怒當屢捷功在已上又以為南人不宜總兵則
摛為飛語謂當與黃昭皆與冦通有旨鮮二人兵柄
除當撫州路總管昭臨江路總管並供億平章火你
赤軍火你赤殺當從事官范淳及章迪總管除名十
不平當論之曰上命不可違也而火你赤又上章言
二人者難任牧民尋有旨當與昭皆隨軍不敢去先
八年火你赤自瑞州還龍興當昭皆罷總管除名十
是當與昭平牧功狀自廣東由海道未達京師而杂
万火你赤等公憒乃先至故朝廷責當昭皆左遷及

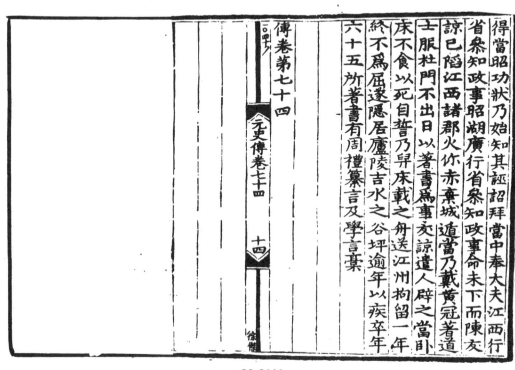

得當昭功狀乃始知其誣詔拜當中奉大夫江西行
省參知政事昭湖廣行省參知政事命未下而陳友
諒巳陷江西諸郡火你赤棄城遁當乃戴黃冠著道
士服杜門不出日以著書為事交諒遣人辟之當臥
床不食以死自誓乃舁床載之舟送江州拘留一年
終不為屈遂隱居廬陵吉水之谷坪逾年以疾卒年
六十五所著書有周禮纂言及學言槀

翰林學士承旨知制誥兼修國史臣宋濂翰林待制兼國史院編修官臣朱右等奉勅修

穆

董摶霄　弟昂霄

董摶霄字孟起磁州人由國子生辟陝西行臺掾時
天大旱從侍御史郭貞讞獄華陰縣有李謀兒累殺
商賈于道為賊十五年至百餘事事覺獄已具賄賂
有司謂徒黨未盡獲五年不決人皆以為憤摶霄知
之以言于貞即以尸諸市中天乃大雨授四川蕭政
廉訪司知事除涇陽縣尹入為戶部主事陞員外即
拜監察御史又出僉遼東蕭政廉訪司事歷江西行
省左右司郎中遷浙東宣慰副使其歷官所至佳佳
理寬獄革弊政才譽益著稱于時至正十一年除濟
寧路總管奉旨從江浙平章教化征進安豐兵至合
肥定林站遇賊大破之時朱皋固始賊復倡獗軍少
不足以分討有大山民岢及号陂屯田軍摶霄皆獎
勞而約束之遂得陣蔽朱皋我軍屯朱家寺賊至追
殺之乃遣進士程明仲往諭賊中招徠者千二百家
因悉知其虛實夜縛浮橋於沘水既渡賊始覺賊衆
數萬據碉南我軍渡者輒為其所敗摶霄乃麾騎士

別渡淺灘襲賊後賊回東南向與騎士迎敵摶霄忽
躍馬渡碉揚言於衆曰賊已敗諸軍皆渡一鼓而擊
之賊大敗追殺之死者二十五里遂復安
豐十二年有旨命摶霄攻濠州又命移軍援江南遂
渡江至湖州德清縣而徽饒賊已陷杭州教化問摶
霄計摶霄曰賊皆野人見杭城子女玉帛非平日所
有必縱慾不暇為備宜急攻之今欲退保湖州設使
賊乘銳直趨京口則江南不可為矣教化猶未決
而諸將亦難其行摶霄正色曰江浙相君方面既陷
於賊今可耶而不耶誰任其咎復接劒頓諸將曰諸
君荷國厚恩而臨難苟免今相君在是敢有慢令者
斬計乃決遂進兵杭城賊迎敵至鹽橋摶霄麾壯士
突前斬殺數級而諸軍相繼夾擊之凡七戰追殺至
清河坊賊奔接待寺塞其門而焚之賊皆死遂復杭
州巳而餘杭武康德清次第以平摶霄亦受代去徽
饒賊復自昱嶺關冦於潛行省以平章摶霄為參知
政事偕復提兵討之摶霄曰必欲除殘去暴所不敢辭
若假以重爵則不敢受即日引兵至臨安新溪是為
入杭要路既分兵守之而始進兵至昆口及虎檻遇
賊皆大破之追殺至於潛遂復其縣治既又克復昌

化縣及昱嶺關降賊將潘大齋二千人賊又有犯千
秋關者摶霄還軍守於潛而賊兵大至焚偷郭廬舍
摶霄按軍不動左右請出兵摶霄曰未也遣人執白
旗登山望賊約曰賊以我為怯必少懈伺其有間則
旗所執旗又伏兵城外皆授以火礮復約曰見旗動
即發已而旗動礮發兵乃盡出斬首數千級遂復
千秋關未幾賊復攻獨松百丈幽嶺三關摶霄乃先
以兵守多溪多溪三關要路也既又分為三軍一出
獨松一出百丈一出幽嶺然後會兵摶賊巢遂乘勝
復安吉七戰而克之賊將以其徒來降者數百人既

【元史傳卷七十五】 三

喬信南

數日賊復來窺獨松摶霄即以兵守苦嶺及黃沙嶺
賊帥梅元來降且言復有帥十一人欲降者即遣偏
將余思忠至賊砦諭之賊皆入暗室潛議思忠持火
投入室內接釰語衆曰元帥命我衆活汝汝復何議
已而火起焚其砦叱賊黨散去而引賊來降明日
進兵廣德克之有釁賊與饒池諸賊復犯徽州賊中
有道士能作十二里霧摶霄以兵擊之已而妖霧開
諭諸伏兵皆起歔賊兵後賊大潰斬首數萬級擒
千餘人獲道士焚其妖書而斬之遂平徽州十四年
除水軍都萬戶俄陞樞密院判官從丞相脫脫征高

郵分戍鹽城興化賊巢在大縱德勝兩湖間凡十有
二悉勦平之即其地築芙蓉砦賊入輒迷故道盡殺
之自是不復敢犯賊恃習水渡淮北擾安東州摶霄
招善水戰者五百人與賊戰安東之大湖大敗之遂
復安東十六年勦平北沙廟灣沙浦等砦尋進兵泗
州不利賊乘勝東下斷我軍糧道乃回軍屯止沙
摶霄獨守孤城賊環繞數十里攻之摶霄坐城上遣
偏將以騎士由四門突出賊後約曰旗一麾即還既而
得渡淮保泗州時方暑雨湖水溢諸營皆避去而摶
且絕與賊死戰凡七晝夜賊敗走奪賊舡七十餘艘乃

【元史傳卷七十五】 四

喬信南

旗動騎士還步卒自城中出夾擊之賊大敗然賊砦
猶阻西行之路乃結陣而往以奇兵轉戰數十合
軍始得至海寧朝廷嘉其功陞同僉淮南行樞密院
務為今日計莫若於黃河上下并瀕淮海之地及南
事摶霄建議于朝曰淮安為南北襟喉淮江淮要衝之
地其地一失兩淮皆未易復也則救援淮安誠為急
自沭陽北抵沂莒贛榆諸州縣布連珠營每三十里
設一總砦就三十里中又設一小砦使斥堠烽燧相
望而巡邏往來遇賊則并力野戰無事則屯種而食
然後進有援退有守此善戰者所以常為不可勝以

待敵之可勝也又海寧一境不通舟楫軍糧惟可陸
運而凡頻運淮海之地人民屢經盜賊宜加存撫權令
軍人搬運其陸運之方每人民行十步三十六人可行
一里三百六十人可行一里三千六百人可行一
百里每人負米四斗以夾布囊盛之用印封識人不
息有米不著地排列成行日行五百回計路二十八
里輕行一十四里重行一十四里日一日運糧之術
每運給米一升可供二萬人此百里一日運糧二百石
也又江淮流移之民并安東海寧沭陽贛榆等州縣
俱廢其民壯者既為軍老弱無所依歸者宜設置軍

民防禦司擇軍官材堪牧守者使居其職而藉其民
以屯故地於是練兵積穀且耕且戰內全山東完固
之邦外禦淮海出沒之寇而後恢復可圖也十七年
毛貴陷益都般陽等路有旨命搏霄從知樞密院事
卜蘭奚討之而濟南又告急搏霄乃提兵援濟南賊
眾自南山來攻濟南望之兩山皆赤搏霄按兵城中
先以數十騎挑之賊眾悉來鬬騎兵少鄰至磵上伏
兵起遂合戰城中兵又大出大破之而般陽賊復約
泰安之黨蹂躪南山來龔濟南搏霄列兵城上弗為動
賊夜攻南門獨以矢石禦之黎明乃黙開東門放兵

出賊後既旦城上兵皆下大開南門合擊之賊敗走
復追殺之賊眾悉無遺者於是濟南始寧詔就陞淮
南行樞密院副使都元帥仍賜上尊
金帶褚帶名馬以勞之有疾其功者譜於總兵太尉
紐的該令搏霄依前詔從卜蘭奚同征益都搏霄即
出濟南城屬老且病請以其弟昂霄代領其眾朝廷
從之授昂霄淮南行樞密院判官未幾有旨命搏霄
守河間之長蘆十八年搏霄以兵北行且曰我去濟
南必不可保既而濟南果陷搏霄方駐兵南皮縣之
魏家莊適有使者奉詔拜搏霄河南行省右丞甫拜

命毛貴兵已至而營壘猶未完諸將謂搏霄曰賊至
當如何搏霄曰我受命至此當以死報國耳因援劍
督兵以戰而賊眾突至搏霄前捽而問曰汝為誰搏
霄曰我董老爺也眾刺殺之無血惟見其有白氣衝
天是日昂霄亦死之事聞贈宣忠守正保節功臣榮
祿大夫河南行省平章政事柱國追封魏國公謚忠
定昂霄贈推誠孝節功臣嘉議大夫禮部尚書上輕
車都尉追封隴西郡侯謚忠毅搏霄早以儒生起家
輕為能吏會天下大亂乃復以武功自奮其才略有
大過人者而當時用之不能盡其才君子惜之

劉哈剌不花其先江西人倜儻好義不事家產有古
俠士風居燕趙有年遂為探馬赤軍戶至正十二年
潁亳盜起朝廷以太不花為河南行省平章政事總
兵討之哈剌不花上書陳十事其七言兵機及攻守
方略太不花以哈剌不花曾為探馬赤有膂力善騎
射偑統前八翼軍寮先鋒將明號令信賞罰士皆樂為
之用而料敵成敗所向無失是時岢失八都魯軍潰
于長葛收集散卒復屯中牟哈剌不花軍於汴梁南

彭子岡有自長葛来者言總兵官已為賊所敗次中
牟哈剌不花曰賊既捷兵必再至我不可不往援遂
整兵而前既而有使馳報夜四鼓賊從洧川渡河未
知其所向哈剌不花曰是必襲岢失八都魯營耳我
行已緩不及事不若以精銳斷賊歸路賊果襲岢失
是傾軍徐行天未明伏軍其歸路賊四起賊大敗盡
魯營大掠輜重而回哈剌不花伏軍四起賊大敗盡
僙獲之當是時岢失八都魯雖以平章政事總大兵
而哈剌不花功名與之相埒十七年山東毛貴率其
賊狼由河間趨直沽遂犯濮州至費林巳而略柳林

遍徼徇樞密副使遼國珍戰死京師人心大駭在廷
之臣或勸乘輿北巡以避之或勸遷都關陝報議紛
然獨左丞相太平犄不可哈剌不花時與同知樞密
院事奉詔以兵拒之與之戰于柳林大捷賈衆悉潰
退走攄河南行省平章政事以哈剌不花之功居多哈剌不
花後遷河南行省平章政事以卒楊哈剌不花為掾史晦波書史精
州人倪晦宇孟同事哈剌不花與信
文墨警識警敏泰不花深委任之言無不從而哈剌
不花或有所論白多沮不行由是心銜泰不花及泰
不花事敗走詣哈剌不花求援而哈剌不花不能曲

之
為保全乃縛泰不花送京師致之死地君子以是少
之

王英

王英字邦傑益都人性剛果有大節膂力絕人善騎
射襲父職為莒州翼千戶父子皆善用雙刀人號之
曰刀王至元二十九年江西行樞密院命帥師南雄
討賊立太老賊六百餘人突至英與戰殺其渠帥劉
把東獲九十餘人元貞元年從左丞董士選討太山
賊劉貴擒之二年寧都賊起行省命英率各萬戶軍
祐二年寧都賊起行省命英率各萬戶軍討之賊勢

甚張英屢戰皆勝斬獲不可勝數積屍盈野水為不
流行省平章李世安遣英迆江浙平章張閭所領軍
於閩境至木麻坑擒賊五九又追賊至上虎嶂遇
賊三千餘人盡殲之至治元年以大臣薦授武功
尉益都淄萊萬戶府副千戶天曆元年授宣武將軍
至順二年行省命英招捕桂陽州賊張思進等二千
人英至布以威信皆相率請降元統元年授懷遠大
將軍同知海北海南道宣慰使司事至元三年授安
軍賊吳玠期等作亂聚衆三千人英至賊皆就擒未
幾李志甫起漳州劉虎仔起潮州詔命江西行省右

丞燕帖木兒討之方賊起時英已致仕平章政事伯
撒里謂僚佐曰我世受國恩義官厚祿備嘗享之今
乃謂其子弘曰是雖鼠竊狗偷非刀王行不可其人
雖投老必可以義激乃使迎致之英曰國家有事吾
雖老其可坐視乎擐鞍韉精神飛動馳赴焉及賊
平英功居多至正中毛貴陷益都英時年九十有六
老矣縱不能事戎馬以報天子尚忍食異姓之粟以
求生乎水漿不入口者數日遂卒毛貴聞之使具棺
斂以葬將斂舉其尸不動焚香祝曰公子弘請公歸
葬先塋祝畢尸遂起觀者莫不驚異山東宣慰使普

颜不花及憲司請郵典于朝有曰不食粟粟餓死芹
泉有夷齊之風為臣之清者也芹泉谷名英所居也

石抹宜孫　　　　　　遏里古思
石抹宜孫字申之其先遼之迪烈糺人五世祖曰也
先事太祖為御史大夫自有傳也先之魯孫曰繼祖
宇伯善襲父職為沿海上副萬戶初以沿海軍分鎮
台州皇慶元年又移鎮婺兩州馴軍嚴蕭平寧都
冠有戰功且明達政事講宪策多合時宜為學本
於經術而無通名法縱橫天文地理術數方技釋老
之說見稱薦紳間宜孫其子也宜孫性警敏嗜學問

於書務博覽而長於詩歌嘗借嫡弟厚孫廕襲父職
為沿海上副萬戶守婺州及弟長即讓其職還之退
居台州至正十一年方國珍起海上江浙行省檄宜
孫守溫州宜孫即起任其事其年閏冠犯婺州復檄
之廷以兵平之功冠并起宜孫復奉省檄往討之至
頃之廷之屬縣山冠敵計十七年江浙行省左丞相達
則築廨城為禦敵識鐵睅遍承制陞宜孫行樞密院判官總制婺州分
院治于廨又以江浙儒學副提舉劉基為其院經歷
蕭山縣尹蘇友龍為照磨而宜孫又辟郡人胡深葉

探章溢參謀其軍事處為郡山谷聯絡盜賊憑據險
阻輒竊發不易平治宜孫用甚等謀或擒以兵或誘
以計未幾皆藏殄無遺類尋陞同僉行樞密院事當
是之時天下已多故所在守將各自為計相保守於
曰義莫重於君親食祿而不事其事是無君也毋在
難而不赴是無親也無君無親尚可立天地間哉即
遣胡深等將民兵數萬往赴援而親率精銳為先殿
是浙東則宜孫在處州邁里古思在紹興為稱首十
八年十二月

兵至婺與
大明兵取蘭溪且逼婺而宜孫毋實在婺城宜孫泣
大明兵甫接即敗績而還時經略使李國鳳至浙東
承制拜宜孫江浙行省參知政事階中奉大夫明年
大明兵入處州宜孫將數十騎走福建境上欲圖報
復而所至人心已散事不可復為嘆曰處州吾所守
者也今吾勢已窮無所於往不如還處州境死亦為
處州鬼耳既還至處之慶元縣為亂兵所害事聞朝
廷贈推誠宣力効節功臣集賢大學士榮祿大夫上
柱國追封越國公謚忠愍邁里古思者寧夏人也字
善卿至正十四年進士授紹興路錄事司達魯花赤

苗軍主將楊完者在抗縱其軍釤掠莫敢誰何民甚
苦之俄有至紹興城中強奪人馬者邁里古思擒斬
數人苗軍乃懼不敢復至其境邁里古思名聲遂大
振會江南行臺治紹興撤邁里古思為行臺鎮撫
乃大募民兵為守禦計處州山賊焚掠婺之永康東
陽邁里古思提兵往擊之與石抹宜孫約期夾攻其
果穴山賊以平擢江東廉訪司經歷仍留紹興以女
衛臺治時浙東西郡縣多殘破獨邁里古思保障行
興境內晏然民愛之如父母江浙省臣乃承制授行
樞密院判官分院治紹興會方國珍遣兵侵擾紹興

屬縣邁里古思曰國珍本海賊今既降為大官而復
來害吾民可乎欲率兵往問罪先遣部將黃中取上
虞中遂請益兵是時朝廷方倚重國珍資其冊以運
糧而御史大夫拜住哥與國珍素通賄賂情好甚厚
憤邁里古思擅舉兵恐且生事即使人召邁里古思
至其私第與計事至則命左右以鐵鎚撾死之斷其
頭擲溷中城中民聞之不問男女老幼無不慟哭者黃
中乃率其眾復讎盡殺拜住哥家人及臺府官貟緣
史獨留拜住哥不殺以告于張士誠士誠乃遣其將
以兵守紹興拜住哥尋遷行宣政院使監察御史真

23-2117

童斜言拜住哥陰害帥臣幾致激變不法不忠莫斯
為甚宜稽諸彝典寘于嚴刑於是詔削拜住哥官職
安置潮州而邁里古思之冤始白

傳卷第七十五

翰林學士中奉大夫知制誥兼脩國史兼經筵官臣宋濂等奉敕撰

儒學一

前代史傳皆以儒學之士分而爲二以經藝顯門者
爲儒林以文章名家者爲文苑然儒之爲學一也六
經者斯道之所在而文則所以載夫道者也故經非
文則無以發明其旨趣而文不本於六藝又烏足謂
之文哉由是而言經藝文章不可分而爲二也明矣
元興百年上自朝廷內外名宦之臣下及山林布衣

《元史傳卷七六》一

之士以通經能文爲著當世者彬彬焉衆矣今皆不
復爲之分別而采取其尤卓然成名可以輔教傳後
者合而錄之爲儒學傳、

趙復字仁甫德安人也太宗乙未歲命太子闊出帥
師伐宋德安以嘗逆戰其民數十萬皆俘戮無遺時
楊惟中行中書省軍前姚樞奉詔即軍中求儒道釋
醫卜士九儒生掛俘籍者輒脫之以歸復在其中樞
與之言信奇士以九族俱殘不欲北因
其自裁留帳中共宿既覺月色皓然惟寢衣在遺馳
馬周號積屍間無有也行及水際則見復已被髮徒

跳仰天而號欲投水而未入樞曉以徒死無益姑存
則子孫或可以傳緒百世隨吾而北必可無他復強
從之先是南北道絕載籍不相通至是復以所記程
朱所著諸經傳註盡錄以付樞自復至燕學子從者
百餘人世祖在潛邸嘗召見問曰我欲取宋卿可導
之乎對曰宋吾父母國也未有引他人以伐吾父母
者世祖悅因不強之仕惟中間復論議始嗜其學乃
與樞謀建太極書院立周子祠以二程張楊游朱六
君子配食選取遺書八千餘卷請復講授其中復以
周程而後其書廣博學者未能貫通乃原羲農堯舜

《元史傳卷七六》二

之所以繼天立極孔子顏孟所以垂世立教周程張朱
氏所以發明紹續者作傳道圖而以書目條列于后
別著伊洛發揮以標其宗旨朱子門人散在四方則
以見諸登載與得諸傳聞者共五十有三人作師友圖
以寓私淑之志又取伊尹顏淵言行作希賢錄使學
者知所嚮慕然後求端用力之方備矣樞既退隱蘇
門乃即復傳其學由是許衡郝經劉因皆得其書而
尊信之北方知有程朱之學自復始復爲人樂易而
耿介雖居燕不忘故土與人交尤篤分誼元好問文
名擅一時其南歸也復贈之言以博溺心末羹本爲戒

以自脩讀易求文王孔子之用心爲勉其愛人以德
類若此復家江漢之上以江漢自號學者稱之曰江
漢先生
張頊字達善其先蜀之導江人蜀亡僑寓江左金華
王栢得朱熹三傳之學嘗講道於台之上蔡書院頊
從而受業焉自六經語孟傳註以及周程張氏之微
言朱子所嘗論定者靡不潛心玩索究極根柢用功
既專父而不懈所學益弘深微密南北之士鮮能及
之至元中行臺中丞吳曼慶聞其名延致江寧學官
俾子弟受業中州士大夫欲淑子弟以朱子四書者

《元史傳卷七七六》

三

皆遣從頊游或關私塾迎之其在維揚來學者尤衆
遠近翁然尊爲碩師不敢字呼而稱曰導江先生大
臣薦諸朝特命爲孔顏孟三氏教授鄒魯之人服誦
遺訓久而不忘頊氣宇端重音吐洪亮講說特精詳
子弟從之者說訛如也其高第弟子知名者甚多夾
谷之奇楊剛中尤顯頊無子有經說及文集行世吳
澄斤其書以爲議論正援據博貫縱橫儼然新安
朱氏之尸祝也至正中真州守臣以頊及郝經吳澄
皆嘗留儀真作祠宇祀之曰三賢祠
金履祥字吉父婺之蘭溪人其先本劉氏後避吳越

錢武肅王嬪名更爲金氏履祥從曾祖景文當宋建
炎紹興間以孝行著稱其父母疾齋禱于天而靈應
隨至事聞于朝爲改所居鄉曰純孝履祥幼而敏知
父兄稱授之書即能記誦比長益自策勵九天文地
形禮樂田乘兵謀陰陽律曆之書靡不畢究然負
向濂洛之學事同郡王栢從登何基之門基則學于
黃幹而幹親承朱熹之傳者也自是講貫益密造詣
益邃時宋之國事已不可爲履祥遂絕意進取然負
其經濟之畧亦未忍忘斯世也會襄樊之師日急以
宋人坐視而不敢救履祥因進牽制擣虛之策請以

《元史傳卷七十六》

四

重兵由海道直趨燕薊則襄樊之師將不攻而自解
旦備敘海舶所經九州郡縣邑下至巨洋別鴯難易
遠近歷歷可攷以行終莫能用及後朱瑄張清獻
海運之利而所由海道視履祥先所上書股尺無異
者然後人服其精確德祐初以迪功郎史館編校起
之辭弗就宋將改物所在盜起履祥屏居金華山中
兵燹稍息則上下巖谷追逐雲月寄情嘯咏視世故
泊如也平居獨處終日儼然至與物接則盎然和懌
訓迪後學諄切無倦而尤篤於分義有故人子坐事
母子分配爲隸不相知者十年履祥傾貲營贖卒賴

以完其子後貴履祥終不自言稻見勞問辛苦而已
何基王栢之衷履祥率其同門之士以義制服觀者
光作資治通鑑祕書丞劉恕爲外紀以記前事不本
於經而信百家之說是非謬於聖人之使則魯史不
帝堯以前夫子所定固野而難質夫子因魯史
以作春秋王朝國之事非有王帛之使則魯史不
得而書非聖人筆削之所加也況左氏所記或闕或
誣九此類皆不得以辟經爲辭乃用邵氏皇極經世
暦胡氏皇王大紀之例損益折衷一以尚書爲主下

及詩禮春秋旁採舊史諸子表年繫事斷自唐堯以
下接于通鑑之前勒爲一書二十卷名曰通鑑前編
九所引書輒加訓釋以裁正其義多儒先所未發既
成以授門人許謙曰二帝三王之盛其微言懿行宜
後王所當法戰國申商之術其苛法亂政亦後王所
當戒則是編不可以不著也他所著書曰大學章句
疏義二卷論語孟子集註考證十七卷書表注四卷
誰爲益加校定皆傳于學者天曆初廉訪使鄭允中
表上其書于朝初履祥既見王栢首問爲學之方栢
告以必先立志且舉先儒之言居敬以持其志立志

以定其本志立乎事物之表敬行乎事物之內此爲
學之大方也及見何基栢之曰會之履言賢者之
以爲基之清介純實似尹和靜栢之高明剛正似謝
賢理欲之分便當自今始會之盖栢字也當時議者
仁山之下學者因稱爲仁山而並充於已者也履祥居
里人吳師道爲國子博士移書學官祠履祥于鄉學
上蔡履祥則親得之二氏而仁山先生大德中卒元統初
至正中賜諡文安

許謙字益之其先京兆人九世祖延壽宋刑部尚書
八世祖仲容太子洗馬仲容之子曰洸曰洞洞由進

士起家以文章政事知名于時洸之子寔事海陵胡
瑗能以師法終始者也由平江徙婺之金華至謙五
世爲金華人父觥登淳祐七年進士第仕未顯以歿
誰生數歲而孤甫能言世母陶氏口授孝經論語入
耳輒不忘稍長肆力於學立程以自課取四部書分
晝夜讀之雖疾恙不廢乃受業金履祥之門履祥
語之曰士之爲學若五味之在和醯醬既加則酸鹹
頓異子來見我已三日而猶夫人也豈吾之學無以
感發子耶謙聞之惕然居數年盡得其所傳之奧於
書無不讀窮探聖微雖殘文羡語皆不敢忽有不可

通則不敢強於先儒之說有所未安亦不苟同也讀
四書章句集註有叢說二十卷謂學者曰學以聖人
為準的然必得聖人之心而後可學聖人之事聖賢
之心具在四書而四書之義備於朱子顧其辭約意
廣讀者安可以易心求之乎讀詩集傳有名物鈔八
卷正其音釋攷其名物度數以補先儒之未備仍存
其逸義旁采遠援而以己意終之讀書集傳有叢說
六卷其觀史有治忽幾微倣史家年經國緯之法起
太皞氏迄宋元祐元年秋九月尚書左傑射司馬光
卒備其世數總其年歲原其興亡著其善惡蓋以為

〈元史傳卷七十六〉

七

胡時中

曰光卒則中國之治不可復興誠理亂之幾也故附於
續經而書以易其意焉又有自省編畫
之所為夜必書之其不可書者則不為也其他若天
文地理典章制度食貨刑法字學音韻嘗謂學
說亦靡不該貫旁而釋老之言亦識其所以然能
者執不曰顧異端苟不深探其隱而識其蘊嘗謂及
辨其同異別其是非也幾希又嘗句讀九經儀禮及
春秋三傳於其宏綱要領錯簡衍文悉別以鉛黃朱
墨意有所明則表而見之其後吳師道購得呂祖謙
點校儀禮視識所定不同者十有三條而已謙不喜

矜露所為詩文非扶翼經義張維世教則未嘗輕筆
之書也延祐初謙居東陽八華山學者翕然從之尋
開門講學遠而幽冀齊魯近而荊揚吳越皆不憚百
舍來受業焉其教人也至諄諄惡內外彈盡嘗曰已
有知使人亦知之豈不快哉或有所問難而詞不能
自達則為之言其所欲言其所感討論講貫終
出愈真切懇懇作之銳者抑之拘者開之放者約之
及門之士著籍者千餘人隨其材分咸有所得然獨
不以科舉之文授人曰此義利之所由分也謙於

〈元史傳卷七十六〉

八

胡時中

謙觀其鄉會通而為之折衷閭者無不厭服大德中熒
感入南斗句已而行謙以為災在其地楚竊深憂之是
歲大侵道殣相望吾能獨飽邪其慶心蓋如此廉訪使
里閭者四十年四方之士以未及門為恥縉紳先生
孝友有絕人之行其處世不黷於古不流於俗不出
劉庭直副使趙宏偉皆中州雅望於謙深加推服論
薦于朝中外名臣列其行義者前後章數十上而郡
後以遺逸應詔鄉闈大此請司其文衡皆莫能致至

其晚節獨以身任正學之重遠近學者以其身之安
否為斯道之隆替焉至元三年卒年六十八嘗以白
雲山人自號世稱為白雲先生朝廷賜諡文懿先是
何基王栢及金履祥猶未大顯至謹而其道
益著故學者推原統緒以為朱熹之世適江浙行中
書省為請于朝建四賢書院以奉祠事而列于學官同
郡朱震亨字彥脩謙之高第弟子也其清修苦節絕
類古篤行之士所至人多化之

陳櫟字壽翁徽之休寧人櫟生三歲祖母吳氏口授
孝經論語輒成誦五歲入小學即涉獵經史七歲通

《元史傳卷七十六》 九 趙

進士業十五鄉人皆師之宋亡科舉廢櫟慨然發憤
致力於聖人之學涵濡玩索貫穿古今嘗以謂有功
於聖門者莫若朱熹氏喜沒木久而諸家之說往往
亂其本真乃著四書發明書傳纂疏禮記集義等書
之其微辭隱義則引而伸之而其所未備者復為說
亡慮數十萬言九諸儒有畔於朱氏者刊而去
以補其闕於是朱熹之說大明於世迨祐初詔以科
舉取士櫟不欲就試有司強之試鄉闈中選遂不復
赴禮部教授於家不出門戶者數十年性孝友尤剛
正日用之間動中禮法與人交不以勢合不以利遷

善誘學者諄諄不倦臨川吳澄嘗稱櫟有功於朱氏
為多九江東人來受業於澄者盡遣而歸櫟櫟所居
堂曰定宇定宇學者因以定宇先生稱之元統二年卒年
八十三揭徯斯誌其墓乃與吳澄並稱曰澄居通都
大邑又數揭於朝天下學者四面而歸之故其道
遠而章舉而明櫟居萬山間與木石俱而足跡未嘗
出鄉里故其學必待其書之行天下乃能知之及其
行也亦莫如其禦是可謂豪傑之士矣世以知言

胡一桂字庭芳徽州婺源人父方平一桂生而穎悟
好讀書尤精於易初饒州德興沈貴寶受易於董夢

《元史傳卷七十六》 十

程夢程受朱熹之易於黃榦而一桂之父方平及從
貴寶夢程學嘗著易學啟蒙通釋一桂之學出於方
平得朱熹氏源委之正宋景定甲子一桂年十八遂
領鄉薦試禮部不第退而講學遠近師之號雙湖先
生所著書有周易本義附錄纂疏本義啟蒙翼傳朱
子詩傳附錄纂疏十七史纂並行于世其同郡胡炳
文字仲虎亦以易名家作易本義通釋而於朱熹所
著四書用力尤深餘干饒魯之學本出於朱熹而其
為說多與熹牴牾炳文深正其非作四書通幾辭異
而理同者合而一之辭同而指異者析而辨之性

祭其未盡之蘊東南學者因其所自號稱雲峰先生

炳文嘗用薦者署明經書院山長再調蘭溪州學正

黃澤字楚望其先長安人唐末舒藝知資州內江縣

卒葵爲子孫遂爲資州人宋初延節爲大理評事無

監察御史累贈金紫光祿大夫澤十一世祖也五世

祖拂與二兄播撰同年登進士第蜀人榮之父儀可

累舉不第隨兄驥子官九江蜀亂不能歸家焉澤

生有異質慨然以明經學道爲志好爲苦思屢以成

疾疾止復思久之如有所見作頗淵仰高鑽堅論義

人治經必先古注疏澤於名物度數考覈精審而成

理一宗程朱作易春秋二經觧二禮祭祀述署大德

中江西行省相臣聞其名授江州景星書院山長使

食其祿以施教又爲山長於洪之東湖書院受學者

益衆始澤嘗夢見夫子以爲適然既而屢夢見之最

後乃夢夫子手授所較六經字畫如新由是深有感

發始悟聖人所解經多徇舊說爲非是乃作思古吟十章

極言聖人之德容不復言仕嘗以爲去聖久遠經籍殘

門授徒以養親不復仕達於丈王周公秩即歸閉

關傳注家率多傳會近世儒者又各以才識求之故

議論雖多而經旨愈晦必積誠研精有所悟入然後

可以窺見聖人之本真乃揭六經中疑義千有餘條

以示學者既乃盡悟失傳之旨自言每於幽閒寂寞

頗沛流離疾病無聊之際得之及其父也則豁然無

不貫通自天地定位人物未生已前沿而下之九遂

古之初萬化之原載籍所不能具者皆昭若發蒙如

示諸掌然後由伏羲神農五帝三王以及春秋之末

皆若身在其間而目擊其事者於是易春秋傳之末

失而書未決之疑周禮非聖人書之謗九數十年苦

思而未通者皆渙然冰釋各就條理故於易春秋傳

爲先以因孔子之言上求文王周公之意爲主而其

機梏則盡在十翼作十翼舉要忘象辯象塞辯同論

於春秋以明書法爲主其大要則在考覈三傳以求

向上之功而脉絡盡在左傳作三傳義例考筆削本

旨又作元年春王正月辯諸侯娶女立子通考魯隱

公不書即位義毅周諸侯禘袷考周廟太廟簞祭祀

食談作立甲辯九如是者十餘通以明古今禮俗不

同見盧辭說經之無益嘗言學者必悟經旨廢失大

由然後聖人本意可見若易象與春秋書法廢失大

署相似不苟通其一則可觸機而悟矣又懼學者得於

創聞不復致思故所著多引而不發乃作易學濫觴

春秋指要示人以求端用力之方其於禮學則謂鄭
氏深而未完王蕭明而實淺作禮經復古正言如王
蕭混郊丘廢五天帝併崑崙神州為一趙伯循言王
者禘其家始祖之所自出以始祖配之而不及群廟之
主祖宏家學不信周禮以社為祭地之類皆引經以
證其非其辯釋諸經要旨則有六經補注詆排百家
異義則取杜牧不當言而言之義作翼經罪言近代
單思之學推澤為第一吳澄嘗觀其書以為平生所
見明經士未有能及之者謂人曰能言距楊墨者聖
人之徒也楚望真其人乎然澤雅自慎重未嘗輕與

■元史傳卷七六　十三　張周士

人言李洞使過九江請北面稱弟子受一經且將經
紀其家澤謝曰以君之才何經不可明然亦不過筆
授其義而已若余則於艱苦之餘乃能有見吾非邪
子不敢以二十年林下期君也洞歎息而去或問澤
自閟如此寧無不傳之懼澤曰聖經興廢上關天運
子以為區區人力所致耶澤家甚貧且年老不復
能教授經歲大侵家人采木實草根以療飢晏然有
不動其意惟以聖人之心不明而經學失傳若已有
罪為大戚至正六年卒年八十七其書存于世者十
二三門人惟新安趙汸為高弟得其春秋之學為多

蕭㪍字惟斗其先北海人父仕秦中遂為奉元人㪍
性至孝自為兒時翹楚不凡稍出為府史上官語不
合即引退讀書南山者三十年製一革衣由身半以
下及卽輒倚其榻玩誦不少置於是博極羣書天文
地理律曆筭數靡不研究侯均謂元有天下百年惟
蕭惟斗為識字人學者及其門受業者甚眾嘗出遇
一婦人失金釵道旁疑㪍拾之謂曰殊無他人獨翁
居後耳與令隨至門取家釵以償其後婦得所遺釵
愧謝還之鄉人有自城中暮歸者遇寇欲加害詭言
我蕭先生也寇驚愕釋去世祖分藩在秦辟㪍與楊

■元史傳卷七六　十四　張周士

恭懿韓擇侍秦邸㪍以疾辭授陝西儒學提舉不赴
省憲大臣即其家具宴為賀使一從史先詣㪍合㪍
方汲水灌園從史至不知其為㪍也使飲其馬即應
之不拒及冠帶迎賓從史見㪍有懼色與殊不為意
後累授集賢直學士國子司業㪍皆不赴
不赴大德十一年拜太子右諭德扶病至京師入觀
東宮書酒誥為獻以朝廷時尚酒故也尋以病力請
去職人問其故則曰在禮東宮東面師傅西面此禮
今可行乎俄除集賢學士國子祭酒依前右諭德疾
作固辭而歸卒年七十八賜諡貞敏㪍制行甚高真

優實踐其教人必自小學始為文辭立意精深言近
而指遠一以洙泗為本濂洛考亭為擴關輔之士翕
然宗之稱為一代醇儒所著有三禮說小學標題駁
論九州志及勤齋文集行于世韓擇者字從善亦奉
元人天資超異信道不惑其教學者雖中歲以後亦
必使自小學等書始或疑為陵節勤苦則曰人不知
學曰首童心且童蒙所當知而皓首不知可乎擇尤
遠禮學有賀問者口講指畫無倦容士大夫游官過
京疾不果行其卒也門人為服緦麻者百餘人侯均
秦中必往見擇莫不虛往而實歸為世祖嘗召之起

者字伯仁亦奉元人父母蚤亡獨與繼母居賣新以
給奉養積學四十年羣經百氏無不淹貫旁通釋老
外典每讀書必熟誦乃已嘗言人讀書不至千徧終
於己無益故其昏諸生所問窮素極探如取諸篋笥
名振關中學者宗之用薦者起為太常博士後以上
疏忤時相意不待報可即歸休田里均貌魁悟而氣
剛正人多嚴憚之及其應接之際則和易欵洽雖方言
古語世所未曉者莫不隨問而吝世咸服其博聞
同恕字寬甫其先太原人五世祖遷秦中遂為奉元
人祖昇父繼先博學能文廉希憲宣撫陝右辟堂庫

鑰家世業儒同居二百口無間言恕安靜端凝羈丱
如成人從鄉先生學日記數千言年十三以書經魁
鄉校至元間朝遷始分六部選名士為吏屬關陝以
恕貢禮曹辟不行仁宗踐阼即其家拜國子司業階
儒林郎使三召不起陝西行臺待御史趙世延請即
奉元置魯齋書院中書奏恕領教事制可之先後來
學者殆千數延祐設科再主鄉試人服其公六年以
奉議大夫太子左贊善召入見東宮賜酒慰問而
獻書歷陳古誼畫開悟涵養之道明年春英宗繼統
以疾歸致和元年拜集賢侍讀學士以老疾辭恕之

學由程朱上溯孔孟務貫洙事理以利於行教人曲
為開導使得趣向之正性整潔平居雖大暑不去冠
帶毋張夫人卒事異母如事所生父喪哀毀致目疾
時祀齋肅詳至嘗曰養生有不備事猶可復追遠有
不誠是誣神也可追罪乎與人交雖外無適莫而中
有繩尺里人借騾而死償其直不受曰物之數也何
以償時蕭㪺居南山下亦以道高當世入城府必主恕
家士論稱之曰蕭同恕自京還家居十三年縉紳望
之若景星麟鳳鄉里稱為先生而不姓至順二年卒

年七十八制贈翰林直學士封京兆郡侯諡文貞其
所著曰穎菴集二十卷恕第子第五居仁字士安幼
師蕭㪺冠從恕受學悃通經史躬率子弟致力農
畝而學徒滿門其宏度雅量能容人所不能容嘗行
田間遇有竊其桑者居仁輒避之鄉里高其行義率
多化服作字必楷整遊其門者不惟學明而行加脩
焉卒之日門人相與議易名之禮私諡之曰靜安先
生

安熙字敬仲真定藁城人祖逎父松皆以學行淑其
鄉人熙既承其家學及聞保定劉因之學心向慕焉
熙家與因所居相去數百里因亦聞熙力於為巳之
學深許與之熙方將造其門而因巳殁乃從因門人
烏叔備問其緒說蓋自因得宋儒朱熹之書即尊信
力行之故其教人必尊朱氏然因之為人高明堅勇
其進莫遏則熙簡親和易務為下學之功其告先聖
丈有曰追憶舊聞卒寃前業洒掃應對謹行信言餘
力學文窮理盡性循循有序發軔聖途以存諸心以
行諸已以及於物以化於鄉其用功平實切寔可謂
善學朱氏者熙遭時家居教授垂數
十年四方之來學者多所成就既殁鄉人為立祠於

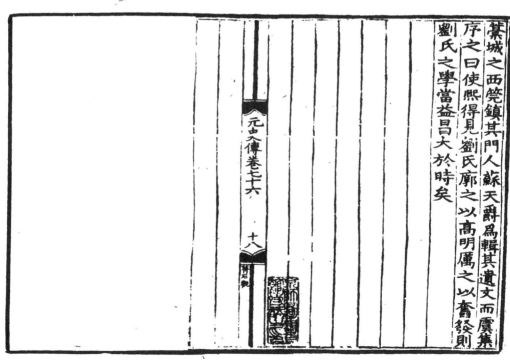

藁城之西笤鎮其門人蘇天爵為輯其遺文而廣集
序之曰使熙得見劉氏廓之以高明厲之以奮發則
劉氏之學當益昌大於時矣

翰林學士承旨榮祿大夫知制誥兼修國史臣宋濂等奉
勑修

儒學二

胡長孺字汲仲婺州永康人當唐之季其先自天台
來徙宋南渡後以進士科發身者十人持節分符先
後相望曾祖康東欽州司法參軍脫廩置萬輕貲急施
人以鄭莊稱之祖巖起嘉定甲戌進士知福州閩縣
事卓行危論奇文現句端平嘉定間士大夫皆自以
為不可及其在江西幕府平贛州之難於指顧之頃

《元史傳卷七七》　一　崔恭

全活數十萬人父居仁淳祐丁未進士知台州軍州
事文辭政事亦絕出於四方至長孺其學益大振九
經諸史下逮百氏名墨縱橫旁行敷落律令章程無
不包羅而捋序之咸淳中外舅徐道隆為荆湖四川
宣撫条議官長孺從之入蜀銓試第一名授迪功郎
監重慶府酒務俄用制置使朱禩孫之辟兼總領湖
廣軍馬錢糧所僉廳與高彭李湜梅應春等號南中
八士已而復拜福寧州倅之命會宋亡退棲永康山
中至元二十五年詔下求賢有司強起之至京師待
詔集賢院既而召見內殿拜集賢修撰與宰相議不

合改教授揚州元貞元年移建昌通錄軍閥官檄長
孺攝之程文海方貴顯其家氣燄薰灼即違法人不
敢何問其樹外門侵官道長孺亞命撤之至大元年
轉台州路寧海縣主簿階將仕佐郎大德丁未淅東
大侵戊申復富民相枕死宣慰同知脫歡察議行
振荒之令歛富人錢一百五十萬給之至縣以餘錢
二十五萬屬長孺藏去乃行旁縣長孺抱成案進曰錢
在是矣脫歡察怒曰汝瞻如山耶何所受命而敢無
意悉散於民閱月再至索其錢長孺抱成案進曰錢
患若此長孺曰民一日不食當有死者誠不及以聞

《元史傳卷七七》　二　崔恭

然官書具在可徵也脫歡察雖怒不敢問縣有銅巖
惡少年狙伺其間恒出鈔道為過客患官不能禁長
孺偽衣商人服令蒼頭負貨以從陰戒驍卒十人躡
其後長孺至巖中人突出要之長孺方遜辭以謝驍
卒俄集皆成擒俾盡通其黨寘於法夜行無虞民
知主名民來訴長孺陽怒其誣械之手市俾左右潛偵
溺器糞田偶觸軍卒衣卒抶傷民且碎器而償其器
之向扶者過為戰手稱快執詰所隸狀而償其器羣
婦聚浮屠庵誦佛書為禳祈一婦失其衣適長孺出
鄉嫗訟之長孺以牟麥真粿嫗合掌中命繞佛誦書

如初長孺開目叩齒作集神狀且曰吾使神監之矣
盜衣者行數周麥當芽一嫗屢開掌視長孺指縛之
還所竊衣長孺白事師府歸吏言有姦事屢問弗伏
者長孺曰此易易爾夜伏吏案下黎明出姦者訊之
辭愈堅長孺詳謂令長曰頗聞國家有詔盡逃之
隷辛縛姦者東西櫃空縣而出庭無一人姦者相謂
曰事至此死亦無奈行將自解矣語畢案下吏曜而
出姦者驚咸叩頭服罪永嘉民有弟質珠步搖於兄
者贖焉兄妻愛之給以亡於盜屢訟不獲真往告長
孺長孺曰爾非吾民也叱之去未幾治盜長孺嗾盜

誣兄受步搖為賕逮兄赴官力辯救弗置長孺曰爾
家信有是何謂誣耶兄倉皇曰有固有之乃弟所質
者趣持至驗之呼其弟示曰得非爾家物乎弟曰然
遂歸焉其行事多類此不能盡載延祐元年轉兩浙
都轉運鹽使司長山場鹽司丞階將仕郎未上以病
辭不復仕隱杭之虎林山以終長孺初師青田余學
古學古師王夢松夢松亦青田人傳龍泉葉味道之
學味道則朱熹弟子也淵源既正長孺益行四方訪
求其旨趣始信涵養用敬為最切默存靜觀超然自
得故其為人光明宏偉專務明本心之學慨然以孟

子自許唯恐斯道之失其傳誘引不倦一時學者慕
之有如飢渴之於食飲方嶽大臣與郡二千石聘致
庠序數繹經義環聽者數百人雖言人人殊最靈
與物同產初無二本皆躍躍然興起至有太息者為
辭章有精魄金春王撞壹和平之音海內來求
者如購壁寫武林病喘上氣者頗久一旦具酒
易一字毅然不與鄉閭取士屢司文衡責實踐華文
風為之一變晚窩照耀四裔苟非其人雖一金
先生精神不衰何為邃欲觀化乎長孺曰精神與

食與物比鄰別云故鄉門人有識其微意者問曰
生初無相涉也就寢至夜半喘忽止其子駒排戶視
之則正衣冠坐逝矣年七十五所著書有尾缶編南
昌集寧海漫抄顏樂齋藁行于世其從兄之綱之純
皆以經術文學名之綱字仍仲嘗被薦書其於聲音
字畫之說自言獨造其妙惜其書不傳之純字穆仲
咸淳甲戌進士踐履如古獨行者文尤明潔可誦人
稱之為三胡云
熊朋來字與可豫章人宋咸淳甲戌登進士第第四
人授從仕郎寶慶府簽書判官廳公事未上而宋亡
世祖初得江南盡求宋之遺士而用之尤重進士以

故相留夢炎爲尚書召甲戌狀元王龍澤爲江南行臺監察御史朋來龍澤榜下進士而聲名不在龍澤下然不肯表襮苟進隱處州里間生徒受學者常百數十人取朱子小學書提其要領以示之學者常傳其書幾遍天下豫章爲江西會府行中書省提刑按察司皆在焉凡居是官者多朝廷名公卿皆以賓禮延見廉希憲之子悕爲提刑按察使尤加禮敬朋來而身稱門人劉宣爲提刑按察使尤加禮敬朋來而不肆分而不狥與羣賢講論經義無虛日儒者咸倚以爲重焉會朝廷遣治書侍御史王構銓外選于江

元史傳卷七十七　五

西於是叅政徐琰李世安列薦朋來爲閩海提舉儒學官使者報聞而朝廷以東南儒學之士唯福建廬陵最盛特起朋來連爲兩郡教授所至考古篆籀文字調律呂協歌詩以興雅樂制器定辭必則古式學者化焉既滿考以常格調建安縣主簿不赴晚以福清州判官致仕朋來每燕居鼓瑟而歌以自樂嘗著自號稱爲天慵先生門人歸之者日盛旁近舍瑟賦二篇學者爭傳誦之者日盛旁近舍得其所指授者多爲聞人延祐初詔以進士科取士皆蒲至不能容朋來懇懇爲說經旨文義老益不倦

時科舉廢已久有司咸不知其典故以不稱明詔爲懼行省官主其事者諮問於朋來動止軏度因以申請四方得遵用之及請爲考試官則曰應試者十九及吾門不可其後江淛湖廣皆以制周官不與設科朋來屢往應之及對大廷其所選士居天下三之一焉初朋來以同禮首薦鄉郡而元制周官不與設科三禮尤深是以當世言禮學者咸推宗之至治中英宗始采用古禮親御袞冕祠太廟銳意於制禮作樂之事翰林學士元明善鷗言于朝以朋來爲薦未及

元史傳卷七十七　六

召而卒年七十八朋來動止有常喜怒不形於色接賓客人人各自以得其意有家集三十卷其大者明乎禮樂之事關於世教其餘若天文地理方技名物度數靡不精究子太古鄉貢進士戴表元字帥初一字曾伯慶元奉化州人七歲學古詩文多奇語稍長從里師習詞賦輒棄不肯爲咸淳中入太學以三舍法陞內舍生既而試禮部第十人登進士乙科教授建寧府後遷臨安教授行戶部掌故皆不就大德八年表元年已六十餘執政者薦于朝起家拜信州教授再調教授婺州以疾辭初表元

闕宋季文章氣萎薾而辭骫骳弊已甚慨然以振
起斯文為已任時四明王應麟天台舒岳祥並以文
學師表一代表元皆從而受業焉故其學博而肆其
文清深雅潔化陳腐為神奇蓄而始發間事華盡而
隅角不露施於人者多尤自祕間事華盡而
德間東南以文章大家名重一時者唯表元而已其
門人最知名者曰袁桷桷之文其體裁議論一取法
於表元者也表元晚年翰林集賢以脩撰博士二職
論薦而老疾不可起年六十七卒有剡源集行于世
當表元時有四明任士林者亦以文章知名云

《元史傳卷七十七》 七

牟應龍字伯成其先蜀人後徙居吳興祖子才仕宋
贈光祿大夫諡清忠父巘為大理少卿應龍幼警敏
過人日記數千言文章有渾厚之氣應龍當以世賞
補京官盡讓諸從弟而擢咸淳進士第時賈似道當
國自儗伊周謂馬廷鸞曰昔吾祖對策以直言忤史
之當麾以高第應龍拒之不見及對策具言上下內
外之情不通國勢危急今應龍曰
州定城尉應龍曰直言忤史彌遠得
洪雅尉今固當爾無媿也沿海制置司辟為屬以疾
辭不仕而宋亡矣故相留夢炎事世祖為吏部尚書

以書招之曰苟至翰林可得也應龍不荅已而起家
教授溧陽州晚以上元縣主簿致仕初宋亡時大理
卿巳退不任事一門父子自為師友討論經學以義
理相切磨於諸經皆有成說惟五經音敀盛行於世
應龍為文長於敘事時人求其文者車轍交於門以
文章大家稱於東南人儗之為眉山蘇氏父子而學
者因應龍所自號稱之曰隆山先生泰定元年卒年
七十八

鄭滁孫字景歐勴州人宋景定間登進士第知溫州
樂清縣累歷宗正丞禮部郎官至元三十年有以滁

《元史傳卷七十七》 八

孫名薦者世祖召見授集賢直學士尋陞侍講學士
又陞學士乞致仕歸田里第陶孫字景潛亦登進士
第監西嶽祠先陶孫徵至闕奏對稱旨授翰林國史
院編修官會纂脩國史至宋德祐末年事陶孫曰臣
當仕宋宋是年亡義不忍書書之非義失終不書世
祖嘉之陶應奉翰林文字後出為江西儒學提舉滁
孫兄弟在當時最號博洽儒學之士翕然推之隆福
宮以其兄弟前朝士乃製衣親賜人以為異遇為滁
孫所著有大易法象通贊周易記玩等書陶孫有文
集若干卷

陳孚字剛中台州臨海人幼清峻穎悟讀書過目輒
成誦終身不忘至元中孚以布衣上大一統賦江淛
行省為轉聞于朝署上蔡書院山長考滿謁選京師
二十九年世祖命梁曾以吏部尚書再使安南選南
士為介朝臣薦孚博學有氣節調翰林國史院編脩
官攝禮部郎中為魯副陛辭賜五品服佩金符以行
日熞以不庭之罪且責日熞當出郊迎詔不出郊遣
陪臣來迎又不由陽明中門入魯與孚由館致書詰
三十年正月至安南世子陳日熞以憂制不出郊遣
尚右之禮徃復三書宣布天子威德辭直氣壯皆乎

九　蔣子寧

筆也其所贈孚悉郤之詳見梁曾傳中使還除翰林
待制兼國史院編脩官帝方欲責之要地而廷臣以
孚南人且尚氣頗嫉忌之遂除建德路總管府治中
再遷治中衢州所至多著善政秩滿復請為鄉郡特
授宣撫循行諸道時台州旱民饑廑相望江淛行
省撤濂東元帥脫歡察兒發粟賑濟而脫歡察兒怙
勢立威不郵民隱驅脅有司動責重刑孚曰使吾民
日至荸死不救者脫歡察兒也遂詣宣撫使愬其
法蠹民事一十九條宣撫使按實坐其罪命有司丞

発倉賑饑民賴以全活者眾而孚亦以此致疾卒于
家年六十四孚天材過人性任俠不羈其為詩文大
抵任意即成不事雕斲有文集行于世子遲江淛行
省左右司員外郎致仕女長嫁適同里韓戒太常
禮儀院經歷諫之毋也末嫁適薃城董士楷太常
密院子振其豪俊與孚略同皆有貞節朝廷表其門收
耳執命侍史二三人潤筆以俟子振摭錄疾書隨紙
可及子振於天下之書無所不記當其為文也酒酣
數多寡頃刻輒盡雖事料醲郁美如薃錦律之法度
未免垂刺人亦以此少之

十　蔣子寧

董朴宇太初順德人自幼強記比冠師事樂舜咨劉
道濟幡然有求道之志至元十六年用提刑按察使
薦起家為陝西知法官未幾以親老歸養尋召為太
史院主事復辭不赴皇慶初朴年已踰八十詔以翰
林脩撰致仕延祐三年無疾而終年八十有五朴所
為學自六經及孔孟微言與凡先儒所以開端闡幽
者莫不研極其事親孝與人交智愚貴賤一待以誠或
融貫之妙其事親孝與人交智愚貴賤一待以誠或
有犯之者夷然不與之校中山王結曰朴之學造詣

家近龍岡學者因稱之曰龍岡先生云

楊載字仲弘其先居建之浦城後徙杭因爲杭人少
孤數薦于朝以布衣召爲翰林國史院編修官與脩
武宗實錄調管領係官海船萬戶府照磨兼提控案
牘承務郎調饒州路同知浮梁州事遷儒林郎寧國路
總管府推官以卒初吳興趙孟頫在翰林得載所爲
文極推重之由是載之文名隱然動京師凡所撰述

元史傳卷七七　十一

人多傳誦之其文章一以氣爲主博而敏直而不肆
自成一家言而於詩文尤有法嘗語學者曰詩當取
材於漢魏而音節則以唐爲宗自其詩出一洗宋季
之陋其仕至翰林待制而卒有楊剛中宇志行自幼厲志操及
爲江東憲府照磨風采凜凜有足稱者其爲文奇奧
簡澀動法古人而不屑爲世俗平凡語元明善極嘆
異之仕至翰林待制而卒有霜月集行于世其甥李
桓字晉仲同郡人由鄉貢進士累遷江浙儒學副提
舉亦以文鳴江東紆餘豐潤學者多傳之載與剛中
同輩行而桓則稍後云

劉詵字桂翁吉安之廬陵人性穎悟幼失父知自樹
立年十二作爲科場律賦論策之文蔚然有老成氣
象宋之遺老鉅公一見即以斯文之任期之既冠重
厚醇雅素以師道自居教官館職遺逸薦皆不報爲文
行御史臺屢以教官職薦皆不報爲文隆江南
抵六經躋躋諸子百家融液今古而不露其蹄鳳風
發之桂隱讀所藏也至正十年卒年八十三同郡龍仁
夫字觀復劉岊申宇高仲其文學皆與詵齊名有集
行世而仁夫之文尤奇逸流麗所著周易多發前儒之

元史傳卷七七　十二

之所未發岳申用薦者爲遼陽儒學副提舉仁夫江
淵儒學副提舉皆不就

韓性字明善紹興人其先家安陽宋司徒兼侍中魏
忠獻王琦其八世祖也高祖左司郎中膚冑扈從南
渡家于越性天資警敏七歲讀書數行俱下日記萬
言九歲通小戴禮作大義操筆立就文意蒼古老生
宿學皆稱異焉及長博綜群籍自經史至諸子百氏
靡不極其津涯究其根柢而於儒先性理之說尤深
造其閫域其爲文辭博達俊偉變化不測自成一家
言四方學者受業其門戶外之屨至無所容延祐初

詔以科舉取士學者多以文法為請性語之曰今之
貢舉恐本朱熹私議為貢舉之文不知朱氏之學可
予四書六經千載不傳之學自程氏至朱氏發明無
餘蘊矣顧行何如耳有德者必有言施之場屋直其
末事豈有他法哉凡經其口授指畫不為甚高論而
義理自勝不期文之工而不能不工以應有司之求
亦未始不合其繩尺也士有一善必為之延譽不已
及辨析是非則毅然有不可犯之色性出無輿馬僕
御所過頁者息肩行者避道巷夫街叟至於童稚釋
役咸稱之曰韓先生韓先生云憲府嘗舉為教官謝

曰幸有先人之弊廬可庇風雨薄田可具饘粥讀書
砥行無愧古人足矣祿仕非所願也受而不赴暮年
愈自韜晦然未嘗忘情於斯世郡之良二千石政事
有所未達輒往咨訪性從容開導洞中肯綮裨益者
多天曆中趙世延以性名上聞後十年門人李齊為
南臺監察御史中丞月魯不花舉其行義而性已卒矣年七十有
六卒後南臺御史中丞月魯不花學於性其所著有禮記說四卷
當得謚朝廷賜謚莊節先生其所著有禮記說四卷
詩音釋一卷書辨疑一卷郡志八卷文集十二卷當
性時慶元有程端禮端學兄弟者端禮字敬叔幼穎

悟純篤十五歲能記誦六經曉析大義慶元自宋季
皆尊尚陸九淵氏之學而朱熹氏學不行於慶元端
禮獨從史蒙卿游以傳朱氏明體適用之指學者及
門甚眾所著有讀書工程國子監以頒示郡邑學官
為學者式仕為衢州路儒學教授卒年七十五端學
字時叔通春秋登至治辛酉進士第授僊居縣丞尋
改國子助教動有師法學者以子徐貴贈禮部尚
之遷太常博士命未下而卒後以其剛嚴方正咸嘆
書所著有春秋本義三十卷三傳辨疑二十卷春秋
或問十卷

其師道字正傳婺州蘭溪人自髫齓知學即善記覽
工詞章才思涌溢發為歌詩清麗俊逸弱冠因讀宋
儒真德秀遺書乃幡然有志於為己之學刮摩淬礪
之以理一分殊之旨由是心志益廣造履益深大抵
日長月益嘗以持敬致和之說質于同郡許謙謙復
士第授高郵縣丞仰達文法吏不敢欺再調寧國路
務在發揮義理而以關異端為先務登至治元年進
錄事會葳大旱飢民仰食于官者三十三萬口師道
勸大家得粟三萬七千六百石以賑飢民又言于部
使者轉聞於朝得粟四萬石鈔三萬八千四百錠賑

之三十餘萬人賴以存活遷池州建德縣尹郡學有
田七百畝爲豪民所占郡下其事建德俾師道究治
之即爲按其圖籍悉以歸於學建德素少茶而榷稅
尤重民以爲病即極言于所司榷稅爲減中書左
丞呂思誠侍御史孔思立列薦之召爲國子助教尋
禮部郎中致仕終于家所著有易詩書雜說春秋胡
傳附辨戰國策校註敬鄉錄及文集二十卷師道同
館諸生人人自以爲得師丁內憂而歸許以奉議大夫
陸生人以爲教一本朱熹之旨而遵許之成法

郡又有王餘慶字叔善仕爲江南行臺監察御史亦
以儒學名重當世云
陸文圭字子方江陰人幼而穎悟讀書過目成誦終
身不忘博通經史百家及天文地理律曆醫藥筭數
之學宋咸淳初文圭年十八以春秋中鄉選宋亡隱
居城東學者稱之曰牆東先生延祐設科有司強之
就試凡一再中鄉舉文圭爲文融會經傳縱橫變化
莫測其涯除東南學者皆宗師之朝廷數遣使馳幣
聘之以老疾不果行卒年八十五文圭爲人剛明超
邁以奇氣自負於地理考覈甚詳凡天下郡縣沿革
人物土産悉能默記如指諸掌先屬纂一日語門人

曰以數考之吾州二十年後必有兵變慘於五代建
炎吾死當葬不食之地勿封勿樹使人不知吾墓庶
無暴骨之患其後江陰之亂冢墓盡發人乃服其先
知有牆東類藁二十卷文圭同里有梁益者字友直
其先福州人博洽經史而工於文辭其教人以變化
氣質爲先務學徒不遠千里從之自文圭既卒淵以
西稱學術醇正爲世師傳姓氏纂又有詩傳旁通發揮朱
三山叢詩緒餘史纂者惟益而已益所著書有
熹氏之學焉精年五十六卒

周仁榮字本心台州臨海人父敬孫宋太學生初
華王柏以朱熹之學主台之上蔡書院敬孫與同郡
楊珏陳天瑞車若水黃超然朱致中薛松年師事之
受性理之旨敬孫嘗著易象占尚書補遺春秋類例
仁榮承其家學又師玘天瑞治易禮春秋而工爲文
章用薦者署美化書院山長美化在處州春秋萬山中人
鮮知學仁榮舉行鄉飲酒禮士俗爲變後辟江淛行
省掾史省臣皆呼先生不以吏遇之泰定初召拜國
子博士遷翰林待制奉旨代祀嶽瀆至
會稽以疾作不復還朝卒年六十有一其所教弟子
多爲名人而泰不華實爲進士第一其弟仔肩字本

道以春秋登延祐五年進士第終奉議大夫惠州路
總管府判官與其兄俱以文學名仁榮同郡有孟夢
恂者字長夫黃嚴人與仁榮同師事楊珏陳天瑞夢
恂講解經旨體認精切務見行事四方游從者皆服
焉部使者薦其行義署本郡學錄至正十三年以設
策禦冠掠鄉郡有功授登仕郎常州路宜興州判官
未受命而卒年七十四朝廷賜諡曰康靖先生所
著有性理本旨四書辨疑漢唐會要七政疑解及筆
海雜錄五十卷

陳旅字眾仲興化蕭田人先世素以儒學稱旅幼孤

《元史傳七十七》 七 趙良

資稟穎異其外大父趙氏與有源委撫而教之旅得
所依不以生業為務惟篤志於學於書無所不讀稍
長負笈至溫陵從鄉先生傅古直游聲名日著用薦
者為閩海儒學官適御史中丞馬雍古祖常使泉南
一見奇之謂我老將休付子斯文者矣即延至館
勉遊京師既至翰林侍講學士虞集見其所為文慨
然歎曰此所謂我老將
中朝夕以道義學問相講習自謂得旅之助為多與
祖常交口游譽於諸公間咸以為旅博學多聞宜居
師範之選中書平章政事趙世延文力薦之除國子

助教居三年考滿諸生不忍其去請于朝再任焉元
統二年出為江浙儒學副提舉至元四年入為應奉
翰林文字至正元年遷國子監丞階文林郎又二年
卒年五十有六旅於文自先秦以來至唐宋諸大家
無所不究故其文典雅峻潔必求合於古作者之義
以徇世好而已有文集十四卷旅平生於師友之義
尤篤每感厚集為知已其在浙江時集歸田已數載
歲且大比請于行省參知政事烏衝卹暑千里訪集
于臨川集感其來留旬日而別悵悵以斯文相勉悵

《元史傳卷七十七》 十八 趙良翰

然若將求訣焉集每與學者語必以旅為平生益友
也一日夢與旅舉杯相向曰旅甚思公亦知公之不忘
旅也但不得見爾飢而聞旅卒集深悼之同時有程
文陳繹曾者皆名士文字以文徽州人仕至禮部員
外郎為人雖口吃而精敏異常諸經註疏多能成誦
文辭汪洋浩博其氣燁如也官至國子助教論者謂
二人皆與旅相伯仲云
李孝光字季和溫州樂清人少博學篤志復古隱居
鴈蕩山五峯下四方之士遠來受學名譽日聞泰不

華以師事之南行臺監察御史闔辭屢薦居館閣至
正七年詔徵隱士以祕書監著作郎召與完者圖執
禮哈琅董立同應詔赴京師見帝于宣文閣進孝經
圖說帝大悅賜上尊明年陞文林郎祕書監丞卒于
官年五十三孝光以文章負名當世其文一取法古
人而不趨世尚非先秦兩漢語弗以措辭有文集二
十卷

字文公諒字子貞其先成都人父挺祖徙吳興今爲
其興人公諒通經史百氏言弱冠有操行嘉興富民
延爲子弟師夜將半聞有叩門者問之乃一婦人公
諒鷹聲叱去之翌日即以他事辭歸終不告以其故
至順四年登進士第授徽州路同知婺源州事丁內
艱改同知餘姚州事夏不雨公諒出禱輒應以有
年民頌之以爲別駕兩攝會稽縣申明寬滯所活者
衆省檄察實松江海塗田公諒以朝汐不常後必貽
患請一檗免科省臣從之遷高郵府推官未幾除國
子助敎日與諸生辯析諸經六館之士資其陶甄者
牲牲出爲名臣調應奉翰林文字同知制誥兼國史
院編脩官以病得告後召爲國子監丞除江浙儒學
提舉改金嶺南廉訪司事以疾請老公諒平居雖暗

室必正衣冠端坐嘗挾手記一冊識其編首曰畫有
所爲莫則書之其不可書即不敢爲天地鬼神實闚
斯言其檢飭之嚴如此所著述有折桂集觀光集辭
水集以齋詩藁玉堂漫藁越中行藁凡若干卷門人
私諡曰純節先生

伯顏一名師聖字宗道哈剌魯氏錄軍籍蒙古萬戶
府世居開州濮陽縣伯顏生三歲常以指畫地或
或六若爲卦者六歲從里儒授孝經論語即成誦垂
喪父其兄曲出買經傳等書以資之日夜誦不輟稍
長受業宋進士建安黃坦坦曰此子穎悟過人非諸

生可比因命以顏爲氏且名而字之焉久之坦辭曰
余不能爲爾師羣經有朱子說具在歸而求之可也
伯顏自弱冠即以斯文爲已任其於大經大法粲然
有觀而心所自得每出於言意之表鄉之學者來相
質難隨問隨辨成解其惑於是中原之士聞而從游
者日益衆至正四年以隱士徵至京師授翰林待制
預脩金史旣畢辭歸已而復起爲江西廉訪僉事數
月以病免及還四方之來學者至千餘人蓋其爲學
專事講解而務眞知力踐不屑事舉子詞章而必期
措諸實用士出其門不問知其爲伯顏氏學者至於

興端之徒亦往往棄其學而學焉十八年河南賊蟇
延河北伯顔言於省臣將結其鄉民為什伍以自保
而賊兵大至伯顔乃渡漳北行邦人從之者數十萬
以富貴伯顔罵不屈引頸受刃與妻子俱死之年六
十有四既死伯顔或剖其腹見其心敷孔曰古稱聖人
心有七竅此非賢士乎乃納心其腹中覆墻而楬之
有司上其事贈奉議大夫餘太常禮儀院事諡文節
太常謚議曰以城守論之伯顔無城守之責而死可
與江州守李蕭一律以風紀論之伯顔無在官之責

《元史傳卷七十七》 七七 王芝四

而死可與西臺御史張桓並駕以平生有用之學成
臨義不奪之節乃古之所謂君子人者時以為確論
伯顔平生修輯六經多所著述皆燦于兵
瞻思字得之其先大食國人國既內附大父魯坤乃
東遷豐州太宗時以材授真定濟南等路監榷課稅
使因家真定父幹且始從儒先生問學輕財重義不
干仕進瞻思生九歲日記古經傳至千言比弱冠以
所業就正于翰林學士承旨王思廉之門由是博極
羣籍汪洋茂衍見諸踐履皆篤實之學故其年雖少
已為鄉邦所推重延祐初詔以科第取士有勸其就

試者瞻思笑而不應既而侍御史郭思貞翰林學士
承旨劉賡泰知政事王士熙交章論薦之泰定三年
詔以遺逸徵至上都帝于龍虎臺眷遇優渥時倒
剌沙柄國西域人多附焉瞻思獨不往見倒剌沙屢
使人招致之即命奎章閣侍書學士虞集辭歸天曆三年召入為應
翰林文字賜對奎章閣文宗問曰卿有所著述否明
日進所著帝王心法文宗稱善詔預修經世大典以
思堅以毋老辭遂賜幣遣之復命集傳旨曰卿且毋
還行召卿矣至順四年除國子博士丁內艱不赴後

《元史傳卷七十七》 七七 王芝四

至元二年拜陝西行臺監察御史即上封事十條曰
法祖宗攬權綱教宗室禮勳舊惜名器開言路復科
舉罷數軍一刑章寬禁網時姦臣蠹亂成憲帝方虛
己以聽瞻思所言皆一時羣臣所不敢言者侍御史
趙承慶見之歎曰此天下福也威里有執
政陝西行省者恣為非道瞻思發其私人而按之報棄
職夜適會有詔勿逮問然猶杖其私人以去遠藩為之震悚
按省臣之不法者其人即鮮印以去遠藩為之震悚
襄漢流民聚居宋之紹熙府故地至數千戶私開鹽
井自相部署往往相殺四徒殺巡卒瞻思乃擒其魁而

釋其。嘗復上言，紹熙土饒利厚，流戶日增，若以其人散還本籍，恐為邊患，宜設官府以撫定之。詔即其地置紹熙宣撫司。三年，除僉淛西肅政廉訪司事。即按問都轉運鹽使、海道都萬戶、行宣政院等官贓罪，淛右郡縣無敢為貪墨者。復以淛右諸僧寺私蔽擔民，有所謂道人、道民、行童者，類皆瀆常倫，隱徭役，使民力日耗，數巳二千七百，乃建議請勒歸本族，俾供王賦，庶以少寬民力，朝廷是之，即著為令。四年，遷僉淛東肅政廉訪司事，以病免歸。贍思歷官臺憲，所至以理冤澤物為已任，平反大辟之

獄先後甚眾，然未嘗故出人罪以市私恩。嘗與五府官吏讞，有婦宋娥者，與隣人通，隣人謂娥曰：「我將殺而夫。」娥曰：「張子文行且殺之。」明日夫果死，跡盜數日，娥始以張子文告。其姑五府官以為非共殺，且既經赦宥，宜釋之。瞻思曰：「是娥與張同謀，度不能終隱，故發之也，宜赦可釋哉？」樞判官曰：「平反活人，陰德也，御史勿執常法。」瞻思曰：「是謂故出人罪，非平反也。且公欲種陰德於生者，奈死者何？」乃獨上議刑部，卒正娥罪。其審刑當罪多類此。至正四年，除江東肅

政廉訪副使。十年，召為祕書少監，議治河事，皆辭疾不赴。十一年，卒于家，年七十有四。二十五年，皇太子撫軍冀寧，承制封拜，贈嘉議大夫、禮部尚書、上輕車都尉，追封恒山郡侯，諡曰文孝。瞻思於經而易學尤深，至於天文、地理、鍾律、算數、水利，旁及外國之書，皆究極之。家貧，饘粥或不繼，其考訂經傳常自樂也。所著述有四書闕疑、五經思問、奇偶陰陽消息圖、老莊精詣、鎮陽風土記、續東陽志、重訂河防通議、西國圖經、西域異人傳、金哀宗記、正大諸臣列傳、審聽要訣及文集三十卷，藏于家。

傳卷七十七

翰林學士承旨…修國史臣宋濂…翰林侍…制承旨…知制誥兼…國史院編修官臣…等奉

穆

良吏

自古國家上有寬厚之君然後爲政者得以盡其愛
民之術而良吏與焉班固有曰漢興與民休息凡事
簡易禁罔疎闊以寬厚清靜爲天下先故文景以後
循吏輩出其言蓋識當時之治體矣元初風氣質實
與漢初相似世祖始立各道勸農使又用五事課守

令以勸農繁其術故當是時良吏班班可見亦寬厚
之効也然自中世以後循良之政史氏缺於紀載今

《元史列傳卷夫》　一　沈子榮

譚澄字彥清德興懷來人父資榮金末爲交城令國
兵下河朔乃以縣來附賜金符爲元帥左都監仍兼
交城令未幾賜虎符行元帥府事從攻汴有功年四
十後病舉弟資用卒澄襲職澄幼穎敏爲
交城令時年十九有文谷水分溉交城田文陽郭帥
專其利而堰之訟者累歲莫能直澄折以理令決水
均其利而堰之於民豪民有持吏短長爲奸者察得其主名

皆以法治之歲乙未籍民戶有司多以浮客占籍及
征賦逃竄殆盡官爲稱貸積息民無以償澄入
覲因中書耶律楚材面陳其害卒惻然爲免其
其私負者年雖多息取償而以其弟山代爲交城令時世祖
以皇弟開藩京兆總天下兵歲丁已有間之者憲宗
疑之遂解兵柄遣阿藍答兒往京兆大集官吏置計
局百四十二條以考覈之罪者甚衆世祖每遣左丞

《元史列傳卷夫》　二　子榮

澗澗與澄周旋其間以彌縫其缺及親入朝事乃釋
中統元年世祖即位擢懷孟路總管俄賜金符換金
虎符歲旱令民鑿唐溫渠引沁水以溉田民用不饑
教之種植地無遺利至元二年遷河南路總管改平
灤路總管七年入爲司農少卿俄出爲京兆總管居
一年改陝西四川道提刑按察使建言不孝有三無
後爲大宜令民年四十無子聽取妾以爲宗祀計朝
廷從之遂著爲令四川僉省嚴忠範守成都爲宋將
昝萬壽所敗退保子城世祖命澄代之至則蒐暴骸
修焚室賑饑貧集逋亡民心稍安會西南夷羅羅斯

內附帝以撫新國宜擇文武全才遂以澄爲副都元
帥同知宣慰使司事比至以疾卒年五十八世祖嘗
與太保劉秉忠論一時牧守秉忠曰若邢之張耕懷
之譚澄何憂不治戎將顯宣撫大名嘗爲諸路總管
求虎符宣麻澄至中書特爲去之其介如此子克脩歷湖北河
南陝西三道提刑按察使

（元史列傳卷七十八　三）周鼎

神祠一虎去一虎死祠前境內旱蝗維禎禱而雨蝗
判官屬縣鹽城及丁溪場有二虎爲害維禎禱而雨蝗
許維禎字周卿遂州人至元十五年爲淮安總管府

亦息是年冬無雪父老言于維禎曰冬無雪民多疾
奈何維禎曰吾當爲爾禱巳而雪深三尺朝廷聞其
事方欲用之而卒年四十子殷

許楫字公度太原忻州人幼從元裕學年十五以儒
生中詞賦選河東宣撫司又舉楫賢良方正孝廉
至京師平章王文統命爲中書省掾以不住簿書辭
改知印丞相安童左丞許衡深器重之一日從省臣
立殿下世祖見其美髯魁偉問曰汝秀才耶楫頫首
曰臣學秀才耳未敢自謂秀才也帝善其對授中書
省架閣庫管勾燕承發司事未幾立大司農司以楫

爲勸農副使時商挺爲安西王相遇於途楫因言京
兆之西荒野數千頃宋金皆嘗置屯田
歲可得穀給王府之需挺以其言入奏後之三年屯
成果獲其利尋佩金符爲陝西道勸農使至元十三
年宋平帝命平章廉希憲行中書於荆南府以楫爲
左右司員外郎荆南父老與爲金帛求見楫曰汝等巳
爲大元民矣令吏以撫字汝輩異用金帛以求見
明年擢嶺北湖南提刑按察副使武岡富民有毆死
出征軍人者陰以家財之半誘其佃者代已欵伏寘
審得其情釋佃者繫富民人服其明改江西道提刑

（元史列傳卷七十八　四）周鼎

按察副使行省命招計郭昂計叛賊董旗兵士俘掠
甚衆楫詢究得良民六百口遣還鄉里二十三年授
中議大夫徽州總管桑哥立尚書會計天下錢粮糸
知政事忻都戶部尚書王巨濟倚勢刻剥徽以少欲
州民鈔多輸二千定巨濟怒其欲更益千定楫詣
中濟曰公欲百姓死耶生耶如欲死雖萬定可徵
巨濟解徽州民賴以免楫考蒲去之續溪歙縣
民柯三八汪千十等因歲饑阻險爲冦行省右丞
化以兵捕之相拒七月乃使人諭之三八等曰但得
許總管來我等皆降矣行省爲驛召楫至命往招之

楹單騎趨賊見楹來皆拜曰我公既來請署傍
以付孔楹白教化請退軍一舍聽其來降不聽會以
叅政高興代教化楹復以前言告之興從其計賊果
降二十四年授太中大夫東平總管謝事二年卒壽
七十二子慶餘慶餘失其名

田滋字榮甫開封人至元二年由汴梁路總管府知
事入為御史臺掾十二年拜監察御史十三年宋平
滋建言江南新附民情未安加以官吏侵漁宜立行
御史臺以鎮之詔從其言遂超拜行御史臺侍御史
歷兩淮鹽運使河南路總管大德二年遷浙西廉訪
使有縣尹張或者被誣以贓獄成滋審之但悅首泣
而不語滋以為疑明日齋沐詣城隍祠禱曰張或坐
事有冤狀願神相滋明其誣守廟道士進曰曩有王
成等五人同持誓狀到祠焚禱火未盡而去之爐中
得其遺藁今藏於壁間豈其人耶視之皆驚愕
憲司詰成等不服因出所得火中誓狀示之皆驚愕
伏辜張或得釋十年政濟南路總管尋拜陝西行省
叅知政事時陝西不雨三年者巳三年民饑而死滋
今來叅省事而安西不雨三年民大雨滋
歸顙神降甘澤以福黎庶到官果大雨滋即開倉以

麥五千餘石給小民之無種者俾來歲收成以償官
民大悅未幾以疾卒于位贈通奉大夫河南行省叅
知政事追封開封郡公諡莊肅

卜天璋字君璋洛陽人父世昌仕金為河南孔目官
憲宗南征率衆歟附授鎮撫統民兵二十戶陸真定
路管民萬戶憲宗六年籍河北民徙河南者三千餘
入侔專領之遂家汴至元中為南京府史時河北饑
識成敗大體天璋幼穎悟長員直氣讀書史民數萬
人集河上欲南徙有詔令民復業勿渡衆洶洶不肯
還天璋度其生變勸總管張國寶聽其渡國寶從之
遂以無事河南按察副使程思廉察其賢辟為憲史
聲聞益著後為中臺掾有侍御史倚勢貪財御史欲
其贓天璋主文牘未及奏顧為所諧俱拘內廷御史
對食悲哽天璋問故御史曰吾老唯一女心憐之聞
吾繫不食數日矣是以悲耳天璋曰死職義也奈何
為兒女子泣耶御史慼謝俄見原免天璋曰富
國擢掾中書省為提控事有可否必力辯他相順德王富
言不置王竟從其議且曰掾能如是吾復何憂
四年為工部主事蔚州有劉帥者豪奪民產吏不敢
決省檄天璋往訊之帥服田竟歸民大德五年以樞

密大臣闊伯薦授都事贊其府引見賜錦衣鞍轡弓
刀後以崖從勢加奉訓大夫賜侍燕服二襲秩滿富
代樞密臣奏留之特以其代為使武宗時遷宗正
府郎中尚書省立遷刑部郎中適盜賊充斥時議犯
者并家屬咸服青衣中以別民伍天璋曰赭衣塞路
勑天璋訊正之賞賚優渥尚書省臣得罪仁宗召天
泰弊也尚足法耶相悟而止有告諸侯王謀不軌者
璋入見時與聖太后在座帝指曰此不貪賄卜天璋
也因問今何官天璋對曰臣待罪刑部即中復問誰
所薦者對曰臣不才誤蒙擢用帝曰先朝以謝仲和

《元史列傳卷七八》 七

為尚書卿為郎中皆朕親薦也汝宜奉職勿急即以
中書刑部印章付之既視事入覲賜酒隆福宮及錦
衣三襲後被命治反獄帝顧左右曰君璋廉慎人也必
得其情天璋承命治獄不冤皇慶初天璋為歸德知
府邵農興學復河渠河患遂弭時羣盜擾要津商旅
不通天璋擒百數人悉磔以徇盜為止息陸浙西道
廉訪使到任閱月以更田制政授饒州路總管天
璋既至聽民自實事無苛擾民大悅版籍為清時省
臣董田事妄作威福郡縣爭賂之覬免譴饒獨無有
省臣銜之將中以危法求其罪無所得縣以饑告天

璋即發廩賑之僚佐持不可天璋曰民饑如是必俟
得請而後賑民且死矣失申之責吾獨任之不以累
諸君也竟發藏以賑之民賴全活其臨事無所顧慮
若此火延饒之東門天璋具衣冠向火拜勢遂熄鳴
山有虎為暴天璋移文山神立捕獲之以治行第一
聞陞廣東廉訪使先是豪民瀕海堰專地勢以射利
累政以賂置不問天璋至發卒決去之嶺南地素無
水天璋至始有水人謂天璋政化所致云尋乞致事
天曆二年蜀兵起荊楚大震復拜山南廉訪使人謂
公老必不行矣天璋曰國步方艱吾年八十恒懼弗

《史列傳卷七十八》 八

獲死所耳敢避難乎遂行至則厲風紀清吏治州郡
肅然是時穀價翔湧乃下令勿損穀價聽民自便於
是舟車爭集米價頓減復止憲司贓罰庫錢不輸於
于臺留用賑饑御史至民遮道頌會詔三品官言
時政得失因列上二十事九萬餘言之曰中興濟
策皆中時病因自引去既歸沔以餘祿施其族黨大
家無贏儲天璋處之晏如也至順二年卒贈通議大
夫禮部尚書上輕車都尉河南郡侯謚正獻

傳卷七十八

㧾

良吏二

形勢圖其利害要大司農司官及郡守行視可否事
之則清苑被其害而水亦必反故道爲災伯堅陳其
奪水故道導水使東東則清苑境也地勢不利果導
初安肅州苦徐水之害訴於大司農司大司農司欲
舉入官爲工部主事至元九年轉保定路清苑縣尹
耶律伯堅宇壽之桓州人氣豪俠喜與名士游用薦

元史傳卷七十九　一　夏景物

三十六
遂得巳縣西有塘水溉民田甚廣勢家攘以爲磑民
以失利来訴伯堅命毀磑決其水而注之田許以溉
田之餘月乃得堰水置磑仍以其事聞于省部著爲
定制縣居南北之衝歲爲親王大官治供帳於縣西
限以十月成至明年復撤而新之吏得並緣侵漁其
費不貨伯堅命築公館以代供帳其弊遂絕凡郡府
賦役於縣有重於他縣者報曰寧得罪於上不可得
罪於下必詣府力爭之在清苑四年民愛戴之如父
母比去而猶思之立石頌其德焉擢爲恩州同知
段直宇正卿澤州晉城人至元十一年河北河東山

東盜賊充斥直聚其鄉黨族屬壘自保世祖命大
將署地晉城直以其衆歸之幕府承制署直潞州元
帥府右監軍其後論功行賞分土世守命直佩金符
爲澤州長官澤民多避兵未還者直命籍其田廬於
親戚隣人之戶且約曰俟業主至當析而歸之民得
闊之多来歸者命歸其田廬如約民以安業素無產
著則出粟貸之爲他郡所佮掠者出財贖之以兵死
而暴露者收而瘞之未幾澤爲樂土大修孔子廟割
田千畝置書萬卷迎儒士李俊民以招延四方
来學者不五六年學之士子以通經被選者百二十

元史傳卷七十九　二　夏景物

三十七
有二人在官二十年多有惠政朝廷特命提舉本州
學校事未拜而卒
諸都剌字瑞芝凱烈氏祖阿思蘭嘗從大將阿术伐
宋仕至萬寧路達魯花赤子孫因其名蘭遂以蘭爲
氏諸都剌通經史兼習諸國語成宗時爲翰林院札
爾里赤職書制誥會有旨命書藩王添力聖旨
剌曰此旨非惟有㫖國體行且爲民㣲矣帝聞之謂
近臣曰小吏如此真難得也事乃止尋授應奉翰林
文字凡蒙古傳記多所校正陞待制時方選守令除
遼州達魯花赤以最聞賜上尊名幣除集賢直學士

至順元年遷襄陽路達魯花赤山西大饑河南行省
恐流民入境為變檄守武關諝都剌驗其良民輒聽
其廢關吏日得無達上命乎諝都剌曰吾防姦耳非
仇良民也可不開其生路耶旣又藃粥以食之所活
數萬人又城臨漢水歲有水患為築堤城外遂以無
虞元統二年除益都路總管俗頗悍黠而諝都剌務
興學校以平易治之其黨路宣慰使羅鍋誣以枉勘其
賊巳而賊劫河間復被獲乃盡輸其情而諝都剌之
諝始白俾再任一考親王買奴鎮益都病民
諝都剌生擒之其黨

元史傳卷七十九 三 陳彥昭

諝都剌裁抑之民以無擾至正六年卒年七十子爕

楊景行字賢可吉安太和州人登延祐二年進士第
授贛州路會昌州判官會昌民素不知井飲汲于河
流故多疾癘不知陶瓦以茅覆屋故多火災景行教
民穿井以飲陶瓦以代茅茨民始免於疾癘火災豪
民十人號十虎干政害民悉捕寘之法乃創學舍禮
師儒勸民斥腴田以餼士弦誦之聲遂盛調永新州
判官奉郡府命覈民田除劉宿弊奸欺不容細民
賴焉改江西行省照磨轉撫州路宜黃縣尹理白寃

獄之不決者數十事陸撫州路總管府推官發摘奸
伏郡無冤獄金溪縣民陶甲厚積而凶險當誣諝陶遂
其縣長吏罷去之由是官吏畏其人不敢詰治陶逐
暴橫於一郡景行至以法痛繩之徙五百里外金溪
豪儈住發人家臺取財物覺官吏受賄緩其獄以危語
撼之一不顧卒治之如法由是豪猾屏迹民皆獲安
轉湖州路歸安縣尹奉行省命理荒田租民無敢弊
景行所歷州縣皆有惠政所去民皆立石頌之以翰
林待制朝列大夫致仕年七十四卒

元史傳卷七十九 四

林興祖字宗起福州羅源人至治二年登進士第授
承事郎同知黃巖州事三遷而知鉛山州鉛山素多
造偽鈔者豪民吳友文為之魁遠至江淮燕薊莫不
行使友文奸黠豪悍因偽造致富乃分遣惡少四五
十人為吏於有司伺有欲告者輒先事戕之前後
殺人甚衆奪人妻女十一人為妾民罹其害衘冤不
敢訴者十餘年興祖至官曰此害不除何以牧民即
張牓禁偽造者且立賞募民首告俄有告獲偽造二
人并贓者乃鞫之欵辭不實斥去又有告獲偽造二
人并贓者乃鞫之欵成
友文自至官為之營救興祖命併執之頃吏來訴友

文者百餘人擇其重罪一二事鞫之獄立具逮補其
黨二百餘人悉寘之法民害既去政聲籍甚江淛行
省丞相別兒怯不花薦諸朝陞南陽知府政建德路
同知俱未任至正八年特旨遷爲道州路總管行至
城外儴賊巳迫其後相去僅二十里時湖南副使
剌帖木兒屯兵城外聞賊至以乏軍需欲退兵與祖
以恩信勸諭鹽商貸鈔五千錠且取郡樓舊祠板爲
桐盾五百乃可破賊興祖許之明日甫入城視事即
開即夜詣說之哈剌帖木兒曰明日得鈔五千錠
盾日中皆備哈剌帖木兒得鈔盾大喜遂留爲禦賊

計賊聞新總管至一日具五百盾以爲大軍且至中
又遁去來明縣洞徭屢竊發爲民害興祖以手牓諭
之皆曰林總管廉而愛民不可犯也三年不入境春
早蟲食麥苗興祖爲文禱之大雨三日蟲死而麥稔
已而罷興作賑貧乏輕徭薄歛郡中大治憲司考課
觀音奴字志能唐兀人民居新州登泰定四年進士
以道州爲最以年老致仕終于家
第由戶部主事再轉而知歸德府廉明剛斷發摘如
神民有銜冤不直者雖數十年前事皆千里奔走來
訴觀音奴立爲剖決旬日悉清彰德富商任甲抵雕

陽驢覽令卻乙剖之任以怒毆卻經宿而死卻有妻
王氏妻孫氏孫訴于官官吏納任賄謂卻非傷死反
抵孫罪置之獄王來訴究觀音奴立爲破械出孫于
呼府脊語之曰吾爲汝卻事禱諸
城隍神令神顯於吾有雕小吏亦預卻事畏觀音
奴嚴明且懼神顯其事乃以任所賂鈔陳首曰卻
得值王以飢摧其妻就食淮南而王得疾死其妻遂
傷死任賂上下匿其實吾亦得賂以首於是罪任
商而釋孫妻寧陵豪民楊甲風嗜王乙田三頃不能
則田爲楊據矣王妻訴之官楊行偏作文憑曰王

在時巳售我觀音奴令王妻挽楊同就崔府君神祠
質之楊懼神之靈先期以羊酒澆巫禱神勿洩其事
及王與楊詣祠質之果無所顯觀音奴疑之召巫
詰問巫吐其實曰楊以羊酒澆我囑神曰我實據王
田幸神勿洩也觀音奴因訊得其實坐楊罪歸其田
王氏責神而撤其祠亳州有蝗得其民禾觀音奴以事
至亳民以蝗訴立取蝗向天祝之以水研碎而飲之
嚴蝗不爲災後陞江路新喻州爲都水監官
周自強字剛善臨江路新喻州人好學能文練於吏
事以文法推擇爲吏泰定間廣西洞徭反自強性見

徭茵說以禍福中其要害徭立爲罷兵貢方物納
欽請命事聞于朝特旨超授廣西兩江道宣慰司都
事轉饒州路經歷遷斐州路蘂烏縣尹周知民情而
性度寬厚不爲刻深民有以爭訟訴于庭者一見即
能知其曲直然未遷加以刑責必取經典中語反覆
開譬之令其詞讀講解若能悔悟首實則原其罪若
迷謬怙惡不悛然後繩之以法不少貸民畏且愛獄
訟頓息民間田稅之籍多失實以故差徭不平自強
出令屢畝藪之民不能欺文薄井井可攷於是賦役
平均貧富樂業其聽訟決獄物無遁情縣吏欲以片

言欺惑之不可得由是政治大行聲譽籍甚部使者
數以廉能舉于朝選授撫州路金溪縣尹階奉議大
夫政績愈著以亞中大夫江州路總管致仕
白景亮字明甫南陽人明法律善書算由征東行省
譯史有勞超遷南陽知州陞汴陽府尹奏由朝特
授衢州路總管先是爲郡者於民間徭役不盡校田
畝以爲則吏得並緣高下其手富民或優有餘力而
貧弱不能勝者多至破產失業景亮深知其弊乃始
授驗田畝以均之役之輕重一視田之多寡大小家
各使得宜咸便安之由是民不勞而事易集他郡邑

皆取以爲法郡學之政久弛從祀諸賢無塑像諸生
無廩餼祭服樂器有缺景亮皆爲備之儒風大振擢
紳稱頌焉景亮性廉介勤苦自奉甚薄妻尤儉約惟
以脫粟對飯而已部使者嘗上其事特詔褒美賜以
宮錦改授台州路總管卒于官
王艮宇止善紹興東廉訪司辟爲書吏遷淮東會例
用不苟事說淮東廉訪司辟爲書吏以歲月及格稱
華南士就爲吏於兩淮都轉運鹽使司以廉能稱
授廬州錄事判官淮東宣慰司辟爲令史以
舟調峽州總管府知事又辟江淛行省掾史會朝廷
復立諸市舶司艮從省官至泉州建言若買萬有之
船以付舶商則費省而工易集且可絕官吏侵欺掊
克之弊中書省報如艮言凡爲船六艘省官錢五十
餘萬緡歷建德縣尹除兩淛都轉運鹽使司經歷紹
興路總管王克敬以計口食鹽不便嘗言於行省未
報而克敬爲轉運使集議欲稍損其額以紓民力沮
之者以爲有成籍不可改艮毅然曰民實寡而強賦
多民之錢今死徙已衆矣顧重改民籍而輕棄民命
平且淛右之郡商賈輻輳未嘗以口計也移其所賦
散於商旅之所聚實爲良法於是議歲減紹興食鹽

五千六伯引尋有復排前議者民欲辭職去丞相聞
之丞遺留民而議遂定遷海道漕運都萬戶府經歷
紹興之官糧入海運者十萬石城距海十八里歲令
有司拘民船以備短送吏胥得並緣以虐民及至海
次主運者又不即受有折缺之患民執言曰運戶既
有官賦運之直何復為是紛紛也乃責運戶自載糧入
運船運船為風所敗者當聚實除其數移文往返連
數歲不絕民取吏賛披闕即除其糧五萬二千八伯
石鈔二百五十萬緡運戶乃免於破家遷江浙行省
檢校官有詰中書訴松江富民包隱田土為糧一伯

七十餘萬石沙蕩為鈔五百餘萬緡宜立官府糾察
收追之中書移行省議遣官驗視而松江獨當十九
民至松江條除曲折以破其誣妄言其不過欲竦朝
廷之聽而報宿怨且無剗立衙門為徵名爵計耳萬
一民心動搖患生不測豈國家培養根本之策哉民
言上事遂陳除江西行省左右司負外郎吉之安福
有小吏誣民欺隱詭寄田租九千餘石初止八家前
後數十年能株連至千家行省數遣官按問吏已伏其
盧誣而有司喜功生事者復勒其民報合徵糧六伯
餘石憲司援詔條革去終莫能止民到官首言是州

之糧比元經理已增一千一百餘石豈復有欺隱詭
寄者乎准憲司所擬可也行省用民言悉蠲之民在
任歲餘以中憲大夫淮東道宣慰副使致仕卒年七
十一
盧琦字希韓惠安人登至正二年進士第十二年稍
遷至永春縣尹始至賑饑饉止橫歛均賦役減口鹽
一百餘引蠲包銀權鐵之無徵者已而訟息民安乃
新學宮延師儒課子弟月書季攷文風翕然鄰邑仙
遊盜發琦適在邑境盜遙見之迎拜曰此永春大夫
也為大夫百姓者何幸之大乎吾邑長乃以暴毒驅

我故至此耳琦因立馬喻以禍福眾皆投刃羅請縛
其酋以自新琦許之酋至琦械送師府自是威惠行
於境外十三年泉郡大饑死者相枕藉及大家使食之
老幼扶攜就食永春琦命分諸浮屠及大家使食者皆
所存活不可勝計十四年安溪寇數萬人來襲永春
琦聞召邑民喻之曰汝等能戰則與之戰不能則我
當獨死之爾報皆感憤曰使君何言也使君父母我
民赤子其忍以父母昇賊邪且彼冠方將屠掠我妻
子焚毀我室廬乃一邑深仇也今日之事有進無退
使君其勿以為憂因踴躍爭奮琦率以攻賊大破之

明日賊復傾巢而至又破之大小三十餘戰斬獲一
千二百餘人而邑民無死傷者賊大衄遁去時兵
革四起列郡皆洶洶不寧獨求春晏然無異承平時
十六年改調寧德縣尹而去
鄒伯顏字從吉高唐人為建寧崇安縣尹崇安之為
邑區別其土田名之曰都者五十五
官者為糧六千石其大家以五十餘家而兼五千石
細民以四百餘家而合有一千石大家之田連跨數都
而細民之糧或僅升合有司常以四百之細民配五
十大家之役故貧者受役旬日而家已破伯顏曰貧

弱之受困一至此乎乃取其糧籍而分計從有糧一
石者受一石之役有糧升斗者受升斗之役田多者
受數都之役而不可辭田少者稱其所出而無倖免
貧困無告之民始得以休息崇安賦役之均遂為四
方最邑有宋趙抃所鑿漑民田數千畝歲久溝湮
而田廢伯顏浚長溝十里繞楓樹陂累石以為固溝
悉復扞遺跡而田為常稔民賴其利安慶路嘗得造
偽鈔者遣卒械其四至崇安求其黨而執之四與卒
結謀望風入良民家肆虐伯顏捕訊得其狀即執而
歸諸安慶自是偽造之連逮無遺及崇安者於是行

〈元史傳卷七十九〉 十一 胡義甫

省帥府御史憲府咸舉其能選調漳州路判官
劉秉直字清臣大都武清人至正八年來為衛輝路
總管平徭役興教化敦四民之業崇五土之利養蠶
纂恤孤獨賊劫汲縣民張聚鈔一千二百錠而殺之
有村民阿蓮寉者戰怖仆地具言賊之姓名及所在乃
命尉襲之果得賊于汴遂正其罪之
禱于八蜡祠蝗虫皆自死歲大饑人相食死
者過半秉直出俸米倡富民分粟餒者食之病者與
藥死者與棺以葬天不雨禾且槁秉直詣城比太行
之蒼岾神祠具詞祈祝有青蛇蜿蜒而出觀者興之
辭神而還行及數里雷雨大至秋滿以親老去官侍

〈元史傳卷七十九〉 十三 胡義甫

養
許義夫碭山人為夏邑縣尹每親詣鄉杜教民稼穡
見民勤謹者出己俸賞之怠惰者罰之三年之間境
內豐足後為封丘縣尹值至正四年大饑盜賊羣起
抄掠州縣義夫聞賊至近境乃單馬出郊十里外迎
之見賊數百人義夫力言封丘縣小民貧皆已驚惶
逃竄辛無入吾境也言辭懇款賊遂他往封丘之民
得免於難

傳卷第七十九

翰林學士亞中大夫知制誥兼修國史臣宋濂
翰林待制承直郎兼國史院編修臣王禕等奉
敕修

忠義

李伯溫守賢之孫毅之子也長兄惟則懷遠大將軍
平陽征行萬戶次伯通歲甲成錦州張致叛國王木
華黎命擊之大戰城北伯通死焉伯溫行平陽元帥
府事鎮青龍堡專任東征知平陽已陷弟守忠被執
選驍勇拒守火之金人盡銳來攻守卒夜多遁去李
成開水門導敵入伯溫登堞樓謂左右曰吾兄弟伏

〈元史列傳卷八十〉
一
張德明

五十五

節擁麾受方面之寄今不幸失利當以死報國吾弟
已被執我不可再辱汝等宜自逃生卒皆猶豫不
忍去伯溫即拔劍殺家屬授井中以刃植柱刺心而
死金人登樓見伯溫抱柱如生無不嗟歎子守正自
幼時嘗質於木華黎後為平陽守活俘虜甚眾以功
授銀青榮祿大夫河東南路兵馬都元帥歲庚寅上
黨晉陽合兵攻汾州將陷守正以義赴援報寨不敵別
遣老弱百人曳薪揚塵多張旗幟敵懼遂解去汾人
大頭奉是州以從關中兵屯吉州酋領楊鐵槍以數千
持牛酒迎犒者道不絕且泣謝曰幸公完是州德甚

人叛守正出兵擒之軒成攝隰州守正往擊之中矢
傷足及歸瘡甚會金人完顏合達攻平陽守正裹瘡
戰歿大帥以其兄忠代之守忠官至銀青榮祿大
夫河東南路兵馬都元帥兼知平陽府事壬午冬平
陽公胡景山以青龍堡降常從攻益都北還軍將彭
智孫乘間據義州叛守忠聞之長驅抵城下力戰復
之丁亥夏四月金紇石烈真襲擊平陽行營招討使
權國王按察兒於洪洞守忠出援之會於高梁師潰
入城平陽副帥夾谷常德潛獻東門以納金兵城遂
陷金人執守忠至汴誘以高爵使降守中罵之語惡

〈元史列傳卷八十〉
二
張德明

五十五

金人怒置守忠鐵籠中火炙死

石珪泰安新泰人宋祖徠先生守道之裔孫也世以
讀書力田為業體貌魁偉膂力過人倜儻不羈金貞
祐南渡兵戈四起珪率少壯負險自保與滕陽陳敬
宗聚兵山東破張都統李霸王兵於龜蒙山宋將鄭
元龍以兵迎敵珪敗之於亳陽遂乘勝引兵入盱眙
會宋賈涉誘殺連水忠義軍統轄季先人情不安眾
迎珪為帥呼珪為太尉歲戊寅太祖使蔼蔼不罕與宋
議和已卯珪令麾下劉順直抵尋斯千城入覲太祖
慰勞順且教珪曰如宋和議不成吾與爾永結一家

吾必榮汝順還告珪珪心感服日夜思降庚辰果
渝盟珪棄其妻孔氏子金山杖劍渡淮宋將追之遂率
太尉廻完汝妻子珪不顧宋將沈珪妻子於淮遂率
順及李溫因李里海歸木華黎悅之謂曰若
得東平南京授汝判之辛巳木華黎承制授珪光祿
大夫濟兗軍三州兵馬都總管山東路行元帥佩金
虎符便宜從事後金棄東平珪與嚴實分據收輯濟
順戰勝攻取諸州加授金紫光祿
兗沂滕單諸州加授金紫光祿大夫東平兵馬都總管
山東諸路都元帥餘如故秋七月珪領兵破曹州與

《元史列傳卷八十》 三

章彥德

金將鄭從宜連戰數晝夜糧絕援兵不至軍無叛意
珪臨陣馬仆被擒四至汴金主壯其為人誘以名爵
欲使揖珪憤然曰吾身事大朝官至光祿復能受封
他國耶假我一朝當縛爾以獻金主大怒燕殺于市
珪怡然就死色不變其麾下立社兗州祀焉
收哈剌援都府渤海人初名與哥世農家善射以武斷
鄉井金末避地大寧國兵至出保高州冨庶寨射獵
以食屢奪大營孳畜又射死其追者國王木華黎率
兵攻寨寨破奔高州國王圍城下令曰能斬狄興哥
首以降則城中居民皆獲生守者召謂曰汝奇男子

吾寧忍斷汝首以獻汝往降乎不然吾一城生靈
無噍類矣與哥乃折矢出降諸將懼欲殺之木華黎
曰壯士也留之為吾用俾隸麾下從木華黎攻通州
以降木華黎命與哥恣取良馬三以賞哈剌
獻計一夕造砲三十雲梯數十附城州將懼出實貨
士卒木華黎為先鋒至大名金將徒單登城督戰哈
剌援都射之其功聞太祖開門南奔追殺將盡論
功賜金符死隨營監察戊寅授金虎符龍虎衛上將
剌援都射之中左目其部將哈剌援都從木華
黎略地燕南為先鋒至大名金將徒單
軍河東北路兵馬都元帥鎮太原時太原新破哈剌

《元史列傳卷八十》 四

章彥德

剌援都修城池繕兵甲招降屬邑市肆不改遠近聞
之皆相率來歸嘗微服夜出聞民間語曰吾屬父母
子女相失矣死者不可復生生者無以為贖奈何明
日下令軍中九俘獲有親者聽贖無貲者官為贖之
民得完聚者衆庚辰二月金梁知府立西風寨奪居
民耕牛民訴之哈剌援都領數騎追殺梁知府梟
首西門驅耕牛還木華黎由葭州渡河西行哈剌援
都迎之道破隰州及懸窯地洞諸寨辛巳三月金兵
攻壽陽縣王胡莊垂破時左右裨將各分兵守險城
中見卒不滿百哈剌援都夜半引甲騎十餘人救之

道三交見金兵舉烽東西兩山哈剌援趨之大戰
天將明金兵遁去擒太原之虜由西門俘獲哈剌援
都家屬哈剌援聞之徑趙西山復奪以還五月金
趙權府宰兵三萬圍太原國兵三萬至夾金兵懼潰
門令騎曳柴揚塵聲言曰國王哈剌援都設
平唯石家及孟州陵井寨桑梓寨哈剌援為脣齒皆
伏于陵井輕騎衝其陣伏發大敗之時太原諸邑皆
去癸未金馬武京來攻太谷縣桑梓寨哈剌援設
末下甲申十月將兵至陵井遺卒叩寨門詐曰納糧
劈守者弗悟門啓徑入蹂踐之衆潰其酋長走石家

元史列傳卷六十　五　附記

昂遂平陵井寨乙酉二月清泉寨酋長王彀降石家
昂亦降丁亥五月姦人夜獻太原東門于武仙仙引
兵入哈剌援都鏖戰仙兵大至諸將自城外呼曰收
哈剌援都汝當出哈剌援都曰真定史天倪平陽李
守忠隰州田雄家皆失守矣又棄太原將何面目見
主上及國王平家屬任公等所俘哈剌援誓與城
同存亡遂歿于陣太祖以其子幼命其表弟王七十
復立太原已丑攻鳳翔府中砲死哈剌援都長子忙
元台嗣鎮太原
任志潞州人歲戊寅太師國王木華黎略地至潞州

志首迎降國王授以虎符俾充元帥收輯山寨數與
金兵戰比有功金嘗擒其長子如山以招之曰降則
兩子得生不降則死志曰我為大朝之帥豈愛一子
親射其子殪之木華黎嘗召諸將議事志亦預微道
經武安金將武仙攻潞州存戰死辛卯之國王閔之
襄庚寅歲金將武仙攻潞州存戰死辛卯正月有旨
潞州元帥任存妻挈家屬令有司廩給仍賜第以居
之二十一月以父子立尚幼先官其姪成為
潞州長官待立長而還授之成卒授立潞州長官佩
金符後歷澤州尹遷陳州卒

元史列傳卷六十　六

耶律忒末契丹人父乙丑哥仕遼為都統遼亡不屈節
夫婦俱死焉金主憫其忠義授忒末都統歲甲戌國
兵至金徙于汴忒末及子天祐率衆三萬內附授師
兵元氏歲辛巳太師木華黎統領諸道兵馬承制加忒
末洺州等路招討使從元帥史天倪略趙州平棘藥
城元府監軍天祐招討使從元帥史天倪略趙州平棘藥
輯焉歲辛巳太師木華黎統領諸道兵馬承制加忒
花馬劉元帥有功木華黎又承制授忒末真定路安
撫使洺州元帥進兵臨澤潞降其民六千餘戶以功
遷河北西路安撫使兼澤潞元帥府事壬午致仕退

居真定天祐襲職從天倪攻取益都諸城略滄棣得
戶七千兼滄棣州達魯花赤佩金符時金鹽山衛鎮
臨場未下天祐以計克之歲運鹽四千席以佐軍儲
甲申攻大名拔之乙酉金降將武仙攝真定以叛殺
守將史天倪忠末父子夜踰城而出將以聞會天倪
第天澤復自北京遇諸蒲城合蒙古諸軍南與賊戰
走武仙復真定天澤潛師出藁城忠末與其妻趙
州明年仙復犯真定天澤襲兄爵而以天祐鎮
石抹氏及家孥在真定者皆陷焉仙道其僕劉攬兒
持書誘天祐曰汝能誅趙州官吏以降當活汝母

《元史列傳卷八十》　七

仍授汝元帥不爾盡烹之忠未密令攬兒語天祐曰
仙賊狡獪汝所知也毋以我故墮其機穽以虧忠節
且忠孝難兩全汝能固守不失國家大計我視刀鋸
甘如蜜矣天祐慟哭承命馳至藁城以職書示天澤
天澤曰王陵之事照耀史冊汝能遵父命忠誠許國
功不在王陵下天祐乃趨還趙壁卒衆殊死戰仙怒
盡殺忠末家一十八人戰于藁城元氏高邑柏鄉仙
兵屢挫監軍張林密攜仙黨啟關納賊天祐倉皇巷
戰手殺數十人身被十餘瘡斬關出復收散卒圍城
丁亥賊棄城走追至藁城會天澤兵夾擊殺林加奉

國上將軍洺州征行元帥兼趙州安撫使以傷憶致
仕居趙卒孫世柚朝列大夫江西榷茶都轉運使
伯八兒合丹氏祖明里也赤哥管隸太祖帳下初怯
列王可罕與太祖為鄰國誓相親好既而敗盟與其
弟先髡潛謀襲太祖因遣使通問許以女妻太祖
子合撒兒知謀泄送謀入呪後為太祖所惑父脫
闊里必亯從太祖征西域累立奇功世祖即位以伯
八舊臣子孫擢為萬戶命領諸部軍馬屯守欠州
至元十二年親王昔列吉脫鐵木兒叛奔海都伯八

《元史列傳卷八十》　八

以聞且頜提兵往討之未得命為彼所襲死馬脫鐵
木兒虜其二子八剌不蘭奚分遣左右居歲餘待之
頗厚八剌陰結脫鐵木兒近侍也里伯禿謀報父仇
南奔脫鐵木兒遣騎追之至一河八剌馬驚不能渡
後為也射中數人力窮兄弟就擒脫鐵木兒責之曰
回拒之射中數人力窮兄弟就擒脫鐵木兒責之曰
我父掠我親屬我誓欲殺汝以報君父之讎今力窮
我待汝厚甚而汝反為此耶八剌曰汝背叛君上害
被執從汝所為逼令跪不屈以鐵撾碎其膝終不跪
與弟不闌奚同被害幼子何都兀官至河北河南

合剌普華岳璘帖木㒵子也幼侍母奧敦氏居都
嘗歎曰幼而不學有不隨吾宗者乎父時以斷事官
建牙保定合剌普華住白其志父奇之俾習畏兀書
又經史記誦精敏出於天性李璮畔其母攜季子脫
烈普華避地登萊間音問隔絕號泣徹盡夜攜從
叔父撒吉思平賊山東卒奉其母以歸撒吉思深加
器重自謂其才不及言於世祖召給宿衛嘗以事至
益都於四脚山下置廣興商山二冶以勞授金符為
商山鐵冶都提舉未及代以職讓其弟時兵南伐䖙

《元史列傳卷八十》 九 蘇仲達 五十五 三九九五

運繁興被選為行都漕運使帥諸翼兵萬五千人從
事飛輓江南平上疏言親肺腑禮大臣以存國家之
體興學校獎名節以勵天下之士正名分嚴考課以
定百官之法通泉幣郡貢獻以厚生民之本又言江
南新附邲招舊族力稱通商弛征薄入以撫馴其民
不然恐尚煩宵肝之慮帝多采用其言屬漕米二十
萬餘邲溝達于河舟覆槓十之一而又每斛視都斛
厲三升時阿合馬專政責償舟人合剌普華伏闕抗
言量之踦贏出於元降而水道之賤非人力所及且
彼雖鼇其家不足以償苟朝廷必不任憋槓臣獨當

其宰詔勿治阿合馬憤之乃出合剌普華為寧海路達
曾花赤後遷江南宣慰使未至官改廣東都轉運臨
便兼領諸番市舶益梗臨法陳良臣㝠東莞香山
惠州貨販之徒萬人為亂江西行省命與招討使卷
失礶討捕之先驅斬渠魁以訊䖙告躬抵賊巢招誘
餘黨復業仍條言臨法之不便者悉除其害按察之
脫歡大為姦利遂奏罷之
丞相招討衆號十萬因圖上其山川形勢及攻取之
策三十餘條遂與都元帥兒伯海牙宣慰都元帥
白佐萬戶王守信等分兵搗之未幾右丞唆都督兵

《元史列傳卷八十》 十 蘇仲達 五十五 四九

征占城交阯屬護餉道北至東莞博羅二界中遇劇
賊歐鍾等橫絕石灣其鋒銳甚合剌普華身先士卒
且戰且行矢竭馬創徒步格鬭殺數十人勇氣益厲
中心岡是夕其妻召特勒氏夢其來告曰吾死矣
以衆寡不敵為所執賊欲奉之為主不屈遂遇害于
知事張德劉閏亦夢之二人相繼死而軍中往往見
其乘雕督戰云後贈戶部尚書守忠至吉安路諡忠
愍子二人㒵文質文質官至全節功臣諡忠
花赤贈宣惠安遠功臣禮部尚書追封雲中郡侯諡忠
六人㒵至立㒵直堅哲篤㒵朝吾㒵列筬皆第進士㒵哲

篤實至江西行省右丞以文學政事稱于時越倫質子善戰侯拖爲子儻百僚遜善著于正宗阿兄恩蘭皆相繼登第一門世科之盛當時所希有君子蓋以爲其忠義之報云

劉天孚字裕民大名人由中書譯史爲栗平總管府判官改都漕運司判官　知冠州再知許州所至有治績時檢核屯田臨潁鄧艾口民稻田三百頃有欲奪之者指爲古屯陳于中書請復蔡之中書下天孚按實天孚爲辨其非章數上乃止襄城與葉縣南爲湛河襄城民食解鹽葉縣樓壞其岸以爲界葉縣令有貪汚者妄徙石於北二里謹其

元史列傳卷八十 十一

韓倅達

民食私鹽繫治百餘家兩縣闕辦葉縣倚陝漕勢以凌襄城中書遣官察其實天孚爲考其元界移石故敺而葉縣令被罪去歲大旱天孚禱即雨野有蝗天孚令民出捕俄群蝗驅來驅蝗爲盡明年參熱時有青蟲如蝨食麥人無可奈何忽生大華蟲盡嚙之許人立碑頌焉轉萬億寶源庫同提舉遷江西行省左右司郎中以母老不赴俄丁母憂服除起知河中府視事始兩月陝西行省丞相阿思罕爲亂舉兵至河中時事起不虞達魯花赤兒只趙晉寧吿就天孚曰夜治戰守具選丁壯分守要害令河東縣達魯花赤

從善等曰吾家本微賤荷朝命至此今不幸遭大變令諸軍天孚佩刀直前衆過之不得進退詣幕僚王扼河渡舟橋爲天孚佩刀以寧罕阿思罕四之而斂船濟兵既入城阿思罕以思罕縛戰河上欲縱火屠城中人僞乃詣阿思廉訪副使明安答見事急且惠言諸軍天孚慶不能拒九入道人至晉寧乞援兵不報居與河東守風陵等渡阿思罕軍列栅河西岸使來齊舟與天孚帖木兒守汾陰推官程謙守禹門河東縣尹王文義脱因都守大慶關津口盡收船舫東岸令判官孫伯

元史列傳卷八十 十二

韓倅達

吾何忍從之而負上恩哉且與其厚於阿思罕之于吾寧蹈河以死遂佛衣出時天寒河冰方堅天孚援所佩刀斫冰開北望天呼爲國語若祝謝者再拜已脫衣帽岸許乃投水中阿思罕大怒籍其家郡人咸哀痛之事平詔許其弟天惠給驛以歸其柩葬于大名贈推誠秉節功臣中奉大夫河東山西道宣慰使護軍彭城郡侯諡忠毅

蕭景茂漳州龍溪人也性剛直孝友家貧力農重改至元四年南勝縣民李智甫作亂掠龍溪景茂與兄佑集鄉丁拒之擾頺音山橋除與賊戰衆敗景茂被

執賊脅使從巳景茂罵曰狗盜我生為大元民先作
隔洲思豈從汝為逆耶隔洲其所居里也賊怒縛景
茂於樹審其肉使自啖景茂益憤罵賊遂以刀決其
口至耳傍景茂罵不絕聲而死有司上其事朝廷命
旌表之仍給錢以葬

列傳卷第八十

忠義二

張桓字彥威真定藁城人父木知汝寧府因家焉桓
以國子生釋褐授滑之白馬丞入補中書掾權國子
典簿拜陝西行臺監察御史以言事不合去未幾汝
寧盜起桓避之碻山賊久知桓名襲獲之羅拜為
帥弗聽四六日擁至渠魁前桓直趨據榻坐與之抗
論遂順其徒捽桓起跪桓仰天大呼罵叱彌厲且屢
唾賊面賊猶不忍殺謂桓曰汝但一揖亦恕汝死桓
瞋目曰吾恨不能手斬送首肯聽汝誘脅而折腰哉
賊知終不可屈逐剌之年四十八賊後語人曰張御
史真鐵漢害之可惜事聞贈禮部尚書謚忠潔

李襕字子威隴人也工部尚書守中之子守中性下
嚴急之意初補國學生泰定四年遂以明經魁多士
順求寧親心終不可得跪而自訟徃徃達旦無幾微
授翰林修撰明年代祠西嶽省臣謂襕曰敕使每後
我今可易邪襕曰王人雖微春秋序於諸侯之上尊

君也奈何後乎省臣不敢對改河南行省檢校官遷
禮部主事拜監察御史首言襕祠柔嘗古今大祭今
太廟唯二祭而亯祠神御非禮也宜攝行之世系踈無
歲賜有定額分封易代之際系戚踈無
成均教化之基而亯隷集賢省臣兼領諸侯王
郎中入為國子監丞遷宣文閣監書博士兼經筵官
數與勸講每以聖賢心法為帝言之俄中書命襕
視河渠襕上言蔡河源出京西宋以轉輸之故平
地作堤令河底填淤高出地面秋霖一至橫潰為災
宜按故迹修浚他日東河或有不測之阻江淮運物
當由此分道達京萬世之利也亦不報并祕書太監
拜禮部侍郎奉旨詳定中外所上封事已而廷議內
外官通調授襕江州路總管至正十一年夏五月盜
起河南北攓徐蔡南陷蘄黃焚掠數千里造舟北岸
銳意南攻九江居下流實江東西襟喉之地襕治城
壕修器械募丁壯分守要害且上攻守之策於江西
行省請兵屯江北以扼賊衝廡幾大江之險賊不得
共之不報襕嘆曰吾不知死所矣乃獨椎牛饗士激
忠義以作士氣數日之間紀綱粗立十二年正月己

未賊渡江陷武昌威順王又省臣相繼遁舳艫蔽江
而下江西大震賊乘勝破瑞昌右丞李羅帖木兒方
軍于江闊之遣鋪雖孤立辭氣愈奮屬時黃梅縣主
簿也孫帖木兒顧出擊賊鋪大喜向天涯酒與之誓
言始脫口賊浡共已至境急孫乃墨士卒面統之出戰鋪
舅先士卒大呼陷陣也孫帖木兒繼進賊大敗逐北
六十里卿丁依險乘高下木石橫尾蔽路殺獲二
萬餘鋪還謂左右曰賊不利於陸必由水道以舟薄
我苟失偸樂吾屬無煩類矣乃以長木數千冒鐵惟

於杪暗拖沿岸水中迸刺賊舟謂之七星椿會西南
風急賊舟數千果揚帆順流鼓譟而至舟遇椿不得
動進退無措鋪師將士奮擊發火銅箭射之焚溺死
者無算餘舟散走行省土鋪功請拜江西行省參政
行江州南康等路軍民都總管便宜行事已而賊勢
更熾西自荆湖東際淮甸守臣往往棄城遁鋪守孤
城提屬旅斬馘扶傷無日不戰中外援絕二月甲申
賊將薄城分省平章政事禿堅不花自北門遁引
兵笙阤布戰具賊已至甘棠湖焚西門鋪救東門賊乃張督前射
之賊越趄未敢進鋪攻東門鋪救東門賊已入與之

賢待制
李齊字公平廣平人家甚貧客授江南工辭童元統
元年進士第一歷僉河南淮西廉訪司事移知高郵
府有政聲至正十年盜突入府驛取十二馬去齊躬
追謝長等殺之十一年州人泰觀保造兵仗將圖劫
掠復獲而行誅十三年泰州白駒場亭民張士誠為
亂破泰州河南行省遣齊往招降被拘久之賊酋自
相殺始縱齊來歸泰州平賊徒尚蠡聚士誠復鼓嬰
殺參知政事趙璉掠官庫民財走入得勝湖俄陷興
化縣行省以左丞偕哲篤偕宗王鎮高郵而省憲官皆
蠹社湖夏五月乙未數賊入城一諜呼而省出守
適齊急還救城賊已開門拒我遂連興化接得勝湖
舟艦四塞募延入寶應縣已而有詔凡叛逆者赦之

巷戰知力不敵揮劍叱賊曰殺我毋殺百姓賊自巷
背來刺鋪陷馬鋪與從子秉昭俱罵賊而死郡民聞
鋪死哭聲震天相率具棺葬于東門外鋪死瑜月參
政之命始下年五十五鋪兄晃居官亦死于賊秉昭
晃季子也事聞贈鋪攄忠秉義效節功臣資德大夫
淮南江北等行中書省左丞上護軍追封隴西郡
公謚忠文詔立廟江州賜額曰崇烈官其子秉方集

詔至高郵不得入賊給曰請李知府來乃受命行省
強齊往至則下韓獄中齊益辯說士誠本無降意特
遷延爲繕飭計耳官軍謀知之乃進攻城士誠呼齊
使跪齊叱曰吾膝如鐵豈肯爲賊屈士誠怒扼之跪
立而詬之乃曳倒抛碎其膝而咼之論者謂大科
三魁若泰不華沒海上李黼陷九江泊齊之死皆不
負所學云

褚不華字君實隰州石樓人沉默有器局泰定初補
中瑞司譯史授海道副千戶轉嘉興路治中連拜南
臺西臺監察御史遷河西道廉訪僉事移淮東未幾

守禦計賊至多所斬獲且請知樞密院老章判官劉
甲守韓信城相掎角爲聲援復上章劾總兵及諸將
迓捷之罪朝延錄其功陞廉訪使階中奉大夫甲有
智勇與賊戰輒勝賊憚之號曰劉鐵頭不華頗賴之
總兵者聞不華劾已益惎惡乃撤甲別將兵擊賊甲
以困我既而天長青軍叛普顏帖木爾所統黃軍復叛
圍我皆挾之來攻不華知事危退入哈剌章營賊稍引
去乃出抵楊村橋賊奄至殺廉訪副使不達失里唉

其屍不華以餘兵入淮安時城之東西南三面皆賊
惟此門通沭陽阻赤鯉湖指揮使魏岳邊駐兵沭
陽淮安倚其繭餉而赤鯉湖爲賊援沭陽之路又絶
賊計孤城可取進栅南瑣橋不華與元帥張存義出
大西門會僉事忽都不花帥栅殊死戰賊敗走
追此二十餘里城中食且絶元帥吳德繡運糧萬斛
入河竟爲賊所掠德繡以身免賊與青軍攻圍日
益急總兵者也下邳相去五百里按兵不出凡遺使
十九輩告急皆不聽城中餓者仆道上即取啖之一
切草木螺蛤魚蛙燕鳥及韡皮鞍韉革箱敗弓之筋

皆盡而後父子夫婦老稚更相食撤屋爲薪人多竄
勵坊陌生荊棘力既盡城陷不華猶擁西門力鬪中
傷見執爲賊所齎次子伴哥冒刃護之亦見殺時至
正十六年十月乙丑也不華守淮安五年殆數十百
戰精忠大節人比之張巡云朝廷聞之贈翰林學士
承旨榮祿大夫柱國追封衞國公諡曰忠肅賻鈔二
百錠以卹其家

郭嘉字元禮濮陽人祖昂父惠俱以戰功顯嘉慷慨
有大志始由國子生登泰定三年進士第授彰德路
林州判官累遷翰林國史院編修官除廣東道宣慰

使司都元帥府經歷未幾入為京畿漕運使司副使
身拜監察御史會朝廷以海寇起於浙東溫台慶
元等路立水軍萬戶鎮之衆論紛紜莫定擇嘉禮部
員外郎乘驛至慶元與江浙行省會議可否嘉至首
諭父老知其弗便請罷之會方撫守令綏遠東乃
授嘉廣寧路總管兼諸奧魯勸農防禦屬益起軍旅
數興供餉無慮日民苦和糴轉輸而吏胥得因時為
奸嘉設法計其戶口第其甲乙民甚便之有詔團結
義兵嘉拓集民數千教以坐作進退萬千百夫各統
以長骍令齊一賞罰明信故東方諸郡錢糧之富甲

兵之精稱嘉為最十八年冠陷上京嘉聞之躬率義
兵出禦既而遼陽陷嘉將衆巡邏去城十五里遇青
殊隊伍百餘人給言官軍嘉疑其詐俄果脫青衣變
紅嘉出馬射賊分兵兩隊而夾攻之生擒賊數百死
者無筭嘉見賊勢孤城無援乃集同官議攻守
之計衆皆失措嘉曰吾計決矣因謁家所有衣服財
物犒義士以勵其勇敢且曰自我祖宗有勳王室今
之盡忠吾分內事也況身守此土當生死以之餘不
足恤矣頃之賊至圍城亘數十里有大呼者曰遼陽
我得矣何不出降嘉挽弓射呼者中其左頰墮馬死

賊稍引退嘉遂開西門逐之賊大至力戰以死事聞
贈崇化宣力效忠功臣資善大夫河南江北等處行
省左丞上護軍封太原郡公諡忠烈

喜同周姓河西人初為後宮衛士衆稱其才選充承
徵寺經歷再調南陽縣達魯花赤居二歲賊起陷
鄧州人情洶洶俄而賊鋒抵南陽南陽無城無兵賊
入之若虛邑喜同以計獲數賊詰之云賊將大至悉
斬之以兵駐于諸蔦蕃為賊所襲死之賊遂乘銳取
南陽喜同守西門望見賊勢盛即以死自許與家人

訣曰吾與汝等不能相顧矣但各逃生吾分死此以
報國也已而城中皆哭喜同策厲義兵奮力與賊搏
賊退去明日復至與戰甚力殺賊凡數百賊知無後
援戰愈急南陽遂陷喜同突圍將自挍賊橫刺其馬
馬蹶喜同鞭馬躍而起手斬刺馬者俄而為他賊所
追身被數創不能鬥遂奪賊刀斫之且罵且
前亦見殺一家死者二十餘人贈南陽路判官時襄
陽錄事司達魯花赤塔不台字彥暉者元統元年進
士魏王軍汝毫塔不台來供餉王嗜酒輕戰備一夕賊

劫王王即未能起為所執塔不台馳騎奪王亦為賊
所得比明見賊酋王拜乞活塔不台以足蹴王曰猶
欲生乎賊復屈其拜塔不台拒而詬之且與縛者角
遂支解

韓因字可宗汴梁人少習舉子業負氣不群盜擾汝
寧官軍討之久不下會朝廷詔赦叛逆募可持詔入
賊者即借以官因應命乃借因以唐州判官使馬為
賊渠恐其黨心搖導因止于外納詔不讀詰問再三因
苦以恩宥寬大禍福所係甚切不聽乃縱因歸報因
出乘馬周賊屯大言曰汝輩好百姓何不出降歸田
里而甘從逆賊驅使耶報愕眙相顧或以告賊渠渠
追因責其所言因極口肆詈賊怒寸割因

卜琛太名人世為農夫早游學京師得補國子生既
而丁母憂治農于家至正十二年鄉郡盜起未幾來
百人擊賊與從子小十府史李仲亨等協謀統丁壯
剝掠琛與從子小十皆民兵無弓矢之備直以鉤鉏白鋌
當賊賊矢兩集琛眾潰散被擒仲亨小十皆死賊素
知琛諭之曰汝從我解汝縛不從殺汝琛唾罵曰我
國子生也視汝逆賊狗彘也吾寧義死不從賊生
馬不止賊屢脅不聽殺之

喬彝字仲常晉寧人性高介有守一時名稱籍甚至
正十八年賊由絳州垣曲縣襲晉寧城陷城中死者
十二三彝整衣冠聚妻子家有大井彝坐井上令妻
子婢輩循次投井中而已隨赴之彝既死賊首王士
誠使人即彝家邀致之至則彝巳死矣賊平朝廷贈
彝臨汾縣尹賜諡純潔有張彝起字傳霖汾州人累舉不中嘗
並以不屈賊而死彝起字傳霖汾州人
陷汾州彝起與妻赴井死王佐字元輔晉寧人從父
用薦者徵為國子助教居一歲免歸盜既去晉寧人復
居上都教授里巷不與時俯仰會賊至倉卒不能避

為所獲欲降之佐傲岸自如詬賊不輟因見害又有
吳德新者字止善建昌人工醫留京師久之嘗往寧
夏會盜至德新見執皆使降德新厲聲曰我生為皇
元人死作皇元鬼誓不從爾賊賊乃縛其兩手加白
刃頸上迫其畏屈德新罵不已乃曳之井上陽欲擠
之德新偶得寬即自投井中仰罵賊下射矢貫其
頂罵益力賊怒以長槍刺之然亦壯其志憐其死曰
此真丈夫也以土埋井而去

顏瑜字德潤宛州曲阜人充國復聖公五十七代孫
也以行誼用舉者為鄒及陽曲兩縣教諭至正十八

年田豐起山東瑜挈家走鄆城道遇賊以刃來脅瑜
曰尔何人瑜曰我東魯書生也賊執瑜曰尔書生吾
不尔殺可從我見主帥邪賊怒
欲殺瑜無懼色復使之罵旗瑜大詬曰尔大元百
姓天下亂募尔為兵而反為叛逆我腕可斷豈能為
尔罵旗從逆乎賊以槍刺瑜至死罵不絕口其妻于
皆為所害又有曹彦可者亳州人會為妖冠起里中多
彦可家刼之使罵旗彦可力辭乃迫以刀斧皆彎趣
田野無頼于曰不知書者既破亳揭帛于竿皆彎趣
之曰我儒者如有君父寧死耳豈為汝罵旗者耶賊

《元史傳卷全》

士

怒遂見害年七十矢其家素貧又死於亂藁殯其尸
賊既定有司具以事聞中書為給貲以葬賜謚節愍
王士元字堯佐恩州人泰定四年進士由棣州判官
累遷知磁州值軍與餽餉需索日繁民不堪命士元
心念其民力為區畫至為將士陵厲詞責弗避也改
知濬州濬黃河嘗經盜賊城堞不完市井空荒士
元邑邑不得志而臨事未嘗易其素至正十七年賊
復迫濬州兵悉潰散士元坐堂上顧其子侍立不忍
避賊曰吾守臣居此職也若可逃生于侍立不忍
賊前問曰尔為誰士元此曰我王知州也強賊識我

吞賊欲縛士元士元奮奪毆賊賊怒并其子殺之
楊樸字文素河南人早以文學得推擇為吏任至滁
州全椒縣尹滁界廬江廬江陷於冠滁人震動行省
參政也先總兵于滁不理軍事唯縱飲至幕城門不
鍮冠入縱火猶張燭揮杯不絕瑜趣出走樓度必死乃
盡殺其妻女朝服坐堂上盜欲降之樓指妻女示曰
我已戕我屬政欲死官守耳尚何云乃連噂之賊
繁樸倒懸懸樹上而割其肉至盡猶大罵弗絕
趙璉字伯器宏偉之孫也至治元年登進士第授萬
州判官再調汴梁路祥符縣尹為國子助教累遷

《元史傳卷全》

士一

湖廣行省左右司郎中除杭州路總管杭於東南為
劇郡地大民夥長吏多不稱其職璉為人強毅開敏
精力絕人吏莫不服其明決而不敢欺浙右病於徭
役民充坊里正者皆破其家朝廷令行省召八郡守
集議便民之法璉獻議以屬縣坊正爲雇役里正用
田賦以均之民咸以爲便有盜誘其同惡持習出市
所人以索金市民乃戶斂以平之人無敢言者璉曰
此不可長也遂率捕捕之盡戮諸市璉年召拜吏部
侍郎杭人思之刻其政績于碑歷中書省事左司郎中除
禮部尚書尋遷戶部拜參議中書省事出爲山北遼

東道廉訪使。是時河南兵起，湖廣荊襄皆陷，而兩淮亦騷動，朝廷乃析河南地，立淮南江北行省于揚州，以璉參知政事。方病水腫，即興疾而行，既至分省鎮淮安，又移璉鎮真州。會張士誠為亂，突起海濱，陷泰州。招諭之，士誠因請降，行省授以民職，且乞從征討以自効，遂移璉鎮泰州。璉乃趨士誠，治戈船，超濠泗。士誠疑憚不肯發，又覘知璉無備，遂復夜四鼓縱火登城。璉力疾捫佩刀上馬，與賊闘市衢，賊圍璉至。其虹璉詰之曰：汝輩罪在不赦，今既宥爾誅殺，又錫

以名爵，朝廷何負於汝，乃既降復反邪。汝輩信逆天戒，不旋踵，我執政大臣，宜為汝賊輩屈乎。即馳騎奮擊賊。賊以槊撞璉墜地，欲異登其舟，璉瞋目大罵，遂死之。其僕璉兒以身蔽璉，亦俱死。及亂定，屍歸殯于真州。事聞，賻鈔三百錠，仍官其子鏑弟琬。舟挾之至黃巖，琬潛登白龍奧，舍於民家，絕粒不食。人勸之食，輒自謙瞑目郤之，七日而死。

孫撝字自謙，曹州人。至正二年進士，授濟寧路錄事。字仲德，仕至台州路總管，至正二十七年，方國瑛以張士誠攻高郵叛，或謂其有降意，朝廷擇烏馬兒為

使招諭士誠，而用撝為輔行。撝家居不知也，中書借撝集賢待制，給驛就其家起之，撝強行，抵高郵。士誠不迎詔使，撝等既入城，反覆開諭，士誠等皆悚然以聽。已而拘之他室，或曰一饋食欲以降撝，撝唯詬斥而已。乃令其黨捶撝辱撝，撝不邯也。及士誠徙平江，撝與張茂先謀，將撝所授站馬劉子，遺壯士浦四許誠，赴鎮南王府，約日進兵復高郵。謀泄，執者輒自相嗟曰：此豈孫待制耶。事聞，後賊中見失節者輒罵聲不絕，竟為所害。贈翰林侍讀學士中奉大夫護軍，追封曹南郡公，諡忠烈，賜田三頃，卹其家。

石普字元周，徐州人。至正五年進士，授國史院編修官，改經正監經歷。淮東西盜起，朝廷方用兵，普以將略稱。同僉樞密院事董鑰嘗薦其材，會承相脫脫討徐州，以普從樞密院官，守淮安。時張士誠攻高郵，普詣丞相，面陳破賊之策，且曰：高郵負重湖之險，地皆沮洳，騎兵卒莫能前，與普步兵三萬保取之。高郵既平，則濠泗易破。普請先驅為天下忠義倡，丞相壯之，命權山東義兵萬戶府事，招民義萬人以行。而汝中柟者

方用事陰沮之減其軍半初令普便宜行事及行又
使聽淮南行省節制普行次范水岸曰未夕普令軍
中具食夜漏三刻下令銜枚趨賊營應其營中更鼓如
平時抵縣即登城樹幟城上賊大驚潰因撫安其民
由是諸將疾普功水陸進兵乘勝拔十餘岸斬賊數
百將抵高郵城分兵三隊一趨城東備水戰一為奇
兵虞後一普自將攻北門遇賊與戰賊不能支遁入
城普先士卒踴躍縱火燒關門賊恩謀棄城走而援
軍望之按不進且忌普成功總兵者道蒙古軍千騎
突出普軍前欲收先入之功而賊以死扞蒙古軍怖

《元史傳卷七十》 十五 周

怯即馳回普止之不可遂為賊所躁踐率墮水中普
軍亂賊乘之普勒餘兵血戰良久伏劍大呼曰大丈
夫當為國死有不進前者斬奮直入賊陣中從者
僅三十人至日西援絕被創隨馬復跛步戰數合賊益
至賊指曰此必頭目不可使逸殞生致之普叱曰死
賊奴我即石都事何云頭目左脅為賊鎗所中猶手
擇其鎗斫賊死賊眾攢鎗以刺普與從者皆力戰
俱死之
盛昭字克明歸德人由儒學官累遷淮南行省照磨
會詔使往高郵不得達而還讒稱賊已迎拜但乞名

爵耳行省不虞其欺乃遵詔入高郵授所與士誠官
士誠拒不聽拘諸官死而已既而官軍逼高郵士誠頓首願為良民
軍昭叱曰吾奉命招諭汝汝拘留詔使出拒官
欲吾從汝為賊耶大罵不絕口賊怒先剜其髀肉而
後磔之
楊乘字文載濱州渤海人至正初為介休縣尹民饑
散為盜乘立法招之使自新皆為良民
其後累官江浙行省左右司員外郎坐海寇掠漕粮
舟免官寓居松江張士誠入平江其徒郭良弼董綬

《元史傳卷七十》 十六

言乘于士誠士誠遣張經招乘乘曰良弼綬皆名臣
今已失節顧欲引我以濟其惡邪且讓經平日讀書
云何經俛首不能對乘日與容痛飲竟日不言客問盡
行乎乘曰乘以一小吏致身顯官有死而已尚何行
之有經促其行愈急乃整衣冠自經而死年六十四
納速剌丁宇士瞻其父馬合木從征襄陽以勞擢潘
州達魯花赤因家大名納速剌丁起身鄉貢進士補
淮東廉訪司書吏丁母憂服闋補兩浙鹽運司掾復
辟掾淮東宣慰司至正十年賊發真州納速剌丁以
民兵往襲之獲賊四十二人已而泰州賊大起鎮南

王府宣慰司請衆議軍事納速剌丁建議築四城立
外寨捷堤穿河募兵與賊抗行省撒其提戰艦六十
海舟十四上下巡以固江面且護蒙古軍五百往
江寧道遇賊斬擊二百餘級生獲十八人遂抵龍潭
而還未幾出邏捕二賊突至馳船來鬭納速剌丁手
射死三十賊奪其放火小船二百賊因遁走納速剌丁還
真州而賊犯蕪湖南行臺檄使來援乃以兵赴及至
亞虎等及其踰旗捷聞賞賚良渥且召納速剌丁
潭口又擊走之追斬三百餘級其子寶童擒首賊陳
賊船巳薄岸遂三分戰艦縱擊之賊奔潰俘斬其衆

賊不得渡江者多納速剌丁之功也因留守蕪湖江
口泰州李二起行省移之捍高郵得勝湖賊船七十
餘柁乘風而來即前擊之焚其二十餘船賊潰去李
二失援遂降其黨張士誠殺李二復為亂戕政趙璉
入撫興化而水陸襲高郵屯兵東門納速剌丁以舟
師會諸軍討之距三垛鎮賊衆猝至納速剌丁麾兵
挫其鋒後賊鼓譟而前乃發火箭火鏃射之死者敵
流而下賊繚船抗肯盡力來攻而阿速衛軍及真除
萬戶府等官貟賊勢熾皆遁走納速剌丁顧必死謂其
三子寶童海牙丁西山驢曰汝輩可脫走寶童等不

肯去遂皆死之省憲為賻其家事聞贈納速剌丁淮
西元帥府經歷

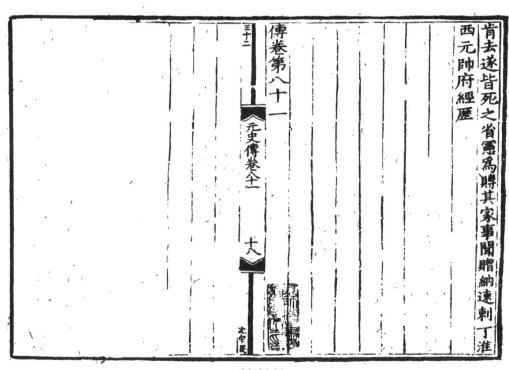

傳卷第八十一

元史傳卷廿一

三十二

十八

翰林學士亞大夫知制誥兼修國史臣宋濂翰林待制承直郎兼國史院編修官臣王禕等奉

黎

忠義三

伯顏不花的斤字蒼崖畏吾兒氏駙馬都尉中書丞
相封高昌王雪雪的斤之孫駙馬都尉江浙行省丞
相封荆南王朵兒的斤之子也倜儻好學曉音律初
用父廕同知信州路事又移建德路會徽寇犯遂安
伯顏不花的斤將義兵平之又擒潯安叛賊方清之
以功陞本路總管至正十六年授衢州路達魯花赤

〈元史傳卷八十二〉 一

明年行樞密院判官阿魯灰引兵經衢州軍無紀律
所過輒大剽掠伯顏不花的斤曰阿魯灰以官軍而
為民患此國賊也可縱之乎乃帥兵逐之出境郡賴
以守陞中大夫十八年二月江西陳友諒遣賊黨王
副使陞浙東都元帥守禦衢州頃之擢江東道廉訪
奉國等號二十萬冠信州明年正月伯顏不花的斤
自衢引兵援焉及至遇奉國城東力戰破走之時鎮
南王子大聖奴樞密院判官席閭等屯兵中開伯
顏不花的斤至爭開門出迎羅拜馬前伯顏不花
斤登城四顧誓以破賊自許後數日賊復來攻城伯

顏不花的斤大饗士卒約曰今日破賊不用命者斬
刀命大都間將阿速諸軍及民義為左翼出南門高
義范則忠將信陽一軍為右翼出比門自與之出南門高
花將沿海諸軍為中軍出西門部伍既整因奮擊入
賊營斬首數千級賊將亂兵搶奉國通賊將突至我軍
入其營者咸沒其勢殆忽都不花復勒兵力戰大
破之二月友諒弟友德營于城東繞城植木柵攻我
益急又遣偏戶周伯嘉來說降高義潛與之通紿
忽都不花等謂與奉國相見則兵費可解忽都不花
信之率忠臣等十人往見奉國四之不遣明日奉國

〈元史傳卷八十二〉 二

令高義以計來誘伯顏不花的斤時伯顏不花的斤
坐城上見高義單騎來伯顏不花的斤謂曰汝誘十
帥無一人還今復來誘我耶我頭可斷足不可移乃
數其罪斬之由是日夜與賊鏖戰糧竭矢盡而氣不
少衰夏四月有大呼於城下者曰有詔希謀海魯丁
臨城問之曰何來曰江西來海魯丁如此乃賊耳
吾元朝臣子可受爾偽詔乎偽使呼者曰我主關信州又
不知爾忠義故來詔爾徒守空城欲何為耶海魯
不下汝聞張雎陽事乎偽使者不荅而去伯顏不花
丁曰汝聞張雎陽事乎賊欲我降爾城存與存亡吾計之熟矣
的斤笑曰賊欲我降爾城存與存亡吾計之熟矣

時軍民唯食草苗茶紙既盡括靴底責食之又盡捕
鼠羅雀及殺老弱以食五月大破賊兵六月奉國親
來攻城盡夜不息者踰旬賊皆穴地百餘所或魚貫梯
城而上伯顏不花的斤登城庵兵拒之已而士卒力疲
不能戰萬戶顧馬兒以城叛城遂陷席閭出降大聖奴
海魯丁皆死之伯顏不花的斤力戰不勝遂自剄其部
將蔡誠盡殺妻子及蔣廣奮力巷戰誠遇害死廣為
奉國所執愛廣勇敢使之降廣曰我寧為忠死不為
降生汝等草中一盜爾吾豈屈汝乎賊怒磔廣于竿
廣大罵而絶有陳受者信小民也伯顏不花的斤知

受有膂力募為義兵尋戰敗為賊擒痛罵不屈賊焚
殺之先是伯顏不花的斤之援信州也嘗南望泣下
曰我為天子司憲視彼城之危急忍坐視乎吾知上
報天子下拯生民餘皆無可恤所念者太夫人耳即
日入拜其母鮮于氏曰兒今不得事母矣母曰爾為
忠臣吾即死先不花奉其母與間道入福建
顏不花的斤因命子也先不花其母簿撫之女也伯
以江東廉訪司印送行御史臺遂力守孤城而死朝
廷賜諡曰桓敏

樊執敬字時中濟寧鄆城人性警敏好學由國子生

擢授經郎嘗見帝師不拜或諡之曰帝師天子素崇
重王公大臣見必俯伏作禮公獨不拜何也執敬曰
吾孔氏之徒知尊孔氏而已何拜異教為歷官至侍
御史至正七年擢山南道廉訪使俄移湖北道十年
授江浙行省參知政事十二年二月督海運于平江
卜日將發官大宴犒于海口俄有客船自外至驗其
券信久入而不虞其為海寇也既入港即縱火鼓譟
時變起倉猝狃於失防心鬱鬱不解及賊焚舟劫糧以去執敬既
走入崑山自剄於失防竟焚舟劫糧而豈嶺
關有警平章政事月魯帖木兒引軍拒之賊不得進

月魯帖木兒俄以疾卒賊遂犯餘杭執敬時已被命
討賊海上至是事急不得合去與平章政事定定治
事省中調兵出戰皆不利據史友龍素抗直有為
進言於執敬曰賊且至城內空虛無備奈何執敬曰
吾淬礪戈矛當礪賊以報國儻或不克有死而已何
是哉俄報賊已至執敬逐上馬帥眾而出中塗與賊
遇乃射死賊四人賊又逐之射死三人已而賊來方
咸填咽街巷且縱火眾皆潰去賊知其無援呼執敬
降執敬怒叱之曰逆賊守關吏不謹汝得至此恨不
碎汝萬段何謂降耶乃奮刀斫賊因中槍而墮從僕

田也先馳救之亦中槍死事聞贈翰林學士承旨榮
禄大夫柱國追封魯國公諡

全普庵撒里字子仁高昌人初為中書省檢校時太
師汪家奴擅權用事臺諫無敢言者普庵撒里獨於
眾中歷數其過誣誤無懼色拜監察御史即首劾汪
家奴十罪乃見黜然而氣節益自損不以權鉬遂阻
歷詆權貴朝臣莫不長慄出為廣東廉訪使尋除兵
部尚書未幾搜贛州路達魯花赤至郡發摘奸惡一
郡肅然至正十一年潁州盜起即倡築城量旬月之
間守禦之具畢備於是發公帑募勇士得兵三千人

〈元史傳卷廿〉 五

日練習之皆可用屬邑有為賊所陷者往往遣兵後
之境內悉安十六年以功拜江西行省參政分省於
贛十八年江西下流諸郡皆為陳友諒所據乃與總
管哈海戮力同守友諒遣其將率兵圍贛
使人脅之降普庵撒里斬其使曰撮甲沙欲舉城降
戰九四月兵少食盡義兵萬戶馬合其沙登城拒之力
賊普庵撒里不從遂自到事聞朝廷贈諡曰徽哀哈
海赤守贛尤有功城陷之日賊將脅之使降哈海赤
謂之曰與汝戰者我也爾賊毋殺贛民當速殺我耳
遂見殺

周鏜字以聲瀏陽州人萬學通春秋登泰定四年進
士第授衡陽縣丞再調大冶縣尹縣有豪民持官府
短長號為難治鏜狀若羸懦而殺然有威不可犯抑
豪強惠窮民治行遂為諸縣最累遷國子助教會修
功臣列傳擢翰林國史編修官乃出為四川行省儒
學提舉便道還家無何盜起湖南北郡縣皆陷瀏陽
受國恩脫不幸必死毋為賊窘鏜告其兄弟使遠引
無城守賊至民皆驚竄鏜起自瀏陽人至得鏜欲推以
為主鏜唯瞠目厲聲大罵賊知其不可屈乃殺之鏜
同時有謝一魯字至道者亦瀏陽人至元乙亥貢

〈元史傳卷廿〉 六

進士嘗為石林書院山長賊陷潭州一魯奉親匿岩
谷中官兵復郡邑六者稍歸乃還理故業俄而賊復
至生縛一魯一魯罵賊甚厲家咸遇害
平昌州事炳蠻夫江夏人元統元年進士授承事郎同知
其母以歸火之轉寶慶路推官會峒猺寇邊湖廣行
省右丞禿赤統兵討之也于武岡以炳攝分省理問
官悍卒所至掠民為俘炳言于禿赤釋其無驗者數
千人至正十二年遷知荊門州復荊門又與四川行
門不守炳出募土兵得眾七萬繞半歲淮漢賊起荊

省平章政事咬住復江陵其功居多既而
之賊其勢復振賊將俞君正合兵來攻荊門炳率孤
軍晝夜血戰援絕城陷爲賊所執極口罵不絕賊以
刀抉其齒盡乃斷左臂而支解之未幾賊陷潛江縣
達魯花赤明安達爾率勇敢出擊擒其僞將劉萬戶
進營蘆溝淓賊衆奮至出鬭死其家殲焉一子桂山海
牙懷印綬去得免明安達爾唐兀氏字士元炳同年
進士由宿州判官再轉爲潛江云

劉淓孫字存吾茶陵州人至順元年進士授承事郎
桂陽路臨武縣尹臨武近蠻獠淓孫至召父老告之

日吾儒士也今爲汝邑尹爾父老當體吾教訓其子
弟孝弟力田睱則事詩書毋自棄以干吾政乃爲建
學校求民間俊秀教之設祖豆習禮讓三年文化大
興邑有茶課歲不過五錠後增至五十錠
朝除其額歷建德徽州瑞州三路推官所至詳讞疑
獄其政績卓然者甚衆至正十二年春靳黃賊攻破
湖南淓孫傾家貲募義丁以援茶陵賊至輒郤故茶
陵父不失守十五年轉儒林郎寧國路推官歲饑勸
富民發粟賑之活者萬計會長鎗瑣南班程述謝璽
等攻寧國淓孫分守城西南日署府事夜率兵乘城

固守江浙行省遣参知政事吉尼哥兒來至則兵
巳疲矣城時有援不爲備瑣南班知之夜四鼓引衆
緣堞而上城遂陷淓孫力戰遇害弟焱孫以國學生
下第授常寧州儒學正湖南陷常寧長吏棄城走民
奉印請壽孫爲城守城賴以完者一年外援俱絕死
之長子碩爲武昌江夏縣魯湖大使起義兵援茶陵
亦死之

俞述祖字紹芳慶元象山人由翰林書寫考滿調廣
東元帥府都事入爲國史院編脩官巳而出爲沔陽
府推官至正十二年靳黃賊迫州境述祖領民兵守

綠水洪洪幷力捍禦之兵力不支沔陽城陷民兵悉潰
述祖爲賊所執械至其僞主徐壽輝所誘之使降述
祖罵不輟壽輝怒支解之有子方五歲亦死事聞贈

桂完澤者來嘉人嘗從江西左丞李朶兒留京師得
奉訓大夫禮部郎中象山縣男
爲平江路管軍鎮撫爲仇家所訐免官會賊攻昱嶺
關行省遂假前官令從征完澤男子討賊九再戰關
下皆勝尋又與賊鬭爲所執其妻弟金德亦被擒皆
反縛于樹臨以白刃脅之降金德意未決完澤呼曰
金舅男子漢即死不可聽賊德曰此言最是因大罵

賊怒剖二人之腹而死

丑閭字時中蒙古氏登元統元年進士第累官京畿
漕運副使出知安陸府至正十二年蘄賊蔓衍犯
安陸時丑閭募兵得數百人帥以拒賊敗賊前隊乘
勝追之而賊自他門入亟還兵則城中火起軍民潰
亂計不可遍乃歸服朝服出坐公堂賊脅以白刃丑
閭猶喻以逆順一賊排丑閭下使拜不屈且怒罵丑
首不忍害拘之明日又遍其從亂丑閭左脇斷而死賊

慎其不降復以布裹棄其屍昇置其家丑閭妻侯氏
出大哭且列酒肉蔬前湯者令飲酒飢者令食肉以
絕賊之不防已至夜自經死事聞贈丑閭河南行省
參知政事贈侯氏寧夏郡夫人立表其門曰雙節有
馮三者湖廣省一公使也素不知書湖廣為寇陷阜
隸等悉起剽殺為盜亦拉三以從三辭曰賊名惡我
等豈可為衆初強之終弗從殺之三遂嚙罵賊
刀縛諸十字木昇之以行而割其肉三益罵不止抵
江上斷其喉委去其妻隨三號泣俯拾割肉納布裙
中伺賊遠收三血骷脫衣暴之大泣投江而死
李羅帖木兒字國賓高昌人由宿衛補官十三轉而

元史傳卷八十二　九

爲江東廉訪副使以選爲襄陽路達魯花赤至正十
一年盜起汝潁均州鄖縣人田端子等亦聚衆殺官
吏奉李羅帖木兒將民兵捕斬之未幾行省廉訪司同
檄李羅帖木兒以其所領兵會諸軍於均房同討賊
賊始退而穀城光化以急告即帥兵趨穀城而分遣
樊城主簿趙光化以急告使求糧於襄陽不應
來獻光化所獲首級且言李羅帖木兒在穀城與賊
司王僉軍本路總管柴順禮怒其責望城之通紐實
千柴店復遣從子馬哈失力往告詞甚苦切廉訪分
遣同知也先不花促之又不應軍之食不能行乃駐
相持未知存歿亘急濟其糧少緩恐弗及矣於是脫
一人城遺遣而命也先不花與萬戶不花赤佳同知
數千人會李羅帖木兒以討賊明年正月襄陽失守
也先不花等聞之驚潰李羅帖木兒領義兵二百人
且戰且引至監利縣過河陽府達魯花赤同知
三山安陸府同知遇河陽府達魯花赤同知
師時濱江有船千餘乃紏合諸義兵丁壯水五千
餘人昇以軍號給以刀稍具哨馬五十水工五千
至石首縣聞中興路亦陷乃議趨岳州就元帥帖木
而道阻不得前仍趨襄陽賊方駐楊湖港乘其不虞

嘉靖十年補刊　元史傳八十二　十

四

承事郎同知
彭庭堅字允誠溫州瑞安人權至正四年進士第授
求其屍復與賊戰俱沒于陣舉家死者凡二十六人
力泣曰死生從叔父既而孛羅帖木兒被執賊請同
庵馬哈失力使去曰吾以死報國汝無留此馬哈失
暮咬住等軍各當一面不能救孛羅帖木兒被重創
萬戶許筌等是日甫止兵未食而賊大至與戰抵
進攻潛江縣又斬賊數百級獲三十餘船梟賊將劉
舉之獲其船二十七艘生擒賊黨劉咬兒訊得其情

民橫急徵歛民甚便之俄以平反獄囚忤上官意遂
棄去十年詔選守令以建寧路崇安縣尹起庭堅于
家屬金山冠周良竊發犯閩關庭堅禦之有法冠不
入境十一年陞同知建寧路總管府事江西冠庭
堅率民兵克復建陽又進兵平浦城十二年攝僉都
元帥府事與邵武路總管吳按攤不花夾攻邵武庭
堅設雲梯火礮晝夜攻擊冠道追斬渠魁董元帥鐵
和尚童昌邵武恐平總兵官江浙僉政章嘉上功于
朝陞同知福建道宣慰使司副都元帥鎮邵武冬冠
陷建寧縣十三年庭堅統建陽崇安浦城三縣民兵次

泰寧冠懼請降復建寧縣還師邵武江浙行省檄庭
堅節制建寧邵武二郡諸軍十四年盜侵政和松溪
江南行臺中丞吳鐸督軍建寧撤庭堅至時鎮撫萬
戶岳興隸庭下燒素悍繼卒為賊暴庭堅欲繩以法燬
懼使卒率眾為賊突入交鋒衆皆潰庭
堅獨留不去遂遇害死年四十三故吏張椿儒士夏
志行江晟華樞還崇安民衷迥如養父母立祠
觀部巡察獲其賊斬之為上其事贈中憲大夫福
禱數降靈響答旁邑立祠像歲時蔡
建道宣慰使都元帥封忠愍侯

王伯顏字伯敬濱州霑化人由湖廣省宣使歷永州
祁陽湖州烏程縣尹信州推官至正九年遷知福寧
州居三歲陞福建鹽運副使將行冠府以時方微授
監州阿散都剌募壯兵五萬分拒險阻賊至楊梅嶺
留伯顏仍領州事未幾賊自邵武開道偪福寧乃與
立柵伯顏與子相馳破之賊帥王善儀擁眾直壓州
西門胥隸皆散伯顏麾下唯曰託市兒數百人頃
說伯顏曰閩公有惠政此州郡可無尹公為我尹可
伯顏射賊不復反顧賊以長鎗春馬馬仆遂見執善
平伯顏訶善曰我天子命官不幸失守義當死肯從

汝反乎善怒叱左右捽以跪弗屈遂毆之伯顏嚼舌
出血噴善面罵曰反賊何以毆為吾民天民
也汝不可害大丞相親討叛逆百萬之師雷擊電掃
汝輩小醜將無遺種顧敢爾邪賊亦執阿撒都剌至
善罵益責其拒鬭嘖不能對伯顏復唾善曰我殺賊
何言拒邪我死當為神以殺汝官邪賊殺之伯顏既
涌白液如乳暴屍數日色不變州人哭聲連巷賊既
殺阿撒都剌欲釋相官之相晉曰吾與汝不共戴天
恨不寸斬汝我受汝官邪賊之相妻潘氏挈二女
為賊弥覆亦罵賊毋子同死賊時觀其引

兵出入明年州有僧林德誠者起兵討賊乃望空噂
曰王州尹王州尹宜率陰兵助我斬賊時賊正祠神
覩紅衣軍來以為偽帥康將軍亟往迎之無有也四
面皆青衣官軍賊大敗斬其酋江二蠻福寧遂平事
聞贈嘉議大夫濟南路總管上輕車都尉追封太原
郡侯
劉濬字濟川其先興州人曾祖海金進士第一人仕
至河南府尹死于國難子孫遂家河南濬由廉訪司
書吏調連江縣寧善鄉巡檢至正十三年江西賊帥
王善冦閩官軍守羅源縣拒之羅源與連江接壤勢

將追濬妻真定史氏故相家女也有才識謂濬曰事
急矣可聚兵以捍一方於是盡出槖中物募壯士百
餘命仲子健將之夾旬間衆至數萬賊尋破羅源分
兩道攻福州濬拒之辰山三戰三捷俄開福州陷衆
多潰去濬獨帥健兵進遇賊于中麻突其陣斬前鋒
五人賊大至慶戰三時項濬中箭墮馬健下馬被
之俱被獲濬怒戰手大罵賊縛濬偕下先斫手一指
濬色不少變罵聲猶不絶遂割其喉舌而死健亦以
罵拒賊善義之合健便欽濬屍瘞之健歸請兵於帥

府以復父讎弗聽健盡散家貨結死士百人詐為工
商流丐入賊中夜半發火大譟賊驚擾自相屠戮健
手斬殺其父者張破四并擒善及冠首陳伯祥來獻
礌之事聞贈濬福建行省檢校官授健古田縣尹官
朵里不花字端甫蒙古人始為宿衛官累歷顯要擢
遼陽行省右丞陞平章政事與平章政事陳友諒陷江西部拜江
西行省平章政事阿兒渾沙等分道進
討遂泛海南下趨廣東駐師揭陽降土冦金元祐招
復循梅惠三州之冦承制官其酋長俾治賊以給兵

食又別規粟四千石輸送京師自是英肇欽連諸郡
皆附且治兵由梅嶺以圖江西而元帥以
鎮服其土遮道固留先是制書命劉巨海僉廣東元
帥府事未發元祐竊取易其名私昇徑賊劉文遠誘與
偕亂事覺文遠伏誅而元祐及其弟元泰子燁窺厲
不穫俄榮率外賊突入奪符信殺官吏變起倉卒衆
莫能支朶里不花與桑政楊泰元等勒兵拒戰而賊
來益衆朶里不花爲鎗所中創甚其子達蘭不花率
麾下力與抗死之朶里不花遂被執擁至太平橋罵
不絕口遂爲賊殺其妻卜顏氏妾高麗氏在側不去

《元傳卷八十二》　十五

皆大罵曰我平章遇爾父子厚矣爾父子何暴逆至
此亦皆遇害其部將哈乞具普顏阿剌不花歹不花
等俱戰死

野峻台其父世延自有傳由四川行省左右司郎中
西行臺監察御史河西廉訪使轉黃州路總管湖廣
旣陷朝廷察其材升四川行省僉政命與平章咬住
計賊咬住軍五千及分銳卒八百使野峻台爲前驅
賊方據巴東縣攻之是時歸峽等州皆爲賊所守
野峻台破賊江上斬溺無筭巳而歸峽平又進扳枝
江松滋兩縣乘勝起江陵賊出陣清水門鏖戰至夕

賊退入城乃擄其門堁咬住軍至黎明賊出戰三時
榮祿大夫陝西行省平章政事柱國追封涼國公諡
忠壯
陳君用字子村延平人少負氣勇猛過人紅巾起江
淮由褊肝入閩闔闔授君用南平縣尹給錢伍萬播俾
募千兵君用散家財繼陽浦城等縣
以功授同知建寧路事亡何賊圍福州君用率兵往
援大敗賊衆廉訪僉事郭興祖佩君用明珠箭使
權同知副都元帥遂引兵踰比嶺至連江阻水而陣

《元史傳卷十二》　十六

君用曰今日不盡殺賊吾不復生還矣乃率壯士六
十人徒涉斬殺賊稍潰旣而復合君用大呼轉戰中
鎗而死事聞贈懷遠大將軍浙東道宣慰司同知副
元帥輕車都尉潁川郡侯諡忠殺
卜理牙敦比庭人累官至山南廉訪使治中興中興
二年寇犯中興卜理牙敦以兵與抗射戰多死戰稍
爲江漢藩屏卜理牙敦每接臨所部威惠翕然至正十
退明日復擁衆來襲東門卜理牙敦力戰之戰被執
不屈而死又明日賊復來攻前中興判官上都統兵
出擊之旣而東門失守上都倉黃反闘力屈賊執之

使降上都大罵賊怒剌其腹刳其肉而死
潮海扎剌台氏由國子生入官為靖安縣達魯花赤
至正十二年斬黃賊起潮海與縣尹黃紹同集義兵
為禦賊計未幾賊兵數萬由武寧來寇紹赴行省求
援潮海獨率眾與戰千象湖大破之乃起進士胡斗
元塗淵舒廖遠甘棠等謀臺而以勇士黃斗為前鋒
盛黃雲戰死我軍挫衄潮海遂被圍尋為賊所執殺
子富州子民安圖毀父職為本縣達魯花赤十三年
自二月至于八月戰屢捷擒賊將洪元帥而賊黨益
帥象敗走賊將復縣治十四年賊兵復至民安圖迎

戰力竭賊執而之紹字仲先臨川人登至正八年
進士第以求援出靖安而道阻絕遇官軍護紹得入
龍興而龍興亦被圍其後圍解乃與民安圖招諭
叛境過建昌之高埠遇賊紹興戰不勝正衣冠怒罵為
賊所害斗元字元浩靖安人至正十年領江西鄉薦
第一下署驚溪書院山長賊至靖安與潮海共圖戰守及潮
千元以鄉兵擊敗之入縣治與潮斗元不屈乃以土埋其腰不
死又被縛執賊脅之使降斗元什壙以出逃入深山狂罵
海又被執賊脅之使降斗元素以勇捷稱每接戰獨以身當
雲撫州人禺靖安

敵嘗為數十人所圍即奮身躍出至是身中數十鎗
噴血罵賊而死
魏中立字伯時濟南人由國子伴讀歷官至陝西行
臺御史中丞遷守饒州賊既陷湖廣分攻州郡官軍
多疲懦不能拒所在無賴子多乘間竊發不旬日眾
報數萬皆短衣草屨齒木為杷削竹為槍截緋帛為
巾襦弥野皆赤中立聞警即率丁壯分塞險要戒守
僦中立義兵擊鄰之已而賊復合遂為所執以紅衣
被其身中立叱之須髯盡張賊執歸斬水欲屈其從
己中立大罵不已遂被害未幾賊又犯信州信州總
管千大本以土兵備禦賊首項甲破東門而入執大
本至斬水為俘獻偽主釋其縛畀印一紐且命以官
大本投印千地而指偽主痛詈之遂亦遇害大本字
德中密州人始由儒學教諭入官云

傳卷第八十二

翰林學士□□大夫知制誥兼修
國史臣宋濂等奉　制修
集賢□□知制誥兼國史院官臣程□□奉
敕

教

忠義四

《元史傳卷八十三》　一

赤還山東廉訪使再轉爲中書叅知政事十八年詔
壽輝來冠普顏不花戰守之功爲多語在道童傳十
六年除江西廉訪副使頃之召還授益都路達魯花
省貟外郎十一年遷江西行省左右司郎中斷黃徐
國子生暨右牓進士第一人授翰林脩撰調河南行
普顏不花字希古蒙古氏倜儻有大志至正五年由
與治書侍御史李國鳳同經略江南至建寧江西陳
支諒遣鄧克明來冠平章政事阿魯溫沙等皆夜
迊國鳳時分鎮延平城陷遁去普顏不花曰我承制
來此去將何之普顏與此城同存亡耳命築各門甕城
前後拒戰六十四日既而大敗賊衆明年召還授山
東宣慰使再轉知樞密院事平章山東行省守禦益
都
大明兵壓境普顏不花捍城力戰城陷而平章政事
保保出降普顏不花還告其母曰兒忠孝不能兩全
有二弟當爲終養拜母趨官舍坐堂上主將聞其

《元史傳卷八十三》　二

賢召之再三不徃旣而面縛之普顏不花曰我元朝
進士官至極品臣各爲其主不屈死之先是其妻阿
魯真歷呼家人告之曰我夫受國恩我亦封齊國夫
人令事至此唯有死耳家人莫不歔欷泣下巳而普
顏不花二弟之妻各抱幼子及婢姜溺舍南井其
阿魯真欲下而井填咽不可容遂抱子投舍北井其
女及姜女孫女皆隨溺焉是時有申榮者平章山東
行省守東昌榮見列郡皆降告其父曰人生世間不
能全忠孝者也父曰何爲榮曰城中兵少不敵戰
則萬人之命由兒而廢但有一死報國耳遂自經

閔本字宗先河內人性剛正敏給而刻志於學早歲
得推擇爲禮部令史御史大夫不花奇本之才辟以
爲掾平反冤獄甚有聲擢御史臺照磨頃之遷樞密
院都事移刑戸二部皆以能見稱本素貧且有目疾嘗
尚書都事拜監察御史遷中書左司都事五轉爲吏部
上章乞謝事不允詔授集賢侍講學士
大明兵薄京師本謂其妻程氏曰國事至此吾知之
父矣愧不能立功補報敢愛六尺軀苟活哉程氏曰
君能死忠我尚有愛於君乎本乃朝服與程氏止向
再拜大書于屋壁曰元中奉大夫集賢侍講學士閩

本死遞各繼焉二女長真次女女見本死呼天號
泣亦自繼於其傍有拜住者康里人也字聞善以材
糸官至翰林國史院都事爲太子司經兵至拜住謂
家人曰吾始祖海藍伯封河東公者與太祖同事王
可汗太祖取王可汗妝諸部落吾祖引數十騎馳西
止方太祖使人追問之曰昔者與皇帝同事王可汗
則吾心有所不忍故避之於遠地以没吾今生長中
王可汗今已滅欲爲之報仇則帝乃天命欲改吾帝
原讀書國學而可不知大義乎況吾上世受國厚恩
至吾又食禄今其國破尚忍見之與其苟生不如死
逐赴井死其家人瘞之舍東悉以其書籍焚之爲殉
云
趙弘毅字仁卿真定晉州人少好學家貧無書備於
巨室晝則爲役夜則借書讀之或閔其志但使總其
事而不役焉嘗受經於臨川吳澄始辟翰林書寫卅
韓爲國史院編修官調大樂署令
大明兵以凉城弘毅嘆息曰忠臣不二君烈女不二
夫此古語也我今力不能救社稷但有一死報國耳
乃與妻解氏皆自繼其子恭中書晉勾與妻子訣曰

今乘輿止奔我父子食禄不能効尺寸力吾父毋已
死尚何敢愛死乎或止之曰我曹官卑何自苦如此
恭叱曰爾非我徒也古者忠義人各盡心豈問職
之崇甲乎遂公服北向再拜亦繼死恭女官奴年十
七見恭死方大泣適隣嫗慰而挽之曰人生在世便
百歲亦須一死乃潛入中堂解衣帶自經
鄭玉字子美徽州歙縣人勿敏悟嗜學既長覃思六
經尤邃於春秋絶意仕進而勤於教學者門人受業
者衆所居至不能容學者相與即其地搆師山書院
適人避將何之不聽嫗欲力挽之女曰人生在世
歐陽玄咸加稱賞至正十四年朝廷除玉翰林待制
以處馬玉爲文章不事雕煅煉流傳京師揭侯斯
奉議大夫遣使者賜以御酒名幣浮海徵之玉辭疾
不起而爲表以進曰名爵者祖宗之所以遺陛下使
與天下賢者共之者陛下不得私以奉陛下得以
非其才不敢受酒與幣天下所以待制之職臣
私與人酒與幣臣不敢辭也玉既不仕則家居日以
著書爲事所著有周易纂註十七年
大明兵入徽州守將將要致之玉曰吾豈事二姓者
耶因被拘囚父之親戚朋友攜具餉之則從容爲之

盡歡且告以必死狀其妻聞之使語之曰君苟死吾
其相從於地下矣王使謂之曰若果從吾死吾其無憾
矣明日具衣冠赴向再拜自縊而死
黃曄字殷人撫州金谿人博學明經善屬文九長於
詩至正十七年用左丞相太平奏授淮南行省照磨
未行除國子助教遷太常博士轉國子博士代言翰林
擢翰林待制兼國史院編修官二十八年京城既破
嘩歎曰我以儒致身累蒙國恩何面目見天下士乎遂赴井而
死年六十一有詩文傳于世

柏帖穆爾字君壽蒙古人家世塵履無所考居官所
至以廉能著聲至正中累遷為福建行省左右司郎
中行省治福州二十七年
大明以騎兵出杉關取邵武以舟師由海道趨閩奄
至城下柏帖穆爾知城不可守引妻妾坐樓上慷慨
謂曰丈夫死國婦人死夫義也今城且陷吾必死於
是若能吾從乎皆泣曰有死而已無他志也甫拜即縊而
死者六人有十歲女慶其不能自死則給之曰汝稽
賴拜佛庶保我無恙也甫拜即挈米囊壓之歎曰父死國
抱其幼子旁立以泣柏帖穆爾熟視之歎曰父乳媼

母死夫妾與女從父者也皆當死汝三歲兒於義何
所從乎為宗祀計可也乃命媼抱匿旁近民舍而歐
金珠畀之曰即有緩急可以此贖兒命毋有頃兵入城
即舉燈自燃四圍窗火大發遂自焚死
迭里彌實字子初回回人
猶不仕或問之曰吾不忍舍吾毋以去也以宿衛年
紫授行宣政院崇教三遷為漳州路達魯花赤居三
年民甚安之時陳有定擾全閩八郡之政皆用其私
人以總制之朝廷命官不得有所與
大明兵既取福州興化泉州皆納欵或以告迭里彌
實仰天歎曰吾不材位三品國恩厚矣其何以報乎乃
報國恩者有死而已亡何走白招諭使者至請出
城近之迭里彌實從容語之曰爾第往吾行出矣乃
手版曰大元臣子即入位端坐扳所佩刀割喉中以
死既死猶手執刀按膝坐儼然如生時郡民相聚哭
庭中斂其屍葬東門外時又有獲獨步者為回回人
舊進士累官僉廣東廉訪司事有呂復者為江西行
省左右司都事皆閩居福州而復以行省命攝長
樂縣尹福州既下養獨步丁曰吾兄弟三入皆忝進

士受國恩四十年今雖無官守然大節所在其可屈
乎以石自繫其腰投井死復亦曰吾世食君祿今雖
攝官若不以死報國則無以見人于地下引繩自
經死獲獨步于兄曰穆魯丁兄曰穆魯丁者官建康曰海魯丁者
官信州先是亦皆死國難云
同知樞密院事遷翰林學士尋陞承旨賜虎符薰延
軍合浦全羅等處軍民萬戶都元帥除大司農出為
速古兒赤授利器庫提點再轉爲資正院判官累遷
朴賽因不花字德中蕭良合台人有膂力善騎射由
鎮址行省右丞陞平章政事至正二十四年甘肅行

省以字羅帖木兒矯弒皇后皇孫道人白事平章政
事也速迭兒即欲署諭泉榜朴賽因不花持不可曰
此大事何得輕信況非符驗公文卒不署榜既而果
安傳會皇太子撫軍冀寧承制拜朴賽因不花翰林
學士承旨遷集賢大學士又爲宣政院使遞拜中書

大明兵逼京師詔朴賽因不花以兵守順承門其所
領兵僅數百羸卒而已乃嘆息謂左右曰國事至此
吾但知與此門同存亡也城陷被執以見主將唯請
速死不必屈主將命留營中終不屈殺之是時有張

庸者字存中溫州人性豪爽精太乙數會世亂以東
干經略使李國鳳承制授庸福建行省員外郎泊兵
杉關頃之計事赴京師國因進太乙數圖順帝喜之擢
祕書少監皇太子立大撫軍院命庸團結房山還同
金將作院事又除刑部尚書仍領團結倉諸寨
庸守驍駝谷遣從事段禎請援於擴廓帖木兒不報
廓獨堅守拒戰衆將潰庸無去志已而寨民李世傑
執庸出降以見主將庸不屈與禎同被殺
丁好禮字敬可真定蠡州人精律算初試吏於戶部
辟中書掾授戶部主事擢江南行臺監察御史復入

戶部爲員外郎拜監察御史又入戶部爲郎中陞侍
郎除京畿漕運使建議置司於通州重謹究漕運利
病著爲成法人皆便之除戶部尚書時國家多故財
用空乏好禮能撙節浮費國家用度賴之以給拜參
議中書省事遷治書侍御史出爲遼陽行省左丞未
行留爲樞密副使至正二十年遞拜中書參知政事
時京師大饑天壽節廟堂欲用故事大饗會好禮言
今民父子有相食者君臣當修省以弭大患會好禮
減常度不聽乞謝事乃以集賢大學士致仕給全俸
家居擴廓帖木兒起從皇太子還京翰山東栗以遺

中書其餉義與好禮並云

其後也先帖木兒以罪黜詔拜監察御史東特參政

元史傳卷全王　九

閻復等

朝貢饋好禮參百石好禮不受二十七年後為中
書平章政事尋以論議不合謝職去特封趙國公
大明兵入京城或勉其謂大將好禮叱之曰我以小
吏致位極品爵上公今老矣恨無以報國所欠惟一
死耳後數日大將召好禮不肯行異至齊化門抗節
不屈而死年七十五是日中書參知政事那庸亦異
至齊化門眾叱之拜庸曰吾分也
拜之有語不少屈庸字允中蒙古氏由國學生
擇楊出身景遷為陝西行臺監察御史與同列勸知
樞密院事也先帖木兒養師在邊中與總管府判官

列傳卷第八十四

翰林學士承旨　制誥兼修　國史臣宋濂奉敕撰
制誥同知　制誥兼　國史院編修官臣蔣萼

元史二百九十七

督

孝友

世言先王沒民無善俗元有天下其教化未必古若
世而民以孝義聞者盖不乏焉豈非天理彝之存
於人心者終不可泯歟上之人苟能因其所不泯者
復加勸奬而興起之則三代之治亦可以漸復矣今
觀史氏之所載其事親篤孝者則有臨江劉良臣沛
梁陳善同官強安濬州高守質安豐高澤華昌王欽

《元史列傳卷八十四》　（一）

俾武貞思忠榆縣王士寧河南朱友諒泉州葉森寧
陵呂德汲縣劉淇建昌鄭佛生堂邑張復亨保定邢
政寧夏趙那海臨潼任居敬隴西周慶徐德興汝寧
李從善華州要敬色目氏沙的其居喪廬墓者則有
太原王構萊州任梓平濼王振北京張洪範登封王
佐下蔡許從政張鑌富平王賈僧鄭州段好仁趙璧
薛明善張齊汴梁韓榮劉斌張裕何泰史恪高成鄧
孝祖李文淵杜天麟張顯祖張國祥延安王旻
薛昌張犖永平梁訥高唐鄭榮劉居敬同州趙良南
東昌郭華永平李文淵杜天麟張顯祖張國祥延安
陽周郁陳介劉權大同高著江郁毛翔歸德葛祥張

德成張遜王珪劉弼汲縣徐昌祖真定宋貞王世賢
晉寧史貴保定耿德溫張行一賈秉實張勗河南王
宗道孫喬夾谷天祐趙德隆安豐王德新石思
讓翼寧何溥大都王麟李蘭陰李屈秀懷慶侯
榮丁用郭天一耀州王思中牟閻讓曹州鄧淵呂政
徐州胡居仁張允中衛輝王子中淮安翟誕汶上趙恒須
可熏濟寧魏鐸武康王慶福建朱虞龍隨州高
城許時中衡山歐陽誠復江陵穆堅蘄州王欽定陶
元顯祖絳州姚好智宿州孫克忠集慶傅霖濟南宋
懷忠牟克孝汝寧張郁泉州黃道賢谷城王福解州

《列傳卷第八十五》　（二）

靖與曾觳陽戴貞充州王治沔陽徐勝祖興中石抹
昌齡峽州秦桂華蒙古色目氏納魯丁赤馬改住阿合
馬拜佳木八刺玉龍帖木兒鎖住唐兀刄安只哥李朵羅
夕塔塔思刄其累世同居者則有休寧朱震雷池州方
時發河南王福真定杜良華州王顯政建寧王貴甫
句容王榮周成鄢陵夏全保定成珪開平溫義大同
王瑞之平江湯文英郟州范士奇涇州
李子才宿州王珍其散財周急者則有河南高頤和
台州程達大潭州湯居恭李孔英建康湯大有吉州
劉如翁嚴用父高唐孟恭松江管仲德章夢賢夏椿

江陵陳一寧中興傳文鼎永州唐必榮濟南李恭寧
夏何惠月天子皆嘗表其門閭或復其家故援唐史
之例具列姓名於篇端擇其事蹟尤彰著者復別為
之傳云

王閩東平須城人父素多資饒老盡廢之不甘淡薄
每食必需魚肉閩朝夕勤苦入市營奉無闕父性復
華庶閩在右承順甚得其歡心閩里稱為父嘗卧疾
夜燃長明燈室中火延籬壁間閭閃火聲驚起馳救
火已熾煙燄蔽戶閩入火中解衣抱父而出
飢體灼爛而父無少傷一女不能救遂焚死中統二
年復其役

郭道卿興化莆田人四世祖義重至孝宋紹興間有
詔旌之卿里為立孝子祠至元初內附閩盜起居人
竟匿道卿與弟佐卿獨守孝子祠不忍去遂俱被執
盜將殺佐卿道卿泣告曰吾家事賴兄以理請殺我道
弟死佐卿亦泣告曰吾有兒已長弟弱子幼請
卿固引頸請刃盜相顧曰汝孝門兄弟若此吾何忍
代之弟殺遂兩釋之道卿年八十子廷煒為建寧路平準行用
庫使辭歸侍養道卿嘗病疝危甚廷煒憂瘁扶護一
夕變盡白有司言狀旌之

蕭道壽京兆人家貧鬻薪以自給母年八十餘
道壽事養卷盡禮每旦候母起夫婦親侍盥櫛日三飯
必待母食然後就食至夕必待母寢然後退就寢
出外必以告母許乃敢出母或怒欲罰之道壽自進
杖伏地以受杖足母命起乃起復再拜謝違教拱
立左右俟色喜乃退母嘗歲不能療道壽
割股肉啖之而愈至元八年賜羊酒表其門

郭狗狗平陽翼城人父寧為欽察先鋒使首領官戍
大良平宋將史太尉來攻陷大良平寧全家被俘
史將殺寧狗狗年五歲告史曰勿殺我父當殺我史
驚問寧曰是兒幾歲耶寧曰五歲史曰五歲兒能為
是言五當金汝家即以騎送寧等件合州道過國兵
瞯驚散寧家俱得還御史以事聞命旌之

張閏延安延長縣人隸軍籍八世不異爨家人百餘
口無間言日使諸女婦各聚一室為女功工畢
歸寧留其子衆婦共乳不問其子
貯一庫室無私藏幼稚啼泣諸母見者即抱哺一
乳不問其子諸母見兒亦不知誰為己母
為已母也閨門顯辛即以家事付姪聚聚辭曰姪宗子也姪宜主之相讓既父
行也叔宜嘗是閨曰姪宗子也姪宜主之相讓既父
卒以付聚縉紳之家自謂不如至元二十八年旌表

其門又有燕湖芮世通十世同居峽州向存義汴梁
丁煦八世同居州縣請於朝並加旌美

田改住汝上人父病不能愈禱于天去衣臥冰上一
月同縣王住兒母病臥冰上半月

竇猛狗山卅州人母年七十餘患風疾藥餌不効猪
狗割股肉進噉遂愈餘作不能行猪狗以母

後卒居喪有禮鄉閭稱焉渾州萬戶移刺股刺
奴九歲歲母病醫言不可治李家奴割股肉羹藥以進
病乃產撫州路總管管如林渾州民朱天祥並以母

疾封股旌其家

甲此速沓立迷裏氏家泰州父喪廬墓次盡夜悲號
有飛烏翔集墳土蹟起又有尹夢龍中興人母喪貧
土為墳結廬居其側手書孝經千餘卷散鄉人讀之
有群烏集其家樹

樊淵建康句容人幼失父事母篤孝至元十二年奉
母避兵茅山兵至欲殺其母淵抱母號哭以身代死
兵兩釋之三十年江東廉訪使者辟為吏母亡喪
哀感行路服闋奉神主事之起居飲食十年如平生
臺憲交薦淵不忍去墳墓終不起延祐間汀州寧化

人賴祿孫母病值荒五九作亂負母從邑人避南山
盜至眾散走祿孫守母不去盜將其母去嘔煦
孫蔽曰勿傷吾母寧殺我母渴不得水祿孫含唾煦
之盜責之曰㣲何辱孝子婦使歸之有掠其妻去者

愛至元末歲飢父欲使析居德泉泣止不能得乃各
劉德泉汴梁杞縣人早喪母父榮再娶王氏生二子
居敬居元父卒俱幼德泉甚撫之及王氏病卒乃相友
受其業以去父之父卒兄第相約同爨和好如初至
治三年真定朱顯自至元間其祖父已分財至顯念

妊彥防等年幼無恃謂第耀曰父子兄弟本同一氣
可異處乎乃會拜祖墓下取分券焚之復與同居延
祐間蔚州吳思達兄第六人嘗以父命析居思達為
開平縣主簿父卒還家治葬畢會宗族泣告其母曰
吾兄第別處十餘年矣今多破產以一母所生忍使
兄第苦樂不均耶即以家財代償其逋更復共居母
卒哀毀甚宅後柳連理人以為友義所感又有朱汝
諧濮州人父子明嘗命與兄子昭子玉貧病汝諧迎
家盡廢汝諧泣請共居仲父命子昭子玉貧病汝諧
至家奉湯藥甘旨甚謹後卒喪葬盡禮鄉人賢之州

縣各以名聞表其閭

郡四邵武人素貧年六十無妻奉母寄宿神祠中營
養甚艱母年九十八卒回備身得錢葬之每旦詣墳
哭祭十四年不輟州上狀命給衣糧贍濟仍表異之
孔全惠州鹿邑人父成病割股肉啖之愈後卒居喪
盡哀廬墓左負廣一畝高三丈餘張子變安西人父
喪每夜半以背負土肘膝行地匍匐至墓所篩細土
為墳陳氏兒歸德夏邑人年九歲母喪毀親負土
為墳高一丈廣十六步人憫其幼欲助之則泣拜而
補之三年起墳廣一畝高三丈

辟又有娥眉趙國安薛州張琛南陽李庭瑞息州移
剝伯穎南陽恠烈歹皆居喪有至行廬墓次負土為
墳並以有司所請表異之
楊一懷孟人至元間怜其叔清家貧家以分契詣神
祠焚之與清同居者三十年無間宿張本東昌往平
人篤孝事伯父叔父皆甚謹伯父嘗病本晝夜不去
側復載以巾車夫挽詣岱撤褥之張慶真定人善事
繼母伯父泰興居河南慶聞其貧廹迎養之供饍豐
備過於所生元善大名人父有昆第五人因貧流散
江淮父之送客死至大四年善往毋其骸骨并迎第

姪等一十五喪而歸改塋祖父母以諸喪序列祔於
塋次州縣以聞廹旌其家

趙毓唐州人父福遷鄭之管城其先三世同爨毓官
福州司獄滿歸以母老不復仕一日會諸第泣申遺
訓頤世世無異廹旦枕天歃血以盟自是大小百口
略無間言同力合作家道以敦毓長兄瑞早世嫂劉
氏守志毓宰家人事之甚恭次兄選繼殺嫂王氏毓
姑毓妹贊王佑佑亡妹念佑母無子乞歸朱氏養之
母以其少許歸改嫁王氏曰婦無再嫁之義願終事
人謂孝支節義辛毓一家元貞初旌之

胡先達太平人母喪廬墓一夕夢母欲食魚晨起號
天將求魚以祭見生魚五尾列墓前俱有醫痕隣里
驚異方共聚觀有獺出草中浮水去衆知是獺所獻
以狀聞于官表其閭至順間承平麗遷母病腫三年
不能起忽思食魚遵求于市不得歸途歡恨忽有鯉
躍入其舟作羹以獻母悅病瘳

陳韶孫廣州番禺人父瀏以罪流肇州韶孫年十歲
不忍父遠謫朝夕號泣願從父不能奪遂與偕往跋
涉萬里不憚勞苦道途過瀏陽平章塔出見而憫焉語
之曰天子寬仁罰不及嗣邊地苦寒非汝所堪吾返

汝故卿沒願之乎詔孫曰既不能以身代父當死生
以之歸非所願也塔出驚異以錢賞之大德六年瀋
死詔孫哀慟見者皆為之泣下肇州萬戶府以聞命
遺還鄉里仍旌異之
李忠晉寧人幼孤事母至孝大德七年地大震鄉
山移所過居民廬舍皆摧壓傾圯將近忠家分為二
行五十餘歩復合忠家獨完吳國寶雷州人性孝友
父喪廬墓大德八年境內蝗害稼惟國寶田無撲人
皆以為孝感所致云
李茂大名人從家揚州父與壽臨卒語茂曰吾病且
死爾善事母茂泣受命奉母孟氏益謹母嘗病目失
明戎禱于泰安山三年復明又願母壽每夕祝天乞
捐巳年益母孟氏竟年八十四而殁居喪哀慟聞者
傷之大德九年揚州再火延燒千餘家火及茂廬皆
風返而滅事聞旌之
羊仁廬州廬江人至元初阿术兵南下仁家為所掠
父被殺母及兄弟皆散去仁年七歳賣為沐人李子
安家奴力作二十餘年子安憐之縱為良仁踪跡得
母於頴州蒙古軍塔海家兄於雎州蒙古軍岳納家
弟於邯鄲連大家皆為之役尚無恙乃徧懇親故貸得

鈔百錠歷詣諸家求贖之經營百計更六年乃得遂
大小二十餘口復聚居為良孝友甚驚鄉里美之大
德十二年旌其家又有黃覺經建昌人五歳因亂失
母稍長誓天誦佛書顧求母所在乃渡江涉淮行乞
以往衝冒風雨備歴艱苦至汝州梁縣春店得其母
而歸章卿孫蜀人本劉氏幼為章提刑迎養子與母富
氏相失三十八年遍訪於江西諸郡後獲為良自沅步歸
杭州人幼被掠賣為劉鐉家奴後獲為良池州人生
杭尋其母雙姊得之事母以孝聞李鵬飛池州人
母姚氏為嫡母不容改嫁為朱氏妻鵬飛幼不知也
年十九思慕哀痛誓學鑒以濟人願早見母行求三歳
至蘄州羅田縣得馬時朱氏家方變鵬飛起之遂迎
還奉養父之復歸朱氏時渡江省觀既卒歳時摛子
孫往祭基終其身並以有司所請旌其閭
趙一德龍興新建人至元十二年國兵南伐被俘至
燕為鄭留守家奴歴事三世號忠幹至大元年曰一德
拜請於其主鄭阿思蘭及其母澤國太夫人曰一德
自去父母得全生依門下者三十餘年矣故鄉萬里
未獲歸省雖思慕刻骨未嘗敢言今父母已老脫有
不幸則永為天地間罪人矣因伏地涕泣不能起阿

思蘭母子皆感動許之歸期一歲而返一德王家父
兄已没惟母在年八十餘一德卜地塋二柩甫欲少
留事母懼得罪如期還燕阿思蘭母子嘆曰彼聰祿
乃能是吾可不成其孝乎即裂券縱爲良一德
歸會阿思蘭以免被誅吾忍同路人耶一德謝曰一
德獨奮曰主家有禍吾忍不相顧汝獨冒險以白吾
汝力也吾何以報汝因分美田廬遺之一德謝曰一
錦童詣中書訴枉狀得昭雪還其所籍太夫人勞一

《元史列傳卷十四》 十一

德雄鄒人非有利於是也重哀吾主無罪而受裁故
詔以報主令老母八十餘得歸侍養主之賜已厚矣
何以田廬爲遂不受而去皇慶元年旌其門
王思聰延安塞人素力田農隙則教諸生得束脩
以養親母喪盡哀父繼娶楊氏事之如所生以家多
幼稚侵父食別築室養老堂奉之朝夕定省愈久
不怠父嘗病劇思聰憂甚拜祈于天頓顙皆成瘡得
神泉飲之愈後失明思聰舐之即能視縣上狀命
表異之
徽徽擔古思氏幼喪父事母篤孝稍壯母殁慟哭頓

絕水漿不入口者三日既葬居表有禮每節序祭祀
哭泣常如祖括時年四十餘思慕猶孩童每見人
父母則嗚咽流涕人問其故曰人皆有父母我獨無
是以泣耳至大三年旌異
王初應漳州長泰人至大四年二月從父義士樵劉
嶺山有虎出蒺棘中搏義士傷右肩初應赴救抽鐮
刀剌虎鼻殺之義士得生泰定二年同縣施合德父
真祐嘗出耘爲虎拖于田合德與弟仔持斧
殺虎父得生亚旌其門
鄭文嗣婺州浦江人其家十世同居九二百四十餘

《元史列傳卷八》 十二

年一錢尺帛無敢私至大間表其門文嗣殁從弟大
和繼主家事益嚴而有恩家庭中凜如公府子弟稍
有過頒白者猶置之鞭扑每遇歲時大和坐堂上群從子
皆盛衣冠鴈行立左右下以次進拜跪奉觴上壽甲
皆蕭容拱手自右趨出足武相銜無敢參差者余闕爲書
其墓謂有三代遺風聞復其家部使者
東浙第一家以饋之大和方正不奉浮屠老子教冠
昏喪葬必稽朱熹家禮而行執親喪甚三年不御
酒肉子孫從化皆孝謹嘗仕宦不敢一毫有違家
法諸婦唯事女工不使預家政宗族里閈皆懷之以

恩家畜兩馬一出則一爲之不食人以爲孝義所感

有家範三卷傳于世

王蕎福雪人性孝而好義父嘗疾甚蕎夜禱於天願減已年益父壽父她而復難告其友曰適有神人黃衣紅帕首恍惚語我曰汝子孝上帝命錫汝十二齡疾遂愈後果十二年而卒母沈氏病渴語蕎曰得瓜以噉我渴可止時冬月思母仰天而哭忽見嚴石間青蔓離披有二瓜蕎因摘歸奉母母食之渴頓止兄盂輪早世嫂林氏更適劉仲山仲山嘗以田器爲於蕎及

死不能葬且無子族以其貧莫肯爲之後蕎即以田還之使置後且治喪蕎州禁民死不葬者時民未一家飢欲死蕎聞惻然欲濟之家粟已竭即以巳田四年其鄉早民艱稚蕎出儲粟賑之有施福等十牧瘞之有死不能歛者復買棺以贈人皆感爲至大豐者衆畏令應焚棄骨野中蕎爲之以地爲義阡斷穀百石分給之福等德其活已每月朔會佛祠爲祈福福遂宣慰司上狀旌之

易全遼陽人幼喪母哀戚如成人及壯父庭玉又卒居廬三載啜粥面墨畢事繼母唐古氏甚孝唐古氏生

四子皆幼金躬耕以贍院長娶婦客求分財異居全不能止九田廬器物悉自取朽弊者華唐古氏以居甘旨曾無乏唐古氏卒全年六十餘歲瀕歿搏廬其墓終喪又有劉德元人父歿妻何氏德事之如所生家貧備工取直寸鏹尺帛皆上之四弟並何幼德可溫氏素貧事繼母張氏麻母呂氏亮妻子職劉居撫愛尤篤年五十未娶稱貧得鏹先爲弟求婦諸求毅大都人年十歲葬繼貧得鏹先爲弟求婦諸亦化其德一門鵡然鄉里稱爲弟弟婦諸

代狀聞並襃表之

楊峰扶風人父清卒母牛氏牛氏嘗滿劇峰叩天求代追瘞如是者蔣後牛氏失明峰登太白山取神泉洗之復如故牛氏歿峰特甚墓之日犬兩獨峰墓前後甃里窀雲藏之兩不沾土送者大悅襄事令妻民家居養清峰獨廬墓上夏土爲墳蔬食水飲然其食清卒亦如之

丁文忠許州偃城人業鼓冶母和氏疾與弟文孝嗚力調侍母卒文忠廬墓側不與妻面者三年父博于疾蹙不能療文忠遊卒一輔兄弟共御之載父博于萬山五臺秦安河瀆諸祠途遇異僧遺藥而愈延祐

七年旌之

邵敬祖宛丘人父喪廬墓母繼歿河決不克葬殯子
城西敬祖露宿依其側風雨不去友人哀之為縳草
舍庇之前後居廬六年兩骬俱成濕疾至治三年旌
其家其後又有末平李彥忠父喪廬墓十年亳州郭成
茶陵譚景星幼失父追念之廬墓八年不至家
年七十一母喪食粥廬墓一年朝夕哭臨人哀其老
而能孝

屍鐸沐梁蘭陽人以孤育於伯父及壯事伯父如所
生伯父老無子鐸為買妾歲餘產一女其妻性頗不

慧熟窺壓女死父之伯父卒鐸哀遺腹生一
男鐸懲前失告其母及妻妹護視之已復廬戶外中
夜審察不敢安寢弟能食常自抱哺與同臥起十年
不少怠弟有疾鐸稽顙星斗哀禱曰天不伐余家
父子間可去一人勿喪吾弟使伯父無後也明旦
弟愈母卒家致踰禮廬于墓側不理家事宗族勸之
歸鐸曰今歲出多盜吾家雖貧安知墓中無可欲乎
倘驚吾親之靈雖生何為卒守廬不去

孫秀實大寧人性剛毅喜周人急里人王仲和嘗託
秀實貸富人鈔二千錠貧不能償幷其親逃去數年

其親思之疾秀實日饋薪米存問終不樂秀實哀之
悉為代償取劵還其親復命奴控馬賣金訪仲和使
歸父子歡聚聞者莫不嗟美又李懷玉進給酒藥炭
二千五百錠度以無償盡還其劵不徵復有賈進大
同人大德九年地震民居多傷且乏食進買地為義
冢濟之每歲冬製木綿裘數百襲衣寒者買地為葬
阡使無墓葬不能葬者五十餘喪葬通劵四萬餘貫
李子敬陝西三原人嫁不能嫁者五十餘人
有司以名聞並旌之

宗祀大都人年十九父內宰卒摣踊號泣絕而復甦

水漿不入口者三日哀傷心遂成疾伏臥床褥
哭不止淚盡繼之以血既葬疾轉甚杷有繼母無他
兄弟度不能自起作遺書囑其妻楊氏曰汝善守志
以事吾母逐卒楊氏遺腹生一男人以為孝感天不
絕其嗣云泰定三年旌其門
趙榮扶風人母強氏有疾榮割股肉啖之乃瘥後年七十五
母登太白山禱于神得聖水飲之乃瘥
卒榮號痛不食三日方飲水七日乃食粥葬之日白
雲庇其墓前後十五里葬畢而散榮負土成墳廬其
側終喪

民好直，華州蒲城人，父歿，事繼母孝，兄弟嘗求分財，好直勸諭不能止，即以已所當得悉推與之。出從師學，濟泊三十年無少悔。又有甄城柴郁、陳舜咨，皆能孝友，以已產分讓兄弟，縣令言狀並表美之。

余丙，建德遂安人，幼喪母，泣血成疾，父亡不忍斂，結廬古山下，殯其中，日閉戶守視。有牧童遺火延殯廬，丙與子慈丞撲不止，欲投身火中與柩俱焚，俄暴雨火滅。

徐鈺，鎮江人，始冠侍父鎮，將之婺源，過丹陽小鵝鎮，乘橋失足墮水中，同行者立岸上不能救，鈺投谿擁屍流四十五里得于灘。江浙行省言狀表異之。鎮出鎮得挽行舟以升，鈺力憊且水勢湍急，遂溺死。

尹華，汴梁洧川人，至治初遊學於京師，忽夢母疾，心怪之馳歸，母已亡，居廬蔬食，哀毀骨立，每雞鳴而起，手治祭饌，諸墓所哭嘗之，風雪不廢。父輔臣嘗病疫，華侍奉湯藥，衣不解帶，嘗其糞以驗差劇，夜則禱於天曰：華母亡不能見，父病不能治，為人子若此，何以自立於世，願死以代父命，數日愈，鄉里異之。又有高唐孫希賢，母病荊，希賢閱方書，有曰嚙身熱者死，血冷身京者生，希賢嘗割其血溫乃號泣祈天求

身代之，母遂愈。高郵卜勝榮，母荊不能藥，日嘗荊以末愈，兄疾禮止辰乞減巳年延之並痊。

劉廷讓，大寧武平人，至順初北方兵起，民被殺掠，廷讓挈家避山中，有幼弟方乳，母王氏置于懷，兵急，廷讓乃棄巳子，一手抱幼弟，一手扶母，疾驅得免，事聞旌之。

劉通，亳州譙縣人，家貧業農，母卜氏好聲樂，每眩技者以簫皷至門，必令娛侍，或自歌舞以悅母心。卜氏目失明，通誓斷酒肉禱之，三十年不懈，卜氏年八十五忽復明。至大間鄱陽黃鎰，皇慶間諸暨丁祥，一皆以親喪明，以舌舐之復能視，並命褒表。

張旺舅，安豐霍丘人，幼失父母，陳氏居貧守志，旺舅九歲賣餉以養，及長母病伏枕數月，旺舅無貲命醫，惟日夜痛哭禮天求代，母年未幾遂愈，又自以生業微不能多給，竟不娶以終母年，縣令言于朝旌之。

張思明，華州人，母喪以孝聞，父疾調護甚至不愈，父漸瞑，半年垂泣盡飲之，復潔齋致禱，乞以身代，未幾遂痊。至順三年表其門。

杜佑，邠州人，河南行省署為三义水馬站提領，父病病子家佑忽心驚，舉體沾汗，即棄職歸，父病始成三日

遂禱神求代且嘗糞以驗疾父卒廬墓盡哀有馴兔
之瑞

長壽父帖住官平章政事生五子長山壽早世次即
長壽次永壽福忙古海于元統間帖住殁長壽哀
毀盡禮服閱當蔭叙與弟羅拜母前曰吾父廉貧諸
弟未有所立願以職讓永壽讓福壽福壽曰二
兄能讓福壽獨不能耶以讓忙古海于母從之忙古
議大夫兄弟奉毋尢篤那間美之至大間河中梁外
海于遂告蔭禺為太禧宗禋院神御殿侍禮佐郎奉
僧親喪廬墓墓兄那海為奧魯官自以嘗遠仕不得養

《元史列傳卷公四》 九

其親即棄職舉外僧代之人稱外僧能孝那海能義
又有畏吾氏秋秋及濠州高中嘉定武進皆以侍親
不願仕以祖父蔭讓叔父昆弟云
孫瑾鎮江丹徒人父喪哀毀嚴冬跣足而步侍柩四
載衣不解帶常食粥調佛書及蓥載柩渡江潮波方
湧俄順風翼帆如履平地事繼母唐氏尢孝嘗患癰
親吮之又喪目瑾舐之復明唐氏卒卜日將葬時
春苦雨瑾夜號天乞露至旦雲日開朗甫掩壙陰氣
復合雨注數日不止又有吳希曾雎寧人父卒廬於
日大雨希曾跪柩前炷艾燃火熾雨止既葬廬於

墓左縣上狀並旌之
張恭河南偃師人以兵部符署鷹房府案牘親老辭
歸侍養塋理先墓身負水灌松栢父喪過哀侍母馮
氏尢謹歲由恭夫婦采野菜為食而營奉甘旨無乏
毋有疾恭手除溷穢喂哺飲食旦嘗糞以驗疾勢天
曆初西兵至河南居民悉竄恭守視毋病項中一剑
不去毋驚悸而殁恭居喪盡禮人稱孝焉有詔旌其
閭
警汝道德州齊河人父卒居喪以孝聞毋高氏治
家嚴汝道承順甚恭毋嘗寢疾晝夜不去側一日毋

《元史列傳卷公四》 二十

屏人授以金珠若干曰汝素孝室無私蓄我一旦不
諱此物非汝有矣可善藏之毋令他兄弟知也汝道
泣拜曰吾父母起艱難成家業今田宅牛羊已多汝
道恨無以報大恩尚敢受此以重不孝之罪乎竟辭
之毋卒哀毀終喪不御酒肉性尢友愛二弟將析居
汝道悉以美田廬讓之二弟早世撫諸孤如己子鄉
人劉顯等貧無貲汝道即以為生汝道即多其
祖終身里中嘗大疫有食瓜得汗而愈者汝道即多
市瓜及攜米壓戶饋之或曰癘氣能染人勿入也不
聽益周行問所苦然卒無恙有死者復贈以禮橫人

咸感之嘗出麥粟貸人至秋蝗食稼人無以償沒道
聚其券焚之縣令李讓為請旌其家

列傳卷第八十四

翰林學士平大夫知制誥兼修國史臣宋濂奉敕修　制誥兼知制誥兼國史院編修官臣王禕等奉敕修

初修

孝友二

王庸字伯常雄州歸信人事母李氏以孝聞母有疾
庸夜禱北辰至叩頭出血母疾遂愈及母辛毀幾
絶廬墓前旦夕悲號一夕雷雨暴至鄰人持寢席
性欲蔽之見庸所坐臥之地獨不霑濡咸嘆異而去
復有蜜蜂數十房來止其家歲得蜜蠟以供祭祀

黃贇字止敬臨江人父君道延祐間求官京師留贇
江南時贇年幼及既長聞其父娶後妻居永平乃徃
省之則父歿已三年矣麻母聞贇來盡挾其貲去
嫁拒不見贇號哭語人曰吾之來為省吾父也今
不幸吾父已歿贇號思奉其柩歸而麻母復拒之
見麻母示以葬所死不恨矣尚忍利遺財邪父之
庶母居海濱亟裹糧徃庶母復拒之莫知其墓得
哭禱于神一夕夢老父以杖指葬麾曰見片磚即可
之弟憐之與偕至永平屬縣樂亭求父墓弗得贇
得明日就其地求之庶母之弟曰真是已鍬時有其
物可驗啓朽棺得父骨以歸

《元史傳卷八十五》　一

石明三者與母居餘姚山中一日明三自外歸覓母
不見見壁穿而臥內有三虎子知母為虎所害乃盡
殺虎子礪巨斧立壁側伺母虎至斫其腦裂而死後
徃虎巖石傍執斧伺候斫殺牡虎明三亦立死不仆
目如生所執斧牢不可拔

張琦岳州臨湘人生二歲而母劉氏遭亂陷于兵琦
獨事其父稍長思其母不置常歎曰人皆有母而我
獨無輒歔欷泣下及冠請於父徃求其母遍歷河之
南北淮之東西數歲不得後求得於池州之貴池迎
以歸養其後十五歲而父歿又三年而母歿終喪猶
疏食有司上其事旌表其門曰孝義

劉源歸德中牟人母吳氏年七十餘病甚不能行適
兵火起且延至其家隣里俱逃源力不能救乃呼天
號泣趨入抱母為火所焚而死

祝公榮字大昌蘄州蘄水人隱居養親事母甚孝母
歿居喪盡禮竈突失火公榮力不能救乃伏棺悲哭
其火自滅鄉里異之塑二親像於堂朝夕事之如事
生焉

陸思孝紹興山陰樵者性至孝母老病痢思孝禱
父之不効思孝方欲割股肉為糜以進忽夢痲間悅

《元史傳卷八十五》　二

若有神人者授以藥劑思孝得而異之即以奉母其
疾遂愈

姜兼嚴州淳安人七歲而孤與二兄養母至孝母死
兼哀慕絕食既葬獨居墓下朝夕哭莫寇焉荒山中
躬自樵爨蔬食飲水一衰麻寒暑不易同里陳氏戴
氏子不能事其父母聞兼之行輒感而悔皆迎養焉
胡伴侶釣州安縣人其父實嘗患心疾數月幾死更
數醫俱莫能療伴侶乃為沐焚香泣告于天以所佩
小刀於右脇傍割其皮膚割脂一片煎藥以進父疾
遂瘳其傷亦旋愈朝廷旌表其門

《元史傳卷八十五》 三

王士弘延安中部人父搏有疾士弘傾家貲求醫見
醫即拜遍禱諸神扣額成瘡父歿哀毀盡禮廬墓三
年足未嘗至家墓廬上有奇鵲来巢飛鳥翔集與士
弘親近若相狎然報咸異之終喪復建祠於墓前朔
望必往莫祭雖風雨不廢也有司上其事于朝旌表
之

何從義延安洛川人祖良祖母李氏偕亡從義廬於
墓側旦夕哀慕不脫経帶不食菜果惟啜疏食而已
事父世榮母王氏孝養尤至伯祖温伯祖母郝氏叔
祖恭叔祖母賀氏叔讓叔祖母姜氏叔父珎叔母

先氏皆無子此其亡也從義咸為治葬築高墳祭奠
以禮時人義之

哈都赤大都固安州人天性篤孝幼孤養母嘗有
疾醫治不痊哈都赤籲其所佩小刀拜天泣曰慈母
生我幼劬勞今當捐身報之乃割開左脇取肉一片作
羹進母曰此何肉也其廿如是數日而病愈

高必達建昌人五歲時父娶妻以養母而歷往四方
求其父十餘年不得見心愈悲忽相傳黃州全真道
院中有廬明子者學道三十年矣本姓高民建昌人

《元史傳卷八十五》 四

也匡姓名為道人云必達詢問知為父即往拜之具
言家世及已之所生歲月大父母之喪葬始末因哀
親叩頭不已廬明猶瞑坐不顧父之斥曰我非汝父
不去何為必達留侍左右不少懈辭氣哀惻可矜其
徒謂廬明曰師有子如此忍弗歸乎廬明不得已乃
遂家必達孝養篤至鄉里稱之

魯德漁陽人宗聖公五十七代孫毋早亡父仲祥再
娶左氏仲祥遊襄陽樂其土俗因揍左氏家焉亂兵
陷襄陽遂失左氏德遍往南土求之五年乃得于廣
海間奉迎以歸孝養甚至有司以聞詔旌復其家

靳昺字克昌絳州曲沃人兄榮為奎章閣承制學士
奉毋王氏官千朝毋歿昺與兄榮護喪還家至平定
大雷雨流水驟至昺伏柩上榮呼之避水昺不忍舍
去遂為水所漂沒後得王氏柩於三里外得昺屍於
五里外詔賜孝子靳昺碑

黃道賢泉州人適毋唐無子道賢在襁褓而生毋蘇
以疾去既長思念生毋屢請於父得召之歸道賢竭
力養二毋得其歡心父病篤道賢晝夜禱于天願減己一紀之筭
膝下遍求良醫莫効乃夜奉湯藥不離
以益父壽其父遂愈至元統二年乃歿果符一紀之

數道賢居喪盡禮負土築塋廬于墓側疏食終制至
元二年有司上其事旌其門曰孝子黃氏之門

史彥斌邳州人嗜學有孝行至正十四年河溢金鄉
魚臺墳墓多壞彥斌毋卒厝有後患乃為厚棺刻銘
曰邳州沙河店史彥斌毋柩仍以四鐵環釘其上然
後葬明年棺被水所漂彥斌縛草為人置水中仰
天呼曰毋棺被水不知其處願天矜憐哀子之心假
此銘靈指示毋棺言訖涕泣橫流乃乘舟隨草人所
之經十餘日行三百餘里草人止桑林中視之毋柩
在焉載歸傯葬之

張紹祖字子讓潁州人讀書力學以孝行聞于朝特
授河南路儒學教授至正十五年奉父避兵山間賊
至執其父將殺之紹祖泣曰吾父善人不當害
請殺我以代父死且若等非父所生乎何忍害人
父也賊怒以戈擊之戈應手挫鈍因感而相謂曰此
真孝子不可害乃釋之

李明德瑞州路上高縣人讀書有志操孝行篤至至
正十四年亂兵陷袁州因抄掠上高兵執其父欲殺
之明德泣告曰子豈不能代父乎願勿害吾父也兵
遂殺明德而免其父後以高壽終

張綰字士明益都膠州人性孝友能詩文至正七年
與兄紳弟經同領鄉薦由澤州儒學正轉泰州幕職
棄之養親居揚州十五年揚州亂綰毋姬氏方臥病
賊突入卧內舉槍欲刺姬綰以身蔽姬槍中綰脅三
日而死

魏敬益字士交雄州容城人性至孝居毋喪哀毀骨
立素好施與有男女失時者出貲財為之嫁娶歲凶
老弱之饑者為糜以食之敬益有田僅十六頃一日
語其子曰自吾買四莊村之田十頃環其村之民皆
不能自給吾深憫焉今將以田歸其人汝謹守餘田

可無餒也乃呼四牲村民諭之曰吾買若等業便若
等貧不聊生有親無以養吾之不仁甚矣請以田歸
若等眾聞皆愕眙不敢受強與之乃受而言諸有司
有司以聞干中書請加旌表丞相賀太平歎曰世乃
有斯人哉

湯霖字伯雨龍興新建人早喪父事母至孝母嘗病
執更數醫弗能效母不肯飲藥曰惟得冰我疾乃可
愈爾時天氣甚燠霖求冰不得累日號哭於池上忽
聞池中戛戛有聲抆淚視之乃冰澌也巫取以奉母
其疾果愈

孫抑字希武世居晉寧洪洞縣抑登進士第歷仕至
刑部郎中闗保之變挈父母妻子避兵平陽之栢村
有亂兵至村剽掠抑以身蔽母乃得釋而抑父被
斫之抑以身敵扷白刃抑抑求財不得舉刃欲
虜丟不知所之或語之曰汝父被驅而東矣然東軍
得所掠民皆殺之汝慎無往就死也抑曰吾可畏死
而棄其父乎遂往出入死地屢瀕危始卒亂兵掠鄉里
石求紹與新昌人性淳厚事親至孝值亂兵掠鄉里
求父謙孫年八十老不能行求貟父匿山谷中亂兵
執其父欲殺之求巫前抱父請以身代兵遂殺求而

王克巳延安中部人父伯通殁克巳貟土築墳廬於
墓側貌高縱兵暴掠縣民皆逃竄克巳獨守墓不去
家人呼之避兵克巳曰吾誓守墓之雖
死不可棄也遂不去俄而兵至見其身衰絰形容
憔悴曰此孝子也遂不忍害竟終喪而歸

劉恩敬延安宜君人事其繼母沙氏杜氏孝養之至
無異親母及明會亂兵剽掠其鄉
思被貟父避于巖冗中有兵至欲殺思敬思敬泣言
曰我父老矣又無目我死不足惜使我父何依乎兵

憐其孝不忍殺父子皆免於難

呂祐字伯通晉安人至正二十六年郡城破有卒入
其室挾白刃脅其母林氏索財寶不得揮刃欲斫入
祐急以身蔽母而奪其刃手指盡裂被傷仆地良久
而甦開目視母曰母幸無恙我死無憾失遂瞑目死

周樂溫州瑞安人宋狀元坦之後父日成通經能文
海賊竊據溫州拘日成置海舟上樂泣隨往事其父甚
謹一日賊酋遣人沉日成于水樂泣請曰我有祖母
幸留父侍養請以巳代父死不聽樂抱父不忍捨遂
同死焉

翰林學士亞中大夫知制誥兼脩國史臣宋濂拜　制承五間知制誥兼國史院編脩官臣揲子案

勅脩

隱逸

古之君子負經世之術度時不可爲故高蹈以全其志使得其時未嘗不欲仕而行所學及物之功豈少哉後世之士其所蘊蓄或未至而好以跡爲高當邦有道之時且遁世離羣謂之隱士世主亦苟取其名而強起之及考其實不如所聞則曰是欺世釣譽者也上下豈不兩失也哉元之隱士亦多矣如杜瑛遺

執政書暨張特立居官之政則非徒隱者也蓋其得時則行可隱而隱頗有古君子之風而世主亦不強之使起可謂兩得也已自是以隱逸稱者蓋性佳往而有之撫其可傳者作隱逸傳

《元史列傳卷八十六》　一

杜瑛字文玉其先霸州信安人父時昇金史有傳瑛長七尺美鬚髯氣貌魁偉金將亡士猶以文辭規進取瑛獨避地河南緱氏山中時兵後文物凋喪瑛搜訪諸書盡讀之讀輒不忘而究其指趣古今得失如指諸掌間關轉徙教授汾晉間中書粘合珪開府爲相瑛赴其辟遂家焉與良田千畝辭不受術者言其

所居下有藏金家人欲發視報止之後來居者果得黃金百斤其不苟取如此歲已未世祖南伐至相召見問計瑛從容對曰漢唐以還人君所恃以爲國者法與兵食三事而已國無法不立人無君不生亂無兵不守今宋皆蔑之殆將亡矣興之在聖主若曰儒者中乃有此人乎瑛復勸帝毅事以謂事不如此後當如彼究帝納之心瞖瑛謂可大用命後行以疾弗果中統初詔徵瑛時王文統方用事辭不就左丞張文謙宣撫河北奏爲懷孟彰德大名等路提舉學校官

《元史列傳卷八十六》　二

又辭遺軌政書其略曰先王之道不明異端邪說害之也橫流奔放天理不絕如線今天子神聖俊乂輻湊言納計用先王之禮樂教化與明脩復維其時矣若夫簿書期會文法末節漢唐猶不屑也執事者因陋就簡此焉是務良可惜哉夫善始者未必善終今不能趨流求源明法正俗育材興化以拯數百千年之禍僕恐後日之弊將有不可勝言者矣人或勉之仕則曰後世去古雖遠而先王之所設施本末先後猶可考見故爲政者莫先於復古苟因習舊弊以求合乎先王之意不亦難乎吾又不能隨時俛仰以趨

機會將焉用仕於是杜門著書一不以窮通得喪動
其志優游道藝以終其身年七十遺命其子處立處
願曰吾即死當表吾墓曰緱山杜處士天曆中贈資
德大夫翰林學士上護軍追封魏郡公諡文獻所著
書曰春秋地理原委十卷語孟旁通八卷皇極引用
八卷皇極疑事四卷極學十卷律呂律歷禮樂雜志
三十卷文集十卷其於律則究其始研其義長短清
濁周徑積實各以類分取經史之說以實之而折衷
其是非其於歷則謂造歷者皆從十一月甲子朔夜
半冬至為歷元獨邵子以為天開於子取日甲月子

《元史列傳卷十六》 三

星甲辰子為元會運世之數無朔虛無閏餘率以三
百六十為歲而天地之盈虛百物之消長不能出乎
其中矣論閉物開物則日開於巳閉於戌五天之中
也六地之中也戌巳月之中星也又分卦配之紀年
金之大定庚寅交小過之初六國朝之甲寅三月二
十有三日寅時交小過之九四多先儒所未發掇其
要著于篇云
張特立字文舉東明人初名永避金衛紹王諱易今
名中泰和進士為偃師主簿政宣德州司候州多金
國威號難治特立至官俱往謁之有五將軍率家奴

刦民群羊特立命大索聞里遂過將軍家僮言誘之
曰將軍宅寧有盜羊者邪聊視之以杜狼口潛使人
索其後庭得減羊數十迷縛其奴繫獄論
得之以近族得減死論豪貴由是遵法民賴以全正
大初遷洛陽令時軍旅數起郡縣窘迫東師紀石烈
牙兀觸又侮慢儒士會移鎮陝右道經洛陽見特立
淳古不禮之邊責令會輸於庭幽囚尚書右丞顏盞石魯與
縣民素賢特立爭輸於庭幽囚尚書右丞顏盞石魯與
史言世宗諸孫不宜治糧具期三日足後期皆如軍法
細民爭田桑知政事徒單兀典詣事近晉皆當罷黜
執政者忌之會平章政事白撒搆軍陝西特立又劾

《元史傳卷八十六》 四

其撝不法白撒近于世宗言事失實世宗
宥之送歸田里特立通程氏易晚教授諸生東平嚴
實每加禮焉歲丙午世祖在潛邸受王印首傳旨諭
特立曰前監察御史張特立養素丘園易代如一今
年幾七十研究聖經宜錫嘉名以光潛德可特賜號
曰中庸先生又諭曰先生年老目病不能就道故令
年趙寶臣諭意且名其書之堂曰麗澤士子歲後降
璽書諭特立曰白首窮經誨人不倦無過不及學者
宗之昔已賜嘉名今復諭意癸巳特立卒年七十五

中統二年詔曰中庸先生學有淵源行無瑕玷雖經
喪亂不改故常未遂立國之貢俄興窀穸之悲可復
賜前號以彰寵數特立所著書有易集說曆年係事
記

杜本

杜本字伯原其先居京兆後徙天台又徙臨江之清
江遂為清江人本博學善屬文江浙行省丞相忽剌
木得其所上救荒策大奇之及入為御史大夫力薦
于武宗嘗被召至京師未幾歸隱武夷山中文宗在
江南時聞其名及即位以幣徵之不起至正三年右

丞相脫脫以隱士薦詔遣使賜以金織文幣上尊
酒召為翰林待制奉議大夫兼國史院編修官使者致
君相意趣之行至杭州稱疾固辭而致書於丞相曰
以萬事合為一理以萬民合為一心以千載合為一
日以四海合為一家則可言制禮作樂而躋五帝三
王之盛矣遂不行本湛靜寡欲無疾言遽色與人交
尤篤於義有賓無以養親無貲以為學者皆濟之平
居書冊未嘗釋手天文地理律曆度數靡不通究尤
工於篆隸所著有四經表義六書通編十原等書學
者稱爲清碧先生至正十年卒年七十有五時有張

樞子長者斐之金華人亦屢徵不起樞幼聰慧外家
潘氏蓄書數萬卷樞盡取而讀之過目輒不忘長
睹筆成章頃刻數千言有問以古今沿革政治得失
宇宙之分合禮樂之廢興以至帝號官名歲月先後
歷歷如指諸掌其為文務推明經史以扶翼教道尤
長於敘事嘗取唐三國時事撰漢本紀列傳附以魏吳
載記為續後漢書七十三卷臨川危素稱其立義精
寄可備勸講朝廷取其書實宣文閣浙東部使者交
薦之前後章凡九上至正三年命儒臣纂修遼金宋
三史右丞相脫脫以監修國史領都總裁辟樞本府

長史力辭不拜七年申命史臣纂修本朝后妃功臣
傳復以翰林修撰儒林郎同知制誥兼國史院編修
官召樞俾與討論復避不就使者強之行至杭州固
辭而歸嘗著春秋三傳歸一義三十卷刊定三國志
六十五卷林下竊議曲江張公年譜各一卷弊帚編
若干卷至正八年卒年五十有七

孫轍字履常其先自金陵徙家臨川轍幼孤母蔡氏
教之知警策自樹立比長學行純篤事母甚孝家居
教授門庭蕭然而考德問業者日盛鄉中俊彥有聲
者皆出其門轍與人言一以孝弟忠信為質辭溫氣

和聞者莫不油然感悟待親戚鄉里禮意周洽言論
間未嘗幾微及人過失長短士子至郡者必來見
使者長吏以下仁且賢者必造焉樂易莊敬接之
以禮言不及官府憲司屬辟皆不就江西行省特以
遺逸舉轍一人轍善為文章吳澄嘗叙其集曰所謂
茂踈澹可比盧摯御史及江西之方伯牧守部使者
清脩文雅與孫轍齊名而最善為詩揭傒斯稱其幽
自金陵來徙定翁幼歲儺如成人寒暑衣冠不少懈
七十有三卒于家同郡吳定翁字仲谷其先當宋初
仁義之人其言譪如也其見稱許如此元統二年

《元史傳卷八十六》 七

辟薦相望終身不為動程鉅夫嘗貽書曰臨川士友
及門者踵相接也何相望足下耿耿如玉人而不可
得見乎定翁嘗曰士無求用於世惟求無媿於世人
以為名言

何中

何中字太虛撫之樂安人少穎拔以古學自任家有
藏書萬卷手自校讎其學弘深該博平程鉅夫清
河元明善柳城姚燧東平王構同郡吳澄揭傒斯皆
推服之至順二年江西行省平章全岳柱聘為龍興
郡學師明年六月以疾卒所著有易類象二卷書傳

補遺十卷通鑑綱目測海三卷知非堂藳十七卷同
郡危復之字見心宋末為太學生師事湯漢博覽群
書好讀易尤工於詩至元初元帥郭昂屢薦為儒學
官不就至元中朝廷累遣奉御察罕及翰林應奉詹
玉以幣徵之皆弗起隱於紫霞山中士友私諡曰貞

白先生

武恪

武恪字伯威宣德府人初以神童遊學江南吳澄為
江西儒學副提舉薦入國學肄業明宗在潛邸選恪
為說書秀才及出鎮雲南恪在行明宗欲起兵陝西

《元史傳卷八十六》 八

恪諫曰太子北行於國有君命於家有叔父之命今
若向京師發一箭史官必書太子反左右惡恪言乃
曰武秀才有母在京合遣其回恪遂還京師居陋巷
教訓子弟文宗知其名除祕書監典簿秩滿丁內艱
再除中瑞司典簿改汾西縣尹皆不起人或勸之仕
恪曰向為親屈今親已死不復仕矣居數歲會朝廷
選守令泰不華舉恪為平陽沁水縣尹亦不赴近臣
又薦為授經郎恪遂陽為瘖痖不就恪好讀周易每
日堅坐或問之曰先生之學以何為本恪曰以敬為
本所著有水雲集若干卷其從之學者多有所成佛

家奴爲太尉完者不花僉樞密院事皆有賢名

元史傳卷八十六

九

列女

崔氏　周氏　楊氏
胡烈婦　闕文興妻　郎氏
秦氏二女　焦氏
霍氏二婦　王德政妻　趙孝婦
段氏二女　朱虎妻　只魯花真
馮氏　聞氏
馬英　馮氏　李君進妻

朱淑信　葛妙真　王氏
張義婦　丁氏　趙美妻
脫脫尼　趙彬妻　賣哥
臺叔齡妻　李智貞　蔡三玉

古者女子之居室也必有傅姆師保為陳詩書圖史
以訓之凡左右佩服之儀內外授受之別與所以事
父母舅姑之道蓋無所不備也而又有天子之后妃
諸侯之夫人躬行於上以率化之則其居安而有洪
順之稱臨變而有貞特之操者夫豈偶然哉後世此
道既廢嚴女生而處閨閫之中溺情愛之私耳不聆箴

史之言曰目不覩防範之具由是動蹈禮則而往往自
故於邪僻矣則苟於是時而有能以懿節自著者焉非
其生質之美則亦豈易致哉史氏之書所以必錄而
弗敢略也元書百餘年女婦之能以行聞於朝者
多矣不能盡采其尤卓異者載于篇其間有不
忍夫死感慨自殺以從之者雖或失於過中然較於
苟生受辱與更適而不知愧者有間矣故特著之以
示勸厲之義云

崔氏周术忽妻也丁亥歲從术忽官平陽金將來攻
城克之下令官屬妻子敢匿者死時术忽以使事在

上黨崔氏急即抱幼子禎以詭計自言於將將信之
使軍吏書其臂出之崔氏曰婦人臂使人執而書非
禮也以金賂吏使書之紙吏曰吾知汝誠賢婦然令
不敢違命崔自擐袖吏懸筆而書焉既出有言其詐
者將怒命追之崔與禎伏土窖三日得免既興术忽
會未幾术忽以病亡崔年二十九即大慟柩前誓不
更嫁斥去麗飾服皁布弊衣散嬋僕躬自紡績賣
以資產遺親舊有權賞使人諷求娶報自毀其面
不欲生四十年未嘗妄言笑預吉會治家教子有法
人比古烈婦云

周氏滦平石城人年十六適李伯通生一子各易金

末伯通監豐潤縣國兵攻之城破不知所終周氏與

易被虜謂偕行者曰人苟愛其生萬一受辱不如死

也即自投于塹主者怒拔佩刀三刃其體而去得不

死遂携易而逃間關至汴績絍以自給教易讀書有

成

揚氏東平須城人夫郭三從軍襄陽揚氏留事舅姑

以孝聞至元六年夫死戍所母欲奪嫁之揚氏號痛

自誓乃已久之夫父還舅曰新婦年少終必他適可

令吾子鰥居地下耶將求里人亡女骨合瘞之揚氏

聞益悲不食五日自經死遂與夫共藥焉

胡烈婦渤海劉平妻也至元七年平當戍襄陽車載

其家以行夜宿沙河傍有虎至銜平去胡覺起追及

之持虎足頓呼車中兒取刀殺虎虎死扶平還至李

陽城求醫以傷辛縣官言狀命恤其母子仍旌異之

至大間建德王氏女出耘合傍遇豹為所噬曳之

升山父大呼女識父聲驚趨救以父所棄鋤擊豹腦

殺之父乃得生

關文興妻王氏名醜醜建康人也文興從軍漳州為

其萬户府知事王氏與俱行至元十七年陳吊眼作

亂攻漳州文興率兵與戰死之王氏被掠義不受辱

乃紿賊曰俟吾葬夫即汝從也賊許之遂脱得負屍

還積薪焚之火既熾即自投火中死至順三年事聞

贈文興侯爵謐曰英烈王氏曰貞烈夫人有司為立

廟祀之號雙節云

郎氏湖州安吉人宋進士朱甲妻也朱嘗仕浙東以

郎氏從至元間朱玟郎氏護喪還至玉山里留居避

益勢家柳氏欲強聘之郎胥不從夜弃裝奉柩逃柳

邀之中道復死拒得免家居養姑甚謹姑嘗病即禱

天刲股肉進啖而愈後姑喪以哀聞大德十一年旌

美之又有東平鄭氏大寧杜氏安西揚氏並少寡守

志割體肉療姑病

秦氏二女河南宜陽人逸其名父嘗有危疾醫云不

可攻妍閉户默禱割股和藥進飲遂愈父後復病

欲絕妹割股肉置粥中父小瘥孫氏女河間人

父病癲十年女褥于天求以身代且吃其膿血旬月

而愈許氏女安豐人父疾割股啖之乃痊張氏女廬

州人嫁為高屋妻母病目喪明張氏歸省抱母泣以

舌砥之目忽能視州縣各以狀聞襃表之

焦氏涇陽袠天祐妻也天祐祖父始皆從軍役祖母

楊氏母焦氏並家居守志至元二十三年天祐復從
征死甘州妻焦氏年少宗族欲改嫁之焦氏天旦言
曰袁氏不幸三世早寡自祖姑以來皆守節義宣可
至吾而遂廢乎吾生爲袁氏婦死則葬袁氏土兩終
不能改容事他人也衆不敢復言周氏漷州人嫁爲
安西張興祖妻年二十四興祖歿祖母妾母欲使再適周
氏弗從曰妾家祖父皆早世妾祖母妾母皆無後葬
年奉昌姑生事死葬無違禮其父與外祖皆無後葬
不義辱先人也夫不孝不義妾不爲也夫忌故夫
閒妾或中道易節是故夫而屢先人不爲也遂居周三十
祭之禮亦周氏主之有司以聞並賜旌異

四九

趙孝婦德安應城人早寡事姑孝家貧備織於人得
美食必持歸奉姑自噉籧糲不厭嘗念姑老一旦有
不諱無由得棺乃以次子嘗富家得錢百緡買杉木
治之棺成置于家南隣失火時南風烈甚火熱及孝
婦家孝婦丞扶姑出避而棺重不可移乃撫膺大哭
曰吾爲姑貴兒得棺無能爲我救之者苦莫大焉言
早風轉而姑賣兒得棺不焚人以爲孝感所致
霍氏二婦尹氏楊氏夫家鄭州人至元閒尹氏夫耀
鄉歿姑命其更嫁尹氏曰婦之行一節而已再嫁而

失節妾不忍爲也姑曰世之婦皆然人未嘗以爲非
汝獨何恥之有尹氏曰人之志不同妾知守妾兩
姑不能強楊氏夫顯鄉歿姑欲其應姑即先白姑
曰妾閒婦姒猶兄弟也宜相好焉今奴既留妾可獨
去乎願共修婦道以終事吾姑姑曰汝果能若是
吾何言哉於是同處三十餘年以節孝聞又有邠州
任氏乾州田氏皆一家一婦俱少寡誓不他適戮力
繄桑以養舅姑事閒並命褒表

王德政妻郭氏大名人少孤事母張氏孝謹以女儀
閒於鄉及笄富貴家之爭求聘張氏不許時德政
教授里中年四十餘貌甚古陋張氏以貧不能教二
子欲納德政爲婿使教之宗族皆不然郭氏慨然顧
順母志既婚與德政相敬如賓嘱教二弟有成未幾
德政卒郭氏年方二十餘勵節自守甚有員名大德
身至元閒推之其後又有翼城宋仲榮妻梁氏男歿
孝養舅姑逾二十五年男姑歿塵衣垢面盧于墓終
只魯花真蒙古氏年二十六夫忽都病卒誓不再醮
負土爲墳懷孟何氏大名趙氏並以夫歿守志養男
姑以壽終親負土築其墳高三丈餘

段氏隆興霍榮妻也榮無子嘗乞人為養子榮卒段
氏年二十六養男姑以孝稱男姑歿榮諸父仲汶貪
其產謂段曰汝子假子也可令歸宗汝無子宜改適
霍氏業汝無顏焉段曰家資不可計但再醮非義尚
容思之即退入寢室引針刺面墨漬之誓死不貳
大德二年府上狀中書給羊酒帛仍命旌門復後
如制又有興和吳氏自刺其面成紀謝思明妻趙氏
自髡其髮興寧田濟川妻武氏溧水曹子英妻左氏
齒指滴血並誓不更嫁各以有司為請旌之
朱虎妻茅氏崇明人大德間虎官都水監坐罪籍其

家吏錄送茅氏及二子赴京師太醫提點師甲乙歸
家欲妻之茅氏誓死不從母子三人以裾相結連晝
夜倚抱號哭形貌銷毀師知不可奪釋之茅氏託居
永明尼寺憂憤不食卒
閩氏紹興俞新之妻也大德四年新之歿閩氏年尚
少父母虜其不能守欲更嫁之閩氏哭曰一身二夫
烈婦所耻妾可無生欲更嫁乎且姑老子幼妾去當
令誰視也即斷髮自誓父知其志篤乃不忍強姑父
病風且失明閩氏手滫溷穢不怠時漱口上堂舐其
目目為復明及姑卒家資無資備工與子親負土葬

之朝夕悲號聞者惻惻鄉里嘉其孝為之語曰欲學
孝婦當問俞母又有劉氏渤海李伍妻也少寡父母
使再醮不從男患疽劉氏引
既而親挽小車載男詣岳祠以答神貺
馬英河內人性孝友父喪哀毀二兄繼歿英獨事母
甚謹又奉二嫂與居使得保全殯葬殮即又喪母卜地
葬諸喪親負土為四墳手植松栢廬墓側終身不
女名王兒冠州人嘗許為李氏婦未婚夫死遂誓不
嫁以養父母父母歿負土為墳鄉里稱孝焉

馮氏名淑安字靜君大名窵家女山陰縣尹山東李
如忠繼室也如忠初娶蒙古氏生子任數歲而卒大
德五年如忠病篤謂馮曰吾已矣奈汝何馮氏引
刀斷髮自誓不他適如忠歿兩月遺腹生一子名伏
李氏及蒙古氏之族在比閩如忠歿於官家多遺財
相率來山陰馮氏方病乘間盡取其貲及子任以去
馮不與較一室蕭然唯餘如忠及蒙古氏之柩而已
朝夕哭泣隣里不忍聞久之驚衣權厝二柩戰山下
斃其子盧墓側時年始二十二贏形苦節為女師以
自給父母來視之憐其孤苦欲使更事人馮爪面流
血不肯從居二十年始護喪歸葬汶上齊魯之人聞

之莫不嘆息

李君進妻王氏遼陽人大德八年君進病卒卜葬將窆引親戚隣里咸會王氏謂衆曰夫婦死同穴義也吾得從良人逝不亦可乎因撫棺大慟嘔血升許即仆于地死衆爲歛之與夫連柩出葬送者數百人莫不洒泣

移刺氏同知湖州路事耶律忽都不花妻王氏歿割耳自誓旣葬廬墓側悲號不食死

趙氏名哇夫兒大寧人年二十夫蕭氏病劇謂哇兒曰我死汝年少若之何哇兒曰君幸自寬脱有不諱妾不獨生必從君地下遂命匠制巨棺夫歿即自經死家人同棺歛葬焉

又有雷州朱克彬妻周氏大都費巖妻王氏買哥妻耶律氏曹州鄭臘兒妻康氏陝州陳其妻別娥娥大同宋堅童妻班氏李安童妻胡氏晉州劉恕妻趙氏冀寧王思忠妻張氏饒州劉楫妻趙氏東平徐順妻彭兒趙脽兒妻安氏陳恭妻張氏武壽妻劉氏宋敬先妻謝氏撒里妻蕭氏古城魏貴妻周氏任城郭灰兒妻趙氏藁陽朱其妻丁氏葉妻王保子妻趙氏興州某氏妻魏氏灤州裴其妻裴貴哥成都張保童妻郝氏利州高塔必也妻白氏河南楊其妻盧氏蒙古氏太朮妻阿不察相兀孫妻脫脫真

並以早寡不忍獨生以死從夫者事聞悉命褒表或賜錢贈謚云

朱淑信山陰人少寡誓不再嫁一女妙淨幼哭父雙目並失明及長擇偶者不至家貧歲凶母子相依以若卽自厲士人王士貴重其孝乃求娶焉

葛妙真宣城民家女九歲聞日者言母年五十當死妙真卽悲憂祝天誓不嫁終身齋素以延母年母後年八十一卒

畏吾氏三女家錢塘諸兄遠仕不歸以思之疾三女欲慰母意乃共斷髮誓天終身不嫁以養母同力侍護四十餘年母竟以壽終事上並賜旌異

王氏燕人張買奴妻也年十六買奴官錢塘病歿葬城西十里外王氏每旦被髮步往莫之伏墓大慟欲絕久而致疾舅姑力止其行乃已服闋舅姑謂之曰吾子已歿新婦年尚少宜自圖終身計毋徒淹吾家也王氏泣曰父母命妾奉箕帚於張氏今夫不幸早逝天也此足豈可復履他人門乎固不從辮君三十年貞白無少玷又有馮翊王義妻盧氏雕陽劉澤妻解氏東平楊三妻張氏並守志有節命旌其門

張義婦濟南鄒平人年十八歸里人李伍伍與從子

零戊福寧未幾死所張獨家居養男姑甚至母
男姑病九四剉股肉救不懈及死喪葬既而
歎曰妾夫死數千里外妾不能歸骨以男姑
父母在無所仰故也今不幸父母即已妾在
終暴棄遠土使無妾即已敢愛死于乃卧積水
上誓曰天若許妾取夫骨雖其事不死蹶月竟
不死鄉人異之乃相率贈以錢大書其事于衣以行
行四十日至福寧見零間夫葬當得不死可
識張哀慟欲絕夫忽降于童言動無異其生時告張
死時事甚悲且指示骨所在遂死如其言發得之持

骨祝曰爾信妾夫耶入口當如氷雪粘如膠已而果
然官義之上于大府使零護喪還給錢使葬仍旌門
復其役

丁氏新建鄭伯文妻也大德間伯文病將歿丁氏與
訣曰妾自得侍巾櫛誓與偕老君今不幸疾君是脫
有不諱妾當從但君父母已老無他子婦侍養妾苟
復自亡使君父母食不甘味則君亦不瞑目矣妾且
忍死以奉其餘年必不改事他人以負君於其下也
伯文卒丁氏年二十七居喪哀毀服既除父母憂議
奪嫁之丁氏每聞必慟哭曰妾所以不死者非為生

有他志也與良人約將以事男姑耳今舅姑在堂固
無恙妾可棄去而不信於良人乎父遂止男姑嘗病
丁氏夙夜護視衣不解帶及死喪葬盡禮事上表其
門白氏太原人夫慕釋氏道棄家為僧白氏年二十
留養姑不去服勤績紝以供租賦夫一日還迫使他
適白斷髮誓不從夫不能奪乃去姑年九十卒竭力
營葬畫姑像祀之終身
趙美妻王氏內黃人至治元年美溺水死王氏誓守
志男姑念其年少無子欲更適人王氏曰婦義無
再醮且男姑在妾乃欲以族姪與
繼婚王氏拒不從男姑迫之力王氏知不免即引繩
自經死李冬兒甄城人丁從信妻也年二十三從信
殘服關父母呼婦問之曰汝年少居孀又無子何以
自立吾為汝再擇婿何如冬兒不從詰從信家哭欲
蘰墓樹上家人防之不果日暮還從信家夜二鼓入
室更新衣自經死李氏濱州惠高兒妻也年二十六
高兒歿父欲奪歸嫁之李氏不從自縊而死
脫脫雍吉剌氏有色善女工年二十六夫咯剌不
花卒前妻有二子皆壯無婦欲以本俗制收繼之脫
脫足以死自誓二子復百計求遂脫脫足憲且罵曰

汝愈戰行欲其妻母耶若死何面目見汝父地下二子
懼懼謝罪乃析業而居三十年以貞操聞王氏成都
李世安年十九世安卒夫第世顯欲收繼之王
氏不從乃引刃斷髮復自割其耳剖甚親戚驚嘆為醫
療百日乃愈狀上孟廷之
趙彬妻朱氏名錦哥洛陽人也天曆初西兵掠河南
朱氏遇兵五人被執遍與亂朱氏拒曰我良家婦豈
從波賊耶共怒提曳箠楚之朱氏度不能脫即給謂
之曰波幸釋我舍後井傍有瘞金當發以遺波兵信
之乃隨其行朱氏得近井即抱三歲女踢身赴井中
死是歲又有偃師王氏女名安哥從父避兵印山丁
家洞兵入搜得之見安哥色美驅使出欲污之安哥
不從投洞死有司言狀並表其廬
貴哥蒙古氏同知宣政院事羅五十三妻也天曆初
五十三得罪毗海南籍其家詔以貴哥賜近侍卯罕
卯罕親率車騎至其家迎之貴哥度不能免令婢僕
以飲食延卯罕於廳事如廁自經死
臺叔齡妻劉氏順寧人也粗知書克修婦道一日地
震屋壞壓叔齡不能起家復失火叔齡母前救不得
欲就焚叔齡望見呼曰吾巳不可得出當亟救吾母

劉謂夫妹曰波救汝母波兄必死吾不用復生美即
自投火中死火滅家人得二尸爐中猶手相握不開
官嘉其烈上于朝命錄付史臣
李智貞建寧浦城人父子明無子智貞七歲能讀書
九歲母病調護甚謹又卒哀慟欲絕不茹葷三年治
女工供祭祀及奉父甘旨不乏鄉里稱為孝女父嘗
許為鄭全妻未嫁從父客郎武邱武豪陳良悅其慧
強納采求聘智貞斷髮拒之且數自求死良不能奪
卒歸全事舅姑父母皆有道泰定間全病歿智貞悲
泣不食數日而死
蔡三王龍溪陳端才妻也盜起漳州掠龍溪父廣瑞
與端才各竄去三王獨借夫妹出避隣祠中盜入所
夫妹見三王美不忍傷與里婦歐氏同驅納舟中行
至柳營江迫妻之三王佯許諸因起更長自投江水
而死越三日屍流至廣瑞舟側廣瑞識為女收斂之
歐氏脫歸言狀有司高其操為請表之乃命旌門後
役仍給錢以葬

列傳卷第八十七

翰林學士嘉議大夫知制誥兼修國史臣宋濂翰林侍制承直郎兼國史院編修官臣王褘等奉

勅修

列女

馬二蛇一東一北隨其地掘之果得泉有司上其事

政方掘地求水以供葬事忽二蛇躍出德政因默禱

取而育之德政長事蘇氏至孝蘇氏死時天大旱德

遍而嫁之不聽未幾夫兄舉家死餘三弱孫蘇氏

以進疾即愈生子德政四歲而寡夫之兄利其資欲

武用妻蘇氏真定人從家京師用疾蘇氏割股為粥

旌復其家

任仲文妻林氏寧海人家甚貧年二十八而寡姑患

風疾不良於行林氏旦暮扶侍惟謹撫育三子皆有

成年一百三歲而卒

江文鑄妻范氏名妙元奉化人年二十一歸于江及

門未合爸夫忽以痼疾卒范曰我既入江氏之門即

江氏婦也豈以夫亡遂居江氏之家撫諸

姪江森江道如已子卒年九十五有柳氏者薊郡人

為戶部主事趙野妻未成婚而野卒柳哭之盡哀誓

不再嫁其兄將奪其志柳曰業已歸趙氏雖未成婚

而夫婦之禮已定矣凍餓死豈有他志哉後遘疾

不肯服藥曰我年二十六而寡今已逾半百得死此

疾幸矣遂卒

姚氏餘杭人居山谷間夫出刈麥姚居家執爨母何

氏往汲澗水久而不至俄聞覆水聲亟出視則虎銜

其母以走姚倉卒往逐之即以手歐其脇隣人競執

器械以從虎乃置之而去姚負母以歸求藥療之母

養二十餘年而卒又方寧妻官勝娘者建寧人寧孺

田勝娘之見一虎方攬其夫勝娘即棄鑪奮挺連

擊之虎舍去勝娘負夫至中途而死有司以聞為旌

復其家

衣氏汴梁儒士孟志剛妻志剛卒貧而無子有司給

以棺木衣氏紿匠者曰可寬大其棺吾夫有遺衣服

欲盡置其中匠者然之是夕衣氏具雞黍祭其夫亡

之所有悉散之隣里及同居王嫗曰吾聞一馬不被

兩鞍吾夫既死我與之同棺共宂可也遂自到死有侯

氏者鈞州曹德妻德病死侯氏語人曰年少夫亡婦

人之不幸也欲守吾志而亂離如此其能免乎遂縊

死於墓又周經妻吳氏郭惟辛妻郝氏陳輝妻白氏

張頑住妻杜氏程二妻成氏李貞妻武氏暗都剌妻

張氏並

湯輝妻張氏，處州龍泉人。會兵亂，其家財先已移入
山砦，夫與姑共守之。舅以疾未行，張歸任藥膳，且以
輿自隨。既而賊至，即命以輿載其舅而已。遇賊，賊以
刀脅之曰：從我則生，否則死。張懼污，
未忍發，即奪其刃自割死，年二十七。又湯嫡
者，亦龍泉人，有姿容。賊殺其父母，以刃脅之。不勝
悲咽，乞早死，因以頭觸刃。賊怒斫殺之。其妹亦不受
辱而死。

俞士淵妻童氏，嚴州人。姑性嚴，待之寡恩。童氏柔順
以事之，無少拂其意者。至正十三年，賊陷咸平。官軍
復之，已乃縱兵剽掠，至士淵家。童氏以身蔽姑，眾欲
污之。童氏大罵不屈，一卒以刀擊其左臂，愈不屈。又
一卒斷其右臂，罵猶不絕。眾乃臠其皮其面而去，明日乃
死。

張氏女，高郵人。城亂，賊知張女有姿艷，叩其家索之。
女方歷褙字間，賊將害其父母，女不得已乃出拜賊。
賊郎伏地，呼其父母為夫人嫗，而以女行。女欣欣然
從之，過橋投水死。有高氏婦者，同郡人也，攜其女從
夫出避亂。見道旁空舍，入其中，脫金纏臂與女，且語

夫令疾行。夫翠女稍遠，乃解足紗自經。賊至，焚其舍。
夫抵儀真，夜夢婦來告曰：我已縊死彼舍矣。其精爽
如此。

惠士玄妻王氏，大都人。至正十四年，士玄病革。王氏
曰：吾聞病者糞苦則愈。乃嘗其糞，頗甘，王氏愈憂。
士玄囑王氏曰：我病必不起，前妾所生子，汝善保護
之，待此子稍長，即從汝自嫁矣。王氏泣曰：君何為出
此言耶？設有不諱，妾當死從，尚復有他說乎？君幸有
兄嫂，此兒必不失所居。數日，士玄卒。比葬，王氏遂居
墓側，蓬首垢面，哀毀逾禮，常以妾子置左右，飲食寢

暖惟恐不至。歲餘，妾子亦死，乃哭曰：無復望矣。屬司
刀自殺，家人驚救得免。至終喪，親舊皆攜酒禮祭士
玄于墓。祭畢，眾欲行酒，王氏已經死於樹矣。又有王
氏者，良鄉費隱妻也。隱有疾，妾王氏數嘗其糞。及疾篤，
囑王氏曰：我一子一女，雖妾所生，無異汝所出也。我
死，汝其善撫育之。遂沒。王氏居喪，撫其子女。既而子
又死。服除，謂其親屬曰：汝今已長，稍知人事管
妾生何為。乃執女手語之曰：汝今夫婦之天，今夫已死，
鑰在此，汝自司之。遂相抱慟哭，是夜縊死於園中。署

李景文妻徐氏，名彩鸞，字淑和，浦城徐嗣源之女。署

通經史每誦文天祥六歌必為之感泣至正十五年
青田賊冠浦城徐氏從嗣源逃旁近山谷賊持刀欲
害嗣源徐氏前曰此吾父也寧殺我賊舍父而止徐
氏徐氏語父曰兒義不受辱今必死父可速去賊拘
徐氏至桂林橋拾炭題詩壁間有惟有桂林橋下水
千年照見妾心清之句乃厲聲罵賊投于水賊競出
之既而乘間復投水死
周婦毛氏松陽人美姿色至正十五年隨其夫避亂
麻蟣山中為賊所得脅之曰從我多與若金否則殺
汝毛氏曰寧剖我心不願汝金賊以刀磨其身毛氏

因大罵曰碎吾腦賊汝碎則臭我碎則香賊怒剮其腸
而去年二十九
丁尚賢妻李氏汴梁人年二十餘有姿容至正十五
年賊至欲虜之李氏怒曰吾家六世義門豈能從賊
以辱身乎於是闔門三百餘口俱被害
李順兒者許州儒士李讓之女也性聰慧頗涉經傳
年十八未嫁至正十五年賊陷鈞州密邇許昌父謂
其母曰吾家以詩禮相傳此女必累我女聞之泣曰
父母可自逃難勿以我為憂須更於後園內自經而
死

吳守正妻禹氏名淑靖字素清紹興人至正十六年
徙家崇德之石門淑靖嘗從容謂守正曰方今群盜
蜂起萬一不測妾惟有死而已不使人污此身也是
年夏盜陷崇德淑靖倉皇挈八歲女登舟以避有盜
數輩奔入其舟將犯淑靖淑靖乃抱幼女投河死
黃仲起妻朱氏杭州人至正十六年張士誠冠杭州
其女臨安奴倉皇言曰賊至矣我別母母曰為我看守
暮我當至也朱氏聞之懼受辱遂與女俱縊死妾馮
氏見其母子已死嘆曰我生何為徒受辱耳亦自縊
而賊驅諸婦至其家且指朱氏母子曰

自縊及暮賊至見諸屍滿室執仲起將殺之哀求得
死繼而仲起弟妻蔡氏抱幼子玄童與乳母湯氏皆
脫賊遂盡掠其家財而去
焦士廉妻王氏博興人養姑至孝至正十七年毛貴
作亂官軍竟出虜掠王氏被執紿曰我家墓田有藏
金可共取也信之隨王氏至墓所王氏哭曰我已得
死所矣實無藏金汝可於此殺我乃與妾杜氏皆遇
害又有趙氏者平陽人年二十未嫁冠亂趙被驅迫
以行度不能免紿賊曰吾取所藏金以遺汝賊信之
遂還投于廁而死

陳淑真富州陳壁之女壁故儒者避亂移家龍興淑
真七歲能誦詩皷琴至正十八年陳友諒冠龍興淑
真見隣嫗舍皇來告乃取琴坐廡下彈之曲終泫然
流涕曰吾絕絃於斯乎父母怪問之淑真遂溺焉水淺
不死賊抽矢脅之上岸淑真不從賊射殺之時同郡
李宗顏妻夏氏名婦常亦儒家女與賊匿居後圃中
賊至挾其女共投井死

秦閏夫妻柴氏晉寧人閏夫前妻遺一子尚幼柴氏
鞠如己出未幾柴氏有子閏夫病且死囑柴氏曰我
病不復起家貧惟二幼子汝能撫其成立我死亦無
憾矣閏夫死家事日微柴氏辛勤紡績遺二子就學
至正十八年賊犯晉寧其長子為賊驅迫在圍中既
而得脫初在賊時有惡少與張福為伍滅其家及
官軍至福訴其事事連柴氏長子法當誅柴氏引次
子詣官泣訴曰往從惡者吾次子非吾長子也次子
曰我之罪可加於兄乎鞠之至死不易其言官反疑
次子非柴氏所出訊之他四始得其情趨死而能成
母之志此天理人情之至也遂釋免其長子而次子
行為之言曰婦執義不忘其夫之命子趨死而

亦得不死時人皆以為難二十四年有司上其事旌
其門而復其家

也先忽都蒙古欽察氏大寧路達魯花赤鐵木兒不
花之妻以夫恩封雲中郡君夫坐事免官居大寧至
正十八年紅巾賊至也先忽都與妾王蓮走尼寺中
為賊所得令與眾婦縫衣拒不肯為賊嚇以刃也先
忽都罵曰我達魯花赤妻也汝曹賊也我不能為針
工以從賊賊怒殺之王蓮因自縊者九三賊併殺之
先是其子完者帖木兒年十四與父出城見執于賊
完者拜哭請以身代父死賊愛完者姿秀遂挈以從
父之乃獲脫歸訪母屍并王蓮葬焉

呂彥能者陵州人至正十八年賊犯陵州彥能與家
人謀所往其姊父婆居寓彥能家先曰我喪夫二十
年又無後不死何為苟辱身則辱吾弟矣茲不幸逢
亂離必不負君君可自往妾入井矣彥能二女及子
妻劉氏語彥能曰為君家婦二十八年幸不辱君家
婦王氏二孫女皆隨劉氏溺井一門死者七人

劉公諒妻蕭氏濟南人有姿色頗通書史
年聞毛貴兵將壓境豫與夫謀曰妾詩書家女誓以
冰雪自將儻城陷被執悔將何追妾以二子一女累

君去作清白鬼於泉下耳夫曰事未至何急於此居
亡何城陷蕭解係自縊死

袁氏孤女建康路溧水州人年十五其母嚴氏孀居
極貧病癱瘓卧于床者數年女事母至孝至正十二
年兵火延其里降婦強携女出避火女泣曰我何忍
舍母去乎同死而已遂入室抱母共焚而死

徐允讓妻潘氏名妙圓山陰人至正十九年與其夫
從舅避兵山谷間舅被執夫以救舅脫夫被兵所
殺欲強辱潘氏潘氏因紿之曰我夫既死我從汝必
舍若能焚吾夫可無憾也乃信之聚薪以焚其夫火
矣既燼潘氏且泣且語遂投火以死又諸暨蔡氏者王
琪妻也至正二十二年張士誠陷諸暨蔡氏避之長
寧鄉山中兵猝至有造紙鑊方沸遂投其中而死

趙洙妻許氏集賢大學士有壬之姪女也至正十九
年紅巾賊陷遼陽洙時為儒學提舉夫婦避亂匿貲
善寺洙以叱賊見害許氏不知也賊甘言誘許氏令
指示金銀之處許氏大言曰吾詩書冠冕故家不幸
遇難但知守節而死他皆不知也賊以刃脅之許氏
色不變已而知其夫死因慟哭仆地罵聲不絕口且
曰吾母居武昌死于賊吾女兄弟亦死賊今吾夫又

死焉使我得報汝當醢汝矣遂遇害寺僧見許氏死
狀哀其貞烈賊退與洙合葬之

張正蒙妻韓氏紹興人正蒙嘗為湖州德清稅務提
領至正十九年紹興兵變正蒙謂韓氏曰吾為元朝
臣子於義當死韓氏曰爾果能死於忠吾必死於
節遂俱縊死其女池奴年十七泣曰父母既死吾何
以獨生亦投崖而死又何氏者勵之龍泉縣季銳妻
也因避兵之繩門嚴賊至何氏被執欲汚之乃
與子榮兒女田娘投崖而死

劉氏二女長曰貞年十九次曰孫年十七龍興人皆
未許嫁陳交諒冠兵與其母泣謂二女曰城或破置
汝何所二女曰寧死不辱父母也城陷二女瑩褸相
繼自縊婢鄭奴亦自縊

于同祖妻曹氏茶陵人父德夫教授湖湘間同祖在
諸生中因以女妻焉至正二十年茶陵陷曹氏聞婦
女多被驅逐謂其夫及子曰是尚可全生乎我義不
屏身以累汝也顧舅年老汝等善事之遂自到死妾
李氏驚抱持之不得亦引刀自到絶而復蘇曰得從
小君地下足矣是夕死

李仲義妻劉氏名翠哥房山人至正二十年縣大饑

平章劉哈剌不花兵乏食執仲義欲烹之仲義第馬

兒走報劉氏劉氏遽往救之涕泣伏地告於兵曰

執者是吾夫也乞矜憐之實其生吾家有醬一甕米

一斗五外窖于地中可掘取之以代吾夫不從劉

氏曰吾夫瘦小不可食吾聞婦人肥黑者味美吾肥

且黑願就烹以代夫死兵遂釋其夫而烹劉氏聞者

莫不哀之

李弘益妻申氏夔寧人至正二十年賊陷夔寧申語

弘益曰君當速去勿以我婦人相累若賊入吾室必

以妾故害及君矣言訖投井死弘益既免於難再娶

安氏居二歲而弘益以疾卒安氏時年三十泣謂諸

親曰君一適人終身不改不幸夫死雖生亦何益

哉乃竊入寢室膏冰薰裳自縊于柩側

鄭琪妻羅氏名妙安信州弋陽人幼聰慧能暗誦列

女傳年二十歸琪琪家世官族同居百餘口羅氏執

婦道無間言琪以軍功擢鉛山州判官羅氏封宜人

至正二十年信州陷羅氏度弋陽去州不遠必不免

於難輒取所佩刀淬礪令銛甚琪問何為對曰時事

如此萬一遇難為自全計耳已而兵至羅氏自刎死

時年二十九

周如砥女年十九未適人至正二十年鄉民作亂如

砥與女避于邑西之客僧嶺女為賊所執賊曰吾未

娶當以汝為妻女曰我周典史女也死即死豈能從

汝耶賊遂殺之如砥時為紹興新昌典史

狄恒妻徐氏天台人恒子牛固山為賊所執迫以至正

二十年鄉民為亂避難子沒徐氏守節不再醮至正

前徐給之曰吾渴甚欲求水一杯賊令自汲即投井

而死時年十八

柯節婦陳氏者長樂石梁人至正二十一年海賊劫

石梁其夫適在縣郭陳氏出避賊道與賊遇被執以

行陳氏且行且罵賊亂揮之挾以登舟罵不已忽掉

鷹自投江中其父方卧病見其女至呼之不應駭曰

吾豈夢耶既而有自賊中歸者言陳氏死狀乃知其

鬼也明日屍逆流而上止石梁岸傍時盛暑屍已臭

其夫驗其背有黑子乃慟哭曰是吾妻也舁歸斂之

李馬兒妻袁氏瑞州人至正二十二年李病沒袁氏

年十九誓不再嫁以養舅姑有王成者聞袁氏有姿

色挾勢欲娶之袁氏曰吾聞烈女不更二夫寧死不

失身也遂往夫墓痛哭縊死樹下

王士明妻李氏名賽兒房山人至正二十五年竹貞

軍至縣李氏及其女李家奴皆被執士明隨至軍軍
怒逐之李氏謂其女曰汝父既為軍所逐吾與汝必
不得脫與其受辱不若死女曰母先殺我李氏即以
軍所遺鑲刀殺其女遂自殺有司聞之為之葬祭仍
書其門曰王士明妻李氏貞節之門有司上其事為
以從姑于地下爾遂遇害其妹宗娣弟妻王淑亦皆
樹碑焉

赴水死
陶宗媛台州人儒士杜思綱妻也歸杜四載而夫亡
矢志守節台州被兵宗媛方居姑襲忍死護柩為游
軍所執迫脅之媛曰我若畏死豈留此耶任汝殺我
人乎乃積薪塞戶以火自焚而死
高麗氏宣慰副使字羅帖木兒妻也至正二十七年
十二月其夫死於兵謂人曰夫既死矣吾安能復事
張訥妻劉氏藍田人訥為監察御史早卒劉守志不
二河東受兵劉氏二子衡衍俱以事出外度不能自
脫遂與二婦孫氏姚氏決死盡簽貲畜分給家人婦
姑同縊為有華氏者大同張思孝妻為貊高兵所執
以不受辱見殺其婦劉氏僵尸姑之手猶相持不捨
殺之後家人殮其屍婦姑之手

觀音奴妻卜顏的斤蒙古氏宗王黑閭之女大都被
兵卜顏的斤謂其夫曰我乃國族且年少必不容於
人豈惜一死以辱家國乎遂自縊而死時張棟妻王
氏語家人曰吾為狀元妻義不可辱赴井死時其姑哭
之慟亦赴井死
安志道妻劉氏順州人志道及劉氏之弟明理並登
進士第劉氏避兵匿岩穴中軍至欲污之劉氏曰我
弟與夫皆進士也我豈受汝辱乎軍士以兵磨其體
劉大罵不輟聲軍怒乃鈎斷其舌含糊而死

宋謙妻趙氏大都人兵破大都趙氏子婦溫氏高氏
孫婦高氏徐氏皆有姿色合謀曰兵且至矣我等豈
可辱身以苟全哉趙即自經死諸婦四人諸孫男女
六人眾妾三人皆赴井而死
齊闊闊妻劉氏河南人闊闊應募為千夫長戰死澤潞間
劉氏貧無所依守志不奪有來強議婚者劉氏紿曰
吾三月三日有心願償畢當從汝言是日經往彰
德天寧寺登浮圖絕頂祝天曰妾本河南名家劉氏
女遭世亂適湖南齊闊闊為妻今夫已死不敢失節也
遂投地而死
王宗仁妻宋氏進士宋褧之女也宗仁家永平永平

受兵宋氏從夫避于鑄子山夫婦爲軍所屬行至玉
田縣有窺宋氏色萌欲害宗仁者宋氏顧謂夫曰我
不幸至此必不以身累君言訖遂墻一女接井死時
年二十九

王履謙妻齊氏太原人治家嚴廉克守婦道至正十
八年賊陷太原齊氏與二婦蕭氏呂氏及二女避難
於趙莊石巖賊且至度不能免顧謂二女曰汝家五
世同居號爲清白豈可虧節辱身以苟生哉長女曰
吾夫巳死今爲未亡人得死爲幸呂氏曰吾爲中書
左丞之孫義不受辱齊氏大哭乃與二婦二女及二
孫女俱投岩下以死

王時妻安氏名正同磁州人平章政事祐孫女也至
正十九年時以燕知政事分省太原安氏與其妻李氏
年賊兵寇城陷衆皆逃安氏與其妻李氏同赴
井死事聞贈娖國夫人諡莊潔

徐猱頭妻岳氏大都人兵入都城岳氏告其夫曰我
莘恐被驅逐將奈何其夫曰事急惟有死耳何避也遂
火其所居夫婦赴火以死其母王氏二女一子皆抱
持赴火死

金氏詳定使四明程徐妻也京城既破謂其女曰汝

父出捍城我三品命婦汝儒家女又進士妻不可受
辱抱二歲子及女赴井死

汪琰妻潘氏徽州發源人年二十八而琰辛潘氏誓
子燕山燕山卒時妻李氏年二十四無子乃守志自
鞠之不肯巳出潘氏卒之子元圭爲後元圭時始三歲
不他適以其夫從兄之子良屋有
哲父母欲奪而嫁之不聽燕山兄子惟德聚俞氏賢
德早死二子甚幼俞氏守節辛勤不墜家業故人賢
汪氏之門而稱曰三節同郡歙縣吳子恭之妻蔣氏
年二十八而夫亡孀居五十年年七十八卒至正十
四年旌表門閭

傳卷第八十八

釋老

本其意作釋老傳

釋老

釋老之教行乎中國也千數百年而其盛衰每繫乎
時君之好惡是故佛於晉宋梁陳黃老于漢魏唐宋
而其效可觀矣元興崇尚釋氏而帝師之盛尤不可
與古昔同語雖道家方士之流假禱祠之說乘時以
起曾不及其什一焉以舊史嘗志老釋厥有旨哉刀

《要列傳卷八十九》
一

帝師八思巴者土番薩斯迦人族欵氏也相傳自其
祖朵栗赤以其法佐國主霸西海者十餘世八思巴
生七歲誦經數十萬言能約通其大義國人號之聖
童故名曰八思巴少長學富五明故又稱曰班彌怛
歲癸巳年十有五謁世祖于潛邸與語大悅日見親
禮中統元年世祖即位尊為國師授以玉印命製蒙
古新字字成上之其字僅千餘其母凡四十有一其
相關紐而成字者則有語韻之法而大要則以諧聲為宗
合而成文者則有韻關之法其以二合三合四
也至元六年詔頒行於天下詔曰朕惟字以書言言

以紀事此古今之通制我國家肇基朔方俗尚簡古
未遑制作凡施用文字因用漢楷及畏吾字以達本
朝之言語考諸遼金以及遐方諸國例各有字今文
治浸興而字書有闕於一代制度實為未備故特命國
師八思巴創為蒙古新字譯寫一切文字期於順言
達事而已自今以往凡有璽書頒降者並用蒙古新
字仍各以其國字副之遂升號八思巴曰大寶法王
更賜玉印十一年八思巴卒訃聞帝輟朝有加賜號皇
慶真嗣為十六年八思巴卒訃聞賻贈有加賜號皇
天之下一人之上宣文輔治大聖至德普覺真智佑

《元史列傳卷八十九》
二

國如意大寶法王西天佛子大元帝師至治間特詔
郡縣建廟通祀泰定元年又以繪像十一頒各行省
為之塑像云亦憐真嗣為帝師凡六歲至元十九年
卒答兒麻八剌乞剌斯八幹節兒嗣成宗特造寶玉五
方佛冠賜之元貞元年又更賜雙龍盤紐白玉印文
三十一年辛乞剌斯八幹節兒嗣成宗特造寶玉五
年辛明年以簀真監藏諸國僧尼中興釋教之印大德七
二年辛相兒加恩嗣延祐元年卒二年以公哥羅古
羅思監藏班藏卜嗣至治三年卒旺出兒監藏嗣泰

定二年辛公哥列思八冲納思監藏班藏卜祠賜王
印降璽書諭天下其年卒天曆二年以輦真吃剌失
思嗣八思巴時又有國師膽巴者一名功嘉葛剌思
西番突甘斯旦麻人幼從西天竺古達麻失利傳習
果上尊湧出波面取以上進世祖大悅至元末以不
梵秘得其法要中統間帝師八思巴薦之時懷孟大
容於時相桑哥力請西歸既復召還謫之潮州時摳
旱世祖命禱之立兩又嘗呪食龍湫頃之奇花異
寄副使月的迷失鎮潮而妻得奇疾膽巴以所持數
珠加其身即愈又嘗爲月的迷失言異夢及巳還朝

期後皆驗元貞間海都犯西番界成宗命禱于摩訶
葛剌神巴而捷書果至又爲成宗禱疾遄愈賜與其
厚且詔分御前校尉十人爲之導從成宗北巡命膽
巴以象輿與當密持神呪以厭之未幾風兩大至衆咸震
驚秉輿當前導過雲州語諸弟子曰此地有靈怪恐
懼惟恓毅無虞復賜碧鈿盂一大德七年夏辛皇慶
間追蹤大覺普惠廣照無上膽巴帝師其後又有必
蘭納識里者初名只剌瓦彌的理北庭感木魯國人
幼熟畏兀兒及西天書能貫通三藏暨諸國語大
德六年奉旨從帝師授戒於廣寒殿代帝出家更賜

今名皇慶中命繪譯諸經典延祐間特賜銀印授
光祿大夫是時諸番朝貢表歲文字無能識者皆令
必蘭納識理譯進嘗有以金刻字爲表進者帝遣視
之延中愕眙覩所以對必蘭納識理取案上墨汁
賁重譯之書無少差者衆無不服其博識而竟莫測
其何所從授或者以爲神悟云授開府儀同三司仍
氏與貢物之數書而上之明日有司閱其物色與所
賜三臺銀印蕈領功德使司事厚其廩餼俾得以養
每馬至治三年改賜金印特授沙律愛護持且命爲

諸國引進使至順二年又賜王印加號普覺圓明廣
照弘辯三藏國師三年與安西王子月魯帖木兒寺
謀爲不軌坐誅其所譯漢字則有楞嚴經西天字
則有大乘功德經乾陀般若經大涅槃經若干卷
大乘莊嚴寶度經西番字則有不思議禪觀經通若
元起期方固已崇尚釋教及得西域世祖以其地廣
而險遠民獷而好鬭思有以因其俗而柔其人乃郡
縣土番之地設官分職領之於帝師乃立宣政院
其爲使位居第二者必以僧爲之出帝師所辟舉而
摠其政於內外者帥臣以下亦必僧俗並用而軍民

通攝於是帝師之命與詔勅並行於西土百年之間
朝廷所以敬禮而尊信之者無所不用其至雖帝后
妃主皆因受戒而為之膜拜正衙朝會百官班列而
帝師亦或專席於坐隅且每帝即位之始降詔褒護
必勅章佩監絡珠為字以賜盖其重之如此其未至
臺院官以及百司庶府並服銀鼠質孫用每歲二月
迎比至京師則敕大府假法駕半伏以為前導詔省
及其卒而歸葬舍利又命百官出郭祭饌大德九年
八日迎佛威儀俗往且命禮部尚書郎中專督迎接

《元史列傳卷八十九》 五

專遣平章政事鉄木兒乘傳護送賻金五百兩銀千
兩幣帛萬四鈔三千定皇慶二年加至賻金五千兩
銀一萬五千兩錦綺雜綵共一萬七千四雖其昆弟
子姓之往來有司亦供億無乏泰定間以帝師弟公
哥亦思監將至詔中書持羊酒郊勞而其兄瑣南藏
卜遂尚公主封白蘭王賜金印給圓符其弟子之號
司空司徒國公佩金玉印章前後相望為其徒者
怙勢恣睢日新月盛氣燄熏灼延于四方為害不可
勝言有楊璉真加者世祖用為江南釋教捴統發掘
故宋趙氏諸陵之在錢唐紹興者及其大臣塚墓凡

一百一所戕殺平民四人受人獻美女寶物無籌且攘
盗取財物計金一千七百兩銀六千八百兩玉帶
九玉器大小百二十有一雜寶貝百五十有二大珠
五十兩鈔一十一萬六千二百定田二萬三千戸私
庇平民不輸公賦者二萬三千戸他所藏匿未露者
不論也又至大元年上都開元寺西僧強市民薪民
訴諸留守李璧璧方詢問其由僧已率其黨持白梃
突入公府陬案引璧撲毀捶下拽之以歸
開諸空室女乃得脫奔訴于朝遇赦以免二年復有
僧龔柯等十八人與諸王合只八剌妃忽禿赤的斤

《元史列傳卷八十九》 六

争道拉妃墮車毆之且有犯上等語事聞詔釋不問
而宣政院臣方奏取旨凡民毆西僧者截其手詈之
者斷其舌時仁宗居東宮聞之亟奏寢其令泰定二
年西臺御史李昌言嘗經平涼府静會定西苦州見
西番僧佩金字圓符絡驛道途馳騎累百傳舍至不
能容則假館民舍因迫逐男子奸污女婦奉元一路
自正月至七月往返數十次用馬至八百四
十餘匹較之諸王行省之使十多六七驛戸無所控
訴臺察莫得誰何且國家之制圓符本為邊防警報
之虞僧人何事而輒佩之乞更正僧人給驛法且令

臺憲得以紏察不報必蘭納識里之誅也有司籍之
得其人畜土田金銀貨貝錢幣邸舍書畫器玩以及
婦人七寶裝具價直鉅萬萬云若歲時祝釐禱祠之
常號稱好事者其目尤不一有曰鎮雷阿藍納四華
言慶讚也有曰亦思滿藍迴遮施食也有曰搠思
串卜華言護城也有曰朵兒禪華言大施食也有曰
朵兒只列朵四華言迴遮施食也有曰籠哥兒華言藥
六道也有曰黨剌朵四華言迴遮施

兒哥朵四華言迴遮施食也有曰出朵兒
曰喀朵四華言作施食也有曰出朵兒華言出水濟
朵兒只列朵四華言麻迷華言護江神施食也有曰
串卜華言護城也有曰朵兒只華言禪華言樂師壇也有曰搠思
言慶讚也有曰亦思滿藍迴遮施食也有曰搠思

儿華言常川施食也有曰坐靜有曰魯朝華言獅子
吼道場也有曰黑牙蠻答哥華言黑獄帝主也有曰
搠思江朵兒麻華言護江神施食也有曰赤思古林
挵華言自受主戒也至尊大黑神廻遮施食也有曰歇
靜華言秘密坐靜也有曰斗惹華言文殊菩薩坐
靜華言無量壽也有曰必禪華言無量壽也有
曰古林朵四華言大喜樂也有曰必思禪華言
有曰觀思哥兒華言白傘蓋呪也有曰阿昔
白咱剌華言哥兒華言曰叭札沙剌華
言五護陀羅尼經也有曰撒思納屯華言大理天神呪也
十頌般若經也有曰撒思納屯華言八

有曰閭兒魯弗卜屯華言大輪金剛呪也有曰且八
迷屯華言無量壽經也有曰卜魯八華言護神呪也有曰南占屯華言最勝王
經也有曰撒思納屯華言護神呪法也又有作擦
言懷相金剛也有曰撒思納屯華言呪法也又有作擦兒
擦者以泥作小浮屠也又有作擦兒
剛者或一所二所以至七所以作擦擦者用麨四
萬以至三十萬又嘗造浮屠二百一十有六實以七
寶珠玉半置海畔半置水中以鎮海災延祐四年宣
微使會每歲內廷佛事所供其費以斤數者用麨
十三萬九千五百油七萬九千酥二萬一千八百七

十蜜二萬七千三百自至元三十年間雕祠佛事之
目僅百有二大德七年再立功德司遂增至五百有
餘僧徒貪利無已營結近侍欺昧奏請布施莽齋所
需非一歲費千萬較之大德不知幾倍又每歲必因
好事奏釋輕重囚徒以為福利雖大臣如阿里閭帥
如別沙兒特莫不假是以逞其誅宣政院參議李良
弼受賕鬻官直以帝師之言縱之其餘殺人之盜作
奸之徒夤緣幸免者多至或取空名宣勅以為布施
而任其人可謂濫矣凡此皆有關乎一代之治體者
故今備著焉若夫天下寺院之領於內外宣政院曰

禪曰教曰律則固各守其業惟所謂白雲宗白蓮宗
者亦或頗通奸利云

丘處機登州栖霞人自號長春子兒時有相者謂其
異日當為神仙宗伯年十九為全真學于寧海之崑
崙山與馬鈺譚處端劉處玄王處一郝大通孫不二
同師重陽王真人重陽一見處機大器之金宋之季
俱遣使來召不赴歲已卯太祖自乃蠻命近臣札八
兒劉仲祿持詔求之處機一日忽語其徒使促裝曰
天使來召我我當往翌日宿畢山比先馳表謝奉
十有八人同往見者至處機乃與弟子

以止殺為勸又明年趣使再至乃發撫州經數十國
為地萬有餘里蓋踄血戰場避寇叛域絕糧沙漠自
崑崙歷四載而始達雪山常馬行深雪中馬上舉策
試之未及積雪之半既見太祖大悅賜食設廬帳甚
飭太祖時方西征日事攻戰處機每言欲一天下者
必在乎不嗜殺人及問為治之方則對以敬天愛民
為本問長生久視之道則告以清心寡欲為要太祖
深契其言曰天錫仙翁以寤朕志命左右書之且以
訓諸子焉於是錫之虎符副以璽書不斥其名惟曰
神仙一日雷震太祖以問處機對曰雷天威也人罪

莫大於不孝不孝則不順乎天故天威震動以警之
似聞境內不孝者多陛下宜明天威以導有眾太祖
從之歲癸未太祖大獵于東山馬踣處機請曰天道
好生陛下春秋高數敗獵非宜太祖為罷獵者久之
時國兵踐蹂中原河南北尤甚民罹俘戮無所逃命
處機還燕使其徒持牒招求於戰伐之餘由是為人
奴者得復為良與濱死而得更生者毋慮二三萬人
中州人至今稱道之
機構之果退舍丁亥又為旱禱期以三日雨當名瑞
應已而亦驗有旨改賜宮名曰長春且遣使勞問制

若曰朕常念神仙神仙毋忘朕也六月浴于東溪越
二日天大雷雨太液池岸北水入東湖聲聞數里魚
鱉盡去池遂涸而北口高岸亦崩處機嘆曰山其摧
乎池其涸乎吾將與之俱乎遂卒年八十其徒尹志
平等世奉璽書襲掌其教至大閒加賜金印處機之
四傳有曰祈志誠者居雲州金閣山道響甚著丞相
安童嘗過而問之志誠告以偹身治世之要安童感
其言故其師世祖也以清靜忠厚為主及罷還弟退
然若無與於世者人以為有得於志誠之言其後安
童復被召入相辭不可遂往決於志誠志誠曰昔與

子同列者何人今同列者何人安童悟入見世祖辭
曰臣昔為宰相年尚少幸不失陛下事者丞佐皆臣
所師友今事臣者皆進與臣俱出則臣之為政能有加
於前平世祖曰誰為卿言是對曰祈真人世祖嘆異
者父之

正一天師者始自漢張道陵其後四代曰盛來居信
之龍虎山相傳至三十六代宗演當至元十三年世
祖已平江南道使召之至則命廷臣郊勞待以客禮
及見語之曰昔歲已未朕次鄂渚賞令王一清往訪
卿父卿父使報朕曰後二十年天下當混一神仙之

變刻傳卷九 〈十一〉

言驗於今英因命坐錫宴特賜玉芙蓉冠組金無縫
服命主領江南道教仍賜銀印十八年二十五年再
入覲世祖賞命取其祖天師所傳王印寶劍觀之語
侍臣曰朝代更易已不知其幾矣而天師劍印傳子若
孫尚至今日其果有神明之相矣乎嗟嘆父之二十
九年卒卒子與棟嗣為三十七代襲掌江南道教三十
一年入覲卒于京師元貞元年弟與材嗣為三十八
代襲掌道教時潮嚙鹽官海鹽兩州為患特甚與
以術治之一夕大雷電以震明日見有物魚首龜形
著磔干水裔潮患遂息大德五年召見于上都慳殿

八年授正一教主主領三山符錄武宗即位來覲特
授金紫光祿大夫封留國公錫金印仁宗即位特賜
寶冠組織文金之服延祐三年卒四年子嗣成嗣為
三十九代襲領江南道教主主領三山符錄如故其徒
張留孫者字師漢信州貴溪人少時入龍虎山為道
士有道人相之曰神仙宰相也至元十三年從天師
張宗演入朝世祖與語稱旨遂留闕下世祖嘗親
祠慳殿皇太子忽風雨暴至眾駭懼留孫禱之立
止又嘗次日月山昭睿順聖皇后得疾危甚亞召留
孫請禱既而后夢有朱衣長髯騎從甲士導朱輦白獸

元史列傳卷八十九 〈十二〉

行草間者覺而異之以問留孫對曰甲士導輦獸者
臣所佩法籙中將吏也朱衣長髯者漢祖天師也行
草間者春時也殿下之疾其及春而瘳乎后命取所
事畫像以進視之果夢中所見者帝后大悦即命留
孫為天師留孫固辭不敢當乃號之上卿命尚方鑄
寶劍以賜建崇真宮于兩京俾留孫居之專掌祠事
十五年授玄教宗師錫銀印又特任其父信州路治
中尋復陞江東道同知宣慰司事是時天下大定世
祖思與民休息留孫待詔尚方因論黃老治道貴清
淨聖人在宥天下之旨深契主衷及將以完澤為相

命留孫箓之得同人之豫留孫進曰同人之彙得位而
進乎乾君臣之合也豫利族命相之事也何吉如之
願陛下勿疑及拜完澤天下果以爲得賢相大德中
加號玄教大宗師同知集賢院道教事且追封其三
代皆魏國公官階品俱第一武宗立召見賜坐陛大
日累朝舊德僅餘張上卿爾進開府儀同三司加號
真人知集賢院位大宗師位猶恒誦其言且諭近臣
推明謙讓之道及仁宗即位尋又加特進進講老子
輔成贊化保運玄教大宗師印
以賜至治元年十二月卒年七十四天曆元年追贈

道祖神應真君其徒吳全節嗣全節字成季饒州安
仁人年十三學道于龍虎山至元二十四年至京師
從留孫見世祖三十一年成宗至自朔方召見賜古
琱玉蟠螭環一勅每歲侍從行幸所司給廬帳車馬
衣服廩餼著爲令大德十一年授玄教嗣師錫銀印
視二品至大元年賜七寶金冠織金文之服三年贈
其祖昭文館大學士封其父司徒饒國公母饒國太
夫人名其所居之鄉曰榮祿里曰其慶至治元年留
孫卒二年制授特進上卿玄教大宗師崇文弘道玄
德真人捴攝江淮荊襄等處道教知集賢院道教事

玉印一銀印二并授之全節嘗代祀嶽瀆還成宗問
曰卿所過郡縣有善治民者乎對曰臣過洛陽太守
盧摯平易無爲而民以安靖成宗曰吾憶其人即
召拜集賢學士成宗崩仁宗至自懷孟有狂士以危
言詣翰林學士闊得者事叵測全節力爲言于李
孟以聞仁宗意解復告老而去當時以爲朝廷得敬
大臣體而不以口語傷賢者全節蓋有力焉全節敬
好結士大夫無所不傾其交長者尤見親而敬推報
善額唯恐不盡其力至於振窮周急又未嘗以恩怨
異其心當時以爲頗有俠氣云全節卒年八十有二

其徒夏文泳嗣
真大道教者始自金季道士劉德仁之所立也其教
以苦節危行爲要而不妄取於人不苟侈於已者也
五傳而至酈希誠居燕城天寶宮見知憲宗始名其
教曰真大道授希誠太玄真人領教事內出冠服以
賜仍給紫衣三十襲賜其從者至元五年世祖命其
孫德福統轄諸路真大道錫銅章二十年改賜銀印
二又三傳而至張志清其教益盛授演教大宗師凝
神冲妙玄應真人志清事親孝尤耐辛苦制行賢峻
東海珠牢山舊多虎志清徒結茅居之虎皆避從然

頗為人害志清曰是吾奪其所也遂去之後居臨汾
地犬震城郭邑屋摧壓死者不可勝計獨志清所居
裂為二無少損焉乃徧延木石間聽呻吟聲救活者
甚眾朝廷重其名給驛致之掌教事志清舍傳徒步
至京師深居簡出人或不識其面貴人達官來見率
告病伏卧內不起至於道德縉紳先生則納屣杖屨
求見不以為難時人高其風至畫為圖以相傳焉

太一教者始金天眷中道士蕭抱珍傳太一三元法
籙之術因名其教曰太一四傳而至蕭輔道世祖在
潛邸聞其名命史天澤召至和林賜對稱旨留居宮
邸以老請授弟子李居壽居掌其教事至元十一年建
太一宮于兩京命居壽居之領祠事且禋祀六丁以
繼太保劉秉忠之術十三年賜太一掌教宗師印十
六年十月辛丑月直元晨勑居壽祠醮奏赤章于天
九五晝夜事畢居壽請間曰皇太子春秋鼎盛宜稔
預國政且又因典瑞董文忠以為言世祖喜曰行將
及之其後詔太子參決朝政庶事皆先啟後聞者蓋
居壽為之先也

傳卷第八十九

贊善大夫兼知制誥兼修國史臣宋濂
翰林待制承直郎兼知制誥兼國史院編修官臣王褘等奉

譔

方技　工藝附

自昔帝王勃興雖星曆醫卜方術異能之士莫不過
絕於人類非後來所及蓋天運也元有中土鉅公巨
人身無數器者皆應期而出相與立法創制開物成
務以輔成大業亦云盛矣若道流釋子所挾多方事
適逢時既皆別為之傳其他以術數言事輒驗及以
醫著效被光罷者甚眾舊史多闕弗錄今取其事蹟
可見者為方技篇而以工藝貴顯亦附見焉

元史列傳卷九十　一

田忠良字正卿其先平陽趙城人金亡徙中山忠良
好學通儒家雜家言譽識太保劉秉忠於微時秉忠
薦于世祖遣使召至帝視其狀貌步趨顧謂侍臣曰
是雖以陰陽家進必將為國用俄指西序第二人謂
忠良曰彼手中握何物忠良對曰雖卵也果然帝喜
又曰朕有事繁心汝試占之對曰以臣術推之當是
一名僧病耳帝曰然國師也遂遣左待儀奉御也先
乃送忠良司天臺給筆札令秉忠試星曆遁甲諸書
秉忠奏曰所試皆通司天諸生鮮有及者詔官之司

天帝曰朕用兵江南困于襄樊累年不決奈何忠良
對曰在酉年矣至元十一年何里海牙奏請率十萬
衆渡江朝議難之帝密問曰汝試筮之濟否忠良對
曰濟帝獵于柳林御幄殿侍臣甚眾顧忠良曰今拜
一大將取江南朕心已定果何人耶忠良環視左右
目一人對曰是偉丈夫可屬大事帝笑曰此伯顏也
為西王旭烈兀使朕以其才留用之汝識朕心賜鈔
五百貫衣一襲七月十五日夜白氣貫三台帝問何
祥忠良對曰三公其死乎未幾太保劉秉忠卒八月
帝出獵駐蹕召忠良曰朕有所遺汝知何物還可復

元史列傳卷九十　二

得否對曰其數珠乎明日二十里外人當有得而來
獻者已而果然帝喜賜以貂裘十月有旨問忠良南
征將士能渡江否勞師費財朕甚憂之忠良奏曰明
年正月當奏捷矣十二年正月師取鄂州丞相伯顏
遣使來獻宋實有王香爐輒以賜忠良及金織文十
云何忠良對曰聖體行自安矣三月帝疾愈賜銀五
百兩衣材三十疋五月車駕清暑上都遣使來召曰
叛者浸入山陵父而不去汝與和禮霍孫率眾往視
之既至山陵如故俄而叛兵大至圍之三匝三日不

解忠良引眾夜歸敵殊不覺和禮霍孫以為神白其
事于帝那木罕賜黃金十兩八月以海都為邊患遣皇子北
平王那木罕丞相安童征之忠良奏曰不吉將有叛
者帝不悅十二月諸王昔里吉劫皇子丞相以入海
都帝召忠良曰朕幾信讒言罪汝今如汝言汝杞神
致禱雖黃金朕所不吝忠良對曰無事於神皇子未
平當還後果然十四年八月車駕駐隆興比忠良奏
曰昔里吉之叛以飢竊有怨言失帝怒笞主膳二人
曰食一瓜豈能文飢以安童之食不彼及也令宿衛之士
伊均其食十五年三月汴梁河清三百里帝曰憲宗
生河清朕生河又清令河又清何耶忠良對曰應在
皇太子宮失帝語符寶即董文忠曰是不妄言殆有
徵也十八年特命為太常丞少府為諸王昌童建宅
於太廟南忠良往仆府奏之帝問忠良對曰
太廟前堂諸王建宅所耶帝曰卿言是也又奏曰太
廟前無馳道非禮也即勅中書闢道國制十月上吉
有事于太廟或請性不用牛忠良奏曰梁武帝用麵
為犧牲後如何耶從之遷太常少卿二十年將征日
本國召忠良擇日出師忠良奏曰辟陋海隅何足勞
天戈不聽二十四年請建大杜於朝右建郊壇於國

南俄蕉引進使二十九年遷太常卿大德元年遷昭
文館大學士中奉大夫兼太常卿十一年成宗崩
阿忽台等持興謀將以皇后教祔成宗於廟忠良爭
曰嗣皇帝祔先帝於廟禮也皇后教祔非制也阿忽台
等怒曰制自天降耶汝不畏死敢沮大事忠良竟不
從既而仁宗即位至自懷州潛興密謀
誅阿忽台等進武宗即位進榮祿大夫大司徒賜銀印
仁宗即位又進光祿大夫領太常禮儀院事延祐四
年正月卒年七十五贈推忠守正佐運功臣太師開
府儀同三司上柱國追封趙國公謚忠獻子天澤翰
林侍講學士嘉議大夫知制誥蕉脩國史
靳德進其先潞州人後徙大名祖琁業儒父祥師事
陵川郝溫蕉善星曆金末兵亂與母相失母悲泣而
盲祥訪得之舐其目百日後明人稱其孝國初玉出
干劉敏行省于燕辟祥以免贈集賢大學士謚安靖得
擅生殺無辜者多賴祥以免贈集賢大學士謚安靖
德進為人材辨幼讀書能通大義父歿益自刻勵尤
精於星曆之學世祖命太保秉忠選太史官屬德進
以選受天文星曆卜筮三科管勾凡交蝕躔次六氣
侵診所言休咎輒應時因天象以進規諫多所裨益

累遷秘書監掌司天事從征叛王乃顏擾度日時率
中機會諸將欲勤絕其黨德進獨陳天道好生請緩
師以待其降俄奏言叛始由惑於妖言遂謀不軌宜
括天下術士設陰陽教官使訓學者仍歲貢有成者
一人帝從之送著為令成宗以皇孫撫軍北邊帝遣
使授皇太子寶德進預在行凡攻戰取勝皆豫赴期
日無不驗者亦間言事得失多所裨益成宗即位歷
陳世祖進賢納諫咨詢治亂之原帝嘉納之授昭文
館大學士知太史院領司天臺事賜金帶宴服都城
以荻苦廩或請以芄易之帝以問德進對曰若是役

丞崔或祀南嶽就訪隱逸彧兄湖南行省參政崔斌
言康隱衡山學通天文地理彧還具以聞遣使召康
與彧偕至京師十五年夏四月至上都見帝親試所
學大驗授著作佐即仍以内嬪松夫人妻之凡召對
禮遇殊厚呼以明遠而不名嘗面諭凡有所問使極
言之十八年康上奏歲壬午太一理民官當有盜兵
叅政曰直符治事正屬燕分明年春京城當有盜
事干將相十九年三月盜果起京師殺阿合馬等帝
欲征日本命康以太一推之康奏曰南國甫定民力
未蘇且今年太一無筭舉兵不利從之嘗賜太史院

錢分千貫以與康不受眾服其廉父之乞歸田里優
詔不許選奉直大夫秘書監丞年六十五卒子天祐
李杲字明之鎮人也世以貨雄鄉里杲幼歲好醫藥
時易人張元素以醫名燕趙間杲捐千金從之學不
數年盡傳其業家既富厚無事於技操有餘以自重
人不敢以醫名之大夫士或病其資性高謇少所降
屈非危急之疾不敢謁也其學於傷寒癰疽眼目病
為尤長北京人王善甫為京兆酒官病小便不利目
睛凸出腹脹如鼓膝以上堅硬欲裂飲食且不下甘
淡滲泄之藥皆不效杲謂眾醫曰疾深矣內經有之

勝胱者津液之府必氣化乃出爲令用滲泄之劑而
病益甚者是氣不化也故玄子云無陽者陰無以生
無陰者陽無以化甘淡滲泄皆陽藥獨陽無陰其欲
化得乎明日以屢陰之劑授不再服而愈西臺掾蕭
君瑞二月中病傷寒發熱醫以白虎湯投之病者面
黑如墨本證不復見脈沉細小便不禁果初不知用
大寒非行經止能寒腑藏不善用之則傷寒本
何藥及診之曰此立夏前誤用白虎湯之過白虎湯
病隱曲於經絡之間或更以大熱之藥救之以苦陰
邪則他證必起非所以捄白虎也有溫藥之升陽行

經者吾用之有難者曰白虎大寒非大熱何以救君
之治奈何果曰病隱於經絡間陽不升則經不行經
行而本證見矣本證又何難焉果如其言而愈魏邦
彥之妻目瞖暴生從下而上其色綠腫痛不可忍果
云瞖從下而上病從陽明來也綠非五色之正治肺
與腎合而爲病邪乃濇肺腎之邪而以入陽明之藥
爲之使既劾矣而他日病復作者三其所從來者
與腎色各異乃曰諸脈皆屬於目諸病則目病
必經絡不調經不調則目病未已也問之果然因如
所論而治之疾遂不作馮叔獻之姪櫟年十五六病

傷寒目赤而煩渴脈七八至醫欲以承氣湯下之已
煑藥而果適從外來馮告之故果切脈大駭曰幾殺
此兒內經有言在脈諸數爲熱諸遲爲寒今脈八九
至是熱極也而會要大論云病有脈從而病反者何
也脈之而從按之不鼓諸陽皆然此傳而爲陰證矣
令持薑附來吾當以熱因寒用法廨之藥未就而病
者爪甲變頓服者八兩汗尋出而愈郭巨濟病
偏枯二指著足底不能伸果以長鈹鍼刺骭中深至骨
而不知痛出血一二升其色如墨又且謬刺之如此
者六七服藥三月病良已裴擇之妻病寒熱月事不

至者數年已喘嗽矣醫者率以蛤蚧桂附之藥授之
果曰不然夫病陰爲陽所搏溫劑太過故無益而
反害投以寒血之藥則經行矣已而果然果之設施
多類此當時之人皆以神醫目之所著書令多傳於
世云

工藝

孫威渾源人幼沈鷙有巧思金貞祐間應募爲兵以
驍勇稱及雲中來附守帥表授義軍千戶從軍攻潞
州破鳳翔皆有功善爲甲嘗以意製蹄筋翎根鎧以
獻太祖親射之不能徹大悅賜名也可兀蘭佩以金

符授順天安平懷州河南平陽諸路工匠都總管從
攻邠乾突戰不避矢石帝勞之曰汝縱不自愛獨不
爲吾甲胄計乎因命諸將問曰汝等知所
愛重否諸將對皆失旨意太祖曰能捍蔽爾輩以與
我國家立功者非威之甲耶而爾輩言不及此何也
復以錦衣賜威每從戰伐之歲民有橫被屠戮者輒以
爲監察御史後襲順天安平懷州河南等路甲匠都
總管巧思如其父嘗製甲二百八十領以獻至元十

二年贈中奉大夫武備院使神川郡公諡忠惠子拱
一年別製疊盾其製張則爲角欲則合而易持世祖
以爲古所未有賜以幣帛丞相伯顏南征以甲胄不
足諸路集匠民分製拱董順天河間甲匠先期畢
工且象虎豹異獸之形各殊其制皆稱旨十五年授
保定路治中適歲饑議開倉賑民或曰宜請于朝拱
曰救荒事不可緩也若得請而後發粟以賑則民
餒死矣苟見罪吾自任之遂發粟以賑民
饑民高陽土豪據沙河橋取行者錢人以爲病拱執
而罪之二十二年除武備少卿遷大都路軍器人
匠總管陸工部侍郎成宗即位典朝會供給賜銀

百兩織紋段五十匹帛二十五匹鈔萬貫元貞二年
授大同路總管兼府尹大德五年遷兩浙都轉運使
鹽課舊額二十五萬引歲不能足拱至元增五萬引遂爲
定額九年改益都路總管兼府尹仍出內府弓矢賞
刀賜之卒於官贈大司農神川郡公諡文莊

阿老瓦丁

阿老瓦丁回回氏西域木發里人也至元八年世祖
遣使徵砲匠于宗王阿不哥王以阿老瓦丁亦思馬
因應詔二人舉家馳驛至京師給以官舍首造大砲
堅于五門前帝命試之各賜衣段十一年國兵渡江

平章阿里海牙遣使求砲手匠命阿老瓦丁往破潭
州靜江等郡悉頓其力十五年授宣武將軍管軍總
管十七年陛見賜鈔五千貫十八年命屯田於南京
二十二年樞密院奉旨改元帥府爲回回砲手軍匠
上萬戶府以阿老瓦丁爲副萬戶大德四年告老子
富謀只襲副萬戶皇慶元年卒子馬哈馬沙襲
亦思馬因回回氏西域人也善造砲至元八年
與阿老瓦丁至京師十年從國兵攻襄陽未下亦思
馬因相地勢置砲于城東南隅重一百五十斤機發
聲震天地所擊無不摧陷入地七尺宋安撫呂文煥

懼以城降既而以功賜銀二百五十兩命為四四砲
手總管佩虎符十一年以疾卒子布伯
渡江宋兵陳于南岸擁舟師迎戰布伯於北岸竪砲
以擊之舟悉沉没後每戰用之皆有功十八年佩三
珠虎符加鎮國上將軍田田砲手都元帥明年攺軍
匠萬戶府萬戶遷刑部尚書以弟亦不剌金為萬戶
佩元降虎符官廣威將軍布伯俄進通奉大夫淛東
道宣慰使賜鈔二萬五千貫俾養老焉子哈散應通
昭信校尉高郵府同知致和元年八月拹密院檄亦
不剌金所部軍匠至京師賜鈔二十五百貫金綺四
端與馬哈馬沙造砲天曆二年以疾卒子亞古襲

阿尼哥尼波羅國人也其國人稱之曰八魯布幼敏
悟異凡兒稍長誦習佛書甞年能曉其義同學有為
繪畫粧塑業者讀尺寸經阿尼哥一聞即能記長善
畫塑及鑄金為像中統元年命帝師八合斯巴建黃
金塔于吐蕃尼波羅國選匠百人往成之得八十人
求部送之人未得阿尼哥請行衆以其幼難
之對曰年幼心不幼也乃得阿尼哥年十七請行
其役明年塔成請歸帝師勉以入朝乃遣之帝師一見奇之命監
弟子從帝師入見帝視之久問曰汝來大國得無懼

孚對曰聖人子育萬方子至父前何懼之有又問汝
來何為對曰臣家西域奉命造塔吐蕃二載而成見
彼土兵亂民不堪命願陛下安輯之不遠萬里為生
靈而來耳又問汝何所能對曰臣以心為師頗知畫
塑鑄金之藝帝命取明堂針灸銅像示之曰此像新
王徹使宋時所進歲久闕壞無能修完之者汝能新
之乎對曰臣雖未甞為此請試之至元二年新像成
關鬲脉絡皆倣金工歎其天巧莫不愧服九兩京寺
觀之像多出其手為七寶鑌鐵法輪車駕行幸用以
前導原廟列聖御容織錦為之圖畫弗及也至元十

年始授人匠總管銀章虎符十五年有詔返初服授
光祿大夫大司徒領將作院事寵遇賞賜無與為此
卒贈太師開府儀同三司涼國公上柱國諡敏慧子
六人曰阿僧哥大司徒何述諸色人匠總管府達
魯花赤有劉元者甞從阿尼哥學西天梵相亦稱絕
藝元字秉元薊之寶坻人始為黃冠師事青州把道
錄傳其藝非一至元中凡兩都名剎塑土範金搏換
為佛像出元手者皆神思妙合天下稱之其上都三皇
尤古粹識者以為造意得三聖人之微者由是兩
宮女為妻命以官長其屬行幸必從仁宗甞勑元非

有旨不許爲人造他神像後大都南城作東嶽廟元
爲造仁聖帝像巍巍然有帝王之度其侍臣像乃若
憂深思遠者始元欲作侍臣像久之未措手適閟秘
書圖畫見唐魏徵像矍然曰得之矣非若此莫稱爲
相臣者遽走廟中爲之即日成士大夫觀者咸歎異
焉其所爲西番佛像多秘人罕得見者元官爲昭文
館大學士正奉大夫秘書卿以壽終博換者漫帛土
偶上而縣之巳而去其土髹帛儼然成像云

元史列傳卷第九十

翰林學士承旨榮祿大夫知制誥兼修國史臣宋濂翰林待制奉訓大夫兼國史院編修官臣王禕等奉

勑修

宦者

前世宦者之禍嘗烈矣元之初興非能有鑒乎古者
然歷十有餘世考其亂亡之所由而初不自奄人出
何哉蓋自太祖選貴臣子弟給事內廷凡飲食冠服
書記上所常御者各以其職典之而命四大功臣世
為之長號四怯薛故天子前後左右皆世家大臣及
其子孫之生而貴者而宦官之擅權竊政者不得有
為於其間雖或有之然不旋踵而遂敗此其詛謀可
謂深越前代者矣如李邦寧者以亡國奄堅遭遇世
祖進齒薦紳遂躋極品然其言亦有可稱者焉至於
朴不花乃東夷之人始以西宮同里因緣柄用遂典
權奸同惡相濟訖底于誅戮則固有以致之也用特
著之于篇

李邦寧字叔固錢唐人初名保寧宋故小黃門也宋
亡從瀛國公入見世祖命給事內庭警敏稱上意令

學國書及諸蕃語即通解遂見親任授御帶庫提點
陞章佩少監遷禮部尚書提點太醫院使成宗即位
進昭文館大學士太醫院使帝嘗寢疾邦寧不離左
右者十餘月武宗立命為江浙行省平章政事邦寧
辭曰臣以奄腐餘命無望生還陛下復欲置臣宰
輔臣何敢當宰輔者佐天子共治天下者也奈何辱
以寺人陛下縱不臣如天下後世何誠不敢奉詔
帝大悅使大臣諭旨其言于太后及皇太子以彰其善
帝嘗奉皇太后燕大安閣中有故篋問邦寧曰此
何篋也對曰此世祖貯裘帶者臣聞有聖訓曰藏此
以遺子孫使見吾朴儉可為華侈之戒帝命發篋視
之歎曰非卿言朕安知之時有宗王在側遽曰世祖
雖神聖然儉於財嗇於己不然世祖一言無不為不
世法一予奪無不當功罪且天下所入雖富苟用不
節必致匱乏自先朝以來必將橫歛掊怨豈美事耶太
后及帝深然其言俄加大司徒尚服院使遷授丞相
藩資費無筭旦暮不給必數會宗
行大司農領太醫院事階金紫光祿大夫太廟舊嘗
遣官行事至是後欲如之邦寧諫曰先朝非不欲親

致饗祀誠以疾癈禮耳今陛下繼成之初正宜開彰

孝道以率先天下躬祀太室以成一代之典循習故

弊非臣所知也帝稱善即日俺法篤宿齋宮且命邦

寧為大禮使禮成加恩三代曾祖顧贈銀青光祿大

夫司徒諡敬懿祖德懋贈儀同三司大司徒諡忠獻

父舊臣贈金賜開府儀同三司諡文穆仁宗即位以邦

寧攝太保開府儀同三司諡文穆仁宗即位以邦

祭于文宣王點視畢至位立殿戶方闔忽大風起殿

上及兩廡燭盡滅燭臺底鐵鐏入地尺無不抜者邦

寧悚息伏地諸執事者皆伏良久風定乃成禮邦寧

因慚悔累日初仁宗為皇太子丞相三寶奴等用事

畏仁宗英明邦寧揣知其意言於武宗曰陛下富於

春秋皇子漸長父作子述古之道也未聞有子而立

弟者武宗不悅曰朕志已定汝自往東宮言之邦寧

慚懼而退仁宗即位左右咸請誅之仁宗曰帝王曆

數自有天命其言何足介懷加邦寧開府儀同三司

為集賢院大學士以疾卒

朴不花

朴不花高麗人亦曰王不花皇后奇氏微時與不花

同鄉里相為依倚及選為宮人有寵遂為第二皇后

居興聖宮生皇太子愛猷識理達臘於是不花以閽

人入事皇太子有年皇后愛幸之情意甚膠固累遷

官至榮祿大夫資正院使資正院者皇后之財賦悉

隷焉至正十八年京師大饑疫時河南北山東郡縣

皆被兵民之老幼男女避居京師以故死者相枕

藉不花欲要譽一時請于帝市地收瘞之帝賜鈔七

千定中宮及興聖隆福兩宮皇太子皇太子妃賜金

銀及他物有差省院施者無筭不花出王帶一金帶

一銀二錠米三十四斛麥六斛青貂銀鼠裘各一襲

以為費擇地自南北兩城抵廬溝橋掘深及泉男女

異壙人以一屍至者隨給以鈔昇負相踵既覆土就

萬安壽慶寺建無遮大會至二十年四月前後瘞者

二十萬用鈔二萬七千九十餘定米五百六十餘石

又於大悲寺修水陸大會三晝夜凡居民病者予之

藥不能喪者給之棺翰林學士承旨張翥為文頌其

事曰善惠之碑於是帝在位久而皇太子春秋日盛

軍國之事皆其所決皇后乃謀內禪皇太子而使

不花喻意於丞相太平太平不荅二十年太平乃罷

去而獨搠思監為丞相時帝益厭政不花乘閒用事

與搠思監相為表裏四方警報將臣功狀皆抑而不

聞內外解體然根株盤固氣燄薰灼內外百官趨附
之者十九又宣政院使脫歡與之同惡相濟為國大
蠹二十三年監察御史也先帖木兒傳
公讓等乃劾奏朴不花脫歡奸邪當屏黜御史大夫
老的沙以其事聞皇太子執不下而皇后庇之尤固
御史乃皆坐左遷治書侍御史陳祖仁連上皇帝
令二人皆辭退而祖仁言猶不已又上皇帝書言二
人亂階禍本今不芟除後必不利漢唐季世其禍皆
起此輩而權臣藩鎮乘之故千尋之木吞舟之魚其

腐敗必由於內陛下誠思之可為寒心臣願俯從臺
諫之言將二人特加擯斥不令以辭退為名成其姦
計海內皆知陛下信賞必罰自此二人始將士執不
効力冠賊亦皆喪膽天下可全而有以還祖宗之舊
若優柔不斷彼日盈將不可制臣寧餓死于家誓
不與同朝牽聯及禍語具陳祖仁傳會侍御史李國
鳳亦上書皇太子言不花驕恣無上招權納賂奔競
之徒皆出其門駿有趙高張讓田令孜之風漸不
可長衆人所共知獨主上與殿下未之知耳自古
宦者近君親上使少得志未有不為國家禍者望殿

謀不軌二十四年詔削其官使解兵柄歸四川孛羅
帖木兒匿老的沙不遣遂誣孛羅帖木兒與老的沙
時擁思監朴不花方倚廓帖木兒為外援恣孛羅
遣歸國已而復以至大同遂留孛羅帖木兒為集賢大學士崇正院使皇
而皇后又譖之於內帝以老的沙母舅故封為雍王
等亦皆左遷時老的沙不花為怒不奉
不可犯政治備而百廢舉矣由是帝大怒國鳳祖仁
則紀綱可振紀綱振則天下之公論為可畏法慶為
下思履霜堅冰之戒早賜奏聞投之西夷以快衆心

帖木兒知不出帝意皆以擁思監朴不花所為怒不
詔宗王不顧帖木兒等為表言其誣枉而朝廷亦畏
其強不可制復下詔數擁思監朴不花亙相雍蔽簧
感主聽之罪屏擁思監于嶺北竄朴不花于甘肅以
快衆憤而復孛羅帖木兒官爵然擁思監朴不花皆
留京城實未嘗行未幾孛羅帖木兒遣禿堅帖木兒
以兵向闕聲言清君側之惡是月十二日駐于清河
帝遣達達國師問故往復者數四言必得擁思監朴
不花乃退兵帝度其勢不可解不得已執兩人畀之
其兵乃退朴不花送為孛羅帖木兒所殺事具擁思

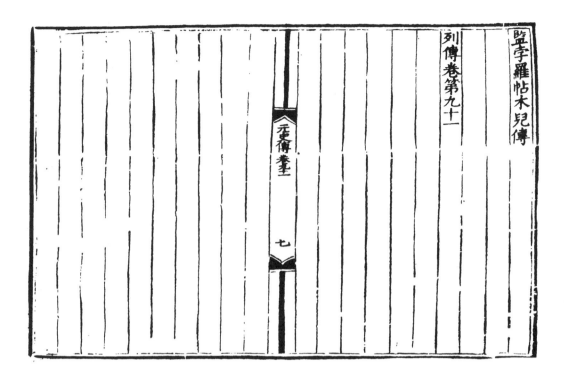

臨字羅帖木兒傳

元史傳卷二

七

姦臣

古之為史者善惡備書所以示勸懲也故孔子脩春
秋於亂臣賊子之事無不具載而楚之史名檮杌皆
以戒夫為惡姦者使知所懼而不敢肆焉後世作史者
有酷吏佞幸姦臣叛逆之傳有以此也元之舊史
性詳於記善畧於懲惡蓋當時史臣有所忌諱而
不敢直書之爾然姦巧之徒挾其才術以取富貴竊

《元史姦臣傳卷九十二》　一

威福始則毒民誤國而終至於殞身亡家者其行事
之蹟亦或散見於實錄編年之中猶有春秋之意存
焉謹摭其尤彰著者彙次而書之作姦臣傳以為世
鑒而叛逆之臣亦各以類附見云

阿合馬回紇人也不知其所由進世祖中統三年始
委之阿合馬奏領左右部兼諸路都轉運使專以財賦之任
命領中書左右部如有鐵冶請給授宣牌以興鼓鑄之利世
祖陞開平府為上都又以阿合馬同知開平府事
鈞徐等州俱有鐵冶請給授以禮部尚書
左右部如故阿合馬奏以馬月合乃燕領

巳括戶三千興爐鐵冶歲輸鐵一百三萬七千斤鑄
農器二十萬事易粟輸官者九四萬石至元元年
正月阿合馬言太原民煮小鹽越境販賣民貪其價
廉競買食之解鹽以故不售歲入課銀止七千五百
兩請自今歲增五千兩無間僧道軍匠戶鈞出其
賦其民間通用小鹽從便是年秋八月罷領中書左
右部併入中書省拜阿合馬為中書平章政事進階
榮祿大夫三年正月立制國用使司奏以東京歲課
章政事燕領使職久之制國用使司奏以
布踈惡不堪用者就以市羊於彼真定順天金銀不

《元史姦臣傳卷九十二》　二

中程者宜改鑄別佞赤山出石絨織為布火不能然
請遣官採取又言國家費用浩繁令歲自車駕至都
巳支鈔四千錠恐來歲度支不足宜量節經用十一
月制國用使司奏桓州峪所採銀鑛巳十六萬斤百
斤可得銀三兩錫二十五斤採鑛所需靡錫以給之
悉從其請七年正月立尚書省事阿合馬為人多智巧言以
阿合馬平章尚書省事世祖急於富國試以行事
利成效自負狼戾稱其能世祖
頗有成績又見其與丞相線真史天澤等爭辨屢有
以詘之由是帝知其才授以政柄言無不從而不知其

專慢益甚矢丞相安童容乂之言於世祖曰臣近
言尚書省樞密院御史臺宜各循常制奏事其大者
從臣等議定奏聞已有旨俞允今尚書省一切以聞
似違前奏世祖曰汝所言是豈如阿合馬以朕顏信用
敢如是耶其不與卿議非是宜如卿所言又言阿合
馬所用部官左丞許衡以爲多非其人然已得旨咨
請宣付如不與恐異日有辟宜試其能否又當自見
世祖然之五月尚書省奏括戶事宜少緩遂止初立尚
言所在捕蝗百姓勞擾括戶口既而御史臺
書省時有旨充銓選名官吏部擬定資品呈尚書

由尚書咨中書聞奏至是阿合馬權用私人不由部
擬不咨中書丞相安童以爲言世祖令問阿合馬阿
合馬言事無大小皆委之臣所用之人臣宜自擇安
童因請自今唯重刑及遷上路總管始屬之臣餘事
並付阿合馬庶事體明白世祖俱從之八年三月尚
書省再以閱實戶口事奏修畫詔諭天下是歲增
太原鹽課以千錠爲常額仍令本路鹽九年併尚
書省入中書省又以阿合馬爲中書平章政事明年
又以其子忽辛爲大都路總管燕大興府尹右丞相
安童見阿合馬擅權日甚欲抹其弊乃奏大都路總

管以次不稱職乞選人代之尋又奏阿合馬張惠
挾宰相權權爲商賈以網羅天下大利厚毒黎民困無
所訴阿合馬曰誰爲此言臣等當與廷辯安童進曰此
省左司都事周祥中木取利罪狀明白世祖曰若此
者徵畢當顯黜之既而樞密院奏以忽辛同僉樞密
院事世祖不允曰彼賈胡事猶不知況可責以機務
耶十二年伯顏師師伐宋既渡江捷報日至世祖命
行鹽鈔法于江南及貿易藥材事阿合馬奏樞密院云江
阿合馬與姚樞徒單公履張文謙陳漢歸楊誠等議
南交會不行必致小民失所公履云伯顏已嘗榜諭

交會不換今巫行之失信於民文謙謂可行與否當
詢伯顏漢歸及誠皆言以中統鈔易其交會何難之
有世祖曰樞與公履不識事機朕嘗以此問陳巖巖
亦以宋交會速宜更換今議已定當依汝言行之又
奏比鹽藥材樞與公履皆言可使百姓從便販鬻臣
等以爲此事若小民爲之恐盡亂不一擬於南京衞
輝等路籍括藥材蔡州發鹽十二萬斤禁諸人私相
貿易世祖曰善其行之十二年阿合馬又言比因軍
興之後減免編民征稅又罷轉運司官令各路總管
府燕領課程以致國用不足臣以爲莫若驗戶數多

寡遠以就近立都轉運司量增舊額選廉幹官分理
其事應公私鐵皷鑄官為局賣仍禁諸人毋私造銅
器如此則民力不屈而國用充矣乃奏立諸路轉運
司以亦必烈金札馬剌丁張昴富珪蔡德潤紇石烈
亨阿里和者完顏迪姜毅阿老瓦丁倒剌沙等為使
有亦馬都丁者以貪官銀得罪而罷既死而所負尚
多中書省奏議裁處世祖曰此財穀事其與阿合馬
議之十五年正月世祖以西京飢發粟萬石賑之又
諭阿合馬宜廣貯積以備闕乏阿合馬奏自今御史
臺非白省毋擅名倉庫吏亦毋究索錢穀數及集議

中書不至者罪之其沮抑臺察如此四月中書左丞
崔斌奏曰先以江南官冗委任非人遂命阿里等澄
汰之今已顯有徵驗斌不以聞是為固上杭州地大
委寄非輕阿合馬溺於私愛乃以不肖子抹速忽克
達魯花赤佩虎符此豈量才授任之道又言阿合馬
先自陳乞免其子弟之任乃令身為平章而子若姪
或為行省叅政或為禮部尚書將作院達魯花赤領
會同館一門悉居要津自背前言有戾公道有旨並
罷黜之然終不以是為阿合馬罪世祖嘗謂淮西宣
慰使昂吉兒曰夫宰相者明天道察地理盡人事兼

此三者乃為稱職阿里海牙麥朮丁等亦未可為相
回回人中阿合馬才任宰相其為上所稱道如此十
六年四月中書奏立江西榷茶運司及諸路轉運鹽
使司宣課提舉司未幾以忽辛為中書右丞明年中
書省奏阿塔海阿里言今立宣課提舉司都省吏至五
乞罷之阿合馬奏昨有旨籍江南粮數屢務文取索
百餘員左丞陳嚴范文虎等言其擾民且侵盜官錢
不以實上遂與樞密院御史臺及廷臣都省議謂
設立運司官多侔重宜諸路立提舉司及行省各委
一人任其事今行省未嘗委人即請罷之乃歸省臣

等然臣所委人有至者僅兩月計其侵用凡千一百
錠以彼所管四年較之又當幾何今立提舉司未及
三月而罷豈非恐彼姦弊呈露故先自言以絕迹耶
宜令御史臺能臣同往几有非法具以實聞世祖
曰阿合馬所言是其令臺中選人以往若已能自白
方可責人阿合馬嘗奏宜立大宗正府世祖曰此事
言良是其思之阿合馬欲理籌江淮行省平章阿里
豈鄉輦所宜言乃然宗正之名朕未之知汝
伯答兒劉思愈等徙檢覈之得其擅易命官八百員
合荅兒燕帖木兒立行省以來一切錢穀奏遣不魯

自分左右司官及鑄造銅印等事以聞世祖曰阿里
伯等何以為辭阿合馬曰被謂行省昔嘗鑄印矣臣
謂昔以江南未定故便宜行之今與昔時事異又擅
支粮鈔四十七萬石奏罷宣課提舉司及中書遣官理
算徵鈔萬二千錠有奇二人竟以是就戮時阿合馬
在位日火益肆貪橫援引奸黨郝楨耿仁驟升等路
歲辦課至五萬四千錠猶以為未實民有附郭美田
輒取為己有內通貨賄外示威刑廷中相視無敢論
列有宿衛士蔡長鄉者慨然上書發其姦竟為阿合

馬所害斃于獄事見長鄉傳十九年三月世祖在上
都皇太子從有益都千戶王著者素志疾惡因人心
憤怨密鑄大銅鎚自誓願擊阿合馬首會妖僧高和
尚以秘術行軍中無驗而歸詐稱死殺其徒以尸欺
眾逃去人亦莫知著乃與合謀以戊寅旦遣二僧詣
中書省令市藥物省中疑而訊之不伏及午著又詣
崔總管矯傳令吉俾樞密副使張易發兵若干以是
夜會東宮前易莫察其偽即令指揮使顏義領兵俱
往著自馳見阿合馬說言太子將至令省官悉候于

官前阿合馬遣右司即中脫歡察兒等數騎出關比
行十餘里遇其眾偽太子者責以無禮盡殺之奪其
馬南入健德門夜二鼓莫敢何問至東宮前賣阿徒皆
下馬獨偽太子者立馬指揮呼省官至前賣阿合馬
數語著即牽去以所袖銅鎚碎其腦立斃繼呼左丞
都禎王殺之囚右丞張惠樞密院御史臺留守司官
皆遇望莫測其故尚書張九思自宮中大呼以為詐
留守司達魯花赤博敦遂持挺前擊立馬者墜地弓
矢亂發眾奔潰多就禽高和尚等逃去著挺身請囚
中丞也先帖木兒馳奏世祖時方駐蹕察罕腦兒聞

之震怒即日至上都命樞密副使孛羅司徒和禮霍
孫荼政阿里等馳驅至大都討為亂者庚辰獲高和
尚于高梁河辛巳字羅寺至都壬午誅王著高和尚
于市皆臨之并殺張易著臨刑大呼曰王著為天下
除害今死矣異日必有為我書其事者阿合馬死世
祖猶不深知其姦令中書毋問其妻子及詢孛羅乃
盡得其罪惡始大怒曰王著殺之誠是也乃命發墓
剖棺戮尸于通玄門外縱犬啗其肉百官士庶聚觀
稱快子姪皆伏誅沒入其家屬財產其甚有名引住
者籍其藏得二熟人皮於櫃中兩耳具存一閹豎專

掌其扃鐍訊問莫知為何人但云詛時置神座其
上應驗甚速又以絹二幅畫甲騎數重圍守一幄殿
兵皆張弦挺刃內向如擊剝之為者畫者陳其姓又
有曹震圭者嘗推筭阿合馬所生年月王臺判者妄
引圖讖皆言涉不軌事聞勅剝四人者皮以徇
盧世榮大名人也阿合馬專政世榮以賄進為江西
榷茶運使後以罪廢阿合馬死朝廷之臣諱言財利
事皆無以副世祖裕國足民之意有桑哥者薦世榮
有才術謂能收鈔法增課額上可裕國下不損民世
祖召見奏對稱旨至元二十一年十一月辛丑召中

書省官與世榮廷辨論所當為之事右丞相和禮霍
孫等守正不撓為強詞所勝與右丞麥术丁參政張
雄飛溫迪罕皆罷後安童為右丞相以世榮為右
丞而左丞史樞參政不魯迷失海牙撒的迷失參議
中書省事拜降皆世榮所薦也世榮既驟被顯即
日奉旨中書整治鈔法遍行中外官吏奉法不慶者
加以罪翌日同右丞相安童奏世榮竊見老幼疾病之民
衣食不給行乞於市非咸世所宜見宜官給衣糧委
各路正官提舉其事又奏懷孟竹園江湖魚課及襄
淮屯田事越三日安童奏世榮所陳數事乞詔示天

下世祖曰除給丐者衣食外並依所陳乃下詔云金
銀係民間通行之物自立平準庫禁百姓私相買賣
令後聽民間從便交易使民重困又致南北竹貨不通令罷
有司拘禁發賣竹貨係百姓採用既有定例長流
各處竹監從民貨賣收稅江湖魚課已令各戶供使臣飲
採捕貧民恃以為生所在拘禁令後聽民採用軍國
事務徃來全資站驛馬價近增又致餘官為支給而中
食以致疲弊令後除驛馬外其餘官多取欲便民食
書省又奏鹽每引十五兩國家未嘗多取一引賣八十貫京師
今官豪詭名罔利停貨待價至一引賣八十貫京師

亦百二十貫貧者多不得食議以二百萬引給商一
百萬引散諸路立常平鹽局或販者增價官平其直
以售庶民用給而國計亦得世祖從之世榮居中書
未十日御史中丞崔彧言其不可不可為相大忤旨下或
吏按問罷職世榮言京師富豪戶釀酒酤賣價高味
薄且課不時輸宜一切禁罷官自酤賣明年正月壬
午世祖御查殿世榮奏臣言天下歲課鈔九十三萬
二千六百定之外臣未行下而中外已非議臣請與
侵可增三百萬定初未行下而中外已非議臣請與
臺院面議上前行之世祖曰不必如此鄉但言之世

榮奏古有權酤之法令宜立四品提舉司以領天下之課歲可得鈔千四百四十定自王文統誅後鈔法虚弊爲令之計莫若依漢唐故事括銅鑄至元錢及製綾券與鈔參行因以所織綾券上之世祖曰便益之事當速行之又奏於泉杭二州立市舶都轉運司造船給本令客人商販官有其利七商有其三禁私海者拘其先所蓄寶貨官買之匿者許告沒其財半給告者令全國雖有常平倉實無所畜臣將不費一錢但盡禁權勢所擅産鐵之所官立鑪鼓鑄爲器鬻之以所得利合常平鹽課糴粟積於倉待貴時糶之

必能使物價恒賤而獲厚利國家雖立平準然無曉規運者以致鈔法歷弊諸物踊貴宜令各路立平準周急庫輕其月息以貸貧民如此則貧者安而本且不失又隨朝官吏增俸興等路以官錢買幣帛易羊四給牙儈六爲官吏俸國家以兵得天下不藉糧餽司領諸牙儈人計商人物貨四十分取一以十爲率惟資羊馬宜於上都隆興等路馬於北方選蒙古人牧之收其皮毛筋角酥酪等物十分爲率官取其八二與牧者馬以備軍興羊以充賜予帝曰汝先言數事皆善固當速行此事亦善祖

宗時亦欲行之而不果朕當思之世榮因奏曰臣之行事多爲人所怨後必有諸臣者臣竊懼焉請先言之世祖曰汝言皆是惟欲人無言者安在是理汝無防朕飲食起居間可自爲防疾足之犬狐不愛馬主人豈不愛之彼姦僞者則不愛馬又耳汝之職分既定其無以一二人從行亦當謹衛門十有餘日中書省請罷行御史臺其所隸按察司隸戶遂諭丞相安童增其從人其爲帝所倚眷如此又内臺又請罷由阿合馬任智自私欲其子忽辛行省事前日已議由行省所在立行樞密院世祖曰行院之

兼兵柄而止汝令行之於事爲宜明日奏陞六部爲二品又奏令按察司總各路錢穀擇幹濟者用之其刑名事上御史臺錢穀由部申省世祖曰汝與老臣共議然後行之可也二月辛酉御史臺奏中書省請罷行臺改按察爲提刑轉運司俾兼錢穀臣等竊惟初置行臺時朝廷老臣集議以爲有益今無所損不可輙罷且按察老臣集議得旨如所請壬戌御史臺奏前後與朝廷老臣議罷行臺及兼轉運事世榮言按察司奉旨令臣等議罷行臺及兼轉運則糾彈之職廢請右丞相所任皆長才舉職之人可兼錢穀而廷臣皆以爲不

可彼所取人臣不敢止惟言行臺不可罷者衆議皆
然世祖曰世榮以爲何如奏曰中書省奏立規措所秩五品所司官吏以
依世榮言中書省奏立規措所秩五品所司官吏以
善賈者爲之世祖曰此何必言此可用
散孫桓並爲河間山東等路都轉運鹽使其他擇用
者用之然懼有言臣用罪人世祖曰皆在阿合馬
之門令籍錄以爲汙濫此豈可盡廢臣欲擇其通才
遂從之又奏天下能規運錢穀者向日皆欲丁不曾合
者甚衆世榮既以利自任懼怒之者衆乃以九事說

世祖詔天下其一免民間包銀三年其二官吏俸免
民間帶納其三大都地稅其四江淮民失業貧困
鬻妻子以自給者所在官爲收贖使爲良民其五逃
移復業者免其差稅其六鄉民造醋者免奴課其七
江南田主叔佃客世祖悉從之既而又奏立真定濟南江
吏俸五分其九定百官考課升課之法大抵欲以釋
怨要譽而已世祖從之既而又奏
淮等處宣慰司兼都轉運使以治課程仍立條例禁
諸司不得追攝課官吏及遣人輒至辦課騷沮擾
按察司不得檢察文卷又奏大都酒課日用米千石

以天下之衆此京師當居三分之二酒課亦當日用
米二千石令各路但總計日用米三百六十石而已
其奸欺盜隱如此安可不禁臣等已責各官增舊課
二十倍後有不如數者重其罪皆從之三月庚子世祖宣
榮奏以宣德王好禮並爲湖西道宣慰使世祖曰宣
德人多言其惡世榮奏彼入狀中書省能歲辦鈔七十
五萬定是以令從之四月之事如數萬項田昔無田
事皆委臣臣愚以爲令曰之
之者草生其間臣今創田之已耕者有馬未耕者有
馬或繼播種或既生苗然不令人守之爲物蹂踐則

可惜也方今丞相安童督臣所行是守田者也然不
假之以力則田者亦徒勞耳守田者假之力矣而天不
雨則亦終無成所謂夫兩者陛下添力皆從之惟
陛下憐臣世祖曰朕知之矣令奏行事之目皆從之
世榮居中書繼數月恃委任之專肆無忌憚視廢格
猶虛位也左司郎中周戩與世榮稍不合坐以廢格
詔旨奏而殺之朝中凜凜監察御史陳天祥上章劾天
之大絜言其奇刻誅求爲國斂怨將見民間凋耗天
下空虛考其所行與所言者已不相副始言能令鈔
法如舊弊今愈甚始言能令百物自賤今百物愈貴

始言課程增至三百萬定而已始言令民不取於民令迫脅諸路勒
令如數虛認而已始言令民令所爲無非擾民
之事若不早爲更張待其自敗正猶帖雖除而已
病矢世祖時在上都御史大夫王速帖木兒以其狀
聞世祖始大悟即日遣咬都八都兒禿剌帖木兒等
還大都命安童集諸司官吏老臣儒士及知民間事
者同世榮聽天祥文仍令世榮天祥同赴上都壬
御史中丞阿剌帖木兒郭佑侍御史白禿剌帖木
兒參政撒的迷失等以世榮所伏罪狀奏曰不白丞
相安童支鈔二十萬定擅升六部爲二品劾李璮令

急迹鋪用紅青白三色囊轉行文字不與樞密院議
調三行省萬二千人置濟州委漕運使陳桑爲萬戶
晉領以沙全代萬戶瀋玉戌淛西吳江用阿合馬爲
人潘傑馮珪爲杭鄂二行省桑政宣德爲杭州宣慰
餘分布中外者眾以鈔盧開四易庫民間昏鈔不可
行罷白酒課立野麵閉磁器桑臺煤炭匹段青果
油坊諸牙行調出縣官鈔八十六萬餘定丞相安童
言世榮昔奏能不取於民歲辦鈔三百萬定鈔復
所行不符所言錢穀出者多於所入引用憸人紊亂

選法翰林學士趙孟傳等亦以爲世榮初以財賦自
任當時人情不敢預料將謂別有方術可以增益國
用及今觀之其所行爲害非細如御史所言更張之機正在今日
若復忿其所行爲害如御史所言當罷者罷之與
省命丞相安童與諸老臣議世榮所行當罷者罷之
世榮對於世祖前一一款伏遣忽都帶兒傳旨中書
言對曰近漢人新居中書者言世榮欸伏罪無遺者
更者更之所用人實無罪者朕自裁處遂下世榮于
獄已竟矢猶曰養之徒費廩食有旨誅世榮劾其肉
言十一月乙未世祖問忽剌出曰汝於盧世榮有何
以食禽獺

桑哥膽巴國師之弟子也能通諸國言語故嘗爲西
蕃譯史爲人狡黠豪橫好言財利事世祖喜之及後
貴寵乃諱言師事膽巴而背之至元中擢爲總制院
使總制院者掌浮圖氏之教無治吐蕃之事御史臺
嘗欲以章閭爲按察使世祖曰此人桑哥嘗言之及
嘗世榮見用亦由桑哥之薦中書省嘗令李留判者
盧世榮自請得其鈔市之司徒和禮霍孫謂非汝
市油桑哥不服至與相毆且謂之曰與其使漢人
所宜爲桑哥若與僧寺及官府營利息乎乃以油萬斤與
侵盜昌若與僧寺及官府營利息乎乃以油萬斤與

之桑哥後以所營息錢進和禮霍孫曰我初不悟此
也一日桑哥在世祖前論和雇和買事因語及此世
祖喜始有大任之意嘗論人才進退桑哥具省臣姓名
以進延中有所建置人才進退桑哥與鐵木兒為平章
四年二月復置尚書省遂以桑哥與鐵木兒為平章
政事詔告天下改行中書省為行尚書省六部為尚
書鈔通行如故桑哥嘗奉旨撿覈中書省事九校出黜
欠鈔四千七百七十餘鈔一千三百四十五錠平
章麥朮丁即自伏竊政揚居寬微自辯以為實掌鈔

選錢穀非所專桑哥令左右舉其面因問曰既典選
事果無陟失當者乎哥亦引服參議伯降以下九
鈎考遷惰耗失等事及參議王巨濟嘗言新鈔不便
忤旨各欵伏遣桑政忻都奏聞世祖令丞相安童與
桑哥共議且諭母令麥朮丁等他日得以脅問誣伏
為辭此輩固校儈人也殳日桑哥又奏翰中書之務
郭佑多所通貪尸位不言以疾為託與居寬故毆辱
顯惰如此汝力不能及何不告之蒙古大臣故歐辱
之令已欺服世祖命窮詰之佑與居寬後皆棄市人
咸冤焉臺吏王良弼嘗與人議尚書省政事又言尚

書鈎校中書不遺餘力他日我嘗得敚尚書奸利其
誅籍無難桑哥聞之捕良弼弼至與中書臺院札曾忽亦
鞫問歂服謂此曹誹謗不誅無以懲後遂遂魯花赤求仕不遂私
其家有吳德者嘗為江寧縣達魯花赤求仕不遂私
與人非議時政又言尚書今日殳正中書之弊他日
復為中書所殳汝獨不死也耶或以告桑哥巫捕德
同拜降福建行省平章既得旨乃言於世祖曰臣前
江淮行省左丞烏馬兒為參政依前領泉府市舶兩
按問殺之沒其妻子入官桑政嘗以沙不丁烏馬兒
言九任省臣與行省官並與丞相安童共議今奏用

沙不丁烏馬兒等適丞相還大都不及通議臣恐有
以前奏為言者世祖曰安童不在朕若主也朕已允
行有言者其令殳前言之時江南行臺與行省往復
文移事無巨細必谘內臺呈省臺又言桑哥按察司文案
楷留各路民官撿覈遍相斜舉且自太祖時有旨九
宜從省事者互相覺察此故事也從之十月乙酉世祖
遣諭旨翰林諸臣以丞相領尚書省集賢諸臣有此制否
臨對曰有之翌日左丞葉李以翰林集賢諸臣所對
咸對曰有之且言前省官不能行者平章桑哥能之宜為右
奏之且言前省官不能行者平章桑哥能之宜為右

丞相制曰可遂以桑哥爲尚書右丞相無統制院使
領功德使司事進階金紫光祿大夫於是桑哥奏以
平章鐵木兒代其位右丞阿剌渾撒里陞平章政事
葉李遷右丞叅政馬紹陞左丞十一月桑哥言臣遣
以諸道宣慰司及路府州縣官吏稽緩誤事奉旨遣
人逼笞責之今真定宣慰使速哥南京宣慰使答
臺官勳覽舊臣之子宜取聖裁敕罷其任明年正月
以甘肅行尚書省叅政鐵木哥無心任事又不與協
力奏乞牙帶代之未幾又以江西行尚書省平章政
事忽都鐵木兒不職奏而罷之兵部尚書忽都答兒

不勤其職桑哥皷罷之而後奏世祖曰若此等不罷
汝事何由得行也萬億庫有舊牌係七千餘條桑哥
言歲久則腐宜析而他用賜諸王出伯銀二萬五千
兩帛萬匹赤怯來未嘗巡察沿河諸倉致盜詐
以驢載五而回世祖甚然之其欲以小利結知此
漕運司達魯花赤兵部侍郎塔察兒代之自立尚
腐敗者多桑哥議以六部官復以爲
尙省九倉庫諸司無不鉤考先摘委者峕桑哥以爲
不專事乃置徵理司以治財穀之當追者峕桑哥以理
筭爲事麾分縷析入倉庫者無不破産及當更代人

皆萃家木而避之十月桑哥奏湖廣行省錢穀巳責平
章要束木自首償矣外省欺盜必多乞以叅政忻都
戶部尚書王巨濟叅議尚書省事阿散山東西道提
刑按察使何榮祖札魯忽赤禿忽魯泉府司卿李佑
奉御吉丁監察御史戎益僉樞密院事崔彧或尙書省
斷事官燕真刑部尚書安祐監察御史伯顏等十二
人理筭江淮江西福建四川甘肅安西六省每省各
二人特給印章與之省部官既去事不可廢擬選人
爲代筭元俸理筭之間宜給兵以備使令且以爲
衛世祖皆從之當是時天下騷然江淮尤甚而諫使之

徒方且諷都民吉等爲桑哥立石頌德世祖聞之曰
民欲立則立之仍以告桑哥使其喜也於是翰林製
文題曰王公輔政之碑桑哥又以總制院所統西番
諸宣慰司軍民財穀事體甚重宜有以崇異之奏政
爲宣政院秩從一品用三臺銀印世祖問所用何人
對曰且丞相無宣政使領功德使司事脫因同爲使世祖
右丞相桑哥謂曰朕以開府儀同三司尚書
嘗召桑哥議曰朕以葉李言更至元鈔所用者法所
貴者信波無以楮視之其本不可失波宜識之二十
六年桑哥請鈎考甘肅行尚書省及益都淄萊淘金

總管府會省趙仁榮總管明里等皆以罪罷世祖辛上
都桑哥言去歲陛下幸上都臣步諸庫令歲欲
乘小輿以行人必竊議世祖曰聽人議之汝乘之可也
桑哥又奏近委逆尚多自令當令左右司文簿凡經監察
稽照者遺逆尚多自令當令監察御史稽照書
姓名於卷末苟有遺逆易於歸罪仍命侍御史視
之失則連坐世祖從之乃答監察御史四人是後監察
御史赴省遍閱之而臺綱廢矣參政忻都既去
寮而去監察御史據令史與之抗禮但遣小吏持文簿置
尋召赴關以戶部尚書王巨濟專任理算江淮省左丞

相忙兀帶總之閏十月桑哥輔政碑成樹于省前樓
覆其上而冊縷之桑哥言國家經費既廣歲入恒不
償所出以性歲計之不足者餘百萬鋌自尚書省鈞
考天下財穀賴陛下福以所徵補之未嘗歉及百姓
臣恐自今難用此法矣何則倉庫可微者少而盜者
亦鮮矣臣憂之臣愚以為鹽課每引全直中統鈔三十
貫宜增為一定茶每引今直五貫宜增為十貫酒醋
稅課江南宜增額十萬鋌內地五萬鋌協濟戶十八
萬自入籍至令十三年止輸半賦聞其力已完宜增
為全賦如此則國用庶可支臣等免於罪矣世祖曰

如所議行之桑哥既專政凡銓調內外官皆由於己
而其宜勅尚書由中書令桑哥以為言世祖乃命自令宣
勅並付尚書省由是以刑爵為貨而販之咸走其門
入貴價以買所欲貴價入則當刑者脫求爵者得綱
紀大壞人心駭愕二十八年春世祖畋於柳林也里
審班及也先帖木兒勸奏桑哥專權賣貨時
不忽木對曰桑哥壅蔽聰明紊亂政事有言者即譖
不忽木出使三遺人趣召之至觀於行殿世祖以問
以他罪而殺之令百姓失業盜賊蜂起且旦夕
非巫誅之恐為陛下憂留守賀伯顏亦嘗為世祖陳
其奸欺久而言者益眾世祖始決意誅之二月世祖
論大夫月兒魯曰屢聞桑哥沮抑臺綱杜言者之口
又嘗播揲御史其所罪者何事富與辨之桑哥等持
御史李渶等已刷文卷至令侍御史杜思敬等勘驗
辨論往復數四桑哥等辭屈明日帝駐蹕土口復召
御史臺暨中書省兩省官辨論尚書省鈞臺嘗奏曰
前浙西按察使只必因監燒鈔受贓至千鋌嘗檄臺
徵之二年不報思敬曰文之次第盡在卷中今尚書
省折卷持對其弊可見速古兒赤闍里抱卷至前奏
曰用朱印以封紙縫者防欺弊也若尊為宰相乃拆

卷破印與人辨是教吏為奸當治其罪世祖是之責
御史臺曰桑哥為惡始終四年其奸賦暴著非一汝
臺臣難云不知中丞趙國輔對曰奪官追俸惟上所裁數
不劾自當何罪思敬等對曰知之世祖曰知而
日不決大夫月兒魯奏臺臣久任者當斥罷新者
平章要束木者桑哥之妻黨在湖廣時正月朔日
存之刀仆桑哥輔政碑下獄窮問至七月刀伏誅
百官會行省朝服以俟要束木召至其家受賀畢
方詰省望闕賀如常儀又陰召卜者有不執言
至是中書列其罪以聞世祖命械致湖廣即其
省戮之

鐵木迭兒者木兒火赤之子也嘗逮事世祖成宗大
德間同知宣徽院事兼通政院使武宗即位為宣徽
使至大元年由江西行省平章政事拜雲南行省左
丞相居二載擢離職赴闕尚書省奏奉旨詰問尋以
皇太后旨得貸罪還職明年正月武宗崩仁宗在東
宮以丞相三寶奴等孽亂舊章誅之用完澤及李孟
為中書平章政事銳欲更張庶務而皇太后在興聖
宮已有旨召鐵木迭兒為中書右丞相踰月仁宗即
位因遂相之及幸上都命鐵木迭兒留守大都平章

完澤等奏故事丞相留治京師者出入得張蓋今右
丞相鐵木迭兒大都居守時方盛暑請得張蓋如故
事許之是年冬制贈鐵木迭兒咳海洲運宣力
保大功臣太尉太師祖不憐吉帶推誠保德定遠
功臣太尉諡忠武父木兒火赤上柱國追封歸德王
太師諡忠貞並開府儀同三司追理同德功臣
皇慶元年三月鐵木迭兒奏臣誤蒙聖恩擢任中書
年襄且病雖未能深達政體思竭忠力以圖報效令
有剗行敢不自勉前省弊政方與更新欲惟列聖相
承混一區宇曰有萬幾若非整飭恐致解弛繼今朝

夕視事左右司六部官有不盡心者當論決再不悛
著黙勿叙其罪故偃倖他職者亦不叙仁宗是其
言既而以病去職延祐改元丞相哈散奏臣非世勳
且嘗監修國史乞授其印俾領翰林國史院軍國重
族姓幸逹陛下為宰相如丞相鐵木迭兒練逹政體
務悉令議之仁宗曰然卿其啟諸皇太后與之印大
事必使預聞遂拜中書右丞相合散為左丞相鐵木
重事居數月復拜開府儀同三司監修國史錄軍國
迭兒奏蒙陛下憐臣復擢為首相依阿不言誠負聖
眷比聞內侍隔越奏旨者眾倘非禁止致治實難請

《元史姦臣傳卷九十二》 廿五

敕諸司自今中書政務毋輒干預又往時富民往諸
番商販率獲厚利商者益衆中國物輕番貨反重令
請以江浙右丞曹立領其事發舟十綱給券以往歸
則征稅如制私往者沒其貨又經用不給苟不預爲
愈厲加賦稅則毒流黎庶使來歲鹽引及各冶鐵貨
規盡必至惩誤臣等集諸老議皆謂動鈔本則鈔法
十矢惟預買稅可始自江浙以及江東西宜先事嚴限格信
未戁實可始自江浙以及江東西宜先事嚴限格信
廉可以足今歲之用又江南田糧徃歲雜嘗經理多
罪賞令田主手實頃畝狀入官諸王駙馬學校寺觀

亦令如之仍禁私匿民田貴戚勢家毋得沮挽請敕
臺臣協力以成則國用足矣仁宗皆從之尋遣使者
分行各省括田增稅奇急煩擾江右爲甚致贛民察
五九作亂寧都南方騷動遠近驚懼乃罷其事明年
鐵木迭兒奏天下庶務雖統於中書而舊制省臣亦
分領之請以錢帛等領刑名委平章李孟左丞阿小
海牙參政趙世延等領住參政曹從革等領之得旨如
平章張驢右丞蕭拜住拜住參政曹從革等領之得旨如
所請七月詔諭中外命右丞相鐵木迭兒總宣政院
事十月進位太師十一月大宗正府奏累朝舊制九

《元史姦臣傳卷九十二》 廿六

議重刑必決於蒙古大臣令宜聽於太師右丞相從
之鐵木迭兒既再入中書居首相怙勢貪虐黨穢滋
甚於是蕭拜住自御史中丞爲中書右丞尋拜平章
政事稍率制之而楊朶兒只自侍御史拜中丞慨然
以糾正其罪爲已任上都富人張弼殺人繫獄鐵木
迭兒家奴脅留守賀伯顏使出之伯顏持正不可
撓而朶兒只已廉得丞相所受張弼賂有顯徵乃與
拜住及伯顏奏朝野凡可以謀陷善人要功利已者
鐵木迭兒桀黠姦貪隂險狼戾之內外監察御史四十餘人共劾
布置爪牙威嚇朝野凡可以謀陷善人要功利已者

靡所不至取晉王田千餘頃典教寺後墻園地三十
畝衛兵牧地二十餘畝侵食郊廟供祀馬受諸王合
兒班卷使人鈔十四萬貫寶珠玉帶犀幣帛又計
鈔十兩取殺人囚張弼鈔五萬貫且既已位極人臣又
十餘萬貫受杭州永興寺僧章自福賂金一百五
領宣政院事以其子八里吉思爲之使諸子無功於
國盡貴顯縱家奴陵虐官府爲害百端以致隂陽
不和山移地震災異數見百姓流亡已乃恬然暑無
省悔私家之富又在阿合馬桑哥之上四海疾怨已
久咸領車裂斬首以快其心如蒙早加顯戮以示天

下庶使後之為臣者知所警戒奏既上仁宗震怒有
詔逮問鐵木迭兒匿與聖近侍家有司不得捕仁宗
不樂者數日又恐誠出皇太后意不忍重傷怫之乃
僅罷其相位而已鐵木迭兒家居未逾年又起為太
子太師中外聞之莫不驚駭參政趙世延為御史中
丞率諸御史論其不法數十事而內外御史論其不
可輔導東宮者又四十餘人然以皇太后故終不能
明正其罪明年正月辛丑仁宗崩越四日鐵木迭兒
以皇太后旨復入中書為右丞相拜住與粲兒只羣徹

東宮鐵木迭兒宣太后旨召蕭拜住與粲兒只羣徹
政院與徽政院使失里門御史大夫禿忽哈雜問之
責以前違太后旨令伏罪即起入奏遷稱旨執二人
橐市是日白晝晦冥都人怕懼英宗將行即位禮鐵
木迭兒稱賀班首惟上所命英宗曰其以鐵木迭兒
率百官㻶病足中書省啟委平章王毅右丞高昉
為之既即位鐵木迭兒即命英宗以皇帝登極中書
等徵理在京倉庫所貯糧尉七十八萬石責償於倉
官及監臨出內者所貢常帛紕繆者責償於本處官
吏之薑其事者仍立程嚴督違者秋之五月英宗在
上都鐵木迭兒嫉留中賀伯顏素不附已乃奏其以

便服迎詔為不敢下五府雜治竟殺之都民為之流
弟趙世延時為四川行省平章政事鐵木迭兒怨其
昔嘗論已方入相時即從東宮啟英宗遣人逮捕之
世延未至鐵木迭兒使諷世延喻以美官令告引同
時異已者世延不肯從至是坐以違詔不敬令法司
窮治請寘極刑英宗曰彼罪在赦前所宜釋免鐵木
迭兒對曰昔世延與省臺諸人謀害老臣欲竊寘姓
名英宗曰事皆在赦前矣又焉用問後數日又奏世
延當廢死罪又不允有司承望風旨鍛鍊使自裁世
延終無所屈賴英宗素聞其忠良得免於死鐵木

迭兒恃其權寵乘間肆毒睚眥之私無有不報英宗
覺其所諸毀者皆先帝舊人滋不悅其所為乃任拜
住為左丞相委以心腹鐵木迭兒漸見跌外以疾死
于家御史蓋繼元宋翼言其上負國恩下失民望生
贈制書籍沒其家子班丹知樞密院事尋以贓敗不
逃顯戮死有餘辜乃命毀所立碑追奪其官爵及封
叙鎖南當為治書侍御史其後鐵失弒英宗鎖南以
遂黨伏誅

哈麻

哈麻字士廉康里人父禿魯母為寧宗乳母禿魯以

故封冀國公加太尉階金紫光祿大夫哈麻與其弟雪雪早備宿衛順帝深眷寵之而哈麻有口才尤為帝所藝幸累遷官為殿中侍御史雪雪累官集賢學士帝每即內殿與哈麻以雙陸為戲一日哈麻服新衣侍側帝方噯茶即噀茶於其衣哈麻視帝曰天子固當如是耶帝一笑而已其被愛幸無與為比由是哈麻日趨附其兄弟之門會脫脫去相位而別兒怯

不花為丞相與脫脫有舊處頗欲中傷之哈麻每於帝前力營護之以故得免初別兒怯不花與太平韓嘉納秀涮迭兒等十人結為兄弟情好甚密及別兒怯不花既罷九年太平為左丞相韓嘉納為御史大夫乃謀黜哈麻諷監察御史幹勒海壽列其罪惡劾奏之其小罪則受宣讓王等駙馬諸物其大者則設帳房於御幄之後無君臣之分又恃以提調番徽寺為名出入脫忽思皇后宮闈無間犯分之罪九大寧徽寺者掌脫忽思皇后錢糧而脫忽思皇后帝庶母也哈麻知御史有所言先已於帝前析其非罪事皆太

平韓嘉納所掠拾及韓嘉納以御史所言奏帝大怒斥弗納明日章再上帝不得已僅奪哈麻雪雪官職居之草地而韓勒海壽為陝西廉訪副使於是太平罷為翰林學士承旨韓嘉納罷為宣政使尋出為江浙行省平章政事有頃脫脫復為丞相帝謂御史所劾哈麻事為侵已帝益怒乃詔奪海壽官歸田里禁錮之已而脫脫復為丞相加韓嘉納以贓罪狀流奴干以死別兒怯不花既罷猶出居般陽而禿滿迭

兒自中書右丞出為四川右丞亦誣以罪追至中道殺之已而哈麻復見召用而脫脫兄弟允德之十二年八月哈麻拜中書添設右丞明年正月正除右丞時脫脫方信任汝中栢由郎中為參議中書自平章政事以下見其議事皆唯唯而已獨哈麻於脫脫之論數不合汝中栢因譖哈麻於脫脫八月出哈麻為宣政院使又位居第三哈麻由是深銜脫脫初哈麻嘗陰進西天僧以運氣術媚帝帝習為之號演揲兒演揲兒華言大喜樂也哈麻之妹婿集賢學士秃魯帖木兒故有寵於帝與老的沙八郎答剌馬吉的波迪哇兒禿魯帖木兒等十人俱號倚納秃魯帖木兒性姦

狎帝愛之言聽計從亦薦西蕃僧伽璘真於帝其
善秘密法謂帝曰陛下雖尊居萬乘富有四海不過
保有見世而已人生幾何當受此秘密大喜樂禪
定帝又習之其法亦名雙修法曰演揲兒曰秘密皆
房中術也帝乃詔以西天僧為司徒西蕃僧為大元
國師其徒皆取良家女或四人或三人奉之謂之供
養於是帝日從事於其法廣取女婦惟淫戲是樂又
選采女為十六天魔舞八郎者帝諸弟與其所謂倚
納者皆在帝前相與褻狎甚至男女裸處號所處室
曰些即兀該華言事事無礙也君臣宣淫而羣僧出

入禁中無所禁止醜聲穢行著聞于外雛市井之人
亦惡聞之皇太子年日以長尤深疾禿魯帖木兒等
所為欲去之未能也十四年秋脫脫領大軍討高郵
哈麻乘間遂復入中書為平章政事脫脫之出師也
以汝中栢為治書侍御史偉輔也先帖木兒汝中栢
累言哈麻必當屏斥不然必為後患而也先帖木兒
不從哈麻知之恐終必不自保因訴於皇后奇氏曰皇
太子既立而冊寶及郊廟之禮不行者脫脫兄弟之
意也皇后既頗信之哈麻復與汪家奴之子亲哥也先
里也先帖木兒之客明理明古諸諸皇太子會也先

帖木兒移疾家居於是上監察御史表賽因不花等即
承望哈麻風指奏劾也先帖木兒罪惡章凡三上而
帝始允詔收御史臺印令先帖木兒出都門聽旨
而遂以矯制之罪即軍中奪其兵柄安置淮安既
脫脫老師費財之罪並死並籍其家貲人
口而以所籍遂以死矣明年二月哈
左丞相國家大柄盡歸由僧為恥告其父禿魯曰我
雲由知樞密院事拜御史大夫五月哈麻遂拜中書
麻既為相自以前所進葉由僧為恥告其父禿魯曰我

兄弟位居宰輔宜導人主以正令禿魯帖木兒專媚
上以淫媟天下士大夫必譏笑我將何面目見人我
將除之且上日趨於昏暗何以治天下令皇太子年
長聰明過人不若立以為帝而奉上為太上皇其年
聞之歸告其夫禿魯帖木兒恐皇太子為帝則已必
先見誅即以聞于帝然不敢斥言淫媟事第曰哈麻
謂陛下老耄帝即與禿魯帖木兒謀去哈麻雪雪計已
我為老耶帝即與禿魯帖木兒走匿尼寺中明日帝遣使傳旨哈麻
定禿魯帖木兒即大驚曰朕頭未白齒未落遽謂
與雪雪毋早入朝其家居聽旨御史大夫搠思監因

劾奏哈麻與雪雪罪惡帝曰哈麻雪雪兄弟二人雖有
罪然侍朕日久且與朕弟懿璘質班皇帝實同乳可姑
緩其罰令其出征已而中書右丞相定住平章政事桑
哥失里復詔劾哈麻於惠州安置雪雪於肇州安置桑
城受詔遂詔哈麻既死仍籍其家財也先帖木兒所封
行俱杖死哈麻兄弟寵幸方固而
之庫藏其封識固未嘗啓也哈麻兄弟寵幸方固而
一旦遽見廢外人皆謂帝怒其譖害脫脫兄弟之故
而不知其罪蓋由於不軌其兄弟之死人無恤之者

棤思監

棤思監怯烈氏野先不花之孫亦憐真之子也早歲
性寬厚簡言語皆以遠大之器期之泰定初襲長宿
衞爲必闍赤怯薛官至順二年除內八府宰相元統
初出爲福建宣慰使都元帥居三年通達政治威惠
甚著後至元三年拜江浙行中書省參知政事國用
所倚海運爲重是歲棤思監被命督其役措置有方
所漕米三百餘萬石悉達京師無耗折者六年擢湖
北道肅政廉訪使未行改江浙行省右丞福建鹽法
父壞詔棤思監往宪其私鬻盜蠶及出納之弊至則
悉廉得其利病爲罷行之至正元年改山東肅政廉

訪使尋召拜中政使明年正月除陝西行臺御史中
丞三月復爲中政使八月調太府卿四年拜中書參
知政事俄復爲中丞六年遷御史中丞遂除翰林學士
承旨俄復爲中丞又由資政使遷宣徽使九年除大
宗正府也可扎魯火赤宗王國人咸稱其明果尋復
入中書爲右丞十年正月陞平章政事階光祿大夫
十一年十一月拜御史大夫從丞相脫脫平徐州有功十
年四月復拜御史大夫尋又爲中書平章十四年九月
三年復拜御史大夫進階銀青榮祿大夫十二
奉命率師討賊淮南身先士卒面中流矢不爲動十

五年遷陝西行省平章復召還拜知樞密院事俄復
拜中書平章薰大司農分司提調大都留守司及屯
田事一日入侍帝見其面有箭瘢深歎閔焉進爲首
平章十六年復遷御史大夫四月遂拜中書左丞相
明年三月進右丞相十八年加太保詔封其曾祖考
魯海爲雲王祖也先不花爲瀛王父亦憐真爲冀王
是時天下多故日已甚外則軍旅煩興疆宇日感內
則報藏空虛用度不給而帝方溺於娛樂不恤政務
於是棤思監居相位又無所匡救而文公受賄賂貪
聲著聞物議喧然是年冬監察御史燕赤不花劾奏

搠思監任用私人雜列及妾第崔完者帖木兒印造

偽鈔事將敗令雜列自發以減口搠思監乃請謝事

解機務詔止收其印綬而御史谷里麻失里王嶬言

不巳帝終不聽也會遼陽賊勢甚明年遂起為遼

陽行省左丞相未行二十年三月復拜中書右丞相

仍降詔諭天下時帝益厭政而宦者資正院使朴不

花乘間用事為姦利搠思監因與結搆相表裏四方

警報及將臣功狀皆壅不上聞孛羅帖木兒廓擴帖

木兒各擁强兵于外以權勢相軋釁隙遂成搠思監

與朴不花黨於廓擴帖木兒而訾孛羅帖木兒以非

罪二十四年三月帝因下詔削奪其官爵且命廓擴

帖木兒以兵討之而宗王不顏帖木兒禿堅帖木兒

等皆稱兵與孛羅帖木兒合表言其無罪於是帝為

降詔曰自至正十一年妖賊竊發屬管選命將相分

任乃職視同心贊凡嚴庶政悉以委之堂期搠思監

而解體在內忠良之士悉隔非辜又俾朕以信任之專

朴不花寅緣為姦互相壅蔽以致在外宣力之臣因

攜孛羅帖木兒老的沙等悉同謀不軌朕以信任之專

失於究察遂調兵徃討孛羅帖木兒已嘗陳詞而乃

寢匿不行令宗王不顏帖木兒等仰畏明威遠來控

訴以表其情朕為惻然興念而搠思監朴不花猶飾

塵詞簧惑朕聽其以搠思監屏諸嶺北比朴不花竄之

甘肅以快衆憤孛羅帖木兒等悉與改正復其官職

然詔書雖下而搠思監朴不花仍留京師四月孛羅

帖木兒乃道禿堅鐵木兒稱兵犯闕必得搠思監朴

不花乃巳帝不得巳縛二人畀之遂皆為孛羅帖木

兒所殺巳而監察御史復奏言搠思監矯殺丞相太

平盜用鈔板私家草詔任情效選獄賣官費耗庫

藏居廟堂前後十數年使天下八省之地悉致淪陷

乃誤國之姦臣宄其罪惡大赦難原襄者姦臣阿合

馬之死剖棺戮尸搠思監之罪視阿合馬為有過今

其雖死必剖棺戮尸為宜有旨從之而臺臣言猶不

巳遂復沒其家產而竄其子宣徽使觀音奴於遠方

怯烈氏四世為丞相及居相位人皆仰其有為比盛而

搠思監早有才望及居相位者八人世臣之家鮮與比而

事顧乃空之以懦濟之以貪遂使天下至於亂亡而

不可為論者謂元之亡搠思監之罪居多云

元史傳卷九十二

叛臣

李璮小字松壽濰州人李全子也或曰璮本衢州徐氏
子父嘗為揚州司理參軍全蓋養之為子云太祖十六
年全叛宋舉山東州郡歸附太師國王李魯承制拜全
山東淮南楚州行省而以其兄福為副元帥太宗三年
全攻宋揚州敗死璮遂襲為益都行省仍得專制其地
朝廷數徵兵輒詭辭不至憲宗七年又調其兵赴行在
璮親詣帝言曰益都乃宋航海要津分軍非便帝然之
命璮歸取漣海戲州璮遂發兵攻撥漣水相連四城大張

《元史傳卷九十三》　一

赴捷之功中統元年世祖即位加璮江淮大都督璮言
近獲生口知宋調兵將改遷水且謀見許浦射陽湖舟
艦相望勢欲出膠而向益都請繕城塹以備詔出金符
十銀符五授璮以賞將上有功者且賜銀三百錠降詔
獎諭蒙古漢軍之在邊者咸聽節制璮復揚言宋呂文
德合淮南兵七萬五千來攻漣水且規築堡以臨我及
得賈似道呂文德書辭甚悖傲知朝廷近有內顧之憂
必將肆政於我乞選將益兵臣當帥先渡淮以雪慢書
之厚執政得奏諭以朝廷方通和議邊將惟當固封圉
且南人用間其詐謀非一彼既不至毋或妄動璮乃上言

臣所領益都土曠人稀自立海州今八載將士未嘗釋
甲轉輓未嘗息肩民力凋耗莫甚斯時以一路之兵抗
一敵國衆寡不侔人所共患賴此必克漣海二
州復破夏貴虎臣十餘萬之師然臣豈敢恃此必敵
人之不再至哉且宋人今日西無蜀鳴楚之虞而東
若以水陸綴連而遺舟師導海以北壽膠萊之墟從以
帥步騎直指沂莒勝璨則山東陽唐鄧陳蔡諸軍攻
不為備哉臣昨追敵至淮安非我有失豈可易視而
執政止臣故臣不敢深入昔以東
荆山取壽泗以亳宿徐邳諸軍合臣所統兵攻揚楚則

《元史傳卷九十三》　二

兩淮可定兩淮既定則選兵以取江南自守以寬民力
將無施不可此上策也因上將校馮泰等功第狀詔以
益都官銀分賞之二年正月璮言于行中書省以宋人
聚女糧數十萬列艦萬三千艘于許浦以伺內郡而宣
撫司轉輸不繼恐一旦水陸道絕緩急莫報請選精騎
倍道來援裹協攻秉機深入江淮可圖也既而來獻
連水捷璮輒發獎兵修益都城塹且報宋人來攻漣水詔
士庚寅璮詔復獎諭仍給金符十七銀符二十九增賜將
遣阿術哈剌拔都愛仙不花等悉兵赴漣水詔
益兵赴調璮遂請節制諸道所集兵馬且請給兵器

中書議與矢三萬詔給矢十萬三年四月又以宋賈
似道誘總管張元張進等書來上蓋璮專制山東者
三十餘年其前後所奏凡數十事皆恫疑虛喝挾敵
國以要朝廷而自為完繕益兵計其謀亦深矣初以
其子彥簡質于朝而潛為私驛逃歸璮遂反以漣海三城獻
營至是彥簡遂用私驛自益都至京師質子
郭或奔竄山谷由是自益都甲午入
之發府庫以犒其黨送冦蒲臺民聞璮反皆入保城
于宋竊蒙古成兵引塵下具舟艦民還攻益都甲
聲癸卯帝聞璮反遂下詔暴其罪甲辰命諸軍討璮

己酉以璮故裁
中書平章王文統壬子璮盜據濟南
癸酉命史樞阿术帥師赴濟南璮師衆出掠輜重將
及城官軍邀擊大敗之斬首四千級璮退保濟南五
月庚申築環城圍之甲戌圍合璮自是不得復出猶
日夜拒守取城中子女賞將士以悅其心且分軍就
食民家發其蓋藏璮以繼不足則各家賦之臨令以人為
食至是人情潰散璮不能制各什伯相結縋城以出
璮知城且破乃手刃愛妾乘舟入大明湖自投水中
水淺不得死為（官軍所獲縛至諸王合必赤帳前丞
相史天澤言宜即誅之以安人心遂與蒙古軍官囊

家并誅焉
王文統字以道益都人也少時讀權謀書好以言撼
置幕府命其子彥簡師事之文統遇之文統亦以女妻璮由是
用官物樹私恩取宋漣海二郡皆文統謀也世祖在
軍旅之專咸與諸將決事之文統上邊功虛張敵勢以固其位
人遍干諸侯無所遇刀往見李璮璮以女妻之大喜即留
清蒲訪問才智之士素聞其名及即位以總內外百
司之政首擢文統為平章政事委以更張庶務建元
以文統為薦者亟召用之刀立中書省示以條格欲差發
為中統詔諭天下立十路宣撫司

辦而民不擾鹽課不失常額交鈔無致阻滯尋詔行
中書省造中統元寶交鈔立刍市米于潁州漣水光化
軍是年冬初行中統交鈔自十文至二貫文凡十等
不限年月諸路通行稅賦並聽收受明年二月世祖
在開平召中書省事禰禍與文統親率各路宣撫
使俱赴闕召中書省事禰禍與文統親率各路宣撫
九民間差發宣課鹽鐵等事一委文統等裁處及振
旅還官未知其可否何若且以往者急於用兵事多
不暇講究所當振其紀綱者宜在今日故召文統等
至責以成効用游顯鄭鼎趙良弼董文炳等為各路

宣撫司復以所議條格詔諭各路俾遵行之未幾又
詔諭宣撫司并達魯花赤管民官課稅所官申嚴私
鹽酒醋麵貨等禁文統爲人忌刻初立中書時張文
謙爲左丞文統積不能平思有以陷之文謙論建明
太子太傅衡爲太子太保外佯尊之實不欲使朝夕
職行大名等路宣撫司事而去時姚樞竇默許衡皆
報相可否文統素以安國利民爲急故屢講論建本
伷碩問於左右也默嘗與王鶚及樞衡俱侍世祖面
詆文統曰此人學術不正必禍天下不可處以相位

元史叛臣傳卷九十三 五

世祖曰若是則誰可爲者默以許衡對世祖不懌而
罷鶚嘗請以右丞相史天澤監脩國史左丞相耶律
鑄監脩遼史文統監脩金史世祖曰監脩脩階銜俟
史時定之又明年二月李璮反以漣海三城獻于宋
先是其子彥簡由京師逃歸璮遣人白之中書及反
書聞之曰汝教璮爲逆積有歲年舉世皆知之朕今
問汝所策云何其悉以對文統對曰臣亦忘之容臣
悉書以上書畢世祖命讀之其間有曰蠢蠢之民苟
能存全保爲陛下取江南世祖曰汝今日猶欲緩頰

於朕耶會璮遣人持文統三書自洛水至以書示之
文統始錯愕駭汗書中有期甲子語世祖曰甲子之
期云何文統對曰李璮反心以臣居中不敢即
發臣欲告陛下縛璮父子以臣居此方猶未
靖也此至甲子猶可數年耳臣爲是言姑遲其反期
負而爲此文統猶枝辭傍說終不自言臣罪當死乃
命五右卒去始出就縛璮召竇默姚樞王鶚僧子聰
及張柔等至示以前書曰汝等謂文統當得何罪
臣皆言人臣無將將而必誅柔獨疾聲大言曰宜劇

元史叛臣傳卷九十三 六

世祖又曰汝同辭言之諸臣皆曰當死世祖曰渠亦
自服朕前矣文統乃伏誅子彥并就戮詔諭天下曰
人臣無將垂千古之彝訓國制有定懷二心者必誅
何期輔弼之僚迺蓄姦邪之志平章政事王文統起
由下列擢寘台司倚付不爲不深待遇不爲不厚廼
收成効以底不平焉知李璮之同謀潛使子彥之通
耗邇者獲親書之數幅審其有反狀者累年將寘
市之誅并其子彥正典刑訖於今月二十三日將反臣
王文統并其子彥正典刑訖於戲貟國恩而謀大逆
死有餘辜處相位而被極刑時或未喻咨爾有衆體

予至懷然文統雖以反誅而元之立國其規模法度
世謂出於文統之功爲多云

阿魯輝帖木兒滅里大王之裔也初太宗生七子而
滅里位第七世祖既定天下乃大封宗親爲王滅里
至大元年始封陽翟王賜金印蠋絽俺都剌鎮北藩禿滿
傳曲春曲春傳太平太平傳帖木兒赤而阿魯輝帖
木兒襲其封會兵起阿魯輝帖木兒知國事已不可爲乃
以比方兵南討阿魯輝帖木兒知國事已不可爲乃
乘間擁衆數萬屯于木兒古兀徹之地而脅宗王以

叛且遣使來言於帝曰宗以天下付汝汝何故失
其太半盡以國璽授我我當自爲之帝間神色自若
徐曰天命有在汝欲爲則爲之於是降詔開諭俾其
悔罪阿魯輝帖木兒不聽乃命知樞密院事禿堅帖
木兒等擊之行至稱海起哈剌萬人爲軍其人素
不習爲兵而一旦驅之使戰既陣兵猶未接皆脫其
號衣奔阿魯輝帖木兒軍中禿堅帖木兒遂敗績
單騎還上都二十一年更命少保知樞密院事老章
以兵十萬擊之且俾阿魯輝帖木兒之弟忽都帖木
兒從征軍中遂大敗其衆阿魯輝帖木兒遂謀東遁

其部將脫驪知其勢窮乃與宗王囊加玉樞虎兒吐
華擒阿魯輝帖木兒送闕下帝命誅之於是加老
章和寧王以鎮北行省丞相知行樞密院事俾鎮北
封陽翟王而宗王囊加等悉議加封尋又詔加封老
太傅脫驪知遼陽行樞密院事仍以忽都帖木兒襲
華擒阿魯輝帖木兒送闕下帝命誅之於是加老章
藩云

傳卷第九十三

逆臣

鐵失

鐵失者當英宗即位之初以翰林學士承旨宣徽院
使爲太醫院使未逾月特命領中都威衛指揮使明
年改元至治有珍珠燕服之賜三月特授光祿大夫
御史大夫仍金虎符忠翊侍衛親軍都指揮使依前
太醫院使英宗嘗御鹿頂殿謂鐵失曰徽政雛隸太
皇太后朕視之也與諸司同九簿書宜悉令御史檢覈
既而又命領左右阿速衛冬十月英宗親祀太廟以

《元史逆臣傳卷九四》一

中書左丞相拜住爲亞獻官鐵失爲終獻官明年冬
十月江南行臺御史大夫脫脫以疾請于朝未得請
輒去職鐵失奏罷之杖六十七謫居雲南治書侍御
史鐵南鐵木迭兒之子也罷爲翰林侍講學士鐵失
奏復其職英宗不允十二月鐵失以御史大夫忠翊
親軍都指揮使左右衛親軍都指揮使太醫院
使兼領廣惠司事英宗嘗謂臺臣曰朕深居九重臣
下奸貪民生疾苦豈能周知故用卿等爲耳目宜籍
鐵失迭見貪蠹無厭汝等挾默不言其人雖死宜暴
其家以懲後也又明年三月申命大夫鐵失振舉臺

綱詔諭中外既而御史臺請降旨開言路英宗曰言
路何嘗不開但卿等選人未當爾朕知卿所劾者率
因宿怨羅織成獄加之以罪遂玷大事未幾以貪墨伏
監察御史嘗舉八思吉可任大事未幾以貪墨伏
誅若此者言路選人當平乎否平時鐵木迭兒既死
隱以進賢退不肖爲急務鐵失以姦黨不自安潛蓄
異圖秋八月癸亥英宗自上都南還駐蹕南坡是夕
鐵失與知樞密院事也先鐵木兒前雲南行省平章政
事完

《元史逆臣傳卷九四》二

者前治書侍御史鐵南鐵失之弟宣徽使鐵南典瑞
院使脫火赤樞密副使阿散僉書樞密院事章台衛
士禿滿及諸王按梯不花李羅月魯鐵木兒曲律不
花元魯思不花等以鐵失所領阿速衛兵爲外應殺
右丞相拜住而鐵失直犯禁幄手弒英宗于卽所九
月四日晉王卽位鐵失及其黨皆伏誅

李羅帖木兒苔失八都魯之子也從父討賊屢立戰
功其語見父傳父元管諸軍三月擊劉福通於衛輝走
口十八年正月命李羅帖木兒爲河南行省平章政
事仍總領其父元管諸軍三月擊劉福通於衛輝走

之進克濮州四月屯兵真定六月自武安由彭城邀
撒沙劉等敗之九月命統領諸軍夾攻曹州十月遣
僉政匡福紋苗軍自西門入李羅帖木兒自北門入
四門並進克復曹州擒殺偽官武寧相仇知院獲偽
印信金牌等物十九年二月過代州收山東濱將孟
本周諸軍三月詔李羅帖木兒移兵至大同置大都
督兵農司專督屯種以李羅帖木兒領之當月領兵
豐州雲內與開先生戰開軍奔潰屏有楊誠者督
兵捕之七月圍其城俄有旨命回兵十一月再命勤

〈元史傳卷九五〉 三

捕二十年正月李羅帖木兒追誠至飛狐縣東關誠
棄軍道降其潰卒回駐大同二月除中書平章政事
三月命討上都程思忠兵次興和思忠奔潰七月擊
敗田豐偽將王士誠於臺州詔總領一應達達漢人
諸軍便宜行事八月命守石嶺關以北察罕帖木兒
守石嶺關以南九月李羅帖木兒欲得興寧遣兵自
石嶺關直趨圍其城三日復退屯交城十月詔李羅
帖木兒守襄寧遣保保殷興祖高脫因倍道趨之守
者不納察軍帖木兒部將脫列伯戰敗之二十一年正月命平章
帖木兒

蒼失帖木兒衆政七十往諭解之李羅帖木兒罷兵
還鎮九月命李羅帖木兒於李遣楊榮祖以南屯
田二十二年二月偽平章左丞遣楊榮祖至大同降
三月李羅帖木兒遣裨將也速不花等招兵五萬成
大同之二十三年十月李羅帖木兒復南侵擴廓帖
木兒所守地遂據真定初朝廷既黜御史大夫老的
沙安置東勝州帝別遣官密謝李羅帖木兒令留
軍中而皇太子累遣官索之李羅帖木兒匿不發二

〈元史傳卷九五〉 四

十四年正月李羅帖木兒陰使人殺其叔父左丞亦
只兒不花伴為不知往甲不哭朝廷知其跋扈又以
匿老的沙事三月辛卯詔罷李羅帖木兒兵權四川
安置李羅帖木兒殺使者拒命遣部將會禿堅帖木
兒提兵犯闕揚言索右丞相搠思監資正院使朴不
花二人先是朝廷立衛屯田嘗命中書右丞也先不
花提督與禿堅帖木兒分院之地相近因擾及其親
里擴成嫌隙也先不花乃先不花乃諸禿堅帖木
李羅帖木兒與禿堅帖木兒相友善且知其諂毀朝政
白其非罪皇太子以李羅帖木兒握兵跋扈今乃與

禿堅帖木兒交通，又匿不軌之臣，遂與丞相搠思監議，請詔削其官，分其兵，授四川省丞相察罕不花領之。李羅帖木兒謂非帝意，故不聽命，舉兵助禿堅帖木兒。四月壬寅，入居庸。乙巳，至清河，列營將犯闕。帝遣達達國師、蠻子院使往問故，乃命屏搠思監、朴不花赦其罪，送與之。庚戌，賜宴慰勉，詔李羅帖木兒為大保、中書平章、燕知樞密院事，守禦大同。以禿堅帖木兒還大同。皇太子恚怒不已，再徵擴

廓帖木兒兵保障京師。五月，詔擴廓帖木兒總兵，調諸道軍分討大同。擴廓帖木兒自其父察罕在時，與李羅帖木兒連年相讐殺，朝廷累命官講和，二軍已還兵各守其地。至是，擴廓帖木兒乃大發兵，諸道夾攻大同，調麾下鎮住守護京師，兵不滿萬。以其部下青軍楊同僉守居庸。擴廓帖木兒自將至太原，調督諸軍。七月，李羅帖木兒率兵與禿堅帖木兒、老的沙等復犯闕，京師震駭。丙戌，軍於昌平。也速軍士於清河。丞相也速、詹事不蘭奚軍於昌平。也速軍士無鬭志，青軍楊同僉被殺於居庸，不蘭奚戰敗走。皇

太子亦馳入城。丁亥夜，鎖住脅東宮官僚，從太子出奔太原。戊子，李羅帖木兒兵至，駐健德門外，欲追襲皇太子。老的沙力止之。三人入見帝宣文閣，泣拜許[宥]。帝亦為之泣，乃賜宴。庚寅，就命李羅帖木兒御史大夫、中書右丞相，節制天下兵馬。八月壬寅，詔加李羅帖木兒開府儀同三司、上柱國、錄軍國重事、太尉、中書右丞相。其部屬將士布列臺省。數月間誅犯臣禿魯帖木兒、波迪哇兒禡等，罷三宮不急造作，沙汰宦官，減省錢粮，禁西番僧人佛事，數遣使請皇太子還朝。使

至太原，拘留不報。二十五年，皇太子在外，日夜謀除內難，承制調遣嶺北、甘肅、遼陽、陝西及擴廓帖木兒等軍，進討李羅帖木兒。李羅帖木兒怒，出皇后于外，幽置百日，遣禿堅帖木兒率軍討上都附皇太子者。求平遣人西連太原，東連遼陽，軍聲大振。李羅帖木兒調也速南禦擴廓帖木兒軍，也速次良鄉不進而歸。永平遣人驍將姚伯顏不花統兵出禦，至通州河溢之變。營虹橋以待也，速出其不意，襲而破之，擒姚伯顏不花統兵而出通州，三日大雨而還。李羅帖木兒先嘗以自疑殺其將保安，既又失姚伯顏

嚳爵不樂乃日與老的沙飲宴荒湛無度酗酒殺人

喜怒不測人皆畏忌威順王子和尚受帝旨與徐

士本謀結勇士上都馬金那海伯達兒古思不花

火兒忽達洪寶寶等陰圖刺之七月乙酉值禿堅帖

木兒遣人來告上都之捷李羅帖木兒起入奏行至

延春閣李樹下伯達兒自衆中奮出斫字羅帖木兒

中其腦上前馬及金那海等競前斫死老的沙傷額

趨出得馬走其家擁李羅帖木兒母妻及其子天寶

奴北遁有旨令民間盡殺其部黨明日遣使函字羅

帖木兒首級徃太原詔皇太子還朝諸道兵聞詔罷

沙皆伏誅

歸九月皇太子朝京師十二月獲禿堅帖木兒老的

傳卷第九十四

翰林學士承旨制誥兼修國史贈光祿大夫柱國追封齊國公諡文忠臣宋濂等奉

勃髻

高麗

高麗本箕子所封之地又扶餘別種嘗居之其地東
至新羅南至百濟皆跨大海西北度遼水接營州而
鞨鞨在其北其國都曰平壤城即漢樂浪郡水有出
鞨鞨之白山者鴨綠江而平壤在其東南因恃以
爲險後關地益廣并古新羅百濟高句麗三國而爲
一其主姓高氏自初立國至唐乾封初而國亡垂拱
以來子孫復封其地後稍能自立至五代時代主其
國遷都松岳者姓王氏名建自建至璹凡二十七王
歷四百餘年未始易姓入元太祖十一年契丹人金
山元帥六哥等領衆九萬餘竄入其國大祖遣哈只吉等領兵
攻拔江東城據之十三年帝遣哈只吉等同攻圍之
征之國人洪大宣詣軍中降與哈只吉等同攻圍之
高麗王名㬚奉牛酒出迎王師且遣其樞密院使吏
部尚書上將軍趙冲請滅六哥劄劄曰爾國道遠
刺與冲約爲兄弟歲輸貢賦劄劄曰爾國道遠
難於往來每歲可遣使十人入貢十二月劄劄移

文取兵糧送米一千斛十四年正月遣其權知閤門
抵候尹公就中書注書崔逸以結和牒文送劄刺行
營劄刺遣使報之高麗王以其侍御史朴時允爲接
伴使迎之帝又遣蒲里伬思等十人趣其入貢
拜設宴九月皇太弟國王及元帥合臣副元帥劄刺
等各以書遣宣差大使慶都忽都頭領官堪古著右
尋以方物進十五年九月大頭領官苦著右嫩貢
寺復以皇太弟國王書趣之仍進方物十六年七月
有旨諭以代女直事始奉表陳賀八月著右嫩使其
國十月喜速不兀等繼使焉十七年十月詔遣著右

嫩等十二人至其國察其納欵之實十八年八月宣
差山术觲等十二人復以皇太弟國王書趣其貢獻
十九年二月著右嫩等復使其國十二年三月又命
殺之於途自是連七歲絕信使矣太宗三年八月命
撒禮塔征其國國人洪福源迎降于軍得福源所率
編民千五百户旁近州郡又使阿兒禿與福源抵王京招其
福源攻未附州郡又有來降福源抵王京招其
主王㬚瞰遣其弟懷安公王侹請和許之置京府縣
達魯花赤七十二人監之遂班師十一月元帥蒲桃
迪巨唐古等領兵至其王京㬚遣使奉牛酒迎之十

二月一日復遣使勞元帥于行營明日其使人與元帥所遣人四十餘輩入王城付文牒又明日暾遣王從等詣撒禮塔屯所犒師四年正月帝遣使以璽書諭暾三月暾遣中郎將池義源錄事洪巨源金讓等責國贖牒文送撒禮塔領兵

章御史薛慎等奉表入朝五月復下詔諭之六月暾盡殺朝廷所置達魯花赤七十二人以叛遂平王京及諸州縣民竄海島洪福源集餘民保聚以俟大兵八月復遣撒禮塔領兵討之至王京南攻其㽦仁城中流矢卒別將識哥以軍還其巳降之人令福源領之

五年四月詔諭暾悔過來朝且數其五罪自平契丹賊殺劄剌之後未嘗遣一介赴闕罪一也命使賚訓言省諭輒敢射田罪二也兩等謀害著古歟乃稱萬奴民戶殺之罪三也汝進軍仍令汝弭集入朝爾敢抗拒竄諸海島罪四也汝等民戶不拘集見數輒敢妄奏罪五也十月暾復遣兵攻陷巳附西京等廓降民劫洪福源家六年福源得請領其降民還居東京賜佩金符七年命唐古與洪福源領兵征之九年拔其龍岡咸從等十餘城十年五月其國人趙玄習李元

祐等牢二千人迎降命居東京受洪福源節制且賜御前銀符使玄習等佩之以招未降民戶又李君式等十二人來降待之如玄習焉十二年暾遣其將軍金寶鼎御史宋彥琦等奉表入朝十一年暾遣其將入朝暾以毋喪辭六月乃遣其禮賓卿廬演禮賓少親朝於明年十二月暾遣其新安公王佺與寶鼎彥琦等百四十八人奉表入貢十二年三月又遣其右

諫議大夫趙脩闇門祗候金成寶等奉表入貢其右御金讓文進奉使副使宋彥琦奉表入朝十月有旨諭暾入朝暾以毋喪辭六月乃遣其禮賓少卿宋彥琦復下詔諭之十二月暾遣其禮賓少卿宋彥

史權韙充行李使入貢是歲攻拔昌朔等州十三年秋暾以族子綧為己子入質當定宗之世歲貢不入故自定宗二年至憲宗八年凡四命將征之九抜其城十有四憲宗末暾遣其世子倎入朝世祖中統元年三月暾卒命倎歸國為高麗國王以兵衛送之仍放其境內制曰我太祖皇帝肇開大業聖聖相承代有鴻勳芟夷群雄奄有四海未嘗專嗜殺也九屬國列侯分茅錫土傳祚子孫者不啻萬里就非向之勍敵哉觀乎此則祖宗之法不待言而章章矣今也普天之下未臣服者惟爾國與宋耳宋所恃者長江

而長江失險所藉者川廣而川廣不支邊成自徹其
藩籬大軍已駐平心腹鼎魚幕燕亡在旦夕爾初世
子奉幣納欵束身歸朝舍哀請命良可矜憫故遣歸
國完復舊疆安爾田疇保爾室家弘好生之大德撫
宿構之細故也用是已嘗戒敕邊將欲待命東方
既定則將廻戈於鐵塘迨餘半載乃知爾國內亂
而盤桓於境上宜以世子之歸迺期而左右自相
不自立而立世孫以謂傳聞之誤耶世子何不之國
盟邊將復請戒嚴此何故也以謂果爾內亂耶權臣何
猜疑私憂過計而然耶重念島嶼殘民又罹塗炭窮

兵極討殆非本心且御失其道則天下狙詐咸作敵
推赤心置人腹中則反側之輩自安悠悠之言又
何足校申命遏閻斷自予衷無以逼間執政無以
飛語通之化自尚書金仁俊以次中外技黨官吏軍
新遷叛因佻儻而擅殺無所歸而背主亡命不得已
民聖旨到日已前或有首謀內亂旅拒王師已降附
而還叛衆脅從應據國人但曾犯法釋然布德施恩
之世子其趣裝命駕歸國知政解仇釋懟重咸赦除
緬惟瘡痍之民正在撫綏之日出彼滄溟宅於平壤

賣刀劍而買牛犢捨干戈而操耒耜可援濟毋憚
勤勞茍冨廉之有徵奧禮義之可復亟正疆界以定
民心我師不復踰限奚大號一出朕不食言復有敢
踰亂犯上者非干爾主乃亂我典刑國有常憲人得
誅之於戲世子其共美性欽哉兼承玉訓永爲東藩
以揚我休仰惟覆燾一視同仁無遠邇小大之間也
祖宗烈仰惟覆燾命四月後降旨諭僖曰朕祇若天命獲承
以爾歸欵既冊爲王還國今得爾與邊將之書因知
其上下之情朕甚憫焉求出水就陸軍馬侵擾六月僖
還被虜及逃民皆從之詔班師乃赦其境內

遣其子永安公僖判司宰事韓即入賀即位以
王印及虎符賜之是月又下詔撫諭之二年三月遣使入
貢四月僖入朝六月僖更名禛遣其世子愖奉表以謝十月
月賜禛王帶一遣侍衛親軍張鑑奉禮部郎中高逸民
護愖還國九月禛遣其侍御史張鑑奉表入謝八
阿的迷失焦天翼持詔諭以開椶塲事三年正月罷互
諸王塔察兒請置鐵冶之請立互市不從賜禛曆後歲
以爲常禛遣使之謝優詔答之四月禛遣其左諫議大夫
朴倫郎將辛洪成等奉表入朝六月遣使入貢八月朴
倫等還賜西錦三段間金熟綾六段十月詔諭禛籍

六十

編民出師旅輸糧餉助軍儲是月禃遣使入貢四年
二月以禃不荅詔書詰其使者禃表乞俾民生稍集
然後惟命帝以其辭意懇實允之朝貢物數亦命稱
其力爲自三月至于六月禃凡三遣使入貢賜禃羊
五百十一月禃以免置驛籍民等事遣使奉表入賀
韓就奉表入謝五年正月丁丑朔禃遣使奉表入賀
諭還使令禃親朝京師四月以西北諸王率衆欸附
擬令歲朝俟世見之禮五月禃遣必闍赤古乙獨徵
從古乙獨入見六月乃親朝九月帝以改中統五年

四十

爲至元元年遣郎中路得成持赦令與植郎將康允珆
頒其國十月禃入朝十二月遣植還國是年春植遣使
入貢自是終世祖三十一年其國入貢者凡三十有六至
元三年二月立濟州以處高麗降民帝欲通好日本以高
麗與日本鄰國可爲鄉導八月遣國信使黑的禮部侍
的禮部侍郎殷弘討議官伯德孝先等使日本先至高
郎金贊等導詔使黑的等入朝六月帝以植飾
麗諭旨十二月植遣其樞密院副使宋君斐借禮部侍
正月植遣君斐奇奉表從黑的等入朝六月帝以植飾
辭令去使徒還復遣黑的與君斐等以詔諭植委以

六十一

日本事以必得其要領爲期九月植遣其起居舍人
潘阜書狀官李挺允國信使持書詣日本五年正月
植遣其弟涓入朝帝以植見欺於涓面數其事切責
之特遣北京總管薦大興府尹于也孫脫禮部郎中
孟甲持詔諭植其略曰向請撤兵則已撤之矣三年
當去水就陸而前言無徵也又太祖法制凡內屬之
國納質助軍輸糧設驛編戶籍置長官已嘗明諭之
而稽延至今終無奉行今將問罪於宋其所助士卒
傳亦粗立餘率何輸糧則就爲儲積至若設官及戶版事其
舟艦幾何輸糧則就爲儲積至若設官及戶版事其

意謂何故以問之三月于也孫脫等至其國四月植
遣其門下侍郎李藏用奉表與也孫脫等入朝五月
帝敕藏用曰往諭爾主速以軍數實奏將遣人督之
主當造舟一千艘能涉大海可載四千石者藏用曰
今出軍爾事必疑將出何地或欲南宋或欲日本爾
國有軍四萬三十餘年間死於兵疫或止有牌子頭
五十戶百戶千戶之類虛名而無軍卒帝曰自爾以來有生長
之生者亦有之藏用曰頼聖德自徹兵以來有生長
者僅十歲耳帝又曰自爾來者言海中之事於求得

便風可三日而至日本則朝發而夕至舟中載米海中捕魚而食之則豈不可行乎又勒蔵用曰歸可以此言諭爾主七月詔都統領脫朶兒武德將軍統領王國昌武略將軍副統領劉傑等使其國與其來朝者大將軍崔東秀借行八月至其國禛出界天府迎之十二月禛遣其知門下省事中思全禮部侍郎陳井起居舍人潘阜等從國信使脫黑的等赴日本借禮部侍郎蓋諭以閱軍造船也九月以禛表奏潘阜等奉使無功而還復遣黑的等赴日本詔禛遣重臣張鑑奉表從脫朶兒入朝六年正月禛遣其大將軍

康允劭奉表奏誅權臣金俊等三月禛復遣申思全奉表從黑的入朝六月禛遣其世子諶入朝帝遣明威將軍都統領脫朶兒武德將軍統領王國昌武德將軍副統領劉傑相視耽羅等處道路詔禛選官引達以人言耽羅海道往南宋日本甚易故也帶一憩金五十兩從官銀幣有差七月帝遣賜禛王八月世子諶至朝奏本國臣下擅廢迪立其弟安慶公淐事詔遣使臣幹朶思不花李諤等至其國詳問之九月其樞密院副使金方慶奉表從幹朶思不花等入朝樞密院御史臺奏世子諶言朝廷若出征能辦軍三千餘

糧五月如官軍入境臣同往廐廥不鬚援帝然之詔授世子諶特進上柱國教慞率兵三千赴其國難命抄不花往征其國以病不果行詔遣蒙可都代之十月帝以禛淐廢置乃林衍所爲遣中憲大夫兵部侍郎黑的淄萊路總管府判官徐世雄詔禛淐徇術等以十一月同詣闕下面陳情實聽其是非又遣國王禛頭輦哥等率兵壓境如踰期不至即當窮治首惡進兵勦戦命趙璧行中書省于東京仍詔諭高麗國軍民所一月高麗都統領崔坦等以林衍作亂挈西京五十餘城入附遣斷事官別同兀馳驛於王綧洪茶丘所

管實科差戶內僉軍至東京付樞密院得三千三百人高麗西京都統領臣李延齡乞益兵道忙哥都率兵二千赴之樞密院臣議征高麗事初馬身以爲高麗事者本箕子所封之地漢晉皆爲郡縣全雖來朝其心難測莫若嚴兵假道以取日本爲名乘勢可襲其國定爲郡縣亨又言今既有釁端不宜遣兵代之萬一不勝上損國威下損士卒彼或上表言情宜赦其罪戾減其貢獻以安撫其民庶幾感慕聖化侯南宋已平彼有他志回兵誅之亦未晚也前樞密院經歷馬希驥亦言今之高麗刀古新羅百濟高句麗三國併而

為一大抵藩鎮權分則易制諸州城軍民多寡離而為二分治其國使權侔勢等自相維制則徐議良圖亦易為區處耳黑的等至其國植受詔復位遣借禮部侍郎朴杰從黑的等奉表入朝十二月乃親朝京師七年正月遣使言比奉詔臣已復位令從七百人入覲詔令從四百人來餘留之西京詔西京內屬改東寧府畫慈悲嶺為界以忙哥都為安撫使佩虎符牽兵戍其西境詔諭其國僚屬軍民以討林衍之故其署曰朕即位以來閔爾國父催兵亂冊定爾主撤還兵戍十年之間其所以撫護安全者靡所不至不圖逆臣林衍自作弗靖擅廢易國王植擅立安慶公淐詔令赴闕復稽延不出豈可擇而不誅已遣行省率兵東下惟林衍一身是討其朕惟臣之事君有死無二不意爾國權臣輒敢擅廢安慶公淐本非得已在所寬宥自餘脅從註誤一無所問二月遣軍送植就國詔諭高麗國官吏軍民曰國主彼既驅率兵衆將致兩衆危擾不安以汝黎庶之故特遣兵護送國王植還國莫居舊京命達魯花赤同往鎮撫以靖爾邦惟爾衆咸當無畏按堵如故故必生疑懼爾衆咸當無畏按堵如故已別敕將帥

嚴戒兵士勿令侵犯汝或妄動汝妻子及汝身當致俘略宜審思之初有旨令頭輦哥行省駐西京而以忙哥都趙良弼亢安撫使與植俱入其國既而復令行省入其王京既而以脫脫朵兒亢其國達魯花赤罷安撫司四月東京行尚書省軍近西京遣微徹都等同植之臣鄭子璵等持省召劉召高麗國令公林衍使島大軍次王京西關城遣人收繫林衍妻子行省與裝仲孫等復集餘衆立植庶族承化侯為王寵入珝宋宗禮殺惟茂及行婿崔宗珣惟茂弟惟裀自到衍黨還言衍已死于惟子惟茂襲公位其兵圍公位洪文係尚書植議遷江華島居民於王京仍宣詔撫綏之植弗從至入居其舊京始從行省之議六月植遣人報有朝廷逃軍與承化侯者以三別抄軍叛世子愖復言叛人覘江華島中百姓皆叛劫府庫焚圖籍逃入海中兵據江華島宜率軍水陸進擊之植復報叛兵悉通去世子愖言叛兵劫府庫焚圖籍逃入海中行省使叛兵乘船候風勢欲遁於是即命乃顏率衆追擊之七月丞相安童等言頭輦哥等遣大托忙古解來言令阿海領軍一千五百屯王京伺寮其國中遂以阿海為安撫使十一月中書省臣言於高麗設置屯田

【上欄】

經畧司以忻都史樞為鳳州等處
經畧使佩虎符領

軍五千屯田於金州又令洪茶丘以舊領民二千屯
田阿剌帖木兒為副經畧司總轄之而罷阿海軍閫

頭輦哥國王為頭行省官負數事及其陪臣元傅等妄奏
十一月世子愖還有詔諭禎以其國私與南宋

謂自此以往或先有事南宋遣信使通問
日本不謂執迷固難以善言開諭此卿所知將經畧

艦資糧早宜措置是月又詔禎曰嚮者遣信使通好
於彼敕有司發卒屯田為進取之計庶免爾國他日

轉輸之勞仍遣使持書先示招懷卿其悉心盡慮俾
贊方畧期於有成以稱朕意初林衍之變百姓驚擾
至是下詔撫慰之十二月詔諭禎送使通好日本自
朕惟日本自昔通好中國實相密邇不獲明諭朕心後
以林衍之亂故不暇及今既輯寧爾家遣少中大夫
去使講信脩睦為其疆吏所梗竟不得達故遣卿導達
秘書監趙良弼國信使以通國信使還姑令金州
國昌洪茶丘將兵送抵海上比國信使逐近供給并鳩
等處屯駐所需粮餉卿專委官赴彼需待無致稽緩匱之八年
集金州旁左船艦於金州

【下欄】

正月禎遣其樞密使金鍊奉表入見請結婚安撫使
阿海畧地珍島與逆黨遇多所七失中書省臣言諜
知珍島餘粮將竭宜乘羸攻之詔不許二月命忽都
答兒忻都持詔諭禎裝仲孫等乞諸軍退屯然後內
附忻都未從其請有詔諭之四月忻都言仲孫稻留
以討珍島諭禎五月忻都與虎林赤王國昌分道進討從之
詔使貪固不服乞與虎林赤王國昌分道進討從之
戰獲承化侯溫斬之其黨平珍島世子愖率其尚書右
上將軍鄭子璵奉表謝平珍島走耽羅七月禎遣其
丞宋玢軍器監薛公儉等長宼綴宵二十八人入侍

八月忽林赤赴鎮邊合浦縣屯所九月禎遣其通事
別將徐稱導送宣撫趙良弼使日本帝遣愖還國十
九年正月禎遣其別將白琚偕張鐸等十二人奉表
一月禎遣其同知樞密院事李昌慶奉表謝許婚事
入見世子愖以其國尚書右丞宋玢玢父上將軍宗
禮討林惟茂狀言其功于中書省遣郎中不花馬璘
使高麗諭以供戰船輸軍糧事二月禎致書日本使
通好于朝十年六月遣西京屬城諸達魯花赤及質子金通精
鑑等歸國十年正月禎遣其世子愖入朝四月經畧
使忻都同洪茶丘領兵入海攻援耽羅城禽金通精

等奉詔誅之六月禃遣其大將軍金忻表奏攻破濟
州九月禃屢言小國地狹比歲荒歉其生券軍乞駐
東京詔令營北京界仍敕東京路運米二萬石販之
達魯花赤焦天翼受皇
成帝始御正殿受皇太子諸王百官朝賀三月遣木速塔八撒木合持詔使
卿李義孫等入賀三月遣木速塔八撒木合持詔使
奉表告王禃薨命世子愖襲爵詔諭高麗國王宗族
揭里迷失下嫁于世子愖七月其樞密院副使奇蘊
高麗僉軍五千六百人助征日本五月皇女忽都魯
及大小官負百姓人等其署曰國王禃存日嘗言
世子愖可為繼嗣令愖襲爵為王凡在所屬並聽
節制八月世子愖還至其國宼位九月遣其齊安侯
王淑上表謝恩十一月皇女入京城愖復遣其判閤
門事李信孫等奉表入謝十二月以黑的還朝十一
魯花赤李益受代還十二年七月黑的為高麗達
遣使諭愖改官職名號愖遣其帶方侯王澂率衣冠
子弟二十人入侍以石抹天衢克副達魯花赤十三
年七月愖遣其判秘書寺事朱悅奉表賀平宋十一
月愖遣其判秘書等為亂命愖治之仍命忻都洪茶丘飭
正月金方慶等為亂命愖治之仍命忻都洪茶丘飭

兵禦備十五年一月愖以達魯花赤石抹天衢狹滿
未代請復留三年從之東征元帥府上言以高麗侍
中金方慶與其子愖恂婿趙卞等陰養死士四百
人匿鎧伏器械造戰艦積糧餉欲謀作亂捕方慶等
征日本還卒二千七百人置長吏屯田忠清全羅諸
按驗得實已流諸海島然高麗初附民心未安可發
鎮撫外夷以安其民令士卒倫牛畜耒耜為來歲
屯田之計七月改鑄駙馬高麗王印賜愖十六年正
月教其國置大府艾州東京柳石等落四驛十七年
五月愖以民饑乞貸糧萬石從之七月以其國初置

驛站民之食命給糧一歲仍禁使臣往來勿求索飲
食八月加愖開府儀同三司中書左丞相行中書省
除郎中負外郎各一負以為參佐愖又請易宣命職衘
事十八年二月愖言本國必闍赤不諳行移文字請
增駙馬字從之六月愖言本國置驛四十民畜周弊
勅併爲二十站仍給馬價八百錠八月陸其僉議府
爲從三品十一月金州等處置鎮邊萬戶府以控制
日本十九年正月金州愖以日本宼其邊海郡邑燒居室
掠子女而去請發閣里帖木兒麾下蒙古軍五百人
戌金州又從之二十年五月立征東行中書省以高

麗國王與阿塔海共事二十八年五月以晛子諶為世子授特進上柱國賜銀印十月以其國饑給以米二十萬斛三十年二月晛遣使入奏復更名晛及乞功臣號制曰特進上柱國開府儀同三司征東行中書省左丞相駙馬高麗王世守王爵選尚我家載示襄嘉之寵可賜號推忠宣力定遠功臣餘如故益慰勤對揚休命十一月晛入朝成宗元貞二年七月陞王以世子諶為高麗王從所請也大德元年十一月封晛為逸壽王以世子諶為高麗王從所請也二年七月中書省臣奏諶有罪當嚴復以其父晛為旌藩屏之功

四八

王三年正月晛遣使入貢丞相完澤等言世祖時或言高麗僭設省院臺有旨罷之其國遂改立僉議府密直司監察司令諒加其臣趙仁規司徒司空侍中之職又晛給仁規司徒司空侍中之職又擅寫皇朝帝系及自造曆加其女為令妃又立資政院以崔冲紹為興祿大夫又嘗奉旨諒擅殺千戶金呂而以其公主與諒兩位金呂而以其解合併為一諒不奉旨諒又擅殺千戶金呂而以其金符給官者术合兒又仁規冲紹發付京兆辈昌兩路安置不得他適令乞將仁規冲紹發付京兆辈昌兩路安置不得他適令晛行事不法諒年少妄殺無辜乞降詔戒飭帝命枚

仁規冲紹而遣之二月詔諭晛幷闇臣民自今以始勉遵守國之規益謹畏天之戒九在官者各勤乃事協力臣贊母蹈前非自干刑憲緇黃士庶各安其業五月哈散復立征東行省命闇里吉思為高麗行省平章政事九月晛遣使入貢以朝廷增置行省共理之遂復立征東行省闇里吉思增置行省陳情其署言累世有勤王之功九十餘年歲修職貢嘗以世子入侍得聯婚帝室遂為甥舅實感至恩使小國不替祖風永脩侯職是所望也四年二月征東行省平章闇里吉思言高麗國自署官府三百五十八所官四千五十五員衣食皆取之民復苦征之又其大會王曲蓋龍袞警蹕諸臣舞蹈山呼一如朝儀僭擬過甚遣山東宣慰使塔察兒刑部尚書王泰亨實詔諭之使鏟正以聞三月闇里吉思復上言僉議司官不肯供報民戶版籍州縣疆界本國橫科暴斂民少官多刑罰不一若止依本俗行事實難撫治五年二月以晛罷行省官有詔謝晛秋七月晛上表言昔居海島時當用山呼後改呼千秋今既奉明詔一切皆罷又華官府九十餘所汰官吏二百七十餘員他如雜徭病民駟騎煩擾驛傳者亦皆省之詔

四八

曰鄉其諭朕意所言當始終行之或有不然寧不羞
懼昵自大德二年復位八年而薨子諝襲王位戍
宗初年尚寶塔寶憐公主十一年進爵瀋陽王繼襲
位高麗國王生子熹熹受遜位以仁宗皇慶二年四
月封高麗國王是年其弟暠立暠傳其弟暠禎初名惷
王請於朝故也自暾傳其子禎禎傳其子昵諝傳其
子諝諝傳其子昵諝初名惺
又名睹後乃名昵諝則更名章云

耽羅

耽羅高麗與國也世祖既臣服高麗以耽羅為南宋
日本衝要亦注意焉至元六年七月遣明威將軍都
統領脫兒武德將軍統領王國昌武畧將軍副統
領劉傑往視耽羅等處道路詔高麗國王王禎選官
導送時高麗叛賊林衍者有餘黨金通精遁入耽羅
九年中書省臣及樞密院臣議曰若先有事日本未
見其逆順之情恐有後辭可先平耽羅然後觀日本
從否徐議其事且耽羅國王嘗來朝覲今叛賊逐其
主擄其城以亂舉兵討之義所先也十年正月命經
畧使忻都史樞及洪茶丘等率兵船大小百有八艘
討耽羅賊黨六月平之於其地立耽羅國招討司屯

鎮邊軍千七百人其貢賦歲進毛施布百匹招討司
後改為軍民都達魯花赤總管府又改為軍民安撫
司三十一年高麗王上言耽羅之地自祖宗以來臣
屬其國林衍逆黨既平之後尹邦寶克招討使以
計求徑隸朝廷乞仍舊帝曰此小事可使還屬高麗
自是遂復隸高麗

日本

日本國在東海之東古稱倭奴國或云惡其舊名故
改名日本以其國近日所出也其土疆所至與國王
世系及物產風俗見宋史本傳日本為國去中土殊
遠又隔大海自後漢歷魏晉宋隋皆來貢唐永徽顯
慶長安開元天寶上元貞元元和開成中並遣使入
朝宋雍熙元年日本僧奝然與其徒五六人浮海而
至奉職貢并獻銅器十餘事奝然善隸書不通華言
問其風土但書以對云其國中有五經書及佛經白
居易集七十卷每得之皆自中國其國王以王為姓
僧來者曰寂照寂照識文字繕寫甚妙至熙寧以後
連貢方物其來者皆僧也元世祖之至元二年以高
麗人趙彝等言日本國可通擇可奉使者以
命兵部侍郎黑的給虎符充國信使禮部侍郎殷弘

給金符充國信副使持國書使日本書曰大蒙古國
皇帝奉書日本國王朕惟自古小國之君境土相接
尚務講信修睦況我祖宗受天明命奄有區夏遐方
異域畏威懷德者不可悉數朕即位之初以高麗無
辜之民久瘁鋒鏑即令罷兵還其疆域反其旄倪高
麗君臣感戴來朝義雖君臣歡若父子計王之君臣
亦已知之高麗朕之東藩也日本密邇高麗開國以
來亦時通中國至於朕躬而無一乘之使以通和好
尚恐王國知之未審故特遣使持書布告朕志冀自
今以往通問結好以相親睦且聖人以四海為家不
相通好豈一家之理哉以至用兵夫孰所好王其圖
之黑的等道由高麗高麗國王王植以帝命遣其樞
密院副使宋君斐借禮部侍郎同黑的往日本不
至而還四年六月帝謂王植以辭為解令去使徒還
復遣黑的等至高麗諭植委以日本事必得其要領
為期植遣其起居舍人潘阜等持書往日本亦
不得其要領而歸五年九月命黑的弘復持書往至
對馬島日本人拒而不納執其塔二郎彌二郎二人
而還六年六月命高麗金有成送還執者俾中書省

牒其國亦不報有成留其太宰府守護所者久之十
二月又命秘書監趙良弼往使書曰蓋聞王者無外
高麗與朕既為一家王國實為鄰境故嘗馳信使修
好為疆埸之吏抑而弗通所獲二人敕有司慰撫俾
齎牒以還復無所聞繼欲通問屬高麗權臣林
衍構亂遂復稽遲今林衍業已斃其父子
中路梗塞皆不可知不然日本素號知禮之國
君臣寧肯漫為弗思之事乎近已滅其國
安集其民特命少中大夫秘書監趙良弼充國信使
持書以往如即發使與之偕來親仁善鄰國之美事
其或猶豫以至用兵夫誰所樂為也王其審圖之
弼將往乞定與其王相見之儀廷議與其國上下之
分未定無禮數可言帝從之七年十二月詔諭高麗
王植送國信使趙良弼通好日本期於必達仍以忽
林失王國昌洪茶丘將兵送抵海上比國信使還姑
令金州等處屯駐八年六月日本通事曹介弁等上
言高麗迂路導引國使外有捷徑倘得便風半日可
到若使臣去則不敢同往若大軍進征則願為鄉導
帝曰如此則當思之九月高麗王植遣其通事別將
徐稱導送良弼使日本日本始遣彌四郎者入朝帝

宴勞遣之九年二月樞密院臣言奉使
遣書狀官張鐸來言去歲九月與日本國人彌四郎
等至太宰府西守護所者云襄爲高麗所紿屢言
上國來伐宣期皇帝好生惡殺先遣人從奉使回報行人下示璽書
鐸同其使二十六人至京師求見帝疑其國主使乃遣
許衡等皆對曰誠如聖筭彼加兵故發此輦
來云守護所者詐也詔翰林承旨和禮霍孫以問姚
伺吾強弱耳宜示之寬仁且不宜聽其入見從之是
月高麗王植致書曰本五月又以書往令必通好大

《元史外夷傳九十五》 廿三

朝皆不報十年六月趙良弼復使日本至太宰府而
還十一年三月命鳳州經畧使忻都高麗軍民總管
洪茶丘以千料舟拔都魯輕疾舟汲水小舟各三百
共九百艘載士卒一萬五千期以七月征日本冬十
月入其國敗之而官軍不整又矢盡惟虜掠四境而
歸十二年二月遣禮部侍郎杜世忠兵部侍郎何文
著計議官撒都魯丁往使復致書亦不報十四年日
本遣商人持金來易銅錢許之十七年二月日本殺
國使杜世忠等征東元帥忻都洪茶丘請自率兵往
討廷議姑少緩之五月召范文虎議征日本八月詔

六十一 《元史外夷傳卷九十五》 牌幕外

募征日本士卒十八年正月命日本行省右丞相阿
剌罕右丞范文虎及忻都洪茶丘等率十萬人征日
本二月諸將陛辭帝敕曰始因彼國使來故朝廷亦
遣使往彼遂留我使不還故使卿輩爲此行朕聞漢
人言取人家國欲得百姓土地若盡殺百姓徒得地
何用又有一事朕實憂之恐卿輩不和耳假若彼國
人至與卿輩有所議當同心協謀如出一口答之五
月日本行省右丞相阿剌罕右丞范文虎左丞李庭
范右丞李左丞先與忻都茶丘入朝時同院官議定
領舟師至高麗金州與忻都茶丘軍會然後入征日

本又爲風水不便再議定會於一岐島今年三月有
日本船爲風水漂至者令其水工畫地圖見近太
宰府西有平戸島者周圍皆水可屯軍船此島非其
所防若徑往擾此島使人乘船徃一岐呼忻都茶丘
來會進討爲刺帝曰此間不悉彼中事宜阿剌罕
必知令其自擇之六月諸將未見敵喪全師以還乃
海代總軍事八月阿剌罕以病不能行命阿塔
日本欲攻太宰府暴風破舟猶欲議戰萬戶厲德彪
招討王國佐水手總管陸文政等不聽節制輒逃去
本省載餘軍至合浦散遣還鄉里未幾敗卒于閭脫

六十二 《元史外夷傳卷九十五》 廿四 折彥明

歸言官軍六月入海七月至平壺島移五龍山八月

一曰風破舟五日文虎等諸將各自擇堅好舡乘之

棄士卒十餘萬于山下衆議推張百戶者為主帥號

之曰張總管聽其約束方伐木作舟欲還七日日本

人来戰盡死餘二三萬為其虜去九日至八角島盡

殺蒙古高麗漢人謂新附軍為唐人不殺而奴之閒

十年命阿塔海為日本省丞相與徹里帖木兒右丞

劉二拔都兒左丞募兵造舟欲復征日本准西宣慰

變外夷傳卷卅五

青與吳萬五者亦逃還十萬之衆得還者三人耳二

葦是也蓋行省官議事不相下故皆棄軍歸久之莫

使昂吉兒上言民勞乞寢兵二十一年又以其俗尚

佛遣王積翁與補陀僧如智往使舟中有不頋行者

共謀殺積翁不果至二十三年帝曰日本未嘗相侵

今交趾犯邊宜置日本專事交趾成宗大德二年江

浙省平章政事也速荅兒用兵日本帝曰今非其

時朕徐思之三年遣僧寧一山者加妙慈弘濟大師

附商舶往使日本而日本人竟不至

翰林學士承旨中奉大夫知制誥兼修國史臣宋濂　翰林待制承直郎兼國史院編修官臣王褘等奉

勅撰

安南

封公蘊為王李氏傳八世至吳昆陳日煚為吳昆

交趾郡王其子璉亦為王傳三世為李公蘊所奪即

東西二道置勘度立五筦安南隸焉宋封丁部領為

徵側叛遣馬援平之立銅柱為漢界唐帕分嶺南為

南海尉趙佗擊併之漢置九郡交趾居其一後女子

安南國古交趾也秦并天下置桂林南海象郡秦亡

遂有其國元憲宗三年癸丑兀良合台從世祖平大

理世祖還留兀良合台攻諸夷之未附者七年丁巳

十一月兀良合台次交趾比先遣使二人往諭之

不返乃遣徹徹都等各將千人分道進兵抵安南京

比洮江上復遣其子阿術往為之援并覘其虛實交

人亦盛陳兵衛阿術遣軍還報兀良合台居後為殿

令徹徹都等為先鋒阿術乘之敗交人水軍虜戰艦以還兀良合

台亦破其陸路兵又與阿術合擊大敗之遂入其國

日煚竄海島得前所遣使於獄中以破竹束體入膚

元史列傳卷九十六　一

比釋縛一使死因屠其城國兵留九日以氣候蒸熱

乃班師復遣二使招日煚來歸日煚還見國都皆已

殘毀大發憤縛二使遣還八年戊午二月日煚傳國

于長子光昺改元紹隆夏光昺遣其壻詐丁往論

之曰昔吾遣使通好爾等執而不返我是以有去年

方物來見兀良合台送詣行在所別遣詐丁往論

之師以爾國主播在草野復令二使招安還國爾又

縛還吾使今特遣使開諭如爾等矢心內附則國主

親來若猶不悛明以報我光昺曰小國誠心事上則

大國何以待之訥剌丁還報時諸王不花鎮雲南兀

良合台言于王復遣訥剌丁往論使遣使借來光昺

遂納欵且曰俟降德音即遣子弟為質王命訥剌丁

乘傳入奏世祖中統元年十二月以孟甲為禮部郎

中充南諭使李文俊為禮部員外郎充副使持詔往

諭之其略曰祖宗以武功創業文化未脩朕纘承丕

緒鼎新革故務一萬方適大理國守臣安撫聶只陌

丁馳驛奏聞爾邦有嚮風慕義之誠念卿昔在先朝

已嘗臣服遠貢方物故頒詔旨諭爾國官僚士庶凡

衣冠典禮風俗一依本國舊制已戒邊將不得擅興

兵甲侵爾疆場亂爾人民卿國官僚士庶各宜安治

元史列傳卷九十六　二

如故復論甲等如交趾遣子弟入觀當善視之母致
寒暑失節重勞苦之也二年孟甲等還光昺遣其族
人通侍大夫陳公寶外郎諸衛寄班阮璨貞外郎
安南國王三年九月以西錦三金熟錦六賜之復降
詔曰卿既委質爲臣其自中統四年爲始毎三年一
貢可選儒士醫人及通陰陽卜筮諸色人匠各三人
及蘇合油光香金銀朱砂沈香檀香犀角玳瑁珍珠
象牙綿白磁盞等物同至仍以訥剌丁充達魯花赤
佩虎符往來安南國中四年十一月訥剌丁還光昺

《元史列傳卷九六》 三

遣楊安養充貞外郎及內令武復桓書舍阮求中異
邸范輯等奉表入謝帝賜來使玉帶繒帛藥餌鞍轡
有差至元二年七月光昺遣使楊安養未幾復下詔諭
一進獻方物其二兔所索秀才工匠人其三頗請訥
改元詔書三年十二月使還復優詔許之仍賜曆及頒
剌丁長爲本國達魯花赤四年九月使還後詔許之
仍賜光昺金帶金繒藥餌鞍轡等物未幾復下詔諭
以六事一君長親朝二子第入質三編民數四出軍
役五輸納稅賦六仍置達魯花赤統治之十一月又
詔諭光昺以其國有回鶻商賈欲訪以西域事令發

遣以來是月詔封皇子爲雲南王往鎮大理鄯闡交
趾國五年九月以忽籠海牙代訥剌丁爲達魯花
赤張庭珍副之復下詔徵商旅回鶻人六年十一月
光昺上書陳情言商旅回鶻一名伊溫死巳日久一
名婆婆尋亦病死又攬忽籠海牙謂陛下須索巨象
數頭此獸軀體甚大步行甚遲不如上國之馬伏侯
勑旨此獸貢之年當進獻也又具表納貢別奉表謝
賜西錦帛藥物七年十一月中書省移牒光昺言
其受詔不拜待使介不以王人之禮遣引春秋之義
以責之且令以所索之象與歲貢偕來又前所貢藥

《元史列傳卷九六》 四

物品味未佳所徵回鶻輩託辭欺誕自今巳往其審
寮之八年十二月光昺復書言本國欽奉天朝巳封
王爵豈非王人乎天朝奉使復稱王人與之均禮恐
虜朝廷況本國前奉詔旨令依舊典禮也來論索象前
恐忤旨故依違未敢直對實緣象奴不忍去家難於
差發又諭索儒醫工匠而陪臣黎仲佗等原宥今復論
恐尺威光不聞詔諭況中統四年巳蒙原宥今復論
及豈勝驚愕惟閣下其念之九年正月葉式捏卒命李元代
達魯花赤李元副之十年正月葉式捏爲安南

式捏以合撒兒海牙副之中書省復牒光昺言比歲
奉使還者言王每受天子詔令但拱立不拜與使者
相見或燕席位加於使者之上今覽來書自謂既受
王爵豈非王人乎考之春秋叙王之於諸侯之上釋
爲重也後世列王爲爵諸侯之尤貴者也王命
爲人者以微者而加貴者之顏豈有以王
士內臣之微者也以微者而加貴者之顏豈有以王
爲此言耶至於天子之詔人臣當拜古今之通
義不容有異者也乃云前奉詔旨並依舊俗本國違

奉而行凡受詔令奉安於正殿而退避別室此舊典
禮也讀之至此實頓驚詫王之爲此言其能自安於
心乎前詔旨所言蓋謂天壤之間不齊萬國國各有
俗驟使變革有所不便故聽用本俗豈以不拜天子
之詔而爲禮俗也哉且王之教令行於國中臣子有
明其亮察之十一年光昺上表請罷本國達魯花赤其文隱來曰微
二年正月光昺上表請罷本國達魯花赤
臣僻在海隅得霑聖化與函生驩抃鼓舞乞念臣自
降附上國十有餘年雖奉三年一貢然迷遣使臣疲

於往來未嘗一日休息至天朝所遣達魯花赤厚臨
臣境安能空四況其行人動有所恃凌轢小國雖天
子與日月並明安能照及覆盆且達魯花赤可施於
邊蠻小醜豈有臣旣席王封爲一方藩屏而反立達
魯花赤以監臨之寧不見笑於諸侯之國平與達
監臨而修貢豈就若中心悦服而修貢哉臣恭遇天朝
中原拜獻凡天朝所遣官奉納一詣
特賜矜恤今後二次發遣都聞輸納貢物事
建儲冊后大恩霑露施及四海輒敢哀鳴伏望聖慈
花赤之弊不但微臣之幸實一國蒼生之幸也二月

復降詔以所貢之物無補於用諭以六事且遣合撒
兒海牙充達魯花赤仍令子弟入侍十三年二月光
昺遣黎克復文粹入貢以所奏就都聞輸納貢物事
屬不敬上表謝罪并乞免六事十四年光昺卒國人
立其世子昺道中侍大夫周仲彦中亮大夫吳德
邵來朝十五年八月遣禮部尚書柴椿會同館使哈
刺脫因工部郎中李克忠工部員外郎董端同黎克
復莘持詔往諭日昺入朝受命初使傳之通也止由
都聞黎化往來帝命柴椿自江陵直抵邕州以達交
趾閏十一月柴椿等至邕州永平寨日昺遣人進書

謂今聞國公厚臨弊境遺民無不駭愕不知何國人
使而至於斯乞四軍舊路以進椿回牒云禮部尚書
等官奉上命與本國黎克復由江陵抵邕州入安
南所有導護軍兵合乘驛馬宜來界首遠迓日烜差
御史中贊薰知審刑院事杜國計先至其太尉率百
官自富梁江岸奉迎入館十二月二日日烜就館見
使者四日日烜拜讀詔書椿等傳旨曰汝國內附二
十餘年向者六事猶未見從汝若弗朝則修爾城整
爾軍以待我師又云汝父受命爲王汝不請命而自
立今復不朝興日朝廷加罪將何以逃其責請熟應

之日烜仍舊例設宴于廊下椿等弗就宴既歸館曰
烜遺范明宇致書謝罪改宴于集賢殿日烜言先君
棄世予初嗣位天使之來開諭詔書使子喜懼交戰
于胷中竊聞宋主幼小天子憐之尚封公爵於小國
亦必加憐免若親朝之禮予生長
深宮不習乘騎六事已蒙赦死若親朝之禮予生長
下亦皆然天使回謹上表達誠薰獻異物椿曰宋主
年未十歲亦生長深宮如何亦至京師但詔旨出之外
不敢聞命且我四人實來召汝非取物也椿等還曰
烜遺范明宇鄭國瓚中贊杜國計奉表陳情言孤臣

稟氣軟弱恐道路艱難徒暴白骨致陛下哀傷而無
益天朝之萬一伏望陛下憐小國之遼遠令臣得與
鰈寡孤獨保其性命以終事陛下此孤臣之至幸小
國生靈之大福也薰貢方物及二馴象十六年三月
椿等先達京師留鄭國瓚待於邕州樞密院奏以日
烜不朝但遺使臣報命辭托故延引歲時巧佞雖
入觀十一月留日烜來朝若果不能自觀
四人與杜國計持詔再諭日烜若果不能自觀
則積金以代其身兩珠以代其目以賢士方技子

女工匠各二以代其土民不然修爾城池以待其審
處焉十八年十月立安南宣慰司以卜顏鐵木兒爲
參知政事行宣慰使都元帥別設僚佐有差是月詔
以光昺沒其子日烜不請命而自立遺使徙召又
以疾爲辭止令其叔遺愛入觀故立遺愛代爲安
國王二十年七月日烜致書于平章阿里海牙爲
所留來使帝即遣還國是時阿里海牙爲荊湖占城
行省平章政事帝欲交趾助兵糧以討占城令以已
意諭之行省遺鄂州達魯花赤趙翥以書諭日烜十
月朝廷復遺陶秉直持璽書徃諭之十一月趙翥抵

安南日烜尋遣中亮大夫丁克紹中大夫阮道學等
持方物從兹入覲又遣中奉大夫范至清朝請郎杜
抱直等赴省計事且致書于平章言添軍一件占城
服事小國日久老父惟務以德懷之追千孤子之身
亦繼承父志自老父丁一資天朝三十年于兹干戈示
不復用軍辛毀爲民丁一資天朝貢獻一示心無二
國幸閣下孫察助糧一件小國地勢瀕海五穀所產
食不服給然抑下之命所不敢違擬於欽州界上來
安州地所俟候輸納續論孤子親身赴閣面奉聖訓
老父在時天朝矜憫置之度外今老父亡没孤子居
憂感病至今尚未復常況孤子生長邊陲不耐寒暑
不習水土艱難道途徒暴白骨以小國陪臣往來尚
爲沴氣所侵或十之五六或死者過半閣下亦素
知惟望曲閣下愛護敷奏天朝庶知孤子宗族官吏
一畏死貪生之意豈但孤子受賜抑一國生靈賴以
安全共祝閣下事此長久自天之大福也二十一年
三月陶秉直遣使還日烜復上表陳情又致書于荆湖
占城行省大意與前書略同又以瓊州安撫使陳仲
達謧鄭天祐言交趾通謀占城遣兵二萬及船五百

以爲應援又致書行省其署曰占城乃小國內屬大
軍致討所當哀籲然未嘗敢出一言蓋天時人事小
國亦知之矣今占城遂爲叛逆執迷不悟是所謂不
能知天知人者也知天知人而反與不能知天知人
者同謀雖三尺兒童亦知其弗與況小國平幸貴省
省自願納欵降十一月行
載之八月日烜第昭德王陳璨致書於荆湖占城行
越里潮州毗蘭三道屯軍鎮戍因其糧餉以給士卒
占臘占城雲南緬國接壤可即其地立省及於
庶免海道轉輸之勞二十二年三月荆湖占城行省
言鎮南王昨奉旨統軍征占城遣左丞唐兀解馳驛
赴占城約右丞唆都將兵會合又遣理問官曲烈宣
使塔海撒里同安南國使阮道學等持行省公文責
日烜運糧送至占城助軍鎮南王路經近境令其就
界上既而曲烈及塔海撒里引安南中亮大夫陳德
見比官軍至衡山縣聞日烜從兄興道王陳峻提兵
釣朝散郎陳嗣宗以日烜書至言其國至占城水陸
非便願隨力奉獻軍糧及官軍至來州日烜移牒邕
州言貢期擬取十月請前途預備丁力若鎮南王下
車之日希文番報行省命萬戶趙僑已以己意復書

復移公文令開路備糧親迎鎮南王及官軍至邕州
安南殿前范海崖領兵屯可蘭韋大助等至思明
州鎮南王復令移文與之至祿州復聞日烜復
守丘溫丘急嶺隘路行省遂分軍兩道以進日烜拒
遣其善忠大夫阮德與朝請郎阮文翰奉書與鎮南
王言不能親見末光然中心欣欣以往者欽蒙聖詔
接實深驚懼幸昭佇忠誠少加矜恤又以書抵平章
云別勅我軍不入彊境今見邕州營站橋梁往相
政事乞保護本國生靈庶免逃竄之患鎮南王命行
省遣總把阿里持書與德與同往諭曰烜以興兵之

六十三

故實為占城非為安南也至急保縣地安南管軍官
阮盈屯兵七源州又村李縣短萬劫等處俱有興道
王兵阮里不能進行省乃命倪閏往覘虛實斟酌調
軍然不得殺掠其民未幾撤巻兒解李邦憲孫祐御
言至可離隘遇交兵拒敵官軍奉御
杜尾杜祐始知興道王果領兵迎敵官軍過可離隘
至洞核與王在內傍隘又進兵與戰敗之其首將泰峯中傷死
聞興道王不從至內傍隘奉令諭其收兵開
路迎拜鎮南王不從至內傍隘奉令諭其人招之又
不從官軍遂分六道進攻執其將大僚班叚台興道

元史列傳卷九十六
十一

王逃去追至萬劫攻諸隘告破之興道王尚有兵船
千餘艘距萬劫十里遣兵士於沱江求船及聚板
木釘灰置場糊造選各翼水軍令烏馬兒援都部領
數與戰皆敗之得其江岸遺棄文字二紙乃
鎮南王及行省平章書復稱前詔別勅我軍不入彼
害百姓今以占城既臣復叛之故因發大軍經由本國殘
前詔勅曰大軍本國當具貢物馳獻復有異望也伏望勿以
行省復以書抵之以為朝廷調兵討占城乃命
世子俾開路備糧不意故違朝命俾興道王等提兵

六十二

迎敵射傷我軍與安南生靈為禍者爾國所行也今
大軍經爾國討占城乃上命世子可詳思爾國歸附
已久宜體皇帝涵洪慈憫之德即令退兵開道安諭
百姓各務生理我軍所過秋毫無擾世子因令其人
南王共議軍事不然大軍獲生口乃稱日烜調其
阮文翰遣兵助興道王拒戰鎮南王遂與行省官親
軍船千餘艘助攻之殺傷甚衆奪船二十餘艘日烜沿江布兵
臨東岸遣兵助興道王拒戰鎮南王遂與行省官親
敗走官軍縛栰為橋渡富良江北岸日烜沿江布兵
船立木栅見官軍至岸即發砲大呼求戰至晚又遭

元史列傳卷九十六
十二

其阮奉御奉鎮南王及行省官書請小卻大軍行省
復移文責之遣復進兵日烜乃棄城遁去仍令阮
銳奉書謝罪并獻方物且請班師行省復移文招諭
遂調兵渡江壁於安南城下明日鎮南王入其國宮
室盡空惟留屢降詔勅及中書牒文盡抹外有
僣稱大越國主憲天體道大明光孝皇帝消息及拒敵事情日烜
位于皇太子立太子妃爲皇后上顯慈順天皇太后
妻章於上行使吳天成命之寶日烜即居太上皇之
位見立安南國王係日烜之子行紹寶年號所居宮

室五門詔書大興之門左右掖門正殿九間書天安
御殿正南門書朝天閣又諸處張榜云凡國內郡縣
假有外寇至當死戰或力不敵許於山澤逃竄不得
迎降其險隘拒守處俱有庫屋以貯兵甲其棄船登
岸之軍猶殺日烜引宗族官吏於天長安屯聚興
道王范殿前領兵船復聚萬劫江口阮盝駐西路求
平行省整軍以備追襲而唐兀解與唆都等兵至自
占城與大軍會合自入其境大小七戰取地二千餘
里王宮四所初敗其昭明王兵擊其昭孝王大儁護
皆死昭明王遠遁不敢復出又於安演州清化長安

獲亡宋陳尚書壻交趾梁奉御及趙孟信蒲郎將等
四百餘人萬戶李邦憲劉世英領軍開道自求平入
安南每三十里立一寨六十里置一驛每一寨一驛
屯軍三百鎮守延遷復令世英立堡專提督寨驛公
事右丞引萬戶古解李羅哈苔兒由陸路公李
左丞陳仲日烜逃去由水路敗日烜兵船禽其族亡
俠陳仲日烜逃去至膠海口不知所往其宗族文
義俠父武道俠及子明智俠婿張懷俠并張憲俠相
宋官曾恭政蘇少保子蘇寶章陳尚書子陳丁孫相
繼率衆來降唐兀解劉珪皆言占城無糧軍難久駐

鎮南王令唆都引元軍於長安等處就糧日烜至安
邦海口棄其舟楫甲伏走匿山林官軍獲船一萬艘
擇善者乘之餘皆焚棄復於陸路追三晝夜獲生口
稱上皇世子止有船四艘興道王及其子三艘太師
八十艘走清化府唆都引軍一千三百人戰船六十
兒援都以軍復令唐兀解率其本宗與其妻子及弟明誠
其太師等兵昔班等迷送彰憲俠文義俠得比上彰憲俠義
日烜乃遣明里昔班等迷送彰憲俠文義俠得比上彰憲俠義
侯昭國王子義國俠入朝文義俠

國侯皆為興道王所殺彰慝侯死義國侯脫身還軍
中官軍聚諸將議交人拒敵官軍雖數敗散然增兵
轉多官軍困乏死傷亦眾蒙古軍馬亦不能施其技
遂棄其京城渡江北岸決議退兵屯明州鎮南王
然之乃領軍還是日劉世英與興道王興寧王兵二
萬餘人力戰又官軍至如月江日烜遣懷文侯來戰
行至冊江繁浮橋渡江左丞唐兀觯等軍未及度而
林內伏發官軍多溺死力戰始得出境桓遣唐兀觯等駆
驛上奏七月樞密院請調兵以今年十月會潭州聽省
鎮南王及阿里海牙擇帥總之二十三年正月詔省

臣共議遂大舉南伐二月詔諭安南官吏百姓數日
烜罪惡言其戕害叔父陳遺愛及弗納達魯花赤不
顏鐵木兒等事以陳益稷等自拔來歸封益稷為
南國王賜符印秀嵒為輔義公以奉陳祀申命鎮南
王脫懽左丞相阿里海牙平定其國以兵納益稷五
月發忙古臺等下士卒合鄂州行省軍同征兵
入其境日烜復棄城遁六月湖南宣慰司上言連歲
征日本及用兵占城百姓罷於轉輸賦役煩重士卒
觸瘴癘多死傷者群生愁嘆四民廢業貧者棄子以
偷生富者鬻產而應役倒懸之苦日甚一日今復有

事交趾動百萬之眾虛千金之費非所以恤士民也
且舉動之間利害非一又熟交趾已嘗遣使納表稱
藩若從其請以甦民力計之上也無已則宜寬百姓
之賦積糧餉繕甲兵俟來歲天時稍利然後大舉亦
未為晚湖廣行省臣線哥是其議遣使入奏且言本
省鎮戍凡七十餘所連歲征戰士卒精銳者罷於外
所存者皆老弱每一城邑多不過二百人竊恐姦人
得以窺伺虛實往年平章阿里海牙出征輸糧三萬
石民且告病今復倍其數官無儲畜和糴於民間百
姓將不勝其困宜如宣慰司所言乞緩師南伐樞密

院以聞帝即日下詔止軍縱士卒還各營益稷從師
還鄂二十四年正月發新附軍千人從阿八赤討安
南又詔發江淮江西湖廣三省蒙古漢軍七萬人
船五百艘雲南兵六千人海外四州黎兵萬五千海
道運糧萬戶張文虎費拱辰陶大明運糧十七萬石
分道以進置征交趾行尚書省奧魯赤平章政事烏
馬兒樊楫飛還荊湖行省治兵六月並進
右丞程鵬飛與樊參政率軍士水陸並進九月以瓊州路
安撫使陳仲達南寧軍民總管謝有奎延欄軍民總

管符庇成出兵船助征交趾並令從征日烜遣其中
大夫阮文通等入貢十一月鎮南王次思明留兵二
千五百人命萬戶賀枎統之以守輜重程鵬飛字羅
合沓兒以漢券兵萬人由西道求平奧魯赤以萬人
從鎮南王由東道女兒關以進阿八赤以萬人為前
鋒烏馬兒樊楫以兵由海道經王山雙門安邦口遇
交趾船四百餘艘擊之斬首四千餘級生擒百餘人
奪其舟百艘遂趨交趾程鵬飛字羅合沓兒次茅
陥沙笮竹三關凡十七戰皆捷十二月鎮南王次
羅港交趾興道王遁因攻浮山寨破之又命程鵬飛

阿里以兵二萬人守萬劫且偹普賴山及至靈山木
柵命烏馬兒將水兵阿八赤將陸兵徑趨交趾城鎮
南王以諸軍度富良江次城下敗其守兵日烜與其
子棄城走敢嚙堡諸軍攻下之二十五年正月日烜
及其子復走入海鎮南王以諸軍追之次天長海口
不知其所之引兵還交趾城命烏馬兒將水兵由大
滂口迓張文虎等糧船奧魯赤阿八赤等分道入山
求糧聞交趾集兵簡黎磨山魏寨發兵皆破之
斬萬餘級二月鎮南王引兵還萬劫阿八赤將前鋒
奪關繁橋破三江口攻下堡三十二斬數萬餘級得

船二百艘米十一萬三千餘石烏馬兒由大滂口趨
塔山遇劫賊船千餘擊破之至安邦口不見張文虎等船
復還萬劫得米四萬餘石烏馬兒至靈山木柵成命諸
軍居之諸將因言交趾無城池可守倉庾可食張文
虎等糧船不至且天時已熱恐糧盡師老無以支久
爲朝廷羞宜全師而還鎮南王從之命烏馬兒樊楫
以諸軍水兵先還程鵬飛塔出將兵護送之三月鎮南王次屯山
將水兵還張文虎糧船以去年十二月次屯山
趾船三十艘王遇交
益多度不能敵又船重不可行乃沉米於海趨瓊州

費拱辰糧船以十一月次惠州風不得進漂至瓊州
與張文虎合徐慶糧船漂至占城亦至瓊州几亡士
卒二百二十人船十一艘糧萬四千三百石有奇鎮
南王次内傍關賊兵大集王擊破之命萬戶張均以
精銳三千人殿力戰出關諜知日烜及世子興道王
等分兵三十餘萬守女兒關及丘急嶺連亘百餘里
以遏歸師鎮南王遂由單己縣趨盂州間道以出次
思明州命愛魯引兵還雲南奧魯赤以諸軍北還日
烜尋遣使來謝進金人代己罪十一月以劉庭真李
思衍萬奴等使安南持詔諭日烜來朝二十六年二

月中書省臣奏既罷征交趾宜拘收行省符印四月
日烜遣其中大夫陳克用等賚方物二十七年日
烜卒子日燇遣使來貢二十八年十一月鎮守永州
兩淮萬戶府上千戶蔡榮上書言軍事大要以朝廷
賞罰不明士不用命將帥不和坐失事機其弊有不
可勝言者書上不報二十九年九月遣吏部尚書梁
曾禮部郎中陳孚持詔冊諭日燇來朝詔曰省表具
悉去歲禮部尚書張立道言會到安南識彼事體請
性開諭使之來朝遣立道往彼今汝國罪愆既已
自陳朕復何言若曰孤在制及畏死道路不敢來朝

且有生之類寧有長久安全者乎天下亦復有不死
之地乎朕所未諭汝當具聞徒以虛文歲幣巧飾見
欺於義安在三十年梁曾等使還日燇
奇等來貢延臣以日燇終不入朝又議征之遂拘留
子奇於江陵命劉國傑與諸侯王亦里吉解等同征
安南勅至鄂州與陳益稷議八月平章不忽木等奏
立湖廣安南行省給二印市蜑船百艘用軍
五萬六千五百七十人糧三十五萬石馬料二萬石
鹽二十一萬斤預給軍官俸津遣軍人水手人鈔二
錠器仗凡七十餘萬事國傑設幕官十一人水陸分

道並進又以江西行樞密院副使徹里蠻為右丞他
征安南陳嚴趙修己雲從龍張文虎岑雄等亦令共
事益稷軍至長沙會寢兵而止三十一年五月成
宗即位命罷征遣陶子奇歸國日燇遣使上表慰國
哀并獻方物六月遣禮部侍郎李衎兵部郎中蕭泰
登即位詔往撫綏之其署曰先皇帝新棄天下朕嗣守
大統踐祚之始大肆赦宥無間遠近惟爾安南亦從
寬宥已勅有司罷兵遣陪臣陶子奇歸國自今以性
所以畏天事天者其審思之大德五年二月太傅完
澤等奏安南來使鄧汝霖竊盡宮苑圖本私買輿地

圖及禁書等物又抄寫陳言征收交趾文書及私記
比邊軍情及山陵等事宜遣使持詔責以大義三月
遣禮部尚書馬合謀禮部侍郎喬宗亮持詔諭日燇
大意以汝霖等所為不法所宜窮治朕以天下為度
悔中書省復移牒以萬戶張榮實等二人與去使偕
恫向以虛文見紿勾使何益於事哉勿憚改圖以貽後
勅有司放還自今使价必須選擇有所陳請必盡情
還武宗即位下詔諭之屢遣使來朝貢至大四年八月
世子陳日㷆遣使奉表來朝仁宗皇慶二年正月交
趾軍約三萬餘眾馬軍二千餘騎犯鎮安州雲洞殺

掠居民焚燒倉廩廬舍又陷祿洞等慶厲生口
孳畜及居民貲產而還復分兵三道歸順州屯兵
未退廷議俾湖廣行省發兵討之四月復得報交趾
世子親領兵焚省會民居殺掠二千餘人且
聲言昔右江歸順州五次劫我大源路掠我生口五
硯便田一千餘頃故來讎殺六月中書省俾行
外郎阿里溫沙樞密院俾千戶劉元亨同赴湖廣行
省詢察之元亨等親詣上中下由村相視地所詢之
居民農五又道下思明知州黃嵩壽往詰之謂是阮
孟世子太史之奴然亦未知是否於是牒諭安南國
其署曰昔漢置九郡唐立五管安南實聲教所及之
地況獻圖奉貢上下之分素明厚往薄來懷撫之惠
亦至聖朝果何負於貴國今胡自作不靖禍為斯啓
雖由村之地所係至微而國家與圖所關甚大燕之
所殺所虜皆朝廷編戶省院未敢奏聞然
不軌之謀誰實主之安南田賺云邊鄙鼠竊狗偷算
自作不靖本國安得而知且以貨賂借至元亨復牒
責安南飾辭不實卻其貨賂且曰南金象商貴以
為寶而使者以不貪為實來物軑付田使請審察事

情明以告我而道里遼遠情辭誕終莫得其要領
元亨等推原其由因交人向嘗侵永平邊境今復慘
効成風蕪開阮孟世子乃交趾跋扈之人為今之計
莫若遣使諭安南歸我土田返我人民仍令當國之
人正其疆界究其主謀開釁募兵設官統領給田土
吏毋令侵越卻於來平置寨兵
牛具令自耕食編立部伍明立賞罰令其緩急首尾
相應如此則邊境安靜永保無虞事聞有旨俟安南
使至即以諭之自延祐初元以及至治之末疆場寧
謐貢獻不絕泰定元年世子陳日燀遣陪臣莫卽夫
等來貢益稷久居於鄂遙授湖廣行省平章政事當
成宗朝賜田二百頃武宗朝進銀青榮祿大夫加金
紫光祿大夫復加儀同三司文宗天曆二年夏益稷
卒壽七十有六詔賜鈔五千緡至順元年謚忠懿王
三年夏四月世子陳日燀遣其臣鄧世延等二十四
人來貢方物

列傳卷九十六

翰林學士亞中大夫知制誥兼修國史　宋濂
翰林待制奉直郎兼國史院編修官　王禕等奉

敕修

緬

緬國為西南夷不知何種其地有接大理及去成都
不遠者又不知其方幾里也其人有城郭屋廬以居
有象馬以乘舟筏以濟其文字進上者用金葉寫之
次用紙又次用檳榔葉蓋騰譯而後通也世祖至元
八年大理都闡等路宣慰司都元帥府遣乞解脫因
等使緬國招諭其主內附四月乞解脫因等導其使

价傳來以聞十年二月遣勘馬剌失里乞解脫因等
使其國持詔諭之曰間者大理鄯闡等路宣慰司都
元帥府差乞解脫因導王國使价傳詣京師且言嘗
至王國但見其臣下未嘗見王又欲觀吾大國舍利
朕矜憫遠來即使來觀見又令縱觀舍利益詢其
所來乃知王有內附意國雖云遠一視同仁今再遣
勘馬剌失里及禮部郎中國信使卜云失佳諭王國
中國信副使云彰我國家無外之義用
朕子弟貴近臣僚一來以彰我國家無外之義用
敦末好時乃之休至若用兵夫誰所好王其思之十

〔元史列傳卷九十七〕　　　一

二年四月建寧路安撫使賀天爵言得金齒頭目阿
郭之言曰乞解脫因之使緬王恨父之使緬乃故父
阿必而去不得已厚獻其國乃得釋之因知緬中部
落之人猶舉狗耳比者阿郭親戚阿提犯在緬掌九
嘗謂入緬有三道一由天部馬一由驃甸一由阿郭
地界俱會緬之江頭城又阿郭親戚阿提犯及金齒
五旬戶各萬餘欲內附阿郭頭先招阿提犯及金齒
之未降者以為引道雲南省因言緬王無降心去使

〔元史列傳卷九七〕　　　二

不返必須征討六月樞密院以聞帝曰姑緩之十一
月雲南省始報差人探伺國使消息而蒲賊阻道令
蒲人多降道已通遣金齒千額總管阿禾探得國使
達緬俱安十四年三月緬人以阿禾內附怨之攻其
地欲立砦蒙古千戶忽都大理路蒙古千戶忽都
大理路總管信苴日總把千戶脫羅脫孩奉命代阿
昌之西腾越蒲驃阿昌金齒未降部族駐劄南甸阿
禾告急忽都等晝夜行與緬軍遇一河邊其眾約四
五萬象八百馬萬匹忽都率七百人緬人前乘
馬次象次步卒象被甲背負戰樓兩旁挾大竹筩置

元史列傳卷九七

矩槍數十杖其中乘象者取以擊剌忽都下令賊衆
我寨當先衝河北軍親率二百八十一騎傍河爲一隊信
直日以二百三十三騎傍河爲一隊脫羅脫孩以一
百八十七人依山爲一隊交戰良久賊敗走信直日
追之三里抵寨門旋渾而退忽南面賊兵萬餘繞出
官軍後信直日馳報忽都復列爲三陣進至河岸擊
之又敗走兵明日追之至千額不及而還捕虜甚衆
餘里賊及象馬自相蹂死者盈三巨溝日暮忽都中
傷遂收兵明日追之至宵山口轉戰三十
中以一帽或一兩靴一韉衣易一生口其脫者又爲

阿禾阿昌邀殺歸者無幾官軍負傷者雖多惟蒙古
軍獲一象不得其性被擊而斃餘無死者十月雲南
省遣雲南諸路宣慰使都元帥納速剌丁等率蒙古
爨蠻些軍三千八百四十餘人征緬至江頭砦深蹂酋
首細安立砦之所招降其磨欲等三百餘砦土官曲
蟻蒲折戶四千孟磨愛呂戶一千磨素蒙匡里苔八
剌戶二萬忙忙甸土官甫禄堡戶一萬於是古
二百九三萬五千二百戶以天熱還師十七年二月
奉旨岢重慶諸郡平然後有事緬國令四川已底宰
納速剌丁等上言緬國輿地形勢皆在臣目中矣先

元史列傳卷九七

請益兵征之帝以問丞相茫里奪海脫里奪海曰陛
下初命發合剌章及四川與阿里海牙麾下士卒六
萬人征緬緬令納速剌丁止欲得萬人帝曰是矣即命
樞密繕甲兵修武備僉議選將出師五月詔雲南行省
發四川軍萬人命親王之奧魯所遣將同征緬
十九年二月詔思播諸郡及亦奚不薛諸蠻夷等
慮發士卒辛卯征緬克之先是
詔宗王相吾荅兒右丞太卜參知政事也罕
兵征緬是年九月大軍發中慶十月至南甸太卜由
羅必甸進軍十一月相吾荅兒命也罕的斤取道於

阿昔江達鎮西阿禾江造舟二百下流至江頭城斷
緬人水路自將一軍從騾甸徑抵其國與大卜軍會
令諸將分地攻取破其江頭城擊殺萬餘人別令都
元帥玄世安以兵守其地積糧餉以給軍士遣使持
興地圖奏上二十二年十一月緬王遣其鹽井大官
阿必立相至太公城欲來納款爲孟乃甸白衣頭目
阿禾塞阻道不得行遣膽馬宅者持信搭一片來告
甸土官匋俗乞報上司免軍馬入境匿俗給榜道膽
馬宅田江頭城招阿必立相赴省且報鎮西平緬麗
川等路宣慰司宣撫司差三摻持榜至江頭城付阿

汝立相忙直卜算二人期以兩月領軍來江頭城宣
梅司率蒙古軍至驃甸相見議事阿必立相乞言於
朝廷降昔許其悔過然後差大官朝廷尋遣鎮
西平緬宣撫司達魯花赤赴闕
十三年十月以招討司達魯花赤千戶張成為征緬
鐵木兒征緬招討使達魯花赤千戶張成征緬招討
使並虎符敕造戰舡將兵六千人征緬俾禿滿帶為
都元帥總之雲南王以行省右丞愛魯奉旨征收金為
齒察罕迭吉連地撥軍一千人是月發中慶府繼至
永昌府與征緬省官會經阿昔甸差軍五百人護送
招緬使怯烈至太公城二十四年正月至忙乃甸緬
王為其庶子不速速古里所執囚於昔里怯荅剌之
地又害其庶子三人與大官木浪周等四人為逆雲
南王所命官阿難荅等亦受害二月怯烈自忙乃甸
登舟詔元送軍五百人千彼雲南省請令秋進討不
聽既而雲南王與諸王進征至蒲甘喪師七千餘緬
始平乃定歲貢方物大德元年二月以緬王的立普
哇拿阿迪提牙嘗遣其子信合八的的奉表入朝請歲
輪銀二十五百兩帛千足馴象二十橢萬石詔封的為
立普哇拿阿迪提牙為緬王賜銀印子信合八的為

緬國世子賜以虎符復三年三月緬復遣其世子奉表
入謝自陳部民為金齒殺掠率省貢之以致上供金
幣不能如期輸納帝憫之止命間歲貢象仍賜衣遣
還四年四月遣使進白象五月的立普哇拿阿迪提
牙為其弟阿散哥也等所殺其子窟麻剌哥八逃
詣京師令忙禿魯迷失率師佳問其罪竟寶賊與八
百媳婦國通其勢甚盛失率師佳問其罪竟寶賊與八
薛超兀而將兵二千人征之仍令諸王闊闊節
制其軍六月詔立窟麻剌哥八為王賜以銀印秋
七月緬賊阿散哥也弟者蘇等九十一人各奉方物
入朝命餘人置中慶遣者蘇等來上都八月緬國阿
散吉牙等昆弟赴闕自言軾主之罪罷征緬兵五年
九月雲南參知政事高慶宣撫使蔡罕不花伏誅初
慶等從薛超兀而圍緬兩月城中薪食俱盡勢將出降
慶等受其重賂以炎署瘴疫為辭輒引兵還故誅之
十月緬遣使入貢

占城

占城近瓊州順風舟行一日可抵其國世祖至元間
廣南西道宣慰使馬成旺嘗請兵三千人馬三百匹
征之十五年右丞唆都以宋平遣人至占城還言其

王失里咱牙信合八剌哈迷尨有內附意詔降虎符
授榮祿大夫封占城郡王十六年十二月遣兵部侍
郎教化的總管孟慶元萬戶孫勝夫與唆都等使占
城諭其王入朝十七年二月占城國王保寶旦挐羅
耶印南詨占把地囉耶遣使貢方物奉表咸降十九年
之既而其子補的專國貢固弗服萬戶何子志千戶
朝稱臣內屬遂命左丞唆都等即其地立省以撫安
皇甫傑使暹國宣慰使尤永賢亞闌等使
舟經占城皆被執故遣兵征之帝曰老王無罪逆命
者乃其子與一蠻人耳苟獲此兩人當依曹彬故事
百姓不殺一人十一月占城行省官率兵自廣州航
海至占城港港口比連海海旁有小港五通其國大
州東南止山西旁木城官軍依海岸屯駐占城兵治
木城四面約二十餘里起樓棚立四回三梢砲百餘
座又木城西四十里建行宮李由補刺者吾親率重兵
屯守應援行省遣都鎮撫李天祐總把賈甫招之七
性終不服十二月招真臘國使速魯蠻請往招諭復
與天祐甫偕行得其四書云已修木城俟甲兵刻期
請戰二十年正月行省傳令軍中以十五日夜半發

船攻城至期分遣瓊州安撫使陳仲達總管劉金總
把粟全以兵千六百人由水路攻木城北面總把張
斌百戶趙達以三百人攻東面沙嘴省官三千人分
三道攻南面舟行至天明泊岸萬餘人乘象者數十亦
八賊開木城南門建旗鼓出萬餘人乘象者數十亦
分三隊迎敵矢石交下自卯至午賊敗北官軍入木
城復與東北二軍合擊之賊潰死者數千人守城供
亞闌等與其臣逃入山十七日整兵攻大州十九日
飢餒者數萬人悉潰散國主棄行宮燒倉廩殺未賢
國主使報亞闌等者來求降二十日兵至大州東南遣報
荅者回許其降免罪二十一日入大州又遣博思元
魯班者來言奉王命國主太子後當自來行省傳檄
召之官軍後駐城外二十三日遣其舅寶脫禿花等
三十餘人奉國王信物雜布二百疋大銀三錠小銀
五十七錠碎銀一甕爲質來歸欸又獻金葉九節標
槍曰國主欲來病未能進先使持其物寶脫禿花曰不
受是薄之也行省度不可却姑令收置乃以上聞寶
長子補的期三日請見省官却其物置乃以上聞寶
脫禿花復令其主第四子利世麻八都八德剌第五
子世利印德剌來見且言先有兵十萬故求戰今皆

敗散聞敗兵言補的被傷已死國主煩令小愈
愧懼未能見也故先遣二子來議赴闕進見事省官
疑其非真子全聽其還諭國主早降且以問疾為辭遣
千戶林子全等入山兩程國主遣人來拒不果見寶脫
先歸子全等把栗全李德堅偕往覘之二子在途
禿花謂子全曰國主遣延不肯出降今反揚言欲稷
我可歸告省官來則來不來我當執以往子全等四
營是日又殺何子志皇甫傑等百餘人二月八日寶
脫禿花又至自言吾祖父伯叔前皆為國主至吾兄
今李由補刺者吾殺而奪其位斬我左右二大指我

寶怨之頓禽李由補刺者吾補的父子及大援撒機
兒以獻請給大元服色行省賜衣冠撫諭以行十三
日居占城唐人曾延等來言國主逃於大州西北鴉
候山聚兵三千餘并招集他郡兵未至不日將與官
軍交戰懼唐人洩其事將盡殺之延等覺而逃來十
五日寶脫禿花偕宰相報孫達見及攝及大師等五
人來降行官引魯延等見寶脫禿花詰之曰延等
姦細人也請繫繫之國主軍皆潰散安敢復戰又言
今未附州郡九十二勳每州遣一人招之舊州水路
乞行省與陳安撫及寶脫禿花各遣一人乘舟招諭

攻取陸路則乞行省官陳安撫與己往禽國主補的
及攻其城行省猶信其言調兵一千屯半山塔遣子
全德堅等領軍百人與寶脫禿花同赴大州進討約
有急則報半山軍子全等比至城西寶脫禿花背約
間行自北門乘象逃入山官軍獲諜者曰國主實在
鴉候山立砦聚兵約二萬餘軍未至十六日遣萬戶
國借兵及徵寶多龍舊州等軍使交趾真臘閣婆等
張顯等領兵赴國主所棲之境十九日顯兵近水城
二十里賊浚濠塹拒以大木官軍斬刈起距舊擊破
其二千餘眾轉戰至木城下山林阻隘不能進賊旁

出截歸路軍皆殊死戰遂得解遷營行省遂整軍聚
糧靖木城遣總管劉金千戶劉消岳榮守禦二十一
年三月六日峻都領軍回十五日江淮省所遣助峻
都軍萬戶忽都虎等至占城峻都舊制行省舒眉連
港軍營舍燒盡始知官軍已回二十日忽都虎令百
戶陳奎招其國主來降二十七日占城主遣王通事
者來稱納降忽都虎等諭令其父子奉表進獻國主
遺文勞卬大巴南等來稱唆都除蕩其國實無以獻
來年當儧禮物令嫡子入朝四月十二日國主令其
孫濟目理勒墊文勞卬大巴南等奉表歸歟是年命

平章政事阿里海牙奉鎮南王脫歡發兵假道交趾
伐占城不果行

暹

暹國當成宗元貞元年進金字表欲朝廷遣使至其
國比其表至巳先遣使盖彼未之知也賜來使素金
符佩之使急追詔使同往以暹人與麻里予兒舊相
仇殺至是皆歸順有旨諭暹人勿傷麻里予兒以踐
爾言大德三年暹國主上言其父在位時朝廷嘗賜
鞍轡白馬及金縷衣乞循舊例以賜麻里予兒亦乞
賜以馬荅剌罕言彼小國而賜以馬恐其隣忿都省議朝
廷仍賜金縷衣不賜以馬

爪哇

爪哇在海外視占城益遠自泉南登舟海行者先至
占城而後至其國其風俗土產不可考大率海外諸
蕃國多出奇寶取貴於中國而其人則醜怪情性語
言與中國不能相通世祖撫有四夷其出師海外諸
蕃者惟爪哇之役爲大至元二十九年二月詔福建
行省除史弼亦黑迷失高興平章政事征爪哇會福
建江西湖廣三行省兵几二萬設左右軍都元帥府
二征行上萬戶四發舟千艘給糧一年鈔四萬錠降

虎符十金符四十銀符百金衣段百端用俻功賞亦
黑迷失等陛辭帝曰卿等至爪哇明告其國軍民朝
廷初與爪哇通使往來交好後剌詔使孟右丞之面
以此進討九月軍會慶元弼亦黑迷失領省事赴泉
州興率軺重自慶元登舟涉海十一月福建江西湖
廣三省軍會泉州十二月自後渚啓行三十年正月
至構欄山議方略二月亦黑迷失領孫省政先往招
慕官并招諭爪哇等慮宣慰司官曲出海楊梓全
忠祖萬戶張塔剌赤等五百餘人舩十艘先往招諭
之大軍繼進於吉利門弼興進至爪哇之杜並足與

亦黑迷失等議分軍下岸水陸並進弼興孫孛政帥
都元帥那海萬戶甯居仁等水軍自杜並足由戎牙
路港口至八節澗與亦黑迷失帥都元帥鄭鎮國
萬戶脫歡等馬步軍自杜並足陸行以萬戶申元爲
前鋒遣副元帥土虎登哥萬戶楮懷遠等赴八節澗
鋒船由戎牙路於麻喏巴歇浮梁前進李忠等乘鎮
會招諭爪哇宣撫司官言爪哇主壻土罕必闍耶期
國納降王罕必闍耶不能離軍先令楊梓甘州不花
全忠祖引其宰相昔剌難荅吒耶等五十餘人來迎
三月一日會軍八節澗澗上接杜馬班王府下通莆

奔大海乃爪哇咽喉必爭之地又其謀臣希寧官沿
河泊舟觀望成敗再三招諭不降行省於淵邊設偃
月營留萬戶觀里守河津土虜
軍鄭鎮國都鎮撫倫信等領馬步軍水陸並進哥
寧官懼棄船宵遁獲兒頭大船百餘艘令都元帥那
海萬戶審居仁鄭珪高德誠張參鎮八節澗海口
大軍方進土罕必闍耶遣殺至麻
喏巴歇請官軍救之亦黑迷失張參政先往安慰土
軍必闍耶鄭鎮國引軍赴章孤接援興進至麻喏巴
歇却稱葛郎即未知遠近典回八節澗再

報賊兵令夜當至召典赴麻喏巴歇七日葛郎兵三
路攻土罕必闍耶八日黎明亦黑迷失孫參政率萬
戶李明迎賊於西南不遇典與脫歡由東南路與賊
戰殺數百人餘奔潰山谷日中西南路賊又至典再
戰至晡又敗之十五日分軍為三道伐葛郎期十九
日會春哈聽砲聲接戰土虎登哥等由水軍泝流而上
亦黑迷失等由西道典等由東道進土罕必闍耶軍
繼其後十九日至荅哈葛郎國主以兵十餘萬交戰
自卯至未連三戰賊敗奔潰擁入河死者數萬人殺
五千餘人國主入內城拒守官軍圍之且招其降是

夕國主哈只萬當出降撫諭令還四月二日遣土罕
必闍耶還其地具入貢禮以萬戶捏只不丁甘州不
花率兵二百護送十九日土罕必闍耶背叛逃去留
軍拒戰捏只不丁甘州不花省掾馮祥皆遇害二十
四日軍還得哈只萬當妻子官屬百餘人及地圖戶
籍所上金字表以還事見史弼高興傳

瑠求

瑠求在南海之東漳泉興福四州界內彭湖諸島與
瑠求相對亦素不通天氣清明時望之隱約若煙若
霧其遠不知幾千里也西南北岸皆水至彭湖漸低
近瑠求則謂之落漈漈者水趨下而不回也九西岸
漁舟到彭湖巳下過颶風發作漂流落漈回者百一
瑠求在外夷最小而險者也漢唐以來史所不載近
代諸蕃市舶不聞至其國世祖至元二十八年九月
海船副萬戶楊祥請以六千軍往降之不聽命則遂
伐之朝廷從其請繼有書生吳志斗者上言生長福
建熟知海道利病以為若欲收附且就彭湖發船往
諭相水勢地利然後興兵未晚也冬十月乃命楊祥
充宣撫使給金符吳志斗禮部員外郎阮鑒兵部員
外郎並給銀符往使瑠求詔曰收撫江南巳十七年

海外諸蕃閩不臣屬惟瑠求通閩境未曾歸附議者請即加兵朕惟祖宗立法九不庭之國先遣使招諭來則按堵如故否則必致征討令止其兵命楊祥阮鑒往諭汝國果能慕義來朝存爾國祀保爾黎庶若不効順自恃險阻舟師奄及恐貽後悔爾其慎擇之二十九年三月二十九日自汀路尾澳舟行至是日已時海洋中正東望見有山長而低者約去五十里祥稱是瑠求國鑒稱不知的否祥乘小舟至低山下以其人衆不親上令軍官劉閏等二百餘人以小舟十一艘載軍器領三嶼人陳煇者登岸岸上人衆不

《元史列傳卷六七》 十五 沈氏

曉三嶼人語為其殺死者三人遂還四月二日至彭湖祥責鑒志斗巳到瑠求文字二人不從明日不見志斗蹤跡覓之無有也先志斗嘗言瑠求生事要功欲取富貴其言誕妄難信至是疑祥害之祥顧稱志斗初言瑠求不可往令祥已至瑠求而還志斗懼罪逃去志斗妻子訴于官有旨發祥鑒還福建置對後遇赦不竟其事成宗元貞三年福建省平章政事高興言令立省泉州距瑠求為近可伺其消息或宜招宜伐不必它調兵力興請就近試之九月高興遣省都鎮撫張浩福州新軍萬戶張進赴瑠求國禽生口

一百三十餘人

三嶼

從之

三嶼國近瑠求世祖至元三十年命選人招誘之平章政事伯顏等言臣等與議者謂此國之民不及二百戶時有至泉州為商賈者去年入瑠求軍船過其國國人餉以糧食館我將校無它志也乞不遣使帝從之

馬八兒等國

《元史列傳卷六七》 十六 沈氏

海外諸蕃國惟馬八兒與俱藍足以綱領諸國而俱藍又為馬八兒後障自泉州至其國約十萬里其國至阿不合大王城水路得便風約十五日可到比餘國最大世祖至元間行中書省在丞唆都等奉璽書十通招諭諸蕃國未下行省遣使十五人往諭之帝曰朕俱都等所可專也若無朕命不得擅遣使招俱藍十七二月遣廣東招討司達魯花赤楊庭璧招俱藍十七年三月至其國國主必納的令其弟肯那却不剌木省書回回字降表附庭璧以進言來歲遣使入貢十月授哈撒兒海牙俱藍國宣慰使借庭璧再往招諭十八年正月自泉州入海行三月抵僧伽耶山舟人

鄭震等以阻風乏糧勸往馬八兒國或可假陸路以
達俱藍國從之四月至馬八兒國新村馬頭登岸其
國宰相馬因的謂官人此來甚善本國船到泉州時
官司亦嘗慰勞無以為報令以何事至此庭璧等告
其故因及假道之事馬因的乃託以不通為辭與其
宰相不阿里相見又言假道之事馬因亦以它事辭五
月二人蚤至館屏人令其官者為通情實乞為達

廷我一心頗為皇帝奴我使札馬里丁入朝我必
又欲殺我我詭辭得免令庭璧兄第五人皆聚一
關赤赴籌弹 告變等弹籍我金銀田產妻孥
之地議與俱藍交兵及聞天使来對衆稱本國貧陋
此是妄言九囬囬國金珠寶貝盡出本國其餘田田
盡来商賈此間諸國皆有降心若馬八兒既下我使
人持書招之可使盡降時哈撒兒海牙與庭璧以阻
風不至俟比風再舉至期朝廷遣使令庭璧獨往十九年
二月抵俱藍國主及其相馬合麻等迎拜璽書三
月遣其臣祝阿里沙忙里八的入貢時也里可溫兀
咱兒撒里馬及木速蠻主馬合麻等亦在其國聞詔
使至昔相率来告碩納歲幣遣使入觀會蘇木達國

亦遣人因俱藍主乞降庭璧皆從其請四月還至那
旺國庭璧復說下其主忙昂比至蘇木都剌國國主
土漢八的迎使者庭璧因諭以大意土漢八的即日
納欵稱藩遣其臣哈散速里蠻二人入朝二十年馬
八兒國遣僧撮及班入朝五月將至上京帝即遣使
迂諸途二十三年海外諸蕃國以楊庭璧奉詔招諭
至是皆来降諸國九十四馬八兒曰俱門那旺曰那
里曰南無力曰馬蘭丹曰那旺丁阿兒曰来来曰
急蘭亦觧曰蘇木都剌皆遣使貢方物

跋

朱濂後記洪武元年十二月詔修元史明年春
二月丙寅開局至秋八月癸酉成紀三十有七
卷志五十有三卷表六卷傳六十有三卷順帝
無實錄遣使行天下涉於史事者令郡縣上之
又明年春二月乙丑開局至秋七月丁亥又成
紀十志五表二傳三十有六錢大昕謂綜前後
蓬三百三十一日古今史成之速未有如元史
者而文之陋劣亦無有如元史者非虛言也其
竹垞趙甌北汪龍莊魏默深諸人均各有所指
重複脫漏誶舛不可勝計錢氏而外顧亭林朱
摘然使舊本尚存讀者可以就其疵纇所在加
以探索猶不至於迷於所嚮不謂覆刻通行之本

〈元跋〉 一

愈趨愈下今武英殿本文宗紀上謚祔廟後詔
除其廟主放燕句下複出順帝紀後至元六月
放逐燕帖古思詔書中語遜之後祖母太皇太
后至挨之大義削去凡四百餘字又曆志錯簡三
葉紀三國以來日食其文未畢忽雜入前代月
食之文南朝劉宋元嘉十一年後繼以趙宋嘉
泰二年元至元二十四年後繼以梁中大通元年
慶元元年元已翌食既下因有所
年十二月已巳翌食一更三唱食一行劉宋元嘉十三
關於是加授時曆三字以彌之而下行又接大
明曆虧初午初二刻云云併日月食為一事如
此乖謬何以絕未發覺又祭祀志攝祀儀四日
迎香獻官司徒大禮使助奠官句下脫從於輿

後至廟入自南門至神門外百官儀衛皆止太
常卿博士御史導輿三獻司徒大禮使助奠官
四十字又兵志鎮戍類泰定四年十二月河
南行省議設萬戶府摘軍五千名句下脫設萬
戶府隨省鎮遏樞密院議自至元十九年十八
字又達識帖睦邇傳張士信遍取江浙行省左
丞相印徒達識帖睦邇句下脫居嘉興事聞
朝廷即就以士信為江浙行省左丞相達識帖
睦邇二十五字其他一二字之訛奪尤難指是
豈非於原有重複脫漏誶舛之外更其弊而
殿版既已刊行至四十六年高宗以原書譯名
使讀者愈益眩瞀乎不寧惟是乾隆四年武英
舛誤復命館臣詳加釐定取原用之人名地名

〈元跋〉 二

官名物名一一改正於書後附一對表自可
了然乃不此之務而就原書剜刻有時所改之
名不能適如原用字數於是取上下文而損益
之滅裂支離全失本相余嘗得一部坊肆以原
改兩本配合者新舊雜糅幾於不可卒讀乾隆
之世號稱太平物力豐盛何以不重刊新版而
為此苟且塞責之為甚矣其不可解也元史列
傳複出為前人所糾者凡十有八篇或表自列
或為其附見之父若祖子若孫乾隆剜改之版
去其一而留其一者凡五去雪不台（見列傳
卷第九）留速不台（見列傳卷第八）改日
蘇布特去忽剌出（見列傳第十）改日齊都爾去重喜（見
兒（見列傳第十）改日齊都爾去重喜（見列傳第二十）留直脫

列傳第二十）留塔不已兒（見列傳第十）

改曰塔本哲爾去完者拔都（見列傳第二十

留完者都（見列傳第十八）改曰諤勒哲圖

去阿荅赤（見列傳第二十二）留杭忽思（見

列傳第十九）改曰哈噶斯而任其重出者凡

八曰阿尤魯（見列傳第十）改曰額斯倫又

其子曰懷都（見列傳第十八）改曰輝圖曰

也蒲甘卜（見列傳第十）改曰額卜甘布又

其子曰昂吉兒（見列傳第十九）改曰昂吉

爾曰石抹也先（見列傳第三十七）改曰舒

穆嚕額森又同爲一人曰石抹阿辛（見列傳

第三十九）改曰舒穆嚕愛新曰譚資榮（見

列傳第五十四）又其子曰譚澄（見列傳第

七十八）

【元跋】

三

昔人著書後人取而刪訂之原無不

可乃同一重見之文而或棄或取漫無意識秉

筆者其將何以自解乎然此猶可諉曰偶疏覺

察洪武書成明明分爲兩期乃削去宋濂後記

而又臆改李善長進書表取紀志表傳前後所

成卷數倂而爲一若同時修成也者又泰定

帝卽位詔書原爲譯文口語而修正之本盡易

爲文言是誠不得不謂爲好自用自專矣吾敢

爲讀者告曰此洪武本復出而乾隆修正之本

可廢卽武英殿初刊之本亦可廢海鹽張元濟

百衲本二十四史

元史

撰　　者◆明・宋濂、王禕 等
發行人◆王學哲
總編輯◆方鵬程
編印者◆本館古籍重印小組

出版發行：臺灣商務印書館股份有限公司
台北市重慶南路一段三十七號
電話：(02)2371-3712
讀者服務專線：0800056196
郵撥：0000165-1
網路書店：www.cptw.com.tw
E-mail：ecptw@cptw.com.tw
網址：www.cptw.com.tw

局版北市業字第 993 號
初版一刷：1937 年 01 月
臺一版一刷：1970 年 01 月
臺二版一刷：2010 年 12 月
定價：新台幣 5500 元

元史 ／（明）宋濂，（明）王禕等撰. --臺二版. --
　臺北市 ：臺灣商務， 2010. 11
　　冊 ；　公分. --（百衲本二十四史）

　　ISBN 978-957-05-2547-2（全套：精裝）

1. 元史

625.701　　　　　　　　　　　　　99019501